U0878682

2014

CHINA LABOUR STATISTICAL YEARBOOK

中国劳动统计年鉴

Compiled by
Department of Population and Employment Statistics
National Bureau of Statistics
Department of Planning and Finance,
Ministry of Human Resources and Social Security

国家统计局人口和就业统计司
人力资源和社会保障部规划财务司 编

中国统计出版社
China Statistics Press

图书在版编目（CIP）数据

中国劳动统计年鉴. 2014 : 汉英对照 / 国家统计局人口和就业统计司, 人力资源和社会保障部规划财务司编. -- 北京 : 中国统计出版社, 2015.1
ISBN 978-7-5037-7339-6

Ⅰ. ①中… Ⅱ. ①国… ②人… Ⅲ. ①劳动经济－统计资料－中国－2014－年鉴－汉、英 Ⅳ. ①F249.2-54

中国版本图书馆 CIP 数据核字（2014）第 250298 号

中国劳动统计年鉴—2014

作　　者 / 国家统计局人口和就业统计司，人力资源和社会保障部规划财务司编
责任编辑 / 徐　涛
封面设计 / 李雪燕
出版发行 / 中国统计出版社
通信地址 / 北京市丰台区西三环南路甲 6 号　邮政编码/100073
电　　话 / 邮购（010）63376909　书店（010）68783171
网　　址 / http://csp.stats.gov.cn
印　　刷 / 河北天普润印刷厂
经　　销 / 新华书店
开　　本 / 880×1230 毫米　1/16
字　　数 / 920 千字
印　　张 / 28.75
版　　别 / 2015 年 1 月第 1 版
版　　次 / 2015 年 1 月第 1 次印刷
定　　价 / 260.00 元

本书附同版本 CD-ROM 一张，光盘内容以书面文字为准。
中国统计版图书，如有印装错误，本社发行部负责调换。

《中国劳动统计年鉴-2014》编委会和编辑部工作人员

编委会

主　任： 张为民

副主任： 冯乃林　李保国

编　委：（以姓氏笔划为序）

于弘文　张志斌　孟灿文　桑助来　常品超　梁尔卫

彭永涛　靳　宏

编辑部

总 编 辑： 于弘文

副总编辑： 桑助来

编辑工作人员：（以姓氏笔划为序）

于　丛　方继兴　刘　丹　刘　娟　李　京

李　磊　李志龙　杨剑青　吴　珊　张建文

陈雪芳　陈潇潇　庞　莉　项声闻　柏明茹

饶志刚　袁　辉　贾毓慧　夏　萍　郭　徽

唐远志　薛晓祥

责任编辑： 徐　涛

CHINA LABOUR STATISTICAL YEARBOOK-2014

编辑说明

《中国劳动统计年鉴—2014》是一部全面反映中华人民共和国劳动经济情况的资料性年刊。本刊收集了2013年全国和各省、自治区、直辖市的有关劳动统计数据。主要指标还编有历年统计数据。

全书共分为13个部分：1.综合；2.就业与失业；3.城镇单位就业人员和工资总额；4.国有单位就业人员和工资总额；5.城镇集体单位就业人员和工资总额；6.其他单位就业人员和工资总额；7.职业培训与技能鉴定；8.劳动关系；9.社会保障；10.工会工作；11.香港资料；12.澳门资料；13.台湾资料。书末还附有国外有关资料和主要统计指标解释。

参与本书编辑或提供资料的单位除国家统计局、人力资源和社会保障部外，还有全国总工会。

本书资料的取得形式主要有国家和部门的报表统计、行政记录和抽样调查。全国劳动力、就业人员等资料是运用有关资料推算的，有的资料分项相加不等于总计。望读者使用时予以注意。

恳请广大读者对本书提出宝贵意见。

《中国劳动统计年鉴》编辑部

二〇一四年十月

PREFACE

China Labour Statistical Yearbook 2014 is an annual statistics publication, which is comprehensively reported the labour economic situation for 2013 and some main indicators series for historically years at nation and provinces, autonomous regions and municipalities levels and parts of cities.

The book is organized into 13 parts, which are:1.General Survey; 2.Employment and Unemployment; 3.Employment and Tatal Wages in Urban Units; 4.Employment and Tatal Wages in State-owned Units; 5.Employment and Tatal Wages in Urban Collective-owned Units; 6.Employment and Tatal Wages in Other Ownership Units; 7. Vocational Training and Skill Appraisal; 8.Labour Relation; 9.Social Security; 10.Trade Union Works; 11.Main Indicators of Hong Kong; 12.Main Indicators of Macao; 13.Main Indicators of Taiwan. In addition, Main Indicators of Other Countries and Explanatory Notes on Main Statistical Indicators are provided in the end of the book.

Besides National Bureau of Statistical and Ministry of Human Resources and Social Security, All-China Federation of Trade Unions also participate in the compiling work of this book.

Data resources of this book mainly come from state and departments reporting system, administration records and sampling surveys. Since the information of labor resources and employment for the whole country are calculated according to relevant data, they are not equal to the add-results of all sub-items.

China Labour Statistical Yearbook—2014 Editorial Staff

October 2014

图1　人口及就业情况

POPULATION AND EMPLOYMENT

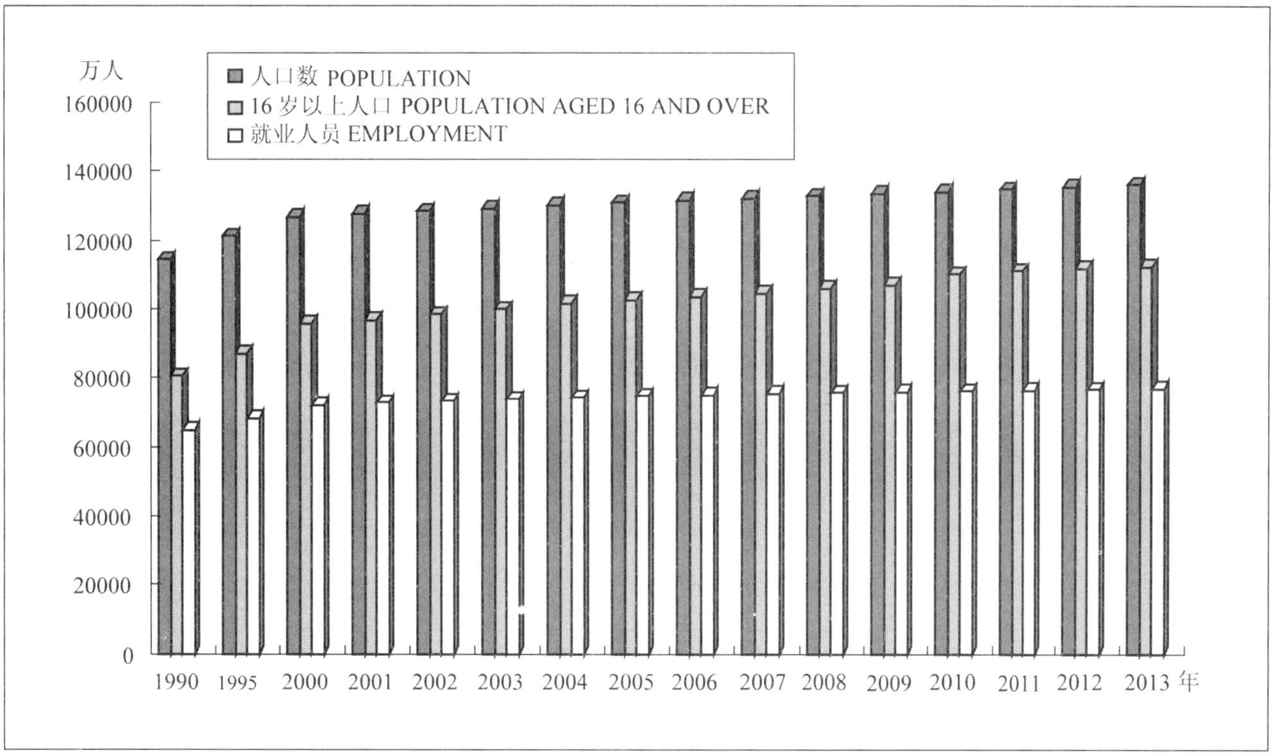

图2　就业人员产业构成

COMPOSITION OF EMPLOYMENT BY INDUSTRY

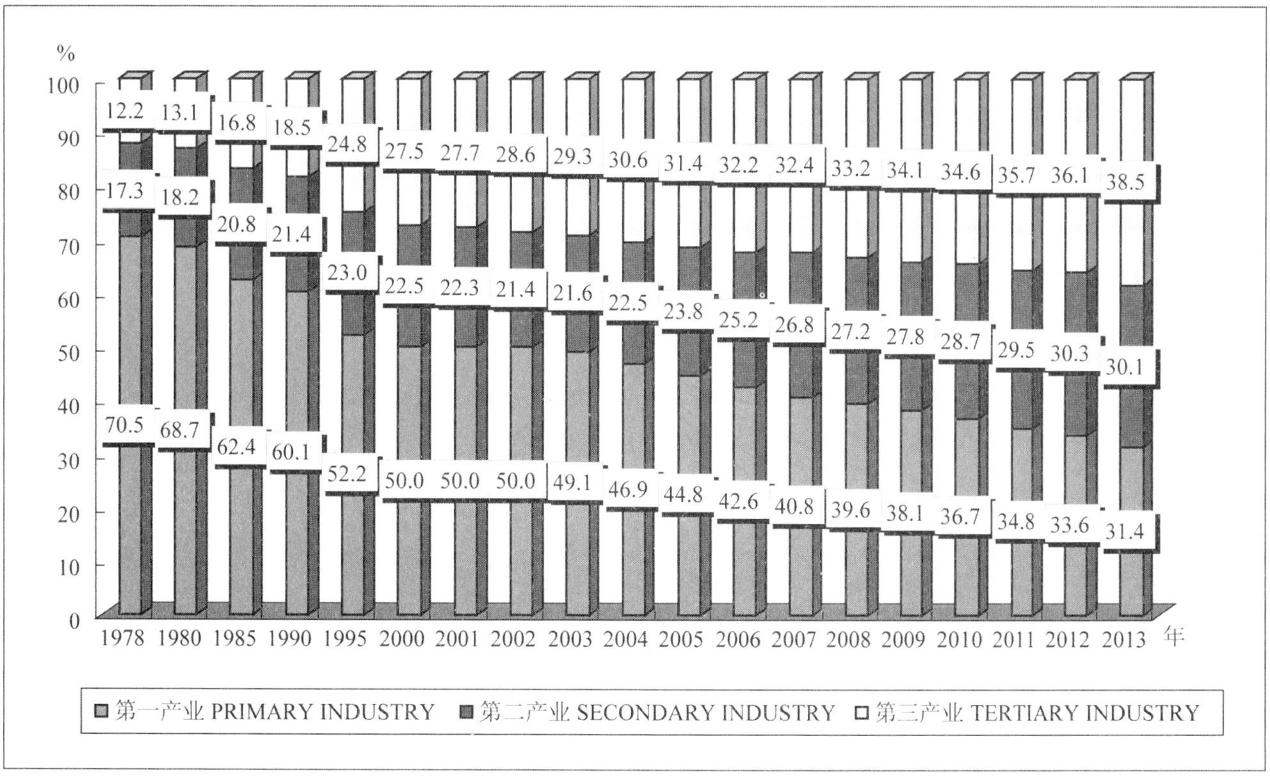

图3 城镇就业人员登记注册类型构成

COMPOSITION OF URBAN EMPLOYMENT BY OWNERSHIP

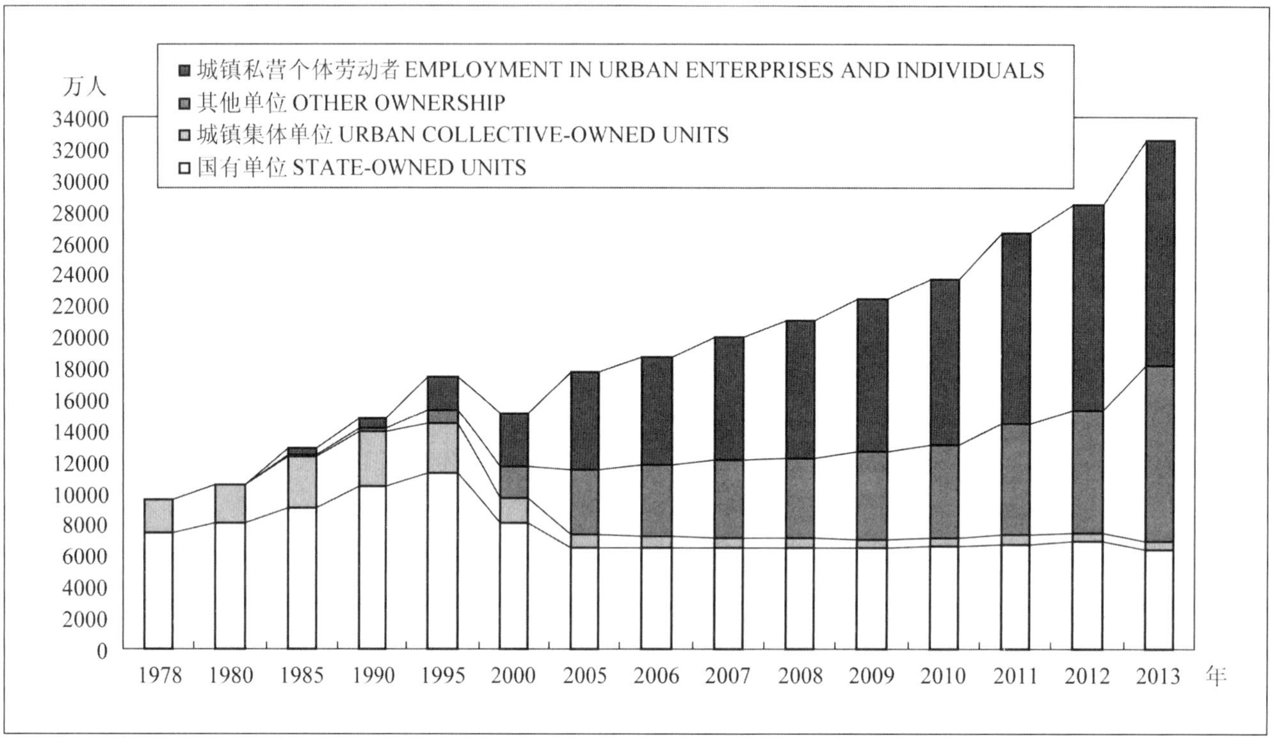

图4 2013年城镇单位就业人员行业构成

COMPOSITION OF EMPLOYMENT IN URBAN UNITS (2013)

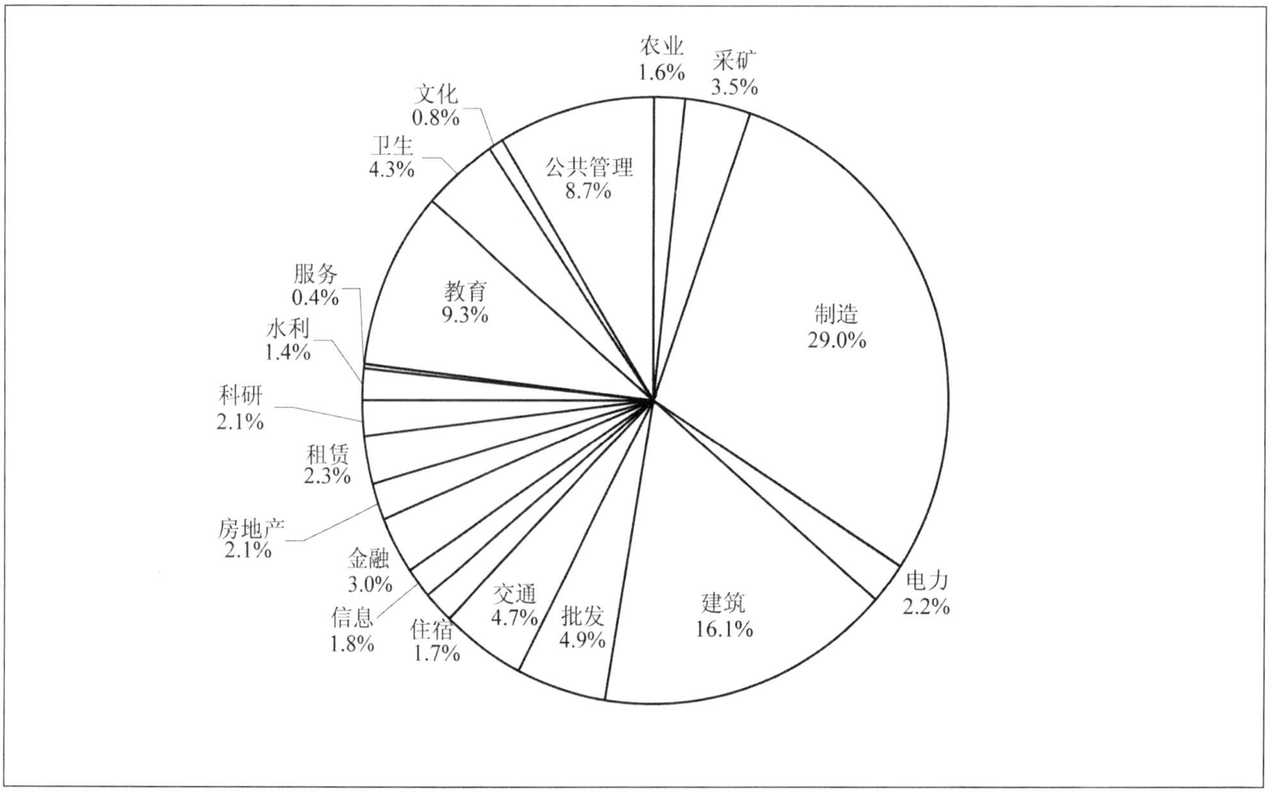

图5 2013年城镇单位女性就业人员占就业人员比重

PROPORTION OF FEMALE EMPLOYMENT IN URBAN UNITS BY SECTOR (2013)

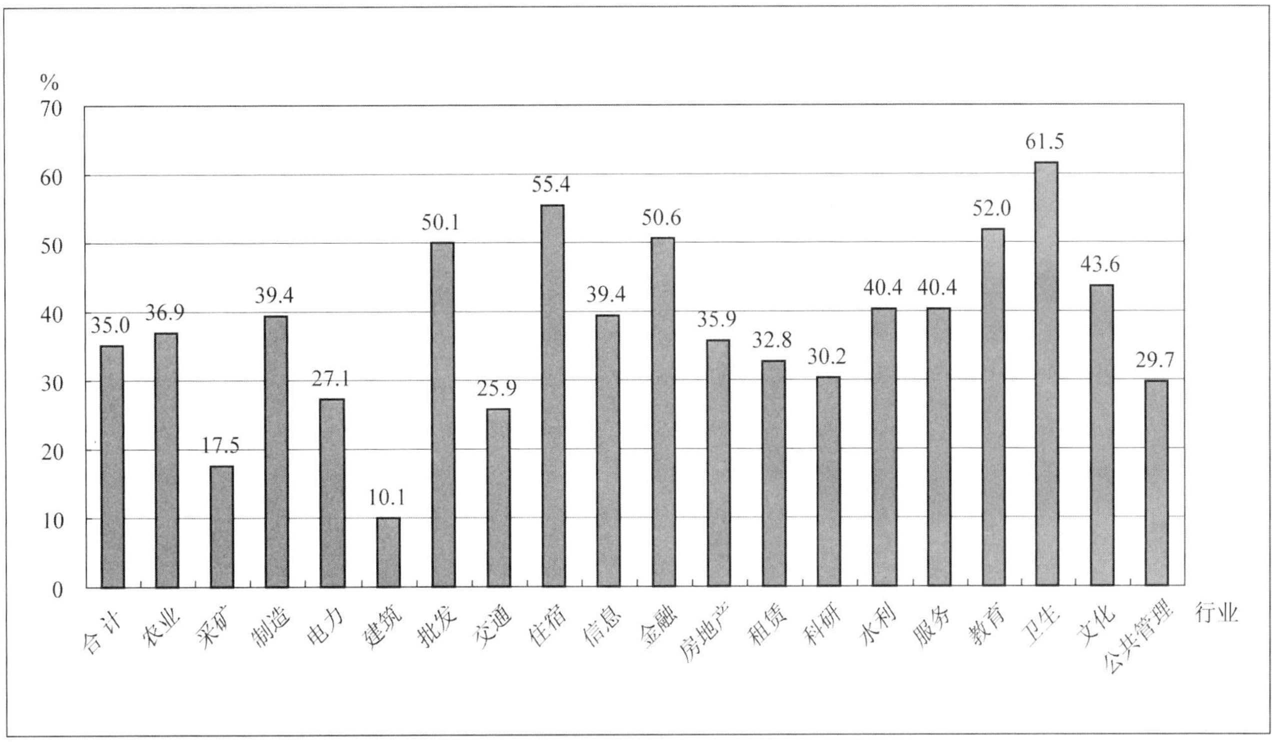

目　　录
CONTENTS

一、综　合
GENERAL SURVEY

二、就业与失业
EMPLOYMENT AND UNEMPLOYMENT

三、城镇单位就业人员和工资总额
EMPLOYMENT AND TOTAL WAGES IN URBAN UNITS

四、国有单位就业人员和工资总额
EMPLOYMENT AND TOTAL WAGES IN STATE-OWNED UNITS

五、城镇集体单位就业人员和工资总额
EMPLOYMENT AND TOTAL WAGES IN URBAN COLLECTIVE-OWNED UNITS

六、其他单位就业人员和工资总额
EMPLOYMENT AND TOTAL WAGES IN OTHER OWNERSHIP UNITS

七、职业培训与技能鉴定
VOCATIONAL TRAINING AND SKILL APPRAISAL

八、劳动关系
LABOUR RELATION

九、社会保障
SOCIAL SECURITY

十、工会工作
TRADE UNION WORKS

十一、香港资料
MAIN INDICATORS OF HONG KONG

一、综　合

GENERAL SURVEY

1-1 全国劳动统计主要指标
MAIN INDICATORS OF NATIONAL LABOUR STATISTICS

指　　标	Item	2012	2013	2013年比上年增长 % Increase Rate (2012=100)
总人口(万人)	**Total Population (10 000 persons)**	**135404**	**136072**	**0.5**
16岁以上人口数(万人)	**Population Above 16(10 000 persons)**	**111586**	**112196**	**0.5**
经济活动人口(万人)	**Economically Active Population(10 000 persons)**	**78894**	**79300**	**0.5**
全国就业人员年末人数(万人)	**Employment (end of year, 10 000 persons)**	**76704**	**76977**	**0.4**
城镇就业人员	Urban Employment	37102	38240	3.1
城镇单位就业人员	Urban Unit Employment	15236.4	18108.4	18.8
#国有单位	State-owned Units	6839.0	6365.1	-6.9
城镇集体单位	Urban Collective-owned Units	589.7	566.2	-4.0
其他单位	Other Ownership Units	7807.7	11177.2	43.2
城镇私营和个体就业人员	Employment in Urban Private Enterprises and Individuals	13200.1	14384.6	9.0
乡村就业人员	Rural Employment	39602	38737	-2.2
城镇单位就业人员工资总额(亿元)	**Total Wages of the Urban Units Employment (100 million yuan)**	**70914.2**	**92995.5**	**31.1**
#国有单位	State-owned Units	32950.0	33292.1	1.0
城镇集体单位	Urban Collective-owned Units	1990.4	2195.1	10.3
其他单位	Other Ownership Units	35973.8	57508.3	59.9
城镇单位就业人员平均工资(元)	**Average Wage of the Urban Units Employment (yuan)**	**46769**	**51483**	**10.1**
#国有单位	State-owned Units	48357	52657	8.9
城镇集体单位	Urban Collective-owned Units	33784	38905	15.2
其他单位	Other Ownership Units	46360	51453	11.0
在岗职工平均工资(元)	**Average wage of staff and workers**	**47593**	**52388**	**10.1**
#国有单位	State-owned Units	49750	54225	9.0
城镇集体单位	Urban Collective-owned Units	34431	39669	15.2
其他单位	Other Ownership Units	46682	51972	11.3
城镇登记失业人员年末人数(万人)	**Urban Registered Unemployment (10 000 persons)**	**917**	**926**	**1.0**
非经济活动人口(万人)	**Noneconomically Active Population (10 000 persons)**	**32692**	**32896**	**0.6**

注:1)自2009年始，“城镇单位就业人员工资总额”和“城镇单位就业人员平均工资”即为2008年及以前的“城镇单位就业人员劳动报酬”和“城镇单位就业人员平均劳动报酬”。往年本年鉴及相关资料中1994-2008年城镇单位就业人员劳动报酬和平均劳动报酬指标与此指标统计口径相同。

2)2013年部分经济类型单位、部分行业就业人员数、工资总额变动较大，系将原属于乡镇企业的规模以上法人单位纳入劳动工资统计范围所致(以下相关表同)。

a)Since 2009, “Total wages of the urban units employment” and “Average wage of the urban units employment” refer to “Earnings of the urban units employment” and “Average earning of the urban units employment” before 2008. Statistical coverage of “Earnings of the urban units employment” and “Average earning of the urban units employment” in this previous yearbook and relevant books from 1994 to 2008 are the same with the indicators above.

b)In 2013, some units by status of registration, some employment by industry, total wages bill changed greatly, because legal persons above designated size originally belonged to township enterprises were taken into statistics of labour wages. The same applies to the relevant tables following.

1-2　人口数及构成(年末数)
POPULATION AND COMPOSITION (End of Year)

单位：万人，%　　(10 000 persons,%)

年　份 Year	总人口 Total Population	按性别分 Grouped by Sex				按城乡分 Grouped by Residence			
		男 Male		女 Female		城镇 Urban		乡村 Rural	
		人口数 Population	比重 Proportion	人口数 Population	比重 Proportion	人口数 Population	比重 Proportion	人口数 Population	比重 Proportion
1952	57482	29833	51.9	27649	48.1	7163	12.5	50319	87.5
1957	64653	33469	51.8	31184	48.2	9949	15.4	54704	84.6
1962	67295	34517	51.3	32778	48.7	11659	17.3	55636	82.7
1965	72538	37128	51.2	35410	48.8	13045	18.0	59493	82.0
1970	82992	42686	51.4	40306	48.6	14424	17.4	68568	82.6
1971	85229	43819	51.4	41410	48.6	14711	17.3	70518	82.7
1972	87177	44813	51.4	42364	48.6	14935	17.1	72242	82.9
1973	89211	45876	51.4	43335	48.6	15345	17.2	73866	82.8
1974	90859	46727	51.4	44132	48.6	15595	17.2	75264	82.8
1975	92420	47564	51.5	44856	48.5	16030	17.3	76390	82.7
1976	93717	48257	51.5	45460	48.5	16341	17.4	77376	82.6
1977	94974	48908	51.5	46066	48.5	16669	17.6	78305	82.4
1978	96259	49567	51.5	46692	48.5	17245	17.9	79014	82.1
1979	97542	50192	51.5	47350	48.5	18495	19.0	79047	81.0
1980	98705	50785	51.5	47920	48.6	19140	19.4	79565	80.6
1981	100072	51519	51.5	48553	48.5	20171	20.2	79901	79.8
1982	101654	52352	51.5	49302	48.5	21480	21.1	80174	78.9
1983	103008	53152	51.6	49856	48.4	22274	21.6	80734	78.4
1984	104357	53848	51.6	50509	48.4	24017	23.0	80340	77.0
1985	105851	54725	51.7	51126	48.3	25094	23.7	80757	76.3
1986	107507	55581	51.7	51926	48.3	26366	24.5	81141	75.5
1987	109300	56290	51.5	53010	48.5	27674	25.3	81626	74.7
1988	111026	57201	51.5	53825	48.5	28661	25.8	82365	74.2
1989	112704	58099	51.6	54605	48.5	29540	26.2	83164	73.8
1990	114333	58904	51.5	55429	48.5	30195	26.4	84138	73.6
1991	115823	59466	51.3	56357	48.7	31203	26.9	84620	73.1
1992	117171	59811	51.0	57360	49.0	32175	27.5	84996	72.5
1993	118517	60472	51.0	58045	49.0	33173	28.0	85344	72.0
1994	119850	61246	51.1	58604	48.9	34169	28.5	85681	71.5
1995	121121	61808	51.0	59313	49.0	35174	29.0	85947	71.0
1996	122389	62200	50.8	60189	49.2	37304	30.5	85085	69.5
1997	123626	63131	51.1	60495	48.9	39449	31.9	84177	68.1
1998	124761	63604	51.0	61157	49.0	41608	33.4	83153	66.6
1999	125786	64126	51.0	61660	49.0	43748	34.8	82038	65.2
2000	126743	65437	51.6	61306	48.4	45906	36.2	80837	63.8
2001	127627	65672	51.5	61955	48.5	48064	37.7	79563	62.3
2002	128453	66115	51.5	62338	48.5	50212	39.1	78241	60.9
2003	129227	66556	51.5	62671	48.5	52376	40.5	76851	59.5
2004	129988	66976	51.5	63012	48.5	54283	41.8	75705	58.2
2005	130756	67375	51.5	63381	48.5	56212	43.0	74544	57.0
2006	131448	67728	51.5	63720	48.5	58288	44.3	73160	55.7
2007	132129	68048	51.5	64081	48.5	60633	45.9	71496	54.1
2008	132802	68357	51.5	64445	48.5	62403	47.0	70399	53.0
2009	133450	68647	51.4	64803	48.6	64512	48.3	68938	51.7
2010	134091	68748	51.3	65343	48.7	66978	49.9	67113	50.1
2011	134735	69068	51.3	65667	48.7	69079	51.3	65656	48.7
2012	135404	69395	51.3	66009	48.7	71182	52.6	64222	47.4
2013	136272	69728	51.2	66344	48.7	73111	53.7	62961	46.2

1-3 国内生产总值及构成
GROSS DOMESTIC PRODUCT AND COMPOSITION

年　份 Year	国内生产总值 Gross Domestic Product	第一产业 Primary Industry	第二产业 Secondary Industry	第三产业 Tertiary Industry
一、绝对数（亿元） Value (100 million yuan)				
1978	3645.2	1027.5	1745.2	872.5
1980	4545.6	1371.6	2192.0	982.0
1985	9016.0	2564.4	3866.6	2585.0
1986	10275.2	2788.7	4492.7	2993.8
1987	12058.6	3233.0	5251.6	3574.0
1988	15042.8	3865.4	6587.2	4590.3
1989	16992.3	4228.0	7278.0	5486.3
1990	18667.8	5062.0	7717.4	5888.4
1991	21781.5	5342.2	9102.2	7337.1
1992	26923.5	5866.6	11699.5	9357.4
1993	35333.9	6963.8	16454.4	11915.7
1994	48197.9	9572.7	22445.4	16179.8
1995	60793.7	12135.8	28679.5	19978.5
1996	71176.6	14015.4	33835.0	23326.2
1997	78973.0	14441.9	37543.0	26988.1
1998	84402.3	14817.6	39004.2	30580.5
1999	89677.1	14770.0	41033.6	33873.4
2000	99214.6	14944.7	45555.9	38714.0
2001	109655.2	15781.3	49512.3	44361.6
2002	120332.7	16537.0	53896.8	49898.9
2003	135822.8	17381.7	62436.3	56004.7
2004	159878.3	21412.7	73904.3	64561.3
2005	184937.4	22420.0	87598.1	74919.3
2006	216314.4	24040.0	103719.5	88554.9
2007	265810.3	28627.0	125831.4	111351.9
2008	314045.4	33702.0	149003.4	131340.0
2009	340902.8	35226.0	157638.8	148038.0
2010	401512.8	40533.6	187383.2	173596.0
2011	473104.0	47486.2	220412.8	205205.0
2012	519470.1	52373.6	235162.0	231934.5
2013	568845.2	56957.0	249684.4	262203.8
二、构成（%） Composition (%)				
1978	100.0	28.2	47.9	23.9
1980	100.0	30.2	48.2	21.6
1985	100.0	28.4	42.9	28.7
1986	100.0	27.2	43.7	29.1
1987	100.0	26.8	43.6	29.6
1988	100.0	25.7	43.8	30.5
1989	100.0	25.1	42.8	32.1
1990	100.0	27.1	41.3	31.6
1991	100.0	24.5	41.8	33.7
1992	100.0	21.8	43.4	34.8
1993	100.0	19.7	46.6	33.7
1994	100.0	19.8	46.6	33.6
1995	100.0	19.9	47.2	32.9
1996	100.0	19.7	47.5	32.8
1997	100.0	18.3	47.5	34.2
1998	100.0	17.6	46.2	36.2
1999	100.0	16.5	45.8	37.7
2000	100.0	15.1	45.9	39.0
2001	100.0	14.4	45.2	40.5
2002	100.0	13.7	44.8	41.5
2003	100.0	12.8	46.0	41.2
2004	100.0	13.4	46.2	40.4
2005	100.0	12.1	47.4	40.5
2006	100.0	11.1	47.9	40.9
2007	100.0	10.8	47.3	41.9
2008	100.0	10.7	47.4	41.8
2009	100.0	10.3	46.2	43.4
2010	100.0	10.1	46.7	43.2
2011	100.0	10.0	46.6	43.4
2012	100.0	10.1	45.3	44.6
2013	100.0	10.0	43.9	46.1

1-4　国内生产总值指数、城镇单位就业人员平均工资和城镇居民消费价格指数

INDICES OF GROSS DOMESTIC PRODUCT, AVERAGE WAGE IN URBAN UNITS AND URBAN CONSUMER PRICE INDEX

(上年=100) (preceding year=100)

年　份 Year	国内生产总值指数 Indices of Gross Domestic Product	城镇单位就业人员平均工资指数 Index of Average Wage of the Urban Units Employment 货币工资 Money Wage	 实际工资 Real Wage	城镇居民消费价格指数 Urban Consumer Price Index
1979	107.6	108.6	106.7	101.9
1980	107.8	114.1	106.1	107.5
1981	105.2	101.3	98.9	102.5
1982	109.1	103.4	101.5	102.0
1983	110.9	103.5	101.4	102.0
1984	115.2	117.9	114.7	102.7
1985	113.5	117.9	105.3	111.9
1986	108.8	115.8	108.3	107.0
1987	111.6	109.8	101.0	108.8
1988	111.3	119.7	99.2	120.7
1989	104.1	110.8	95.2	116.3
1990	103.8	110.6	109.2	101.3
1991	109.2	109.3	104.0	105.1
1992	114.2	115.9	106.7	108.6
1993	114.0	124.3	107.1	116.1
1994	113.1	134.6	107.7	125.0
1995	110.9	118.9	101.8	116.8
1996	110.0	111.8	102.8	108.8
1997	109.3	107.8	104.5	103.1
1998	107.8	115.5	116.2	99.4
1999	107.6	111.7	113.2	98.7
2000	108.4	112.2	111.3	100.8
2001	108.3	116.1	115.3	100.7
2002	109.1	114.2	115.4	99.2
2003	110.0	112.9	111.9	101.2
2004	110.1	114.0	109.7	103.9
2005	111.3	114.3	112.3	101.8
2006	112.7	114.6	112.9	101.5
2007	114.2	118.5	113.1	104.8
2008	109.6	116.9	110.4	105.9
2009	109.2	111.6	112.4	99.3
2010	110.4	113.3	109.8	103.3
2011	109.3	114.4	108.6	105.4
2012	107.7	111.9	109.1	102.6
2013	107.7	110.1	107.3	102.6

注：1994年及以前为城镇单位职工平均工资数(以下各表同)。
a)Data before 1994 are staff and workers figures(The same as in the following tables).

1-5 全国就业人员年末人数

NUMBER OF EMPLOYMENT AT THE YEAR-END

单位：万人，% (10 000 persons,%)

年 份 Year	就业人员 Employment 合 计 Total	就业人员 Employment 占人口比重 Percentage of Total Population	城 镇 就业人员 Urban Employment	乡 村 就业人员 Rural Employment	按三次产业分 Group by Industry 第一产业 Primary Industry	按三次产业分 Group by Industry 第二产业 Secondary Industry	按三次产业分 Group by Industry 第三产业 Tertiary Industry	构成(以合计为100) Percentage(total=100) 第一产业 Primary Industry	构成(以合计为100) Percentage(total=100) 第二产业 Secondary Industry	构成(以合计为100) Percentage(total=100) 第三产业 Tertiary Industry
1952	20729	36.1	2486	18243	17317	1531	1881	83.5	7.4	9.1
1953	21364	36.3	2754	18610	17747	1715	1902	83.1	8.0	8.9
1954	21832	36.2	2744	19088	18151	1882	1799	83.1	8.6	8.3
1955	22328	36.3	2802	19526	18592	1913	1823	83.3	8.6	8.1
1956	23018	36.6	2993	20025	18544	2468	2006	80.6	10.7	8.7
1957	23771	36.8	3205	20566	19309	2142	2320	81.2	9.0	9.8
1958	26600	40.3	5300	21300	15490	7076	4034	58.2	26.6	15.2
1959	26173	38.9	5389	20784	16271	5402	4500	62.2	20.6	17.2
1960	25880	39.1	6119	19761	17016	4112	4752	65.7	15.9	18.4
1961	25590	38.9	5336	20254	19747	2856	2987	77.2	11.2	11.6
1962	25910	38.5	4537	21373	21276	2059	2575	82.1	8.0	9.9
1963	26640	38.5	4603	22037	21966	2038	2636	82.5	7.6	9.9
1964	27736	39.3	4828	22908	22801	2183	2752	82.2	7.9	9.9
1965	28670	39.5	5136	23534	23396	2408	2866	81.6	8.4	10.0
1966	29805	40.0	5354	24451	24297	2600	2908	81.5	8.7	9.8
1967	30814	40.3	5446	25368	25165	2661	2988	81.7	8.6	9.7
1968	31915	40.6	5630	26285	26063	2743	3109	81.7	8.6	9.7
1969	33225	41.2	5825	27400	27117	3030	3078	81.6	9.1	9.3
1970	34432	41.5	6312	28120	27811	3518	3103	80.8	10.2	9.0
1971	35620	41.8	6868	28752	28397	3990	3233	79.7	11.2	9.1
1972	35854	41.1	7200	28654	28283	4276	3295	78.9	11.9	9.2
1973	36652	41.1	7388	29264	28857	4492	3303	78.7	12.3	9.0
1974	37369	41.1	7687	29682	29218	4712	3439	78.2	12.6	9.2
1975	38168	41.3	8222	29946	29456	5152	3560	77.2	13.5	9.3
1976	38834	41.4	8692	30142	29443	5611	3780	75.8	14.5	9.7
1977	39377	41.5	9127	30250	29340	5831	4206	74.5	14.8	10.7
1978	40152	41.7	9514	30638	28318	6945	4890	70.5	17.3	12.2
1979	41024	42.1	9999	31025	28634	7214	5177	69.8	17.6	12.6
1980	42361	42.9	10525	31836	29122	7707	5532	68.7	18.2	13.1

注：全国就业人员1990年及以后的数据根据劳动力调查、人口普查推算，2001年及以后数据根据第六次人口普查数据重新修订(下表同)。

a) From 1990 to 2000, the total number of employed persons were estimated according to Labour Force Survey and Population Census, since 2001, were revised according to the 6th National Population Census. The same applies to the following tables.

1-5　续表　continued

单位：万人，%　　　　(10 000 persons,%)

年 份 Year	就业人员 Employment 合 计 Total	占人口比重 Percentage of Total Population	城镇就业人员 Urban Employment	乡村就业人员 Rural Employment	按三次产业分 Group by Industry 第一产业 Primary Industry	第二产业 Secondary Industry	第三产业 Tertiary Industry	构成(以合计为100) Percentage(total=100) 第一产业 Primary Industry	第二产业 Secondary Industry	第三产业 Tertiary Industry
1981	43725	43.7	11053	32672	29777	8003	5945	68.1	18.3	13.6
1982	45295	44.6	11428	33867	30859	8346	6090	68.1	18.4	13.5
1983	46436	45.1	11746	34690	31151	8679	6606	67.1	18.7	14.2
1984	48197	46.2	12229	35968	30868	9590	7739	64.0	19.9	16.1
1985	49873	47.1	12808	37065	31130	10384	8359	62.4	20.8	16.8
1986	51282	47.7	13292	37990	31254	11216	8811	60.9	21.9	17.2
1987	52783	48.3	13783	39000	31663	11726	9395	60.0	22.2	17.8
1988	54334	48.9	14267	40067	32249	12152	9933	59.3	22.4	18.3
1989	55329	49.1	14390	40939	33225	11976	10129	60.1	21.6	18.3
1990	64749	56.6	17041	47708	38914	13856	11979	60.1	21.4	18.5
1991	65491	56.5	17465	48026	39098	14015	12378	59.7	21.4	18.9
1992	66152	56.5	17861	48291	38699	14355	13098	58.5	21.7	19.8
1993	66808	56.4	18262	48546	37680	14965	14163	56.4	22.4	21.2
1994	67455	56.3	18653	48802	36628	15312	15515	54.3	22.7	23.0
1995	68065	56.2	19040	49025	35530	15655	16880	52.2	23.0	24.8
1996	68950	56.3	19922	49028	34820	16203	17927	50.5	23.5	26.0
1997	69820	56.5	20781	49039	34840	16547	18432	49.9	23.7	26.4
1998	70637	56.6	21616	49021	35177	16600	18860	49.8	23.5	26.7
1999	71394	56.8	22412	48982	35768	16421	19205	50.1	23.0	26.9
2000	72085	56.9	23151	48934	36043	16219	19823	50.0	22.5	27.5
2001	72797	57.0	24123	48674	36399	16234	20165	50.0	22.3	27.7
2002	73280	57.0	25159	48121	36640	15682	20958	50.0	21.4	28.6
2003	73736	57.1	26230	47506	36204	15927	21605	49.1	21.6	29.3
2004	74264	57.1	27293	46971	34830	16709	22725	46.9	22.5	30.6
2005	74647	57.1	28389	46258	33442	17766	23439	44.8	23.8	31.4
2006	74978	57.0	29630	45348	31941	18894	24143	42.6	25.2	32.2
2007	75321	57.0	30953	44368	30731	20186	24404	40.8	26.8	32.4
2008	75564	56.9	32103	43461	29923	20553	25087	39.6	27.2	33.2
2009	75828	56.8	33322	42506	28890	21080	25857	38.1	27.8	34.1
2010	76105	56.8	34687	41418	27931	21842	26332	36.7	28.7	34.6
2011	76420	56.7	35914	40506	26594	22544	27282	34.8	29.5	35.7
2012	76704	56.6	37102	39602	25773	23241	27690	33.6	30.3	36.1
2013	76977	56.6	38240	38737	24171	23170	29636	31.4	30.1	38.5

1-6 分行业就业人员年末人数

EMPLOYMENT AT THE YEAR-END BY SECTOR

单位：万人 (10 000 persons)

年 份 Year	合 计 Total	农、林、牧、渔业 Farming, Forestry, Animal Husbandry and Fishery	采掘业 Mining and Quarrying	制造业 Manufacturing	电力、煤气及水的生产和供应业 Production and Supply of Electricity, Gas and Water	建筑业 Construction	地质勘查业、水利管理业 Geological Prospecting & Water Conservancy	交通运输、仓储及邮电通信业 Transport, Storage, Post and Tele-communications	批发和零售贸易、餐饮业 Wholesale and Retail Trade & Catering Services
1978	40152	28318	652	5332	107	854	178	750	1140
1980	42361	29122	697	5899	118	993	188	805	1363
1985	49873	31130	795	7412	142	2035	197	1279	2306
1986	51282	31254	809	8019	152	2236	197	1376	2413
1987	52783	31663	819	8359	164	2384	200	1453	2576
1988	54334	32249	832	8652	177	2491	204	1521	2743
1989	55329	33225	842	8547	180	2407	199	1522	2770
1990	64749	34117	882	8624	192	2424	197	1566	2839
1991	65491	34956	905	8839	203	2482	199	1617	2998
1992	66152	34795	898	9106	215	2660	202	1674	3209
1993	66808	33966	932	9295	240	3050	144	1688	3459
1994	67455	33386	915	9613	246	3188	139	1864	3921
1995	68065	33018	932	9803	258	3322	135	1942	4292
1996	68950	32909	902	9763	273	3408	129	2013	4511
1997	69820	33095	868	9612	283	3449	129	2062	4795
1998	70637	33232	721	8319	283	3327	116	2000	4645
1999	71394	33493	667	8109	285	3412	111	2022	4751
2000	72085	33355	597	8043	284	3552	110	2029	4686
2001	73025	32974	561	8083	288	3669	105	2037	4737
2002	73740	32487	558	8307	290	3893	98	2084	4969

1-6 续表 continued

单位：万人 (10 000 persons)

年份 Year	金融、保险业 Finance and Insurance	房地产业 Real Estate Trade	社会服务业 Social Services	卫生、体育和社会福利业 Health Care, Sporting and Social Welfare	教育、文化艺术和广播电影电视业 Education, Culture and Arts, Radio, Film and Television	科学研究和综合技术服务业 Scientific Research and Polytechnical Services	国家机关政党机关和社会团体 Government Agencies, Party Agencies and Social Organizations	其他 Others
1978	76	31	179	363	1093	92	467	521
1980	99	37	276	389	1147	113	527	588
1985	138	36	401	467	1273	144	799	1319
1986	152	38	466	482	1324	152	873	1338
1987	170	39	501	496	1375	158	925	1502
1988	194	42	534	508	1403	161	971	1655
1989	205	43	550	518	1426	165	1022	1709
1990	218	44	594	536	1457	173	1079	1798
1991	234	48	604	553	1497	179	1136	1910
1992	248	54	643	565	1520	183	1148	2313
1993	270	66	543	416	1210	173	1030	3740
1994	264	74	626	434	1436	178	1033	4155
1995	276	80	703	444	1476	182	1042	4484
1996	292	84	747	458	1513	183	1093	4563
1997	308	87	810	471	1557	186	1093	4862
1998	314	94	868	478	1573	178	1097	5118
1999	328	96	923	482	1568	173	1102	4969
2000	327	100	921	488	1565	174	1104	5643
2001	336	107	976	493	1568	165	1101	5852
2002	340	118	1094	493	1565	163	1075	6245

1-7 分地区分登记注册类型城镇就业人员年末人数及构成(2013年)

URBAN EMPLOYMENT AND COMPOSITION AT THE YEAR-END BY REGISTRATION STATUS AND REGION(2013)

单位：万人 (10 000 persons)

地区 Region		合计 Total	国有单位 State-owned Units	城镇集体单位 Urban Collective-owned Units	其他单位 Other Ownership Units	私营企业个体 Private Enterprises, Individuals	构成（以合计为100） Composition(Total=100) 国有单位 State-owned Units	城镇集体单位 Urban Collective-owned Units	其他单位 Other Ownership Units	私营企业个体 Private Enterprises Individuals
全国总计	**National**	**38240.0**	**6365.1**	**566.2**	**11177.2**	**14384.6**	**19.6**	**1.7**	**34.4**	**44.3**
北京	Beijing	1162.8	189.5	17.5	535.2	420.5	16.3	1.5	46.0	36.2
天津	Tianjin	434.8	77.9	7.1	217.5	132.4	17.9	1.6	50.0	30.4
河北	Hebei	1083.5	298.9	18.0	336.4	430.2	27.6	1.7	31.0	39.7
山西	Shanxi	696.1	210.0	21.4	232.6	232.1	30.2	3.1	33.4	33.3
内蒙古	Inner Mongolia	645.3	170.8	7.3	125.7	341.5	26.5	1.1	19.5	52.9
辽宁	Liaoning	1301.8	292.5	36.7	359.8	612.7	22.5	2.8	27.6	47.1
吉林	Jilin	699.5	174.0	7.4	157.1	361.1	24.9	1.1	22.5	51.6
黑龙江	Heilongjiang	860.1	296.5	15.8	155.4	392.3	34.5	1.8	18.1	45.6
上海	Shanghai	1045.1	111.5	12.0	495.3	426.3	10.7	1.1	47.4	40.8
江苏	Jiangsu	3181.8	293.3	38.8	1171.2	1678.6	9.2	1.2	36.8	52.8
浙江	Zhejiang	2080.1	213.0	22.3	836.4	1008.5	10.2	1.1	40.2	48.5
安徽	Anhui	1043.6	197.0	16.4	306.3	523.9	18.9	1.6	29.4	50.2
福建	Fujian	1129.8	155.2	14.1	474.7	485.8	13.7	1.2	42.0	43.0
江西	Jiangxi	813.4	187.2	15.4	242.4	368.4	23.0	1.9	29.8	45.3
山东	Shandong	2052.6	411.8	59.2	819.6	762.0	20.1	2.9	39.9	37.1
河南	Henan	1535.2	369.8	46.1	660.1	459.2	24.1	3.0	43.0	29.9
湖北	Hubei	1319.5	268.6	15.3	412.7	623.0	20.4	1.2	31.3	47.2
湖南	Hunan	1253.9	269.1	23.7	308.2	652.9	21.5	1.9	24.6	52.1
广东	Guangdong	3637.1	402.8	58.5	1505.7	1670.1	11.1	1.6	41.4	45.9
广西	Guangxi	700.7	210.9	14.4	177.7	297.7	30.1	2.1	25.4	42.5
海南	Hainan	217.8	44.4	3.0	51.3	119.1	20.4	1.4	23.6	54.7
重庆	Chongqing	907.7	121.2	9.1	271.7	505.7	13.4	1.0	29.9	55.7
四川	Sichuan	1360.3	361.3	31.4	453.5	514.0	26.6	2.3	33.3	37.8
贵州	Guizhou	466.8	166.1	6.2	124.4	170.1	35.6	1.3	26.7	36.4
云南	Yunnan	830.0	186.2	14.0	227.9	401.9	22.4	1.7	27.5	48.4
西藏	Tibet	75.6	26.7	0.5	3.8	44.5	35.4	0.7	5.0	58.9
陕西	Shaanxi	806.2	237.0	18.9	249.4	300.9	29.4	2.3	30.9	37.3
甘肃	Gansu	423.1	148.3	10.7	97.6	166.5	35.0	2.5	23.1	39.3
青海	Qinghai	114.1	34.8	1.3	28.1	49.9	30.5	1.1	24.6	43.7
宁夏	Ningxia	128.9	36.7	0.8	34.6	56.7	28.5	0.6	26.9	44.0
新疆	Xinjiang	485.8	201.8	2.9	104.8	176.2	41.6	0.6	21.6	36.3

注：全国城镇就业人员根据年度劳动力抽样调查推算，故不等于分登记注册类型城镇就业人员总计。

a) The total number of urban employed persons was estimated according to Labour Force Survey and was not equal to the sum of urban employed persons by registration status.

1-8 分登记注册类型城镇单位就业人员年末人数及构成
EMPLOYMENT AND COMPOSITION IN URBAN UNITS BY REGISTRATION STATUS(End of Year)

单位：万人 (10 000 persons)

年 份 Yesr	合 计 Total	国有单位 State-owned Units	城镇集体单位 Urban Collective-owned Units	其他单位 Other Owner-ship Units	构成(以合计为100) Composition(Total=100)		
					国有单位 State-owned Units	城镇集体单位 Urban Collective-owned Units	其他单位 Other Owner-ship Units
1971	6787	5318	1469		78.4	21.6	
1975	8198	6426	1772		78.4	21.6	
1978	9499	7451	2048		78.4	21.6	
1979	9967	7693	2274		77.2	22.8	
1980	10444	8019	2425		76.8	23.2	
1981	10940	8372	2568		76.5	23.5	
1982	11281	8630	2651		76.5	23.5	
1983	11515	8771	2744		76.2	23.8	
1984	11890	8637	3216	37	72.6	27.0	0.3
1985	12358	8990	3324	44	72.7	26.9	0.4
1986	12809	9333	3421	55	72.9	26.7	0.4
1987	13214	9654	3488	72	73.1	26.4	0.5
1988	13608	9984	3527	97	73.4	25.9	0.7
1989	13742	10108	3502	132	73.5	25.5	1.0
1990	14059	10346	3549	164	73.6	25.2	1.2
1991	14508	10664	3628	216	73.5	25.0	1.5
1992	14792	10889	3621	282	73.6	24.5	1.9
1993	14849	10920	3393	536	73.5	22.9	3.6
1994	14849	10890	3211	747	73.3	21.6	5.0
1995	15301	11261	3147	894	73.6	20.6	5.8
1996	15221	11244	3016	962	73.9	19.8	6.3
1997	15036	11044	2883	1109	73.5	19.2	7.4
1998	12696	9058	1963	1675	71.3	15.5	13.2
1999	12130	8572	1712	1846	70.7	14.1	15.2
2000	11612	8102	1499	2011	69.8	12.9	17.3
2001	11166	7640	1291	2235	68.4	11.6	20.0
2002	10985	7163	1122	2700	65.2	10.2	24.6
2003	10970	6876	1000	3094	62.7	9.1	28.2
2004	11099	6710	897	3492	60.5	8.1	31.5
2005	11404	6488	810	4106	56.9	7.1	36.0
2006	11713	6430	764	4519	54.9	6.5	38.6
2007	12024	6424	718	4882	53.4	6.0	40.6
2008	12193	6447	662	5084	52.9	5.4	41.7
2009	12573	6420	618	5535	51.1	4.9	44.0
2010	13052	6516	597	5938	49.9	4.6	45.5
2011	14413	6704	603	7106	46.5	4.2	49.3
2012	15236	6839	590	7808	44.9	3.9	51.2
2013	18108	6365	566	11177	35.1	3.1	61.7

注:1994年及以前为职工数(以下各表同)。

a)Data before 1994 are staff and workers figures(The same as in the following tables).

1-9 分行业城镇单位就业人员年末人数
EMPLOYMENT IN URBAN UNITS BY SECTOR(End of Year)

单位：万人 (10 000 persons)

年 份 Year	合 计 Total	农、林、牧、渔业 Farming, Forestry, Animal Husbandry and Fishery	采掘业 Mining and Quarrying	制造业 Manufacturing	电力、煤气及水的生产和供应业 Production and Supply of Electricity, Gas and Water	建筑业 Construction	地质勘查业、水利管理业 Geological Prospecting and Water Conservancy	交通运输、仓储及邮电通信业 Transport, Storage,Post and Tele-communications
1994	14848.7	679.7	904.2	5433.6	244.5	1072.4	137.5	835.1
1995	15300.8	669.4	921.4	5493.1	257.9	1090.1	134.6	848.5
1996	15221.1	631.3	891.8	5344.0	272.8	1069.7	128.9	853.2
1997	15036.2	629.2	856.8	5129.9	283.3	1037.4	129.0	850.5
1998	12695.7	562.5	707.3	3826.1	282.9	878.1	116.2	721.5
1999	12130.2	536.5	655.2	3554.3	285.0	814.8	111.4	704.2
2000	11612.5	516.4	585.2	3300.7	283.8	780.1	110.2	680.4
2001	11165.8	483.2	548.2	3070.1	287.8	774.0	104.9	651.6
2002	10985.2	455.2	542.7	2980.7	289.6	803.2	97.7	639.5

1-9 续表 continued

单位：万人 (10 000 persons)

年 份 Year	批发和零售贸易、餐饮业 Wholesale and Retail Trade & Catering Services	金融、保险业 Finance and Insurance	房地产业 Real Estate Trade	社会服务业 Social Services	卫生、体育和社会福利业 Health Care, Sporting and Social Welfare	教育、文化艺术和广播电影电视业 Education, Culture and Arts, Radio, Film and Television	科学研究和综合技术服务业 Scientific Research and Polytechnical Services	国家机关政党机关和社会团体 Government Agencies, Party Agencies and Social Organizations	其 他 Others
1994	1832.7	260.8	72.1	446.6	427.5	1248.8	174.0	1016.5	62.6
1995	1855.9	276.3	79.6	461.4	444.3	1476.1	181.9	1041.7	68.8
1996	1830.0	291.9	84.3	472.1	457.5	1512.6	182.7	1092.6	105.8
1997	1796.1	308.2	86.9	494.3	471.1	1556.7	185.8	1093.1	127.8
1998	1286.6	313.5	93.7	470.4	477.7	1573.3	177.5	1096.5	111.9
1999	1141.5	328.5	96.6	476.0	482.0	1567.8	173.6	1102.1	100.9
2000	1009.5	326.8	100.4	483.5	488.1	1565.8	174.5	1103.8	103.1
2001	874.2	335.9	107.5	491.4	493.0	1567.9	165.0	1100.9	110.1
2002	774.5	339.8	118.4	521.0	493.2	1565.1	162.7	1074.7	127.0

1-10 分行业城镇单位就业人员(国有单位)

EMPLOYMENT IN URBAN UNITS BY SECTOR(State-owned Units,End of Year)

单位：万人 (10 000 persons)

年 份 Year	合 计 Total	农、林、牧、渔业 Farming, Forestry, Animal Husbandry and Fishery	采掘业 Mining and Quarrying	制造业 Manufacturing	电力、煤气及水的生产和供应业 Production and Supply of Electricity, Gas and Water	建筑业 Construction	地质勘查业、水利管理业 Geological Prospecting and Water Conservancy	交通运输、仓储及邮电通信业 Transport, Storage,Post and Tele-communications
1994	10890.1	653.2	820.1	3320.9	229.6	629.2	135.4	677.4
1995	11260.5	642.6	839.0	3347.9	238.3	627.9	132.5	699.1
1996	11243.6	605.5	813.6	3238.6	251.2	616.1	126.7	705.6
1997	11044.2	605.1	776.8	3028.2	258.0	598.0	125.9	706.1
1998	9058.1	541.1	600.7	1900.7	243.2	462.8	114.0	601.5
1999	8572.1	517.2	529.0	1665.2	240.1	419.0	109.2	585.8
2000	8101.9	496.2	451.3	1432.1	234.1	391.7	108.0	566.5
2001	7639.9	464.5	404.6	1210.0	231.9	357.6	102.8	536.2
2002	7162.9	433.4	350.4	994.9	223.5	320.6	95.6	518.2

1-10 续表 continued

单位：万人 (10 000 persons)

年 份 Year	批发和零售贸易、餐饮业 Wholesale and Retail Trade & Catering Services	金融、保险业 Finance and Insurance	房地产业 Real Estate Trade	社会服务业 Social Services	卫生、体育和社会福利业 Health Care, Sporting and Social Welfare	教育、文化艺术和广播电影电视业 Education, Culture and Arts, Radio, Film and Television	科学研究和综合技术服务业 Scientific Research and Polytechnical Services	国家机关政党机关和社会团体 Government Agencies, Party Agencies and Social Organizations	其 他 Others
1994	1053.7	196.3	58.6	307.6	367.9	1227.4	165.2	1007.4	40.2
1995	1072.2	204.8	62.9	321.0	383.2	1443.0	170.0	1033.1	43.1
1996	1064.7	210.7	64.6	335.4	394.8	1486.2	168.7	1084.3	76.9
1997	1045.7	217.6	65.3	352.6	407.6	1502.7	170.2	1087.2	97.2
1998	706.0	217.5	65.1	331.7	417.0	1519.7	159.5	1091.1	86.4
1999	620.3	226.5	64.0	330.7	422.6	1512.9	157.0	1097.2	75.4
2000	544.0	223.4	63.3	326.7	427.3	1508.4	151.2	1098.9	78.7
2001	460.6	221.7	63.4	322.6	433.4	1507.7	141.9	1097.0	83.9
2002	380.4	216.2	61.3	327.4	437.8	1497.2	139.1	1071.0	96.0

1-11 分行业城镇单位就业人员(城镇集体单位)

EMPLOYMENT IN URBAN UNITS BY SECTOR (Urban Collective-owned Units,End of Year)

单位：万人 (10 000 persons)

年份 Year	合计 Total	农、林、牧、渔业 Farming, Forestry, Animal Husbandry and Fishery	采掘业 Mining and Quarrying	制造业 Manufacturing	电力、煤气及水的生产和供应业 Production and Supply of Electricity, Gas and Water	建筑业 Construction	地质勘查业、水利管理业 Geological Prospecting and Water Conservancy	交通运输、仓储及邮电通信业 Transport, Storage,Post and Tele-communications
1994	3211.3	23.9	80.9	1514.6	8.9	426.9	2.0	148.8
1995	3146.7	23.7	78.3	1438.3	9.2	440.3	2.0	139.5
1996	3015.8	21.8	73.8	1364.8	10.8	424.0	2.1	135.7
1997	2882.7	19.9	73.1	1261.3	11.3	404.1	3.0	127.0
1998	1963.2	16.2	49.3	758.4	10.8	321.4	2.1	81.3
1999	1711.8	14.6	42.5	636.8	9.7	291.2	2.0	69.1
2000	1499.3	13.9	35.1	531.7	9.4	272.5	1.9	58.4
2001	1291.0	11.8	30.9	437.1	8.4	255.2	1.6	49.1
2002	1122.0	10.9	30.7	357.1	7.1	231.3	1.4	41.4

1-11 续表 continued

单位：万人 (10 000 persons)

年份 Year	批发和零售贸易、餐饮业 Wholesale and Retail Trade & Catering Services	金融、保险业 Finance and Insurance	房地产业 Real Estate Trade	社会服务业 Social Services	卫生、体育和社会福利业 Health Care, Sporting and Social Welfare	教育、文化艺术和广播电影电视业 Education, Culture and Arts, Radio, Film and Television	科学研究和综合技术服务业 Scientific Research and Polytechnical Services	国家机关政党机关和社会团体 Government Agencies, Party Agencies and Social Organizations	其他 Others
1994	716.1	62.2	6.3	102.3	59.2	20.8	7.4	9.1	21.7
1995	707.3	67.5	6.7	99.3	60.7	32.1	8.7	8.7	24.3
1996	678.5	73.2	7.7	90.3	62.1	25.0	10.4	8.4	27.5
1997	647.6	77.4	7.9	90.4	62.8	52.6	10.5	5.9	27.8
1998	424.5	72.1	7.2	72.4	59.6	51.7	9.7	5.3	21.2
1999	355.0	71.8	7.5	68.9	58.2	52.2	8.3	4.8	19.2
2000	292.5	70.4	6.8	64.2	59.4	53.3	7.9	4.9	17.0
2001	223.2	69.1	6.9	59.1	57.7	55.2	5.3	3.9	16.6
2002	174.7	66.9	8.0	52.9	52.5	58.3	4.8	3.4	20.5

1-12　分行业城镇单位就业人员(其他单位)

EMPLOYMENT IN URBAN UNITS BY SECTOR (Other Ownership Units,End of Year)

单位：万人　(10 000 persons)

年份 Year	合计 Total	农、林、牧、渔业 Farming, Forestry, Animal Husbandry and Fishery	采掘业 Mining and Quarrying	制造业 Manufacturing	电力、煤气及水的生产和供应业 Production and Supply of Electricity, Gas and Water	建筑业 Construction	地质勘查业、水利管理业 Geological Prospecting and Water Conservancy	交通运输、仓储及邮电通信业 Transport, Storage,Post and Tele-communications
1994	747.4	2.6	3.2	598.1	6.0	16.3	0.1	9.0
1995	893.6	3.2	4.0	706.8	10.3	22.0		9.8
1996	961.7	4.0	4.4	740.5	10.8	29.5		12.0
1997	1109.4	4.2	6.9	840.4	14.1	35.3		17.4
1998	1674.5	5.2	57.3	1167.1	28.9	93.8	0.1	38.7
1999	1846.3	4.8	83.7	1252.2	35.2	104.6	0.2	49.2
2000	2011.3	6.4	98.8	1336.9	40.4	115.9	0.3	55.6
2001	2234.9	6.9	112.7	1423.0	47.5	161.2	0.5	66.2
2002	2700.3	10.9	161.6	1628.7	58.9	251.3	0.7	79.8

1-12　续表　continued

单位：万人　(10 000 persons)

年份 Year	批发和零售贸易、餐饮业 Wholesale and Retail Trade & Catering Services	金融、保险业 Finance and Insurance	房地产业 Real Estate Trade	社会服务业 Social Services	卫生、体育和社会福利业 Health Care, Sporting and Social Welfare	教育、文化艺术和广播电影电视业 Education, Culture and Arts, Radio, Film and Television	科学研究和综合技术服务业 Scientific Research and Polytechnical Services	国家机关政党机关和社会团体 Government Agencies, Party Agencies and Social Organizations	其他 Others
1994	62.9	2.3	7.2	36.6	0.4	0.7	1.4		0.8
1995	76.3	3.9	9.9	41.2	0.4	0.9	3.1		1.4
1996	86.8	8.0	12.0	46.4	0.5	1.4	3.6		1.5
1997	102.8	13.3	13.7	51.3	0.6	1.5	5.1		2.7
1998	156.1	23.9	21.3	66.3	1.1	1.9	8.3		4.4
1999	166.3	30.2	25.1	76.4	1.2	2.7	8.3		6.3
2000	173.0	33.0	30.3	92.6	1.4	4.1	15.3		7.4
2001	190.4	45.1	37.2	109.7	1.9	5.0	17.8		9.7
2002	219.4	56.8	49.0	140.7	3.0	9.6	18.8		11.0

1-13 分行业城镇单位就业人员年末人数(2003-2011年)
URBAN UNITS EMPLOYMENT BY SECTOR(2003-2011)

单位：万人 (10 000 persons)

登记注册类型 Registration Status 年 份 Year	合 计 Total	农、林、牧、渔业 Agriculture, Forestry, Farming of Animals and Fishery	采矿业 Mining	制造业 Manufacturing	电力、燃气及水的生产和供应业 Production and Distribution of Electricity, Gas and Water	建筑业 Construction
全 国 National						
2003	10969.7	484.5	488.3	2980.5	297.6	833.7
2004	11098.9	466.1	500.7	3050.8	300.6	841.0
2005	11404.0	446.3	509.2	3210.9	299.9	926.6
2006	11713.2	435.2	529.7	3351.6	302.5	988.7
2007	12024.4	426.3	535.0	3465.4	303.4	1050.8
2008	12192.5	410.1	540.4	3434.3	306.5	1072.6
2009	12573.0	373.7	553.7	3491.9	307.7	1177.5
2010	13051.5	375.7	562.0	3637.2	310.5	1267.5
2011	14413.3	359.5	611.6	4088.3	334.7	1724.8
国有单位 State-owned Units						
2003	6875.6	457.7	264.3	870.7	224.1	299.3
2004	6709.9	439.4	268.8	746.3	219.3	281.2
2005	6488.2	423.5	241.3	614.0	209.5	272.5
2006	6430.5	414.2	241.7	554.0	208.8	262.8
2007	6423.5	406.3	232.8	518.1	202.4	271.3
2008	6447.0	392.1	242.9	485.5	203.1	267.7
2009	6420.2	356.1	243.7	437.8	198.6	262.7
2010	6516.4	357.4	234.1	416.5	203.9	278.7
2011	6704.2	340.9	250.3	397.8	215.0	333.2
城镇集体单位 Urban Collective-owned units						
2003	999.9	14.1	27.7	296.6	7.0	217.3
2004	897.2	12.5	27.1	259.6	6.6	198.1
2005	809.9	9.1	24.8	221.9	6.1	186.9
2006	763.6	7.1	25.1	203.9	6.0	184.9
2007	718.4	6.0	23.2	182.1	5.6	181.5
2008	661.8	4.9	22.2	165.2	5.1	169.2
2009	618.1	4.9	17.6	148.5	5.1	163.7
2010	597.5	4.4	18.8	134.4	5.2	161.7
2011	603.1	4.0	20.4	124.1	5.5	187.4
其他单位 Other Ownership units						
2003	3094.3	12.7	196.3	1813.2	66.5	317.1
2004	3491.8	14.1	204.8	2044.9	74.7	361.7
2005	4105.9	13.7	243.1	2374.9	84.4	467.2
2006	4519.1	13.9	262.9	2593.7	87.8	540.9
2007	4882.4	14.1	279.0	2765.2	95.4	598.0
2008	5083.7	13.1	275.3	2783.6	98.4	635.6
2009	5534.7	12.6	292.4	2905.6	103.9	751.2
2010	5937.6	14.0	309.1	3086.2	101.4	827.1
2011	7106.0	14.6	340.9	3566.4	114.2	1204.2

1-13 续表 1 continued

单位：万人 (10 000 persons)

登记注册类型 Registration Status 年 份 Year	交通运输、仓储和邮政业 Traffic, Transport, Storage and post	信息传输、计算机服务和软件业 Information Transfer, Computer and Software	批发和零售业 Wholesale and Retail Trade	住宿和餐饮业 Accommo-dation and Restaurants	金融业 Finance	房地产业 Real Estate	租赁和商务服务业 Tenancy and Business Services
全 国 National							
2003	636.5	116.8	628.1	172.1	353.3	120.2	183.5
2004	631.8	123.7	586.7	177.1	356.0	133.4	194.4
2005	613.9	130.1	544.0	181.2	359.3	146.5	218.5
2006	612.7	138.2	515.7	183.9	367.4	153.9	236.7
2007	623.1	150.2	506.9	185.8	389.7	166.5	247.2
2008	627.3	159.5	514.4	193.2	417.6	172.7	274.7
2009	634.4	173.8	520.8	202.1	449.0	190.9	290.5
2010	631.1	185.8	535.1	209.2	470.1	211.6	310.1
2011	662.8	212.8	647.5	242.7	505.3	248.6	286.6
国有单位 State-owned Units							
2003	492.8	72.0	301.0	73.4	208.1	52.2	106.0
2004	473.4	74.1	259.6	70.5	196.4	50.9	107.9
2005	443.3	65.8	214.7	67.5	177.5	47.5	114.6
2006	433.0	65.6	186.7	63.8	165.1	45.0	121.0
2007	432.0	62.5	174.1	58.6	161.4	45.2	120.5
2008	424.5	63.0	160.7	56.6	155.4	43.5	125.9
2009	413.9	64.6	144.2	55.2	146.0	43.5	125.4
2010	403.3	62.5	137.3	54.6	144.3	45.4	131.5
2011	415.9	67.0	145.7	56.3	146.3	47.6	127.9
城镇集体单位 Urban Collective-owned units							
2003	38.7	1.8	128.6	16.2	67.0	7.4	30.2
2004	34.1	1.3	108.9	15.0	66.6	7.8	30.7
2005	30.6	1.4	89.9	13.7	63.8	8.2	35.2
2006	27.2	1.1	77.4	12.7	62.1	8.0	34.1
2007	24.6	0.9	69.0	11.6	61.3	7.7	34.4
2008	22.2	0.8	58.6	11.0	60.1	7.4	33.1
2009	20.6	1.1	52.5	10.4	53.1	8.7	36.7
2010	19.8	1.0	48.0	9.6	52.1	9.2	37.6
2011	17.5	1.3	46.8	10.0	50.2	8.6	31.8
其他单位 Other Ownership units							
2003	105.0	43.0	198.6	82.5	78.3	60.6	47.3
2004	124.4	48.3	218.3	91.6	93.1	74.7	55.8
2005	140.0	62.8	239.4	100.1	117.9	90.9	68.7
2006	152.6	71.5	251.6	107.3	140.2	101.0	81.6
2007	166.4	86.8	263.8	115.7	167.0	113.6	92.3
2008	180.6	95.7	295.0	125.6	202.0	121.8	115.7
2009	199.9	108.1	324.2	136.5	249.9	138.7	128.4
2010	208.0	122.3	349.9	145.1	273.7	157.1	140.9
2011	229.4	144.5	455.0	176.5	308.9	192.4	126.9

1-13 续表 2 continued

单位：万人 (10 000 persons)

登记注册类型 Registration Status 年 份 Year	科学研究、技术服务和地质勘查业 Scientific Research, Technical Service and Geologic Perambulation	水利、环境和公共设施管理业 Management of Water Conservancy, Environment and Public Establishment	居民服务和其他服务业 Resident Services and Other Services	教 育 Education	卫生、社会保障和社会福利业 Sanitation, Social Security and Social Welfare	文化体育和娱乐业 Culture, Sports and Entertainment	公共管理和社会组织 Public Management and Social Organization
全 国 National							
2003	221.9	172.5	52.8	1442.8	485.8	127.8	1171.0
2004	222.1	176.1	54.2	1466.8	494.7	123.4	1199.0
2005	227.7	180.4	53.9	1483.2	508.9	122.5	1240.8
2006	235.5	187.0	56.6	1504.4	525.4	122.4	1265.6
2007	243.4	193.5	57.4	1520.9	542.8	125.0	1291.2
2008	257.0	197.3	56.5	1534.0	563.6	126.0	1335.0
2009	272.6	205.7	58.8	1550.4	595.8	129.5	1394.3
2010	292.3	218.9	60.2	1581.8	632.5	131.4	1428.5
2011	298.5	230.3	59.9	1617.8	679.1	135.0	1467.6
国有单位 State-owned Units							
2003	185.1	155.3	22.1	1378.3	430.9	117.0	1165.1
2004	188.6	158.0	24.2	1409.7	437.9	111.9	1191.8
2005	188.5	161.0	24.9	1424.9	452.4	110.5	1234.3
2006	193.0	165.4	27.7	1448.0	466.8	110.1	1257.5
2007	197.5	169.8	28.7	1462.9	483.2	111.3	1285.0
2008	201.6	172.8	28.8	1481.9	501.2	110.9	1328.8
2009	209.4	178.3	28.3	1490.6	529.9	111.9	1380.0
2010	219.6	189.9	28.9	1517.4	562.6	113.1	1415.6
2011	218.2	198.0	30.7	1540.9	606.0	113.8	1452.7
城镇集体单位 Urban Collective-owned units							
2003	4.8	10.7	15.2	57.1	51.2	3.2	5.0
2004	4.5	10.2	13.5	43.1	50.0	2.8	4.8
2005	3.8	9.6	10.3	40.2	48.3	2.5	3.5
2006	3.5	10.0	9.8	36.0	48.8	2.3	3.6
2007	3.4	10.2	8.9	34.3	48.7	2.3	2.9
2008	3.4	10.8	8.8	24.6	49.8	2.3	2.4
2009	4.2	10.5	8.2	17.4	49.9	2.2	2.7
2010	4.2	10.5	7.8	17.5	51.4	2.2	2.2
2011	3.7	10.8	6.0	19.1	51.5	2.0	2.4
其他单位 Other Ownership units							
2003	32.0	6.5	15.6	7.4	3.6	7.5	0.8
2004	29.0	7.9	16.5	14.0	6.8	8.7	2.5
2005	35.5	9.8	18.7	18.1	8.2	9.6	3.0
2006	38.9	11.6	19.0	20.4	9.8	10.0	4.4
2007	42.5	13.5	19.8	23.7	11.0	11.5	3.3
2008	52.0	13.7	19.0	27.5	12.6	12.7	3.8
2009	59.0	16.8	22.3	42.3	16.0	15.4	11.6
2010	68.6	18.5	23.5	46.8	18.6	16.2	10.7
2011	76.5	21.5	23.1	57.7	21.6	19.2	12.5

1-14 分行业城镇单位就业人员年末人数(2012-2013年)
URBAN UNITS EMPLOYMENT BY SECTOR(2012-2013)

单位：万人 (10 000 persons)

登记注册类型 Registration Status 年份 Year	合计 Total	农、林、牧、渔业 Agriculture, Forestry, Animal Husbandry and Fishery	采矿业 Mining	制造业 Manufacturing	电力、热力、燃气及水生产和供应业 Production and Supply of Electricity,Heat, Gas and Water	建筑业 Construction
全 国 National						
2012	15236.4	338.9	631.0	4262.2	344.6	2010.3
2013	18108.4	294.8	636.5	5257.9	404.5	2921.9
国有单位 State-owned Units						
2012	6839.0	320.5	256.2	369.5	218.3	345.8
2013	6365.1	280.3	97.2	232.6	199.0	267.5
城镇集体单位 Urban Collective-owned units						
2012	589.7	5.0	20.6	113.7	5.1	185.0
2013	566.2	2.5	15.8	97.4	4.2	181.6
其他单位 Other Ownership units						
2012	7807.7	13.4	354.2	3779.0	121.1	1479.4
2013	11177.2	12.1	523.4	4927.9	201.4	2472.8

1-14 续表 1 continued

单位：万人 (10 000 persons)

登记注册类型 Registration Status 年 份 Year	批发和零售业 Wholesale and Retail Trades	交通运输、仓储和邮政业 Transport, Storage and Post	住宿和餐饮业 Hotels and Catering Services	信息传输、软件和信息技术服务业 Information Software and Information Technology	金融业 Financial Inter-mediation	房地产业 Real Estate	租赁和商务服务业 Leasing and Business Services
全 国 National							
2012	711.8	667.5	265.1	222.8	527.8	273.7	292.3
2013	890.8	846.2	304.4	327.3	537.9	373.7	421.9
国有单位 State-owned Units							
2012	148.5	419.5	57.6	65.8	151.9	46.7	116.7
2013	110.1	410.3	45.7	49.5	147.9	37.1	123.6
城镇集体单位 Urban Collective-owned units							
2012	40.9	17.7	9.3	1.3	50.1	8.7	33.7
2013	38.3	19.0	10.0	0.9	48.7	8.3	38.1
其他单位 Other Ownership units							
2012	522.4	230.3	198.1	155.7	325.7	218.3	141.8
2013	742.4	417.0	248.7	276.9	341.3	328.3	260.2

1-14 续表 2 continued

单位：万人 (10 000 persons)

登记注册类型 Registration Status 年 份 Year	科学研究和技术服务业 Scientific Research, and Technical Services	水利、环境和公共设施管理业 Management of Water Conservancy, Environment and Public Facilities	居民服务、修理和其他服务业 Service to Households, Repair and Other Services	教 育 Education	卫生和社会工作 Health and Social Service	文化、体育和娱乐业 Culture, Sports and Enter-tainment	公共管理、社会保障和社会组织 Public Management, Social Security and social Organization
全 国 National							
2012	330.7	243.8	62.1	1653.4	719.3	137.7	1541.5
2013	387.8	259.2	72.3	1687.2	770.0	147.0	1567.0
国有单位 State-owned Units							
2012	232.5	208.9	30.4	1567.2	639.5	115.0	1528.6
2013	223.7	207.7	22.9	1573.8	672.7	109.9	1553.6
城镇集体单位 Urban Collective-owned units							
2012	5.4	10.6	6.1	19.0	52.6	2.5	2.3
2013	5.5	10.7	5.4	21.8	54.0	2.0	2.1
其他单位 Other Ownership units							
2012	92.8	24.3	25.7	67.2	27.3	20.2	10.6
2013	158.5	40.8	44.1	91.6	43.3	35.0	11.3

1-15 分登记注册类型城镇单位女性就业人员年末人数

FEMALE EMPLOYMENT IN URBAN UNITS BY REGISTRATION STATUS AND REGION(End of Year)

单位：万人 (10 000 persons)

年份 Year	地区 Region	合计 Total	国有单位 State-owned Units	城镇集体单位 Urban Collective-owned Units	其他单位 Other Ownership Units
2011		5227.7	2522.4	195.9	2509.4
2012		5458.9	2590.1	188.4	2680.4
2013		6338.3	2472.3	179.1	3686.9
北京	Beijing	298.3	81.6	7.2	209.6
天津	Tianjin	105.7	29.9	1.7	74.1
河北	Hebei	232.7	130.1	6.4	96.1
山西	Shanxi	152.2	86.5	8.7	57.0
内蒙古	Inner Mongolia	106.7	67.5	3.3	36.0
辽宁	Liaoning	216.7	106.1	9.3	101.3
吉林	Jilin	115.9	65.4	2.9	47.6
黑龙江	Heilongjiang	167.0	111.1	5.6	50.4
上海	Shanghai	246.5	48.8	4.2	193.5
江苏	Jiangsu	468.1	114.4	13.9	339.7
浙江	Zhejiang	355.4	90.8	8.0	256.6
安徽	Anhui	162.2	68.4	5.8	88.0
福建	Fujian	238.0	60.5	4.8	172.6
江西	Jiangxi	153.5	65.8	3.4	84.2
山东	Shandong	437.7	153.5	17.9	266.3
河南	Henan	371.9	147.5	15.9	208.5
湖北	Hubei	227.9	97.4	4.9	125.6
湖南	Hunan	198.2	100.0	5.3	93.0
广东	Guangdong	820.1	158.8	20.6	640.7
广西	Guangxi	144.3	84.6	3.7	55.9
海南	Hainan	37.8	17.2	0.9	19.8
重庆	Chongqing	126.2	46.7	2.5	77.0
四川	Sichuan	278.0	132.0	7.9	138.0
贵州	Guizhou	96.4	60.4	1.7	34.3
云南	Yunnan	145.6	74.7	3.6	67.3
西藏	Tibet	11.0	9.6	0.2	1.3
陕西	Shaanxi	173.2	91.5	4.9	76.8
甘肃	Gansu	80.7	52.3	2.2	26.2
青海	Qinghai	23.1	14.0	0.4	8.6
宁夏	Ningxia	25.5	15.2	0.3	10.1
新疆	Xinjiang	122.0	90.0	1.1	30.8

1-16 各地区分行业城镇单位女性就业人员年末人数(2013年)

FEMALE EMPLOYMENT IN URBAN UNITS BY SECTOR AND REGION(2013)

单位：万人 (10 000 persons)

地区	Region	合计 Total	农、林、牧、渔业 Agriculture, Forestry, Animal Husbandry and Fishery	采矿业 Mining	制造业 Manufacturing	电力、热力、燃气及水生产和供应业 Production and Supply of Electricity, Heat,Gas and Water	建筑业 Construction	批发和零售业 Wholesale and Retail Trades
全国	**National**	**6338.3**	**108.7**	**111.7**	**2073.8**	**109.8**	**295.4**	**446.3**
北京	Beijing	298.3	1.3	1.0	37.2	2.4	8.6	32.7
天津	Tianjin	105.7	0.2	1.9	43.4	1.2	3.8	8.2
河北	Hebei	232.7	1.7	4.7	47.7	5.3	9.6	15.0
山西	Shanxi	152.2	0.6	15.6	23.2	3.3	5.2	8.4
内蒙古	Inner Mongolia	106.7	7.8	3.6	14.6	3.7	3.3	5.4
辽宁	Liaoning	216.7	9.1	6.6	52.3	4.0	13.0	14.0
吉林	Jilin	115.9	4.4	3.1	26.3	3.2	4.0	6.2
黑龙江	Heilongjiang	167.0	29.6	8.1	21.6	5.0	6.1	9.6
上海	Shanghai	246.5	0.4		82.5	1.2	4.2	38.1
江苏	Jiangsu	468.1	2.6	2.9	225.6	4.3	23.5	33.1
浙江	Zhejiang	355.4	0.2	0.1	154.1	3.2	20.9	21.2
安徽	Anhui	162.2	1.8	3.4	45.2	2.5	9.6	12.0
福建	Fujian	238.0	1.3	0.5	118.4	2.5	18.5	12.1
江西	Jiangxi	153.5	1.5	1.5	55.7	3.8	11.5	8.0
山东	Shandong	437.7	0.5	15.8	162.3	6.3	18.1	35.3
河南	Henan	371.9	1.5	11.2	128.2	7.3	21.4	24.1
湖北	Hubei	227.9	3.8	1.9	66.5	5.6	14.4	21.8
湖南	Hunan	198.2	0.7	1.8	47.3	4.7	10.6	10.8
广东	Guangdong	820.1	2.1	0.6	478.9	7.7	17.6	47.4
广西	Guangxi	144.3	3.1	1.0	32.1	4.1	5.2	6.6
海南	Hainan	37.8	1.7	0.2	3.9	0.6	0.9	5.5
重庆	Chongqing	126.2	0.3	1.3	30.9	2.2	12.5	11.8
四川	Sichuan	278.0	1.0	4.5	71.9	8.3	19.6	16.6
贵州	Guizhou	96.4	0.4	2.2	14.7	3.3	4.4	5.8
云南	Yunnan	145.6	2.5	3.0	24.7	3.1	9.5	12.3
西藏	Tibet	11.0	0.1	0.1	0.4	0.3	0.3	0.4
陕西	Shaanxi	173.2	0.8	6.2	34.5	3.7	8.6	13.7
甘肃	Gansu	80.7	1.8	1.6	11.9	3.1	5.3	3.9
青海	Qinghai	23.1	0.5	1.2	3.5	0.6	1.0	1.2
宁夏	Ningxia	25.5	0.7	1.1	3.8	1.0	0.7	1.6
新疆	Xinjiang	122.0	24.7	5.1	10.3	2.3	3.4	3.4

1-16 续表 1 continued

单位：万人 (10 000 persons)

地 区 Region	交通运输、仓储和邮政业 Transport, Storage and Post	住宿和餐饮业 Hotels and Catering Services	信息传输、软件和信息技术服务业 Information Transmission, Software and Information Technology	金融业 Finance Intermedi-ation	房地产业 Real Estate	租赁和商务服务业 Leasing and Business Services
全 国 National	**219.0**	**168.8**	**128.9**	**272.3**	**134.1**	**138.5**
北 京 Beijing	15.7	15.9	21.2	21.0	15.3	26.5
天 津 Tianjin	3.1	3.6	1.5	4.6	3.3	1.7
河 北 Hebei	7.4	4.0	3.5	13.4	3.4	3.1
山 西 Shanxi	5.9	3.2	2.9	7.9	1.1	2.2
内蒙古 Inner Mongolia	4.8	2.5	3.0	5.9	2.0	1.4
辽 宁 Liaoning	8.4	4.1	5.9	12.3	5.0	3.1
吉 林 Jilin	3.7	1.8	2.8	5.6	2.0	1.6
黑龙江 Heilongjiang	6.5	2.6	3.0	7.4	2.1	2.4
上 海 Shanghai	11.3	10.8	7.8	13.6	8.1	15.5
江 苏 Jiangsu	11.6	11.0	12.0	15.9	7.9	9.7
浙 江 Zhejiang	8.1	8.1	6.3	20.5	6.7	7.9
安 徽 Anhui	5.8	3.6	2.3	8.6	3.5	2.4
福 建 Fujian	6.4	5.3	2.5	8.1	4.5	4.0
江 西 Jiangxi	5.2	2.9	2.5	5.9	1.9	1.6
山 东 Shandong	13.2	11.3	7.4	16.7	8.2	7.2
河 南 Henan	11.9	6.5	4.0	11.4	5.1	3.9
湖 北 Hubei	9.8	7.2	3.5	8.8	4.3	3.0
湖 南 Hunan	7.1	5.5	2.9	10.1	3.8	3.0
广 东 Guangdong	20.9	20.4	11.6	21.9	18.2	18.4
广 西 Guangxi	5.4	3.1	2.3	5.7	2.6	3.0
海 南 Hainan	1.4	3.5	0.5	1.3	2.1	0.7
重 庆 Chongqing	6.3	4.2	1.8	6.4	3.9	2.4
四 川 Sichuan	12.2	7.1	6.1	11.8	5.8	2.8
贵 州 Guizhou	3.1	2.5	1.4	3.9	2.5	1.4
云 南 Yunnan	4.5	5.7	2.5	4.8	3.9	2.8
西 藏 Tibet	0.3	0.3	0.2	0.4		0.1
陕 西 Shaanxi	7.9	7.6	4.0	7.6	3.1	2.6
甘 肃 Gansu	3.7	2.1	1.4	3.6	1.2	0.8
青 海 Qinghai	1.8	0.3	0.4	1.1	0.3	0.2
宁 夏 Ningxia	1.3	0.4	0.4	1.4	0.5	0.6
新 疆 Xinjiang	4.4	1.6	1.5	4.5	1.7	2.3

1-16 续表 2 continued

单位：万人　　　　(10 000 persons)

地 区	Region	科学研究和技术服务业 Scientific Research and Technical Services	水利、环境和公共设施管理业 Management of Water Conservancy, Environment and Public Establishment	居民服务、修理和其他服务业 Services to Household, Repair and Other Services	教 育 Education	卫生和社会工作 Health and Social Service	文化、体育和娱乐业 Culture, Sports and Entertainment	公共管理、社会保障和社会组织 Public Management, Social Security and Social Organization
全 国	**National**	**117.1**	**104.6**	**29.3**	**876.6**	**473.8**	**64.1**	**465.5**
北 京	Beijing	20.9	3.5	4.2	27.5	17.5	8.8	17.1
天 津	Tianjin	2.7	1.2	3.1	10.8	6.1	1.0	4.4
河 北	Hebei	3.8	4.7	0.5	55.3	21.0	2.3	26.3
山 西	Shanxi	2.3	4.1	0.9	31.8	11.7	2.1	19.7
内蒙古	Inner Mongolia	2.0	3.5	0.4	19.6	8.4	1.6	13.1
辽 宁	Liaoning	4.9	5.5	1.1	30.4	19.2	2.3	15.4
吉 林	Jilin	2.6	3.3	0.5	21.6	10.9	1.6	10.8
黑龙江	Heilongjiang	3.2	3.9	2.3	25.2	13.6	2.0	13.0
上 海	Shanghai	6.7	2.8	2.2	18.8	13.0	2.7	6.8
江 苏	Jiangsu	5.5	5.7	1.0	47.3	27.4	3.1	18.0
浙 江	Zhejiang	4.7	4.5	0.7	40.9	25.7	3.3	18.3
安 徽	Anhui	2.1	3.0	0.3	26.5	16.0	1.4	12.2
福 建	Fujian	2.4	1.9	0.5	25.3	12.6	1.7	9.5
江 西	Jiangxi	1.5	2.7	0.2	21.2	11.2	1.5	13.0
山 东	Shandong	4.9	6.0	1.2	56.2	33.0	2.9	31.3
河 南	Henan	4.4	4.5	0.7	60.2	27.9	3.4	34.2
湖 北	Hubei	4.1	3.6	0.8	29.7	21.2	2.3	15.8
湖 南	Hunan	3.3	4.0	0.9	34.5	22.2	2.1	22.8
广 东	Guangdong	9.6	6.9	3.3	66.2	35.0	4.8	28.6
广 西	Guangxi	2.7	4.6	0.2	31.2	17.4	1.3	12.6
海 南	Hainan	0.6	1.6	0.2	6.0	3.3	0.5	3.0
重 庆	Chongqing	1.7	2.3	0.7	18.6	9.9	1.0	7.8
四 川	Sichuan	5.9	5.4	0.7	43.4	26.4	2.4	26.2
贵 州	Guizhou	1.8	2.3	0.6	21.3	10.2	0.8	13.9
云 南	Yunnan	2.6	3.6	0.6	28.1	14.7	1.6	15.0
西 藏	Tibet	0.3	0.1	0.1	2.1	0.9	0.3	4.0
陕 西	Shaanxi	4.5	3.6	0.8	30.5	14.1	2.0	17.2
甘 肃	Gansu	1.8	2.2	0.1	15.1	7.3	1.1	12.7
青 海	Qinghai	0.7	0.5		3.9	2.2	0.4	3.3
宁 夏	Ningxia	0.4	1.0		4.6	2.6	0.4	3.2
新 疆	Xinjiang	2.1	2.3	0.4	22.8	11.5	1.4	16.2

1-17 分登记注册类型城镇单位就业人员工资总额及指数
TOTAL WAGES AND INDEX OF EMPLOYED PERSONS BY REGISTRATION STATUS

年 份 Year	工资总额(亿元) Total Wages (100 million yuan)				指数(以上年为100) Index (preceding year=100)			
	合 计 Total	国有单位 State-owned Units	城镇集体单位 Urban Collective-owned Units	其他单位 Other Owner-ship Units	合 计 Total	国有单位 State-owned Units	城镇集体单位 Urban Collective-owned Units	其他单位 Other Owner-ship Units
1965	282.3	235.3	47.0		107.1	105.0	118.4	
1970	334.3	277.5	56.8		103.6	105.5	95.3	
1971	364.0	302.0	62.0		108.9	108.8	109.2	
1972	409.6	340.0	69.6		112.5	112.6	112.3	
1973	429.1	353.3	75.8		104.8	103.9	108.9	
1974	441.9	370.9	71.0		103.0	105.0	93.7	
1975	463.5	386.1	77.4		104.9	104.1	109.0	
1976	489.2	406.1	83.1		105.5	105.2	107.4	
1977	514.8	425.7	89.1		105.2	104.8	107.2	
1978	568.9	468.7	100.2		110.5	110.1	112.5	
1979	646.7	529.5	117.2		113.7	113.0	117.0	
1980	772.4	627.9	144.5		119.4	118.6	123.3	
1981	820.0	660.4	159.6		106.2	105.2	110.4	
1982	882.0	708.9	173.1		107.6	107.3	108.5	
1983	934.6	748.1	186.5		106.0	105.5	107.7	
1984	1133.4	875.8	254.0	3.6	121.3	117.1	136.2	
1985	1383.0	1064.8	312.3	5.9	122.0	121.6	123.0	163.9
1986	1659.7	1288.5	362.8	8.4	120.0	121.0	116.2	142.4
1987	1881.1	1459.3	409.1	12.7	113.3	113.3	112.8	151.2
1988	2316.2	1807.1	487.6	21.5	123.1	123.8	119.2	169.3
1989	2618.5	2050.2	534.4	33.9	113.1	113.5	109.6	157.7
1990	2951.1	2324.1	581.0	46.0	112.7	113.4	108.7	135.7
1991	3323.9	2594.9	658.6	70.4	112.6	111.7	113.4	153.0
1992	3939.2	3090.4	743.2	105.6	118.5	119.1	112.8	150.0
1993	4916.2	3812.7	849.9	253.6	124.8	123.4	114.4	240.2
1994	6656.4	5177.4	1023.3	455.6	135.4	135.8	120.4	179.7
1995	8055.8	6172.6	1210.6	672.6	119.0	117.4	115.6	142.2
1996	8964.4	6893.3	1269.4	801.7	111.3	111.7	104.9	119.2
1997	9602.4	7323.9	1283.9	994.5	107.1	106.2	101.1	124.0
1998	9540.2	6934.6	1054.9	1550.7	99.4	94.7	82.2	155.9
1999	10155.9	7289.9	995.8	1870.1	106.5	105.1	94.4	120.6
2000	10954.7	7744.9	950.7	2259.1	107.9	106.2	95.5	120.8
2001	12205.4	8515.2	898.5	2791.7	111.4	109.9	94.5	123.6
2002	13638.1	9138.0	863.9	3636.2	111.7	107.3	96.1	130.3
2003	15329.6	9911.9	867.1	4550.6	112.4	108.5	100.4	125.1
2004	17615.0	11038.2	876.2	5700.6	114.9	111.4	101.0	125.3
2005	20627.1	12291.7	906.4	7429.0	117.1	111.4	103.4	130.3
2006	24262.3	13920.6	983.8	9357.9	117.6	113.3	108.5	126.0
2007	29471.5	16689.1	1108.1	11674.3	121.5	119.9	112.6	124.8
2008	35289.5	19487.9	1203.2	14598.4	119.7	116.8	108.6	125.0
2009	40288.2	21862.7	1273.3	17152.1	114.2	112.2	105.8	117.5
2010	47269.9	24886.4	1433.7	20949.7	117.3	113.8	112.6	122.1
2011	59954.7	28954.8	1737.4	29262.4	126.8	116.3	121.2	139.7
2012	70914.2	32950.0	1990.4	35973.8	118.3	113.8	114.6	122.9
2013	93064.3	33359.6	2195.8	57508.9	131.2	101.2	110.3	159.9

1-18　分行业城镇单位就业人员工资总额（1995-2002年）
TOTAL WAGES OF EMPLOYED PERSONS IN URBAN UNITS BY SECTOR (1995-2002)

单位：亿元　　(100 million yuan)

登记注册类型 Registration Status / 年份 Year	合计 Total	农、林、牧、渔业 Farming, Forestry, Animal Husbandry and Fishery	采掘业 Mining and Quarrying	制造业 Manufacturing	电力、煤气及水的生产和供应业 Production and Supply of Electricity, Gas and Water	建筑业 Construction	地质勘查业、水利管理业 Geological Prospecting and Water Conservancy	交通运输、仓储及邮电通信业 Transport, Storage, Post and Telecommunications
全　国 National								
1995	8055.8	234.1	519.0	2804.2	197.5	629.2	80.2	577.7
1996	8964.4	251.3	568.8	2984.0	235.6	668.3	84.4	659.8
1997	9602.4	269.7	577.9	3044.6	269.8	696.9	92.0	719.1
1998	9540.2	257.8	517.6	2792.1	294.8	659.6	92.7	708.5
1999	10155.9	260.4	498.6	2836.4	325.6	662.2	98.0	768.5
2000	10954.7	268.9	498.4	2966.7	363.3	699.1	108.4	837.7
2001	12205.4	278.5	531.1	3088.5	416.7	750.9	115.4	918.9
2002	13638.1	289.9	597.6	3343.9	470.8	838.0	118.6	1016.7
国有单位 State-owned Units								
1995	6172.6	225.2	489.6	1764.3	180.0	412.0	79.3	518.4
1996	6893.3	240.4	538.2	1855.7	214.1	436.0	83.4	593.4
1997	7323.9	258.9	544.5	1813.7	243.0	451.5	90.1	644.3
1998	6934.6	247.9	457.1	1368.3	249.6	388.4	91.1	619.8
1999	7289.9	250.1	415.6	1293.4	267.5	377.5	96.4	659.0
2000	7744.9	255.7	382.5	1260.0	291.0	389.0	106.6	711.9
2001	8515.2	265.7	387.7	1190.5	325.2	378.9	113.6	762.7
2002	9138.0	272.7	372.5	1098.9	349.0	365.1	115.9	821.9
城镇集体单位 Urban Collective-owned units								
1995	1210.6	6.8	27.4	523.7	6.7	202.5	0.8	49.0
1996	1269.4	8.0	28.3	534.1	8.9	212.1	1.0	52.1
1997	1283.9	7.7	29.8	513.5	9.9	218.8	1.9	51.0
1998	1054.9	7.0	22.3	389.3	10.1	188.7	1.5	42.0
1999	995.8	7.0	19.3	343.6	9.5	183.9	1.5	39.6
2000	950.7	7.7	17.5	309.3	9.9	188.7	1.4	34.5
2001	898.5	6.8	17.5	270.6	10.5	188.0	1.2	31.4
2002	863.9	7.0	18.6	244.8	9.1	179.0	1.4	28.8
其他单位 Other Ownership units								
1995	672.6	2.2	2.0	516.1	10.7	14.7		10.3
1996	801.7	2.8	2.3	594.3	12.6	20.2		14.3
1997	994.5	3.0	3.7	717.4	16.9	26.6		23.8
1998	1550.7	3.0	38.2	1034.5	35.0	82.5		46.7
1999	1870.1	3.4	63.7	1199.5	48.5	100.9	0.2	69.9
2000	2259.1	5.5	98.4	1397.3	62.4	121.4	0.4	91.3
2001	2791.7	6.1	125.8	1627.4	81.0	184.0	0.6	124.8
2002	3636.2	10.2	206.6	2000.2	112.7	293.9	1.4	166.1

1-18 续表 continued

单位：亿元 (100 million yuan)

登记注册类型 Registration Status 年 份 Year	批发和零售贸易、餐饮业 Wholesale and Retail Trade & Catering Services	金融、保险业 Finance and Insurance	房地产业 Real Estate Trade	社 会 服务业 Social Services	卫生、体育和社会福利业 Health Care, Sporting and Social Welfare	教育、文化艺术和广播电影电视业 Education, Culture and Arts, Radio, Film and Television	科学研究和综合技术服务业 Scientific Research and Polytechnical Services	国家机关政党机关和社会团体 Government Agencies, Party Agencies and Social Organizations	其 他 Others
全 国 National									
1995	771.9	199.6	56.8	274.2	256.0	727.1	123.4	563.1	41.5
1996	835.9	243.4	69.2	317.3	306.1	849.0	145.3	676.8	69.3
1997	864.0	295.3	78.7	372.0	351.6	970.0	165.6	748.6	86.7
1998	768.0	332.4	95.5	399.6	400.3	1106.7	179.1	840.8	94.8
1999	745.6	388.5	110.4	446.6	460.6	1275.0	200.6	977.5	101.5
2000	742.8	434.3	124.7	502.5	525.4	1435.9	233.7	1097.5	115.3
2001	732.5	524.7	149.0	587.9	629.3	1746.1	267.7	1325.6	142.4
2002	745.5	612.4	180.5	701.0	718.7	2033.7	304.5	1485.9	180.4
国有单位 State-owned Units									
1995	477.8	152.3	42.1	188	226.3	714.2	115.5	558.6	28.9
1996	514.2	181.5	49.7	220.7	271.2	836.2	134.0	672.7	52.2
1997	530.3	213.9	54.8	258.0	311.9	946.4	152.1	745.0	65.4
1998	438.9	235.3	60.4	269.8	358.0	1080.8	161.7	837.1	70.3
1999	417.5	267.0	65.5	296.6	413.4	1244.3	181.0	973.6	71.8
2000	410.0	300.4	72.1	319.0	473.6	1401.5	199.5	1093.1	78.9
2001	384.4	350.2	80.9	358.4	571.2	1699.0	229.6	1322.0	95.3
2002	365.8	398.1	86.2	392.6	658.0	1970.7	261.0	1482.1	127.7
城镇集体单位 Urban Collective-owned units									
1995	239.6	42.6	4.3	45.2	29.3	12.0	4.9	4.5	11.1
1996	254.8	49.4	5.0	44.1	34.3	11.6	6.6	4.1	15.0
1997	249.9	58.1	5.9	50.1	38.9	22.1	6.6	3.6	16.3
1998	196.0	58.4	6.3	44.6	40.4	23.6	6.2	3.7	15.0
1999	174.8	64.2	7.9	46.3	45.0	27.3	6.4	3.8	15.7
2000	154.6	67.4	7.1	46.6	49.4	29.6	7.0	4.3	15.5
2001	125.5	74.3	7.2	47.3	54.6	39.2	4.6	3.7	16.2
2002	107.9	81.9	9.0	46.5	56.0	46.3	4.6	3.4	19.6
其他单位 Other Ownership units									
1995	54.5	4.7	10.4	41.0	0.4	0.8	3.0		1.5
1996	67.0	12.5	14.5	52.5	0.6	1.3	4.7		2.1
1997	83.8	23.3	17.9	63.9	0.8	1.5	6.8		5.0
1998	133.1	38.7	28.8	85.2	1.9	2.3	11.3		9.5
1999	153.3	57.2	37.1	103.7	2.2	3.4	13.1		13.9
2000	178.3	66.5	45.5	136.8	2.4	4.8	27.2		21.0
2001	222.6	100.3	60.8	182.2	3.6	7.9	33.6		31.0
2002	271.8	132.4	85.3	261.9	4.7	16.7	38.8		33.5

1-19 分行业城镇单位就业人员工资总额（2003-2011年）

TOTAL WAGES OF EMPLOYED PERSONS IN URBAN UNITS BY SECTOR (2003-2011)

单位：亿元 (100 million yuan)

登记注册类型 Registration Status / 年份 Year	合计 Total	农、林、牧、渔业 Agriculture, Forestry, Farming of Animals and Fishery	采矿业 Mining	制造业 Manufacturing	电力、燃气及水的生产和供应业 Production & Distribution of Electricity Gas & Water	建筑业 Construction	交通运输、仓储和邮政业 Traffic, Transport, Storage and post
全国 National							
2003	15329.6	335.8	662.9	3772.7	552.0	965.9	1008.0
2004	17615.0	351.2	831.8	4316.4	646.8	1081.3	1144.7
2005	20627.1	368.7	1031.2	5056.6	741.8	1324.7	1279.5
2006	24262.3	403.3	1259.6	6035.8	858.0	1612.1	1471.5
2007	29471.5	464.6	1500.5	7241.2	1012.7	1946.2	1727.9
2008	35289.5	516.4	1847.3	8498.9	1180.4	2313.6	2006.3
2009	40288.2	537.4	2089.1	9302.2	1283.5	2837.9	2234.9
2010	47269.9	627.1	2458.8	11140.8	1468.3	3471.5	2541.9
2011	59954.7	697.7	3174.2	15031.4	1755.7	5596.4	3074.1
国有单位 State-owned Units							
2003	9911.9	314.4	368.5	1111.8	403.8	384.3	793.0
2004	11038.2	327.6	463.2	1082.7	459.1	404.6	853.6
2005	12291.7	346.5	500.3	1048.1	505.4	442.4	918.3
2006	13920.6	378.8	588.6	1126.3	586.1	488.3	1024.3
2007	16689.1	437.1	675.5	1231.2	673.6	571.1	1185.9
2008	19487.9	486.8	854.8	1353.5	781.8	643.8	1329.6
2009	21862.7	505.1	932.2	1391.9	836.7	731.9	1446.8
2010	24886.4	590.0	1041.5	1525.7	974.9	892.2	1612.6
2011	28954.8	654.1	1333.5	1720.5	1141.3	1218.4	1939.6
城镇集体单位 Urban Collective-owned units							
2003	867.1	8.6	19.9	227.8	10.2	180.2	31.6
2004	876.2	8.6	23.4	224.9	11.1	181.2	30.1
2005	906.4	7.2	27.9	215.6	11.1	188.9	30.3
2006	983.8	6.8	34.6	225.5	11.8	210.8	30.3
2007	1108.1	7.0	40.1	237.9	13.0	246.5	32.4
2008	1203.2	6.6	44.4	259.6	13.9	265.6	33.8
2009	1273.3	7.6	35.4	265.4	15.1	284.9	36.4
2010	1433.7	8.0	44.5	281.1	17.7	327.7	39.6
2011	1737.4	8.8	61.1	313.4	19.8	471.8	43.7
其他单位 Other Ownership units							
2003	4550.6	12.8	274.5	2433.0	138.0	401.4	183.4
2004	5700.6	15.0	345.3	3008.8	176.6	495.5	261.0
2005	7429.0	15.0	503.1	3792.9	225.4	693.3	330.9
2006	9357.9	17.7	636.3	4683.9	260.2	913.0	416.9
2007	11674.3	20.5	784.9	5772.0	326.1	1128.6	509.6
2008	14598.4	23.0	948.0	6885.9	384.7	1404.2	643.0
2009	17152.1	24.7	1121.5	7644.9	431.6	1821.1	751.7
2010	20949.7	29.1	1372.8	9334.0	475.7	2251.6	889.8
2011	29262.4	34.7	1779.6	12997.5	594.7	3906.2	1090.7

1-19 续表 1 continued

单位：亿元 (100 million yuan)

登记注册类型 Registration Status / 年份 Year	信息传输、计算机服务和软件业 Information Transfer, Computer and Software	批发和零售业 Wholesale and Retail Trade	住宿和餐饮业 Accommodation and Restaurants	金融业 Finance	房地产业 Real Estate	租赁和商务服务业 Tenancy and Business Services	科学研究、技术服务和地质勘查业 Scientific Research, Technical Service & Geologic Perambulation
全 国 National							
2003	356.0	696.3	190.9	734.4	202.7	305.2	454.4
2004	404.3	770.5	221.2	866.7	243.3	351.4	514.6
2005	491.8	832.0	249.8	1047.7	293.0	449.8	614.0
2006	587.4	920.0	280.0	1292.9	338.4	565.6	736.9
2007	699.1	1061.8	314.6	1670.3	426.2	668.9	923.9
2008	862.8	1323.9	371.2	2202.9	520.8	893.7	1154.6
2009	996.2	1509.2	418.9	2658.8	607.8	1021.4	1350.6
2010	1171.7	1783.0	484.6	3219.0	745.6	1198.5	1619.3
2011	1475.6	2594.8	655.2	4007.0	1052.5	1325.3	1879.6
国有单位 State-owned Units							
2003	179.0	338.0	76.6	447.4	82.2	157.7	368.5
2004	200.6	336.7	85.5	497.2	87.3	174.9	426.6
2005	193.8	338.2	90.2	542.1	92.2	213.0	488.3
2006	212.6	349.9	95.5	573.8	96.0	246.3	575.5
2007	223.9	376.0	96.6	697.9	112.0	281.2	713.0
2008	242.5	423.6	108.8	805.6	121.6	344.3	850.4
2009	273.2	451.6	117.4	822.5	132.6	380.2	980.1
2010	289.8	499.6	130.8	940.3	152.9	435.3	1151.7
2011	336.9	607.8	161.8	1077.7	205.1	498.8	1294.2
城镇集体单位 Urban Collective-owned units							
2003	2.3	87.0	13.8	93.9	8.8	32.5	6.2
2004	2.3	80.8	14.1	107.8	9.9	35.2	6.1
2005	3.4	74.6	13.8	118.6	11.0	45.3	6.8
2006	2.9	71.8	14.6	134.8	12.4	47.9	8.2
2007	2.6	74.0	14.8	157.7	14.0	54.6	8.4
2008	2.2	76.4	16.8	187.1	15.3	57.1	10.4
2009	3.5	78.3	17.4	197.1	19.5	69.3	14.1
2010	3.8	80.9	18.1	228.3	22.7	77.8	15.5
2011	5.3	93.1	23.4	263.5	25.2	77.7	17.7
其他单位 Other Ownership units							
2003	174.7	271.3	100.5	193.2	111.7	115.1	79.7
2004	201.4	353.1	121.6	261.7	146.0	141.2	82.0
2005	294.5	419.2	145.8	386.9	189.8	191.5	118.8
2006	372.0	498.3	170.0	584.3	230.0	271.3	153.2
2007	472.6	611.8	203.1	814.8	300.2	333.1	202.6
2008	618.2	823.9	245.7	1210.3	383.9	492.3	293.9
2009	719.5	979.3	284.0	1639.2	455.7	571.9	356.4
2010	878.1	1202.5	335.7	2050.4	570.0	685.4	452.1
2011	1133.4	1893.8	470.0	2665.8	822.3	748.8	567.7

1-19 续表 2 continued

单位：亿元 (100 million yuan)

登记注册类型 Registration Status 年 份 Year	水利、环境和公共设施管理业 Management of Water Conservancy, Environment & Public Establishment	居民服务和其他服务业 Resident Services and Other Services	教 育 Education	卫生、社会保障和社会福利业 Sanitation, Social Security and Social Welfare	文化体育和娱乐业 Culture, Sports and Entertainment	公共管理和社会组织 Public Management and Social Organization
全 国 National						
2003	202.6	66.4	2035.9	782.1	217.9	1787.6
2004	226.1	71.8	2346.2	902.3	251.5	2072.7
2005	257.3	85.1	2690.8	1047.8	275.8	2489.6
2006	289.8	102.5	3127.8	1226.1	314.9	2839.7
2007	352.2	115.8	3917.2	1496.6	378.1	3553.8
2008	413.8	132.1	4556.1	1789.3	429.3	4276.0
2009	474.3	146.8	5338.6	2095.3	488.5	4896.8
2010	555.9	168.4	6136.5	2506.4	543.7	5428.8
2011	659.8	197.9	6938.8	3078.6	642.1	6118.1
国有单位 State-owned Units						
2003	182.5	32.6	1970.1	717.2	202.5	1781.7
2004	202.3	37.4	2274.2	827.5	233.2	2064.1
2005	229.0	43.3	2604.2	962.0	253.6	2480.9
2006	254.4	57.4	3027.3	1121.2	288.9	2829.5
2007	308.0	62.5	3782.4	1371.4	345.6	3544.3
2008	360.7	75.8	4416.4	1637.6	386.9	4263.5
2009	411.9	81.7	5154.6	1910.9	432.3	4869.2
2010	481.2	92.6	5919.7	2277.1	478.5	5400.2
2011	566.0	113.8	6651.3	2803.9	550.1	6079.9
城镇集体单位 Urban Collective-owned units						
2003	10.6	13.1	53.0	59.4	3.0	5.2
2004	10.5	12.1	45.2	64.3	3.1	5.5
2005	10.4	11.3	50.8	71.3	3.4	4.6
2006	11.8	12.2	55.1	83.9	3.2	5.1
2007	13.4	12.8	71.6	98.6	4.0	5.0
2008	16.5	14.2	55.6	118.6	4.6	4.7
2009	17.8	15.2	48.0	136.2	5.0	7.1
2010	19.4	16.4	54.7	166.3	5.4	5.9
2011	22.5	14.9	68.2	192.9	6.1	8.4
其他单位 Other Ownership units						
2003	9.5	20.7	12.8	5.4	12.3	0.7
2004	13.3	22.4	26.8	10.4	15.3	3.1
2005	17.9	30.5	35.8	14.5	18.8	4.1
2006	23.6	33.0	45.4	21.0	22.7	5.1
2007	30.8	40.6	63.2	26.6	28.6	4.5
2008	36.6	42.1	84.1	33.1	37.9	7.8
2009	44.6	50.0	136.1	48.1	51.1	20.6
2010	55.3	59.5	162.1	63.0	59.9	22.7
2011	71.3	69.2	219.3	81.8	85.9	29.8

1-20 分行业城镇单位就业人员工资总额(2012-2013年)
TOTAL WAGES OF EMPLOYED PERSONS IN URBAN UNITS BY SECTOR (2012-2013)

单位：亿元 (100 million yuan)

登记注册类型 Registration Status / 年份 Year	合计 Total	农、林、牧、渔业 Agriculture, Forestry, Animal Husbandry and Fishery	采矿业 Mining	制造业 Manufacturing	电力、热力、燃气及水生产和供应业 Production and Supply of Electricity,Heat, Gas and Water	建筑业 Construction
全 国 National						
2012	70914.2	760.8	3600.7	17668.1	1999.6	7392.7
2013	93064.3	758.0	3833.2	24566.6	2715.3	12315.1
国有单位 State-owned Units						
2012	32950.0	713.5	1513.3	1765.0	1278.7	1422.7
2013	33359.6	709.9	550.2	1288.9	1361.9	1166.2
城镇集体单位 Urban Collective-owned units						
2012	1990.4	10.8	73.6	339.3	20.3	550.6
2013	2195.8	6.6	60.6	342.2	18.9	610.8
其他单位 Other Ownership units						
2012	35973.8	36.5	2013.8	15563.7	700.7	5419.4
2013	57508.9	41.4	3222.4	22935.5	1334.5	10538.1

1-20 续表 1 continued

单位：亿元 (100 million yuan)

登记注册类型 Registration Status 年 份 Year	批发和零售业 Wholesale and Retail Trades	交通运输、仓储和邮政业 Transport, Storage and Post	住宿和餐饮业 Hotels and Catering Services	信息传输、软件和信息技术服务业 Information Software and Information Technology	金融业 Financial Inter-mediation	房地产业 Real Estate	租赁和商务服务业 Leasing and Business Services
全 国 National							
2012	3271.3	3531.5	824.4	1769.4	4669.0	1271.3	1531.2
2013	4451.9	4834.6	1038.3	2957.7	5269.0	1882.3	2629.4
国有单位 State-owned Units							
2012	708.9	2258.7	192.5	372.4	1237.8	204.3	517.8
2013	622.7	2388.4	168.0	298.3	1288.8	168.3	580.9
城镇集体单位 Urban Collective-owned units							
2012	94.4	50.4	25.8	4.8	305.6	30.0	98.2
2013	99.9	60.4	40.3	3.5	339.3	31.2	127.2
其他单位 Other Ownership units							
2012	2467.9	1222.3	606.2	1392.2	3125.6	1037.0	915.2
2013	3729.3	2385.8	830.1	2655.9	3640.9	1682.8	1921.3

1-24 续表 2 continued

单位：亿元 (100 million yuan)

登记注册类型 Registration Status 年 份 Year	科学研究和技术服务业 Scientific Research, and Technical Services	水利、环境和公共设施管理业 Management of Water Conservancy, Environment and Public Facilities	居民服务、修理和其他服务业 Service to Households, Repair and Other Services	教 育 Education	卫生和社会工作 Health and Social Service	文化、体育和娱乐业 Culture, Sports and Enter-tainment	公共管理、社会保障和社会组织 Public Management, Social Security and social Organization
全 国 National							
2012	2259.4	784.6	217.1	7851.0	3718.5	735.4	7058.3
2013	2940.3	933.7	277.2	8721.1	4397.8	867.8	7675.0
国有单位 State-owned Units							
2012	1477.6	669.0	113.9	7486.8	3373.4	624.6	7019.0
2013	1546.2	728.4	96.4	8193.9	3924.3	651.4	7626.4
城镇集体单位 Urban Collective-owned units							
2012	24.9	25.7	16.6	77.3	224.3	8.2	9.5
2013	28.6	29.5	16.5	102.7	260.4	7.7	9.6
其他单位 Other Ownership units							
2012	756.8	89.9	86.6	286.8	120.7	102.6	29.9
2013	1365.5	175.7	164.3	424.6	213.1	208.7	39.0

1-21 分登记注册类型城镇单位就业人员平均工资及指数
AVERAGE WAGE AND INDEX OF EMPLOYED PERSONS BY REGISTRATION STATUS

年 份 Year	平均工资(元) Average Wage (yuan)				指数（以上年为100） Index (preceding year=100)			
	合 计 Total	国有单位 State-owned Units	城镇集体单位 Urban Collective-owned Units	其他单位 Other Ownership Units	合 计 Total	国有单位 State-owned Units	城镇集体单位 Urban Collective-owned Units	其他单位 Other Ownership Units
1965	590	652	398		100.7	98.6	111.2	
1970	561	609	405		97.6	98.5	92.3	
1971	560	597	429		99.8	98.0	105.9	
1972	588	622	465		105.0	104.2	108.4	
1973	587	614	489		99.8	98.7	105.2	
1974	584	622	441		99.5	101.3	90.2	
1975	580	613	453		99.3	98.6	102.7	
1976	575	605	464		99.1	98.7	102.4	
1977	576	602	478		100.2	99.5	103.0	
1978	615	644	506		106.8	107.0	105.9	
1979	668	705	542		108.6	109.5	107.1	
1980	762	803	623		114.1	113.9	114.9	
1981	772	812	642		101.3	101.1	103.0	
1982	798	836	671		103.4	103.0	104.5	
1983	826	865	698		103.5	103.5	104.0	
1984	974	1034	811	1048	117.9	119.5	116.2	
1985	1148	1213	967	1436	117.9	117.3	119.2	137.0
1986	1329	1414	1092	1629	115.8	116.6	112.9	113.4
1987	1459	1546	1207	1879	109.8	109.3	110.5	115.3
1988	1747	1853	1426	2382	119.7	119.9	118.1	126.8
1989	1935	2055	1557	2707	110.8	110.9	109.2	113.6
1990	2140	2284	1681	2987	110.6	111.1	108.0	110.3
1991	2340	2477	1866	3468	109.3	108.5	111.0	116.1
1992	2711	2878	2109	3966	115.9	116.2	113.0	114.4
1993	3371	3532	2592	4966	124.3	122.7	122.9	125.2
1994	4538	4797	3245	6302	134.6	135.8	125.2	126.9
1995	5348	5553	3934	7728	118.9	117.3	121.1	119.9
1996	5980	6207	4312	8521	111.8	111.8	109.6	110.3
1997	6444	6679	4516	9092	107.8	107.6	104.7	106.7
1998	7446	7579	5314	9241	115.5	113.5	117.7	101.6
1999	8319	8443	5758	10142	111.7	111.4	108.4	109.8
2000	9333	9441	6241	11238	112.2	111.8	108.4	110.8
2001	10834	11045	6851	12437	116.1	117.0	109.8	110.7
2002	12373	12701	7636	13486	114.2	115.0	111.5	108.4
2003	13969	14358	8627	14843	112.9	113.0	113.0	110.1
2004	15920	16445	9723	16519	114.0	114.5	112.7	111.3
2005	18200	18978	11176	18362	114.3	115.4	114.9	111.2
2006	20856	21706	12866	21004	114.6	114.4	115.1	114.4
2007	24721	26100	15444	24271	118.5	120.2	120.0	115.6
2008	28898	30287	18103	28552	116.9	116.0	117.2	117.6
2009	32244	34130	20607	31350	111.6	112.7	113.8	109.8
2010	36539	38359	24010	35801	113.3	112.4	116.5	114.2
2011	41799	43483	28791	41323	114.4	113.4	119.9	115.4
2012	46769	48357	33784	46360	111.9	111.2	117.3	112.2
2013	51483	52657	38905	51453	110.1	108.9	115.2	111.0

1-22 分行业城镇单位就业人员平均工资（1995-2002年）
AVERAGE WAGE OF EMPLOYED PERSONS IN URBAN UNITS BY SECTOR (1995-2002)

单位：元 (yuan)

登记注册类型 Registration Status 年 份 Year	合 计 Total	农、林、牧、渔业 Farming, Forestry, Animal Husbandry and Fishery	采掘业 Mining and Quarrying	制造业 Manufacturing	电力、煤气及水的生产和供应业 Production and Supply of Electricity, Gas and Water	建筑业 Construction	地质勘查业、水利管理业 Geological Prospecting and Water Conservancy	交通运输、仓储及邮电通信业 Transport, Storage, Post and Telecommunications
全 国 National								
1995	5348	3516	5743	5199	7829	5755	5953	6910
1996	5980	4045	6477	5673	8803	6242	6571	7833
1997	6444	4306	6825	5979	9641	6652	7147	8527
1998	7446	4532	7228	7118	10457	7434	7916	9714
1999	8319	4808	7507	7874	11487	7945	8793	10825
2000	9333	5142	8317	8836	12801	8668	9590	12170
2001	10834	5676	9541	9891	14471	9415	10904	13987
2002	12373	6314	10992	11152	16296	10212	12226	15818
国有单位 State-owned Units								
1995	5553	3520	5933	5347	7720	6453	5977	7511
1996	6207	4031	6709	5792	8686	6961	6601	8482
1997	6679	4297	7086	6006	9527	7363	7166	9189
1998	7579	4525	7485	6950	10298	8129	7934	10180
1999	8443	4787	7718	7578	11210	8686	8815	11141
2000	9441	5087	8258	8513	12419	9431	9617	12418
2001	11045	5633	9426	9550	14001	10189	10952	14099
2002	12701	6234	10580	10825	15636	11139	12219	15758
城镇集体单位 Urban Collective-owned units								
1995	3934	2926	3675	3730	7438	4673	4283	3593
1996	4312	3805	3956	4018	8315	5103	4780	3977
1997	4516	3939	4160	4134	9045	5476	6343	4067
1998	5314	4359	4577	5004	9434	5940	6966	5130
1999	5758	4863	4556	5326	9795	6279	7555	5682
2000	6241	5529	4867	5726	10680	6822	7464	5807
2001	6851	5626	5515	6101	12233	7225	7622	6311
2002	7636	6434	6036	6757	12912	7698	9579	6895
其他单位 Other Ownership units								
1995	7728	7264	5221	7483	10740	6862	5503	10825
1996	8521	7514	5238	8175	12036	7044	5870	12240
1997	9092	7192	5385	8640	12204	7617	5961	14095
1998	9241	5817	6745	8797	12179	8988	7070	12077
1999	10142	6877	7646	9592	13843	9508	8953	14366
2000	11238	8600	9827	10450	15513	10330	13483	16399
2001	12437	8649	11087	11361	17192	11120	11583	18826
2002	13486	9392	12846	12338	19212	11291	18115	20900

1-22　续表　continued

单位：元　　　　(yuan)

登记注册类型 Registration Status 年　份 Year	批发和零售贸易、餐饮业 Wholesale and Retail Trade & Catering Services	金融、保险业 Finance and Insurance	房地产业 Real Estate Trade	社　会服务业 Social Services	卫生、体育和社会福利业 Health Care, Sporting and Social Welfare	教育、文化艺术和广播电影电视业 Education, Culture and Arts, Radio, Film and Television	科学研究和综合技术服务业 Scientific Research and Polytechnical Services	国家机关政党机关和社会团体 Government Agencies, Party Agencies and Social Organizations	其　他 Others
全　国 National									
1995	4260	7357	7351	6037	5831	4999	6818	5484	6250
1996	4674	8402	8405	6839	6758	5699	7981	6286	7143
1997	4872	9665	9269	7642	7566	6332	8953	6939	6862
1998	5884	10595	10402	8523	8445	7101	10112	7721	8497
1999	6436	11901	11579	9393	9625	8188	11501	8920	10153
2000	7188	13178	12551	10386	10832	9224	13374	9978	11205
2001	8207	15628	14074	11996	12821	11210	16220	12061	12862
2002	9439	18023	15384	13582	14652	13073	18792	13844	14212
国有单位 State-owned Units									
1995	4567	7558	6861	5932	5980	5026	6807	5486	6827
1996	4941	8638	7861	6676	6932	5714	7941	6296	7563
1997	5141	9904	8554	7406	7757	6402	8921	6943	6854
1998	6132	10801	9368	8142	8651	7182	10061	7725	8178
1999	6647	11865	10374	8975	9856	8278	11440	8925	9635
2000	7364	13215	11462	9709	11156	9341	13059	9983	10049
2001	8162	15678	12897	11130	13243	11339	16048	12071	11293
2002	9371	18313	14144	12067	15121	13237	18792	13858	13258
城镇集体单位 Urban Collective-owned units									
1995	3461	6432	6643	4659	4869	3722	5871	5213	4848
1996	3838	6858	6740	4979	5602	4609	6738	5009	5667
1997	3901	7570	7654	5676	6264	4226	6805	6166	5761
1998	4530	8074	9056	6195	6846	4556	7000	6952	7049
1999	4820	8941	10391	6640	7775	5310	7921	7922	8124
2000	5110	9571	10270	7221	8347	5642	9198	8811	9007
2001	5450	10707	10516	7902	9474	7192	9522	9304	9638
2002	6017	12283	11315	8849	10680	8042	10228	10199	9642
其他单位 Other Ownership Units									
1995	7403	13035	10996	10189	9518	9149	10080		11629
1996	7976	16495	12426	11708	12182	9592	13372		14185
1997	8264	18194	13726	12747	13914	10386	14659		18939
1998	8492	16419	14142	13012	16691	12367	14773		22038
1999	9137	19375	15021	13777	18281	13477	16240		22977
2000	10235	20904	15402	15086	18158	12413	18916		28972
2001	11634	23300	16791	16839	18482	16449	19523		32267
2002	12349	23772	17613	18947	16114	17854	20879		31279

1-23 分行业城镇单位就业人员平均工资（2003-2011年）
AVERAGE WAGE OF EMPLOYED PERSONS IN URBAN UNITS BY SECTOR (2003-2011)

单位：元 (yuan)

登记注册类型 Registration Status 年 份 Year	合 计 Total	农、林、牧、渔业 Agriculture, Forestry, Farming of Animals and Fishery	采矿业 Mining	制造业 Manufacturing	电力、燃气及水的生产和供应业 Production & Distribution of Electricity, Gas & Water	建筑业 Construction	交通运输、仓储和邮政业 Traffic, Transport, Storage and post
全 国 National							
2003	13969	6884	13627	12671	18574	11328	15753
2004	15920	7497	16774	14251	21543	12578	18071
2005	18200	8207	20449	15934	24750	14112	20911
2006	20856	9269	24125	18225	28424	16164	24111
2007	24721	10847	28185	21144	33470	18482	27903
2008	28898	12560	34233	24404	38515	21223	32041
2009	32244	14356	38038	26810	41869	24161	35315
2010	36539	16717	44196	30916	47309	27529	40466
2011	41799	19469	52230	36665	52723	32103	47078
国有单位 State-owned Units							
2003	14358	6819	13819	12520	18030	12495	15973
2004	16445	7417	17198	14374	20933	14076	17938
2005	18978	8122	20843	16831	24105	16032	20716
2006	21706	9145	24827	20117	28145	18166	23723
2007	26100	10706	29177	23671	33355	20963	27606
2008	30287	12384	35564	27471	38567	23394	31259
2009	34130	14160	38626	31142	42160	27750	34976
2010	38359	16522	44904	36386	47724	31777	40097
2011	43483	19253	53387	43031	53333	36071	47318
城镇集体单位 Urban Collective-owned units							
2003	8627	6127	7194	7594	14774	8311	8100
2004	9723	7027	8628	8581	16898	9111	8777
2005	11176	8042	11067	9671	18323	10071	9920
2006	12866	9789	13626	10978	19880	11428	11062
2007	15444	11490	17131	12985	23237	13611	13102
2008	18103	13546	19813	15455	27603	15641	15062
2009	20607	15392	20075	17620	29369	17565	17538
2010	24010	18156	23791	20841	33851	20210	19882
2011	28791	21887	30114	25031	36122	25027	24927
其他单位 Other Ownership units							
2003	14843	10077	14285	13596	20805	12227	17573
2004	16519	10332	17308	14944	23757	13271	21165
2005	18362	10952	21044	16294	26822	14593	23968
2006	21004	12677	24513	18394	29663	16780	27578
2007	24271	14686	28291	21210	34314	18825	30892
2008	28552	17400	34246	24401	38968	21767	36041
2009	31350	19456	38640	26617	41931	24325	37883
2010	35801	21359	44907	30609	47164	27522	43176
2011	41323	23851	52703	36360	52377	32097	48362

1-23 续表 1 continued

单位：元 (yuan)

登记注册类型 Registration Status 年份 Year	信息传输、计算机服务和软件业 Information Transfer, Computer and Software	批发和零售业 Wholesale and Retail Trade	住宿和餐饮业 Accommodation and Restaurants	金融业 Finance	房地产业 Real Estate	租赁和商务服务业 Tenancy and Business Services	科学研究、技术服务和地质勘查业 Scientific Research, Technical Service & Geologic Perambulation
全 国 National							
2003	30897	10894	11198	20780	17085	17020	20442
2004	33449	13012	12618	24299	18467	18723	23351
2005	38799	15256	13876	29229	20253	21233	27155
2006	43435	17796	15236	35495	22238	24510	31644
2007	47700	21074	17046	44011	26085	27807	38432
2008	54906	25818	19321	53897	30118	32915	45512
2009	58154	29139	20860	60398	32242	35494	50143
2010	64436	33635	23382	70146	35870	39566	56376
2011	70918	40654	27486	81109	42837	46976	64252
国有单位 State-owned Units							
2003	24969	10937	10482	21267	15749	15042	19775
2004	27389	12724	12137	25063	17215	16470	22711
2005	29935	15492	13428	30396	19449	19076	25989
2006	32747	18444	14851	34727	21324	20804	30023
2007	36277	21450	16432	43465	25073	23800	36456
2008	38947	25983	19091	52309	27683	27418	42643
2009	42379	30908	21177	56719	30800	30431	47277
2010	46402	35814	23864	66014	33967	33680	53235
2011	50401	41337	28756	74650	43814	39447	60316
城镇集体单位 Urban Collective-owned units							
2003	12486	6610	8356	14023	12002	10896	12962
2004	17633	7312	9311	16209	12793	11639	13441
2005	24524	8261	10145	18560	13259	13230	18053
2006	24058	9256	11453	21694	15625	14204	23058
2007	24875	10686	12897	25881	18557	16329	24823
2008	27892	12906	15149	31358	20856	17547	29988
2009	30904	14777	16569	37453	22516	19276	33025
2010	37576	16816	18808	44154	24617	20981	37538
2011	40344	19982	23327	52984	29661	24499	47764
其他单位 Other Ownership units							
2003	41911	13665	12425	25374	18898	25742	25591
2004	43474	16265	13553	28513	19933	27581	29233
2005	48602	17709	14692	33307	21331	29040	34523
2006	53807	19959	15922	42687	23181	34514	40707
2007	56392	23594	17780	51553	27004	37443	48861
2008	65686	28358	19800	62044	31556	43406	57827
2009	68067	30717	21064	67574	33311	45078	61697
2010	74178	35109	23505	77445	37102	50179	67716
2011	81005	42596	27313	88882	43183	60406	76446

1-23 续表 2 continued

单位：元 (yuan)

登记注册类型 Registration Status 年 份 Year	水利、环境和公共设施管理业 Management of Water Conservancy, Environment and Public Establishment	居民服务和其他服务业 Resident Services and Other Services	教 育 Education	卫生、社会保障和社会福利业 Sanitation, Social Security and Social Welfare	文化体育和娱乐业 Culture, Sports and Entertainment	公共管理和社会组织 Public Management and Social Organization
全 国 National						
2003	11774	12665	14189	16185	17098	15355
2004	12884	13680	16085	18386	20522	17372
2005	14322	15747	18259	20808	22670	20234
2006	15630	18030	20918	23590	25847	22546
2007	18383	20370	25908	27892	30430	27731
2008	21103	22858	29831	32185	34158	32296
2009	23159	25172	34543	35662	37755	35326
2010	25544	28206	38968	40232	41428	38242
2011	28868	33169	43194	46206	47878	42062
国有单位 State-owned Units						
2003	11782	14419	14371	16741	17340	15382
2004	12850	16366	16217	19061	20955	17406
2005	14254	17323	18388	21500	23110	20270
2006	15517	20548	21027	24298	26374	22608
2007	18293	21744	25997	28719	31210	27790
2008	21000	26443	29925	33075	34993	32350
2009	23161	28874	34678	36575	38749	35491
2010	25478	32417	39166	41112	42367	38387
2011	28812	36923	43436	47185	48690	42230
城镇集体单位 Urban Collective-owned units						
2003	10030	8683	9330	11610	9424	10293
2004	10433	8910	10559	12869	10953	11454
2005	11051	10690	12670	14826	13635	12906
2006	11948	12170	15338	17325	14169	14129
2007	13312	14476	21010	20442	17414	17002
2008	15413	16412	22645	24028	19686	18941
2009	16891	18509	27515	27618	22177	26039
2010	18551	20818	31486	32645	24796	26957
2011	20987	24834	36355	37853	30051	35277
其他单位 Other Ownership units						
2003	14392	14038	17986	15110	16565	8763
2004	16645	13893	19964	15789	18002	12617
2005	18681	16502	20664	18084	19926	14036
2006	20388	17410	23099	21225	22712	11765
2007	23390	21014	27494	24600	25384	13994
2008	26869	20566	31211	28831	29567	21586
2009	27154	22877	32663	30579	32898	17849
2010	30217	25536	35282	34672	37107	21392
2011	33331	30287	38912	38803	44958	23891

1-24 分行业城镇单位就业人员平均工资(2012-2013年)
AVERAGE WAGE OF EMPLOYED PERSONS IN URBAN UNITS BY SECTOR (2012-2013)

单位：元 (yuan)

登记注册类型 Registration Status 年 份 Year	合 计 Total	农、林、牧、渔业 Agriculture, Forestry, Animal Husbandry and Fishery	采矿业 Mining	制造业 Manufacturing	电力、热力、燃气及水生产和供应业 Production and Supply of Electricity,Heat, Gas and Water	建筑业 Construction
全 国						
National						
2012	46769	22687	56946	41650	58202	36483
2013	51483	25820	60138	46431	67085	42072
国有单位						
State-owned Units						
2012	48357	22484	58534	47367	58589	40116
2013	52657	25444	56317	54094	68146	43849
城镇集体单位						
Urban Collective-owned units						
2012	33784	22592	35953	29538	39587	29607
2013	38905	26754	39007	34689	45082	33893
其他单位						
Other Ownership units						
2012	46360	27612	57001	41453	58293	36476
2013	51453	34310	61475	46297	66489	42476

1-24 续表 1 continued

单位：元 (yuan)

登记注册类型 Registration Status 年 份 Year	批发和零售业 Wholesale and Retail Trades	交通运输、仓储和邮政业 Transport, Storage and Post	住宿和餐饮业 Hotels and Catering Services	信息传输、软件和信息技术服务业 Information Software and Information Technology	金融业 Financial Inter-mediation	房地产业 Real Estate	租赁和商务服务业 Leasing and Business Services
全 国 National							
2012	46340	53391	31267	80510	89743	46764	53162
2013	50308	57993	34044	90915	99653	51048	62538
国有单位 State-owned Units							
2012	47377	54342	33376	57056	82040	43464	44875
2013	55980	59516	36298	60182	87732	45435	46542
城镇集体单位 Urban Collective-owned units							
2012	23096	28474	27535	38770	61756	34365	29583
2013	26200	31772	39491	40268	70249	37155	33296
其他单位 Other Ownership units							
2012	47882	53592	30827	90839	97706	47983	65637
2013	50700	57720	33400	96618	109161	52052	74632

1-24 续表 2 continued

单位：元 (yuan)

登记注册类型 Registration Status 年 份 Year	科学研究和技术服务业 Scientific Research, and Technical Services	水利、环境和公共设施管理业 Management of Water Conservancy, Environment and Public Facilities	居民服务、修理和其他服务业 Service to Households, Repair and Other Services	教 育 Education	卫生和社会工作 Health and Social Service	文化、体育和娱乐业 Culture, Sports and Enter-tainment	公共管理、社会保障和社会组织 Public Management, Social Security and social Organization
全 国 National							
2012	69254	32343	35135	47734	52564	53558	46074
2013	76602	36123	38429	51950	57979	59336	49259
国有单位 State-owned Units							
2012	64206	32152	37642	47995	53653	54398	46207
2013	69501	35155	41416	52283	59200	59437	49371
城镇集体单位 Urban Collective-owned units							
2012	46890	24432	27415	41061	43265	33433	41285
2013	52204	27855	31005	47610	48990	37715	45859
其他单位 Other Ownership units							
2012	83362	37466	33992	43473	45020	51217	28113
2013	87590	43213	37738	47194	50173	60288	34486

1-25　分行业城镇单位就业人员平均货币工资指数（1995-2002年）

INDICES OF MONEY AVERAGE EARNING OF EMPLOYED PERSONS IN URBAN UNITS BY SECTOR (1995-2002)

上年=100　　(preceding year=100)

登记注册类型 Registration Status 年　份 Year	合　计 Total	农、林、牧、渔业 Farming, Forestry, Animal Husbandry and Fishery	采掘业 Mining and Quarrying	制造业 Manufacturing	电力、煤气及水的生产和供应业 Production and Supply of Electricity, Gas and Water	建筑业 Construction	地质勘查业、水利管理业 Geological Prospecting and Water Conservancy	交通运输、仓储及邮电通信业 Transport, Storage, Post and Telecommu-nications
全　国 National								
1995	118.9	124.5	123.2	121.2	127.3	118.1	109.5	121.9
1996	111.8	115.0	112.8	109.1	112.4	108.5	110.4	113.4
1997	107.8	106.5	105.4	105.4	109.5	106.6	108.8	108.9
1998	115.5	105.2	105.9	119.1	108.5	111.8	110.8	113.9
1999	111.7	106.1	103.9	110.6	109.8	106.9	111.1	111.4
2000	112.2	106.9	110.8	112.2	111.4	109.1	109.1	112.4
2001	116.1	110.4	114.7	111.9	113.0	108.6	113.7	114.9
2002	114.2	111.2	115.2	112.7	112.6	108.5	112.1	113.1
国有单位 State-owned Units								
1995	117.3	124.6	122.4	118.8	126.3	118.3	109.4	121.6
1996	111.8	114.5	113.1	108.3	112.5	107.9	110.4	112.9
1997	107.6	106.6	105.6	103.7	109.7	105.8	108.6	108.3
1998	113.5	105.3	105.6	115.7	108.1	110.4	110.7	110.8
1999	111.4	105.8	103.1	109.0	108.9	106.9	111.1	109.4
2000	111.8	106.3	107.0	112.3	110.8	108.6	109.1	111.5
2001	117.0	110.7	114.1	112.2	112.7	108.0	113.9	113.5
2002	115.0	110.7	112.2	113.4	111.7	109.3	111.6	111.8
城镇集体单位 Urban Collective-owned units								
1995	121.1	116.2	131.5	121.1	129.9	118.7	115.9	115.5
1996	109.6	130.0	107.6	107.7	111.8	109.2	111.6	110.7
1997	104.7	103.5	105.2	102.9	108.8	107.3	132.7	102.3
1998	117.7	110.7	110.0	121.0	104.3	108.5	109.8	126.1
1999	108.4	111.6	99.5	106.4	103.8	105.7	108.5	110.8
2000	108.4	113.7	106.8	107.5	109.0	108.6	98.8	102.2
2001	109.8	101.8	113.3	106.5	114.5	105.9	102.1	108.7
2002	111.5	114.4	109.4	110.8	105.6	106.5	125.7	109.3
其他单位 Other Ownership units								
1995	119.9	129.2	123.1	120.8	131.6	116.0	126.2	120.3
1996	110.3	103.4	100.3	109.2	112.1	102.7	106.7	113.1
1997	106.7	95.7	102.8	105.7	101.4	108.1	101.6	115.2
1998	101.6	80.9	125.3	101.8	99.8	118.0	118.6	85.7
1999	109.8	118.2	113.4	109.0	113.7	105.8	126.6	119.0
2000	110.8	125.1	128.5	108.9	112.1	108.6	150.6	114.2
2001	110.7	100.6	112.8	108.7	110.8	107.6	85.9	114.8
2002	108.4	108.6	115.9	108.6	111.7	101.5	156.4	111.0

1-25 续表 continued

上年=100 (preceding year=100)

登记注册类型 Registration Status / 年 份 Year	批发和零售贸易、餐饮业 Wholesale and Retail Trade & Catering Services	金融、保险业 Finance and Insurance	房地产业 Real Estate Trade	社 会服务业 Social Services	卫生、体育和社会福利业 Health Care, Sporting and Social Welfare	教育、文化艺术和广播电影电视业 Education, Culture and Arts, Radio, Film and Television	科学研究和综合技术服务业 Scientific Research and Polytechnical Services	国家机关政党机关和社会团体 Government Agencies, Party Agencies and Social Organizations	其 他 Others
全 国 National									
1995	120.3	109.9	117.1	119.3	114.4	111.2	111.3	111.5	120.5
1996	109.7	114.2	114.3	113.3	115.9	114.0	117.1	114.6	114.3
1997	104.2	115.0	110.3	111.7	112.0	111.1	112.2	110.4	96.1
1998	120.8	109.6	112.2	111.5	111.6	112.1	112.9	111.3	123.8
1999	109.4	112.3	111.3	110.2	114.0	115.3	113.7	115.5	119.5
2000	111.7	110.7	108.4	110.6	112.5	112.7	116.3	111.9	110.4
2001	114.2	118.6	112.1	115.5	118.4	121.5	121.3	120.9	114.8
2002	115.0	115.3	109.3	113.2	114.3	116.6	115.9	114.8	110.5
国有单位 State-owned Units									
1995	118.5	108.3	115.0	116.7	114.1	111.4	110.1	111.4	119.3
1996	108.2	114.3	114.6	112.5	115.9	113.7	116.7	114.8	110.8
1997	104.0	114.7	108.8	110.9	111.9	112.0	112.3	110.3	90.6
1998	119.3	109.1	109.5	109.9	111.5	112.2	112.8	111.3	119.3
1999	108.4	109.9	110.7	110.2	113.9	115.3	113.7	115.5	117.8
2000	110.8	111.4	110.5	108.2	113.2	112.8	114.2	111.9	104.3
2001	110.8	118.6	112.5	114.6	118.7	121.4	122.9	120.9	112.4
2002	114.8	116.8	109.7	108.4	114.2	116.7	117.1	114.8	117.4
城镇集体单位 Urban Collective-owned units									
1995	122.2	114.0	126.8	125.7	115.6	109.1	125.5	120.8	120.1
1996	110.9	106.6	101.5	106.9	115.1	123.8	114.8	96.1	116.9
1997	101.6	110.4	113.6	114.0	111.8	91.7	101.0	123.1	101.7
1998	116.1	106.7	118.3	109.1	109.3	107.8	102.9	112.7	122.4
1999	106.4	110.7	114.7	107.2	113.6	116.5	113.2	114.0	115.3
2000	106.0	107.0	98.8	108.8	107.4	106.3	116.1	111.2	110.9
2001	106.7	111.9	102.4	109.4	113.5	127.5	103.5	105.6	107.0
2002	110.4	114.7	107.6	112.0	112.7	111.8	107.4	109.6	100.0
其他单位 Other Ownership Units									
1995	112.2	120.7	113.3	115.7	130.8	111.0	125.3		117.6
1996	107.7	126.5	113.0	114.9	128.0	104.8	132.7		122.0
1997	103.6	110.3	110.5	108.9	114.2	108.3	109.6		133.5
1998	102.8	90.2	103.0	102.1	120.0	119.1	100.8		116.4
1999	107.6	118.0	106.2	105.9	109.5	109.0	109.9		104.3
2000	112.0	107.9	102.5	109.5	99.3	92.1	116.5		126.1
2001	113.7	111.5	109.0	111.6	101.8	132.5	103.2		111.4
2002	106.1	102.0	104.9	112.5	87.2	108.5	106.9		96.9

1-26 分行业城镇单位就业人员平均货币工资指数（2004-2011年）

INDICES OF MONEY AVERAGE EARNING OF EMPLOYED PERSONS IN URBAN UNITS BY SECTOR (2004-2011)

上年=100 (preceding year=100)

登记注册类型 Registration Status / 年份 Year	合计 Total	农、林、牧、渔业 Agriculture, Forestry, Farming of Animals and Fishery	采矿业 Mining	制造业 Manufacturing	电力、燃气及水的生产和供应业 Production & Distribution of Electricity, Gas & Water	建筑业 Construction	交通运输、仓储和邮政业 Traffic, Transport, Storage and post
全 国 National							
2004	114.0	108.9	123.1	112.5	116.0	111.0	114.7
2005	114.3	109.5	121.9	111.8	114.9	112.2	115.7
2006	114.6	112.9	118.0	114.4	114.8	114.5	115.3
2007	118.5	117.0	116.8	116.0	117.8	114.3	115.7
2008	116.9	115.8	121.5	115.4	115.1	114.8	114.8
2009	111.6	114.3	111.1	109.9	108.7	113.8	110.2
2010	113.3	116.4	116.2	115.3	113.0	113.9	114.6
2011	114.4	116.5	118.2	118.6	111.4	116.6	116.3
国有单位 State-owned Units							
2004	114.5	108.8	124.5	114.8	116.1	112.7	112.3
2005	115.4	109.5	121.2	117.1	115.2	113.9	115.5
2006	114.4	112.6	119.1	119.5	116.8	113.3	114.5
2007	120.2	117.1	117.5	117.7	118.5	115.4	116.4
2008	116.0	115.7	121.9	116.1	115.6	111.6	113.2
2009	112.7	114.3	108.6	113.4	109.3	118.6	111.9
2010	112.4	116.7	116.3	116.8	113.2	114.5	114.6
2011	113.4	116.5	118.9	118.3	111.8	113.5	118.0
城镇集体单位 Urban Collective-owned units							
2004	112.7	114.7	119.9	113.0	114.4	109.6	108.4
2005	114.9	114.4	128.3	112.7	108.4	110.5	113.0
2006	115.1	121.7	123.1	113.5	108.5	113.5	111.5
2007	120.0	117.4	125.7	118.3	116.9	119.1	118.4
2008	117.2	117.9	115.7	119.0	118.8	114.9	115.0
2009	113.8	113.8	113.8	113.8	113.8	113.8	113.8
2010	116.5	118.0	118.5	118.3	115.3	115.1	113.4
2011	119.9	120.5	126.6	120.1	106.7	123.8	125.4
其他单位 Other Ownership units							
2004	111.3	102.5	121.2	109.9	114.2	108.5	120.4
2005	111.2	106.0	121.6	109.0	112.9	110.0	113.2
2006	114.4	115.8	116.5	112.9	110.6	115.0	115.1
2007	115.6	115.8	115.4	115.3	115.7	112.2	112.0
2008	117.6	118.5	121.0	115.0	113.6	115.6	116.7
2009	109.8	111.8	112.8	109.1	107.6	111.8	105.1
2010	114.2	109.8	116.2	115.0	112.5	113.1	114.0
2011	115.4	115.4	115.4	115.4	115.4	115.4	115.4

1-26 续表 1 continued

上年=100 (preceding year=100)

登记注册类型 Registration Status 年份 Year	信息传输、计算机服务和软件业 Information Transfer, Computer and Software	批发和零售业 Wholesale and Retail Trade	住宿和餐饮业 Accommo-dation and Restaurants	金融业 Finance	房地产业 Real Estate	租赁和商务服务业 Tenancy and Business Services	科学研究、技术服务和地质勘查业 Scientific Research, Technical Service & Geologic Perambulation
全　国 National							
2004	108.3	119.4	112.7	116.9	108.1	110.0	114.2
2005	116.0	117.2	110.0	120.3	109.7	113.4	116.3
2006	111.9	116.6	109.8	121.4	109.8	115.4	116.5
2007	109.8	118.4	111.9	124.0	117.3	113.5	121.5
2008	115.1	122.5	113.3	122.5	115.5	118.4	118.4
2009	105.9	112.9	108.0	112.1	107.1	107.8	110.2
2010	110.8	115.4	112.1	116.1	111.3	111.5	112.4
2011	110.1	120.9	117.6	115.6	119.4	118.7	114.0
国有单位 State-owned Units							
2004	109.7	116.3	115.8	117.8	109.3	109.5	114.8
2005	109.3	121.8	110.6	121.3	113.0	115.8	114.4
2006	109.4	119.1	110.6	114.2	109.6	109.1	115.5
2007	110.8	116.3	110.6	125.2	117.6	114.4	121.4
2008	107.4	121.1	116.2	120.3	110.4	115.2	117.0
2009	108.8	119.0	110.9	108.4	111.3	111.0	110.9
2010	109.5	115.9	112.7	116.4	110.3	110.7	112.6
2011	108.6	115.4	120.5	113.1	129.0	117.1	113.3
城镇集体单位 Urban Collective-owned units							
2004	141.2	110.6	111.4	115.6	106.6	106.8	103.7
2005	139.1	113.0	109.0	114.5	103.6	113.7	134.3
2006	98.1	112.0	112.9	116.9	117.8	107.4	127.7
2007	103.4	115.4	112.6	119.3	118.8	115.0	107.7
2008	112.1	120.8	117.5	121.2	112.4	107.5	120.8
2009	110.8	114.5	109.4	119.4	108.0	109.9	110.1
2010	121.6	113.8	113.5	117.9	109.3	108.8	113.7
2011	107.4	118.8	124.0	120.0	120.5	116.8	127.2
其他单位 Other Ownership units							
2004	103.7	119.0	109.1	112.4	105.5	107.1	114.2
2005	111.8	108.9	108.4	116.8	107.0	105.3	118.1
2006	110.7	112.7	108.4	128.2	108.7	118.8	117.9
2007	104.8	118.2	111.7	120.8	116.5	108.5	120.0
2008	116.5	120.2	111.4	120.3	116.9	115.9	118.4
2009	103.6	108.3	106.4	108.9	105.6	103.9	106.7
2010	109.0	114.3	111.6	114.6	111.4	111.3	109.8
2011	109.2	121.3	116.2	114.8	116.4	120.4	112.9

1-26 续表 2 continued

上年=100 (preceding year=100)

登记注册类型 Registration Status 年 份 Year	水利、环境和公共设施管理业 Management of Water Conservancy, Environment and Public Establishment	居民服务和其他服务业 Resident Services and Other Services	教 育 Education	卫生、社会保障和社会福利业 Sanitation, Social Security and Social Welfare	文化体育和娱乐业 Culture, Sports and Entertainment	公共管理和社会组织 Public Management and Social Organization
全 国 National						
2004	109.4	108.0	113.4	113.6	120.0	113.1
2005	111.2	115.1	113.5	113.2	110.5	116.5
2006	109.1	114.5	114.6	113.4	114.0	111.4
2007	117.6	113.0	123.9	118.2	117.7	123.0
2008	114.8	112.2	115.1	115.4	112.3	116.5
2009	109.7	110.1	115.8	110.8	110.5	109.4
2010	110.3	112.1	112.8	112.8	109.7	108.3
2011	113.0	117.6	110.8	114.8	115.6	110.0
国有单位 State-owned Units						
2004	109.1	113.5	112.8	113.9	120.8	113.2
2005	110.9	105.8	113.4	112.8	110.3	116.5
2006	108.9	118.6	114.4	113.0	114.1	111.5
2007	117.9	105.8	123.6	118.2	118.3	122.9
2008	114.8	121.6	115.1	115.2	112.1	116.4
2009	110.3	109.2	115.9	110.6	110.7	109.7
2010	110.0	112.3	112.9	112.4	109.3	108.2
2011	113.1	113.9	110.9	114.8	114.9	110.0
城镇集体单位 Urban Collective-owned units						
2004	104.0	102.6	113.2	110.8	116.2	111.3
2005	105.9	120.0	120.0	115.2	124.5	112.7
2006	108.1	113.8	121.1	116.9	103.9	109.5
2007	111.4	118.9	137.0	118.0	122.9	120.3
2008	115.8	113.4	107.8	117.5	113.0	111.4
2009	109.6	112.8	121.5	114.9	112.7	137.5
2010	109.8	112.5	114.4	118.2	111.8	103.5
2011	113.1	119.3	115.5	116.0	121.2	130.9
其他单位 Other Ownership units						
2004	115.7	99.0	111.0	104.5	108.7	144.0
2005	112.2	118.8	103.5	114.5	110.7	111.2
2006	109.1	105.5	111.8	117.4	114.0	83.8
2007	114.7	120.7	119.0	115.9	111.8	118.9
2008	114.9	97.9	113.5	117.2	116.5	154.3
2009	101.1	111.2	104.7	106.1	111.3	82.7
2010	111.3	111.6	108.0	113.4	112.8	119.8
2011	110.3	118.6	110.3	111.9	121.2	111.7

1-27 分行业城镇单位就业人员平均货币工资指数(2013年)
INDICES OF MONEY AVERAGE EARNING OF EMPLOYED PERSONS IN URBAN UNITS BY SECTOR (2013)

上年=100 (preceding year=100)

项目	Item	合计 Total	国有单位 State-owned Units	城镇集体单位 Urban Collective-owned Units	其他单位 Other Ownership Units
全国总计	**National Total**	**110.1**	**108.9**	**115.2**	**111.0**
农、林、牧、渔业	Agriculture, Forestry, Animal Husbandry and Fishery	113.8	113.2	118.4	124.3
采矿业	Mining	105.6	96.2	108.5	107.8
制造业	Manufacturing	111.5	114.2	117.4	111.7
电力、热力、燃气及水生产和供应业	Production and Supply of Electricity, Heat, Gas and Water	115.3	116.3	113.9	114.1
建筑业	Construction	115.3	109.3	114.5	116.4
批发和零售业	Wholesale and Retail Trades	108.6	118.2	113.4	105.9
交通运输、仓储和邮政业	Transport, Storage and Post	108.6	109.5	111.6	107.7
住宿和餐饮业	Hotels and Catering Services	108.9	108.8	143.4	108.3
信息传输、软件和信息技术服务业	Information Transmission, Software and Information Technology	112.9	105.5	103.9	106.4
金融业	Financial Intermediation	111.0	106.9	113.8	111.7
房地产业	Real Estate	109.2	104.5	108.1	108.5
租赁和商务服务业	Leasing and Business Services	117.6	103.7	112.6	113.7
科学研究和技术服务业	Scientific Research and Technical Services	110.6	108.2	111.3	105.1
水利、环境和公共设施管理业	Management of Water Conservancy, Environment and Public Facilities	111.7	109.3	114.0	115.3
居民服务、修理和其他服务业	Service to Households, Repair and Other Services	109.4	110.0	113.1	111.0
教育	Education	108.8	108.9	115.9	108.6
卫生和社会工作	Health and Social Service	110.3	110.3	113.2	111.4
文化、体育和娱乐业	Culture, Sports and Entertainment	110.8	109.3	112.8	117.7
公共管理、社会保障和社会组织	Public Management, Social Security and Social Organization	106.9	106.8	111.1	122.7

1-28　分行业城镇单位就业人员平均实际工资指数（1995-2002年）
INDICES OF REAL AVERAGE WAGE OF EMPLOYED PERSONS IN URBAN UNITS BY SECTOR (1995-2002)

上年=100　　(preceding year=100)

登记注册类型 Registration Status 年　份 Year	合　计 Total	农、林、牧、渔业 Farming, Forestry, Animal Husbandry and Fishery	采掘业 Mining and Quarrying	制造业 Manufacturing	电力、煤气及水的生产和供应业 Production and Supply of Electricity, Gas and Water	建筑业 Construction	地质勘查业、水利管理业 Geological Prospecting and Water Conservancy	交通运输、仓储及邮电通信业 Transport, Storage, Post and Telecommunications
全　国 National								
1995	101.8	106.6	105.5	103.8	109.0	101.1	93.8	104.3
1996	102.8	105.7	103.7	100.3	103.3	99.7	101.5	104.2
1997	104.5	103.3	102.2	102.2	106.2	103.4	105.5	105.6
1998	116.2	105.9	106.5	119.8	109.1	112.4	111.4	114.6
1999	113.2	107.5	105.2	112.1	111.3	108.3	112.5	112.9
2000	111.3	106.1	109.9	111.3	110.6	108.2	108.2	111.5
2001	115.3	109.6	113.9	111.2	112.3	107.9	112.9	114.1
2002	115.4	112.4	116.4	113.9	113.7	109.6	113.3	114.2
国有单位 State-owned Units								
1995	100.4	106.7	104.8	101.7	108.1	101.2	93.7	104.1
1996	102.7	105.3	103.9	99.6	103.4	99.1	101.5	103.8
1997	104.4	103.4	102.4	100.6	106.4	102.6	105.3	105.1
1998	114.2	105.9	106.3	116.4	108.7	111.1	111.4	111.5
1999	112.9	107.2	104.5	110.5	110.3	108.3	112.6	110.9
2000	110.9	105.4	106.1	111.4	109.9	107.7	108.2	110.6
2001	116.2	110.0	113.4	111.4	112.0	107.3	113.1	112.7
2002	116.2	111.8	113.4	114.5	112.8	110.4	112.7	112.9
城镇集体单位 Urban Collective-owned units								
1995	103.7	99.5	112.6	103.7	111.3	101.6	99.2	98.8
1996	100.7	119.5	98.9	99.0	102.7	100.4	102.6	101.7
1997	101.6	100.4	102.0	99.8	105.5	104.1	128.7	99.2
1998	118.4	111.3	110.7	121.8	104.9	109.1	110.5	126.9
1999	109.8	113.0	100.9	107.8	105.2	107.1	109.9	112.2
2000	107.5	112.8	106.0	106.7	108.2	107.8	98.0	101.4
2001	109.0	101.0	112.5	105.8	113.7	105.2	101.4	107.9
2002	112.6	115.5	110.6	111.9	106.6	107.6	126.9	110.4
其他单位 Other Ownership units								
1995	102.6	110.6	105.4	103.4	112.7	99.3	108.1	103.0
1996	101.3	95.1	92.2	100.4	103.0	94.3	98.0	103.9
1997	103.5	92.8	99.7	102.5	98.3	104.9	98.5	111.7
1998	102.3	81.4	126.0	102.4	100.4	118.7	119.3	86.2
1999	111.2	119.8	114.9	110.5	115.2	107.2	128.3	120.5
2000	109.9	124.1	127.5	108.1	111.2	107.8	149.4	113.2
2001	109.9	99.9	112.0	108.0	110.1	106.9	85.3	114.0
2002	109.5	109.7	117.0	109.7	112.9	102.6	158.0	112.1

1-28 续表 continued

上年=100 (preceding year=100)

登记注册类型 Registration Status 年份 Year	批发和零售贸易、餐饮业 Wholesale and Retail Trade & Catering Services	金融、保险业 Finance and Insurance	房地产业 Real Estate Trade	社会服务业 Social Services	卫生、体育和社会福利业 Health Care, Sporting and Social Welfare	教育、文化艺术和广播电影电视业 Education, Culture and Arts, Radio, Film and Television	科学研究和综合技术服务业 Scientific Research and Polytech-nical Services	国家机关政党机关和社会团体 Government Agencies, Party Age-ncies and Social Or-ganizations	其他 Others
全国 National									
1995	103.0	94.1	100.3	102.1	97.9	95.2	95.3	95.4	103.1
1996	100.8	105.0	105.1	104.1	106.5	104.8	107.6	105.4	105.0
1997	101.1	111.6	107.0	108.4	108.6	107.8	108.8	107.1	93.2
1998	121.5	110.3	112.9	112.2	112.3	112.8	113.6	111.9	124.6
1999	110.8	113.8	112.8	111.7	115.5	116.8	115.2	117.1	121.1
2000	110.8	109.9	107.5	109.7	111.6	111.8	115.4	111.0	109.5
2001	113.4	117.8	111.4	114.7	117.5	120.7	120.4	120.0	114.0
2002	116.2	116.5	110.4	114.4	115.4	117.8	117.0	115.9	111.6
国有单位 State-owned Units									
1995	101.5	92.7	98.4	100.0	97.7	95.4	94.3	95.3	102.1
1996	99.4	105.0	105.3	103.4	106.5	104.5	107.2	105.5	101.8
1997	100.9	111.2	105.5	107.6	108.5	108.7	109.0	107.0	87.9
1998	120.0	109.7	110.2	110.6	112.2	112.9	113.5	111.9	120.0
1999	109.8	111.3	112.2	111.7	115.4	116.8	115.2	117.1	119.4
2000	109.9	110.5	109.6	107.3	112.3	111.9	113.2	111.0	103.5
2001	110.1	117.8	111.7	113.8	117.9	120.5	122.0	120.1	111.6
2002	116.0	118.0	110.8	109.5	115.3	117.9	118.3	116.0	118.6
城镇集体单位 Urban Collective-owned units									
1995	104.6	97.6	108.6	107.6	99.0	93.4	107.5	103.4	102.8
1996	101.9	98.0	93.3	98.2	105.7	113.8	105.5	88.3	107.4
1997	98.6	107.1	110.1	110.6	108.5	88.9	98.0	119.4	98.6
1998	116.8	107.3	119.0	109.8	110.0	108.5	103.5	113.4	123.1
1999	107.8	112.2	116.3	108.6	115.1	118.1	114.6	115.5	116.8
2000	105.2	106.2	98.1	107.9	106.5	105.4	115.2	110.3	110.0
2001	105.9	111.1	101.7	108.7	112.7	126.6	102.8	104.9	106.3
2002	111.5	115.9	108.7	113.1	113.9	112.9	108.5	110.7	101.1
其他单位 Other Ownership Units									
1995	96.0	103.4	97.0	99.0	112.0	95.0	107.3		100.7
1996	99.0	116.3	103.9	105.6	117.6	96.4	121.9		112.1
1997	100.5	107.0	107.1	105.6	110.8	105.0	106.3		129.5
1998	103.4	90.8	103.7	102.7	120.7	119.8	101.4		117.1
1999	109.0	119.6	107.6	107.3	111.0	110.4	111.4		105.6
2000	111.1	107.0	101.7	108.6	98.5	91.4	115.6		125.1
2001	112.9	110.7	108.3	110.8	101.1	131.6	102.5		110.6
2002	107.2	103.1	106.0	113.7	88.1	109.6	108.0		97.9

1-29 分行业城镇单位就业人员平均实际工资指数（2004-2011年）
INDICES OF REAL AVERAGE EARNING OF EMPLOYED PERSONS IN URBAN UNITS BY SECTOR (2004-2011)

上年=100 (preceding year=100)

登记注册类型 Registration Status / 年份 Year	合计 Total	农、林、牧、渔业 Agriculture, Forestry, Farming of Animals and Fishery	采矿业 Mining	制造业 Manufacturing	电力、燃气及水的生产和供应业 Production & Distribution of Electricity, Gas & Water	建筑业 Construction	交通运输、仓储和邮政业 Traffic, Transport, Storage and post
全 国 National							
2004	110.3	105.4	119.2	108.9	112.3	107.5	111.1
2005	112.5	107.7	120.0	110.0	113.1	110.4	113.9
2006	112.9	111.3	116.3	112.7	113.2	112.9	113.6
2007	113.4	112.0	111.8	111.0	112.7	109.4	110.8
2008	110.7	109.7	115.0	109.3	109.0	108.7	108.7
2009	112.6	115.3	112.1	110.8	109.6	114.8	111.2
2010	109.8	112.8	112.6	111.7	109.5	110.4	111.0
2011	108.6	110.6	112.2	112.6	105.8	110.7	110.5
国有单位 State-owned Units							
2004	110.9	105.3	120.5	111.1	112.4	109.1	108.7
2005	113.6	107.8	119.3	115.2	113.3	112.1	113.7
2006	112.7	111.0	117.4	117.8	115.1	111.7	112.9
2007	115.1	112.0	112.5	112.6	113.4	110.4	111.4
2008	109.8	109.5	115.4	109.9	109.5	105.7	107.2
2009	113.7	115.3	109.5	114.3	110.3	119.6	112.9
2010	108.9	113.1	112.6	113.2	109.7	111.0	111.1
2011	107.7	110.7	112.9	112.3	106.1	107.8	112.1
城镇集体单位 Urban Collective-owned units							
2004	109.1	111.0	116.1	109.4	110.7	106.1	104.9
2005	113.1	112.6	126.2	110.9	106.7	108.8	111.2
2006	113.4	120.0	121.3	111.9	106.9	111.8	109.9
2007	114.8	112.3	120.3	113.2	111.9	114.0	113.4
2008	111.0	111.6	109.5	112.7	112.5	108.8	108.9
2009	114.8	114.8	114.8	114.8	114.8	114.8	114.8
2010	112.9	114.3	114.8	114.6	111.7	111.5	109.9
2011	113.9	114.5	120.2	114.1	101.3	117.6	119.1
其他单位 Other Ownership units							
2004	107.7	99.3	117.3	106.4	110.5	105.1	116.6
2005	109.4	104.3	119.7	107.3	111.1	108.2	111.5
2006	112.7	114.1	114.8	111.2	109.0	113.3	113.4
2007	110.6	110.9	110.5	110.4	110.7	107.4	107.2
2008	111.4	112.2	114.6	108.9	107.5	109.5	110.5
2009	110.8	112.8	113.8	110.0	108.5	112.7	106.0
2010	110.7	106.4	112.6	111.4	109.0	109.6	110.4
2011	109.6	109.6	109.6	109.6	109.6	109.6	109.6

1-29 续表 1 continued

上年=100 (preceding year=100)

登记注册类型 Registration Status 年份 Year	信息传输、计算机服务和软件业 Information Transfer, Computer and Software	批发和零售业 Wholesale and Retail Trade	住宿和餐饮业 Accommo-dation and Restaurants	金融业 Finance	房地产业 Real Estate	租赁和商务服务业 Tenancy and Business Services	科学研究、技术服务和地质勘查业 Scientific Research, Technical Service & Geologic Perambulation
全 国 National							
2004	104.8	115.6	109.1	113.2	104.6	106.5	110.6
2005	114.2	115.4	108.2	118.4	107.9	111.6	114.5
2006	110.3	115.0	108.2	119.7	108.2	113.8	114.8
2007	105.1	113.3	107.1	118.7	112.3	108.6	116.2
2008	109.0	116.0	107.3	116.0	109.3	112.1	112.1
2009	106.8	113.8	108.9	113.0	108.0	108.8	111.1
2010	107.4	111.9	108.6	112.5	107.8	108.0	108.9
2011	104.5	114.8	111.6	109.8	113.4	112.8	108.2
国有单位 State-owned Units							
2004	106.2	112.6	112.1	114.1	105.8	106.0	111.2
2005	107.6	119.8	108.9	119.4	111.2	114.0	112.6
2006	107.8	117.3	109.0	112.6	108.0	107.5	113.8
2007	106.0	111.3	105.9	119.8	112.5	109.5	116.2
2008	101.7	114.7	110.0	114.0	104.6	109.1	110.8
2009	109.7	120.0	111.9	109.4	112.2	111.9	111.8
2010	106.1	112.3	109.2	112.8	106.9	107.2	109.1
2011	103.2	109.6	114.4	107.4	122.5	111.2	107.6
城镇集体单位 Urban Collective-owned units							
2004	136.7	107.1	107.9	111.9	103.2	103.4	100.4
2005	136.9	111.2	107.2	112.7	102.0	111.9	132.2
2006	96.7	110.4	111.2	115.2	116.1	105.8	125.8
2007	98.9	110.5	107.8	114.2	113.7	110.0	103.0
2008	106.2	114.4	111.2	114.7	106.4	101.8	114.4
2009	111.8	115.5	110.4	120.5	108.9	110.9	111.1
2010	117.8	110.3	110.0	114.2	105.9	105.5	110.1
2011	102.0	112.8	117.8	114.0	114.4	110.9	120.8
其他单位 Other Ownership units							
2004	100.4	115.2	105.6	108.8	102.1	103.7	110.6
2005	110.0	107.2	106.7	115.0	105.3	103.6	116.2
2006	109.1	111.1	106.8	126.3	107.1	117.1	116.2
2007	100.3	113.1	106.9	115.6	111.5	103.8	114.9
2008	110.3	113.8	105.5	114.0	110.7	109.8	112.1
2009	104.5	109.3	107.3	109.9	106.5	104.7	107.6
2010	105.6	110.8	108.1	111.1	107.9	107.9	106.4
2011	103.7	115.2	110.4	109.0	110.5	114.3	107.2

1-29 续表 2 continued

上年=100 (preceding year=100)

登记注册类型 Registration Status 年 份 Year	水利、环境和公共设施管理业 Management of Water Conservancy, Environment and Public Establishment	居民服务和其他服务业 Resident Services and Other Services	教 育 Education	卫生、社会保障和社会福利业 Sanitation, Social Security and Social Welfare	文化体育和娱乐业 Culture, Sports and Entertainment	公共管理和社会组织 Public Management and Social Organization
全 国 National						
2004	105.9	104.6	109.7	110.0	116.2	109.5
2005	109.4	113.3	111.7	111.4	108.7	114.6
2006	107.5	112.8	112.9	111.7	112.4	109.8
2007	112.6	108.1	118.5	113.2	112.7	117.7
2008	108.7	106.3	109.0	109.3	106.3	110.3
2009	110.7	111.1	116.8	111.8	111.5	110.3
2010	106.9	108.6	109.3	109.3	106.3	104.9
2011	107.3	111.7	105.3	109.1	109.8	104.5
国有单位 State-owned Units						
2004	105.6	109.9	109.2	110.2	117.0	109.5
2005	109.2	104.2	111.6	111.0	108.5	114.6
2006	107.3	116.9	112.7	111.4	112.5	109.9
2007	112.8	101.3	118.3	113.1	113.3	117.6
2008	108.7	115.2	109.0	109.1	106.2	110.2
2009	110.7	111.1	116.8	111.8	111.5	110.3
2010	106.6	108.8	109.4	108.9	105.9	104.8
2011	107.4	108.2	105.3	109.0	109.1	104.5
城镇集体单位 Urban Collective-owned units						
2004	100.7	99.3	109.6	107.3	112.5	107.7
2005	104.3	118.1	118.1	113.4	122.5	110.9
2006	106.5	112.2	119.3	115.1	102.4	107.9
2007	106.6	113.8	131.1	112.9	117.6	115.2
2008	109.6	107.4	102.1	111.3	107.1	105.5
2009	110.6	113.8	122.6	116.0	113.7	138.7
2010	106.4	109.0	110.9	114.5	108.3	100.3
2011	107.4	113.3	109.7	110.1	115.1	124.3
其他单位 Other Ownership units						
2004	112.0	95.8	107.5	101.2	105.2	139.4
2005	110.5	116.9	101.9	112.7	108.9	109.5
2006	107.6	104.0	110.2	115.7	112.3	82.6
2007	109.8	115.5	113.9	110.9	107.0	113.8
2008	108.8	92.7	107.5	111.0	110.3	146.1
2009	102.0	112.2	105.6	107.0	112.3	83.4
2010	107.8	108.2	104.7	109.9	109.3	116.1
2011	104.8	112.6	104.7	106.3	115.1	106.1

1-30 分行业城镇单位就业人员平均实际工资指数(2013年)
INDICES OF REAL AVERAGE EARNING OF EMPLOYED PERSONS IN URBAN UNITS BY SECTOR (2013)

上年=100 (preceding year=100)

项　目	Item	合　计 Total	国有单位 State-owned Units	城镇集体单位 Urban Collective-owned Units	其他单位 Other Ownership Units
全国总计	**National Total**	**107.3**	**106.1**	**112.2**	**108.2**
农、林、牧、渔业	Agriculture, Forestry, Animal Husbandry and Fishery	110.9	110.3	115.4	121.1
采矿业	Mining	102.9	93.8	105.7	105.1
制造业	Manufacturing	108.7	111.3	114.5	108.9
电力、热力、燃气及水生产和供应业	Production and Supply of Electricity, Heat, Gas and Water	112.3	113.4	111.0	111.2
建筑业	Construction	112.4	106.5	111.6	113.5
批发和零售业	Wholesale and Retail Trades	105.8	115.2	110.6	103.2
交通运输、仓储和邮政业	Transport, Storage and Post	105.9	106.7	108.8	105.0
住宿和餐饮业	Hotels and Catering Services	106.1	106.0	139.8	105.6
信息传输、软件和信息技术服务业	Information Transmission, Software and Information Technology	110.1	102.8	101.2	103.7
金融业	Financial Intermediation	108.2	104.2	110.9	108.9
房地产业	Real Estate	106.4	101.9	105.4	105.7
租赁和商务服务业	Leasing and Business Services	114.7	101.1	109.7	110.8
科学研究和技术服务业	Scientific Research and Technical Services	107.8	105.5	108.5	102.4
水利、环境和公共设施管理业	Management of Water Conservancy, Environment and Public Facilities	108.9	106.6	111.1	112.4
居民服务、修理和其他服务业	Service to Households, Repair and Other Services	106.6	107.2	110.2	108.2
教育	Education	106.1	106.2	113.0	105.8
卫生和社会工作	Health and Social Service	107.5	107.5	110.4	108.6
文化、体育和娱乐业	Culture, Sports and Entertainment	108.0	106.5	109.9	114.7
公共管理、社会保障和社会组织	Public Management, Social Security and Social Organization	104.2	104.1	108.3	119.6

1-31 分地区全国就业人员受教育程度构成
EDUCATIONAL ATTAINMENT COMPOSITION OF EMPLOYMENT BY REGION

单位：% (%)

地 区	Region	合 计 Total	男 Male	女 Female	未上过学 Illiterate	小 学 Primary School	初 中 Junior School	高 中 Senior School	大学专科 College	大学本科 University	研究生 Graduate
全 国	**National**	**100.0**	**55.0**	**45.0**	**1.9**	**18.5**	**47.9**	**17.1**	**8.5**	**5.5**	**0.51**
北 京	Beijing	100.0	57.5	42.5	0.3	3.7	22.6	21.9	18.3	26.0	7.09
天 津	Tianjin	100.0	59.8	40.2	0.5	7.5	39.3	20.8	15.2	15.3	1.21
河 北	Hebei	100.0	56.1	43.9	2.2	16.1	55.5	15.1	6.9	3.9	0.26
山 西	Shanxi	100.0	60.0	40.0	0.8	10.4	53.2	20.3	9.7	5.4	0.20
内蒙古	Inner Mongolia	100.0	57.5	42.5	1.5	19.0	46.5	15.7	10.9	6.1	0.35
辽 宁	Liaoning	100.0	55.3	44.7	0.3	13.5	56.0	14.7	9.3	6.0	0.32
吉 林	Jilin	100.0	55.2	44.8	1.2	18.5	51.2	15.2	7.2	6.2	0.48
黑龙江	Heilongjiang	100.0	56.1	43.9	1.6	21.5	53.2	12.7	6.6	4.1	0.23
上 海	Shanghai	100.0	58.7	41.3	0.4	5.8	34.2	24.5	16.5	16.4	2.15
江 苏	Jiangsu	100.0	52.2	47.8	1.8	15.9	46.1	19.3	10.3	6.1	0.59
浙 江	Zhejiang	100.0	56.1	43.9	2.4	19.4	41.9	17.1	10.9	7.7	0.56
安 徽	Anhui	100.0	53.4	46.6	5.7	22.8	50.0	11.4	6.1	3.7	0.31
福 建	Fujian	100.0	57.0	43.0	1.8	21.8	41.8	17.5	9.2	7.4	0.44
江 西	Jiangxi	100.0	53.4	46.6	1.3	18.6	50.9	18.5	7.0	3.5	0.32
山 东	Shandong	100.0	53.5	46.5	2.0	14.8	47.5	19.6	9.4	6.2	0.48
河 南	Henan	100.0	51.8	48.2	1.9	15.6	54.5	17.7	6.6	3.4	0.26
湖 北	Hubei	100.0	55.1	44.9	1.7	16.4	48.1	20.4	8.6	4.4	0.43
湖 南	Hunan	100.0	55.8	44.2	0.8	15.0	45.5	23.8	10.0	4.5	0.27
广 东	Guangdong	100.0	56.2	43.8	0.6	14.0	49.3	21.8	8.6	5.2	0.41
广 西	Guangxi	100.0	53.6	46.4	1.2	19.0	57.7	13.7	5.3	2.8	0.23
海 南	Hainan	100.0	55.8	44.2	0.8	12.3	52.8	19.8	9.2	4.8	0.19
重 庆	Chongqing	100.0	54.1	45.9	2.6	28.5	40.3	16.2	6.9	5.0	0.53
四 川	Sichuan	100.0	56.0	44.0	1.9	26.6	46.7	14.1	6.4	3.9	0.35
贵 州	Guizhou	100.0	53.2	46.8	3.6	31.6	47.7	7.8	5.7	3.6	0.06
云 南	Yunnan	100.0	54.0	46.0	2.9	38.7	40.1	8.2	5.8	3.9	0.30
西 藏	Tibet	100.0	52.2	47.8	8.0	57.0	22.9	6.2	3.3	2.6	
陕 西	Shaanxi	100.0	58.6	41.4	1.3	11.1	50.2	18.6	11.5	6.4	0.78
甘 肃	Gansu	100.0	54.1	45.9	5.9	24.8	40.6	14.8	8.0	5.4	0.37
青 海	Qinghai	100.0	57.4	42.6	6.3	25.2	35.9	15.0	10.7	6.5	0.25
宁 夏	Ningxia	100.0	55.9	44.1	5.8	25.0	41.5	13.7	8.9	5.1	0.11
新 疆	Xinjiang	100.0	56.8	43.2	0.9	24.8	42.7	13.5	11.3	6.4	0.41

资料来源：2013年9月劳动力调查资料(下同)。
Data Resource: 2013.9 Labour Force Survey (the same as below).

1-32 分地区全国男性就业人员受教育程度构成
EDUCATIONAL ATTAINMENT COMPOSITION OF MALE EMPLOYMENT BY REGION

单位：% (%)

地 区	Region	合 计 Total	未上过学 Illiterate	小 学 Primary School	初 中 Junior School	高 中 Senior School	大学专科 College	大学本科 University	研究生 Graduate
全 国	**National**	**100.0**	**1.0**	**15.6**	**49.5**	**19.0**	**8.7**	**5.7**	**0.53**
北 京	Beijing	100.0	0.2	3.5	24.6	23.6	16.7	24.5	6.96
天 津	Tianjin	100.0	0.4	7.7	42.0	22.1	13.6	12.9	1.22
河 北	Hebei	100.0	1.1	13.7	58.5	16.3	6.4	3.9	0.20
山 西	Shanxi	100.0	0.7	8.8	55.2	21.5	8.9	4.8	0.13
内蒙古	Inner Mongolia	100.0	0.5	16.0	48.7	17.4	11.0	6.0	0.35
辽 宁	Liaoning	100.0	0.3	13.3	56.1	15.5	9.0	5.6	0.33
吉 林	Jilin	100.0	1.1	16.6	52.3	16.4	7.2	6.1	0.40
黑龙江	Heilongjiang	100.0	1.2	18.5	55.1	14.2	6.8	4.0	0.20
上 海	Shanghai	100.0	0.1	4.7	35.4	27.3	15.8	14.4	2.19
江 苏	Jiangsu	100.0	0.8	11.9	46.9	22.8	10.6	6.3	0.69
浙 江	Zhejiang	100.0	1.3	18.6	43.6	17.8	10.4	7.7	0.61
安 徽	Anhui	100.0	3.2	18.9	52.8	13.9	6.7	4.2	0.31
福 建	Fujian	100.0	0.7	17.8	45.3	19.7	8.6	7.5	0.48
江 西	Jiangxi	100.0	0.6	13.7	51.0	22.6	7.6	4.3	0.36
山 东	Shandong	100.0	0.9	11.5	48.7	21.7	9.9	6.8	0.45
河 南	Henan	100.0	0.9	12.1	55.0	20.6	7.2	3.9	0.31
湖 北	Hubei	100.0	1.1	12.7	49.0	22.3	9.5	4.9	0.45
湖 南	Hunan	100.0	0.4	13.5	45.5	25.5	10.1	4.7	0.35
广 东	Guangdong	100.0	0.3	11.1	48.9	24.8	9.2	5.3	0.42
广 西	Guangxi	100.0	0.6	16.6	59.7	14.6	5.4	2.8	0.27
海 南	Hainan	100.0	0.3	8.0	52.4	23.4	10.0	5.7	0.23
重 庆	Chongqing	100.0	1.1	26.5	43.1	16.7	7.0	5.1	0.60
四 川	Sichuan	100.0	1.2	24.8	48.0	15.3	5.9	4.4	0.38
贵 州	Guizhou	100.0	1.8	25.0	54.0	9.1	6.2	3.7	0.07
云 南	Yunnan	100.0	1.6	33.6	45.5	9.2	5.9	3.9	0.34
西 藏	Tibet	100.0	7.4	53.7	26.6	6.7	3.3	2.3	
陕 西	Shaanxi	100.0	0.5	9.7	52.0	19.1	11.4	6.6	0.68
甘 肃	Gansu	100.0	3.0	20.9	43.2	18.0	8.5	6.1	0.42
青 海	Qinghai	100.0	4.4	23.5	37.3	17.1	10.8	6.5	0.23
宁 夏	Ningxia	100.0	3.2	22.3	45.9	15.1	8.6	4.8	0.09
新 疆	Xinjiang	100.0	0.9	23.6	46.0	13.6	9.8	5.7	0.43

1-33 分地区全国女性就业人员受教育程度构成
EDUCATIONAL ATTAINMENT COMPOSITION OF FEMALE EMPLOYMENT BY REGION

单位：% (%)

地区	Region	合计 Total	未上过学 Illiterate	小学 Primary School	初中 Junior School	高中 Senior School	大学专科 College	大学本科 University	研究生 Graduate
全国	**National**	**100.0**	**3.0**	**22.0**	**46.1**	**14.7**	**8.4**	**5.4**	**0.48**
北京	Beijing	100.0	0.6	4.1	20.0	19.5	20.5	28.1	7.26
天津	Tianjin	100.0	0.6	7.3	35.3	18.9	17.7	19.0	1.19
河北	Hebei	100.0	3.7	19.2	51.8	13.5	7.5	4.1	0.33
山西	Shanxi	100.0	1.1	12.7	50.3	18.5	10.9	6.3	0.30
内蒙古	Inner Mongolia	100.0	2.9	23.1	43.5	13.3	10.7	6.2	0.35
辽宁	Liaoning	100.0	0.3	13.9	55.8	13.7	9.6	6.4	0.30
吉林	Jilin	100.0	1.4	20.9	50.0	13.6	7.1	6.5	0.58
黑龙江	Heilongjiang	100.0	2.1	25.3	50.8	10.8	6.4	4.3	0.26
上海	Shanghai	100.0	0.8	7.3	32.6	20.6	17.5	19.1	2.09
江苏	Jiangsu	100.0	2.8	20.3	45.3	15.4	9.9	5.9	0.47
浙江	Zhejiang	100.0	3.9	20.3	39.8	16.1	11.6	7.8	0.48
安徽	Anhui	100.0	8.5	27.2	46.8	8.6	5.4	3.2	0.31
福建	Fujian	100.0	3.3	27.2	37.0	14.6	10.1	7.3	0.39
江西	Jiangxi	100.0	2.0	24.2	50.8	13.9	6.3	2.5	0.27
山东	Shandong	100.0	3.3	18.7	46.3	17.1	8.7	5.4	0.52
河南	Henan	100.0	3.0	19.4	54.0	14.6	5.9	2.9	0.20
湖北	Hubei	100.0	2.4	20.8	47.0	18.0	7.6	3.8	0.40
湖南	Hunan	100.0	1.3	17.0	45.5	21.8	10.0	4.3	0.16
广东	Guangdong	100.0	1.0	17.8	49.9	17.9	7.8	5.2	0.40
广西	Guangxi	100.0	1.9	21.7	55.5	12.7	5.3	2.7	0.19
海南	Hainan	100.0	1.5	17.7	53.4	15.2	8.3	3.8	0.14
重庆	Chongqing	100.0	4.3	30.9	36.9	15.6	6.9	5.0	0.45
四川	Sichuan	100.0	2.8	28.9	45.0	12.7	7.0	3.3	0.31
贵州	Guizhou	100.0	5.7	39.1	40.5	6.2	5.1	3.4	0.04
云南	Yunnan	100.0	4.5	44.6	33.9	7.2	5.6	3.9	0.25
西藏	Tibet	100.0	8.6	60.5	18.8	5.7	3.4	2.9	
陕西	Shaanxi	100.0	2.4	13.1	47.7	17.9	11.7	6.2	0.91
甘肃	Gansu	100.0	9.5	29.5	37.7	11.0	7.5	4.6	0.31
青海	Qinghai	100.0	8.9	27.5	34.1	12.2	10.6	6.5	0.27
宁夏	Ningxia	100.0	9.0	28.4	35.9	11.9	9.3	5.3	0.12
新疆	Xinjiang	100.0	1.0	26.3	38.5	13.3	13.2	7.3	0.39

1-34 按年龄、性别分的全国就业人员受教育程度构成

EDUCATIONAL ATTAINMENT COMPOSITION OF EMPLOYMENT BY AGE AND SEX

单位：% (%)

年 龄 Age	合 计 Total	未上过学 Illiterate	小 学 Primary School	初 中 Junior School	高 中 Senior School	大学专科 College	大学本科 University	研究生 Graduate
总计 Total	**100.0**	**1.9**	**18.5**	**47.9**	**17.1**	**8.5**	**5.5**	**0.5**
16-19	100.0	0.3	5.1	67.6	24.2	2.6	0.3	
20-24	100.0	0.3	3.3	48.2	27.0	14.7	6.4	0.1
25-29	100.0	0.2	4.4	44.9	21.7	15.8	12.0	1.0
30-34	100.0	0.4	6.5	47.8	20.3	13.0	10.7	1.4
35-39	100.0	0.4	10.5	52.6	18.7	10.2	6.8	0.8
40-44	100.0	0.7	14.6	56.7	15.9	7.1	4.6	0.4
45-49	100.0	1.1	19.9	55.4	14.6	5.5	3.2	0.3
50-54	100.0	1.8	23.5	47.7	18.6	5.4	2.8	0.2
55-59	100.0	4.4	41.6	39.3	10.4	3.0	1.2	0.1
60-64	100.0	8.0	58.4	29.1	3.5	0.7	0.3	0.0
65+	100.0	14.8	62.5	19.5	2.6	0.3	0.2	0.0
男 Male	**100.0**	**1.0**	**15.6**	**49.5**	**19.0**	**8.7**	**5.7**	**0.5**
16-19	100.0	0.5	5.4	67.3	24.5	2.1	0.3	
20-24	100.0	0.3	3.4	49.2	28.8	12.5	5.6	0.1
25-29	100.0	0.2	4.1	45.3	23.5	15.0	11.1	0.8
30-34	100.0	0.3	5.3	47.3	21.6	13.2	10.8	1.4
35-39	100.0	0.3	8.4	52.3	20.0	10.7	7.3	0.9
40-44	100.0	0.4	11.5	57.1	17.4	7.8	5.3	0.5
45-49	100.0	0.6	14.9	57.2	16.8	6.2	4.0	0.4
50-54	100.0	0.7	16.1	49.7	23.1	6.6	3.5	0.3
55-59	100.0	1.6	31.8	45.6	14.5	4.6	1.8	0.1
60-64	100.0	3.8	53.0	36.6	5.2	1.0	0.4	0.0
65+	100.0	8.0	61.8	25.6	3.9	0.5	0.3	0.0
女 Female	**100.0**	**3.0**	**22.0**	**46.1**	**14.7**	**8.4**	**5.4**	**0.5**
16-19	100.0	0.1	4.7	68.0	23.8	3.1	0.2	
20-24	100.0	0.2	3.1	47.0	24.8	17.3	7.4	0.2
25-29	100.0	0.3	4.8	44.4	19.6	16.7	13.1	1.1
30-34	100.0	0.4	7.8	48.2	18.9	12.8	10.5	1.4
35-39	100.0	0.6	12.8	53.0	17.2	9.6	6.2	0.7
40-44	100.0	1.0	18.2	56.3	14.2	6.3	3.7	0.3
45-49	100.0	1.6	26.1	53.1	12.0	4.6	2.4	0.1
50-54	100.0	3.4	33.8	45.0	12.2	3.9	1.7	0.1
55-59	100.0	8.4	56.1	30.0	4.3	0.7	0.3	0.0
60-64	100.0	13.1	65.1	19.8	1.5	0.3	0.1	
65+	100.0	24.5	63.5	11.0	0.8	0.1	0.0	

1-35 按受教育程度、性别分的全国就业人员年龄构成

AGE COMPOSITION OF EMPLOYMENT BY EDUCATIONAL ATTAINMENT AND SEX

单位：% (%)

年龄 Age	合计 Total	未上过学 Illiterate	小学 Primary School	初中 Junior School	高中 Senior School	大学专科 College	大学本科 University	研究生 Graduate
总计 Total	**100.0**	**100.0**	**100.0**	**100.0**	**100.0**	**100.0**	**100.0**	**100.0**
16-19	2.0	0.3	0.5	2.8	2.8	0.6	0.1	
20-24	9.4	1.3	1.7	9.5	14.9	16.3	10.9	2.4
25-29	11.6	1.4	2.8	10.8	14.7	21.4	25.1	21.7
30-34	12.3	2.3	4.3	12.2	14.6	18.7	23.7	34.3
35-39	11.4	2.7	6.5	12.6	12.5	13.6	14.0	18.1
40-44	14.9	5.2	11.8	17.6	13.9	12.4	12.3	12.2
45-49	13.1	7.2	14.1	15.1	11.2	8.4	7.6	6.9
50-54	8.4	8.0	10.7	8.3	9.1	5.3	4.2	3.1
55-59	7.7	17.5	17.3	6.3	4.7	2.7	1.7	1.2
60-64	5.1	21.4	16.2	3.1	1.1	0.4	0.2	0.1
65+	4.2	32.7	14.2	1.7	0.6	0.2	0.1	0.0
男 Male	**100.0**	**100.0**	**100.0**	**100.0**	**100.0**	**100.0**	**100.0**	**100.0**
16-19	1.9	0.9	0.7	2.6	2.5	0.5	0.1	
20-24	9.3	2.9	2.0	9.2	14.0	13.4	9.1	1.3
25-29	11.4	2.1	3.0	10.4	14.1	19.7	22.3	17.4
30-34	11.9	3.7	4.0	11.4	13.5	18.2	22.7	31.6
35-39	11.2	3.5	6.0	11.8	11.8	13.8	14.3	19.5
40-44	14.6	5.8	10.7	16.8	13.3	13.1	13.7	13.8
45-49	13.0	7.4	12.4	15.0	11.5	9.3	9.1	9.6
50-54	8.8	6.2	9.1	8.8	10.7	6.7	5.5	4.6
55-59	8.3	12.9	16.9	7.6	6.3	4.4	2.7	1.9
60-64	5.1	19.2	17.4	3.8	1.4	0.6	0.3	0.3
65+	4.5	35.4	17.7	2.3	0.9	0.2	0.2	0.1
女 Female	**100.0**	**100.0**	**100.0**	**100.0**	**100.0**	**100.0**	**100.0**	**100.0**
16-19	2.0	0.1	0.4	3.0	3.3	0.7	0.1	
20-24	9.6	0.6	1.4	9.8	16.2	19.8	13.3	3.9
25-29	11.8	1.1	2.6	11.4	15.7	23.5	28.8	27.5
30-34	12.7	1.7	4.5	13.3	16.3	19.3	24.9	37.9
35-39	11.7	2.3	6.9	13.5	13.7	13.4	13.6	16.1
40-44	15.3	5.0	12.7	18.7	14.8	11.5	10.6	10.0
45-49	13.1	7.1	15.6	15.1	10.7	7.2	5.8	3.2
50-54	7.8	8.7	12.0	7.6	6.5	3.6	2.5	1.2
55-59	6.9	19.4	17.6	4.5	2.0	0.6	0.4	0.3
60-64	5.1	22.3	15.1	2.2	0.5	0.2	0.1	
65+	3.9	31.6	11.2	0.9	0.2	0.0	0.0	

1-36 按行业、性别分的全国就业人员受教育程度构成
EDUCATIONAL ATTAINMENT COMPOSITION OF EMPLOYMENT BY SECTOR AND SEX

单位：% (%)

受教育程度	Educational Attainment	合 计 Total	农、林、牧、渔业 Farming, Forestry, Animal Husbandry and Fishery	采矿业 Mining	制造业 Manufacturing	电力、热力、燃气及水生产和供应业 Production and Supply of Electricity, Heat, Gas and Water	建筑业 Construction	批发和零售业 Wholesale and Retail Trades
总 计	**Total**	**100.0**	**100.0**	**100.0**	**100.0**	**100.0**	**100.0**	**100.0**
未上过学	Illiterate	1.9	4.2	0.3	0.7	0.1	0.8	0.6
小 学	Primary School	18.5	35.1	8.1	9.9	4.1	16.6	8.5
初 中	Junior School	47.9	53.3	48.7	53.0	24.0	61.1	46.8
高 中	Senior School	17.1	6.6	23.6	23.1	32.0	14.0	28.5
大学专科	College	8.5	0.6	12.6	8.9	24.2	4.9	11.1
大学本科	University	5.5	0.14	6.2	4.2	15.0	2.5	4.3
研究生	Graduate	0.5	0.01	0.3	0.3	0.6	0.1	0.2
男	**Male**	**100.0**	**100.0**	**100.0**	**100.0**	**100.0**	**100.0**	**100.0**
未上过学	Illiterate	1.0	2.4	0.4	0.4	0.2	0.6	0.4
小 学	Primary School	15.6	31.0	7.9	8.3	4.5	15.9	8.0
初 中	Junior School	49.5	57.1	52.2	50.3	26.0	63.0	46.3
高 中	Senior School	19.0	8.6	22.0	26.0	32.0	14.2	28.5
大学专科	College	8.7	0.7	11.4	9.8	22.8	4.1	11.5
大学本科	University	5.7	0.2	5.8	4.8	13.9	2.1	5.0
研究生	Graduate	0.5	0.0	0.3	0.4	0.6	0.1	0.3
女	**Female**	**100.0**	**100.0**	**100.0**	**100.0**	**100.0**	**100.0**	**100.0**
未上过学	Illiterate	3.0	5.9	0.2	1.1	0.0	1.6	0.7
小 学	Primary School	22.0	38.8	9.1	11.9	3.3	21.4	8.9
初 中	Junior School	46.1	50.0	34.3	56.5	18.9	48.1	47.2
高 中	Senior School	14.7	4.8	30.3	19.1	32.0	12.4	28.6
大学专科	College	8.4	0.4	17.9	7.8	27.4	10.4	10.7
大学本科	University	5.4	0.1	7.8	3.4	17.8	5.7	3.7
研究生	Graduate	0.5	0.00	0.4	0.2	0.6	0.4	0.1

注：劳动力调查自2011年开始使用新国民经济行业分类。

a) The new industry classification has been used since 2011 in the Labour Force Survey (same as below).

1-36　续表 1　continued

单位：%　(%)

受教育程度	Educational Attainment	交通运输、仓储和邮政业 Transport, Storage and Post	住宿和餐饮业 Hotels and Catering Services	信息传输、软件和信息技术服务业 Information Transmission, Software and Information Technology	金融业 Finance Inter-mediation	房地产业 Real Estate	租赁和商务服务业 Leasing and Business Services	科学研究和技术服务业 Scientific Research and Technical Services
总　计	**Total**	**100.0**	**100.0**	**100.0**	**100.0**	**100.0**	**100.0**	**100.0**
未上过学	Illiterate	0.3	1.0	0.3	0.1	0.4	0.3	0.1
小　学	Primary School	7.3	11.1	4.7	2.6	7.4	5.4	1.4
初　中	Junior School	51.6	55.3	37.3	19.1	28.2	27.6	15.6
高　中	Senior School	26.3	24.1	25.6	20.8	28.5	25.5	21.8
大学专科	College	9.7	6.2	17.5	27.5	22.2	22.9	23.9
大学本科	University	4.7	2.2	13.0	27.3	12.6	16.3	29.3
研究生	Graduate	0.2	0.0	1.7	2.6	0.6	2.1	7.9
男	**Male**	**100.0**	**100.0**	**100.0**	**100.0**	**100.0**	**100.0**	**100.0**
未上过学	Illiterate	0.2	0.6	0.3	0.0	0.3	0.1	0.1
小　学	Primary School	7.4	9.3	3.3	2.3	7.7	6.0	1.7
初　中	Junior School	54.5	53.1	32.5	17.8	30.6	31.0	16.3
高　中	Senior School	26.2	27.4	26.0	22.3	29.9	27.1	23.1
大学专科	College	8.0	6.9	19.4	27.0	19.1	20.5	22.4
大学本科	University	3.5	2.7	16.2	28.2	11.9	13.4	28.7
研究生	Graduate	0.2	0.1	2.3	2.5	0.6	1.9	7.9
女	**Female**	**100.0**	**100.0**	**100.0**	**100.0**	**100.0**	**100.0**	**100.0**
未上过学	Illiterate	0.5	1.3	0.3	0.1	0.6	0.6	0.1
小　学	Primary School	6.5	12.8	6.1	2.9	7.0	4.4	0.9
初　中	Junior School	37.2	57.3	42.2	20.4	24.4	22.2	14.5
高　中	Senior School	26.6	21.2	25.2	19.5	26.4	23.0	19.5
大学专科	College	18.2	5.6	15.5	27.9	27.1	26.5	26.6
大学本科	University	10.7	1.8	9.6	26.5	13.7	21.0	30.5
研究生	Graduate	0.3	0.0	1.0	2.7	0.7	2.3	7.8

1-36 续表 2 continued

单位：% (%)

受教育程度	Educational Attainment	水利、环境和公共设施管理业 Management of Water Conservancy, Environment and Public Establishment	居民服务、修理和其他服务业 Services to Household, Repair and Other Services	教育 Education	卫生和社会工作 Health and Social Service	文化、体育和娱乐业 Culture Sports and Entertainment	公共管理、社会保障和社会组织 Public Management, Social Security and Social Organization	国际组织 International Organizations
总 计	**Total**	**100.0**	**100.0**	**100.0**	**100.0**	**100.0**	**100.0**	**100.0**
未上过学	Illiterate	0.9	0.8	0.4	0.3	0.4	0.2	1.6
小 学	Primary School	15.0	11.8	2.3	3.2	5.7	3.5	8.7
初 中	Junior School	36.7	53.8	13.0	16.3	25.9	13.0	11.9
高 中	Senior School	20.5	24.0	15.8	21.4	25.6	21.0	52.1
大学专科	College	15.6	6.8	28.8	33.7	23.6	31.7	7.3
大学本科	University	10.5	2.7	35.0	22.4	17.0	28.6	18.5
研究生	Graduate	0.8	0.1	4.8	2.7	1.7	2.0	
男	**Male**	**100.0**	**100.0**	**100.0**	**100.0**	**100.0**	**100.0**	**100.0**
未上过学	Illiterate	0.5	0.3	0.1	0.2	0.4	0.1	2.7
小 学	Primary School	13.9	11.3	2.8	4.1	5.8	3.3	7.6
初 中	Junior School	34.3	53.7	14.4	20.6	26.7	13.8	17.4
高 中	Senior School	22.6	25.6	15.3	21.4	26.1	21.4	34.4
大学专科	College	16.4	6.7	27.3	27.8	22.0	31.5	7.9
大学本科	University	11.5	2.4	35.0	22.9	17.3	27.8	30.0
研究生	Graduate	0.8	0.1	5.0	3.0	1.6	2.0	
女	**Female**	**100.0**	**100.0**	**100.0**	**100.0**	**100.0**	**100.0**	**100.0**
未上过学	Illiterate	1.5	1.5	0.5	0.3	0.5	0.3	
小 学	Primary School	16.7	12.5	1.8	2.6	5.6	3.8	10.3
初 中	Junior School	40.1	53.9	11.9	13.4	25.1	11.2	4.3
高 中	Senior School	17.5	22.0	16.1	21.5	25.0	20.3	76.7
大学专科	College	14.5	7.1	29.8	37.8	25.3	32.1	6.4
大学本科	University	9.0	3.0	35.1	22.0	16.7	30.3	2.4
研究生	Graduate	0.7	0.1	4.7	2.4	1.9	2.0	

1-37 按职业、性别分的全国就业人员受教育程度构成

EDUCATIONAL ATTAINMENT COMPOSITION OF EMPLOYMENT BY OCCUPATION AND SEX

单位：%　　(%)

受教育程度	Educational Attainment	合计 Total	单位负责人 Unit Head	专业技术人员 Professional and Technical Personnel	办事人员和有关人员 Clerk and Related Workers	商业、服务业人员 Business Service Personnel	农林牧渔水利业生产人员 Agriculture and Water Conservancy Labors	生产运输设备操作人员及有关人员 Production, Transport Equipment Operators and Related Workers	其他 Others
总 计	**Total**	**100.0**	**100.0**	**100.0**	**100.0**	**100.0**	**100.0**	**100.0**	**100.0**
未上过学	Illiterate	1.9	0.1	0.3	0.2	0.7	4.2	0.8	1.1
小 学	Primary School	18.5	6.3	3.5	4.2	9.7	35.1	12.4	15.2
初 中	Junior School	47.9	32.0	19.7	21.5	48.9	53.2	59.5	48.7
高 中	Senior School	17.1	26.6	20.6	24.4	26.7	6.7	20.0	18.8
大学专科	College	8.5	19.3	27.6	26.4	10.0	0.6	5.4	9.1
大学本科	University	5.5	14.3	25.2	21.4	3.8	0.2	1.9	7.0
研究生	Graduate	0.5	1.4	3.0	1.8	0.2	0.0	0.1	0.3
男	**Male**	**100.0**	**100.0**	**100.0**	**100.0**	**100.0**	**100.0**	**100.0**	**100.0**
未上过学	Illiterate	1.0	0.1	0.3	0.2	0.4	2.4	0.5	1.0
小 学	Primary School	15.6	6.1	3.9	4.9	8.8	31.0	11.3	11.6
初 中	Junior School	49.5	31.2	22.9	23.8	48.2	56.8	58.8	49.8
高 中	Senior School	19.0	27.1	20.2	24.8	27.4	8.8	21.6	20.4
大学专科	College	8.7	19.8	24.5	24.7	10.6	0.8	5.7	7.7
大学本科	University	5.7	14.1	25.0	19.9	4.4	0.2	2.0	9.0
研究生	Graduate	0.5	1.6	3.2	1.6	0.2	0.0	0.1	0.4
女	**Female**	**100.0**	**100.0**	**100.0**	**100.0**	**100.0**	**100.0**	**100.0**	**100.0**
未上过学	Illiterate	3.0	0.3	0.3	0.3	1.0	5.9	1.4	1.2
小 学	Primary School	22.0	6.9	3.1	3.1	10.6	38.7	14.7	20.2
初 中	Junior School	46.1	34.5	16.5	17.3	49.5	50.0	61.1	47.0
高 中	Senior School	14.7	25.0	21.1	23.6	25.9	4.9	16.4	16.5
大学专科	College	8.4	17.6	30.7	29.5	9.5	0.4	4.8	11.0
大学本科	University	5.4	14.8	25.5	24.2	3.3	0.1	1.5	4.0
研究生	Graduate	0.5	0.9	2.8	2.0	0.2	0.0	0.1	0.1

1-38 按受教育程度、性别分的全国就业人员职业构成

OCCUPATION COMPOSITION OF EMPLOYMENT BY EDUCATIONAL ATTAINMENT AND SEX

单位：% (%)

受教育程度	Educational Attainment	合计 Total	单位负责人 Unit Head	专业技术人员 Professional and Technical Personnel	办事人员和有关人员 Clerk and Related Workers	商业、服务业人员 Business Service Personnel	农林牧渔水利业生产人员 Agriculture and Water Conservancy Labors	生产运输设备操作人员及有关人员 Production, Transport Equipment Operators and Related Workers	其他 Others
总　计	**Total**	**100.0**	**2.3**	**9.9**	**6.5**	**20.7**	**36.1**	**24.2**	**0.3**
未上过学	Illiterate	100.0	0.2	1.7	0.8	7.5	79.9	9.7	0.2
小　学	Primary School	100.0	0.8	1.9	1.5	10.9	68.6	16.2	0.3
初　中	Junior School	100.0	1.5	4.1	2.9	21.1	40.1	30.0	0.4
高　中	Senior School	100.0	3.5	12.0	9.3	32.3	14.2	28.3	0.4
大学专科	College	100.0	5.1	32.2	20.1	24.3	2.5	15.4	0.4
大学本科	University	100.0	5.8	45.2	25.1	14.3	1.1	8.1	0.4
研究生	Graduate	100.0	6.2	58.7	22.5	8.0	0.9	3.6	0.2
男	**Male**	**100.0**	**3.1**	**8.9**	**7.6**	**18.7**	**30.9**	**30.4**	**0.4**
未上过学	Illiterate	100.0	0.2	2.7	1.7	7.7	72.2	15.1	0.4
小　学	Primary School	100.0	1.2	2.2	2.4	10.6	61.3	22.1	0.3
初　中	Junior School	100.0	2.0	4.1	3.6	18.3	35.5	36.1	0.4
高　中	Senior School	100.0	4.4	9.5	9.9	27.0	14.3	34.5	0.4
大学专科	College	100.0	7.1	25.2	21.6	22.8	2.7	20.1	0.3
大学本科	University	100.0	7.7	39.1	26.4	14.4	1.2	10.6	0.6
研究生	Graduate	100.0	9.2	53.8	23.1	7.9	1.5	4.2	0.3
女	**Female**	**100.0**	**1.2**	**11.2**	**5.2**	**23.1**	**42.5**	**16.5**	**0.3**
未上过学	Illiterate	100.0	0.1	1.3	0.5	7.4	83.1	7.5	0.1
小　学	Primary School	100.0	0.4	1.6	0.7	11.1	74.9	11.0	0.3
初　中	Junior School	100.0	0.9	4.0	2.0	24.8	46.1	21.9	0.3
高　中	Senior School	100.0	2.1	16.1	8.3	40.7	14.1	18.4	0.4
大学专科	College	100.0	2.5	41.0	18.2	26.2	2.3	9.4	0.4
大学本科	University	100.0	3.3	53.2	23.4	14.2	0.9	4.8	0.2
研究生	Graduate	100.0	2.1	65.2	21.6	8.2	0.1	2.7	0.1

1-39 按年龄、性别分的全国就业人员就业身份构成
COMPOSITION OF EMPLOYMENT STATUS BY AGE AND SEX

单位：% (%)

年龄 Age	合 计 Total	雇 员 Employee	雇 主 Employer	自营劳动者 Self-employed	家庭帮工 Unpaid Familial Worker
总计 Total	**100.0**	**48.7**	**4.0**	**44.7**	**2.6**
16-19	100.0	64.3	1.0	31.3	3.5
20-24	100.0	68.8	2.0	26.2	3.1
25-29	100.0	64.7	3.7	28.5	3.0
30-34	100.0	59.3	5.3	32.4	2.9
35-39	100.0	53.8	5.7	37.8	2.7
40-44	100.0	49.3	5.5	42.7	2.6
45-49	100.0	43.9	4.6	49.1	2.4
50-54	100.0	40.4	4.1	53.0	2.4
55-59	100.0	29.6	2.8	65.6	2.0
60-64	100.0	17.5	1.7	78.9	1.8
65+	100.0	8.5	1.0	88.9	1.6
男 Male	**100.0**	**51.8**	**5.2**	**41.9**	**1.1**
16-19	100.0	61.2	1.0	33.9	3.9
20-24	100.0	69.1	2.6	25.6	2.7
25-29	100.0	65.5	4.4	28.1	1.9
30-34	100.0	60.6	6.7	31.6	1.1
35-39	100.0	55.8	7.1	36.6	0.6
40-44	100.0	51.7	7.3	40.5	0.5
45-49	100.0	48.5	6.2	44.9	0.4
50-54	100.0	49.3	5.4	44.7	0.6
55-59	100.0	40.1	3.7	55.5	0.6
60-64	100.0	24.5	2.5	72.1	0.9
65+	100.0	11.9	1.4	85.6	1.1
女 Female	**100.0**	**44.8**	**2.6**	**48.1**	**4.5**
16-19	100.0	68.0	1.0	28.1	2.9
20-24	100.0	68.3	1.3	26.9	3.5
25-29	100.0	63.8	2.9	29.0	4.4
30-34	100.0	57.9	3.7	33.4	5.0
35-39	100.0	51.6	4.1	39.2	5.1
40-44	100.0	46.4	3.4	45.2	5.0
45-49	100.0	38.3	2.7	54.1	4.9
50-54	100.0	28.2	2.3	64.6	5.0
55-59	100.0	14.3	1.3	80.4	4.0
60-64	100.0	8.8	0.8	87.4	3.0
65+	100.0	3.6	0.3	93.7	2.4

1-40 按就业身份、性别分的全国就业人员年龄构成
AGE COMPOSITION OF EMPLOYMENT BY EMPLOYMENT STATUS AND SEX

单位：% (%)

年龄 Age	合计 Total	雇员 Employee	雇主 Employer	自营劳动者 Self-employed	家庭帮工 Unpaid Familial Worker
总计 Total	**100.0**	**100.0**	**100.0**	**100.0**	**100.0**
16-19	2.0	2.6	0.5	1.4	2.6
20-24	9.4	13.3	4.7	5.5	11.1
25-29	11.6	15.4	10.6	7.4	13.5
30-34	12.3	15.0	16.1	8.9	13.8
35-39	11.4	12.7	16.1	9.7	11.7
40-44	14.9	15.1	20.2	14.2	14.8
45-49	13.1	11.8	14.9	14.3	12.3
50-54	8.4	6.9	8.5	9.9	7.8
55-59	7.7	4.7	5.2	11.2	6.0
60-64	5.1	1.8	2.2	9.0	3.6
65+	4.2	0.7	1.0	8.4	2.7
男 Male	**100.0**	**100.0**	**100.0**	**100.0**	**100.0**
16-19	1.9	2.3	0.4	1.6	7.1
20-24	9.3	12.4	4.6	5.7	23.2
25-29	11.4	14.4	9.7	7.7	20.3
30-34	11.9	14.0	15.4	9.0	12.2
35-39	11.2	12.0	15.2	9.8	5.8
40-44	14.6	14.5	20.4	14.1	7.0
45-49	13.0	12.2	15.5	13.9	5.4
50-54	8.8	8.4	9.2	9.4	5.1
55-59	8.3	6.4	6.0	11.0	4.9
60-64	5.1	2.4	2.4	8.8	4.3
65+	4.5	1.0	1.2	9.1	4.7
女 Female	**100.0**	**100.0**	**100.0**	**100.0**	**100.0**
16-19	2.0	3.0	0.8	1.2	1.3
20-24	9.6	14.7	4.9	5.4	7.6
25-29	11.8	16.8	12.7	7.1	11.6
30-34	12.7	16.4	17.9	8.8	14.3
35-39	11.7	13.5	18.3	9.6	13.5
40-44	15.3	15.9	19.7	14.4	17.1
45-49	13.1	11.2	13.6	14.7	14.3
50-54	7.8	4.9	6.7	10.5	8.7
55-59	6.9	2.2	3.4	11.5	6.3
60-64	5.1	1.0	1.6	9.3	3.4
65+	3.9	0.3	0.5	7.5	2.1

1-41 按受教育程度、性别分的全国就业人员就业身份构成
COMPOSITION OF EMPLOYMENT STATUS BY EDUCATIONAL ATTAINMENT AND SEX

单位：% (%)

受教育程度	Educational Attainment	合 计 Total	雇 员 Employee	雇 主 Employer	自营劳动者 SelfEmployed	家庭帮工 Unpaid Familial Worker
总 计	**Total**	**100.0**	**48.7**	**4.0**	**44.7**	**2.6**
未上过学	Illiterate	100.0	13.2	0.8	83.5	2.4
小 学	Primary School	100.0	20.6	2.2	74.9	2.4
初 中	Junior School	100.0	41.6	4.1	51.2	3.1
高 中	Senior School	100.0	66.6	6.4	24.1	2.9
大学专科	College	100.0	88.9	4.4	5.6	1.1
大学本科	University	100.0	94.3	3.1	2.1	0.5
研究生	Graduate	100.0	96.4	2.1	1.4	0.1
男	**Male**	**100.0**	**51.8**	**5.2**	**41.9**	**1.1**
未上过学	Illiterate	100.0	19.2	1.2	78.4	1.2
小 学	Primary School	100.0	25.9	3.1	70.2	0.8
初 中	Junior School	100.0	44.1	5.2	49.5	1.1
高 中	Senior School	100.0	65.0	7.4	26.0	1.6
大学专科	College	100.0	87.4	5.4	6.5	0.7
大学本科	University	100.0	93.2	3.9	2.5	0.4
研究生	Graduate	100.0	94.8	2.9	2.3	
女	**Female**	**100.0**	**44.8**	**2.6**	**48.1**	**4.5**
未上过学	Illiterate	100.0	10.8	0.6	85.7	3.0
小 学	Primary School	100.0	15.9	1.3	78.9	3.9
初 中	Junior School	100.0	38.2	2.7	53.4	5.7
高 中	Senior School	100.0	69.0	4.9	21.1	5.0
大学专科	College	100.0	90.8	3.1	4.6	1.5
大学本科	University	100.0	95.6	2.1	1.7	0.6
研究生	Graduate	100.0	98.6	0.9	0.3	0.2

1-42　按就业身份、性别分的全国就业人员受教育程度构成
EDUCATIONAL ATTAINMENT COMPOSITION BY EMPLOYMENT STATUS AND SEX

单位：%　　(%)

受教育程度	Educational Attainment	合　计 Total	雇　员 Employee	雇　主 Employer	自营劳动者 SelfEmployed	家庭帮工 Unpaid Familial Worker
总　计	**Total**	**100.0**	**100.0**	**100.0**	**100.0**	**100.0**
未上过学	Illiterate	1.9	0.5	0.4	3.6	1.8
小　学	Primary School	18.5	7.8	9.8	30.9	17.4
初　中	Junior School	47.9	40.9	48.9	54.9	57.3
高　中	Senior School	17.1	23.4	27.2	9.2	19.0
大学专科	College	8.5	15.6	9.2	1.1	3.5
大学本科	University	5.5	10.7	4.2	0.3	1.1
研究生	Graduate	0.5	1.0	0.3	0.0	0.0
男	**Male**	**100.0**	**100.0**	**100.0**	**100.0**	**100.0**
未上过学	Illiterate	1.0	0.4	0.2	1.9	1.1
小　学	Primary School	15.6	7.8	9.4	26.1	11.5
初　中	Junior School	49.5	42.1	49.6	58.5	51.7
高　中	Senior School	19.0	23.9	27.3	11.8	27.6
大学专科	College	8.7	14.6	9.0	1.3	5.8
大学本科	University	5.7	10.2	4.3	0.3	2.3
研究生	Graduate	0.5	1.0	0.3	0.0	
女	**Female**	**100.0**	**100.0**	**100.0**	**100.0**	**100.0**
未上过学	Illiterate	3.0	0.7	0.7	5.3	2.0
小　学	Primary School	22.0	7.8	11.0	36.0	19.1
初　中	Junior School	46.1	39.3	47.1	51.2	59.0
高　中	Senior School	14.7	22.6	27.1	6.5	16.4
大学专科	College	8.4	17.0	9.8	0.8	2.8
大学本科	University	5.4	11.5	4.2	0.2	0.7
研究生	Graduate	0.5	1.1	0.2	0.0	0.0

1-43　按年龄、性别分的城镇就业人员就业身份构成
COMPOSITION OF URBAN EMPLOYMENT STATUS BY AGE AND SEX

单位：%　　(%)

年龄 Age	合　计 Total	雇　员 Employee	雇　主 Employer	自营劳动者 SelfEmployed	家庭帮工 Unpaid Familial Worker
总计 Total	**100.0**	**67.2**	**6.0**	**23.7**	**3.1**
16-19	100.0	78.7	1.7	15.0	4.7
20-24	100.0	81.2	2.4	12.9	3.5
25-29	100.0	77.1	4.8	15.0	3.1
30-34	100.0	72.9	6.7	17.6	2.9
35-39	100.0	67.9	7.7	21.5	2.9
40-44	100.0	65.0	7.6	24.4	3.1
45-49	100.0	62.4	6.8	27.6	3.2
50-54	100.0	61.6	6.2	29.2	3.0
55-59	100.0	53.2	4.9	39.3	2.6
60-64	100.0	33.0	4.1	59.8	3.2
65+	100.0	20.6	2.4	74.5	2.5
男 Male	**100.0**	**67.6**	**7.1**	**24.0**	**1.3**
16-19	100.0	74.6	1.8	18.1	5.5
20-24	100.0	79.9	2.9	13.9	3.3
25-29	100.0	75.7	5.6	16.6	2.1
30-34	100.0	71.9	8.0	19.0	1.1
35-39	100.0	67.1	9.0	23.2	0.7
40-44	100.0	64.8	9.3	25.2	0.6
45-49	100.0	63.5	8.4	27.5	0.6
50-54	100.0	66.5	7.2	25.6	0.7
55-59	100.0	63.0	5.5	30.7	0.8
60-64	100.0	41.9	5.0	51.4	1.7
65+	100.0	26.7	3.0	68.9	1.4
女 Female	**100.0**	**66.7**	**4.5**	**23.4**	**5.4**
16-19	100.0	84.0	1.5	11.0	3.5
20-24	100.0	82.6	1.9	11.8	3.8
25-29	100.0	78.7	3.9	13.1	4.3
30-34	100.0	74.0	5.1	15.9	5.0
35-39	100.0	68.9	6.0	19.5	5.5
40-44	100.0	65.2	5.4	23.3	6.1
45-49	100.0	61.0	4.7	27.8	6.5
50-54	100.0	52.5	4.4	35.8	7.2
55-59	100.0	30.6	3.5	59.0	6.9
60-64	100.0	18.8	2.7	73.1	5.5
65+	100.0	10.6	1.3	83.9	4.3

1-44 按就业身份、性别分的城镇就业人员年龄构成
AGE COMPOSITION OF URBAN EMPLOYMENT BY EMPLOYMENT STATUS AND SEX

单位：% (%)

年龄 Age	合 计 Total	雇 员 Employee	雇 主 Employer	自营劳动者 SelfEmployed	家庭帮工 Unpaid Familial Worker
总计 Total	**100.0**	**100.0**	**100.0**	**100.0**	**100.0**
16-19	1.6	1.9	0.4	1.0	2.4
20-24	9.8	11.9	4.0	5.3	11.2
25-29	13.5	15.4	10.9	8.5	13.7
30-34	15.0	16.2	16.8	11.1	14.1
35-39	13.3	13.5	17.2	12.1	12.5
40-44	16.4	15.8	20.8	16.8	16.4
45-49	13.0	12.0	14.7	15.1	13.4
50-54	7.9	7.2	8.3	9.7	7.7
55-59	5.5	4.4	4.6	9.2	4.7
60-64	2.5	1.2	1.7	6.2	2.5
65+	1.6	0.5	0.6	5.0	1.3
男 Male	**100.0**	**100.0**	**100.0**	**100.0**	**100.0**
16-19	1.6	1.7	0.4	1.2	6.7
20-24	9.3	11.0	3.8	5.4	23.7
25-29	12.7	14.3	10.0	8.8	21.1
30-34	14.3	15.2	16.2	11.3	12.7
35-39	12.9	12.8	16.4	12.5	6.6
40-44	15.9	15.3	20.8	16.8	8.0
45-49	13.0	12.2	15.3	14.9	6.5
50-54	9.1	9.0	9.2	9.7	5.1
55-59	6.8	6.4	5.3	8.7	4.2
60-64	2.7	1.7	1.9	5.7	3.5
65+	1.7	0.7	0.7	5.0	2.0
女 Female	**100.0**	**100.0**	**100.0**	**100.0**	**100.0**
16-19	1.6	2.0	0.6	0.8	1.1
20-24	10.5	13.1	4.4	5.3	7.4
25-29	14.4	17.0	12.8	8.1	11.5
30-34	15.8	17.5	18.1	10.7	14.6
35-39	14.0	14.4	18.9	11.6	14.3
40-44	16.9	16.5	20.6	16.9	19.0
45-49	12.9	11.8	13.6	15.4	15.6
50-54	6.4	5.0	6.3	9.7	8.5
55-59	3.9	1.8	3.1	9.7	4.9
60-64	2.2	0.6	1.3	6.9	2.2
65+	1.4	0.2	0.4	4.9	1.1

1-45 按受教育程度、性别分的城镇就业人员就业身份构成
COMPOSITION OF URBAN EMPLOYMENT STATUS BY EDUCATIONAL ATTAINMENT AND SEX

单位：% (%)

受教育程度	Educational Attainment	合 计 Total	雇 员 Employee	雇 主 Employer	自营劳动者 SelfEmployed	家庭帮工 Unpaid Familial Worker
总 计	**Total**	**100.0**	**67.2**	**6.0**	**23.7**	**3.1**
未上过学	Illiterate	100.0	29.8	2.5	63.3	4.4
小 学	Primary School	100.0	36.4	4.9	54.5	4.2
初 中	Junior School	100.0	55.0	6.7	34.0	4.3
高 中	Senior School	100.0	73.3	7.6	16.0	3.1
大学专科	College	100.0	89.9	4.6	4.5	1.0
大学本科	University	100.0	94.5	3.1	1.9	0.5
研究生	Graduate	100.0	96.9	2.1	0.9	0.1
男	**Male**	**100.0**	**67.6**	**7.1**	**24.0**	**1.3**
未上过学	Illiterate	100.0	36.2	2.9	60.1	0.7
小 学	Primary School	100.0	40.0	6.2	52.4	1.4
初 中	Junior School	100.0	55.7	7.9	34.9	1.5
高 中	Senior School	100.0	71.7	8.7	17.9	1.7
大学专科	College	100.0	88.4	5.6	5.3	0.7
大学本科	University	100.0	93.6	3.8	2.2	0.4
研究生	Graduate	100.0	95.6	3.0	1.4	
女	**Female**	**100.0**	**66.7**	**4.5**	**23.4**	**5.4**
未上过学	Illiterate	100.0	26.4	2.3	65.0	6.3
小 学	Primary School	100.0	32.9	3.7	56.5	6.9
初 中	Junior School	100.0	54.1	5.1	32.8	8.1
高 中	Senior School	100.0	75.7	5.9	13.1	5.3
大学专科	College	100.0	91.9	3.2	3.5	1.4
大学本科	University	100.0	95.7	2.1	1.5	0.6
研究生	Graduate	100.0	98.7	1.0	0.2	0.2

1-46 按就业身份、性别分的城镇就业人员受教育程度构成

EDUCATIONAL ATTAINMENT COMPOSITION OF URBAN EMPLOYMENT BY EMPLOYMENT STATUS AND SEX

单位：% (%)

受教育程度	Educational Attainment	合 计 Total	雇 员 Employee	雇 主 Employer	自营劳动者 SelfEmployed	家庭帮工 Unpaid Familial Worker
总 计	**Total**	**100.0**	**100.0**	**100.0**	**100.0**	**100.0**
未上过学	Illiterate	0.9	0.4	0.4	2.3	1.2
小 学	Primary School	9.5	5.1	7.8	21.8	13.0
初 中	Junior School	39.0	31.9	43.7	55.9	54.7
高 中	Senior School	24.1	26.3	30.8	16.2	24.5
大学专科	College	15.0	20.1	11.6	2.9	4.9
大学本科	University	10.4	14.7	5.4	0.8	1.7
研究生	Graduate	1.0	1.5	0.4	0.0	0.0
男	**Male**	**100.0**	**100.0**	**100.0**	**100.0**	**100.0**
未上过学	Illiterate	0.5	0.3	0.2	1.3	0.3
小 学	Primary School	8.2	4.9	7.2	18.0	9.2
初 中	Junior School	39.3	32.4	43.5	57.2	45.4
高 中	Senior School	25.7	27.2	31.4	19.2	33.7
大学专科	College	14.8	19.3	11.8	3.3	8.0
大学本科	University	10.4	14.4	5.5	1.0	3.5
研究生	Graduate	1.0	1.5	0.4	0.1	
女	**Female**	**100.0**	**100.0**	**100.0**	**100.0**	**100.0**
未上过学	Illiterate	1.3	0.5	0.7	3.6	1.5
小 学	Primary School	11.1	5.5	9.2	26.9	14.2
初 中	Junior School	38.7	31.3	44.2	54.2	57.5
高 中	Senior School	22.1	25.1	29.5	12.4	21.6
大学专科	College	15.3	21.1	11.1	2.3	3.9
大学本科	University	10.4	15.0	5.0	0.7	1.2
研究生	Graduate	1.0	1.5	0.2	0.0	0.0

1-47 按年龄、性别分的城镇就业人员行业构成
SECTOR COMPOSITION OF URBAN EMPLOYMENT BY AGE AND SEX

单位：% (%)

年龄 Age	合 计 Total	农、林、牧、渔业 Farming, Forestry, Animal Husbandry and Fishery	采矿业 Mining	制造业 Manufacturing	电力、热力、燃气及水生产和供应业 Production and Supply of Electricity, Heat, Gas and Water	建筑业 Construction	批发和零售业 Wholesale and Retail Trades
总计 Total	**100.0**	**12.6**	**1.6**	**22.0**	**1.4**	**6.5**	**17.1**
16-19	100.0	11.0	0.5	37.3	0.2	5.0	16.3
20-24	100.0	6.8	0.9	29.0	1.0	5.8	18.9
25-29	100.0	6.4	1.2	24.5	1.2	5.6	19.6
30-34	100.0	6.6	1.6	22.5	1.4	5.6	19.6
35-39	100.0	8.7	1.7	22.1	1.6	6.4	18.7
40-44	100.0	10.9	2.1	21.8	1.7	7.6	17.2
45-49	100.0	13.9	2.1	20.6	1.6	7.9	15.2
50-54	100.0	17.3	2.0	18.0	1.6	7.3	13.5
55-59	100.0	28.2	1.3	15.4	1.2	6.8	12.1
60-64	100.0	49.1	0.5	11.4	0.6	7.1	10.2
65+	100.0	66.4	0.3	7.9	0.1	2.7	6.8
男 Male	**100.0**	**10.8**	**2.2**	**22.6**	**1.7**	**9.7**	**13.9**
16-19	100.0	12.2	0.8	35.0	0.1	8.3	12.8
20-24	100.0	6.4	1.3	31.8	1.2	9.1	15.2
25-29	100.0	6.0	1.7	26.2	1.5	8.5	16.1
30-34	100.0	5.9	2.2	23.9	1.6	8.1	15.4
35-39	100.0	7.6	2.3	22.1	2.0	9.8	15.0
40-44	100.0	9.3	2.8	21.1	2.1	11.3	14.1
45-49	100.0	11.4	2.8	20.4	1.8	11.8	12.7
50-54	100.0	12.3	2.6	19.2	2.0	10.0	12.0
55-59	100.0	18.9	1.7	17.6	1.5	9.1	11.1
60-64	100.0	39.4	0.8	13.6	0.9	10.9	10.1
65+	100.0	58.9	0.4	9.6	0.2	4.3	7.0
女 Female	**100.0**	**15.0**	**0.8**	**21.2**	**0.9**	**2.4**	**21.2**
16-19	100.0	9.4	0.2	40.1	0.4	0.9	20.7
20-24	100.0	7.2	0.5	25.8	0.6	2.1	23.2
25-29	100.0	7.0	0.6	22.6	0.7	2.2	23.6
30-34	100.0	7.5	0.7	20.9	1.1	2.6	24.4
35-39	100.0	9.9	1.0	22.0	1.2	2.2	23.3
40-44	100.0	12.9	1.3	22.6	1.1	3.1	21.1
45-49	100.0	17.1	1.2	20.8	1.2	2.7	18.6
50-54	100.0	26.6	0.7	15.9	0.8	2.3	16.4
55-59	100.0	49.6	0.3	10.4	0.4	1.7	14.4
60-64	100.0	64.4	0.1	8.0	0.0	1.2	10.5
65+	100.0	78.8	0.0	5.1		0.1	6.5

1-47 续表 1 continued

单位：%　　(%)

年龄 Age	交通运输、仓储和邮政业 Transport, Storage and Post	住宿和餐饮业 Hotels and Catering Services	信息传输、软件和信息技术服务业 Information Transmission, Software and Information Technology	金融业 Finance Inter-mediation	房地产业 Real Estate	租赁和商务服务业 Leasing and Business Services	科学研究和技术服务业 Scientific Research and Technical Services
总计 Total	**5.6**	**4.4**	**3.2**	**2.2**	**1.5**	**1.9**	**0.9**
16-19	2.1	8.9	2.6	1.2	0.9	1.3	0.4
20-24	4.3	5.9	4.3	2.9	1.4	2.3	0.8
25-29	5.2	4.4	5.0	3.3	1.6	2.5	1.2
30-34	5.7	4.3	4.1	2.5	1.6	2.3	1.2
35-39	6.3	4.3	3.2	2.1	1.2	1.8	0.8
40-44	6.7	4.5	2.6	2.1	1.4	1.6	0.8
45-49	6.2	4.3	2.2	2.1	1.4	1.4	0.7
50-54	6.3	3.7	2.1	1.9	1.7	1.7	0.9
55-59	4.9	3.2	1.4	1.3	2.1	1.8	0.7
60-64	2.2	2.1	0.8	0.5	1.3	1.2	0.4
65+	1.1	1.6	0.5	0.1	1.5	0.9	0.3
男 Male	**8.1**	**3.7**	**2.9**	**1.9**	**1.6**	**2.0**	**1.0**
16-19	2.8	10.0	2.3	0.6	0.9	1.7	0.2
20-24	6.2	5.8	3.8	2.3	1.3	2.0	0.7
25-29	7.3	4.1	4.9	2.7	1.5	2.3	1.3
30-34	8.5	3.9	4.1	2.2	1.7	2.4	1.3
35-39	9.5	3.3	3.0	1.8	1.3	2.0	1.0
40-44	9.8	3.5	2.3	1.8	1.4	1.8	0.9
45-49	8.9	2.9	2.0	2.0	1.5	1.6	0.8
50-54	8.7	3.0	1.9	1.8	2.1	2.0	1.1
55-59	6.6	2.5	1.4	1.4	2.4	2.3	1.0
60-64	3.3	2.0	0.8	0.6	1.7	1.5	0.6
65+	1.7	1.3	0.6	0.2	1.9	1.1	0.4
女 Female	**2.4**	**5.3**	**3.5**	**2.6**	**1.3**	**1.7**	**0.7**
16-19	1.2	7.6	3.0	2.0	0.8	0.7	0.7
20-24	2.3	6.1	5.0	3.5	1.6	2.6	0.9
25-29	2.7	4.7	5.2	4.0	1.7	2.7	1.1
30-34	2.4	4.7	4.2	2.9	1.5	2.1	1.0
35-39	2.5	5.3	3.4	2.4	1.1	1.6	0.7
40-44	2.8	5.9	3.0	2.4	1.3	1.5	0.6
45-49	2.7	6.1	2.5	2.1	1.2	1.1	0.5
50-54	2.0	5.0	2.4	2.1	1.1	1.0	0.5
55-59	0.8	4.8	1.3	1.0	1.4	0.6	0.1
60-64	0.5	2.4	0.9	0.3	0.6	0.6	0.0
65+	0.3	2.0	0.4	0.1	0.7	0.4	0.0

1-47 续表 2 continued

单位：% (%)

年龄 Age	水利、环境和公共设施管理业 Management of Water Conservancy Environment and Public Establishment	居民服务、修理和其他服务业 Services to Household, Repair and Other Services	教 育 Education	卫生和社会工作 Health and Social Service	文化、体育和娱乐业 Culture Sports and Entertainment	公共管理、社会保障和社会组织 Public Management, Social Security and Social Organization	国际组织 International Organizations
总计 Total	**0.8**	**3.9**	**4.2**	**3.1**	**1.4**	**6.0**	**0.01**
16-19	0.3	5.8	1.5	1.9	2.0	0.8	
20-24	0.4	4.6	2.5	3.1	2.0	3.2	
25-29	0.5	3.7	3.9	3.1	1.8	5.4	0.01
30-34	0.7	3.4	5.6	3.9	1.5	6.0	0.01
35-39	0.8	4.0	5.1	3.5	1.2	6.6	0.02
40-44	0.9	3.8	4.1	2.7	1.1	6.4	0.01
45-49	0.9	4.1	4.4	2.9	1.1	7.0	0.01
50-54	1.0	4.0	4.5	3.1	1.2	8.1	0.01
55-59	1.2	3.7	3.9	2.6	0.9	7.5	0.06
60-64	1.1	3.7	2.0	2.0	0.7	3.0	
65+	0.8	3.3	0.9	2.2	0.5	2.0	0.03
男 Male	**0.8**	**3.8**	**3.1**	**2.1**	**1.2**	**7.0**	**0.01**
16-19	0.3	6.9	1.1	1.0	2.1	1.0	
20-24	0.4	5.1	1.0	1.1	1.6	3.7	
25-29	0.5	4.1	2.0	1.6	1.5	6.1	0.01
30-34	0.7	3.5	3.4	2.6	1.6	6.8	0.02
35-39	0.9	3.7	3.7	2.6	1.1	7.3	0.00
40-44	0.8	3.4	3.3	2.1	1.0	7.3	
45-49	0.7	3.4	3.7	2.0	1.0	8.2	0.01
50-54	1.1	3.5	3.8	2.5	1.0	9.6	0.00
55-59	1.3	3.5	4.4	2.7	1.0	9.6	0.08
60-64	1.0	3.8	2.1	2.1	0.9	4.0	
65+	0.9	4.1	1.4	2.8	0.4	2.8	
女 Female	**0.7**	**4.0**	**5.7**	**4.3**	**1.5**	**4.6**	**0.01**
16-19	0.4	4.4	2.1	3.0	1.9	0.5	
20-24	0.3	4.0	4.1	5.4	2.4	2.7	
25-29	0.5	3.3	6.2	4.8	2.0	4.6	
30-34	0.6	3.2	8.1	5.5	1.5	5.0	
35-39	0.6	4.3	6.7	4.6	1.4	5.7	0.04
40-44	0.9	4.3	5.1	3.5	1.2	5.3	0.02
45-49	1.1	5.1	5.3	3.9	1.3	5.5	0.00
50-54	1.0	5.0	5.9	4.2	1.6	5.4	0.02
55-59	0.9	4.0	2.8	2.3	0.6	2.6	
60-64	1.3	3.6	1.7	1.8	0.5	1.5	
65+	0.8	1.9	0.2	1.4	0.6	0.6	0.09

1-48 按行业、性别分的城镇就业人员年龄构成
AGE COMPOSITION OF URBAN EMPLOYMENT BY SECTOR AND SEX

单位：% (%)

年龄 Age	合计 Total	农、林、牧、渔业 Farming, Forestry, Animal Husbandry and Fishery	采矿业 Mining	制造业 Manufacturing	电力、热力、燃气及水生产和供应业 Production and Supply of Electricity, Heat, Gas and Water	建筑业 Construction	批发和零售业 Wholesale and Retail Trades
总计 Total	**100.0**	**100.0**	**100.0**	**100.0**	**100.0**	**100.0**	**100.0**
16-19	1.6	1.4	0.5	2.7	0.3	1.2	1.5
20-24	9.8	5.3	5.7	13.0	6.9	8.8	10.9
25-29	13.5	6.9	10.4	15.0	11.4	11.5	15.4
30-34	15.0	7.8	14.6	15.3	15.1	12.8	17.1
35-39	13.3	9.2	14.2	13.4	16.1	13.0	14.6
40-44	16.4	14.1	22.0	16.2	20.1	19.0	16.5
45-49	13.0	14.2	17.3	12.1	14.9	15.7	11.6
50-54	7.9	10.8	9.8	6.5	9.2	8.9	6.3
55-59	5.5	12.4	4.5	3.9	4.8	5.8	3.9
60-64	2.5	9.6	0.8	1.3	1.1	2.7	1.5
65+	1.6	8.3	0.3	0.6	0.1	0.7	0.6
男 Male	**100.0**	**100.0**	**100.0**	**100.0**	**100.0**	**100.0**	**100.0**
16-19	1.6	1.8	0.6	2.4	0.1	1.3	1.4
20-24	9.3	5.5	5.5	13.1	6.8	8.7	10.2
25-29	12.7	7.0	10.2	14.8	11.5	11.2	14.7
30-34	14.3	7.8	14.8	15.2	13.7	11.9	15.9
35-39	12.9	9.1	13.5	12.6	15.3	13.0	13.8
40-44	15.9	13.7	20.5	14.9	19.8	18.5	16.1
45-49	13.0	13.6	17.0	11.7	14.2	15.8	11.8
50-54	9.1	10.4	11.2	7.7	10.9	9.4	7.8
55-59	6.8	11.9	5.4	5.3	6.1	6.4	5.4
60-64	2.7	9.8	0.9	1.6	1.5	3.0	1.9
65+	1.7	9.5	0.3	0.7	0.2	0.8	0.9
女 Female	**100.0**	**100.0**	**100.0**	**100.0**	**100.0**	**100.0**	**100.0**
16-19	1.6	1.0	0.4	3.1	0.7	0.6	1.6
20-24	10.5	5.0	6.1	12.8	7.2	9.2	11.6
25-29	14.4	6.7	10.8	15.4	11.3	13.1	16.0
30-34	15.8	7.9	14.0	15.6	18.5	17.1	18.2
35-39	14.0	9.2	16.7	14.5	18.0	13.2	15.3
40-44	16.9	14.6	26.9	18.1	20.8	21.9	16.9
45-49	12.9	14.8	18.2	12.7	16.6	14.7	11.3
50-54	6.4	11.3	5.2	4.8	5.3	6.3	4.9
55-59	3.9	12.8	1.2	1.9	1.6	2.7	2.6
60-64	2.2	9.5	0.3	0.8	0.1	1.1	1.1
65+	1.4	7.2	0.1	0.3		0.1	0.4

1-48 续表 1 continued

单位：% (%)

年龄 Age	交通运输、仓储和邮政业 Transport, Storage and Post	住宿和餐饮业 Hotels and Catering Services	信息传输、软件和信息技术服务业 Information Transmission, Software and Information Technology	金融业 Finance Inter-mediation	房地产业 Real Estate	租赁和商务服务业 Leasing and Business Services	科学研究和技术服务业 Scientific Research and Technical Services
总计 Total	**100.0**	**100.0**	**100.0**	**100.0**	**100.0**	**100.0**	**100.0**
16-19	0.6	3.2	1.3	0.9	0.9	1.1	0.7
20-24	7.6	13.3	13.4	12.6	9.4	11.8	8.7
25-29	12.4	13.5	21.4	19.9	14.6	17.7	18.2
30-34	15.3	14.7	19.4	16.7	16.2	18.3	20.4
35-39	15.1	13.0	13.3	12.3	11.0	12.7	12.9
40-44	19.5	17.0	13.6	15.4	15.0	14.1	15.0
45-49	14.4	12.8	9.2	11.8	12.1	9.8	10.0
50-54	9.0	6.7	5.2	6.7	9.3	7.0	8.0
55-59	4.8	4.1	2.4	3.2	7.7	5.3	4.5
60-64	1.0	1.2	0.6	0.6	2.2	1.5	1.1
65+	0.3	0.6	0.3	0.1	1.6	0.7	0.5
男 Male	**100.0**	**100.0**	**100.0**	**100.0**	**100.0**	**100.0**	**100.0**
16-19	0.5	4.3	1.2	0.5	0.9	1.3	0.3
20-24	7.1	14.6	12.0	11.2	7.4	9.3	6.4
25-29	11.5	14.3	21.6	17.5	12.3	14.6	16.6
30-34	15.1	15.3	20.0	16.2	15.4	17.5	19.2
35-39	15.2	11.8	13.2	11.9	10.4	12.6	12.9
40-44	19.3	15.0	12.7	15.1	14.4	14.0	15.1
45-49	14.4	10.4	9.0	13.3	12.1	10.7	10.5
50-54	9.8	7.5	6.0	8.4	12.0	9.1	9.9
55-59	5.6	4.7	3.2	5.0	10.1	7.9	6.8
60-64	1.1	1.4	0.7	0.9	2.9	2.0	1.7
65+	0.4	0.6	0.4	0.1	2.1	1.0	0.7
女 Female	**100.0**	**100.0**	**100.0**	**100.0**	**100.0**	**100.0**	**100.0**
16-19	0.8	2.3	1.4	1.2	1.0	0.7	1.5
20-24	10.0	12.1	14.9	13.9	12.5	15.6	12.7
25-29	16.3	12.7	21.2	22.1	18.1	22.4	21.0
30-34	16.2	14.1	18.7	17.1	17.6	19.4	22.5
35-39	14.7	14.1	13.4	12.6	11.8	12.9	13.0
40-44	20.2	18.7	14.6	15.7	16.0	14.4	14.9
45-49	14.5	15.0	9.3	10.5	12.0	8.4	9.0
50-54	5.2	6.0	4.4	5.0	5.2	3.7	4.7
55-59	1.4	3.5	1.5	1.5	3.9	1.3	0.6
60-64	0.5	1.0	0.6	0.2	1.0	0.7	0.1
65+	0.1	0.5	0.1	0.0	0.8	0.3	0.1

1-48 续表 2 continued

单位：% (%)

年龄 Age	水利、环境和公共设施管理业 Management of Water Conservancy Environment and Public Establishment	居民服务、修理和其他服务业 Services to Household, Repair and Other Services	教 育 Education	卫生和社会工作 Health and Social Service	文化、体育和娱乐业 Culture Sports and Entertainment	公共管理、社会保障和社会组织 Public Management, Social Security and Social Organization	国际组织 International Organizations
总计 Total	**100.0**	**100.0**	**100.0**	**100.0**	**100.0**	**100.0**	**100.0**
16-19	0.7	2.4	0.6	1.0	2.3	0.2	
20-24	5.0	11.6	5.8	9.8	14.2	5.3	
25-29	8.7	12.8	12.6	13.5	17.5	12.3	8.2
30-34	13.1	13.0	19.9	18.9	17.1	15.0	13.9
35-39	13.8	13.6	16.2	15.1	11.9	14.8	22.5
40-44	18.4	15.9	16.0	14.4	13.4	17.6	11.4
45-49	15.2	13.7	13.7	12.0	10.9	15.3	8.9
50-54	11.0	8.1	8.5	7.9	7.2	10.8	5.9
55-59	8.7	5.2	5.2	4.6	3.6	7.0	24.8
60-64	3.6	2.4	1.2	1.6	1.3	1.3	
65+	1.8	1.3	0.4	1.2	0.6	0.5	4.4
男 Male	**100.0**	**100.0**	**100.0**	**100.0**	**100.0**	**100.0**	**100.0**
16-19	0.6	2.8	0.5	0.7	2.6	0.2	
20-24	5.2	12.4	3.1	4.7	11.7	5.0	
25-29	7.9	13.7	8.2	9.7	15.7	11.2	14.0
30-34	12.7	13.4	16.1	17.3	18.7	13.9	23.9
35-39	15.5	12.7	15.6	15.5	11.4	13.5	2.9
40-44	16.1	14.1	17.1	15.4	13.4	16.7	
45-49	12.5	11.7	15.8	12.5	10.9	15.2	14.0
50-54	12.7	8.3	11.1	10.7	7.6	12.5	2.7
55-59	11.5	6.3	9.9	8.6	5.5	9.4	42.5
60-64	3.4	2.7	1.9	2.6	1.9	1.5	
65+	2.0	1.9	0.8	2.3	0.6	0.7	
女 Female	**100.0**	**100.0**	**100.0**	**100.0**	**100.0**	**100.0**	**100.0**
16-19	0.8	1.8	0.6	1.1	2.0	0.2	
20-24	4.8	10.5	7.7	13.1	16.9	6.0	
25-29	9.7	11.8	15.7	15.9	19.5	14.3	
30-34	13.7	12.5	22.7	20.0	15.3	17.0	
35-39	11.4	14.8	16.7	14.8	12.5	17.2	49.8
40-44	21.7	18.0	15.3	13.7	13.4	19.4	27.4
45-49	19.0	16.2	12.2	11.7	10.9	15.3	1.9
50-54	8.7	7.9	6.6	6.2	6.7	7.4	10.3
55-59	5.0	3.9	1.9	2.1	1.6	2.2	
60-64	3.8	2.0	0.7	0.9	0.7	0.7	
65+	1.5	0.7	0.0	0.4	0.5	0.2	10.6

1-49 按受教育程度、性别分的城镇就业人员行业构成
SECTOR COMPOSITION OF URBAN EMPLOYMENT BY EDUCATIONAL ATTAINMENT AND SEX

单位：%　　　　(%)

受教育程度	Educational Attainment	合计 Total	农、林、牧、渔业 Farming, Forestry, Animal Husbandry and Fishery	采矿业 Mining	制造业 Manufacturing	电力、热力、燃气及水生产和供应业 Production and Supply of Electricity, Heat, Gas and Water	建筑业 Construction	批发和零售业 Wholesale and Retail Trades
总 计	**Total**	**100.0**	**12.6**	**1.6**	**22.0**	**1.4**	**6.5**	**17.1**
未上过学	Illiterate	100.0	54.0	0.5	13.5	0.2	5.1	9.5
小 学	Primary School	100.0	40.8	0.5	17.3	0.3	8.6	12.4
初 中	Junior School	100.0	17.6	1.6	25.5	0.7	8.7	18.6
高 中	Senior School	100.0	4.9	2.0	25.1	1.8	5.3	22.1
大学专科	College	100.0	1.1	1.8	18.0	2.5	4.2	15.1
大学本科	University	100.0	0.6	1.4	13.4	2.3	3.4	8.6
研究生	Graduate	100.0	0.3	0.8	11.6	1.0	1.4	4.4
男	**Male**	**100.0**	**10.8**	**2.2**	**22.6**	**1.7**	**9.7**	**13.9**
未上过学	Illiterate	100.0	48.4	1.2	13.0	0.6	10.6	7.5
小 学	Primary School	100.0	35.2	0.9	16.1	0.4	14.7	11.1
初 中	Junior School	100.0	15.5	2.3	24.5	0.9	13.3	14.5
高 中	Senior School	100.0	5.0	2.4	26.5	2.2	7.7	17.1
大学专科	College	100.0	1.3	2.4	20.5	3.0	5.4	13.2
大学本科	University	100.0	0.7	1.8	15.3	2.8	4.3	8.3
研究生	Graduate	100.0	0.4	1.0	14.1	1.2	1.2	5.6
女	**Female**	**100.0**	**15.0**	**0.8**	**21.2**	**0.9**	**2.4**	**21.2**
未上过学	Illiterate	100.0	56.9	0.2	13.8	0.0	2.2	10.6
小 学	Primary School	100.0	46.1	0.2	18.5	0.2	2.7	13.7
初 中	Junior School	100.0	20.3	0.6	26.8	0.4	2.6	24.0
高 中	Senior School	100.0	4.7	1.4	22.9	1.3	1.7	29.6
大学专科	College	100.0	0.9	1.1	14.8	1.8	2.7	17.5
大学本科	University	100.0	0.6	0.8	10.9	1.8	2.2	9.0
研究生	Graduate	100.0	0.1	0.5	8.1	0.7	1.6	2.7

1-49 续表 1 continued

单位：% (%)

受教育程度	Educational Attainment	交通运输、仓储和邮政业 Transport, Storage and Post	住宿和餐饮业 Hotels and Catering Services	信息传输、软件和信息技术服务业 Information Transmission Software and Information Technology	金融业 Finance Inter-mediation	房地产业 Real Estate	租赁和商务服务业 Leasing and Business Services	科学研究和技术服务业 Scientific Research and Technical Services
总　计	**Total**	**5.6**	**4.4**	**3.2**	**2.2**	**1.5**	**1.9**	**0.9**
未上过学	Illiterate	1.5	4.1	1.3	0.1	0.5	0.4	0.1
小　学	Primary School	3.3	4.5	1.1	0.4	1.2	0.8	0.1
初　中	Junior School	6.3	5.6	2.4	0.8	1.0	1.2	0.3
高　中	Senior School	7.1	5.0	3.4	2.0	1.8	2.0	0.8
大学专科	College	4.8	2.3	4.7	4.4	2.3	3.0	1.4
大学本科	University	3.4	1.3	5.2	6.7	1.8	3.3	2.7
研究生	Graduate	1.8	0.3	7.1	6.8	1.0	4.4	7.7
男	**Male**	**8.1**	**3.7**	**2.9**	**1.9**	**1.6**	**2.0**	**1.0**
未上过学	Illiterate	3.5	3.4	1.6	0.1	0.7	0.4	0.2
小　学	Primary School	5.7	3.4	0.9	0.3	1.5	1.0	0.2
初　中	Junior School	9.7	4.5	1.8	0.6	1.2	1.5	0.3
高　中	Senior School	9.7	4.4	2.8	1.7	1.9	2.2	0.9
大学专科	College	5.9	2.2	4.8	3.8	2.2	2.9	1.5
大学本科	University	3.6	1.3	5.7	5.9	1.8	2.9	3.0
研究生	Graduate	2.4	0.4	8.7	5.4	1.0	4.3	8.7
女	**Female**	**2.4**	**5.3**	**3.5**	**2.6**	**1.3**	**1.7**	**0.7**
未上过学	Illiterate	0.5	4.5	1.2	0.1	0.4	0.5	0.0
小　学	Primary School	1.0	5.7	1.3	0.5	0.9	0.6	0.0
初　中	Junior School	1.8	7.2	3.1	1.0	0.8	0.9	0.2
高　中	Senior School	3.2	6.0	4.2	2.4	1.6	1.8	0.6
大学专科	College	3.3	2.4	4.6	5.2	2.5	3.1	1.2
大学本科	University	3.1	1.2	4.4	7.8	1.8	3.8	2.4
研究生	Graduate	1.0	0.2	5.0	8.7	1.1	4.5	6.5

1-49 续表 2 continued

单位：% (%)

受教育程度	Educational Attainment	水利、环境和公共设施管理业 Management of Water Conservancy Environment and Public Establishment	居民服务、修理和其他服务业 Services to Household, Repair and Other Services	教 育 Education	卫生和社会工作 Health and Social Service	文化、体育和娱乐业 Culture Sports and Entertainment	公共管理、社会保障和社会组织 Public Management, Social Security and Social Organization	国际组织 International Organizations
总 计	**Total**	**0.8**	**3.9**	**4.2**	**3.1**	**1.4**	**6.0**	**0.0**
未上过学	Illiterate	0.7	4.0	1.2	0.8	0.9	1.2	0.0
小 学	Primary School	0.9	4.5	0.7	0.8	0.5	1.1	0.0
初 中	Junior School	0.6	4.9	1.1	0.9	0.8	1.6	0.0
高 中	Senior School	0.7	4.4	2.4	2.6	1.5	5.1	0.0
大学专科	College	0.9	2.1	8.4	7.4	2.2	13.3	0.0
大学本科	University	1.0	1.3	15.5	7.7	2.6	17.7	0.0
研究生	Graduate	0.7	0.4	24.0	10.0	2.9	13.3	
男	**Male**	**0.8**	**3.8**	**3.1**	**2.1**	**1.2**	**7.0**	**0.0**
未上过学	Illiterate	0.6	3.4	1.1	0.8	1.1	1.6	0.1
小 学	Primary School	0.8	4.4	0.7	0.8	0.6	1.4	0.0
初 中	Junior School	0.6	4.7	0.8	0.8	0.7	2.0	0.0
高 中	Senior School	0.8	4.3	1.7	1.7	1.3	5.7	0.0
大学专科	College	1.0	2.2	5.9	4.3	1.8	15.7	0.0
大学本科	University	1.1	1.2	11.6	5.9	2.5	20.3	0.0
研究生	Graduate	0.8	0.3	18.5	8.0	2.3	15.5	
女	**Female**	**0.7**	**4.0**	**5.7**	**4.3**	**1.5**	**4.6**	**0.0**
未上过学	Illiterate	0.8	4.3	1.3	0.8	0.7	1.0	
小 学	Primary School	0.9	4.6	0.8	0.8	0.5	0.9	0.0
初 中	Junior School	0.7	5.1	1.4	1.1	0.8	1.1	0.0
高 中	Senior School	0.6	4.6	3.4	3.9	1.8	4.2	0.0
大学专科	College	0.8	2.1	11.5	11.4	2.7	10.3	0.0
大学本科	University	0.8	1.5	20.6	10.2	2.7	14.4	0.0
研究生	Graduate	0.6	0.5	31.5	12.7	3.6	10.5	

1-50 按行业、性别分的城镇就业人员受教育程度构成
EDUCATIONAL ATTAINMENT COMPOSITION OF URBAN EMPLOYMENT BY SECTOR AND SEX

单位：% (%)

受教育程度	Educational Attainment	合计 Total	农、林、牧、渔业 Farming, Forestry, Animal Husbandry and Fishery	采矿业 Mining	制造业 Manufacturing	电力、热力、燃气及水生产和供应业 Production and Supply of Electricity, Heat, Gas and Water	建筑业 Construction	批发和零售业 Wholesale and Retail Trades
总 计	**Total**	**100.0**	**100.0**	**100.0**	**100.0**	**100.0**	**100.0**	**100.0**
未上过学	Illiterate	0.9	3.7	0.3	0.5	0.1	0.7	0.5
小 学	Primary School	9.5	30.7	3.2	7.5	2.1	12.5	6.9
初 中	Junior School	39.0	54.4	39.0	45.3	19.4	51.8	42.5
高 中	Senior School	24.1	9.3	30.5	27.5	32.5	19.7	31.3
大学专科	College	15.0	1.4	17.2	12.3	27.2	9.7	13.3
大学本科	University	10.4	0.5	9.2	6.3	18.0	5.4	5.3
研究生	Graduate	1.0	0.0	0.5	0.5	0.7	0.2	0.3
男	**Male**	**100.0**	**100.0**	**100.0**	**100.0**	**100.0**	**100.0**	**100.0**
未上过学	Illiterate	0.5	2.3	0.3	0.3	0.2	0.6	0.3
小 学	Primary School	8.2	26.9	3.4	5.9	2.2	12.5	6.6
初 中	Junior School	39.3	56.4	42.0	42.6	20.5	53.7	40.9
高 中	Senior School	25.7	11.9	28.7	30.1	32.9	20.3	31.6
大学专科	College	14.8	1.8	16.3	13.4	26.3	8.2	14.0
大学本科	University	10.4	0.7	8.8	7.0	17.1	4.6	6.2
研究生	Graduate	1.0	0.0	0.5	0.6	0.8	0.1	0.4
女	**Female**	**100.0**	**100.0**	**100.0**	**100.0**	**100.0**	**100.0**	**100.0**
未上过学	Illiterate	1.3	4.9	0.3	0.8	0.0	1.2	0.7
小 学	Primary School	11.1	34.3	2.5	9.7	1.9	12.7	7.2
初 中	Junior School	38.7	52.5	28.9	49.0	16.6	41.7	43.9
高 中	Senior School	22.1	6.9	36.7	24.0	31.6	16.3	31.0
大学专科	College	15.3	1.0	20.6	10.7	29.2	17.6	12.6
大学本科	University	10.4	0.4	10.4	5.4	20.0	9.8	4.5
研究生	Graduate	1.0	0.0	0.6	0.4	0.7	0.7	0.1

1-50　续表 1　continued

单位：%　　(%)

受教育程度	Educational Attainment	交通运输、仓储和邮政业 Transport, Storage and Post	住宿和餐饮业 Hotels and Catering Services	信息传输、软件和信息技术服务业 Information Transmission, Software and Information Technology	金融业 Finance Inter-mediation	房地产业 Real Estate	租赁和商务服务业 Leasing and Business Services	科学研究和技术服务业 Scientific Research and Technical Services
总　计	**Total**	**100.0**	**100.0**	**100.0**	**100.0**	**100.0**	**100.0**	**100.0**
未上过学	Illiterate	0.2	0.8	0.4	0.0	0.3	0.2	0.1
小　学	Primary School	5.7	9.9	3.4	1.6	7.4	3.9	1.3
初　中	Junior School	44.0	50.4	29.0	13.0	26.2	25.8	12.4
高　中	Senior School	30.7	27.8	25.7	21.2	29.1	25.8	21.5
大学专科	College	12.8	7.9	22.2	29.7	23.3	24.0	23.4
大学本科	University	6.3	3.1	17.0	31.3	12.9	18.0	32.3
研究生	Graduate	0.3	0.1	2.3	3.1	0.7	2.4	9.0
男	**Male**	**100.0**	**100.0**	**100.0**	**100.0**	**100.0**	**100.0**	**100.0**
未上过学	Illiterate	0.2	0.5	0.3	0.0	0.2	0.1	0.1
小　学	Primary School	5.9	7.6	2.7	1.1	7.6	4.0	1.7
初　中	Junior School	47.2	48.1	24.3	12.0	29.1	29.6	13.0
高　中	Senior School	30.9	30.9	24.9	22.7	30.2	27.6	22.6
大学专科	College	10.8	8.9	24.3	29.3	20.2	21.6	22.1
大学本科	University	4.7	3.8	20.5	31.9	12.0	14.9	31.5
研究生	Graduate	0.3	0.1	3.1	2.9	0.7	2.2	9.0
女	**Female**	**100.0**	**100.0**	**100.0**	**100.0**	**100.0**	**100.0**	**100.0**
未上过学	Illiterate	0.3	1.1	0.4	0.1	0.4	0.4	0.1
小　学	Primary School	4.8	11.9	4.2	2.0	7.2	3.7	0.5
初　中	Junior School	29.6	52.6	34.2	14.0	21.8	19.9	11.3
高　中	Senior School	29.6	25.0	26.6	19.8	27.3	23.0	19.5
大学专科	College	21.5	7.0	20.0	30.0	28.2	27.6	25.9
大学本科	University	13.8	2.3	13.2	30.8	14.2	22.8	33.8
研究生	Graduate	0.4	0.0	1.4	3.3	0.8	2.6	8.9

1-50 续表 2 continued

单位：% (%)

受教育程度	Educational Attainment	水利、环境和公共设施管理业 Management of Water Conservancy Environment and Public Establishment	居民服务、修理和其他服务业 Services to Household, Repair and Other Services	教育 Education	卫生和社会工作 Health and Social Service	文化、体育和娱乐业 Culture Sports and Entertainment	公共管理、社会保障和社会组织 Public Management, Social Security and Social Organization	国际组织 International Organizations
总　计	**Total**	**100.0**	**100.0**	**100.0**	**100.0**	**100.0**	**100.0**	**100.0**
未上过学	Illiterate	0.9	0.9	0.2	0.2	0.5	0.2	1.6
小　学	Primary School	11.1	11.0	1.7	2.5	3.8	1.8	8.7
初　中	Junior School	32.5	48.8	9.9	11.4	22.1	10.4	11.9
高　中	Senior School	22.0	27.5	13.7	20.1	26.9	20.7	52.1
大学专科	College	18.9	8.2	30.0	36.3	24.8	33.6	7.3
大学本科	University	13.6	3.6	38.6	26.1	19.7	31.0	18.5
研究生	Graduate	1.0	0.1	5.8	3.3	2.2	2.3	
男	**Male**	**100.0**	**100.0**	**100.0**	**100.0**	**100.0**	**100.0**	**100.0**
未上过学	Illiterate	0.4	0.5	0.2	0.2	0.5	0.1	2.7
小　学	Primary School	8.8	9.6	1.8	3.0	3.7	1.7	7.6
初　中	Junior School	29.4	48.6	10.0	14.0	23.1	11.0	17.4
高　中	Senior School	25.4	29.3	14.0	20.5	28.0	21.1	34.4
大学专科	College	19.6	8.6	28.4	29.8	22.0	33.5	7.9
大学本科	University	15.2	3.4	39.4	28.7	20.7	30.4	30.0
研究生	Graduate	1.1	0.1	6.2	3.9	1.9	2.3	
女	**Female**	**100.0**	**100.0**	**100.0**	**100.0**	**100.0**	**100.0**	**100.0**
未上过学	Illiterate	1.4	1.4	0.3	0.3	0.6	0.3	
小　学	Primary School	14.3	12.7	1.6	2.2	3.9	2.2	10.3
初　中	Junior School	36.8	49.0	9.8	9.7	21.0	9.1	4.3
高　中	Senior School	17.4	25.2	13.5	19.9	25.8	20.0	76.7
大学专科	College	17.8	7.8	31.2	40.5	27.7	33.9	6.4
大学本科	University	11.4	3.8	38.1	24.5	18.6	32.3	2.4
研究生	Graduate	0.9	0.1	5.6	2.9	2.4	2.2	

1-51 按年龄、性别分的城镇就业人员职业构成

OCCUPATION COMPOSITION OF URBAN EMPLOYMENT BY AGE AND SEX

单位：% (%)

年龄 Age	合 计 Total	单 位 负责人 Unit Head	专业技术人员 Professional and Technical Personnel	办事人员和有关人员 Clerk and Related Workers	商业、服务业人员 Business Service Personnel	农林牧渔水利业生产人员 Agriculture and Water Conservancy Labors	生产运输设备操作人员及有关人员 Production, Transport Equipment Operators and Related Workers	其 他 Others
总计 Total	**100.0**	**3.8**	**15.8**	**11.1**	**30.0**	**12.8**	**26.0**	**0.5**
16-19	100.0	0.3	6.1	4.8	35.6	11.1	41.7	0.5
20-24	100.0	1.2	15.3	10.1	35.0	7.1	30.6	0.6
25-29	100.0	2.5	19.8	12.8	32.2	6.8	25.5	0.4
30-34	100.0	3.9	20.4	12.4	31.6	7.0	24.3	0.4
35-39	100.0	4.5	17.8	10.9	30.8	9.2	26.3	0.6
40-44	100.0	4.5	14.9	10.5	30.1	11.2	28.3	0.5
45-49	100.0	4.9	13.8	10.6	29.0	13.9	27.5	0.4
50-54	100.0	5.2	13.6	12.7	26.6	17.4	24.1	0.5
55-59	100.0	4.5	10.6	12.2	23.3	27.6	21.1	0.6
60-64	100.0	2.7	5.5	6.3	21.4	48.3	15.4	0.3
65+	100.0	1.3	4.8	5.8	14.0	66.1	7.6	0.3
男 Male	**100.0**	**5.0**	**13.4**	**12.5**	**25.7**	**11.1**	**31.8**	**0.5**
16-19	100.0	0.3	4.2	4.8	32.7	12.5	45.1	0.4
20-24	100.0	1.5	11.0	9.5	30.9	6.9	39.7	0.6
25-29	100.0	2.9	15.8	12.5	29.2	6.4	32.7	0.5
30-34	100.0	5.1	16.7	13.0	27.9	6.4	30.7	0.4
35-39	100.0	5.9	14.9	12.6	25.7	8.3	32.0	0.6
40-44	100.0	6.3	13.0	12.2	24.7	9.6	33.7	0.6
45-49	100.0	6.7	12.9	12.4	23.1	11.4	33.1	0.3
50-54	100.0	6.6	12.4	15.6	22.9	12.6	29.3	0.6
55-59	100.0	5.6	12.1	16.1	21.7	18.3	25.4	0.8
60-64	100.0	3.5	6.4	9.3	21.6	38.7	20.1	0.4
65+	100.0	1.9	6.4	8.3	14.6	58.7	9.6	0.5
女 Female	**100.0**	**2.1**	**18.9**	**9.3**	**35.6**	**15.1**	**18.4**	**0.4**
16-19	100.0	0.2	8.5	4.8	39.1	9.3	37.4	0.6
20-24	100.0	0.9	20.3	10.9	39.8	7.3	20.3	0.6
25-29	100.0	1.9	24.5	13.2	35.7	7.3	17.1	0.3
30-34	100.0	2.5	24.8	11.7	36.0	7.8	16.8	0.3
35-39	100.0	2.8	21.2	8.9	37.0	10.2	19.4	0.6
40-44	100.0	2.3	17.2	8.4	36.8	13.1	21.8	0.4
45-49	100.0	2.5	15.0	8.1	36.7	17.1	20.1	0.5
50-54	100.0	2.5	15.7	7.1	33.5	26.4	14.3	0.5
55-59	100.0	2.0	7.3	3.2	27.1	48.9	11.3	0.3
60-64	100.0	1.6	4.1	1.6	21.0	63.5	8.2	0.1
65+	100.0	0.3	2.3	1.6	13.0	78.3	4.4	0.1

1-52 按职业、性别分的城镇就业人员年龄构成

AGE COMPOSITION OF URBAN EMPLOYMENT BY OCCUPATION AND SEX

单位：%　　(%)

年龄 Age	合计 Total	单位负责人 Unit Head	专业技术人员 Professional and Technical Personnel	办事人员和有关人员 Clerk and Related Workers	商业、服务业人员 Business Service Personnel	农林牧渔水利业生产人员 Agriculture and Water Conservancy Labors	生产运输设备操作人员及有关人员 Production, Transport Equipment Operators and Related Workers	其他 Others
总计 Total	**100.0**	**100.0**	**100.0**	**100.0**	**100.0**	**100.0**	**100.0**	**100.0**
16-19	1.6	0.1	0.6	0.7	1.9	1.4	2.5	1.6
20-24	9.8	3.2	9.6	9.0	11.5	5.4	11.6	11.6
25-29	13.5	8.9	16.9	15.6	14.4	7.1	13.2	11.6
30-34	15.0	15.6	19.3	16.7	15.8	8.2	14.0	11.7
35-39	13.3	15.9	15.0	13.1	13.7	9.5	13.5	16.2
40-44	16.4	19.6	15.4	15.4	16.4	14.2	17.8	17.3
45-49	13.0	16.8	11.3	12.3	12.5	14.0	13.7	11.2
50-54	7.9	10.9	6.8	9.0	7.0	10.7	7.3	8.7
55-59	5.5	6.7	3.7	6.1	4.3	11.9	4.5	7.4
60-64	2.5	1.8	0.9	1.4	1.8	9.3	1.5	1.5
65+	1.6	0.6	0.5	0.8	0.7	8.1	0.5	1.1
男 Male	**100.0**	**100.0**	**100.0**	**100.0**	**100.0**	**100.0**	**100.0**	**100.0**
16-19	1.6	0.1	0.5	0.6	2.0	1.8	2.2	1.2
20-24	9.3	2.9	7.6	7.0	11.1	5.8	11.6	10.3
25-29	12.7	7.5	15.0	12.8	14.5	7.4	13.1	11.8
30-34	14.3	14.6	17.8	14.9	15.5	8.2	13.8	11.3
35-39	12.9	15.2	14.3	13.0	12.8	9.7	13.0	14.6
40-44	15.9	20.0	15.5	15.5	15.3	13.8	16.9	17.5
45-49	13.0	17.4	12.5	12.9	11.7	13.4	13.5	8.9
50-54	9.1	12.1	8.5	11.4	8.1	10.3	8.4	10.0
55-59	6.8	7.7	6.2	8.8	5.8	11.2	5.4	10.6
60-64	2.7	1.9	1.3	2.0	2.2	9.3	1.7	2.2
65+	1.7	0.7	0.8	1.2	1.0	9.2	0.5	1.6
女 Female	**100.0**	**100.0**	**100.0**	**100.0**	**100.0**	**100.0**	**100.0**	**100.0**
16-19	1.6	0.2	0.7	0.8	1.8	1.0	3.3	2.3
20-24	10.5	4.4	11.3	12.3	11.8	5.1	11.6	13.6
25-29	14.4	12.9	18.7	20.4	14.4	6.9	13.4	11.3
30-34	15.8	18.5	20.7	19.8	16.0	8.2	14.4	12.4
35-39	14.0	18.0	15.6	13.3	14.5	9.4	14.7	18.6
40-44	16.9	18.5	15.4	15.3	17.5	14.7	20.0	17.1
45-49	12.9	14.9	10.2	11.3	13.3	14.7	14.1	14.6
50-54	6.4	7.4	5.3	4.8	6.0	11.1	4.9	6.8
55-59	3.9	3.5	1.5	1.3	2.9	12.5	2.4	2.4
60-64	2.2	1.6	0.5	0.4	1.3	9.3	1.0	0.6
65+	1.4	0.2	0.2	0.2	0.5	7.1	0.3	0.3

1-53 按受教育程度、性别分的城镇就业人员职业构成
OCCUPATION COMPOSITION OF URBAN EMPLOYMENT BY EDUCATIONAL ATTAINMENT AND SEX

单位：% (%)

受教育程度	Educational Attainment	合 计 Total	单 位 负责人 Unit Head	专业技术人员 Professional and Technical Personnel	办事人员和有关人员 Clerk and Related Workers	商业、服务业人员 Business Service Personnel	农林牧渔水利业生产人员 Agriculture and Water Conservancy Labors	生产运输设备操作人员及有关人员 Production, Transport Equipment Operators and Related Workers	其 他 Others
总 计	**Total**	**100.0**	**3.8**	**15.8**	**11.1**	**30.0**	**12.8**	**26.0**	**0.5**
未上过学	Illiterate	100.0	0.6	3.2	2.3	20.9	52.9	19.7	0.3
小 学	Primary School	100.0	1.7	3.1	3.0	25.6	40.3	26.0	0.4
初 中	Junior School	100.0	2.6	5.3	4.8	33.8	17.9	35.0	0.5
高 中	Senior School	100.0	4.4	13.4	11.5	37.1	5.3	27.8	0.5
大学专科	College	100.0	5.5	32.5	21.5	24.4	1.4	14.3	0.4
大学本科	University	100.0	6.0	44.9	25.9	14.4	0.8	7.8	0.4
研究生	Graduate	100.0	6.2	58.8	22.9	7.9	0.3	3.6	0.2
男	**Male**	**100.0**	**5.0**	**13.4**	**12.5**	**25.7**	**11.1**	**31.8**	**0.5**
未上过学	Illiterate	100.0	0.6	4.4	3.6	17.6	47.2	26.0	0.7
小 学	Primary School	100.0	2.4	3.4	4.8	22.0	34.8	32.2	0.4
初 中	Junior School	100.0	3.3	5.1	6.1	27.6	15.9	41.4	0.6
高 中	Senior School	100.0	5.6	10.5	12.4	31.0	5.4	34.5	0.5
大学专科	College	100.0	7.6	25.3	23.0	23.2	1.6	18.9	0.4
大学本科	University	100.0	7.9	39.0	27.1	14.3	1.0	10.1	0.5
研究生	Graduate	100.0	9.3	54.3	23.6	7.6	0.6	4.3	0.3
女	**Female**	**100.0**	**2.1**	**18.9**	**9.3**	**35.6**	**15.1**	**18.4**	**0.4**
未上过学	Illiterate	100.0	0.7	2.6	1.6	22.7	55.9	16.4	0.2
小 学	Primary School	100.0	1.0	2.8	1.2	29.0	45.6	19.9	0.4
初 中	Junior School	100.0	1.6	5.6	3.0	42.1	20.6	26.5	0.5
高 中	Senior School	100.0	2.6	17.8	10.2	46.3	5.0	17.7	0.4
大学专科	College	100.0	2.8	41.5	19.6	25.9	1.1	8.5	0.5
大学本科	University	100.0	3.4	52.5	24.2	14.5	0.5	4.6	0.3
研究生	Graduate	100.0	2.2	64.9	21.9	8.2	0.1	2.7	0.1

1-54 按职业、性别分的城镇就业人员受教育程度构成
EDUCATIONAL ATTAINMENT COMPOSITION OF URBAN EMPLOYMENT BY OCCUPATION AND SEX

单位：% (%)

受教育程度	Educational Attainment	合计 Total	单位负责人 Unit Head	专业技术人员 Professional and Technical Personnel	办事人员和有关人员 Clerk and Related Workers	商业、服务业人员 Business Service Personnel	农林牧渔水利业生产人员 Agriculture and Water Conservancy Labors	生产运输设备操作人员及有关人员 Production, Transport Equipment Operators and Related Workers	其他 Others
总计	**Total**	**100.0**	**100.0**	**100.0**	**100.0**	**100.0**	**100.0**	**100.0**	**100.0**
未上过学	Illiterate	0.9	0.1	0.2	0.2	0.6	3.5	0.7	0.6
小学	Primary School	9.5	4.3	1.9	2.6	8.1	29.8	9.5	7.3
初中	Junior School	39.0	26.8	13.1	16.8	44.0	54.5	52.5	45.1
高中	Senior School	24.1	28.5	20.5	25.0	29.8	9.9	25.8	25.1
大学专科	College	15.0	21.9	30.9	29.1	12.2	1.6	8.3	12.9
大学本科	University	10.4	16.6	29.6	24.3	5.0	0.6	3.1	8.5
研究生	Graduate	1.0	1.7	3.8	2.1	0.3	0.0	0.1	0.5
男	**Male**	**100.0**	**100.0**	**100.0**	**100.0**	**100.0**	**100.0**	**100.0**	**100.0**
未上过学	Illiterate	0.5	0.1	0.2	0.1	0.4	2.2	0.4	0.7
小学	Primary School	8.2	4.0	2.1	3.2	7.1	25.8	8.3	5.9
初中	Junior School	39.3	25.9	15.0	19.2	42.1	56.3	51.2	45.7
高中	Senior School	25.7	29.0	20.1	25.5	31.0	12.5	27.8	26.4
大学专科	College	14.8	22.5	28.0	27.3	13.3	2.2	8.8	10.8
大学本科	University	10.4	16.6	30.4	22.7	5.8	0.9	3.3	9.9
研究生	Graduate	1.0	1.9	4.2	1.9	0.3	0.1	0.1	0.6
女	**Female**	**100.0**	**100.0**	**100.0**	**100.0**	**100.0**	**100.0**	**100.0**	**100.0**
未上过学	Illiterate	1.3	0.4	0.2	0.2	0.8	4.8	1.2	0.5
小学	Primary School	11.1	5.4	1.7	1.5	9.1	33.6	12.0	9.5
初中	Junior School	38.7	29.4	11.4	12.6	45.7	52.7	55.7	44.2
高中	Senior School	22.1	27.0	20.8	24.1	28.8	7.4	21.3	23.1
大学专科	College	15.3	20.2	33.6	32.1	11.2	1.1	7.1	16.2
大学本科	University	10.4	16.6	28.9	27.0	4.2	0.3	2.6	6.3
研究生	Graduate	1.0	1.0	3.4	2.3	0.2	0.0	0.1	0.2

1-55　城镇就业人员调查周平均工作时间
WEEKLY WORKING HOURS IN URBAN AREA

单位：小时／周　　(hours/per week)

分　组	Group	2009年11月 Nov.2009	2010年11月 Nov.2010	2011年11月 Nov.2011	2012年11月 Nov.2012	2013年9月 Sep.2013
全　部	**Total**	**44.7**	**47.0**	**46.2**	**46.3**	**46.6**
一、按年龄分组	**By Age**					
	16-19	46.8	49.1	48.0	47.7	49.3
	20-24	46.1	47.8	46.8	47.1	47.6
	25-29	45.9	47.1	46.6	46.8	47.0
	30-34	46.1	47.5	47.0	46.9	47.2
	35-39	46.1	47.8	47.2	47.3	47.6
	40-44	45.4	47.6	46.9	47.1	47.6
	45-49	44.5	46.8	46.0	46.2	46.8
	50-54	42.9	45.8	44.8	45.2	45.5
	55-59	41.1	44.7	43.4	43.6	43.8
	60-64	37.8	42.6	40.1	41.4	41.2
	65+	33.4	38.5	35.0	35.7	35.7
二、按职业分组	**By Occupation**					
单位负责人	Unit Head	47.5	47.1	47.7	48.2	48.4
专业技术人员	Professional and Technical Personnel	42.8	43.1	43.7	43.7	43.9
办事人员和有关人员	Clerk and Related Workers	43.3	44.0	43.9	44.0	44.0
商业、服务业人员	Business Service Personnel	49.0	49.8	49.5	49.6	49.9
农林牧渔水利业生产人员	Agrecultrre and Water Conservancy Labor	37.7	41.5	38.2	38.3	38.2
生产、运输设备操作人员及有关人员	Production, Transport Equipment Operators and Related Workers	48.9	49.7	48.7	48.8	49.5
其　他	Others	46.3	47.8	47.7	49.8	49.2
三、按受教育程度分组	**By Educational Attaiment**					
未上过学	Illiterate	36.9	43.5	40.1	39.8	39.6
小　学	Primary School	42.3	47.2	45.0	44.5	44.8
初　中	Junior School	46.1	48.9	48.1	48.2	48.8
高　中	Senior School	46.1	47.2	47.1	47.4	47.6
大　专	College	42.9	43.7	43.8	44.0	44.3
大学本科	University	41.5	42.1	42.4	42.4	42.5
研究生	Graduate	41.1	41.1	41.7	41.6	41.8

1-56 城镇男性就业人员调查周平均工作时间
MALE WEEKLY WORKING HOURS IN URBAN AREA

单位：小时／周 (hours/per week)

分　组	Group	2009年11月 Nov.2009	2010年11月 Nov.2010	2011年11月 Nov.2011	2012年11月 Nov.2012	2013年9月 Sep.2013
全 部	**Total**	**45.9**	**47.7**	**47.0**	**47.1**	**47.5**
一、按年龄分组	**By Age**					
	16-19	46.7	49.3	48.0	47.9	49.5
	20-24	47.2	48.5	47.5	47.7	48.5
	25-29	47.1	47.9	47.4	47.7	47.8
	30-34	47.2	48.2	47.8	47.6	47.9
	35-39	47.3	48.4	48.0	48.0	48.3
	40-44	46.7	48.3	47.9	47.9	48.4
	45-49	45.8	47.5	46.8	47.1	47.7
	50-54	44.7	46.6	45.5	46.0	46.4
	55-59	43.3	45.7	44.8	45.2	45.4
	60-64	40.7	44.4	42.1	44.0	43.8
	65+	35.2	40.1	37.4	38.0	38.3
二、按职业分组	**By Occupation**					
单位负责人	Unit Head	47.6	47.0	47.7	48.2	48.5
专业技术人员	Professional and Technical Personnel	43.3	43.6	44.2	44.2	44.6
办事人员和有关人员	Clerk and Related Workers	43.8	44.6	44.4	44.5	44.6
商业、服务业人员	Business Service Personnel	49.5	50.2	50.1	50.1	50.3
农林牧渔水利业生产人员	Agrecultrre and Water Conservancy Labor	40.2	43.3	40.6	40.8	40.8
生产、运输设备操作人员及有关人员	Production, Transport Equipment Operators and Related Workers	49.0	49.9	48.9	48.9	49.7
其　他	Others	47.2	48.2	49.2	50.2	48.9
三、按受教育程度分组	**By Educational Attaiment**					
未上过学	Illiterate	40.2	45.2	42.6	43.7	42.9
小　学	Primary School	44.4	48.4	46.8	46.3	46.8
初　中	Junior School	47.3	49.6	48.9	49.1	49.7
高　中	Senior School	46.7	47.6	47.4	47.8	48.1
大　专	College	43.1	44.0	44.5	44.4	44.7
大学本科	University	41.6	42.4	42.6	42.8	42.9
研究生	Graduate	41.3	41.3	41.8	41.9	42.4

1-57 城镇女性就业人员调查周平均工作时间

FEMALE WEEKLY WORKING HOURS IN URBAN AREA

单位：小时／周 (hours/per week)

分 组	Group	2009年11月 Nov.2009	2010年11月 Nov.2010	2011年11月 Nov.2011	2012年11月 Nov.2012	2013年9月 Sep.2013
全 部	**Total**	**43.2**	**46.1**	**45.2**	**45.2**	**45.5**
一、按年龄分组	**By Age**					
	16-19	46.9	48.8	48.1	47.4	49.2
	20-24	45.0	47.0	46.1	46.3	46.7
	25-29	44.6	46.1	45.8	45.7	46.0
	30-34	44.9	46.6	46.1	46.0	46.3
	35-39	44.8	46.9	46.2	46.4	46.6
	40-44	44.0	46.7	45.8	46.2	46.6
	45-49	43.0	45.8	45.0	45.0	45.6
	50-54	39.8	44.2	43.1	43.5	43.7
	55-59	37.0	42.2	40.1	40.1	40.2
	60-64	33.4	39.3	36.6	37.2	36.9
	65+	30.1	35.3	31.2	31.8	31.4
二、按职业分组	**By Occupation**					
单位负责人	Unit Head	46.9	47.2	47.8	48.2	48.1
专业技术人员	Professional and Technical Personnel	42.4	42.7	43.2	43.2	43.3
办事人员和有关人员	Clerk and Related Workers	42.2	42.8	43.0	43.1	43.0
商业、服务业人员	Business Service Personnel	48.6	49.5	49.0	49.1	49.4
农林牧渔水利业生产人员	Agrecultrre and Water Conservancy Labor	35.3	39.6	35.7	35.8	35.6
生产、运输设备操作人员及有关人员	Production, Transport Equipment Operators and Related Workers	48.7	49.5	48.4	48.6	49.0
其 他	Others	44.7	47.1	44.9	49.2	49.6
三、按受教育程度分组	**By Educational Attaiment**					
未上过学	Illiterate	35.5	42.6	38.9	37.7	38.0
小 学	Primary School	40.4	45.9	43.1	42.6	42.9
初 中	Junior School	44.5	47.9	47.1	46.9	47.5
高 中	Senior School	45.3	46.5	46.5	46.7	46.8
大 专	College	42.6	43.2	43.0	43.6	43.8
大学本科	University	41.3	41.7	42.0	42.0	42.1
研究生	Graduate	40.7	40.7	41.4	41.1	41.0

1-58 按行业、性别分的城镇就业人员调查周平均工作时间
WEEKLY WORKING HOURS IN URBAN AREA BY SECTOR AND SEX

单位：小时／周 (hours/per week)

行业	Sector	2013年9月 Sep.2013	男 Male	女 Female
总计	**National Total**	**46.6**	**47.5**	**45.5**
农、林、牧、渔业	Farming,Forestry,Animal Husbandry and Fishery	37.6	40.3	35.1
采矿业	Mining	45.2	45.6	43.7
制造业	Manufacturing	48.9	49.1	48.7
电力、热力、燃气及水生产和供应业	Production and Supply of Electricity,Heat,Gas and Water	43.5	43.9	42.4
建筑业	Construction	49.7	50.3	46.9
批发和零售业	Wholesale and Retail Trades	50.5	51.2	50.0
交通运输、仓储和邮政业	Transport,Storage and Post	49.0	49.8	45.5
住宿和餐饮业	Hotels and Catering Services	51.4	52.0	50.8
信息传输、软件和信息技术服务业	Information Transmission, Software and Information Technology	47.5	47.1	48.1
金融业	Financial Intermediation	43.5	43.8	43.2
房地产业	Real Estate	45.9	46.9	44.3
租赁和商务服务业	Leasing and Business Services	45.6	46.5	44.3
科学研究和技术服务业	Scientific Research and Technical Service	43.9	44.4	42.9
水利、环境和公共设施管理业	Management of Water Conservancy,Environment and Public Establishment	45.1	45.2	44.9
居民服务、修理和其他服务业	Services to Household,Repair and Other Services	49.9	50.6	49.0
教育	Education	42.5	43.1	42.0
卫生和社会工作	Health and Social Service	44.3	45.3	43.7
文化体育和娱乐业	Culture, Sports and Entertainment	45.7	46.2	45.2
公共管理、社会保障和社会组织	Public Management,Social Security and Social Organization	41.8	42.1	41.2
国际组织	International Organizations	45.3	46.5	43.6

1-59 按年龄、性别分的城镇就业人员工作时间构成

COMPOSITION OF URBAN EMPLOYMENT WORKING HOURS BY AGE AND SEX

单位：% (%)

年龄 Age	合计 Total	1-8小时 1-8 Hours	9-19小时 9-19 Hours	20-39小时 20-39 Hours	40小时 40 Hours	41-48小时 41-48 Hours	48小时以上 48 Hours+
总计 Total	**100.0**	**0.5**	**1.3**	**8.4**	**36.0**	**19.9**	**33.9**
16-19	100.0	0.6	1.8	8.2	21.4	22.0	46.1
20-24	100.0	0.5	0.8	5.8	33.1	24.9	35.0
25-29	100.0	0.4	0.6	5.5	39.4	22.2	32.0
30-34	100.0	0.3	0.6	5.6	40.1	20.4	33.0
35-39	100.0	0.4	0.8	6.2	37.7	19.0	35.9
40-44	100.0	0.4	0.9	7.3	35.3	19.5	36.6
45-49	100.0	0.4	1.2	9.1	35.4	19.1	34.7
50-54	100.0	0.6	1.7	10.9	37.9	17.5	31.4
55-59	100.0	1.2	3.1	15.6	34.0	15.9	30.2
60-64	100.0	2.5	5.7	26.0	21.2	15.6	28.9
65+	100.0	3.6	11.3	35.8	17.2	11.1	20.9
男 Male	**100.0**	**0.4**	**1.0**	**6.8**	**35.7**	**19.8**	**36.3**
16-19	100.0	0.6	2.4	8.9	19.0	20.4	48.6
20-24	100.0	0.4	0.6	5.6	30.3	24.7	38.5
25-29	100.0	0.3	0.5	4.7	37.4	21.8	35.4
30-34	100.0	0.2	0.5	4.4	38.7	20.7	35.5
35-39	100.0	0.3	0.6	4.8	37.2	18.7	38.5
40-44	100.0	0.2	0.5	5.7	35.3	19.3	38.9
45-49	100.0	0.3	0.8	6.9	35.8	19.3	36.9
50-54	100.0	0.4	0.9	7.7	40.6	18.3	32.1
55-59	100.0	0.7	1.8	10.7	38.6	16.6	31.6
60-64	100.0	1.4	4.5	20.4	23.2	16.5	34.0
65+	100.0	3.1	9.0	32.0	18.2	12.6	25.2
女 Female	**100.0**	**0.7**	**1.8**	**10.5**	**36.3**	**20.0**	**30.7**
16-19	100.0	0.5	1.0	7.2	24.4	24.0	42.8
20-24	100.0	0.5	0.9	6.0	36.3	25.3	30.9
25-29	100.0	0.5	0.7	6.5	41.7	22.7	27.9
30-34	100.0	0.3	0.8	7.1	41.8	20.0	30.0
35-39	100.0	0.5	1.1	8.0	38.3	19.5	32.7
40-44	100.0	0.5	1.3	9.3	35.3	19.8	33.7
45-49	100.0	0.6	1.7	12.1	34.9	18.8	31.8
50-54	100.0	1.0	3.1	16.9	32.9	16.0	30.1
55-59	100.0	2.4	6.0	27.1	23.5	14.1	26.9
60-64	100.0	4.3	7.7	35.0	18.1	14.2	20.7
65+	100.0	4.6	15.2	42.2	15.6	8.7	13.8

1-60 按受教育程度、性别分的城镇就业人员工作时间构成
COMPOSITION OF URBAN EMPLOYMENT WORKING HOURS BY EDUCATIONAL ATTAINMENT AND SEX

单位：% (%)

受教育程度	Educational Attainment	合 计 Total	1-8小时 1-8 Hours	9-19小时 9-19Hours	20-39小时 20-39 Hours	40小时 40 Hours	41-48小时 41-48 Hours	48小时以上 48 Hours+
总 计	**Total**	**100.0**	**0.5**	**1.3**	**8.4**	**36.0**	**19.9**	**33.9**
未上过学	Illiterate	100.0	4.1	9.5	27.9	14.8	11.7	32.1
小 学	Primary School	100.0	1.5	4.4	21.2	17.3	16.3	39.2
初 中	Junior School	100.0	0.6	1.5	10.5	21.6	20.3	45.5
高 中	Senior School	100.0	0.3	0.6	4.9	37.0	23.1	34.1
大学专科	College	100.0	0.2	0.2	3.5	57.5	20.6	18.0
大学本科	University	100.0	0.2	0.2	3.2	70.9	15.0	10.5
研究生	Graduate	100.0	0.4	0.2	3.4	77.5	9.3	9.2
男	**Male**	**100.0**	**0.4**	**1.0**	**6.8**	**35.7**	**19.8**	**36.3**
未上过学	Illiterate	100.0	2.0	7.5	23.8	13.5	13.9	39.3
小 学	Primary School	100.0	1.2	3.4	16.9	17.8	17.5	43.2
初 中	Junior School	100.0	0.4	1.2	8.5	21.7	19.9	48.3
高 中	Senior School	100.0	0.2	0.6	4.5	36.3	22.3	36.2
大学专科	College	100.0	0.2	0.2	3.2	56.2	20.4	19.7
大学本科	University	100.0	0.2	0.2	2.9	69.4	15.4	11.9
研究生	Graduate	100.0	0.1	0.2	3.1	75.7	9.2	11.7
女	**Female**	**100.0**	**0.7**	**1.8**	**10.5**	**36.3**	**20.0**	**30.7**
未上过学	Illiterate	100.0	5.1	10.6	30.0	15.4	10.5	28.4
小 学	Primary School	100.0	1.9	5.5	25.4	16.8	15.2	35.2
初 中	Junior School	100.0	0.8	2.0	13.0	21.6	20.7	41.8
高 中	Senior School	100.0	0.4	0.7	5.5	38.2	24.2	31.0
大学专科	College	100.0	0.3	0.3	3.8	59.1	20.8	15.7
大学本科	University	100.0	0.2	0.2	3.5	72.7	14.5	8.7
研究生	Graduate	100.0	0.8	0.1	3.9	80.0	9.4	5.7

1-61 按户口性质、性别分的城镇就业人员工作时间构成
COMPOSITION OF URBAN EMPLOYMENT WORKING HOURS BY REGISTRATION TYPE AND SEX

单位：% (%)

户口性质	Registration Type	合 计 Total	1-8小时 1-8 Hours	9-19小时 9-19Hours	20-39小时 20-39 Hours	40小时 40 Hours	41-48小时 41-48 Hours	48小时以上 48 Hours+
总 计	**Total**	**100.0**	**0.5**	**1.3**	**8.4**	**36.0**	**19.9**	**33.9**
农 业	Agriculture	100.0	0.8	2.3	13.1	20.6	20.4	42.8
非农业	Non-Agriculture	100.0	0.3	0.4	4.3	49.5	19.4	26.0
男	**Male**	**100.0**	**0.4**	**1.0**	**6.8**	**35.7**	**19.8**	**36.3**
农 业	Agriculture	100.0	0.5	1.7	10.3	20.0	20.6	46.8
非农业	Non-Agriculture	100.0	0.3	0.4	3.8	49.1	19.1	27.3
女	**Female**	**100.0**	**0.7**	**1.8**	**10.5**	**36.3**	**20.0**	**30.7**
农 业	Agriculture	100.0	1.2	3.1	16.5	21.3	20.1	37.8
非农业	Non-Agriculture	100.0	0.3	0.5	5.0	50.0	19.9	24.3

1-62 按就业身份、性别分的城镇就业人员工作时间构成
COMPOSITION OF URBAN EMPLOYMENT WORKING HOURS BY EMPLOYMENT STATUS AND SEX

单位：% (%)

就业身份	Employment Status	合 计 Total	1-8小时 1-8 Hours	9-19小时 9-19Hours	20-39小时 20-39 Hours	40小时 40 Hours	41-48小时 41-48 Hours	48小时以上 48 Hours+
总 计	**Total**	**100.0**	**0.5**	**1.3**	**8.4**	**36.0**	**19.9**	**33.9**
雇 员	Employee	100.0	0.6	1.4	8.5	41.1	21.6	26.8
雇 主	Employer	100.0	0.2	1.0	4.2	21.3	15.3	58.0
自营劳动者	Self-Employed	100.0	0.3	1.0	9.1	16.0	13.4	60.2
家庭帮工	Unpaid Familial Worker	100.0	0.5	1.9	11.8	16.9	13.2	55.6
男	**Male**	**100.0**	**0.4**	**1.0**	**6.8**	**35.7**	**19.8**	**36.3**
雇 员	Employee	100.0	0.4	1.0	6.8	41.3	21.5	28.9
雇 主	Employer	100.0	0.2	0.9	4.1	21.3	15.3	58.2
自营劳动者	Self-Employed	100.0	0.3	0.8	8.1	15.6	13.6	61.7
家庭帮工	Unpaid Familial Worker	100.0	1.0	2.0	10.9	17.1	12.9	56.2
女	**Female**	**100.0**	**0.7**	**1.8**	**10.5**	**36.3**	**20.0**	**30.7**
雇 员	Employee	100.0	0.8	1.8	10.6	40.9	21.6	24.2
雇 主	Employer	100.0	0.2	1.1	4.5	21.3	15.3	57.5
自营劳动者	Self-Employed	100.0	0.4	1.5	11.0	16.8	13.0	57.3
家庭帮工	Unpaid Familial Worker	100.0	0.4	1.9	12.1	16.9	13.3	55.5

1-63 按行业、性别分的城镇就业人员工作时间构成

单位：%

项　目	Item	合　计 Total
总　计	**National Total**	**100.0**
农、林、牧、渔业	Farming,Forestry,Animal Husbandry and Fishery	100.0
采矿业	Mining	100.0
制造业	Manufacturing	100.0
电力、热力、燃气及水生产和供应业	Production and Supply of Electricity,Heat,Gas and Water	100.0
建筑业	Construction	100.0
批发和零售业	Wholesale and Retail Trades	100.0
交通运输、仓储和邮政业	Transport,Storage and Post	100.0
住宿和餐饮业	Hotels and Catering Services	100.0
信息传输、软件和信息技术服务业	Information Transmission, Software and Information Technology	100.0
金融业	Financial Intermediation	100.0
房地产业	Real Estate	100.0
租赁和商务服务业	Leasing and Business Services	100.0
科学研究和技术服务业	Scientific Research and Technical Service	100.0
水利、环境和公共设施管理业	Management of Water Conservancy,Environment and Public Establishment	100.0
居民服务、修理和其他服务业	Services to Household,Repair and Other Services	100.0
教育	Education	100.0
卫生和社会工作	Health and Social Service	100.0
文化体育和娱乐业	Culture, Sports and Entertainment	100.0
公共管理、社会保障和社会组织	Public Management,Social Security and Social Organization	100.0
国际组织	International Organizations	100.0
男	**Male**	**100.0**
农、林、牧、渔业	Farming,Forestry,Animal Husbandry and Fishery	100.0
采矿业	Mining	100.0
制造业	Manufacturing	100.0
电力、热力、燃气及水生产和供应业	Production and Supply of Electricity,Heat,Gas and Water	100.0
建筑业	Construction	100.0
批发和零售业	Wholesale and Retail Trades	100.0
交通运输、仓储和邮政业	Transport,Storage and Post	100.0
住宿和餐饮业	Hotels and Catering Services	100.0
信息传输、软件和信息技术服务业	Information Transmission, Software and Information Technology	100.0
金融业	Financial Intermediation	100.0

COMPOSITION OF URBAN EMPLOYMENT WORKING HOURS BY SECTOR AND SEX

(%)

1-8小时 1-8 Hours	9-19小时 9-19 Hours	20-39小时 20-39 Hours	40小时 40 Hours	41-48小时 41-48 Hours	48小时以上 48 Hours+
0.5	**1.3**	**8.4**	**36.0**	**19.9**	**33.9**
2.5	7.3	34.7	20.1	14.3	21.1
0.1	0.2	3.8	51.1	20.8	23.9
0.2	0.3	3.8	30.8	27.2	37.8
0.4	0.2	3.2	64.0	16.0	16.1
0.3	0.5	6.0	26.6	19.4	47.2
0.3	0.6	5.3	25.9	19.7	48.3
0.3	0.4	5.0	34.0	18.9	41.3
0.2	0.7	5.5	21.8	21.9	49.9
0.3	0.5	3.8	42.6	18.8	34.0
0.2	0.1	3.8	64.4	16.3	15.2
0.5	1.0	3.0	45.2	25.2	25.0
0.6	0.4	5.0	48.6	19.1	26.4
0.3	0.2	3.6	60.6	19.3	16.0
0.5	0.3	5.6	51.8	18.4	23.4
0.4	1.0	7.2	25.2	19.6	46.7
0.3	0.6	4.5	68.7	13.5	12.4
0.2	0.3	4.4	56.1	20.4	18.6
0.5	0.4	4.4	48.6	19.8	26.3
0.2	0.3	5.1	73.9	11.2	9.2
			55.0	29.8	15.2
0.4	**1.0**	**6.8**	**35.7**	**19.8**	**36.3**
1.7	5.5	28.7	21.7	16.5	25.8
0.2	0.1	3.4	49.3	20.9	26.1
0.1	0.3	2.8	31.9	26.5	38.3
0.4	0.4	3.4	60.6	16.9	18.4
0.3	0.6	5.7	24.6	19.1	49.7
0.3	0.6	5.1	25.4	18.0	50.7
0.4	0.4	5.0	30.4	19.0	44.9
0.2	0.6	4.5	22.0	20.6	52.1
0.4	0.5	3.5	46.4	17.3	31.9
0.1	0.1	3.8	63.3	17.1	15.6

1-63 续表

单位：%

项　目	Item	合　计 Total
房地产业	Real Estate	100.0
租赁和商务服务业	Leasing and Business Services	100.0
科学研究和技术服务业	Scientific Research and Technical Service	100.0
水利、环境和公共设施管理业	Management of Water Conservancy,Environment and Public Establishment	100.0
居民服务、修理和其他服务业	Services to Household,Repair and Other Services	100.0
教育	Education	100.0
卫生和社会工作	Health and Social Service	100.0
文化体育和娱乐业	Culture, Sports and Entertainment	100.0
公共管理、社会保障和社会组织	Public Management,Social Security and Social Organization	100.0
国际组织	International Organizations	100.0
女	**Female**	**100.0**
农、林、牧、渔业	Farming,Forestry,Animal Husbandry and Fishery	100.0
采矿业	Mining	100.0
制造业	Manufacturing	100.0
电力、热力、燃气及水生产和供应业	Production and Supply of Electricity,Heat,Gas and Water	100.0
建筑业	Construction	100.0
批发和零售业	Wholesale and Retail Trades	100.0
交通运输、仓储和邮政业	Transport,Storage and Post	100.0
住宿和餐饮业	Hotels and Catering Services	100.0
信息传输、软件和信息技术服务业	Information Transmission, Software and Information Technology	100.0
金融业	Financial Intermediation	100.0
房地产业	Real Estate	100.0
租赁和商务服务业	Leasing and Business Services	100.0
科学研究和技术服务业	Scientific Research and Technical Service	100.0
水利、环境和公共设施管理业	Management of Water Conservancy,Environment and Public Establishment	100.0
居民服务、修理和其他服务业	Services to Household,Repair and Other Services	100.0
教育	Education	100.0
卫生和社会工作	Health and Social Service	100.0
文化体育和娱乐业	Culture, Sports and Entertainment	100.0
公共管理、社会保障和社会组织	Public Management,Social Security and Social Organization	100.0
国际组织	International Organizations	100.0

continued

(%)

1-8小时 1-8 Hours	9-19小时 9-19 Hours	20-39小时 20-39 Hours	40小时 40 Hours	41-48小时 41-48 Hours	48小时以上 48 Hours+
0.5	0.6	2.9	42.3	25.1	28.6
0.5	0.3	4.6	44.1	20.3	30.2
0.1	0.1	2.8	59.7	19.0	18.3
0.7	0.4	4.6	53.3	17.6	23.5
0.2	0.8	6.1	24.1	19.3	49.5
0.3	0.7	4.1	65.7	14.3	14.9
0.3	0.3	3.7	52.3	21.2	22.3
0.2	0.5	4.1	47.9	18.7	28.6
0.2	0.2	4.6	73.3	11.4	10.3
			50.8	30.5	18.7
0.7	**1.8**	**10.5**	**36.3**	**20.0**	**30.7**
3.3	8.9	40.3	18.6	12.2	16.7
	0.5	5.1	57.2	20.7	16.5
0.2	0.4	5.1	29.3	28.0	37.1
0.5		2.7	72.0	14.0	10.8
0.3	0.3	7.4	37.4	20.9	33.7
0.3	0.6	5.4	26.3	21.1	46.3
0.2	0.7	5.2	50.3	18.6	25.0
0.3	0.7	6.4	21.6	23.1	47.9
0.2	0.5	4.1	38.4	20.4	36.3
0.2	0.2	3.8	65.5	15.5	14.8
0.6	1.6	3.2	49.8	25.4	19.5
0.8	0.6	5.5	55.4	17.2	20.5
0.7	0.4	5.0	62.1	19.9	12.0
0.3	0.2	7.1	49.8	19.4	23.2
0.6	1.2	8.4	26.6	19.9	43.2
0.3	0.6	4.8	70.7	13.0	10.7
0.2	0.3	4.7	58.6	20.0	16.2
0.8	0.2	4.7	49.3	21.1	23.9
0.2	0.4	6.1	75.2	10.8	7.2
			60.9	28.9	10.3

1-64 按职业、性别分的城镇就业人员工作时间构成
COMPOSITION OF URBAN EMPLOYMENT WORKING HOURS BY OCCUPATION AND SEX

单位：% (%)

职 业	Occupation	合 计 Total	1-8小时 1-8 Hours	9-19小时 9-19 Hours	20-39小时 20-39 Hours	40小时 40 Hours	41-48小时 41-48 Hours	48小时以上 48 Hours+
合 计	**Total**	**100.0**	**0.5**	**1.3**	**8.4**	**36.0**	**19.9**	**33.9**
单位负责人	Unit Head	100.0	0.1	0.3	3.7	41.2	17.5	37.4
专业技术人员	Professional and Technical Personnel	100.0	0.3	0.4	4.2	59.0	18.2	17.9
办事人员和有关人员	Clerk and Related Workers	100.0	0.3	0.3	4.0	62.0	16.3	17.2
商业、服务业人员	Business Service Personnel	100.0	0.3	0.7	5.6	27.4	20.8	45.2
农林牧渔水利业生产人员	Agriculture and Water Conservancy Labors	100.0	2.4	7.1	33.3	20.5	14.6	22.1
生产运输设备操作人员及有关人员	Production,Transport Equipment Operators and Related Workers	100.0	0.2	0.4	4.8	27.6	24.3	42.6
其 他	Others	100.0	0.0	0.5	5.9	34.2	17.8	41.6
男	**Male**	**100.0**	**0.4**	**1.0**	**6.8**	**35.7**	**19.8**	**36.3**
单位负责人	Unit Head	100.0	0.1	0.3	3.3	40.9	17.3	38.2
专业技术人员	Professional and Technical Personnel	100.0	0.3	0.3	3.6	56.7	17.9	21.1
办事人员和有关人员	Clerk and Related Workers	100.0	0.2	0.2	3.8	59.7	16.3	19.7
商业、服务业人员	Business Service Personnel	100.0	0.3	0.6	5.2	27.4	19.9	46.7
农林牧渔水利业生产人员	Agriculture and Water Conservancy Labors	100.0	1.6	5.3	27.4	22.3	16.6	26.7
生产运输设备操作人员及有关人员	Production,Transport Equipment Operators and Related Workers	100.0	0.2	0.4	4.3	28.1	23.4	43.6
其 他	Others	100.0	0.1	0.8	5.6	34.6	17.6	41.4
女	**Female**	**100.0**	**0.7**	**1.8**	**10.5**	**36.3**	**20.0**	**30.7**
单位负责人	Unit Head	100.0	0.0	0.3	4.7	41.9	18.0	35.1
专业技术人员	Professional and Technical Personnel	100.0	0.4	0.4	4.7	61.2	18.4	14.9
办事人员和有关人员	Clerk and Related Workers	100.0	0.3	0.3	4.3	66.1	16.2	12.8
商业、服务业人员	Business Service Personnel	100.0	0.3	0.8	6.0	27.5	21.7	43.7
农林牧渔水利业生产人员	Agriculture and Water Conservancy Labors	100.0	3.3	8.7	39.1	18.7	12.6	17.7
生产运输设备操作人员及有关人员	Production,Transport Equipment Operators and Related Workers	100.0	0.2	0.5	6.2	26.5	26.4	40.2
其 他	Others	100.0		0.1	6.4	33.5	18.1	42.0

1-65 按年龄、性别分的城镇失业人员失业原因构成
UNEMPLOYED REASON COMPOSITION OF URBAN UNEMPLOYMENT BY AGE AND SEX

单位：% (%)

年龄 Age	合 计 Total	离退休 Retired	料理家务 Take Care of Housework	毕业后未工作 Job-off after Graduated	因单位原因失去工作 Lose Job for Working Unit Reasons	因个人原因失去工作 Lose Job for Individual Reasons	承包土地被征用 Land Expropriated	其 他 Others
总计 Total	**100.0**	**5.9**	**23.0**	**18.7**	**16.2**	**25.9**	**1.7**	**8.5**
16-19	100.0		1.7	64.6	3.2	22.7	0.4	7.4
20-24	100.0		8.4	56.9	4.0	24.3	0.4	6.0
25-29	100.0		22.0	23.3	7.5	36.6	0.7	9.9
30-34	100.0		34.6	8.0	10.8	35.2	1.2	10.2
35-39	100.0		36.7	2.9	18.0	29.7	2.0	10.8
40-44	100.0	0.3	30.7	1.6	27.7	26.2	2.4	10.9
45-49	100.0	3.1	28.7	0.8	34.8	21.5	3.0	8.1
50-54	100.0	20.7	21.5	1.6	29.9	15.6	3.0	7.6
55-59	100.0	33.7	15.8	0.2	26.4	13.6	4.5	5.8
60-64	100.0	61.1	16.4		8.4	4.3	4.4	5.4
65+	100.0	65.3	25.7	0.3	3.9	1.7	0.2	2.8
男 Male	**100.0**	**6.4**	**4.1**	**25.0**	**20.9**	**29.6**	**2.3**	**11.8**
16-19	100.0		0.4	69.9	2.6	18.6	0.5	8.1
20-24	100.0		0.6	63.1	4.5	25.0	0.1	6.6
25-29	100.0		3.0	32.7	10.8	39.9	1.4	12.2
30-34	100.0		4.4	14.2	17.1	44.4	2.0	18.0
35-39	100.0		6.5	3.5	21.5	45.3	3.8	19.4
40-44	100.0	0.8	4.9	2.5	33.1	36.8	3.8	18.1
45-49	100.0	0.1	7.4	0.6	45.4	29.9	3.8	12.8
50-54	100.0	5.8	5.3	1.1	48.4	23.3	3.7	12.5
55-59	100.0	24.0	6.7	0.3	39.2	16.3	4.9	8.6
60-64	100.0	64.7	7.4		11.4	3.3	5.3	7.8
65+	100.0	79.2	10.2		5.7	1.5	0.2	3.1
女 Female	**100.0**	**5.6**	**36.8**	**14.2**	**12.7**	**23.2**	**1.3**	**6.1**
16-19	100.0		3.9	56.1	4.1	29.3	0.2	6.4
20-24	100.0		16.1	50.7	3.5	23.6	0.8	5.4
25-29	100.0		34.6	17.1	5.3	34.3	0.2	8.4
30-34	100.0		48.3	5.2	8.0	31.0	0.9	6.7
35-39	100.0		50.0	2.7	16.4	22.8	1.2	7.0
40-44	100.0	0.1	43.9	1.2	25.0	20.9	1.7	7.2
45-49	100.0	4.8	40.7	0.9	28.8	16.8	2.6	5.4
50-54	100.0	33.8	35.9	2.1	13.7	8.9	2.5	3.2
55-59	100.0	50.0	30.9		5.0	8.9	3.9	1.2
60-64	100.0	53.3	36.0		1.8	6.4	2.3	0.3
65+	100.0	42.7	50.9	0.8	1.1	1.9	0.2	2.3

1-66 按失业原因、性别分的城镇失业人员年龄构成
AGE COMPOSITION OF URBAN UNEMPLOYMENT BY UNEMPLOYED REASON AND SEX

单位：% (%)

年龄 Age	合 计 Total	离退休 Retired	料理家务 Take Care of Housework	毕业后未工作 Job-off after Graduated	因单位原因失去工作 Lose Job for Working Unit Reasons	因个人原因失去工作 Lose Job for Individual Reasons	承包土地被征用 Land Expropriated	其 他 Others
总计 Total	**100.0**	**100.0**	**100.0**	**100.0**	**100.0**	**100.0**	**100.0**	**100.0**
16-19	3.6		0.3	12.4	0.7	3.1	0.8	3.1
20-24	19.9		7.3	60.4	4.9	18.6	5.0	14.0
25-29	14.5		13.9	18.1	6.7	20.5	5.7	16.9
30-34	12.0		18.1	5.1	8.1	16.4	8.5	14.4
35-39	11.1		17.6	1.7	12.3	12.7	12.4	14.0
40-44	12.2	0.7	16.2	1.1	20.9	12.3	16.9	15.6
45-49	10.4	5.5	13.0	0.4	22.5	8.7	18.2	9.9
50-54	7.4	26.0	7.0	0.6	13.8	4.5	12.9	6.6
55-59	5.3	30.2	3.6	0.1	8.7	2.8	13.7	3.6
60-64	2.3	23.4	1.6		1.2	0.4	5.7	1.5
65+	1.3	14.3	1.4	0.0	0.3	0.1	0.2	0.4
男 Male	**100.0**	**100.0**	**100.0**	**100.0**	**100.0**	**100.0**	**100.0**	**100.0**
16-19	5.3		0.5	14.7	0.7	3.3	1.0	3.6
20-24	23.5		3.7	59.4	5.1	19.9	1.1	13.1
25-29	13.7		10.2	18.0	7.1	18.5	8.2	14.2
30-34	9.0		9.7	5.1	7.3	13.4	7.6	13.6
35-39	8.0		12.8	1.1	8.3	12.3	13.1	13.2
40-44	9.8	1.3	11.7	1.0	15.5	12.1	16.0	15.0
45-49	9.0	0.1	16.3	0.2	19.5	9.1	14.7	9.7
50-54	8.3	7.6	10.7	0.4	19.2	6.5	13.0	8.8
55-59	7.9	29.8	13.0	0.1	14.8	4.4	16.5	5.7
60-64	3.7	37.6	6.7		2.0	0.4	8.5	2.5
65+	1.9	23.7	4.7		0.5	0.1	0.2	0.5
女 Female	**100.0**	**100.0**	**100.0**	**100.0**	**100.0**	**100.0**	**100.0**	**100.0**
16-19	2.4		0.3	9.4	0.8	3.0	0.4	2.5
20-24	17.2		7.5	61.7	4.8	17.5	9.9	15.3
25-29	15.1		14.2	18.3	6.3	22.3	2.5	20.6
30-34	14.3		18.8	5.2	8.9	19.1	9.7	15.5
35-39	13.3		18.0	2.5	17.1	13.0	11.6	15.0
40-44	13.9	0.1	16.6	1.2	27.3	12.5	18.1	16.4
45-49	11.5	9.9	12.7	0.7	26.0	8.3	22.7	10.1
50-54	6.8	41.2	6.7	1.0	7.3	2.6	12.8	3.6
55-59	3.4	30.6	2.9		1.3	1.3	10.1	0.7
60-64	1.2	11.7	1.2		0.2	0.3	2.1	0.1
65+	0.9	6.5	1.2	0.1	0.1	0.1	0.1	0.3

1-67　按受教育程度、性别分的城镇失业人员失业原因构成
UNEMPLOYED REASON COMPOSITION OF URBAN UNEMPLOMENT BY EDUCATIONAL ATTAINMENT AND SEX

单位：%　　　　(%)

受教育程度	Educational Attainment	合计 Total	离退休 Retired	料理家务 Take Care of Housework	毕业后未工作 Job-off after Graduated	因单位原因失去工作 Lose Job for Working Unit Reasons	因个人原因失去工作 Lose Job for Individual Reasons	承包土地被征用 Land Expropriated	其他 Others
总　计	**Total**	**100.0**	**5.9**	**23.0**	**18.7**	**16.2**	**25.9**	**1.7**	**8.5**
未上过学	Illiterate	100.0	9.3	51.2	2.4	11.1	16.8	0.7	8.5
小　学	Primary School	100.0	6.9	45.2	4.3	10.9	19.1	5.4	8.3
初　中	Junior School	100.0	7.4	31.2	7.6	15.6	26.2	2.6	9.5
高　中	Senior School	100.0	6.2	17.8	16.1	22.0	27.4	1.2	9.3
大学专科	College	100.0	3.5	12.7	37.1	12.5	27.4	0.2	6.5
大学本科	University	100.0	2.0	6.6	55.6	8.1	22.8	0.1	4.8
研究生	Graduate	100.0		11.3	60.7	14.6	11.2		2.0
男	**Male**	**100.0**	**6.4**	**4.1**	**25.0**	**20.9**	**29.6**	**2.3**	**11.8**
未上过学	Illiterate	100.0	4.0	4.2	7.9	32.9	36.1	2.4	12.6
小　学	Primary School	100.0	11.2	12.8	6.5	18.7	29.4	7.8	13.6
初　中	Junior School	100.0	9.7	5.3	12.3	21.4	31.2	4.0	16.1
高　中	Senior School	100.0	4.7	3.0	21.5	26.9	30.8	1.4	11.6
大学专科	College	100.0	3.5	2.4	43.3	14.5	29.3	0.2	6.9
大学本科	University	100.0	2.4	1.9	62.2	9.4	19.5	0.2	4.4
研究生	Graduate	100.0			51.7	22.2	26.1		
女	**Female**	**100.0**	**5.6**	**36.8**	**14.2**	**12.7**	**23.2**	**1.3**	**6.1**
未上过学	Illiterate	100.0	11.6	72.3		1.3	8.1		6.6
小　学	Primary School	100.0	4.7	61.8	3.2	6.9	13.8	4.1	5.5
初　中	Junior School	100.0	5.9	47.5	4.6	11.9	23.0	1.8	5.4
高　中	Senior School	100.0	7.4	30.0	11.6	18.0	24.6	0.9	7.4
大学专科	College	100.0	3.6	21.2	32.0	10.9	25.8	0.2	6.3
大学本科	University	100.0	1.6	10.9	49.6	6.9	25.7	0.1	5.2
研究生	Graduate	100.0		15.8	64.3	11.6	5.5		2.8

1-68 按失业原因、性别分的城镇失业人员受教育程度构成
EDUCATIONAL ATTAINMENT COMPOSITION OF URBAN UNEMPLOYMENT BY UNEMPLOYED REASON AND SEX

单位：% (%)

受教育程度	Educational Attainment	合计 Total	离退休 Retired	料理家务 Take Care of Housework	毕业后未工作 Job-off after Graduated	因单位原因失去工作 Lose Job for Working Unit Reasons	因个人原因失去工作 Lose Job for Individual Reasons	承包土地被征用 Land Expropriated	其他 Others
总计	**Total**	**100.0**	**100.0**	**100.0**	**100.0**	**100.0**	**100.0**	**100.0**	**100.0**
未上过学	Illiterate	0.5	0.7	1.0	0.1	0.3	0.3	0.2	0.5
小学	Primary School	6.3	7.4	12.4	1.4	4.2	4.7	19.5	6.1
初中	Junior School	38.0	47.3	51.4	15.4	36.6	38.4	57.3	42.6
高中	Senior School	31.1	32.5	24.0	26.7	42.4	32.9	20.7	34.1
大学专科	College	15.6	9.3	8.6	30.8	12.1	16.4	1.8	11.9
大学本科	University	8.2	2.7	2.4	24.4	4.1	7.2	0.5	4.6
研究生	Graduate	0.4		0.2	1.2	0.3	0.2		0.1
男	**Male**	**100.0**	**100.0**	**100.0**	**100.0**	**100.0**	**100.0**	**100.0**	**100.0**
未上过学	Illiterate	0.3	0.2	0.4	0.1	0.5	0.4	0.4	0.4
小学	Primary School	5.1	8.9	16.0	1.3	4.6	5.1	17.1	5.9
初中	Junior School	34.9	53.2	44.9	17.2	35.8	36.8	60.3	47.6
高中	Senior School	33.4	24.9	24.8	28.7	43.0	34.8	20.5	33.0
大学专科	College	16.7	9.2	9.6	28.9	11.6	16.5	1.2	9.7
大学本科	University	9.4	3.6	4.4	23.3	4.2	6.2	0.6	3.5
研究生	Graduate	0.3			0.5	0.3	0.2		
女	**Female**	**100.0**	**100.0**	**100.0**	**100.0**	**100.0**	**100.0**	**100.0**	**100.0**
未上过学	Illiterate	0.6	1.2	1.1		0.1	0.2		0.6
小学	Primary School	7.2	6.1	12.1	1.6	3.9	4.3	22.5	6.5
初中	Junior School	40.3	42.4	51.9	13.1	37.4	39.8	53.4	35.7
高中	Senior School	29.4	38.9	24.0	24.1	41.6	31.1	21.1	35.7
大学专科	College	14.7	9.4	8.5	33.3	12.6	16.4	2.7	15.0
大学本科	University	7.4	2.1	2.2	25.8	4.0	8.2	0.3	6.3
研究生	Graduate	0.5		0.2	2.2	0.4	0.1		0.2

1-69　按年龄、性别分的城镇失业人员受教育程度构成

EDUCATIONAL ATTAINMENT COMPOSITION OF URBAN UNEMPLOYMENT BY AGE AND SEX

单位：%　　(%)

年龄 Age	合　计 Total	未上过学 Illiterate	小　学 Primary School	初　中 Junior School	高　中 Senior School	大　专 College	大学本科 University	研究生 Graduate
总计　Total	**100.0**	**0.5**	**6.3**	**38.0**	**31.1**	**15.6**	**8.2**	**0.4**
16-19	100.0		3.6	52.9	35.2	6.1	2.2	
20-24	100.0	0.2	1.2	20.9	28.8	29.3	19.4	0.3
25-29	100.0	0.2	1.6	28.1	29.4	24.1	15.1	1.5
30-34	100.0	0.2	3.2	37.4	32.6	17.7	8.4	0.4
35-39	100.0	0.1	6.1	44.5	33.4	11.9	3.8	0.3
40-44	100.0	0.3	8.1	49.7	31.0	9.0	1.9	
45-49	100.0	0.5	11.0	50.0	31.8	5.4	1.2	0.1
50-54	100.0	0.6	10.8	41.4	40.6	4.9	1.7	
55-59	100.0	1.5	17.5	46.6	27.9	5.3	0.9	0.2
60-64	100.0	4.4	20.7	44.8	19.1	8.0	3.1	
65+	100.0	4.2	23.5	47.1	15.5	6.3	3.4	
男　Male	**100.0**	**0.3**	**5.1**	**34.9**	**33.4**	**16.7**	**9.4**	**0.3**
16-19	100.0		4.5	55.5	32.0	6.1	1.9	
20-24	100.0	0.1	1.3	17.8	30.7	31.4	18.6	0.1
25-29	100.0	0.4	1.1	22.1	33.7	24.5	17.0	1.2
30-34	100.0		3.2	29.5	35.9	19.8	11.3	0.2
35-39	100.0		3.6	42.5	37.8	10.3	5.8	
40-44	100.0	0.2	5.4	44.6	35.8	10.4	3.6	
45-49	100.0	0.6	6.8	51.5	31.3	7.2	2.6	0.1
50-54	100.0	0.8	7.9	38.6	44.5	5.5	2.7	
55-59	100.0	0.4	14.5	47.2	32.1	4.8	0.7	0.3
60-64	100.0	2.5	15.9	46.9	21.4	9.6	3.8	
65+	100.0	0.2	16.3	56.6	16.5	7.3	3.0	
女　Female	**100.0**	**0.6**	**7.2**	**40.3**	**29.4**	**14.7**	**7.4**	**0.5**
16-19	100.0		2.0	48.7	40.3	6.3	2.7	
20-24	100.0	0.3	1.2	24.0	26.8	27.1	20.1	0.5
25-29	100.0		2.0	32.1	26.5	23.8	13.8	1.7
30-34	100.0	0.3	3.2	41.0	31.1	16.7	7.1	0.5
35-39	100.0	0.2	7.2	45.3	31.5	12.5	2.9	0.4
40-44	100.0	0.3	9.5	52.3	28.5	8.3	1.0	
45-49	100.0	0.5	13.4	49.2	32.1	4.4	0.5	
50-54	100.0	0.5	13.4	43.8	37.2	4.4	0.8	
55-59	100.0	3.3	22.6	45.7	20.9	6.2	1.4	
60-64	100.0	8.6	31.1	40.2	14.1	4.5	1.5	
65+	100.0	10.7	35.1	31.8	13.7	4.8	3.9	

1-70 按受教育程度、性别分的城镇失业人员年龄构成
AGE COMPOSITION OF URBAN UNEMPLOYMENT BY EDUCATIONAL ATTAINMENT AND SEX

单位：% (%)

年龄 Age	合计 Total	未上过学 Illiterate	小学 Primary School	初中 Junior School	高中 Senior School	大专 College	大学本科 University	研究生 Graduate
总计 Total	**100.0**	**100.0**	**100.0**	**100.0**	**100.0**	**100.0**	**100.0**	**100.0**
16-19	3.6		2.0	5.0	4.1	1.4	1.0	
20-24	19.9	8.3	3.9	10.9	18.4	37.4	47.0	17.1
25-29	14.5	4.7	3.8	10.7	13.7	22.5	26.7	58.2
30-34	12.0	5.9	6.2	11.9	12.6	13.7	12.3	13.0
35-39	11.1	3.3	10.6	12.9	11.9	8.4	5.1	7.4
40-44	12.2	6.6	15.7	15.9	12.1	7.1	2.8	
45-49	10.4	11.6	18.2	13.7	10.7	3.6	1.6	1.4
50-54	7.4	9.8	12.8	8.1	9.7	2.3	1.5	
55-59	5.3	16.8	14.7	6.5	4.8	1.8	0.6	2.8
60-64	2.3	21.3	7.4	2.7	1.4	1.2	0.8	
65+	1.3	11.6	4.8	1.6	0.6	0.5	0.5	
男 Male	**100.0**	**100.0**	**100.0**	**100.0**	**100.0**	**100.0**	**100.0**	**100.0**
16-19	5.3		4.7	8.4	5.0	1.9	1.1	
20-24	23.5	8.2	5.9	12.0	21.6	44.3	46.8	10.3
25-29	13.7	15.1	2.8	8.7	13.9	20.2	25.1	66.4
30-34	9.0		5.7	7.6	9.6	10.7	10.8	8.0
35-39	8.0		5.6	9.8	9.1	5.0	5.0	
40-44	9.8	5.2	10.4	12.5	10.5	6.1	3.8	
45-49	9.0	15.1	11.9	13.3	8.4	3.9	2.5	5.1
50-54	8.3	18.1	12.9	9.2	11.0	2.7	2.4	
55-59	7.9	10.1	22.5	10.7	7.6	2.2	0.6	10.1
60-64	3.7	27.0	11.6	5.0	2.4	2.1	1.5	
65+	1.9	1.3	6.1	3.1	0.9	0.8	0.6	
女 Female	**100.0**	**100.0**	**100.0**	**100.0**	**100.0**	**100.0**	**100.0**	**100.0**
16-19	2.4		0.7	2.9	3.3	1.0	0.9	
20-24	17.2	8.3	2.8	10.3	15.7	31.7	47.1	19.7
25-29	15.1		4.3	12.0	13.6	24.4	28.3	55.0
30-34	14.3	8.6	6.4	14.6	15.1	16.2	13.7	14.9
35-39	13.3	4.8	13.2	14.9	14.2	11.3	5.2	10.3
40-44	13.9	7.2	18.4	18.1	13.5	7.9	1.9	
45-49	11.5	10.1	21.4	14.1	12.6	3.4	0.7	
50-54	6.8	6.1	12.7	7.4	8.6	2.0	0.7	
55-59	3.4	19.9	10.8	3.9	2.4	1.4	0.6	
60-64	1.2	18.8	5.3	1.2	0.6	0.4	0.3	
65+	0.9	16.3	4.2	0.7	0.4	0.3	0.5	

1-71　按年龄、性别分的城镇失业人员寻找工作方式构成

SEEKING JOB METHOD COMPOSITION OF URBAN UNEMPLOYMENT BY AGE AND SEX

单位：%　　　　(%)

年龄 Age	合　计 Total	在职业介绍机构登记 Register in Employment Agency Office	委托亲友找工作 Ask Friends Relatives about Job	参　加招聘会 Take Part in Employment Advertise Meeting	应答或刊登广告 Answer or Advertise	浏　览招聘广告 Scan and Want Ads	为自己经营作准备 Prepare for Own Business	其　他 Others
总计　Total	**100.0**	**7.7**	**50.2**	**7.7**	**0.9**	**11.4**	**6.9**	**15.2**
16-19	100.0	5.5	51.3	8.3	1.6	14.4	3.3	15.6
20-24	100.0	10.2	41.7	18.4	1.0	12.9	4.8	11.2
25-29	100.0	9.9	41.6	10.2	1.6	13.9	7.8	14.9
30-34	100.0	8.3	45.7	6.0	0.8	16.1	8.5	14.8
35-39	100.0	6.8	51.8	4.5	0.8	10.2	8.9	17.0
40-44	100.0	6.6	52.4	4.2	0.6	11.5	9.1	15.7
45-49	100.0	6.1	59.0	2.9	0.8	8.3	6.4	16.5
50-54	100.0	5.9	58.6	1.3	0.7	7.8	6.1	19.6
55-59	100.0	6.7	63.8	2.2	0.3	5.8	5.2	15.9
60-64	100.0	4.0	71.9	0.4	0.5	2.6	4.1	16.6
65+	100.0	0.3	65.9		0.1	3.4	9.0	21.2
男　Male	**100.0**	**8.6**	**48.0**	**9.0**	**0.9**	**11.5**	**8.1**	**14.0**
16-19	100.0	4.1	51.9	7.1	1.2	14.3	3.5	17.8
20-24	100.0	10.2	41.6	19.6	0.5	13.9	4.5	9.7
25-29	100.0	9.9	38.5	12.7	2.0	14.9	9.1	13.0
30-34	100.0	12.7	37.8	8.3	1.4	14.3	11.2	14.4
35-39	100.0	8.6	47.4	4.5	1.6	11.5	13.8	12.6
40-44	100.0	6.3	49.7	3.7	0.2	12.0	13.6	14.6
45-49	100.0	8.3	52.0	4.3	0.9	9.7	8.9	15.9
50-54	100.0	6.9	57.0	1.6	0.7	7.5	7.4	18.9
55-59	100.0	7.9	62.3	3.0	0.5	4.5	5.3	16.4
60-64	100.0	5.8	70.7	0.6	0.4	3.0	3.8	15.6
65+	100.0		67.2		0.2	5.1	8.8	18.6
女　Female	**100.0**	**7.2**	**51.7**	**6.7**	**0.9**	**11.3**	**6.1**	**16.1**
16-19	100.0	7.7	50.3	10.2	2.2	14.6	3.1	12.1
20-24	100.0	10.2	41.7	17.1	1.4	11.8	5.0	12.6
25-29	100.0	9.9	43.7	8.6	1.4	13.3	7.0	16.1
30-34	100.0	6.3	49.3	4.9	0.5	16.9	7.2	14.9
35-39	100.0	6.0	53.8	4.5	0.4	9.6	6.7	18.9
40-44	100.0	6.7	53.8	4.5	0.8	11.2	6.7	16.2
45-49	100.0	4.9	63.0	2.1	0.7	7.5	4.9	16.8
50-54	100.0	5.0	60.0	1.0	0.6	8.0	5.0	20.2
55-59	100.0	4.7	66.2	0.9		8.0	5.1	15.1
60-64	100.0		74.5		0.9	1.6	4.5	18.5
65+	100.0	0.8	63.8			0.7	9.4	25.3

1-72 按受教育程度、性别分的城镇失业人员寻找工作方式构成

SEEKING JOB METHOD COMPOSITION OF URBAN UNEMPLOYMENT BY EDUCATIONAL ATTAINMENT AND SEX

单位：% (%)

受教育程度	Educational Attainment	合计 Total	在职业介绍机构登记 Register in Employment Agency Office	委托亲友找工作 Ask Friends Relatives about Job	参加招聘会 Take Part in Employment Advertise Meeting	应答或刊登广告 Answer or Advertise	浏览招聘广告 Scan and Want Ads	为自己经营作准备 Prepare for Own Business	其他 Others
总计	**Total**	**100.0**	**7.7**	**50.2**	**7.7**	**0.9**	**11.4**	**6.9**	**15.2**
未上过学	Illiterate	100.0		63.6	4.1	0.4	3.6	6.3	22.0
小学	Primary School	100.0	2.6	66.9	1.2	0.1	5.9	3.5	19.8
初中	Junior School	100.0	5.2	56.4	3.4	0.9	9.0	7.9	17.1
高中	Senior School	100.0	7.9	51.9	6.2	0.6	11.8	7.0	14.7
大学专科	College	100.0	13.3	36.6	14.8	1.6	15.6	5.9	12.2
大学本科	University	100.0	12.8	28.3	23.4	1.4	17.4	6.7	10.0
研究生	Graduate	100.0	11.1	15.5	39.2	2.0	20.1	0.9	11.2
男	**Male**	**100.0**	**8.6**	**48.0**	**9.0**	**0.9**	**11.5**	**8.1**	**14.0**
未上过学	Illiterate	100.0		53.9	13.1		4.4	1.4	27.1
小学	Primary School	100.0	3.3	72.8	2.1	0.2	3.3	4.5	13.9
初中	Junior School	100.0	6.2	54.6	3.8	0.9	8.2	9.3	16.9
高中	Senior School	100.0	8.0	49.3	7.2	0.7	12.1	8.8	13.9
大学专科	College	100.0	14.1	36.7	16.7	1.5	15.0	6.2	10.0
大学本科	University	100.0	12.5	26.5	24.2	1.0	19.6	6.6	9.6
研究生	Graduate	100.0	16.1	10.1	25.2	7.0	30.4		11.2
女	**Female**	**100.0**	**7.2**	**51.7**	**6.7**	**0.9**	**11.3**	**6.1**	**16.1**
未上过学	Illiterate	100.0		68.0		0.5	3.2	8.5	19.7
小学	Primary School	100.0	2.2	63.8	0.8		7.3	3.1	22.9
初中	Junior School	100.0	4.6	57.5	3.2	0.8	9.6	7.1	17.2
高中	Senior School	100.0	7.7	54.1	5.4	0.5	11.5	5.5	15.3
大学专科	College	100.0	12.6	36.6	13.2	1.8	16.1	5.8	14.0
大学本科	University	100.0	13.1	30.0	22.6	1.7	15.4	6.8	10.4
研究生	Graduate	100.0	9.2	17.6	44.6		16.1	1.3	11.2

1-73 按年龄、性别分的城镇失业人员行业构成
SECTOR COMPOSITION OF URBAN UNEMPLOYMENT BY AGE AND SEX

单位：% (%)

年龄 Age	合 计 Total	农、林、牧、渔业 Farming, Forestry, Animal Husbandry and Fishery	采矿业 Mining	制造业 Manufacturing	电力、热力、燃气及水生产和供应业 Production and Supply of Electricity, Heat, Gas and Water	建筑业 Construction	批发和零售业 Wholesale and Retail Trades
总计 Total	**100.0**	**7.6**	**2.6**	**25.6**	**0.6**	**5.2**	**24.3**
16-19	100.0	6.8	6.1	23.2		2.6	22.1
20-24	100.0	4.9	0.4	24.4	0.3	3.1	29.6
25-29	100.0	5.5	0.8	20.1	0.6	4.2	30.7
30-34	100.0	4.6	1.0	22.7	0.4	3.8	32.9
35-39	100.0	8.7	2.8	24.4	0.6	4.4	26.9
40-44	100.0	6.9	2.1	28.1	0.2	6.0	24.4
45-49	100.0	8.1	3.1	27.6	0.4	6.0	21.4
50-54	100.0	9.2	2.7	32.7	1.3	7.9	15.2
55-59	100.0	11.4	6.2	31.8	1.3	8.2	10.9
60-64	100.0	14.7	9.6	22.1	0.8	6.5	6.4
65+	100.0	19.3	9.7	17.9	1.8	3.6	11.3
男 Male	**100.0**	**6.8**	**4.0**	**28.0**	**0.8**	**8.7**	**15.8**
16-19	100.0	5.3	4.9	24.5		4.9	25.0
20-24	100.0	5.4	0.3	29.1		4.2	20.6
25-29	100.0	4.5	1.7	20.7	0.5	8.5	24.9
30-34	100.0	4.0	2.5	22.0	0.5	5.2	19.0
35-39	100.0	9.6	3.4	28.5	1.2	8.5	12.8
40-44	100.0	7.2	3.3	29.0	0.3	11.9	15.3
45-49	100.0	8.5	5.0	28.1	0.8	8.7	14.0
50-54	100.0	6.6	3.3	38.3	1.1	12.9	10.6
55-59	100.0	7.6	7.9	34.5	1.9	11.1	10.5
60-64	100.0	9.4	10.1	20.6	1.1	9.1	6.9
65+	100.0	7.6	13.7	20.2	2.2	5.2	12.3
女 Female	**100.0**	**8.1**	**1.6**	**23.9**	**0.4**	**2.7**	**30.3**
16-19	100.0	8.5	7.4	21.7			18.9
20-24	100.0	4.4	0.4	20.4	0.6	2.2	37.2
25-29	100.0	6.2	0.3	19.7	0.6	1.6	34.3
30-34	100.0	4.9	0.3	23.0	0.3	3.1	39.7
35-39	100.0	8.2	2.6	22.4	0.3	2.4	33.9
40-44	100.0	6.8	1.4	27.6	0.2	2.7	29.4
45-49	100.0	7.9	1.8	27.2	0.2	4.3	26.0
50-54	100.0	11.8	2.0	27.3	1.4	3.1	19.6
55-59	100.0	17.9	3.3	27.1	0.3	3.2	11.4
60-64	100.0	26.8	8.7	25.4		0.6	5.1
65+	100.0	40.0	2.5	13.7	1.2	0.8	9.5

1-73 续表 1 continued

单位：% (%)

年龄 Age	交通运输、仓储和邮政业 Transport, Storage and Post	住宿和餐饮业 Hotels and Catering Services	信息传输、软件和信息技术服务业 Information Transmission, Software and Information Technology	金融业 Finance Intermediation	房地产业 Real Estate	租赁和商务服务业 Leasing and Business Services	科学研究和技术服务业 Scientific Research and Technical Services
总计 Total	**4.5**	**6.8**	**3.6**	**2.4**	**2.1**	**1.7**	**0.7**
16-19	1.0	21.6	6.1			1.2	
20-24	1.3	7.0	4.2	2.2	3.1	3.0	0.7
25-29	3.6	7.7	4.4	4.2	2.6	2.2	0.9
30-34	5.3	7.3	5.0	2.4	2.3	1.5	1.3
35-39	4.9	7.3	2.6	2.6	1.9	1.5	0.6
40-44	5.4	7.1	4.3	2.9	1.7	1.7	0.2
45-49	5.5	6.4	3.5	2.2	2.5	1.3	0.7
50-54	5.7	5.2	2.5	1.3	1.1	0.6	0.3
55-59	4.3	4.6	2.0	1.6	1.8	1.7	0.6
60-64	6.7	2.5	0.2	1.2	1.6	1.7	
65+	2.8	2.9	0.2	0.4	0.7		2.1
男 Male	**7.9**	**5.4**	**2.8**	**2.6**	**2.4**	**1.4**	**0.6**
16-19	1.9	23.4				2.2	
20-24	2.8	5.2	4.4	2.3	3.9	2.4	0.2
25-29	6.2	6.5	4.0	4.5	2.4	1.3	0.7
30-34	11.8	4.9	6.4	4.3	2.9	0.6	2.1
35-39	10.3	5.2	1.7	3.4	3.6	0.7	0.3
40-44	11.3	6.2	2.0	2.6	1.7	2.2	0.1
45-49	10.7	4.8	2.8	2.9	2.6	1.6	0.9
50-54	8.1	3.6	1.9	1.3	0.9	0.9	0.3
55-59	5.1	4.7	1.5	1.0	2.2	2.0	0.4
60-64	7.1	3.0	0.3	1.6	2.3	0.5	
65+	3.3	1.7		0.6	1.1		2.2
女 Female	**2.1**	**7.9**	**4.1**	**2.3**	**1.9**	**1.8**	**0.7**
16-19		19.7	13.0				
20-24	0.2	8.6	4.0	2.1	2.5	3.5	1.0
25-29	2.1	8.4	4.6	4.0	2.7	2.6	0.9
30-34	2.1	8.5	4.3	1.5	2.1	1.9	0.9
35-39	2.3	8.3	3.1	2.2	1.1	1.9	0.8
40-44	2.1	7.6	5.5	3.1	1.7	1.4	0.3
45-49	2.2	7.4	3.9	1.8	2.4	1.1	0.6
50-54	3.5	6.8	3.0	1.2	1.3	0.4	0.3
55-59	3.1	4.4	2.7	2.6	1.0	1.1	1.0
60-64	5.8	1.3		0.3		4.5	
65+	2.0	5.0	0.5				2.0

1-73 续表 2 continued

单位：%　　　　(%)

年龄 Age	水利、环境和公共设施管理业 Management of Water Conservancy Environment and Public Establishment	居民服务、修理和其他服务业 Services to Household, Repair and Other Services	教育 Education	卫生和社会工作 Health and Social Service	文化、体育和娱乐业 Culture Sports and Entertainment	公共管理、社会保障和社会组织 Public Management, Social Security and Social Organization	国际组织 International Organizations
总计 Total	**0.6**	**4.2**	**2.3**	**1.4**	**1.1**	**2.8**	**0.01**
16-19		5.2	2.3	0.1	1.2	0.5	
20-24	0.3	5.2	2.2	1.5	3.3	3.3	
25-29	0.9	3.5	2.4	1.1	1.6	2.9	0.09
30-34	0.1	3.4	1.6	1.6	0.7	2.0	
35-39	0.4	4.8	1.4	1.3	0.9	1.9	
40-44	0.2	3.2	1.8	0.7	0.3	2.9	
45-49	0.9	5.0	1.9	1.0	0.7	1.9	
50-54	1.3	5.1	2.8	1.5	0.6	3.1	
55-59	1.3	3.8	2.6	2.0	0.7	3.2	
60-64	1.1	6.4	4.1	4.7	1.4	8.4	
65+		0.8	13.9	6.6	1.4	4.6	
男 Male	**0.6**	**4.2**	**1.6**	**1.2**	**1.3**	**3.8**	**0.03**
16-19		5.7	0.9		0.5	1.0	
20-24	0.6	7.3	0.8	1.4	3.7	5.2	
25-29	1.2	3.3	2.5	0.8	2.2	3.3	0.24
30-34		6.1	1.3	0.7	1.0	4.7	
35-39	0.8	5.0	0.5	1.0	0.9	2.7	
40-44	0.2	1.7	0.8	0.2	0.4	3.7	
45-49	1.4	3.8	0.7	0.8	0.5	1.4	
50-54		4.2	0.7	1.0	0.3	3.9	
55-59	0.9	2.8	1.1	1.6	1.0	2.1	
60-64	1.5	5.4	4.5	5.4	1.1	10.2	
65+		0.8	15.7	4.4	1.8	7.2	
女 Female	**0.6**	**4.2**	**2.7**	**1.6**	**1.0**	**2.0**	
16-19		4.8	3.9	0.2	2.1		
20-24		3.4	3.3	1.6	2.9	1.7	
25-29	0.7	3.7	2.4	1.3	1.3	2.6	
30-34	0.2	2.1	1.7	2.1	0.6	0.7	
35-39	0.2	4.7	1.9	1.4	0.9	1.4	
40-44	0.3	4.1	2.3	0.9	0.3	2.4	
45-49	0.6	5.8	2.6	1.1	0.9	2.2	
50-54	2.6	5.9	4.7	1.9	0.8	2.5	
55-59	2.1	5.5	5.2	2.7	0.3	5.1	
60-64		8.8	3.4	3.1	1.9	4.3	
65+		0.8	10.6	10.6	0.8		

1-74 按受教育程度、性别分的城镇失业人员行业构成
SECTOR COMPOSITION OF URBAN UNEMPLOYMENT BY EDUCATIONAL ATTAINMENT AND SEX

单位：% (%)

受教育程度	Educational Attainment	合计 Total	农、林、牧、渔业 Farming, Forestry, Animal Husbandry and Fishery	采矿业 Mining	制造业 Manufacturing	电力、热力、燃气及水生产和供应业 Production and Supply of Electricity, Heat, Gas and Water	建筑业 Construction	批发和零售业 Wholesale and Retail Trades
总计	**Total**	**100.0**	**7.6**	**2.6**	**25.6**	**0.6**	**5.2**	**24.3**
未上过学	Illiterate	100.0	31.7		23.4		3.9	12.8
小学	Primary School	100.0	21.3	3.7	24.1	0.1	6.4	15.5
初中	Junior School	100.0	9.9	3.7	26.1	0.5	6.2	25.1
高中	Senior School	100.0	4.1	1.5	27.8	0.6	4.6	25.2
大学专科	College	100.0	2.7	1.7	21.9	1.1	3.6	23.9
大学本科	University	100.0	0.7	0.9	19.7	0.2	3.2	24.8
研究生	Graduate	100.0			12.2	5.1	2.8	25.3
男	**Male**	**100.0**	**6.8**	**4.0**	**28.0**	**0.8**	**8.7**	**15.8**
未上过学	Illiterate	100.0	13.7		19.0		9.6	5.2
小学	Primary School	100.0	15.4	7.0	20.0		13.2	9.3
初中	Junior School	100.0	9.8	6.2	27.1	0.9	10.9	14.8
高中	Senior School	100.0	3.9	1.8	32.4	0.7	7.6	15.3
大学专科	College	100.0	2.9	2.6	23.2	1.1	4.7	21.0
大学本科	University	100.0	1.4	1.6	26.3	0.5	4.2	23.0
研究生	Graduate	100.0			28.5	14.6		10.6
女	**Female**	**100.0**	**8.1**	**1.6**	**23.9**	**0.4**	**2.7**	**30.3**
未上过学	Illiterate	100.0	40.3		25.5		1.2	16.5
小学	Primary School	100.0	24.7	1.8	26.5	0.1	2.5	19.2
初中	Junior School	100.0	10.0	2.0	25.4	0.2	3.1	32.0
高中	Senior School	100.0	4.3	1.2	24.0	0.6	2.2	33.2
大学专科	College	100.0	2.6	1.1	20.9	1.2	2.7	26.0
大学本科	University	100.0	0.3	0.5	15.1		2.4	26.0
研究生	Graduate	100.0			3.6		4.3	33.1

1-74 续表 1 continued

单位：% (%)

受教育程度	Educational Attainment	交通运输、仓储和邮政业 Transport, Storage and Post	住宿和餐饮业 Hotels and Catering Services	信息传输、软件和信息技术服务业 Information Transmission, Software and Information Technology	金融业 Finance Inter-mediation	房地产业 Real Estate	租赁和商务服务业 Leasing and Business Services	科学研究和技术服务业 Scientific Research and Technical Services
总　计	**Total**	**4.5**	**6.8**	**3.6**	**2.4**	**2.1**	**1.7**	**0.7**
未上过学	Illiterate	3.9	0.3	5.8	0.4			
小　学	Primary School	4.3	7.0	1.4	0.8	1.3	0.7	0.1
初　中	Junior School	3.9	8.2	2.5	1.2	1.2	0.9	0.2
高　中	Senior School	5.7	6.1	4.5	3.2	2.2	1.6	0.6
大学专科	College	4.8	4.5	4.9	5.4	4.5	3.7	2.2
大学本科	University	2.0	6.8	6.2	3.5	4.1	4.1	2.4
研究生	Graduate		3.3	7.3			19.8	
男	**Male**	**7.9**	**5.4**	**2.8**	**2.6**	**2.4**	**1.4**	**0.6**
未上过学	Illiterate	12.0		14.3				
小　学	Primary School	10.5	4.9	2.4	0.8	3.0	0.5	
初　中	Junior School	7.3	6.2	1.3	0.8	1.5	1.3	0.3
高　中	Senior School	9.5	5.0	2.6	3.8	2.6	1.4	0.4
大学专科	College	6.0	3.9	6.3	5.8	4.7	2.2	1.7
大学本科	University	2.9	6.3	7.5	4.0	2.3	2.1	2.8
研究生	Graduate							
女	**Female**	**2.1**	**7.9**	**4.1**	**2.3**	**1.9**	**1.8**	**0.7**
未上过学	Illiterate		0.5	1.8	**0.7**			
小　学	Primary School	0.7	8.3	0.8	0.8	0.4	0.9	**0.2**
初　中	Junior School	1.7	9.4	3.3	1.4	1.1	0.7	0.1
高　中	Senior School	2.5	7.0	6.1	2.6	1.8	1.7	0.7
大学专科	College	4.0	4.9	3.8	5.1	4.4	4.8	2.5
大学本科	University	1.4	7.2	5.3	3.2	5.4	5.5	2.1
研究生	Graduate		5.1	11.1			30.2	

1-74 续表 2 continued

单位：%　　　　(%)

受教育程度	Educational Attainment	水利、环境和公共设施管理业 Management of Water Conservancy Environment and Public Establishment	居民服务、修理和其他服务业 Services to Household, Repair and Other Services	教　育 Education	卫生和社会工作 Health and Social Service	文化、体育和娱乐业 Culture Sports and Entertainment	公共管理、社会保障和社会组织 Public Management, Social Security and Social Organization	国际组织 International Organizations
总　计	**Total**	**0.6**	**4.2**	**2.3**	**1.4**	**1.1**	**2.8**	**0.01**
未上过学	Illiterate		13.1	1.6	0.7	2.3		
小　学	Primary School	1.1	7.2	0.6	1.0	0.9	2.4	
初　中	Junior School	0.6	4.8	1.5	1.2	0.7	1.6	
高　中	Senior School	0.6	3.8	1.9	1.1	1.5	3.5	
大学专科	College	0.5	2.6	3.5	2.6	1.4	4.4	0.10
大学本科	University	0.5	1.3	9.7	3.5	1.9	4.3	
研究生	Graduate		5.9	18.2				
男	**Male**	**0.6**	**4.2**	**1.6**	**1.2**	**1.3**	**3.8**	**0.03**
未上过学	Illiterate		24.1	2.1				
小　学	Primary School	1.3	8.5	0.1	0.7	0.4	2.0	
初　中	Junior School	0.4	4.9	1.7	1.6	0.9	2.1	
高　中	Senior School	1.0	3.5	0.5	0.8	1.7	5.5	
大学专科	College		2.3	3.7	1.4	1.4	5.0	0.22
大学本科	University	0.8	1.7	4.3	1.1	2.2	5.1	
研究生	Graduate		17.2	29.1				
女	**Female**	**0.6**	**4.2**	**2.7**	**1.6**	**1.0**	**2.0**	
未上过学	Illiterate		7.8	1.3	1.0	3.4		
小　学	Primary School	1.0	6.4	0.8	1.1	1.2	2.6	
初　中	Junior School	0.7	4.7	1.4	0.8	0.6	1.3	
高　中	Senior School	0.3	4.0	3.2	1.4	1.3	1.9	
大学专科	College	0.8	2.9	3.4	3.6	1.4	4.0	
大学本科	University	0.3	1.0	13.5	5.2	1.6	3.8	
研究生	Graduate			12.5				

1-75　按年龄、性别分的城镇失业人员职业构成

OCCUPATION COMPOSITION OF URBAN UNEMPLOYMENT BY AGE AND SEX

单位：%　　(%)

年龄 Age	合计 Total	单位负责人 Unit Head	专业技术人员 Professional and Technical Personnel	办事人员和有关人员 Clerk and Related Workers	商业服务人员 Business Service Personnel	农林牧渔水利业生产人员 Agriculture and Water Conservancy Labors	生产运输设备操作人员及有关人员 Production, Transport Equipment Operators and Related Workers	其他 Others
总计 Total	**100.0**	**1.8**	**12.9**	**8.8**	**41.7**	**7.4**	**26.8**	**0.6**
16-19	100.0	0.5	9.4	2.1	52.9	7.1	28.1	
20-24	100.0	0.7	10.6	10.2	50.3	4.9	22.8	0.4
25-29	100.0	0.7	15.4	11.1	45.8	6.2	19.8	1.0
30-34	100.0	2.2	14.1	9.1	49.4	4.5	20.4	0.3
35-39	100.0	2.6	10.9	7.3	43.6	7.8	26.5	1.4
40-44	100.0	1.8	12.6	6.9	41.3	6.9	29.8	0.7
45-49	100.0	2.2	13.0	6.0	40.5	7.7	30.2	0.4
50-54	100.0	2.4	11.9	8.3	32.5	8.7	35.7	0.4
55-59	100.0	1.8	13.4	11.2	29.0	11.6	33.0	0.1
60-64	100.0	2.1	11.0	16.0	21.1	16.4	32.6	0.7
65+	100.0	1.7	25.9	14.8	22.4	16.0	19.3	
男 Male	**100.0**	**2.2**	**11.0**	**10.5**	**32.2**	**7.0**	**36.6**	**0.4**
16-19	100.0	0.9	4.2	3.4	48.9	5.9	36.6	
20-24	100.0	1.4	7.1	12.1	43.7	5.4	29.3	0.9
25-29	100.0	0.7	10.4	10.2	42.4	4.6	31.3	0.4
30-34	100.0	2.8	16.7	11.2	38.5	4.5	25.9	0.4
35-39	100.0	3.0	10.7	7.1	25.5	10.8	41.9	1.0
40-44	100.0	1.6	9.9	8.3	30.1	7.3	42.0	0.8
45-49	100.0	4.0	10.7	8.9	30.0	7.7	38.6	0.2
50-54	100.0	3.3	11.1	9.7	24.3	6.0	45.6	0.1
55-59	100.0	1.9	9.1	11.9	26.4	8.1	42.5	0.1
60-64	100.0	2.1	12.1	19.0	20.4	11.9	34.6	
65+	100.0		29.9	21.8	18.6	5.8	23.9	
女 Female	**100.0**	**1.5**	**14.2**	**7.5**	**48.6**	**7.8**	**19.7**	**0.8**
16-19	100.0		15.2	0.5	57.4	8.5	18.4	
20-24	100.0	0.2	13.5	8.6	55.9	4.4	17.4	
25-29	100.0	0.7	18.5	11.6	47.9	7.1	12.8	1.4
30-34	100.0	1.8	12.8	8.1	54.7	4.6	17.7	0.3
35-39	100.0	2.4	11.0	7.4	52.5	6.4	18.8	1.6
40-44	100.0	1.9	14.1	6.1	47.6	6.7	23.0	0.6
45-49	100.0	1.1	14.4	4.2	47.1	7.7	24.9	0.6
50-54	100.0	1.6	12.6	6.9	40.5	11.4	26.2	0.7
55-59	100.0	1.6	20.7	10.0	33.5	17.7	16.5	
60-64	100.0	2.3	8.6	9.2	22.8	26.9	27.9	2.3
65+	100.0	4.7	18.8	2.3	29.0	34.1	11.1	

1-76 按受教育程度、性别分的城镇失业人员职业构成
OCCUPATION COMPOSITION OF URBAN UNEMPLOYMENT BY EDUCATIONAL ATTAINMENT AND SEX

单位：%　　　　(%)

受教育程度	Educational Attainment	合计 Total	单位负责人 Unit Head	专业技术人员 Professional and Technical Personnel	办事人员和有关人员 Clerk and Related Workers	商业服务人员 Business Service Personnel	农林牧渔水利业生产人员 Agriculture and Water Conservancy Labors	生产运输设备操作人员及有关人员 Production, Transport Equipment Operators and Related Workers	其他 Others
总　计	**Total**	**100.0**	**1.8**	**12.9**	**8.8**	**41.7**	**7.4**	**26.8**	**0.6**
未上过学	Illiterate	100.0	2.9	7.6	3.1	24.5	31.7	30.2	
小　学	Primary School	100.0	1.6	6.1	4.8	34.0	20.7	32.2	0.5
初　中	Junior School	100.0	1.3	7.6	5.5	43.4	9.9	31.6	0.7
高　中	Senior School	100.0	2.1	13.7	9.8	43.7	4.0	26.3	0.5
大　专	College	100.0	2.3	24.9	15.2	39.2	2.5	15.4	0.5
大学本科	University	100.0	2.9	32.2	19.9	34.2	0.7	9.0	1.0
研究生	Graduate	100.0		33.2	34.7	32.2			
男	**Male**	**100.0**	**2.2**	**11.0**	**10.5**	**32.2**	**7.0**	**36.6**	**0.4**
未上过学	Illiterate	100.0		1.4	2.3	27.7	13.7	55.0	
小　学	Primary School	100.0	2.6	4.9	9.6	28.6	14.0	40.1	0.2
初　中	Junior School	100.0	1.7	7.3	8.1	29.5	10.0	43.1	0.4
高　中	Senior School	100.0	2.4	9.9	12.2	33.1	4.5	37.4	0.4
大　专	College	100.0	1.7	22.8	13.8	38.7	2.7	20.1	0.2
大学本科	University	100.0	6.3	27.7	11.7	36.2	1.2	15.3	1.6
研究生	Graduate	100.0		36.7	35.5	27.8			
女	**Female**	**100.0**	**1.5**	**14.2**	**7.5**	**48.6**	**7.8**	**19.7**	**0.8**
未上过学	Illiterate	100.0	4.3	10.6	3.5	23.0	40.3	18.3	
小　学	Primary School	100.0	1.1	6.8	2.0	37.2	24.7	27.6	0.7
初　中	Junior School	100.0	1.0	7.9	3.8	52.6	9.8	24.0	0.9
高　中	Senior School	100.0	1.9	16.7	7.8	52.3	3.5	17.2	0.5
大　专	College	100.0	2.8	26.4	16.1	39.5	2.4	12.0	0.8
大学本科	University	100.0	0.6	35.4	25.7	32.7	0.4	4.6	0.6
研究生	Graduate	100.0		31.3	34.3	34.5			

1-77 按受教育程度、性别分的城镇失业人员未工作时间构成

UNEMPLOYMENT DURATION OF URBAN UNEMPLOYED PERSONS BY EDUCATIONAL ATTAINMENT AND SEX

单位：% (%)

受教育程度	Educational Attainment	城镇失业人员 Urban Unemployed Persons	1个月 1 Month	2-3个月 2-3 Months	4-6个月 4-6 Months	7-12个月 7-12 Months	13-24个月 13-24 Months	25个月以上 25+ Months+
总 计	**Total**	**100.0**	**6.0**	**13.8**	**13.5**	**27.3**	**17.4**	**21.9**
未上过学	Illiterate	100.0	7.4	12.4	26.5	15.8	17.7	20.3
小 学	Primary School	100.0	5.3	13.2	11.0	24.7	19.4	26.4
初 中	Junior Secondary School	100.0	5.4	11.0	13.4	29.1	17.2	24.0
高 中	Senior Secondary School	100.0	5.1	12.6	13.5	27.2	18.1	23.5
大学专科	College	100.0	5.8	18.5	15.9	26.8	16.5	16.6
大学本科	University	100.0	13.3	22.8	11.1	22.8	16.3	13.7
研究生及以上	Graduate and Higher Level	100.0	16.3	30.2	6.3	28.1	14.2	4.9
男	**Male**	**100.0**	**7.0**	**16.3**	**15.0**	**26.2**	**15.7**	**19.8**
未上过学	Illiterate	100.0	2.3	27.3	36.6	6.9	17.7	9.2
小 学	Primary School	100.0	6.9	12.7	12.0	26.2	18.6	23.7
初 中	Junior Secondary School	100.0	6.9	12.7	14.1	28.4	15.1	22.8
高 中	Senior Secondary School	100.0	6.0	15.8	16.2	24.8	16.4	20.9
大学专科	College	100.0	6.3	20.3	17.5	26.8	14.8	14.2
大学本科	University	100.0	12.8	25.7	11.1	22.8	14.8	12.8
研究生及以上	Graduate and Higher Level	100.0	15.7	21.1	5.1	12.8	27.9	17.4
女	**Female**	**100.0**	**5.3**	**12.1**	**12.4**	**28.1**	**18.7**	**23.4**
未上过学	Illiterate	100.0	9.6	5.7	21.9	19.8	17.7	25.2
小 学	Primary School	100.0	4.5	13.5	10.5	23.9	19.8	27.7
初 中	Junior Secondary School	100.0	4.5	9.9	13.0	29.5	18.5	24.7
高 中	Senior Secondary School	100.0	4.3	10.0	11.3	29.2	19.5	25.7
大学专科	College	100.0	5.3	16.9	14.6	26.8	17.9	18.5
大学本科	University	100.0	13.8	20.1	11.1	22.9	17.6	14.5
研究生及以上	Graduate and Higher Level	100.0	16.5	33.7	6.8	34.1	8.9	

1-78 按年龄、性别分的城镇失业人员未工作时间构成
UNEMPLOYMENT DURATION OF URBAN UNEMPLOYED PERSONS BY AGE AND SEX

单位：% (%)

年 龄 Age	城 镇 失业人员 Urban Unemployed Persons	1个月 1 Month	2-3个月 2-3 Months	4-6个月 4-6 Months	7-12个月 7-12 Months	13-24个月 13-24 Months	25个月以上 25+ Months+
总计 Total	**100.0**	**6.0**	**13.8**	**13.5**	**27.3**	**17.4**	**21.9**
16-19	100.0	10.8	28.3	12.7	27.0	14.4	6.8
20-24	100.0	10.2	23.2	14.3	25.6	15.7	11.1
25-29	100.0	5.5	13.5	15.8	28.2	18.9	18.2
30-34	100.0	6.3	12.2	13.8	28.2	15.9	23.6
35-39	100.0	4.8	12.8	14.4	28.9	17.1	22.1
40-44	100.0	4.3	11.3	12.8	28.3	18.1	25.2
45-49	100.0	5.6	9.5	11.7	27.3	15.9	30.1
50-54	100.0	2.8	6.1	12.9	24.5	21.6	32.1
55-59	100.0	2.2	7.0	11.0	25.5	21.7	32.6
60-64	100.0	3.4	7.9	11.7	35.1	17.8	24.1
65+	100.0	3.2	1.1	7.2	22.0	15.4	51.1
男 Male	**100.0**	**7.0**	**16.3**	**15.0**	**26.2**	**15.7**	**19.8**
16-19	100.0	9.0	27.0	14.3	25.1	15.4	9.2
20-24	100.0	10.7	26.1	13.7	24.7	14.3	10.4
25-29	100.0	6.0	14.4	18.1	29.4	15.8	16.2
30-34	100.0	9.6	16.9	16.4	28.1	11.0	18.0
35-39	100.0	8.4	16.4	18.8	28.6	12.5	15.3
40-44	100.0	4.5	12.7	17.7	28.9	15.3	20.9
45-49	100.0	7.3	14.0	13.4	22.9	15.2	27.1
50-54	100.0	3.6	6.1	12.6	21.4	21.1	35.1
55-59	100.0	2.3	6.1	12.8	23.6	22.0	33.1
60-64	100.0	3.1	11.0	12.9	34.1	18.2	20.7
65+	100.0	0.3	1.2	6.7	22.7	16.0	53.1
女 Female	**100.0**	**5.3**	**12.1**	**12.4**	**28.1**	**18.7**	**23.4**
16-19	100.0	13.7	30.5	10.2	29.9	12.8	2.8
20-24	100.0	9.6	20.3	14.8	26.5	17.1	11.7
25-29	100.0	5.1	12.9	14.2	27.4	20.9	19.4
30-34	100.0	4.8	10.1	12.7	28.2	18.1	26.1
35-39	100.0	3.3	11.2	12.4	29.0	19.1	25.1
40-44	100.0	4.1	10.6	10.3	27.9	19.6	27.5
45-49	100.0	4.6	6.9	10.7	29.8	16.3	31.7
50-54	100.0	2.1	6.0	13.3	27.2	22.0	29.4
55-59	100.0	2.1	8.3	8.0	28.7	21.2	31.7
60-64	100.0	4.2	1.1	9.1	37.2	17.0	31.4
65+	100.0	7.8	0.9	7.9	21.0	14.6	47.9

1-79 分地区居民消费价格指数和商品零售价格指数
CONSUMER PRICE INDICES AND RETAIL PRICE INDICES BY REGION

(上年=100) (preceding year=100)

年 份 Year / 地 区 Region	居民消费价格 Consumer Price Index			商品零售价格 Retail Price Index		
	总指数 General	城 市 Urban Household	农 村 Rural Household	总指数 General	城 市 Urban Household	农 村 Rural Household
1994	124.1	125.0	123.4	121.7	120.9	122.9
1995	117.1	116.8	117.5	114.8	113.5	116.4
1996	108.3	108.8	107.9	106.1	105.8	106.4
1997	102.8	103.1	102.5	100.8	100.8	100.7
1998	99.2	99.4	99.0	97.4	97.4	97.6
1999	98.6	98.7	98.5	97.0	97.0	97.1
2000	100.4	100.8	99.9	98.5	98.5	98.5
2001	100.7	100.7	100.8	99.2	98.9	99.6
2002	99.2	99.0	99.6	98.7	98.5	99.1
2003	101.2	100.9	101.6	99.9	99.6	100.5
2004	103.9	103.3	104.8	102.8	102.1	104.2
2005	101.8	101.6	102.2	100.8	100.5	101.4
2006	101.5	101.5	101.5	101.0	100.9	101.4
2007	104.8	104.5	105.4	103.8	103.3	104.9
2008	105.9	105.6	106.5	105.9	105.5	106.7
2009	99.3	99.1	99.7	98.8	98.7	99.0
2010	103.3	103.2	103.6	103.1	102.8	103.6
2011	105.4	105.3	105.8	104.9	104.7	105.5
2012	102.6	102.7	102.5	102.0	101.9	102.2
2013	102.6	102.6	102.8	101.4	101.3	101.8
北 京 Beijing	103.3	103.3		99.8	99.8	
天 津 Tianjin	103.1	103.1		101.7	101.7	
河 北 Hebei	103.0	102.7	103.5	102.2	102.1	102.5
山 西 Shanxi	103.1	103.0	103.2	101.8	101.6	102.3
内蒙古 Inner Mongolia	103.2	103.4	102.8	102.6	102.6	102.7
辽 宁 Liaoning	102.4	102.4	102.4	101.6	101.6	101.7
吉 林 Jilin	102.9	102.9	102.9	101.6	101.6	102.2
黑龙江 Heilongjiang	102.2	102.0	103.1	101.1	100.9	101.7
上 海 Shanghai	102.3	102.3		100.2	100.2	
江 苏 Jiangsu	102.3	102.3	102.5	101.4	101.4	101.5
浙 江 Zhejiang	102.3	102.3	102.4	101.0	101.2	100.5
安 徽 Anhui	102.4	102.4	102.5	101.3	101.2	101.4
福 建 Fujian	102.5	102.6	102.3	101.1	101.1	101.3
江 西 Jiangxi	102.5	102.4	102.9	101.5	101.2	101.9
山 东 Shandong	102.2	102.1	102.5	101.4	101.2	101.8
河 南 Henan	102.9	102.9	102.9	101.9	101.6	102.3
湖 北 Hubei	102.8	102.7	103.0	101.8	101.6	102.1
湖 南 Hunan	102.5	102.6	102.5	101.7	101.4	102.3
广 东 Guangdong	102.5	102.4	102.7	101.0	100.8	101.6
广 西 Guangxi	102.2	102.1	102.4	101.2	101.1	101.3
海 南 Hainan	102.8	102.8	102.7	101.5	101.5	101.6
重 庆 Chongqing	102.7	102.7		101.8	101.8	
四 川 Sichuan	102.8	102.8	102.8	101.7	101.7	101.6
贵 州 Guizhou	102.5	102.9	101.7	101.5	101.7	100.8
云 南 Yunnan	103.1	103.4	102.7	102.6	102.3	103.0
西 藏 Tibet	103.6	103.5	103.6	103.0	103.3	102.5
陕 西 Shaanxi	103.0	102.8	103.6	101.8	101.8	102.0
甘 肃 Gansu	103.2	103.0	103.4	102.6	102.3	103.1
青 海 Qinghai	103.9	104.1	103.7	102.7	102.8	102.6
宁 夏 Ningxia	103.4	103.3	103.8	102.4	102.4	102.9
新 疆 Xinjiang	103.9	103.8	104.1	103.3	103.3	103.1

1-80 商品零售价格分类指数（2013年）

RETAIL PRICE INDICES BY CATEGORY (2013)

(上年=100) (preceding year=100)

项　目	Item	全　国 National Indices	城　市 Urban Indices	农　村 Rural Indices
商品零售价格总指数	**Retail Price Index**	**101.4**	**101.3**	**101.8**
食品类	**Food**	**104.7**	**104.6**	**105.0**
粮食	Grain	104.9	104.8	105.0
油脂	Oil or Fat	100.4	100.3	100.6
肉禽及其制品	Meat, Poultry and Processed Products	104.4	104.7	103.9
蛋	Eggs	104.8	104.8	104.9
水产品	Aquatic Products	104.1	103.9	104.7
菜	Vegetables	108.1	107.4	109.9
调味品	Flavoring	103.9	103.5	104.6
糖	Sugar	100.6	101.0	99.8
干鲜瓜果	Dried and Fresh Melons and Fruits	106.0	105.5	107.4
糕点饼干面包	Cake, Biscuit and Bread	102.5	102.5	102.4
液体乳及乳制品	Milk and Its Products	105.7	106.2	103.5
在外用膳食品	Outward Dinner Food	104.6	104.3	105.6
主食	Staple Food	106.5	106.4	106.9
炒菜	Fried Dishes	103.5	103.3	104.2
地方小吃	Local Snack	107.0	106.6	108.3
其它食品	Other Foods	101.3	101.2	101.7
饮料、烟酒	**Beverages, Tobacco and Liquor**	**100.7**	**100.5**	**101.1**
茶及饮料	Tea and Beverages	102.1	102.1	101.9
烟草	Tobacco	100.5	100.0	101.5
酒	Liquor	100.0	99.9	100.3
服装、鞋帽	**Garments, Shoes and Hats**	**102.2**	**102.1**	**102.5**
服装	Garments	102.5	102.4	103.0
鞋袜帽	Footgear and Hats	101.6	101.6	101.6
纺织品	**Textiles**	**101.0**	**100.9**	**101.2**
衣着材料	Clothing	102.0	101.6	102.5
床上用品	Bedding	100.6	100.6	100.4
家用电器及音像器材	**Household Appliances, Music and Video Equipment**	**98.3**	**98.0**	**98.9**
文化办公用品	**Cultural and Office Appliances**	**98.6**	**98.3**	**99.7**
日用品	**Articles for Daily Use**	**100.8**	**100.7**	**101.2**
日用百货	General Merchandise for Daily Use	100.5	100.3	100.7
日用杂品	Miscellaneous for Daily Use	101.0	100.8	101.5
体育娱乐用品	**Sports and Recreation Articles**	**100.7**	**100.7**	**100.8**
交通、通信用品	**Transportation and Communication Appliances**	**97.3**	**97.1**	**98.1**
家具	**Furniture**	**101.2**	**101.4**	**100.8**
化妆品	**Cosmetics**	**101.5**	**101.5**	**101.6**
金银珠宝	**Gold, Silver and Jewelry**	**91.9**	**91.9**	**91.8**
中西药品及医疗保健用品	**Traditional Chinese and Western Medicines and Health Care Articles**	**101.3**	**101.5**	**101.0**
医疗器具及用品	Medical Apparatus and Article	100.8	100.8	101.0
中药材及中成药	Traditional Chinese Medicinal Materials and Medicines	103.1	103.1	103.2
西药	Western Medicines	100.0	100.2	99.4
书报杂志及电子出版物	**Books, Newspapers, Magazines and Electronic Publications**	**101.3**	**101.2**	**101.6**
燃料	**Fuels**	**99.9**	**100.0**	**99.7**
建筑材料及五金电料	**Building Materials and Hardware**	**100.5**	**100.5**	**100.5**
建筑装璜材料	Building Decoration Materials	100.3	100.4	100.2
五金电料	Hardware	101.1	100.9	101.6

1-81 分地区商品零售价格分类指数

RETAIL PRICE INDICES BY CATEGORY OF COMMODITIES BY REGION

(上年=100) (preceding year=100)

年份 Year 地区 Region	总指数 General Index	食品 Food	#粮食 Grain	#油脂 Oil or Fat	#肉禽及其制品 Meat, Poultry and Processed Products	#蛋 Eggs	#水产品 Aquatic Products	#菜 Vegetables
2001	99.2	100.6	101.5	89.3			96.3	
2002	98.7	99.9	98.6	100.1			96.2	
2003	99.9	103.4	102.2	112.5	103.0	98.5	100.3	116.3
2004	102.8	109.9	126.5	116.8	117.1	119.8	112.5	95.2
2005	100.8	103.1	101.4	94.7	103.0	104.7	105.8	108.1
2006	101.0	102.6	102.5	98.7	97.3	96.3	101.6	108.1
2007	103.8	112.3	106.4	126.3	131.0	121.8	105.3	107.9
2008	105.9	114.4	107.0	125.0	121.7	104.3	114.5	110.4
2009	98.8	100.9	105.7	81.8	91.7	101.6	102.3	113.2
2010	103.1	107.6	111.7	103.7	103.0	108.3	108.3	119.0
2011	104.9	111.9	112.3	113.4	122.4	114.3	112.1	101.0
2012	102.0	104.8	103.8	105.1	102.2	97.1	108.1	113.5
2013	101.4	104.7	104.9	100.4	104.4	104.8	104.1	108.1
北京 Beijing	99.8	104.9	104.4	99.8	106.7	103.7	103.4	109.6
天津 Tianjin	101.7	105.8	108.7	98.7	108.0	102.2	100.9	110.0
河北 Hebei	102.2	105.8	108.1	101.1	106.7	103.3	101.8	108.0
山西 Shanxi	101.8	106.3	109.3	102.2	104.5	103.6	101.3	109.3
内蒙古 Inner Mongolia	102.6	106.5	105.9	101.2	109.7	104.3	102.8	108.6
辽宁 Liaoning	101.6	104.7	106.0	100.0	107.2	104.1	101.8	104.9
吉林 Jilin	101.6	105.6	106.1	98.2	107.0	106.1	101.9	112.6
黑龙江 Heilongjiang	101.1	104.3	104.5	96.1	106.7	102.8	102.3	107.4
上海 Shanghai	100.2	104.5	103.6	97.5	103.7	102.2	105.0	108.0
江苏 Jiangsu	101.4	104.1	102.9	98.3	103.1	104.5	105.6	107.0
浙江 Zhejiang	101.0	103.8	102.8	98.1	103.9	103.7	104.5	106.4
安徽 Anhui	101.3	104.7	104.5	99.9	104.6	104.6	105.8	108.8
福建 Fujian	101.1	104.3	102.4	100.0	103.5	109.7	104.4	107.9
江西 Jiangxi	101.5	104.6	102.4	100.0	104.3	105.7	107.4	107.6
山东 Shandong	101.4	104.9	107.2	102.6	103.2	102.7	102.7	109.2
河南 Henan	101.9	105.6	107.0	100.0	104.8	104.2	103.3	110.4
湖北 Hubei	101.8	105.2	104.2	99.3	105.3	107.1	105.7	106.1
湖南 Hunan	101.7	104.3	105.6	102.7	103.9	104.4	103.3	104.2
广东 Guangdong	101.0	103.8	102.4	100.9	102.0	105.1	104.4	111.1
广西 Guangxi	101.2	103.9	101.6	101.1	102.8	107.6	104.5	107.3
海南 Hainan	101.5	103.7	101.9	103.5	102.0	101.1	104.1	110.5
重庆 Chongqing	101.8	103.3	103.0	98.6	103.7	109.1	102.7	107.1
四川 Sichuan	101.7	105.0	102.9	101.2	103.9	106.6	104.0	109.4
贵州 Guizhou	101.5	104.2	103.7	100.8	104.1	106.1	103.5	101.6
云南 Yunnan	102.6	105.3	102.4	100.3	103.6	106.0	103.1	107.1
西藏 Tibet	103.0	108.4	107.9	102.3	112.7	107.2	107.4	108.7
陕西 Shaanxi	101.8	105.2	107.3	100.6	104.0	109.1	102.6	107.0
甘肃 Gansu	102.6	106.2	107.4	100.6	104.2	107.5	101.4	108.8
青海 Qinghai	102.7	108.0	107.8	102.6	110.6	108.2	104.7	110.2
宁夏 Ningxia	102.4	106.8	106.0	100.8	109.0	105.7	106.5	110.0
新疆 Xinjiang	103.3	108.2	106.3	103.6	114.7	110.5	107.4	104.5

1-81 续表 1 continued

(上年=100) (preceding year=100)

年份 Year 地区 Region	#干鲜瓜果 Dried and Fresh Melons and Fruits	饮料烟酒 Beverages, Tobacco and Liquor	服装鞋帽 Garments, Shoes and Hats	纺织品 Textiles	家用电器及音像器材 Household Appliances, Music and Video Equipment	文化办公用品 Cultural and Office Appliances	日用品 Articles for Daily Use	体育娱乐用品 Sports and Recreation Articles
2001		99.5	98.9	99.1			98.3	
2002		99.9	97.9	99.4			98.7	
2003	102.2	99.9	97.5	99.3	94.2	95.8	98.5	98.1
2004	104.1	101.0	98.2	100.0	94.7	96.9	99.6	98.2
2005	101.7	100.5	97.9	99.8	96.3	96.7	100.2	98.4
2006	117.0	100.7	99.8	100.0	97.3	97.6	100.8	98.5
2007	102.5	101.8	99.4	100.2	97.4	97.0	101.1	97.4
2008	111.3	103.4	98.4	100.5	96.9	96.8	103.7	97.7
2009	106.7	101.7	97.9	99.6	94.2	96.2	102.0	97.8
2010	114.3	101.7	98.8	101.2	96.1	97.8	100.3	98.3
2011	115.9	103.3	101.8	105.7	96.9	97.6	102.3	100.9
2012	99.7	103.3	102.9	101.5	97.7	98.1	102.1	101.0
2013	106.0	100.7	102.2	101.0	98.3	98.6	100.8	100.7
北京 Beijing	105.7	100.6	101.5	99.3	95.7	95.6	100.8	101.9
天津 Tianjin	112.6	101.8	101.0	103.5	96.6	97.7	101.0	107.6
河北 Hebei	105.8	100.9	102.7	101.3	99.1	99.5	100.8	100.9
山西 Shanxi	108.7	101.4	102.1	102.7	98.5	98.0	100.6	100.9
内蒙古 Inner Mongolia	107.6	101.4	103.8	104.0	99.1	98.9	101.5	100.8
辽宁 Liaoning	100.8	100.8	101.9	101.2	98.1	99.5	101.1	100.6
吉林 Jilin	104.9	100.5	102.0	100.6	99.1	98.9	100.5	99.1
黑龙江 Heilongjiang	102.9	101.1	102.5	99.3	96.5	96.3	100.5	101.7
上海 Shanghai	107.3	100.1	99.9	100.6	94.9	94.9	100.2	98.6
江苏 Jiangsu	106.7	99.7	103.1	101.5	99.6	99.5	101.6	101.1
浙江 Zhejiang	104.2	100.2	103.0	102.1	99.4	98.2	100.6	100.4
安徽 Anhui	106.4	98.9	102.0	99.1	99.1	99.6	100.6	100.3
福建 Fujian	107.1	100.1	101.7	98.9	96.5	98.5	99.9	99.9
江西 Jiangxi	105.6	100.8	102.7	101.2	97.8	98.0	100.9	100.2
山东 Shandong	108.7	100.6	102.8	101.3	98.0	98.9	100.7	100.5
河南 Henan	104.1	101.4	102.7	100.8	99.8	99.2	101.3	100.3
湖北 Hubei	105.6	101.2	101.7	102.3	97.9	99.1	101.0	100.5
湖南 Hunan	106.5	102.6	102.2	101.4	99.4	99.8	100.8	101.2
广东 Guangdong	105.6	100.4	101.7	98.0	97.9	99.3	100.4	100.6
广西 Guangxi	107.4	100.5	101.7	101.7	98.4	98.6	100.6	100.0
海南 Hainan	108.4	100.7	100.5	101.5	99.1	99.2	101.7	102.5
重庆 Chongqing	101.7	102.0	106.3	100.8	100.4	98.7	100.5	99.8
四川 Sichuan	108.7	100.0	101.1	101.6	98.7	98.2	100.7	100.8
贵州 Guizhou	106.0	101.7	102.9	99.2	97.3	98.6	101.0	99.6
云南 Yunnan	107.8	102.4	101.0	102.0	99.5	100.3	101.1	100.8
西藏 Tibet	107.1	100.6	101.3	100.6	99.5	99.3	100.3	99.7
陕西 Shaanxi	102.6	101.4	103.0	102.2	98.0	99.6	101.3	101.6
甘肃 Gansu	102.9	100.7	102.8	101.5	97.8	99.9	102.1	101.3
青海 Qinghai	106.5	99.8	101.5	100.0	96.2	97.4	101.0	101.4
宁夏 Ningxia	109.2	100.4	102.4	102.1	96.0	98.7	101.9	100.4
新疆 Xinjiang	101.8	102.0	99.8	102.4	97.7	99.5	101.2	99.2

1-81 续表 2 continued

(上年=100) (preceding year=100)

年份 Year 地区 Region	交通、通信用品 Transportation and Communication Appliances	家具 Furniture	化妆品 Cosmetics	金银珠宝 Gold, Silver and Jewelry	中西药品及医疗保健用品 Traditional Chinese and Western Medicines and Health Care Articles	书报杂志及电子出版物 Books, Newspapers, Magazines and Electronic Publications	燃料 Fuels	建筑材料及五金电料 Building Materials and Hardware
2001			98.8				102.4	
2002			98.4				102.0	
2003	91.1	97.8	98.9	108.6	98.4	100.3	109.3	99.7
2004	91.8	98.8	98.9	111.6	96.7	101.0	112.4	103.7
2005	91.7	99.1	99.3	104.4	97.6	100.3	115.4	102.1
2006	92.3	100.1	99.8	119.7	99.1	100.2	112.4	103.0
2007	92.7	101.6	100.2	107.9	102.0	99.7	104.2	105.1
2008	93.2	102.6	100.7	116.8	103.1	101.5	116.0	107.9
2009	93.7	99.7	100.8	95.6	101.5	105.0	92.7	98.4
2010	95.6	100.1	100.4	114.5	104.3	101.3	112.3	103.5
2011	96.1	102.3	101.3	114.3	103.9	100.8	111.1	105.1
2012	96.0	101.3	102.2	101.0	102.1	101.4	102.9	100.3
2013	97.3	101.2	101.5	91.9	101.3	101.3	99.9	100.5
北京 Beijing	94.5	103.2	99.1	88.9	101.6	100.8	100.6	100.4
天津 Tianjin	96.8	102.6	102.2	91.0	101.9	100.3	99.8	102.4
河北 Hebei	98.8	101.9	103.0	91.7	102.7	101.2	98.7	101.3
山西 Shanxi	98.1	101.7	101.9	92.1	101.9	102.9	97.4	99.7
内蒙古 Inner Mongolia	98.2	100.9	100.7	91.5	102.0	100.4	100.0	99.8
辽宁 Liaoning	97.8	100.8	101.6	91.9	101.8	101.2	99.6	100.4
吉林 Jilin	95.7	100.9	101.6	89.1	101.5	100.3	101.6	100.9
黑龙江 Heilongjiang	95.4	99.5	102.0	98.3	101.3	100.1	99.1	99.1
上海 Shanghai	96.8	99.7	100.8	93.7	101.0	100.9	99.3	100.6
江苏 Jiangsu	98.3	102.1	102.1	91.2	100.7	101.4	101.9	100.3
浙江 Zhejiang	98.7	101.0	101.5	91.8	98.6	100.5	99.8	100.3
安徽 Anhui	97.0	99.5	100.8	90.9	101.5	103.4	99.3	100.1
福建 Fujian	96.7	100.7	101.3	94.1	101.2	105.2	100.7	99.3
江西 Jiangxi	97.0	100.1	101.4	92.2	101.6	100.5	100.1	101.3
山东 Shandong	97.4	100.3	101.4	93.9	100.5	101.1	99.5	100.3
河南 Henan	97.4	101.4	102.0	91.5	102.2	102.5	98.3	100.0
湖北 Hubei	93.5	100.8	102.0	92.3	102.7	101.7	100.5	101.3
湖南 Hunan	98.2	102.1	101.5	91.7	102.4	100.9	99.0	101.9
广东 Guangdong	97.3	101.6	101.4	90.6	100.8	101.0	99.2	100.8
广西 Guangxi	98.5	100.2	101.0	90.6	100.6	99.9	99.7	100.9
海南 Hainan	99.1	102.7	101.4	90.5	103.2	100.9	102.4	97.3
重庆 Chongqing	96.9	99.6	102.6	93.9	101.3	100.7	100.7	103.1
四川 Sichuan	98.5	101.7	101.6	91.8	101.0	100.5	100.4	100.3
贵州 Guizhou	98.1	103.1	102.2	95.1	102.1	104.9	99.7	99.3
云南 Yunnan	98.0	100.5	100.7	90.5	104.8	99.4	103.9	101.3
西藏 Tibet	99.6	100.4	100.9	99.7	100.0	100.2	100.9	104.7
陕西 Shaanxi	96.8	105.0	102.1	90.2	102.6	101.6	99.4	98.7
甘肃 Gansu	96.1	102.7	102.3	91.4	102.9	100.1	100.5	100.8
青海 Qinghai	95.1	101.5	100.0	91.4	103.3	102.8	100.3	99.7
宁夏 Ningxia	94.0	100.3	102.3	90.8	105.2	104.9	100.7	100.1
新疆 Xinjiang	97.3	101.1	103.0	94.4	102.5	105.4	102.0	99.6

1-82 居民消费价格分类指数（2013年）
CONSUMER PRICE INDICES BY CATEGORY (2013)

（上年=100） (preceding year=100)

项 目	Item	全国 National Indices	城市 Urban Indices	农村 Rural Indices
居民消费价格指数	**Consumer Price Index**	**102.6**	**102.6**	**102.8**
食品	**Food**	**104.7**	**104.6**	**104.9**
粮食	Grain	104.6	104.5	104.8
#大米	Rice	102.3	102.3	102.4
面粉	Flour	108.8	108.8	108.8
淀粉及制品	Starches and Tubers	103.3	103.6	102.5
干豆类及豆制品	Beans and Bean Products	105.3	105.3	105.6
油脂	Oil or Fat	100.3	100.3	100.4
肉禽及其制品	Meat, Poultry and Processed Products	104.3	104.4	104.0
蛋	Eggs	104.9	104.9	105.0
水产品	Aquatic Products	104.2	104.1	104.6
菜	Vegetables	108.0	107.5	109.7
#鲜菜	Fresh Vegetables	108.1	107.5	110.1
调味品	Flavoring	103.6	103.3	104.0
糖	Carbohydrate	100.5	100.8	99.8
茶及饮料	Tea and Beverages	102.0	101.9	102.2
茶叶	Tea	102.0	101.7	102.8
饮料	Beverages	102.0	102.1	101.9
干鲜瓜果	Dried and Fresh Melons and Fruits	105.9	105.5	107.2
#鲜果	Fresh Fruits	107.1	106.7	108.5
糕点饼干面包	Cake, Biscuit and Bread	102.5	102.5	102.6
液体乳及乳制品	Milk and Its Products	105.7	106.2	103.6
在外用膳食品	Dining Out	104.7	104.4	106.0
其它食品	Other Foods	101.4	101.3	101.7
烟酒及用品	**Tobacco, Liquor and Articles**	**100.3**	**100.1**	**100.8**
烟草	Tobacco	100.4	100.2	100.9
酒	Liquor	100.3	100.1	100.5
衣着	**Clothing**	**102.3**	**102.2**	**102.5**
服装	Garments	102.4	102.4	102.7
衣着材料	Clothing Material	102.2	101.6	103.2
鞋袜帽	Footgear and Hats	101.6	101.5	101.7
衣着加工服务	Clothing Manufacturing Services	106.8	106.5	107.4
家庭设备用品及维修服务	**Household Facilities, Articles and Services**	**101.5**	**101.5**	**101.3**
耐用消费品	Durable Consumer Goods	100.3	100.2	100.4
家具	Furniture	101.2	101.4	100.9
家庭设备	Household Facilities	99.8	99.6	100.1
室内装饰品	Interior Decorations	100.4	100.3	100.9
床上用品	Bed Articles	100.5	100.5	100.5
家庭日用杂品	Daily Use Household Articles	101.3	101.2	101.6
家庭服务及加工维修服务	Household Services and Maintenance and Renovation	108.7	109.0	107.1

1-82 续表 continued

(上年=100) (preceding year=100)

项　目	Item	全国 National Indices	城市 Urban Indices	农村 Rural Indices
医疗保健和个人用品	**Health Care and Personal Articles**	**101.3**	**101.2**	**101.8**
医疗保健	Health Care	101.5	101.4	101.8
医疗器具及用品	Medical Instrument and Articles	100.7	100.9	100.4
中药材及中成药	Traditional Chinese Medicine	103.3	103.3	103.3
西药	Western Medicine	100.2	100.4	99.6
保健器具及用品	Health Care Appliances and Articles	102.1	102.2	101.4
医疗保健服务	Health Care Services	101.5	100.8	103.0
个人用品及服务	Personal Articles and Services	101.0	100.7	101.9
化妆美容用品	Cosmetics	101.0	101.0	101.2
清洁化妆用品	Sanitation Articles	102.0	102.0	102.1
个人饰品	Personal Ornaments	95.3	95.0	96.3
个人服务	Personal Services	105.4	105.0	106.6
交通和通信	**Transportation and Communication**	**99.6**	**99.5**	**100.1**
交通	Transportation	100.2	100.0	100.7
交通工具	Transportation Facility	98.8	98.5	99.7
车用燃料及零配件	Fuels and Parts	99.4	99.3	99.4
车辆使用及维修费	Fees for Vehicles Use and Maintenance	104.0	104.0	103.9
市区公共交通费	Incity Traffic Fare	100.9	100.6	102.1
城市间交通费	Intercity Traffic Fare	101.0	100.6	102.0
通信	Communication	98.8	98.7	99.1
通信工具	Communication Facility	91.8	90.3	95.0
通信服务	Communication Service	99.9	99.9	100.0
娱乐教育文化用品及服务	**Recreation, Education and Culture Articles**	**101.8**	**101.7**	**101.8**
文娱用耐用消费品及服务	Durable Consumer Goods for Cultural and Recreational Use and Services	96.3	95.9	97.8
教育	Education	102.7	102.8	102.5
教材及参考书	Teaching Materials and Reference Books	102.3	102.2	103.0
教育服务	Education Services	102.8	102.9	102.4
文化娱乐	Cultural and Recreational Articles	101.4	101.3	101.6
文化娱乐用品	Cultural Articles	100.2	100.1	100.4
书报杂志	Newspapers and Magazines	101.0	101.0	101.2
文娱费	Expenditure on Culture and Recreation	102.4	102.2	103.2
旅游	Touring and Outing	104.0	103.8	104.9
居住	**Residence**	**102.8**	**103.0**	**102.3**
建房及装修材料	Building and Building Decoration Materials	101.2	101.3	101.1
住房租金	Renting	104.1	104.0	104.7
自有住房	Private Housing	103.8	103.9	103.8
水电燃料	Water, Electricity and Fuels	101.6	101.9	100.9

1-83 分地区居民消费价格分类指数
CONSUMER PRICE INDICES BY CATEGORY AND REGION

(上年=100) (preceding year=100)

年份 地区	Year Region	总指数 General Index	食品 Food	#粮食 Grain	#油脂 Oil or Fat	#肉禽及其制品 Meat,Poultry and Processed Products	#蛋 Eggs	#水产品 Aquatic Products	#菜 Vegetables
	2001	100.7	100.0	99.3	91.7	101.6	106.0	97.1	100.9
	2002	99.2	99.4	98.3	98.7	99.5	102.6	96.7	98.2
	2003	101.2	103.4	102.3	112.6	103.3	98.6	100.3	117.7
	2004	103.9	109.9	126.4	118.2	117.6	120.2	112.7	95.1
	2005	101.8	102.9	101.4	94.3	102.5	104.6	105.9	109.1
	2006	101.5	102.3	102.7	98.6	97.1	96.0	101.2	108.2
	2007	104.8	112.3	106.3	126.7	131.7	121.8	105.1	107.9
	2008	105.9	114.3	107.0	125.4	121.7	104.3	114.2	111.0
	2009	99.3	100.7	105.6	81.7	91.3	101.6	102.5	113.6
	2010	103.3	107.2	111.8	103.8	102.9	108.3	108.1	118.5
	2011	105.4	111.8	112.2	113.4	122.6	114.2	112.1	101.1
	2012	102.6	104.8	104.0	105.1	102.1	97.1	108.0	113.7
	2013	102.6	104.7	104.6	100.3	104.3	104.9	104.2	108.0
北京	Beijing	103.3	104.7	104.4	99.8	106.7	103.7	103.4	109.6
天津	Tianjin	103.1	105.8	108.7	98.7	108.0	102.2	100.9	110.0
河北	Hebei	103.0	105.9	108.1	101.0	106.8	103.6	101.9	108.8
山西	Shanxi	103.1	106.2	109.1	101.5	104.6	103.1	101.5	109.4
内蒙古	Inner Mongolia	103.2	106.3	105.7	101.5	109.6	105.1	104.6	108.8
辽宁	Liaoning	102.4	104.6	105.9	99.8	107.4	104.2	101.5	104.9
吉林	Jilin	102.9	105.7	105.9	99.0	107.9	106.4	101.9	112.3
黑龙江	Heilongjiang	102.2	104.3	104.6	95.5	106.8	102.8	101.8	107.6
上海	Shanghai	102.3	104.4	103.7	97.9	103.7	102.2	105.0	108.1
江苏	Jiangsu	102.3	104.1	103.0	98.2	103.1	104.4	105.5	107.0
浙江	Zhejiang	102.3	103.8	102.8	98.2	103.9	102.8	104.8	106.8
安徽	Anhui	102.4	104.7	104.3	99.8	104.6	104.5	105.6	108.9
福建	Fujian	102.5	104.0	102.9	100.3	103.0	109.6	104.3	108.5
江西	Jiangxi	102.5	104.5	102.3	100.0	103.9	105.7	107.3	107.5
山东	Shandong	102.2	104.8	107.3	102.6	103.2	102.2	103.4	109.1
河南	Henan	102.9	105.6	106.6	99.7	104.8	104.4	103.0	110.1
湖北	Hubei	102.8	104.9	104.1	99.5	105.0	106.6	105.1	104.9
湖南	Hunan	102.5	104.2	105.5	102.2	103.7	104.5	104.5	104.5
广东	Guangdong	102.5	103.6	101.9	101.0	102.0	105.4	104.4	110.7
广西	Guangxi	102.2	103.8	101.4	101.5	102.4	107.7	103.9	107.6
海南	Hainan	102.8	103.9	102.5	103.6	101.9	101.9	103.2	110.8
重庆	Chongqing	102.7	104.1	103.0	98.6	103.7	109.1	102.7	107.1
四川	Sichuan	102.8	104.8	103.1	101.4	104.1	106.5	104.4	108.6
贵州	Guizhou	102.5	104.1	103.3	100.2	103.8	104.7	103.1	101.6
云南	Yunnan	103.1	105.5	102.2	100.4	103.5	106.6	102.6	107.3
西藏	Tibet	103.6	107.7	106.3	103.5	112.5	106.3	106.6	108.8
陕西	Shaanxi	103.0	105.6	107.9	100.8	104.4	109.0	102.3	107.4
甘肃	Gansu	103.2	105.6	106.9	101.0	104.4	107.3	101.4	108.4
青海	Qinghai	103.9	108.1	108.1	102.7	111.1	108.1	104.6	111.1
宁夏	Ningxia	103.4	107.2	105.8	101.0	110.3	106.8	104.6	108.7
新疆	Xinjiang	103.9	108.5	106.3	103.4	114.9	111.0	107.0	105.8

1-83 续表 1 continued

(上年=100) (preceding year=100)

年份 地区	Year Region	#鲜菜 Fresh Vegetables	#干鲜瓜果 Dried and Fresh Melons and Fruits	#鲜果 Fresh Fruits	#在外用膳食品 Dining Out	烟酒及用品 Tobacco, Liquor and Articles	#烟草 Tobacco	#酒 Liquor	衣着 Clothing
	2001	101.4	99.9	100.3	100.2	99.7	99.6	99.9	98.1
	2002	98.1	103.1	103.6	99.9	99.9	99.9	100.1	97.6
	2003	120.5	103.0	101.8	100.1	99.8	99.8	100.1	97.8
	2004	93.9	104.0	102.2	104.1	101.2	100.9	102.2	98.5
	2005	110.4	102.2	101.6	102.4	100.4	100.4	100.6	98.3
	2006	108.2	117.9	121.5	101.6	100.6	100.2	101.2	99.4
	2007	107.3	102.2	100.1	107.3	101.7	100.8	103.5	99.4
	2008	110.7	110.8	109.0	111.8	102.9	100.4	107.5	98.5
	2009	115.4	107.1	109.1	102.7	101.5	100.4	103.4	98.0
	2010	118.7	114.6	115.6	103.6	101.6	100.5	103.6	99.0
	2011	100.5	115.9	116.4	108.2	102.8	100.3	106.7	102.1
	2012	115.9	100.1	98.8	106.7	102.9	100.5	106.3	103.1
	2013	108.1	105.9	107.1	104.7	100.3	100.4	100.3	102.3
北　京	Beijing	108.7	105.7	107.2	104.0	100.1	99.8	100.5	101.5
天　津	Tianjin	109.1	112.6	116.6	104.6	100.9	100.2	101.6	101.1
河　北	Hebei	108.9	106.3	108.0	105.7	100.6	100.5	100.6	102.7
山　西	Shanxi	109.1	108.5	110.4	106.0	102.1	99.9	106.0	102.0
内蒙古	Inner Mongolia	107.9	106.9	107.2	105.3	101.5	100.3	102.7	103.7
辽　宁	Liaoning	105.0	101.1	101.1	105.4	100.6	100.1	101.4	102.1
吉　林	Jilin	111.9	105.1	106.1	104.5	100.7	100.8	100.5	102.1
黑龙江	Heilongjiang	107.5	103.9	104.1	103.6	101.6	101.1	102.0	102.2
上　海	Shanghai	107.7	107.3	108.2	103.3	100.1	100.1	99.9	100.0
江　苏	Jiangsu	107.2	106.8	107.8	103.7	98.7	99.7	97.1	103.2
浙　江	Zhejiang	106.6	104.2	105.4	102.9	99.8	100.1	99.1	102.9
安　徽	Anhui	108.9	106.3	107.4	104.8	98.7	100.0	97.0	102.1
福　建	Fujian	109.0	106.6	109.2	102.8	99.7	100.2	99.1	101.9
江　西	Jiangxi	107.9	105.9	106.4	104.9	100.6	100.7	100.5	102.8
山　东	Shandong	109.3	108.6	111.0	104.5	100.3	100.5	100.1	103.3
河　南	Henan	110.3	104.1	106.3	106.7	100.4	100.3	100.5	102.5
湖　北	Hubei	104.8	105.0	105.6	107.2	100.5	100.0	101.3	102.2
湖　南	Hunan	104.8	106.4	107.7	104.9	103.1	104.0	101.4	102.3
广　东	Guangdong	111.4	105.5	106.5	102.7	100.6	101.0	99.9	101.6
广　西	Guangxi	108.0	107.5	109.1	103.9	99.8	99.8	99.8	102.3
海　南	Hainan	111.1	108.4	109.3	103.9	100.6	100.1	101.7	100.5
重　庆	Chongqing	106.4	101.7	100.7	104.6	100.6	100.0	101.6	106.3
四　川	Sichuan	108.8	107.9	109.6	105.0	99.4	99.9	98.5	100.8
贵　州	Guizhou	101.3	104.4	105.7	107.6	101.5	100.8	102.8	102.3
云　南	Yunnan	107.3	107.9	109.1	109.3	100.7	100.3	102.4	101.0
西　藏	Tibet	107.7	106.4	106.3	107.8	100.2	99.8	100.8	102.2
陕　西	Shaanxi	107.6	104.5	105.3	106.6	100.6	100.1	101.3	102.9
甘　肃	Gansu	107.5	102.9	102.8	108.4	101.0	99.9	102.7	102.7
青　海	Qinghai	110.4	106.2	107.7	108.3	99.4	100.0	98.8	101.7
宁　夏	Ningxia	108.1	110.3	112.5	107.1	99.8	100.0	99.4	103.0
新　疆	Xinjiang	105.6	102.9	101.9	108.8	101.7	101.3	102.0	99.8

1-83 续表 2 continued

(上年=100) (preceding year=100)

年 份 地 区	Year Region	服 装 Garments	衣着材料 Clothing Material	鞋袜帽 Footgear and Hats	衣着加工服务费 Clothing Manufacturing Service	家庭设备用品及维修服务 Household Facilities, Articles and Services	耐用消费品 Durable Consumer Goods	室内装饰品 Interior Decorations	床上用品 Bed Articles
	2001	97.6	98.8	99.0	100.3	97.7	96.1	98.3	99.3
	2002	97.4	98.9	98.0	99.9	97.5	95.9	98.8	98.7
	2003	97.6	99.2	97.7	100.1	97.4	95.8	98.8	98.4
	2004	98.3	100.2	98.3	100.7	98.6	97.1	99.2	99.3
	2005	98.1	100.0	98.3	101.1	99.9	98.8	99.5	99.4
	2006	99.0	100.5	100.2	101.5	101.2	100.8	100.0	99.6
	2007	99.4	101.6	99.0	102.3	101.9	101.6	100.3	99.4
	2008	98.3	102.4	98.2	104.1	102.8	101.2	100.2	99.7
	2009	97.8	100.9	97.8	103.5	100.2	98.1	99.7	98.8
	2010	99.1	103.0	98.2	102.9	100.0	98.5	99.9	99.9
	2011	102.4	109.2	100.7	107.3	102.4	100.4	101.0	104.7
	2012	103.3	103.5	102.3	107.1	101.9	100.4	100.8	100.4
	2013	102.4	102.2	101.6	106.8	101.5	100.3	100.4	100.5
北 京	Beijing	101.8	103.1	100.8	105.3	101.7	100.8	102.0	98.9
天 津	Tianjin	100.9	99.8	101.6	104.4	102.0	100.7	99.1	104.8
河 北	Hebei	103.3	101.2	101.1	110.8	101.4	100.9	101.5	100.8
山 西	Shanxi	101.8	101.5	102.3	108.3	101.6	100.8	100.8	103.1
内蒙古	Inner Mongolia	103.8	105.0	103.4	105.2	100.8	99.9	101.1	101.6
辽 宁	Liaoning	102.1	102.1	102.0	106.8	101.2	100.0	100.9	100.6
吉 林	Jilin	101.8	100.5	102.8	102.8	100.6	100.1	99.8	101.0
黑龙江	Heilongjiang	102.0	101.4	102.5	103.8	100.0	98.6	99.8	97.4
上 海	Shanghai	100.3	98.5	98.4	105.4	101.3	99.5	98.0	100.8
江 苏	Jiangsu	103.0	104.4	103.5	107.2	102.2	101.6	101.0	100.1
浙 江	Zhejiang	102.8	102.5	102.7	108.8	102.2	100.6	101.4	102.7
安 徽	Anhui	102.5	100.8	101.0	106.1	100.9	99.8	100.9	98.0
福 建	Fujian	101.9	99.4	101.7	106.6	100.4	98.8	100.4	98.0
江 西	Jiangxi	103.4	102.4	100.8	105.0	101.0	99.1	102.4	100.4
山 东	Shandong	103.9	107.4	101.3	106.3	100.3	99.2	99.7	100.6
河 南	Henan	102.5	101.0	102.4	108.6	101.5	101.2	100.9	100.2
湖 北	Hubei	102.4	104.3	100.7	111.9	101.9	99.8	101.1	102.7
湖 南	Hunan	102.4	103.7	101.1	113.8	101.8	100.7	101.0	101.1
广 东	Guangdong	101.8	100.4	100.9	104.0	101.8	99.7	100.1	98.6
广 西	Guangxi	102.8	100.6	100.6	104.0	101.1	100.4	101.0	102.3
海 南	Hainan	100.1	103.7	101.1	105.1	101.6	100.0	100.6	101.3
重 庆	Chongqing	106.2	102.6	106.9	106.7	101.6	100.4	98.0	101.0
四 川	Sichuan	101.0	100.9	100.2	106.4	101.9	100.9	99.6	102.0
贵 州	Guizhou	102.8	101.1	101.0	103.4	101.1	100.9	104.7	95.8
云 南	Yunnan	102.3	100.7	97.3	106.3	101.7	101.1	98.7	101.4
西 藏	Tibet	101.2	101.1	101.7	110.8	100.5	100.3	100.7	101.1
陕 西	Shaanxi	102.6	102.2	103.4	110.1	103.0	101.8	101.5	102.0
甘 肃	Gansu	102.9	103.9	102.0	106.0	101.8	99.9	101.2	99.6
青 海	Qinghai	100.5	101.2	105.0	110.2	100.9	99.4	102.6	100.9
宁 夏	Ningxia	103.1	103.5	102.4	109.3	101.3	100.5	99.8	100.6
新 疆	Xinjiang	99.4	101.6	100.2	106.2	101.3	99.6	100.2	100.8

1-83 续表 3 continued

(上年=100) (preceding year=100)

年份 地区	Year Region	家庭日用杂品 Daily Use Household Articles	家庭服务及加工维修服务费 Household Services and Maintenance and Renovation	医疗保健和个人用品 Health Care and Personal Articles	医疗保健 Health Care	医疗器具及用品 Medical Appliances and Articles	中药材及中成药 Traditional Chinese Medicine	西药 Western Medicine	保健器具及用品 Health Care Appliances and Articles
	2001	98.6	101.5	100.0	100.3	98.3	101.4	94.8	97.3
	2002	98.0	101.2	98.8	98.5	97.2	96.6	94.5	97.1
	2003	98.3	101.1	100.9	101.2	101.0	105.0	94.5	98.2
	2004	99.8	101.9	99.7	99.1	102.3	98.9	94.9	98.6
	2005	100.4	104.4	99.9	99.5	97.4	96.5	97.7	100.0
	2006	101.1	105.8	101.1	100.2	97.2	99.9	98.4	100.3
	2007	101.7	107.2	102.1	102.1	98.2	107.9	99.1	101.1
	2008	104.9	109.0	102.9	102.2	99.7	106.8	101.1	102.1
	2009	102.5	105.2	101.2	101.4	101.6	102.6	101.0	101.1
	2010	100.3	106.7	103.2	103.3	105.0	111.2	101.0	101.6
	2011	102.5	111.4	103.4	102.9	101.9	111.9	99.7	104.4
	2012	102.6	109.7	102.0	101.7	102.7	105.0	100.3	102.5
	2013	101.3	108.7	101.3	101.5	100.7	103.3	100.2	102.1
北京	Beijing	100.3	109.8	100.2	101.2	100.1	103.8	99.9	103.0
天津	Tianjin	101.6	109.2	100.6	101.2	99.9	104.3	100.8	100.1
河北	Hebei	101.8	105.8	101.9	101.9	100.8	103.8	102.7	101.5
山西	Shanxi	100.9	109.6	100.8	100.9	101.0	103.4	101.3	102.7
内蒙古	Inner Mongolia	101.1	104.6	101.4	101.9	101.4	102.2	101.6	100.2
辽宁	Liaoning	102.4	103.1	101.5	101.3	101.3	102.4	101.6	100.4
吉林	Jilin	100.5	104.3	101.3	101.1	101.7	103.1	100.8	100.9
黑龙江	Heilongjiang	101.0	105.5	101.4	101.4	101.0	102.3	100.7	105.0
上海	Shanghai	101.1	108.8	100.0	100.8	100.6	103.3	99.3	103.1
江苏	Jiangsu	102.1	107.1	101.1	101.3	102.0	104.9	98.1	100.5
浙江	Zhejiang	100.8	110.5	100.3	100.3	99.3	100.0	94.3	103.9
安徽	Anhui	100.6	109.6	101.2	101.3	101.3	101.3	101.3	102.3
福建	Fujian	100.7	109.1	101.4	102.2	100.4	103.2	100.0	102.7
江西	Jiangxi	101.4	109.3	101.3	101.2	100.6	102.7	101.0	99.8
山东	Shandong	101.6	104.5	101.0	100.8	99.8	101.8	99.1	101.6
河南	Henan	101.2	110.7	101.5	101.6	101.4	104.0	101.5	102.5
湖北	Hubei	101.6	113.4	102.1	102.2	99.7	103.3	102.9	101.3
湖南	Hunan	101.7	109.1	101.7	101.7	102.5	104.2	101.1	101.8
广东	Guangdong	100.7	109.8	101.3	101.6	101.7	104.4	98.6	102.2
广西	Guangxi	100.9	103.8	100.7	100.9	101.0	100.8	100.5	100.7
海南	Hainan	102.3	106.3	102.8	102.9	102.0	104.2	103.7	102.2
重庆	Chongqing	100.6	111.4	101.0	101.2	100.9	101.2	101.1	102.6
四川	Sichuan	101.2	107.7	102.2	102.3	99.8	102.7	99.8	102.0
贵州	Guizhou	100.8	107.4	101.5	101.0	99.8	103.0	100.9	100.3
云南	Yunnan	101.4	107.8	102.5	102.9	100.7	107.6	101.2	102.8
西藏	Tibet	100.1	101.4	100.2	100.3	99.4	101.6	98.9	99.9
陕西	Shaanxi	102.5	113.7	102.7	102.5	99.9	105.7	100.8	100.2
甘肃	Gansu	102.7	111.2	102.1	102.8	101.7	104.2	102.0	101.2
青海	Qinghai	101.8	107.9	101.7	102.5	101.8	104.4	103.3	104.2
宁夏	Ningxia	102.5	103.4	103.2	103.4	101.3	107.1	101.0	108.1
新疆	Xinjiang	101.0	109.8	101.4	101.5	99.6	102.7	101.3	106.2

1-83 续表 4 continued

(上年=100) (preceding year=100)

年份 Year 地区 Region	医疗保健服务 Health Care Services	个人用品及服务 Personal Articles and Services	化妆美容用品 Cosmetics	清洁化妆用品 Sanitation Articles	个人饰品 Personal Ornaments	个人服务 Personal Services	交通和通信 Transportation and Communication	交通 Transportation
2001	110.5	99.5	99.8	97.9	97.8	101.7	99.0	101.0
2002	108.2	99.5	99.7	97.3	99.3	101.2	98.1	99.1
2003	108.9	100.2	99.5	97.1	102.9	100.8	97.8	99.5
2004	105.2	101.2	98.8	98.4	104.5	101.8	98.5	100.4
2005	105.2	100.8	99.4	99.4	101.6	101.9	99.0	101.5
2006	103.0	103.2	99.7	99.9	110.8	102.5	99.9	103.2
2007	102.2	102.1	100.1	100.3	104.5	103.1	99.1	100.8
2008	100.5	104.4	100.6	101.7	109.7	105.0	99.1	102.2
2009	101.0	100.8	100.8	102.1	96.3	103.8	97.6	98.6
2010	100.9	103.0	100.5	100.4	108.4	102.8	99.6	101.7
2011	100.6	104.4	101.0	101.8	108.8	104.9	100.5	102.6
2012	100.7	102.6	101.3	103.5	100.2	105.3	99.9	101.2
2013	101.5	101.0	101.0	102.0	95.3	105.4	99.6	100.2
北京 Beijing	100.0	98.4	97.0	100.7	92.3	108.8	99.0	100.4
天津 Tianjin	100.0	99.3	101.7	100.2	94.1	102.9	98.6	98.3
河北 Hebei	100.6	102.1	102.7	102.3	97.0	106.2	99.7	100.0
山西 Shanxi	99.3	100.8	102.7	100.9	97.0	104.1	99.2	99.6
内蒙古 Inner Mongolia	102.1	100.7	100.3	102.4	95.5	105.1	99.5	99.4
辽宁 Liaoning	100.6	102.1	101.2	101.8	96.0	105.9	99.7	100.2
吉林 Jilin	100.1	101.7	101.4	102.9	95.8	103.8	99.5	99.9
黑龙江 Heilongjiang	101.3	101.2	100.8	102.2	97.4	103.8	98.7	100.0
上海 Shanghai	100.4	99.3	100.3	102.0	94.2	106.7	100.4	101.3
江苏 Jiangsu	102.0	100.8	101.4	102.5	93.1	105.0	99.7	99.8
浙江 Zhejiang	104.6	100.3	101.6	101.7	93.2	104.5	99.4	99.3
安徽 Anhui	101.2	101.0	100.0	101.9	95.4	105.3	99.9	100.5
福建 Fujian	103.6	100.1	101.3	100.2	95.4	102.7	99.8	100.5
江西 Jiangxi	100.7	101.4	100.9	103.1	96.0	106.2	99.7	100.7
山东 Shandong	102.0	101.5	101.3	102.1	97.7	105.1	99.3	99.7
河南 Henan	100.8	101.3	101.8	101.7	95.5	106.4	100.2	100.8
湖北 Hubei	100.5	101.8	101.1	102.8	94.8	107.8	99.4	100.0
湖南 Hunan	100.6	101.7	101.2	102.3	95.4	104.4	100.0	100.4
广东 Guangdong	101.9	100.8	100.8	101.8	95.0	105.1	99.5	100.0
广西 Guangxi	101.8	100.2	100.2	101.5	94.5	103.8	99.9	100.7
海南 Hainan	101.9	102.6	100.1	102.5	95.5	113.1	101.3	102.3
重庆 Chongqing	100.6	100.6	101.6	103.2	95.8	102.2	98.3	99.3
四川 Sichuan	104.5	102.0	101.1	102.1	95.5	107.3	100.0	100.5
贵州 Guizhou	100.0	102.2	100.0	103.7	97.6	106.4	99.6	101.3
云南 Yunnan	100.3	101.4	100.3	101.1	95.6	106.4	100.2	101.0
西藏 Tibet	101.2	100.2	100.9	101.8	96.0	103.3	100.4	101.3
陕西 Shaanxi	101.6	103.0	102.3	102.5	96.1	108.1	98.7	100.7
甘肃 Gansu	102.5	100.0	101.0	101.9	97.7	104.0	100.0	101.9
青海 Qinghai	101.2	100.3	100.2	102.1	93.9	105.8	99.0	99.7
宁夏 Ningxia	102.8	102.7	101.4	103.3	97.9	106.8	98.6	100.2
新疆 Xinjiang	99.9	101.3	102.5	102.5	95.8	105.1	100.1	101.3

1-83　续表 5　continued

(上年=100)　　(preceding year=100)

年份 Year / 地区 Region		交通工具 Transportation Facility	车用燃料及零配件 Fuels and Parts	车辆使用及维修费 Fees for Vehicles Use and Maintenance	市区公共交通费 Incity Traffic Fare	城市间交通费 Intercity Traffic Fare	通信 Communication	通信工具 Communication Facility	通信服务 Communication Services
	2001	96.4	99.0	100.4	105.8	104.0	96.8	80.5	101.1
	2002	95.0	98.5	100.0	101.9	101.8	97.2	83.5	100.3
	2003	95.9	108.3	98.9	100.6	101.4	96.1	82.1	99.4
	2004	96.5	107.7	101.0	101.0	102.5	96.8	84.3	99.8
	2005	97.3	110.3	102.0	102.2	103.3	96.6	84.1	99.6
	2006	97.8	112.8	102.4	104.8	105.6	96.4	82.2	100.0
	2007	97.7	103.5	102.4	101.3	103.0	97.1	81.8	100.6
	2008	98.4	113.5	100.8	100.5	104.3	95.6	80.7	98.8
	2009	98.0	92.8	101.1	100.6	100.5	96.3	81.7	99.5
	2010	98.7	111.5	101.7	100.7	101.7	97.3	86.5	99.7
	2011	99.0	111.7	103.8	101.7	102.7	97.5	87.0	99.8
	2012	99.2	102.9	104.5	101.4	101.6	98.0	87.8	99.9
	2013	98.8	99.4	104.0	100.9	101.0	98.8	91.8	99.9
北京	Beijing	97.6	99.0	104.9	103.2	101.3	96.1	74.4	99.5
天津	Tianjin	95.3	99.4	109.6	100.0	96.4	98.9	88.7	100.0
河北	Hebei	99.3	98.8	106.5	100.2	100.3	99.4	95.4	99.9
山西	Shanxi	98.6	98.6	105.0	101.4	98.9	98.6	85.1	100.1
内蒙古	Inner Mongolia	96.7	99.1	105.0	100.4	103.5	99.5	97.9	100.0
辽宁	Liaoning	99.9	99.6	102.5	100.5	99.8	99.1	90.8	100.2
吉林	Jilin	98.2	99.0	104.3	100.4	100.8	98.8	93.7	100.0
黑龙江	Heilongjiang	99.5	98.7	102.7	99.5	100.9	97.3	87.4	99.2
上海	Shanghai	98.5	99.0	108.2	100.0	107.2	97.8	79.8	100.0
江苏	Jiangsu	98.4	101.0	103.7	99.4	99.1	99.7	96.9	100.2
浙江	Zhejiang	98.7	98.9	102.3	102.2	99.0	99.8	94.8	100.3
安徽	Anhui	98.2	99.3	103.3	101.9	101.5	99.3	95.2	100.2
福建	Fujian	99.4	100.1	102.1	101.2	102.0	98.9	88.5	100.0
江西	Jiangxi	99.8	99.0	105.4	100.7	101.0	98.7	90.7	100.0
山东	Shandong	99.0	99.2	101.6	100.5	100.4	98.6	92.7	99.8
河南	Henan	98.8	99.7	104.0	103.4	107.7	99.2	93.7	100.1
湖北	Hubei	98.8	99.7	105.9	101.8	97.1	98.7	89.7	100.3
湖南	Hunan	99.0	99.4	103.0	100.5	102.8	99.5	96.5	100.0
广东	Guangdong	99.2	98.9	102.1	100.3	100.9	98.7	90.8	99.9
广西	Guangxi	98.7	98.7	104.6	101.1	103.0	99.0	94.1	100.1
海南	Hainan	101.8	100.4	108.7	106.1	99.8	99.4	90.8	100.2
重庆	Chongqing	97.8	98.9	104.0	101.1	96.1	97.2	93.1	98.2
四川	Sichuan	99.7	99.5	101.8	101.3	100.5	99.3	92.9	100.2
贵州	Guizhou	99.9	101.1	107.3	100.4	101.6	97.7	91.2	98.9
云南	Yunnan	100.2	99.1	107.7	100.6	101.3	99.0	92.9	100.0
西藏	Tibet	100.2	99.0	105.9	102.1	100.8	99.1	98.9	99.2
陕西	Shaanxi	100.4	98.8	105.2	100.4	100.1	96.8	86.9	99.0
甘肃	Gansu	100.4	99.9	105.2	101.7	104.0	98.2	92.7	99.1
青海	Qinghai	98.3	100.4	105.3	100.0	99.2	98.1	91.1	99.8
宁夏	Ningxia	98.4	98.2	101.9	105.7	98.3	96.3	86.0	98.8
新疆	Xinjiang	99.8	99.5	106.4	103.2	99.6	98.9	92.7	100.0

1-83 续表 6 continued

(上年=100) (preceding year=100)

年 份 Year 地 区 Region	娱乐教育文化用品及服务 Recreation, Education and Culture	文娱用耐用消费品及服务 Durable Consumer Goods and Service for Recreational Use	教 育 Education	教材及参考书 Teaching Materials and Reference Books	教育服务 Educational Services	文化娱乐 Cultural and Recreational Articles	文化娱乐用品 Cultural Articles	书报杂志 Newspapers and Magazines
2001	106.6	91.2	113.6	106.1		101.7	99.4	101.9
2002	100.6	90.5	103.7	99.0		101.2	98.9	101.0
2003	101.3	92.7	104.3	101.7		101.3	98.7	100.4
2004	101.3	93.3	103.4	102.8		101.1	99.4	100.6
2005	102.2	93.8	105.1	100.9		101.2	99.8	100.8
2006	99.5	94.2	100.0	100.3		101.0	99.6	100.7
2007	99.0	93.1	99.6	99.1		101.0	99.5	100.7
2008	99.3	92.3	100.5	100.6		101.3	99.9	102.1
2009	99.3	90.6	101.6	102.9		102.5	99.8	107.6
2010	100.6	94.3	101.4	102.6		101.0	99.7	100.6
2011	100.4	93.7	101.3	101.1	101.4	101.1	100.6	101.0
2012	100.5	94.5	101.7	101.7	101.7	101.3	100.4	101.4
2013	101.8	96.3	102.7	102.3	102.8	101.4	100.2	101.0
北 京 Beijing	103.9	92.2	107.2	100.3	107.8	102.7	101.5	101.0
天 津 Tianjin	102.5	94.2	100.2	100.0	100.2	101.1	99.6	101.4
河 北 Hebei	101.7	97.3	102.2	101.1	102.3	101.0	100.6	102.0
山 西 Shanxi	102.5	95.8	102.6	106.6	102.2	101.6	99.9	101.8
内蒙古 Inner Mongolia	101.9	98.5	102.5	100.6	102.7	101.1	99.3	100.6
辽 宁 Liaoning	100.9	96.2	101.9	102.2	101.9	101.3	100.5	100.8
吉 林 Jilin	102.3	97.3	103.7	100.3	104.5	100.4	99.5	100.7
黑龙江 Heilongjiang	100.7	93.3	102.7	101.6	102.9	98.8	99.6	98.7
上 海 Shanghai	100.1	88.7	103.0	103.9	103.0	100.3	98.4	100.4
江 苏 Jiangsu	101.3	97.4	101.1	103.7	100.9	101.8	101.0	101.0
浙 江 Zhejiang	102.5	97.0	103.0	100.1	103.1	101.9	100.0	100.8
安 徽 Anhui	102.7	98.7	103.7	109.0	102.5	100.8	100.5	100.7
福 建 Fujian	101.9	95.5	102.0	111.7	101.0	100.6	99.7	101.4
江 西 Jiangxi	101.8	96.0	102.9	101.0	103.1	100.4	99.2	100.4
山 东 Shandong	101.3	97.8	101.8	101.4	101.9	101.2	100.3	100.9
河 南 Henan	102.9	97.0	104.2	103.3	104.2	105.1	99.9	102.6
湖 北 Hubei	101.5	95.2	102.5	101.8	102.5	100.6	100.1	101.3
湖 南 Hunan	102.1	99.1	102.5	101.0	102.5	100.8	100.6	101.2
广 东 Guangdong	101.9	96.7	103.8	101.4	104.3	101.0	100.3	101.4
广 西 Guangxi	100.8	95.1	102.9	99.8	103.3	101.5	99.1	100.1
海 南 Hainan	101.6	99.2	102.1	101.5	102.2	101.7	101.0	100.1
重 庆 Chongqing	101.4	99.3	103.3	101.8	103.5	101.9	101.1	100.2
四 川 Sichuan	101.6	96.9	102.7	101.3	102.9	101.7	100.0	101.0
贵 州 Guizhou	101.8	94.6	103.0	101.2	103.2	102.9	99.5	104.9
云 南 Yunnan	101.2	97.4	100.6	97.5	101.1	100.3	99.5	100.4
西 藏 Tibet	101.4	99.3	100.6	99.6	101.0	100.8	99.7	101.1
陕 西 Shaanxi	100.8	95.7	101.3	102.4	101.1	102.3	101.6	100.3
甘 肃 Gansu	101.6	97.9	102.4	100.8	102.5	100.1	99.7	100.0
青 海 Qinghai	101.0	95.2	102.9	104.3	102.6	99.9	98.9	102.3
宁 夏 Ningxia	99.7	91.7	103.8	106.1	103.3	103.0	100.9	102.7
新 疆 Xinjiang	101.1	97.2	101.4	101.2	101.4	103.7	100.0	104.6

1-83 续表 7 continued

(上年=100) (preceding year=100)

年份 Year / 地区 Region			居住 Residence				
	文娱费 Expenditure on Culture and Recreation	旅游 Touring and Outing	居住 Residence	建房及装修材料 Building and Decoration Materials	住房租金 Renting	自有住房 Private Housing	水电燃料 Water, Electricity and Fuels
2001	104.4	100.3	101.2	98.8	108.6	100.0	102.5
2002	104.2	95.9	99.9	98.4	104.4	95.4	102.9
2003	104.6	95.4	102.1	99.5	103.5	99.1	105.7
2004	103.2	100.6	104.9	104.3	103.0	100.9	107.5
2005	102.9	99.6	105.4	102.6	101.9	105.6	108.6
2006	102.6	103.1	104.6	103.9	102.7	103.7	105.9
2007	102.7	102.3	104.5	105.1	104.2	107.0	103.0
2008	102.1	101.1	105.5	107.1	103.5	102.8	106.4
2009	102.1	97.5	96.4	100.2	101.6	85.3	97.9
2010	102.3	104.9	104.5	103.3	104.9	103.6	105.5
2011	101.5	103.8	105.3	104.7	105.3	106.5	103.5
2012	101.9	101.7	102.1	101.0	102.7	102.3	102.4
2013	102.4	104.0	102.8	101.2	104.1	103.8	101.6
北京 Beijing	103.3	105.6	105.6	100.8	106.0	106.8	103.4
天津 Tianjin	102.1	113.7	104.4	103.4	99.9	106.0	101.7
河北 Hebei	101.0	105.9	102.0	100.9	102.7	101.9	102.8
山西 Shanxi	102.7	107.9	102.5	100.5	106.3	104.0	100.1
内蒙古 Inner Mongolia	102.1	104.2	102.3	100.4	101.5	103.7	100.7
辽宁 Liaoning	102.1	100.5	102.3	101.0	102.8	103.2	100.8
吉林 Jilin	100.9	104.2	102.4	100.2	103.1	102.4	103.5
黑龙江 Heilongjiang	98.3	101.6	102.4	98.7	103.1	103.8	102.7
上海 Shanghai	101.2	103.4	103.9	101.4	104.0	104.9	102.8
江苏 Jiangsu	102.4	104.0	102.5	100.9	103.3	102.9	101.9
浙江 Zhejiang	102.9	105.2	102.5	101.5	105.4	103.5	100.6
安徽 Anhui	101.2	104.5	101.4	101.1	101.7	101.6	101.1
福建 Fujian	100.9	107.4	103.3	100.8	103.0	103.8	103.7
江西 Jiangxi	101.4	104.3	101.9	101.9	104.8	103.2	100.6
山东 Shandong	102.5	104.1	101.4	101.2	101.7	102.0	100.5
河南 Henan	109.4	101.4	101.9	100.4	103.5	103.8	99.6
湖北 Hubei	100.6	104.2	103.1	101.8	103.9	104.3	102.2
湖南 Hunan	100.8	106.5	101.8	102.1	103.4	102.8	100.0
广东 Guangdong	101.4	102.3	103.7	101.6	106.9	105.3	101.7
广西 Guangxi	104.0	100.1	102.7	101.9	102.5	103.0	103.2
海南 Hainan	104.1	102.3	103.4	97.9	104.9	107.6	102.9
重庆 Chongqing	103.0	98.2	102.8	102.9	103.7	103.3	101.5
四川 Sichuan	103.7	101.9	103.7	101.8	105.5	104.9	102.1
贵州 Guizhou	103.9	104.9	103.0	101.5	105.8	105.1	100.9
云南 Yunnan	101.1	107.1	103.6	102.5	104.9	103.5	104.4
西藏 Tibet	102.0	108.1	102.5	101.9	100.4	104.1	102.5
陕西 Shaanxi	103.8	102.7	102.8	99.5	105.0	104.4	102.0
甘肃 Gansu	100.2	107.5	102.7	101.3	104.0	103.3	102.5
青海 Qinghai	100.0	101.6	104.5	100.2	107.0	106.0	103.8
宁夏 Ningxia	105.0	95.1	102.2	100.4	110.8	103.6	102.0
新疆 Xinjiang	106.6	102.8	103.4	99.1	103.3	104.8	101.6

1-84 城镇居民人均收入与支出

PER CAPITA INCOME AND EXPENDITURE OF URBAN HOUSEHOLDS

指　标	Item	1990	1995	2000	2010	2011	2012	2013
人均总收入(元)	**Per Capita Annual Income(yuan)**	**1516.21**	**4288.09**	**6295.91**	**21033**	**23979**	**26959**	**29547**
工资性收入	Income from Wages and Salaries	1149.70	3385.30	4480.50	13707.68	15411.91	17335.62	18929.79
经营净收入	Net Business Income	22.50	77.53	246.24	1713.51	2209.74	2548.29	2797.11
财产性收入	Income from Properties	15.60	90.43	128.38	520.33	648.97	706.96	809.88
转移性收入	Income from Transfer	328.41	734.83	1440.78	5091.90	5708.58	6368.12	7010.26
#可支配收入	Disposable Income	1510.16	4282.95	6279.98	19109.44	21809.78	24564.72	26955.10
人均现金消费支出(元)	**Per Capita Annual Cash Consumption Expenditure(yuan)**	**1278.89**	**3537.57**	**4998.00**	**13471.45**	**15160.89**	**16674.32**	**18022.64**
食　品	Food	693.77	1771.99	1971.32	4804.71	5506.33	6040.85	6311.92
衣　着	Clothing	170.90	479.20	500.46	1444.34	1674.70	1823.39	1902.02
居　住	Residence	60.86	283.76	565.29	1332.14	1405.01	1484.26	1745.15
家庭设备及用品	Household Facilities and Articles	108.45	263.36	374.49	908.01	1023.17	1116.06	1215.07
交通通信	Transport and Communications	40.51	183.22	426.95	1983.70	2149.69	2455.47	2736.88
文教娱乐	Education, Culture and Recreation	112.26	331.01	669.58	1627.64	1851.74	2033.50	2293.99
医疗保健	Health Care and Medical Services	25.67	110.11	318.07	871.77	968.98	1063.68	1118.26
其他	Others	66.57	114.92	171.83	499.15	581.26	657.10	699.36
人均现金消费支出构成(人均现金消费支出=100)	**Composition of Per Capita Annual Cash Consumption Expenditure(Per Capita Annual Cash Consumption Expenditure=100)**							
食　品	Food	54.25	50.09	39.44	35.67	36.32	36.23	35.02
衣　着	Clothing	13.36	13.55	10.01	10.72	11.05	10.94	10.55
居　住	Residence	4.76	8.02	11.31	9.89	9.27	8.90	9.68
家庭设备及用品	Household Facilities and Articles	8.48	7.44	7.49	6.74	6.75	6.69	6.74
交通通信	Transport and Communications	3.17	5.18	8.54	14.73	14.18	14.73	15.19
文教娱乐	Education, Culture and Recreation	8.78	9.36	13.40	12.08	12.21	12.20	12.73
医疗保健	Health Care and Medical Services	2.01	3.11	6.36	6.47	6.39	6.38	6.20
其他	Others	5.21	3.25	3.44	3.71	3.83	3.94	3.88

注：1.本表及1-85表为城镇住户抽样调查资料。

2.从2002年起，城镇住户调查对象由原来的非农业人口改为城市市区和县城关镇住户，本篇章相关资料均按新口径计算，历史数据作了相应调整。

a) Data from this table to 1-85 are obtained from the sample surveys on urban households.

b) Since 2002, the objects of urban households survey are changed from non-farm households to households in the district areas of all city and county towns. The relative data in the chapter are calculated according to the new standard, and historical data have been adjusted accordingly.

1-85　分地区城镇居民人均收入来源（2013年）
PER CAPITA INCOME OF URBAN HOUSEHOLDS BY SOURCES AND REGION (2013)

单位：元　　　　(yuan)

地　区	Region	可支配收　入 Disposable Income	总收入 Total Income	工资性收入 Income from Wages and Salaries	经营净收入 Net Business Income	财产性收入 Income from Properties	转移性收入 Income from Transfers
全　国	**National Average**	**26955.10**	**29547.05**	**18929.79**	**2797.11**	**809.88**	**7010.26**
北　京	Beijing	40321.00	45273.84	30273.01	1487.18	574.33	12939.31
天　津	Tianjin	32293.57	35655.52	23231.85	1257.57	586.56	10579.54
河　北	Hebei	22580.35	24142.88	14588.36	2449.37	374.01	6731.00
山　西	Shanxi	22455.63	24013.60	16216.40	1220.90	359.10	6217.20
内蒙古	Inner Mongolia	25496.67	26978.05	18377.94	3612.75	508.64	4478.72
辽　宁	Liaoning	25578.17	27904.89	15882.02	3009.60	674.17	8339.10
吉　林	Jilin	22274.60	23544.19	14388.26	2482.01	355.22	6318.70
黑龙江	Heilongjiang	19596.96	21149.20	12525.77	2237.60	264.18	6121.64
上　海	Shanghai	43851.36	48879.33	33235.39	2317.02	787.74	12539.18
江　苏	Jiangsu	32538.00	35131.00	21890.00	3565.72	764.00	8911.27
浙　江	Zhejiang	37851.00	41241.00	24453.00	5123.00	1486.00	10179.00
安　徽	Anhui	23114.22	25006.16	15535.34	2558.66	833.32	6078.84
福　建	Fujian	30816.37	33382.69	21443.39	3486.13	2106.61	6346.56
江　西	Jiangxi	21872.68	22949.38	14767.52	2455.91	1068.24	4657.71
山　东	Shandong	28264.10	30628.11	21562.13	2996.16	781.37	5288.44
河　南	Henan	22398.03	23686.53	14704.24	2706.79	491.51	5783.99
湖　北	Hubei	22906.42	25180.49	15571.83	2340.01	535.76	6732.89
湖　南	Hunan	23413.99	24643.00	13951.38	3215.37	1096.34	6379.90
广　东	Guangdong	33090.05	36503.91	25286.45	3791.29	1609.73	5816.44
广　西	Guangxi	23305.38	25028.72	15647.77	2326.75	997.91	6056.30
海　南	Hainan	22928.90	24919.86	15773.04	2721.09	829.96	5595.78
重　庆	Chongqing	25216.13	26850.32	16654.66	2329.35	675.24	7191.07
四　川	Sichuan	22367.63	23893.89	14976.04	2286.66	784.02	5847.17
贵　州	Guizhou	20667.07	21413.04	13627.56	3244.92	576.25	3964.30
云　南	Yunnan	23235.53	24698.33	15140.70	2540.32	1459.33	5557.98
西　藏	Tibet	20023.35	22560.67	19604.00	713.10	423.87	1819.70
陕　西	Shaanxi	22858.37	24108.80	16440.99	1003.89	322.82	6341.10
甘　肃	Gansu	18964.78	20149.05	13329.73	1301.74	365.09	5152.48
青　海	Qinghai	19498.54	22130.99	14015.57	1696.71	294.35	6124.36
宁　夏	Ningxia	21833.33	23766.75	15363.92	2626.08	196.43	5580.31
新　疆	Xinjiang	19873.77	22387.85	15585.27	1803.48	152.66	4846.44

1-86 农村居民家庭基本情况

BASIC CONDITIONS OF RURAL HOUSEHOLDS

指　　标	Item	1990	1995	2000	2010	2011	2012
调查户数(户)	**Number of Households Surveyed (household)**	**66960**	**67340**	**68116**	**68190**	**73630**	**73750**
调查户人口(人)	**Number of Residents Surveyed (person)**						
平均每户常住人口	Average Number of Permanent Residents Per Household	4.80	4.48	4.20	3.95	3.90	3.88
平均每户整半劳动力	Average Number of Full/Semi Labour Force Per Household	2.92	2.88	2.76	2.85	2.78	2.76
平均每个劳动力负担人口(含本人)	Average Number of Dependents per Labour Force (including the laborer himself or herself)	1.64	1.56	1.52	1.39	1.40	1.40
人均全年收入(元)	**Per Capita Annual Income(yuan)**						
总收入	Total Income	990.38	2337.87	3146.21	8119.51	9833.14	10990.67
工资性收入	Income from Wages and Salaries	138.80	353.70	702.30	2431.05	2963.43	3447.46
家庭经营收入	Income from Household Operations	815.79	1877.42	2251.28	4937.48	5939.79	6460.97
财产性收入	Income from Properties	35.79	40.98	45.04	202.25	228.57	249.05
转移性收入	Income from Transfers		65.77	147.59	548.74	701.35	833.18
现金收入	Cash Income	676.67	1595.56	2381.60	7088.76	8638.51	9787.19
工资性收入	Income from Wages and Salaries	136.43	352.88	700.41	2427.89	2959.74	3443.53
家庭经营收入	Income from Household Operations	481.19	1116.73	1498.81	3955.36	4810.37	5313.14
财产性收入	Income from Properties	59.05	38.19	38.89	168.33	185.76	219.28
转移性收入	Income from Transfers		87.76	143.49	537.18	682.64	811.25
纯收入	Net Income	686.31	1577.74	2253.42	5919.01	6977.29	7916.58
工资性收入	Income from Wages and Salaries	138.80	353.70	702.30	2431.05	2963.43	3447.46
家庭经营纯收入	Income from Household Operations	518.55	1125.79	1427.27	2832.80	3221.98	3533.37
财产性收入	Income from Properties	28.96	40.98	45.04	202.25	228.57	249.05
转移性收入	Income from Transfers		57.27	78.81	452.92	563.32	686.70
人均全年支出(元)	**Per Capita Annual Expenditures(yuan)**						
总支出	Total Expenditure	903.47	2138.33	2652.42	6991.79	8641.63	9605.53
家庭经营费用支出	Expenditure for Household Operations	241.09	621.71	654.27	1915.62	2431.05	2626.00
购置生产性固定资产	Purchase of Productive Fixed Assets	20.29	62.33	63.90	193.26	265.75	272.61
税费支出	Taxes and Fees	38.66	88.65	95.52	8.57	11.67	10.04
消费支出	Expenses on Consumption	584.63	1310.36	1670.13	4381.82	5221.13	5908.02
财产性支出	Expenses on Properties	18.80	55.28	19.74	49.25	12.27	9.86
转移性支出	Expenses on Transfers			148.86	443.27	699.76	778.99
现金支出	Cash Expenditure	639.06	1545.81	2140.37	6307.43	7984.94	8961.85
家庭经营费用支出	Expenditure for Household Operations	162.90	454.74	544.49	1757.58	2269.19	2483.01
购买生产性固定资产	Purchase of Productive Fixed Assets	20.46	62.32	63.91	193.26	265.75	272.61
税费支出	Taxes and Fees	33.37	76.96	89.81	8.56	11.65	9.96
消费支出	Expenses on Consumption	374.74	859.43	1284.74	3859.33	4733.35	5414.47
财产性支出	Expenses on Properties	47.59	92.35	9.82	49.25	12.27	9.86
转移性支出	Expenses on Transfers			147.60	439.45	692.73	771.94

注：本表及1-87表为农村住户抽样调查资料。

a) Data from this table to 1-87 are obtained from the sample surveys on rural households.

1-87　分地区按来源分农村居民家庭人均纯收入（2013年）
PER CAPITA NET INCOME OF RURAL HOUSEHOLDS BY SOURCES AND REGION (2013)

单位：元　　(yuan)

地　区	Region	纯收入 Net Income	工资性收入 Income from Wages and Salaries	家庭经营纯收入 Income from Household Operations	财产性收入 Income from Properties	转移性收入 Income from Transfers
全　国	**National Average**	**8895.91**	**4025.37**	**3793.17**	**293.05**	**784.32**
北　京	Beijing	18337.45	12034.89	833.39	2023.51	3445.67
天　津	Tianjin	15841.05	9091.51	4571.61	1119.95	1057.97
河　北	Hebei	9101.90	5236.74	3219.16	161.63	484.36
山　西	Shanxi	7153.50	4041.06	2273.92	93.17	745.35
内蒙古	Inner Mongolia	8595.73	1694.61	5348.40	370.99	1181.73
辽　宁	Liaoning	10522.69	4209.39	5160.19	283.16	869.95
吉　林	Jilin	9621.21	1813.23	6855.13	187.86	764.98
黑龙江	Heilongjiang	9634.14	1991.35	6365.38	429.64	847.76
上　海	Shanghai	19595.00	12239.37	1062.02	1446.83	4846.78
江　苏	Jiangsu	13597.77	7608.55	4258.42	572.08	1158.72
浙　江	Zhejiang	16105.97	9204.28	4758.55	727.48	1415.66
安　徽	Anhui	8097.86	3733.52	3681.43	113.63	569.29
福　建	Fujian	11184.15	5193.92	4890.49	359.90	739.84
江　西	Jiangxi	8781.47	4422.08	3683.81	190.96	484.62
山　东	Shandong	10619.95	5127.17	4525.16	283.85	683.77
河　南	Henan	8475.34	3581.56	4285.38	160.30	448.08
湖　北	Hubei	8866.95	3868.21	4381.55	99.13	518.07
湖　南	Hunan	8372.13	4595.58	2961.95	147.71	666.89
广　东	Guangdong	11669.31	7072.37	2596.40	1040.50	960.05
广　西	Guangxi	6790.90	2712.27	3420.36	70.44	587.83
海　南	Hainan	8342.57	3001.54	4153.79	347.91	839.32
重　庆	Chongqing	8331.97	4089.15	3136.47	234.68	871.66
四　川	Sichuan	7895.33	3542.78	3321.21	202.26	829.08
贵　州	Guizhou	5434.00	2572.61	2355.85	78.37	427.17
云　南	Yunnan	6141.31	1729.19	3650.37	229.78	531.97
西　藏	Tibet	6578.24	1475.32	4156.97	88.89	857.05
陕　西	Shaanxi	6502.60	3151.23	2500.00	212.35	639.02
甘　肃	Gansu	5107.76	2203.41	2230.99	132.85	540.51
青　海	Qinghai	6196.39	2347.46	2570.33	165.93	1112.67
宁　夏	Ningxia	6930.97	2878.36	3250.01	133.34	669.26
新　疆	Xinjiang	7296.46	1311.84	4654.48	230.09	1100.05

二、就业与失业

EMPLOYMENT AND UNEMPLOYMENT

2-1 年末城镇登记失业人数及登记失业率
URBAN REGISTERED UNEMPLOYMENT AND UNEMPLOYMENT RATE AT THE YEAR-END

单位：万人，%　　(10 000 persons,%)

年　份 Year	登记失业人数 Urban Registered Unemployment		比上年增长 Increase over Preceeding year		登记失业率 Registered Unemployment Rate
	合　计 Total	#失业青年 Youth	合　计 Total	#失业青年 Youth	
1978	530.0	249.1			5.3
1979	567.6	258.2	7.1	3.7	5.4
1980	541.5	382.5	-4.6	48.1	4.9
1981	439.5	343.0	-18.8	-10.3	3.8
1982	379.4	293.8	-13.7	-14.3	3.2
1983	271.4	222.0	-28.5	-24.4	2.3
1984	235.7	195.9	-13.2	-11.8	1.9
1985	238.5	196.9	1.2	0.5	1.8
1986	264.4	209.3	10.9	6.3	2.0
1987	276.6	235.1	4.6	12.3	2.0
1988	296.2	245.3	7.1	4.3	2.0
1989	377.9	309.0	27.6	26.0	2.6
1990	383.2	312.7	1.4	1.2	2.5
1991	352.2	288.4	-8.1	-7.8	2.3
1992	363.9	299.8	3.3	4.0	2.3
1993	420.1	331.9	15.4	10.7	2.6
1994	476.4	301.0	13.4	-9.3	2.8
1995	519.6	310.2	9.1	3.1	2.9
1996	552.8		6.3		3.0
1997	576.8		4.3		3.1
1998	571.0		-1.0		3.1
1999	575.0		0.7		3.1
2000	595.0		3.5		3.1
2001	681.0		14.4		3.6
2002	770.0		13.1		4.0
2003	800.0		3.9		4.3
2004	827.0		3.4		4.2
2005	839.0		1.5		4.2
2006	847.0		1.0		4.1
2007	830.0		-2.0		4.0
2008	886.0		6.7		4.2
2009	921.0		4.0		4.3
2010	908.0		-1.4		4.1
2011	922.0		1.5		4.1
2012	917.0		-0.5		4.1
2013	926.0		1.0		4.05

2-2 各地区年末城镇登记失业人数及登记失业率

URBAN REGISTERED UNEMPLOYMENT AND UNEMPLOYMENT RATE AT THE YEAR-END BY REGION

单位：万人，%　　　　(10 000 persons,%)

地区	Region	登记失业人员 Unemployment									登记失业率 Unemployment Rate								
		2005	2006	2007	2008	2009	2010	2011	2012	2013	2005	2006	2007	2008	2009	2010	2011	2012	2013
北京	Beijing	10.6	10.4	10.6	10.3	8.2	7.7	8.1	8.1	7.5	2.1	2.0	1.8	1.8	1.4	1.4	1.4	1.3	1.2
天津	Tianjin	11.7	11.7	15.0	13.0	15.0	16.1	20.1	20.4	21.7	3.7	3.6	3.6	3.6	3.6	3.6	3.6	3.6	3.6
河北	Hebei	27.8	28.7	29.3	32.2	34.5	35.1	36.0	36.8	37.2	3.9	3.8	3.8	4.0	3.9	3.9	3.8	3.7	3.7
山西	Shanxi	14.3	15.6	16.1	17.5	21.6	20.4	21.1	21.0	21.1	3.0	3.2	3.2	3.3	3.9	3.6	3.5	3.3	3.1
内蒙古	Inner Mongolia	17.7	18.0	18.5	19.9	20.1	20.8	21.8	23.1	23.8	4.3	4.1	4.0	4.1	4.0	3.9	3.8	3.7	3.7
辽宁	Liaoning	60.4	54.1	44.5	41.7	41.6	38.9	39.4	38.1	39.6	5.6	5.1	4.3	3.9	3.9	3.6	3.7	3.6	3.4
吉林	Jilin	27.6	26.3	23.9	24.3	23.4	22.7	22.2	22.3	22.6	4.2	4.2	3.9	4.0	4.0	3.8	3.7	3.7	3.7
黑龙江	Heilongjiang	31.3	31.2	31.5	32.1	31.4	36.2	35.0	41.3	41.4	4.4	4.4	4.3	4.2	4.3	4.3	4.1	4.2	4.4
上海	Shanghai	27.5	27.8	26.7	26.6	27.9	27.6	27.0	26.7	25.3		4.4	4.2	4.2	4.3	4.4	3.5	3.1	4.0
江苏	Jiangsu	41.6	40.4	39.3	41.1	40.7	40.6	41.4	40.5	37.6	3.6	3.4	3.2	3.3	3.2	3.2	3.2	3.1	3.0
浙江	Zhejiang	29.0	29.1	28.6	30.7	30.7	31.1	31.7	33.4	33.4	3.7	3.5	3.3	3.5	3.3	3.2	3.1	3.0	3.0
安徽	Anhui	27.8	28.2	28.0	29.3	30.1	26.9	33.1	31.3	32.4	4.4	4.3	4.1	3.9	3.9	3.7	3.7	3.7	3.4
福建	Fujian	14.9	15.1	14.9	15.0	15.2	14.5	14.6	14.5	14.7	4.0	3.9	3.9	3.9	3.9	3.8	3.7	3.6	3.6
江西	Jiangxi	22.8	25.3	24.3	26.0	27.3	26.3	24.6	25.7	27.4	3.5	3.6	3.4	3.4	3.4	3.3	3.0	3.0	3.2
山东	Shandong	42.9	43.7	43.5	45.0	45.1	44.5	45.1	43.4	42.2	3.3	3.3	3.2	3.7	3.4	3.4	3.4	3.3	3.2
河南	Henan	33.0	35.4	33.1	36.5	38.5	38.2	38.4	38.3	40.2	3.5	3.5	3.4	3.4	3.5	3.4	3.4	3.1	3.1
湖北	Hubei	52.6	52.6	54.1	55.1	55.3	55.7	55.1	42.3	40.2	4.3	4.2	4.2	4.2	4.2	4.2	4.1	3.8	3.5
湖南	Hunan	41.9	43.3	44.4	47.0	47.8	43.2	43.1	44.1	45.6	4.3	4.3	4.3	4.2	4.1	4.2	4.2	4.2	4.2
广东	Guangdong	34.5	36.2	36.2	38.1	39.5	39.3	38.8	39.6	38.0	2.6	2.6	2.5	2.6	2.6	2.5	2.5	2.5	2.4
广西	Guangxi	18.5	20.0	18.5	18.8	19.1	19.1	18.8	18.9	18.0	4.2	4.2	3.8	3.8	3.7	3.7	3.5	3.4	3.3
海南	Hainan	5.1	5.2	5.4	5.6	5.3	4.8	2.9	3.6	3.9	3.6	3.6	3.5	3.7	3.5	3.0	1.7	2.0	2.2
重庆	Chongqing	16.9	15.4	14.1	13.0	13.4	13.0	13.0	12.4	12.1	4.1	4.0	4.0	4.0	4.0	3.9	3.5	3.3	3.4
四川	Sichuan	34.3	36.1	34.8	37.9	36.3	34.6	36.9	40.7	42.9	4.6	4.5	4.2	4.6	4.3	4.1	4.2	4.0	4.1
贵州	Guizhou	12.1	12.1	12.1	12.5	12.3	12.2	12.5	12.6	13.7	4.2	4.1	4.0	4.0	3.8	3.6	3.6	3.3	3.3
云南	Yunnan	13.0	13.8	14.0	14.8	15.4	15.7	16.0	17.4	18.1	4.2	4.3	4.2	4.2	4.3	4.2	4.1	4.0	4.0
西藏	Tibet					2.0	2.1	1.0	1.6	1.6					3.8	4.0	3.2	2.6	2.5
陕西	Shaanxi	21.5	21.5	21.0	20.8	21.5	21.4	20.9	19.5	21.1	4.2	4.0	4.0	3.9	3.9	3.9	3.6	3.2	3.3
甘肃	Gansu	9.3	9.7	9.5	9.4	10.3	10.7	10.8	9.8	9.3	3.3	3.6	3.3	3.2	3.3	3.2	3.1	2.7	2.3
青海	Qinghai	3.6	3.7	3.7	3.9	4.1	4.2	4.4	4.1	4.2	3.9	3.9	3.8	3.8	3.8	3.8	3.8	3.4	3.3
宁夏	Ningxia	4.4	4.2	4.4	4.8	4.8	4.8	5.2	4.6	4.7	4.5	4.3	4.3	4.4	4.4	4.4	4.4	4.2	4.1
新疆	Xinjiang	11.1	11.6	11.7	11.8	11.9	11.0	11.1	11.8	11.9	3.9	3.9	3.9	3.7	3.8	3.2	3.2	3.4	3.4
新疆兵团	Xingjiang Production and Construction Crops	2.7	3.0	2.6	2.8	3.0	2.5	2.8	2.9	3.0	2.8	3.0	2.6	2.8	2.9	2.4	2.6	2.5	2.6

2-3 各地区城镇登记失业人员情况(2013年)

BASIC CONDITIONS OF URBAN REGISTERED UNEMPLOYMENT BY REGION (2013)

单位：万人 (10000person)

地区 Region	上年末结转登记失业人员 Unemployment at Last Year-end	本年新登记的失业人员 Unemployment Newly Regis-tered This Year	#女性 Female	#就业转失业人数 Unemploy-employed	本年失业人员就业人数 From the Unemployed This Year	#女性 Female	本年末登记失业人数 Unemployment at the Year-end	#女性 Female	#长期失业者 Long-term Unemployment
北京 Beijing	8.1	20.2	8.5	14.0	19.1	7.9	7.5	3.0	0.2
天津 Tianjin	20.4	9.6	4.6	6.1	8.4	4.1	21.7	11.3	0.1
河北 Hebei	36.8	45.3	17.3	8.0	43.7	15.5	37.2	15.9	4.5
山西 Shanxi	21.0	27.8	10.7	6.1	27.2	9.7	21.1	7.1	3.7
内蒙古 Inner Mongolia	23.1	24.9	11.0	6.1	24.2	10.8	23.8	10.4	1.8
辽宁 Liaoning	38.1	103.7	49.3	78.2	102.2	48.2	39.6	18.2	0.8
吉林 Jilin	22.3	37.2	17.6	12.9	35.4	16.1	22.6	10.3	0.9
黑龙江 Heilongjiang	41.3	74.1	31.6	48.2	68.7	31.2	41.4	18.0	2.7
上海 Shanghai	26.7	42.0	15.9	25.0	42.5	18.2	25.3	8.2	5.5
江苏 Jiangsu	40.5	112.9	53.8	80.3	114.1	62.8	37.6	16.8	2.4
浙江 Zhejiang	33.4	48.2	23.2	22.8	46.3	21.1	33.4	15.2	3.2
安徽 Anhui	31.3	39.5	17.7	10.2	38.1	16.8	32.4	14.3	1.3
福建 Fujian	14.5	40.7	19.9	14.8	32.8	15.6	14.7	6.6	4.0
江西 Jiangxi	24.7	41.1	18.5	7.8	39.2	14.6	27.4	8.6	1.0
山东 Shandong	43.4	81.1	39.7	38.1	77.3	28.8	42.2	18.1	2.0
河南 Henan	37.7	59.8	20.8	15.1	55.2	18.5	40.2	17.9	1.4
湖北 Hubei	42.3	50.3	20.6	9.8	48.7	20.6	40.2	17.4	2.5
湖南 Hunan	44.1	43.8	18.7	14.9	41.7	18.8	45.6	16.4	2.4
广东 Guangdong	39.6	64.8	31.4	24.2	64.0	30.0	38.0	14.1	4.3
广西 Guangxi	18.9	19.9	9.1	5.3	18.8	8.5	18.0	7.5	0.8
海南 Hainan	3.6	5.0	2.0	1.6	4.3	2.6	3.9	1.6	0.4
重庆 Chongqing	12.4	29.3	15.8	11.2	26.1	15.0	12.1	6.4	0.2
四川 Sichuan	40.7	73.2	30.0	23.1	64.9	30.8	42.9	19.6	1.4
贵州 Guizhou	12.6	15.0	6.6	3.2	13.6	6.2	13.7	6.1	0.8
云南 Yunnan	17.4	33.6	15.4	9.3	31.8	14.7	18.1	8.0	2.4
西藏	1.6	1.8	0.8	0.3	1.8	0.8	1.6	0.7	
陕西 Shaanxi	19.5	20.4	8.9	2.3	18.2	7.9	21.1	6.8	2.1
甘肃 Gansu	9.7	29.4	14.4	7.9	29.5	14.5	9.3	4.0	1.2
青海 Qinghai	4.1	6.1	2.5	1.8	6.0	2.6	4.2	1.7	0.8
宁夏 Ningxia	4.6	10.2	5.3	4.8	10.1	5.2	4.7	1.8	0.1
新疆 Xinjiang	11.8	48.9	21.0	9.9	46.8	20.6	11.9	4.7	0.4
新疆兵团 Xingjiang Production and Construction Crops	2.9	5.9	3.1	1.2	5.7	3.0	3.0	1.3	0.2

2-4 公共就业服务工作情况(2013年)

单位：人

项 目	Item	本期单位登记招聘人数 Total Registered Job Vacancies This Year	本期登记求职人数 Total Registered Job-seekers This Year	#女性 Female	#城镇登记失业人员 Urban Registered Unemployed persons	#高校毕业生 College Graduates	#农村劳动者 Rural Labours
总 计	**Total**	**64094870**	**46735129**	**18480758**	**11952253**	**5369404**	**17167205**
市(地、州)及以上公共就业人才服务机构	Public Employment (Talent) Services Institution of City (Prefecture) and Above	26259424	17434288	5943045	4050086	3083484	4062820
区(县)公共就业人才服务机构	Public Employment (Talent) Services Institution of District (County)	29203208	22193021	9498229	5848069	1892650	9593472
街道公共就业人才服务机构	Public Employment (Talent) Services Institution of Street	3539413	2235904	974995	986996	158747	681046
乡镇公共就业人才服务机构	Public Employment (Talent) Services Institution of Town	3674821	3581911	1510139	485922	143241	2414419
社区公共就业人才服务窗口	Public Employment (Talent) Services Window of Community	1057615	993389	435456	536138	79302	201585
行政村公共就业人才服务窗口	Public Employment (Talent) Services Window of Administrative Village	360389	296616	118894	45042	11980	213863

SITUATIONS OF PUBLIC EMPLOYMENT SERVICES (2013)

(person)

本期职业指导人数 Person-times of Vocational Guidance This Year	#女性 Female	本期创业服务人数 Person-times of Vocational Guidance	#女性 Female	本期介绍成功人数 Placed Job-seekers	#女性 Female	#城镇登记失业人员 Urban Registered Unemployed persons	#高校毕业生 College Graduates	#农村劳动者 Rural Labours
20087583	**8696377**	**3495277**	**1209308**	**20409333**	**8545532**	**6026868**	**2174268**	**8201664**
6098133	2775901	1238896	410254	6039652	2475704	1879477	1174330	1634731
10224277	4462810	1886939	627084	10566545	4426754	3034059	809018	4549601
1272936	433981	127956	52020	1061589	493809	511275	84127	303793
1714703	679440	135619	66882	2070025	849929	298278	70016	1480934
555880	265716	89984	45530	494397	225821	275611	31990	99806
221654	78529	15883	7538	177125	73515	28168	4787	132799

2-5 各地区公共就业服务工作情况(2013年)

单位：人

地区	Region	本期单位登记招聘人数 Total Registered Job Vacancies This Year	本期登记求职人数 Total Registered Job-seekers This Year	#女性 Female	#城镇登记失业人员 Urban Registered Unemployed persons	#高校毕业生 College Graduates	#农村劳动者 Rural Labours
总　计	**National Total**	**64094870**	**46735129**	**18480758**	**11952253**	**5369404**	**17167205**
北　京	Beijing	1688102	521514	180635	97861	73849	64220
天　津	Tianjin	1025277	988364	441752	205296	65010	140688
河　北	Hebei	2296106	1813667	629105	272714	420271	490421
山　西	Shanxi	910036	831502	350699	193681	81491	298632
内蒙古	Inner Mongolia	634344	570338	208730	271349	86258	158952
辽　宁	Liaoning	3955686	2874604	906747	762464	469173	469197
吉　林	Jilin	1046530	868608	339416	334830	47727	232018
黑龙江	Heilongjiang	1161993	1368924	586551	768183	126139	250851
上　海	Shanghai	1576779	918301				
江　苏	Jiangsu	6718952	6303320	3078434	1553640	615199	2420368
浙　江	Zhejiang	5417126	2722510	879216	352844	173335	1637377
安　徽	Anhui	2761974	1850125	801784	498133	262114	693044
福　建	Fujian	4419470	3005392	1328393	611147	368859	2280348
江　西	Jiangxi	1765890	1609099	758537	511119	89059	601317
山　东	Shandong	3746567	2825251	1290142	959269	473786	864927
河　南	Henan	2499250	1881280	530382	349965	253620	445097
湖　北	Hubei	2047746	1604979	743355	403398	119282	533853
湖　南	Hunan	3720977	3134018	945309	996484	395882	802376
广　东	Guangdong	5374076	3044225	1267968	645391	211167	1536352
广　西	Guangxi	2534803	1450519	469147	230227	183709	543612
海　南	Hainan	637684	317330	55443	43379	54221	76015
重　庆	Chongqing	1149679	836898	363459	389997	47483	337868
四　川	Sichuan	1670707	1102022	544123	528800	142009	403138
贵　州	Guizhou	1510755	537275	171134	98346	49874	137397
云　南	Yunnan	614602	477482	212135	177365	68517	192402
西　藏	Tibet	41477	37692	17405	17570	2295	13290
陕　西	Shaanxi	1176452	1274495	530530	196212	346658	418153
甘　肃	Gansu	437221	387274	185579	197125	52107	88551
青　海	Qinghai	648549	631884	250051	48875	30108	522691
宁　夏	Ningxia	212974	302458	90946	17845	4971	272197
新　疆	Xinjiang	468011	414565	194196	178752	35938	126507
兵　团	Xinjiang Production and Construction Corps	225075	229214	129455	39992	19293	115346

SITUATIONS OF PUBLIC EMPLOYMENT SERVICES BY REGION (2013)

(person)

本期职业指导人数 Person-times of Vocational Guidance This Year	#女性 Female	本期创业服务人数 Person-times of Vocational Guidance	#女性 Female	本期介绍成功人数 Placed Job-seekers	#女性 Female	#城镇登记失业人员 Urban Registered Unemployed persons	#高校毕业生 College Graduates	#农村劳动者 Rural Labours
20087583	**8696377**	**3495277**	**1209308**	**20409333**	**8545532**	**6026868**	**2174268**	**8201664**
636012	97127	15918	7052	148043	55701	65670	10529	32804
570564	271348	44647	18750	469934	249141	207882	62887	132929
828866	317845	749237	30444	946662	372722	136303	264526	160623
251743	114331	51763	33116	532461	236816	198039	67410	240425
258884	126576	50134	24738	335918	141212	180813	37695	124229
516186	220848	158077	72314	905667	345508	361774	159936	141385
402539	187286	53482	27279	413705	182533	180682	21866	139671
621794	276789	49391	22485	689098	297485	416905	49395	139992
38279		82781		359667				
2687542	1185607	455712	206692	2216591	1045255	665181	226110	757528
1559541	507783	131195	61556	1270491	527124	181100	71288	637992
721134	334624	88324	41326	909078	375528	265931	136597	383303
657366	318901	18957	8079	1397960	627887	241038	175154	1080239
705939	344355	85549	43385	689152	337005	209079	22320	286136
1382821	670270	227925	94754	1433510	656956	457886	249280	460220
863047	367871	266830	114726	674988	266221	178798	72490	268408
920503	435811	100058	51038	733788	338512	223223	58600	277654
1604540	693199	216762	80384	959898	415927	334680	136351	315396
713675	344730	151822	61394	1216890	448513	461961	55760	490646
349000	149744	40516	13979	487062	211220	102708	41811	299679
40289	18608	10274	2791	43308	19482	13478	7914	19341
716125	332390	47701	22098	367276	159346	167756	24471	149765
924320	496009	118255	40202	704724	301450	248279	33023	224489
179163	80179	50421	21558	332592	77429	45537	22420	76347
343066	137724	56882	31388	303287	123813	115062	37807	135905
39906	23142	761	354	24364	13948	13769	2891	8452
390276	171205	78945	33245	373983	162036	95729	57706	181405
210168	101294	43037	21955	192582	86856	80590	22969	55033
572301	213832	11997	5902	560846	205378	36840	9996	502298
138788	33293	14019	5560	285890	79754	11463	3540	267290
162755	76629	18012	8799	250692	117470	111433	21620	104094
80451	47027	5893	1965	179226	67304	17279	9906	107986

三、城镇单位就业人员和工资总额

EMPLOYMENT AND TOTAL WAGES IN URBAN UNITS

3-1 分行业城镇单位就业人员和工资总额(2013年)

URBAN UNITS EMPLOYMENT AND TOTAL WAGES BY SECTOR(2013)

项目	Item	年末人数(千人) Year-end Figures (1000 persons)	#女性 Female	工资总额(亿元) Total Wages (100 million yuan)	平均工资(元) Average Wage (yuan)
全国总计	**National Total**	**181084**	**63383**	**93064.3**	**51483**
农、林、牧、渔业	**Agriculture, Forestry, Animal Husbandry and Fishery**	**2948**	**1087**	**758.0**	**25820**
农业	Farming	1706	712	419.9	24467
林业	Forestry	728	204	172.4	24469
畜牧业	Animal Husbandry	178	69	44.1	24826
渔业	Fishery	32	9	10.2	31611
农、林、牧、渔服务业	Service in Support of Agriculture	305	92	111.4	36520
采矿业	**Mining**	**6365**	**1117**	**3833.2**	**60138**
煤炭开采和洗选业	Mining and Washing of Coal	4471	635	2633.8	59058
石油和天然气开采业	Extraction of Petroleum and Natural Gas	760	239	607.4	77390
黑色金属矿采选业	Mining and Processing of Ferrous Metal Ores	295	52	154.0	53397
有色金属矿采选业	Mining and Processing of Non-Ferrous Metal Ores	297	54	129.6	43700
非金属矿采选业	Mining and Processing of Non-metal Ores	224	49	86.0	38380
开采辅助活动	Support Activities for Mining	315	87	221.4	69591
其他采矿业	Mining of Other Ores	2		0.9	40746
制造业	**Manufacturing**	**52579**	**20738**	**24566.6**	**46431**
农副食品加工业	Processing of Food from Agricultural Products	1890	790	685.4	36784
食品制造业	Manufacture of Foods	1244	601	537.1	43956
酒、饮料和精制茶制造业	Manufacture of Liquor, Beverages and Refined Tea	1093	405	475.3	43271
烟草制品业	Manufacture of Tobacco	233	84	269.5	118011
纺织业	Manufacture of Textile	2208	1304	820.5	36811
纺织服装、服饰业	Manufacture of Textile, Wearing Apparel and Accessories	2631	1750	996.8	37581
皮革、毛皮、羽毛及其制品和制鞋业	Manufacture of Leather, Fur, Feather and Related Products and Footwear	1836	1088	641.6	34519
木材加工和木、竹、藤、棕、草制品业	Processing of Timber, Manufacture of Wood, Bamboo, Rattan, Palm and Straw Products	439	167	149.6	34303
家具制造业	Manufacture of Furniture	586	207	235.3	40527
造纸及纸制品业	Manufacture of Paper and Paper Products	768	275	310.6	40416
印刷和记录媒介复制业	Printing and Reproduction of Recording Media	599	260	259.5	42804
文教、工美、体育和娱乐用品制造业	Manufacture of Articles for Culture, Education, Arts and Crafts, Sport and Entertainment Activities	1330	762	492.6	36128
石油加工、炼焦和核燃料加工业	Processing of Petroleum, Coking and Processing of Nuclear Fuel	691	187	420.7	60583
化学原料和化学制品制造业	Manufacture of Raw Chemical Materials and Chemical Products	2883	865	1427.6	49089
医药制造业	Manufacture of Medicines	1560	713	777.7	50099
化学纤维制造业	Manufacture of Chemical Fibres	253	102	103.5	40900
橡胶和塑料制品业	Manufacture of Rubber and Plastics Products	1892	783	802.2	42019
非金属矿物制品业	Manufacture of Non-metallic Mineral Products	2567	732	999.3	38755
黑色金属冶炼和压延加工业	Smelting and Pressing of Ferrous Metals	2687	524	1372.4	50370
有色金属冶炼和压延加工业	Smelting and Pressing of Non-ferrous Metals	1297	306	593.3	45548
金属制品业	Manufacture of Metal Products	1849	561	814.9	44145
通用设备制造业	Manufacture of General Purpose Machinery	2824	808	1409.2	49664
专用设备制造业	Manufacture of Special Purpose Machinery	2168	584	1163.4	53191
汽车制造业	Manufacture of Automobiles	3193	848	1812.1	57331
铁路、船舶、航空航天和其他运输设备制造业	Manufacture of Railway, Ship, Aerospace and Other Transport Equipments	1240	315	703.2	54814

3-1 续表 1 continued

项　目	Item	年末人数（千人）Year-end Figures (1000 persons)	#女 性 Female	工资总额（亿元）Total Wages (100 million yuan)	平均工资（元）Average Wage (yuan)
电气机械和器材制造业	Manufacture of Electrical Machinery and Apparatus	3991	1625	1909.1	47436
计算机、通信和其他电子设备制造业	Manufacture of Computers, Communication and Other Electronic Equipment	7433	3604	3779.3	50143
仪器仪表制造业	Manufacture of Measuring Instruments and Machinery	749	322	391.6	51589
其他制造业	Other Manufacture	228	113	99.5	43309
废弃资源综合利用业	Utilization of Waste Resources	80	23	34.6	42936
金属制品、机械和设备修理业	Repair Service of Metal Products, Machinery and Equipment	134	30	79.3	58992
电力、热力、燃气及水生产和供应业	**Production and Supply of Electricity, Heat, Gas and Water**	**4045**	**1098**	**2715.3**	**67085**
电力、热力生产和供应业	Production and Supply of Electric Power and Heat Power	3239	812	2329.9	71754
燃气生产和供应业	Production and Supply of Gas	237	75	131.4	56336
水的生产和供应业	Production and Supply of Water	569	210	253.9	44774
建筑业	**Construction**	**29219**	**2954**	**12315.1**	**42072**
房屋建筑业	Construction of Buildings	20311	1832	8405.3	41260
土木工程建筑业	Civil Engineering	5517	708	2493.4	44365
建筑安装业	Building Installation	1724	218	737.9	44348
建筑装饰和其他建筑业	Building Decoration and Other Constructions	1667	196	678.5	41991
批发和零售业	**Wholesale and Retail Trades**	**8908**	**4463**	**4451.9**	**50308**
批发业	Wholesale Trade	4007	1684	2625.5	65615
零售业	Retail Trade	4901	2778	1826.4	37674
交通运输、仓储和邮政业	**Transport, Storage and Post**	**8462**	**2190**	**4834.6**	**57993**
铁路运输业	Railway Transport	1796	303	1327.1	75112
道路运输业	Road Transport	3806	971	1589.5	42066
水上运输业	Water Transport	483	82	360.6	74662
航空运输业	Air Transport	494	177	570.2	119055
管道运输业	Transport Via Pipelines	38	9	29.1	75222
装卸搬运和运输代理业	Loading, Unloading and Forwarding Agency	443	140	275.6	60350
仓储业	Storage	325	93	148.0	45291
邮政业	Post	1077	415	534.5	53077
住宿和餐饮业	**Hotels and Catering Services**	**3044**	**1688**	**1038.3**	**34044**
住宿业	Hotels	1625	889	592.9	36113
餐饮业	Catering Services	1419	799	445.5	31631
信息传输、软件和信息技术服务业	**Information Transmission, Software and Information Technology**	**3273**	**1289**	**2957.7**	**90915**
电信、广播电视和卫星传输服务	Telecommunication, Radio and Television and Satellite Transmission Service	1886	802	1356.9	71825
互联网和相关服务	Internet and Related Service	186	75	215.6	118374
软件和信息技术服务业	Software and Information Technology	1201	412	1385.3	117196
金融业	**Financial Intermediation**	**5379**	**2723**	**5269.0**	**99653**
货币金融服务	Monetary and Financial Service	3385	1666	3884.5	116355
资本市场服务	Capital Market Service	199	80	333.0	165895
保险业	Insurance	1729	950	927.5	55127
其他金融业	Other Financial Activities	67	27	124.0	188860
房地产业	**Real Estate**	**3737**	**1341**	**1882.3**	**51048**
#房地产开发经营	Development and Management of Real Estate	1747	603	1100.7	63525
物业管理	Property Management	1606	589	570.9	36231
房地产中介服务	Agency Services of Real Estate	199	80	111.7	58144

3-1 续表 2 continued

项　　目	Item	年末人数(千人) Year-end Figures (1000 persons)	#女 性 Female	工资总额(亿元) Total Wages (100 million yuan)	平均工资(元) Average Wage (yuan)
租赁和商务服务业	**Leasing and Business Services**	**4219**	**1385**	**2629.4**	**62538**
租赁业	Leasing	89	21	47.5	54508
商务服务业	Business Services	4130	1364	2581.8	62708
科学研究和技术服务业	**Scientific Research and Technical Services**	**3878**	**1171**	**2940.3**	**76602**
研究和试验发展	Research and Experimental Development	822	277	716.2	87892
专业技术服务业	Professional Technical Services	2499	708	1887.2	76271
科技推广和应用服务业	Science and Technology Popularization and Application Services	557	187	336.9	61341
水利、环境和公共设施管理业	**Management of Water Conservancy, Environment and Public Facilities**	**2592**	**1046**	**933.7**	**36123**
水利管理业	Management of Water Conservancy	500	138	207.9	41429
生态保护和环境治理业	Ecological Protection and Environmental Treatment	126	41	58.8	47080
公共设施管理业	Management of Public Facilities	1965	867	666.9	34064
居民服务、修理和其他服务业	**Service to Households, Repair and Other Services**	**723**	**293**	**277.2**	**38429**
居民服务业	Service to Households	281	127	111.3	39642
机动车、电子产品和日用产品修理业	Repair of Motor Vehicle, Electronics and Household Products	119	37	52.5	43647
其他服务业	Other Services	323	129	113.4	35406
教育	**Education**	**16872**	**8766**	**8721.1**	**51950**
#初等教育	Primary Education	5854	3278	2746.3	47066
中等教育	Secondary Education	7466	3632	3795.7	51084
高等教育	Senior Education	2097	949	1475.6	70898
卫生和社会工作	**Health and Social Service**	**7700**	**4738**	**4397.8**	**57979**
卫生	Health	7495	4628	4304.6	58355
社会工作	Social Service	205	110	93.2	44677
文化、体育和娱乐业	**Culture, Sports and Entertainment**	**1470**	**641**	**867.8**	**59336**
新闻和出版业	Journalism and Publishing Activities	356	157	267.5	75025
广播、电视、电影和影视录音制作业	Radio, Television, Motion Picture and Videotape Programme Production Services	435	172	278.9	64394
文化艺术业	Cultural and Art Activities	449	211	211.8	47480
体育	Sports Activities	138	60	70.3	51028
娱乐业	Entertainment	92	42	39.3	44162
公共管理、社会保障和社会组织	**Public Management, Social Security and Social Organization**	**15670**	**4655**	**7675.0**	**49259**
#中国共产党机关	Organs of Communist Party of China	579	150	304.5	52902
国家机构	Government Agencies	14400	4236	7043.1	49207
人民政协、民主党派	People's Political Consultative Conference and Democratic Parties	102	27	58.9	57553
社会保障	Social Security	156	73	69.8	44979
群众团体、社会团体和其他成员组织	Non-Governmental Organizations, Social Organizations and Membership Organizations	346	137	176.1	50528

3-2 各地区分行业城镇单位就业人员和工资总额(2013年)
URBAN UNITS EMPLOYMENT AND TOTAL WAGES BY SECTOR AND REGION(2013)

地区	Region	总计 Total 年末人数(人) Year-end Figures (person)	#女性 Female	工资总额(千元) Total Wages (1000 yuan)	平均工资(元) Average Wage (yuan)	农、林、牧、渔业 Agriculture, Forestry, Animal Husbandry and Fishery 年末人数(人) Year-end Figures (person)	#女性 Female	工资总额(千元) Total Wages (1000 yuan)	平均工资(元) Average Wage (yuan)
全国	**National**	**181084467**	**63382611**	**9306429104**	**51483**	**2948334**	**1087129**	**75796003**	**25820**
北京	Beijing	7422565	2983376	686976159	93006	31346	12687	1565700	48352
天津	Tianjin	3024363	1056913	205376398	67773	5346	1606	295991	55191
河北	Hebei	6533580	2326574	272414544	41501	52407	17033	727871	13859
山西	Shanxi	4640385	1522262	216114410	46407	21983	6381	650426	29661
内蒙古	Inner Mongolia	3038389	1067416	159908704	50723	240787	77889	7149241	29501
辽宁	Liaoning	6890700	2167316	322970106	45505	233243	91260	3017330	13058
吉林	Jilin	3384417	1159172	147660846	42846	136648	44049	3168439	23249
黑龙江	Heilongjiang	4677910	1670493	194794730	40794	798991	295800	18879026	23824
上海	Shanghai	6188374	2464606	567659573	90908	13418	3882	769739	55329
江苏	Jiangsu	15032500	4681038	839639082	57177	66017	25727	1978525	29334
浙江	Zhejiang	10716126	3553600	598513272	56571	7534	2092	356450	47000
安徽	Anhui	5196698	1621515	246454958	47806	49105	18226	1215515	24302
福建	Fujian	6440257	2379689	313534902	48538	45443	12539	1189800	26205
江西	Jiangxi	4450069	1534596	187797203	42473	55802	14741	1529450	26459
山东	Shandong	12905996	4377183	609883894	46998	17962	5153	717829	39617
河南	Henan	10759866	3718576	404872580	38301	51860	15484	1303070	25268
湖北	Hubei	6965121	2279379	301239594	43899	90963	37791	2209277	24336
湖南	Hunan	6009912	1982303	253806029	42726	22820	7379	492108	21744
广东	Guangdong	19669811	8200978	1046743751	53318	61724	20933	1547601	24884
广西	Guangxi	4029943	1442641	163420440	41391	91409	30910	2092683	23430
海南	Hainan	987580	378450	43769603	44971	47698	17278	944153	20032
重庆	Chongqing	4020300	1262113	196040302	50007	11396	2934	397149	35415
四川	Sichuan	8462367	2779655	400336112	47965	37407	10444	1294296	34437
贵州	Guizhou	2967145	963723	138705209	47364	15760	4418	524519	33490
云南	Yunnan	4281304	1455796	178670421	42447	71087	25264	1736558	24290
西藏	Tibet	310217	109575	17773895	57773	8479	574	116832	13761
陕西	Shaanxi	5053327	1731858	240942256	47446	26097	7916	952724	36800
甘肃	Gansu	2566454	806510	110903605	42833	52254	17865	1523937	29317
青海	Qinghai	641946	230667	33046138	51393	14207	4800	467759	32204
宁夏	Ningxia	721759	255003	38986902	50476	20069	6700	709130	32753
新疆	Xinjiang	3095086	1219635	167473486	49064	549072	247374	16272875	30199

3-2 续表 1 continued

地区	Region	农业 Farming 年末人数(人) Year-end Figures (person)	#女性 Female	工资总额(千元) Total Wages (1000 yuan)	平均工资(元) Average Wage (yuan)	林业 Forestry 年末人数(人) Year-end Figures (person)	#女性 Female	工资总额(千元) Total Wages (1000 yuan)	平均工资(元) Average Wage (yuan)
全国	**National**	**1705851**	**712428**	**41985752**	**24467**	**727880**	**204085**	**17244072**	**24469**
北京	Beijing	11275	5072	409428	35168	3009	916	165668	46601
天津	Tianjin	930	299	56132	58532	545	141	24919	45143
河北	Hebei	36570	12783	314192	8569	5331	1314	146322	27417
山西	Shanxi	4206	1233	130145	30950	8259	1971	209389	25458
内蒙古	Inner Mongolia	103823	39713	2565957	24608	81870	18624	2673552	32362
辽宁	Liaoning	207544	83785	2156177	10510	11423	3146	348822	29844
吉林	Jilin	29984	13125	613437	20382	75339	20237	1663666	22218
黑龙江	Heilongjiang	474176	202683	12463039	25453	284530	80083	5321487	20357
上海	Shanghai	5429	1991	303715	51182	333	96	22844	60917
江苏	Jiangsu	52627	21805	1469214	27126	3636	1095	98046	26877
浙江	Zhejiang	2203	679	81581	36699	1774	429	93876	51552
安徽	Anhui	26990	10873	579343	20935	9232	2703	230367	24837
福建	Fujian	17058	5261	244887	14385	12802	2673	437758	34307
江西	Jiangxi	21063	5407	535653	23219	18055	4355	453385	25121
山东	Shandong	2887	892	123800	41007	4537	1208	153010	33489
河南	Henan	25379	8864	570445	22622	7512	1759	174574	23273
湖北	Hubei	67831	30873	1691717	24988	4253	1291	104832	24471
湖南	Hunan	5474	1969	114965	21176	11776	3662	262367	22339
广东	Guangdong	32133	10888	718044	22088	19130	6994	492922	25791
广西	Guangxi	50298	18062	952872	19203	27678	9097	710416	27100
海南	Hainan	3758	1234	97950	25920	41651	15401	776372	18928
重庆	Chongqing	1761	585	46880	27740	2251	575	72792	32366
四川	Sichuan	1635	550	53802	34313	19639	5535	647885	32550
贵州	Guizhou	3927	1452	115791	29629	5271	1261	167362	31548
云南	Yunnan	22352	9818	259047	11637	23985	7822	527070	21513
西藏	Tibet	383	132	14265	37245	7179	203	74086	10314
陕西	Shaanxi	4591	1501	129485	29150	9579	2666	353323	37028
甘肃	Gansu	22226	8507	524942	23677	12753	3855	346764	27534
青海	Qinghai	5042	2276	92085	18264	3162	668	118243	38743
宁夏	Ningxia	11054	4333	310950	25509	3200	1185	131150	36461
新疆	Xinjiang	451242	205783	14245812	32201	8186	3120	240803	29409

3-2 续表 2 continued

地 区	Region	畜牧业 Animal Husbandry				渔 业 Fishery			
		年末人数（人） Year-end Figures (person)	#女 性 Female	工资总额（千元） Total Wages (1000 yuan)	平均工资（元） Average Wage (yuan)	年末人数（人） Year-end Figures (person)	#女 性 Female	工资总额（千元） Total Wages (1000 yuan)	平均工资（元） Average Wage (yuan)
全 国	**National**	**177784**	**69425**	**4408073**	**24826**	**31998**	**9158**	**1018620**	**31611**
北 京	Beijing	13374	5327	641460	47785	493	162	47790	93158
天 津	Tianjin	1344	377	73353	55486	220	50	14278	64027
河 北	Hebei	3985	722	83427	20846	194	27	4957	26651
山 西	Shanxi	1301	352	25069	19195	120	45	3538	29240
内蒙古	Inner Mongolia	26039	10214	730796	27979	3885	1323	68343	16327
辽 宁	Liaoning	1294	338	25930	20132	5574	1660	246625	44493
吉 林	Jilin	7253	2518	126262	17370	2365	911	50702	21466
黑龙江	Heilongjiang	17112	6729	412205	23377	2768	756	67124	24606
上 海	Shanghai	3028	1106	144576	48630	2407	99	125443	51815
江 苏	Jiangsu	2716	1152	135207	52487	938	244	33466	35451
浙 江	Zhejiang	918	339	34273	38423	647	134	23898	36880
安 徽	Anhui	804	304	17689	19248	634	175	14691	22812
福 建	Fujian	417	139	10627	26435	255	67	10731	41432
江 西	Jiangxi	4132	1795	187934	45648	1175	350	29420	25167
山 东	Shandong	871	406	25758	30197	1170	296	56423	49063
河 南	Henan	5520	1787	160178	29097	703	215	22702	33985
湖 北	Hubei	1109	391	28656	25816	2734	995	52610	19285
湖 南	Hunan	489	169	8629	17719	2794	974	56284	20188
广 东	Guangdong	1154	392	34801	30053	1181	290	42324	34243
广 西	Guangxi	2618	809	89099	33584	358	78	10899	30025
海 南	Hainan	729	267	20667	26598	426	99	8063	19061
重 庆	Chongqing	703	224	24486	34732	60	12	1940	32333
四 川	Sichuan	2279	565	59548	26152	130	25	3981	30623
贵 州	Guizhou	1459	473	35664	25133	214	63	3858	21315
云 南	Yunnan	981	280	30166	30471	47	11	1862	39617
西 藏	Tibet	131	34	3961	30237				
陕 西	Shaanxi	922	269	30588	33503	57	15	1361	25204
甘 肃	Gansu	843	227	36914	43326	111	22	3878	34937
青 海	Qinghai	1832	405	47316	25494	41	10	1476	36000
宁 夏	Ningxia	2058	95	65069	31618	60		1678	27967
新 疆	Xinjiang	70369	31220	1057765	15203	237	50	8275	34916

3-2 续表 3 continued

地 区	Region	农、林、牧、渔服务业 Service in Support of Agriculture				采矿业 Mining			
		年末人数（人）Year-end Figures (person)	#女 性 Female	工资总额（千元）Total Wages (1000 yuan)	平均工资（元）Average Wage (yuan)	年末人数（人）Year-end Figures (person)	#女 性 Female	工资总额（千元）Total Wages (1000 yuan)	平均工资（元）Average Wage (yuan)
全 国	**National**	**304821**	**92033**	**11139486**	**36520**	**6364500**	**1116867**	**383317795**	**60138**
北 京	Beijing	3195	1210	301354	92810	67584	10112	5605084	82623
天 津	Tianjin	2307	739	127309	55184	76133	18704	6362991	82111
河 北	Hebei	6327	2187	178973	28274	282686	46854	17554754	61544
山 西	Shanxi	8097	2780	282285	34971	1030136	155730	69440506	68633
内蒙古	Inner Mongolia	25170	8015	1110593	44164	215410	35876	15015349	69278
辽 宁	Liaoning	7408	2331	239776	32350	340321	66153	19450345	56411
吉 林	Jilin	21707	7258	714372	32952	153963	30565	7790290	49884
黑龙江	Heilongjiang	20405	5549	615171	29251	384127	80970	21362444	56637
上 海	Shanghai	2221	590	173161	78389	526	115	58029	113338
江 苏	Jiangsu	6100	1431	242592	39646	136190	29424	8167082	58932
浙 江	Zhejiang	1992	511	122822	61411	9722	1376	456748	46043
安 徽	Anhui	11445	4171	373425	32458	331031	33939	23181567	70893
福 建	Fujian	14911	4399	485797	32477	27679	4730	1074364	38110
江 西	Jiangxi	11377	2834	323058	28336	83298	15097	3490012	41762
山 东	Shandong	8497	2351	358838	42078	746032	157729	47869887	62390
河 南	Henan	12746	2859	375171	29588	625749	111749	31893122	51158
湖 北	Hubei	15036	4241	331462	22157	89496	18782	3791871	41853
湖 南	Hunan	2287	605	49863	22842	154984	17637	5752126	37388
广 东	Guangdong	8126	2369	259510	31729	29402	5970	2028030	71465
广 西	Guangxi	10457	2864	329397	31470	43566	10211	1693250	37414
海 南	Hainan	1134	277	41101	36180	7946	2137	371367	45707
重 庆	Chongqing	6621	1538	251051	38564	101350	12525	4559757	45092
四 川	Sichuan	13724	3769	529080	38602	231977	45138	11871890	51485
贵 州	Guizhou	4889	1169	201844	41626	184167	22247	8439267	45308
云 南	Yunnan	23722	7333	918413	38760	229195	29565	9525673	41997
西 藏	Tibet	786	205	24520	30921	5670	1265	336865	57940
陕 西	Shaanxi	10948	3465	437967	40041	363122	62470	25324612	69904
甘 肃	Gansu	16321	5254	611439	37620	105772	16021	6166985	57788
青 海	Qinghai	4130	1441	208639	46017	44155	11531	3216012	72764
宁 夏	Ningxia	3697	1087	200283	53466	66016	11006	5366746	81809
新 疆	Xinjiang	19038	7201	720220	39034	197095	51239	16100770	79421

3-2 续表 4 continued

地区	Region	煤炭开采和洗选业 Mining and Washing of Coal 年末人数(人) Year-end Figures (person)	#女性 Female	工资总额(千元) Total Wages (1000 yuan)	平均工资(元) Average Wage (yuan)	石油和天然气开采业 Extraction of Petroleum and Natural Gas 年末人数(人) Year-end Figures (person)	#女性 Female	工资总额(千元) Total Wages (1000 yuan)	平均工资(元) Average Wage (yuan)
全国	**National**	**4471409**	**634967**	**263384385**	**59058**	**760092**	**238979**	**60743507**	**77390**
北京	Beijing	15919	1675	1191072	76044	2037	361	185504	96116
天津	Tianjin	17522	3425	826248	45361	19759	6552	1935884	98383
河北	Hebei	195410	28428	12438906	62801	29973	8793	2455231	83577
山西	Shanxi	1015356	153362	68734090	68941	4429	1137	319711	73345
内蒙古	Inner Mongolia	191091	31178	13942605	72452	999	363	68371	66965
辽宁	Liaoning	187435	21696	9549689	50446	44082	16573	3915813	80198
吉林	Jilin	78456	8330	3366181	42396	33559	10305	2315173	69477
黑龙江	Heilongjiang	253946	32290	10827606	43872	114082	43928	9764088	85501
上海	Shanghai					170	37	40669	237830
江苏	Jiangsu	91504	16594	5663135	60790	20913	6198	1353015	63891
浙江	Zhejiang								
安徽	Anhui	294674	25448	21454703	72038				
福建	Fujian	17149	1815	680170	39110				
江西	Jiangxi	56521	10095	2259675	39700				
山东	Shandong	539214	97468	32953812	60724	108770	40857	8762136	69193
河南	Henan	478438	72102	24290515	51051	59235	15505	4005951	66336
湖北	Hubei	15650	1612	532570	33503	18459	5842	1144387	60288
湖南	Hunan	102980	9334	3681992	35966	53	33	827	15604
广东	Guangdong					7467	804	875173	134891
广西	Guangxi	14323	2343	645357	40355	153	5	12619	83020
海南	Hainan					51	17	4120	82400
重庆	Chongqing	93117	10506	4036542	43455	1286	463	182750	142329
四川	Sichuan	124543	20996	5424317	43591	35944	11231	3104334	87513
贵州	Guizhou	167657	20234	7823457	45961	150	80	4140	27600
云南	Yunnan	151288	14363	6059294	40502	146	50	10647	72925
西藏	Tibet	22	8	760	34545				
陕西	Shaanxi	177382	18688	13984027	79167	134033	30923	8891687	66652
甘肃	Gansu	56673	9777	3342547	59306	25647	2765	1856304	70946
青海	Qinghai	10602	1374	483747	46327	25663	8249	2358596	91365
宁夏	Ningxia	65292	10851	5330601	82162	288	61	18144	62351
新疆	Xinjiang	59245	10975	3860767	65044	72744	27847	7158233	94986

3-2 续表 5 continued

地区 Region	黑色金属矿采选业 Mining and Processing of Ferrous Metal Ores				有色金属矿采选业 Mining and Processing of Non-ferrous Metal Ores			
	年末人数（人） Year-end Figures (person)	#女性 Female	工资总额（千元） Total Wages (1000 yuan)	平均工资（元） Average Wage (yuan)	年末人数（人） Year-end Figures (person)	#女性 Female	工资总额（千元） Total Wages (1000 yuan)	平均工资（元） Average Wage (yuan)
全　国 National	**294882**	**52188**	**15403421**	**53397**	**297064**	**54376**	**12957529**	**43700**
北　京 Beijing	25248	4923	1948491	75491	8		288	36000
天　津 Tianjin	12816	665	1693751	132190				
河　北 Hebei	47016	7487	2317010	48656	85	14	5616	46800
山　西 Shanxi	7213	639	254873	35597	1455	185	66457	40746
内蒙古 Inner Mongolia	5920	1347	314244	54255	10296	1456	457739	44610
辽　宁 Liaoning	16919	2773	766047	43963	23403	1673	902182	41051
吉　林 Jilin	8545	1234	341330	39824	9123	1604	361109	38959
黑龙江 Heilongjiang	1487	369	51955	36155	1698	322	54748	29261
上　海 Shanghai								
江　苏 Jiangsu	3980	879	207424	51649	1694	458	136186	77643
浙　江 Zhejiang	1376	219	81474	58071	1030	223	55936	55109
安　徽 Anhui	31120	7403	1452094	60570	3080	629	186967	60234
福　建 Fujian	1669	283	78131	46424	1484	260	58188	38974
江　西 Jiangxi	2874	316	96790	34069	19103	3743	962755	50293
山　东 Shandong	25256	4198	1486273	61895	32127	7217	1692539	52410
河　南 Henan	5157	786	176116	36275	29607	5782	991154	33525
湖　北 Hubei	11149	2193	334112	29829	4716	1052	146554	30025
湖　南 Hunan	5899	457	209035	35714	28363	4740	1267645	45330
广　东 Guangdong	3826	694	183843	47951	4494	1052	275627	60378
广　西 Guangxi	7063	1980	216268	30957	15973	4098	629929	38981
海　南 Hainan	5203	1523	300078	56480	451	135	14695	33627
重　庆 Chongqing	1293	396	70749	54089	193	5	11649	62294
四　川 Sichuan	10670	2306	525866	49354	17064	4031	805260	45975
贵　州 Guizhou	4101	363	158272	39312	2547	397	94258	36379
云　南 Yunnan	20874	4221	933553	44781	42323	6986	1784196	42757
西　藏 Tibet	1368	211	66043	40567	4126	953	265905	66047
陕　西 Shaanxi	11686	1977	378419	32863	19765	3325	737119	37490
甘　肃 Gansu	4330	477	156877	33251	11415	2004	380719	32773
青　海 Qinghai	922	83	47105	50005	3174	697	191207	61402
宁　夏 Ningxia	208	47	8803	43365				
新　疆 Xinjiang	9694	1739	548395	54686	8267	1335	420902	49182

3-2 续表 6 continued

地 区	Region	非金属矿采选业 Mining and Processing of Non-metal Ores				开采辅助活动 Support Activities for Mining			
		年末人数（人） Year-end Figures (person)	#女 性 Female	工资总额（千元） Total Wages (1000 yuan)	平均工资（元） Average Wage (yuan)	年末人数（人） Year-end Figures (person)	#女 性 Female	工资总额（千元） Total Wages (1000 yuan)	平均工资（元） Average Wage (yuan)
全 国	**National**	**224039**	**48799**	**8595228**	**38380**	**314873**	**87095**	**22144817**	**69591**
北 京	Beijing	514	49	23958	46162	23852	3103	2255397	94360
天 津	Tianjin	7497	1113	450308	58741	18539	6949	1456800	76184
河 北	Hebei	9917	2085	333084	34106	13	2	443	34077
山 西	Shanxi	1147	186	32690	28980	536	221	32685	67531
内蒙古	Inner Mongolia	6971	1508	224283	31611	19	7	798	42000
辽 宁	Liaoning	7516	1210	239338	31844	60349	22150	4048168	68504
吉 林	Jilin	1521	348	43581	25338	22759	8744	1362916	57062
黑龙江	Heilongjiang	2378	538	71529	30594	10528	3518	592429	56288
上 海	Shanghai	356	78	17360	50909				
江 苏	Jiangsu	17825	5249	799190	43899	274	46	8132	29571
浙 江	Zhejiang	7316	934	319338	42567				
安 徽	Anhui	1991	398	82122	42617	42	1	625	14881
福 建	Fujian	7352	2370	256263	33723	5		128	25600
江 西	Jiangxi	4151	716	148612	37005	428	135	16007	37400
山 东	Shandong	9367	1967	321790	33509	31298	6022	2653337	82818
河 南	Henan	13078	5245	402679	32664	40133	12309	2021323	50056
湖 北	Hubei	19894	3137	682867	34716	19468	4892	943941	47628
湖 南	Hunan	17658	3067	590261	33589				
广 东	Guangdong	12267	3092	536287	44146	1332	326	156665	118060
广 西	Guangxi	6004	1772	188657	31884				
海 南	Hainan	2241	462	52474	22569				
重 庆	Chongqing	5453	1152	257678	47332	8	3	389	48625
四 川	Sichuan	22143	3776	788969	35716	21550	2786	1220801	59975
贵 州	Guizhou	9646	1151	357190	38774	46	16	1447	31457
云 南	Yunnan	14530	3942	737277	51001	9	3	301	33444
西 藏	Tibet	143	85	3981	31346				
陕 西	Shaanxi	4301	789	135534	32463	15945	6766	1197566	70979
甘 肃	Gansu	3702	446	151029	41894	3841	516	268094	65790
青 海	Qinghai	3794	1128	135357	34841				
宁 夏	Ningxia	162	47	7218	44556				
新 疆	Xinjiang	3204	759	204324	52471	43899	8580	3906425	85876

3-2 续表 7 continued

地 区	Region	其他采矿业 Mining of Other Ores				制造业 Manufacturing			
		年末人数（人）Year-end Figures (person)	#女 性 Female	工资总额（千元）Total Wages (1000 yuan)	平均工资（元）Average Wage (yuan)	年末人数（人）Year-end Figures (person)	#女 性 Female	工资总额（千元）Total Wages (1000 yuan)	平均工资（元）Average Wage (yuan)
全 国	**National**	**2141**	**463**	**88908**	**40746**	**52579395**	**20737596**	**2456663670**	**46431**
北 京	Beijing	6	1	374	62333	1034888	371816	76368368	72915
天 津	Tianjin					1223296	434152	76832337	63093
河 北	Hebei	272	45	4464	16412	1503358	477293	60807457	40169
山 西	Shanxi					731369	232060	26977855	36683
内蒙古	Inner Mongolia	114	17	7309	64114	475162	146341	21773801	45338
辽 宁	Liaoning	617	78	29108	44576	1794581	522982	82107260	45416
吉 林	Jilin					884034	262980	40932921	46613
黑龙江	Heilongjiang	8	5	89	11125	649885	215559	26115023	39691
上 海	Shanghai					2117904	825040	153854126	71305
江 苏	Jiangsu					5554442	2255977	303610573	53980
浙 江	Zhejiang					3579485	1540733	164995207	45895
安 徽	Anhui	124	60	5056	40774	1204329	452093	53126508	43980
福 建	Fujian	20	2	1484	74200	2525538	1184482	109168176	42820
江 西	Jiangxi	221	92	6173	27682	1258497	557138	49308498	39351
山 东	Shandong					4371586	1623069	180754829	41202
河 南	Henan	101	20	5384	53307	3126681	1282213	103406978	33951
湖 北	Hubei	160	54	7440	49600	1908595	664752	81497441	42959
湖 南	Hunan	31	6	2366	73938	1342319	473167	57965818	43356
广 东	Guangdong	16	2	435	27188	10202491	4788781	475671712	45829
广 西	Guangxi	50	13	420	8400	808122	321137	30412074	38245
海 南	Hainan					106098	39153	4360202	41841
重 庆	Chongqing					864299	309255	40147100	47621
四 川	Sichuan	63	12	2343	37190	2045781	718672	91664476	44259
贵 州	Guizhou	20	6	503	25150	463646	147008	19979941	43368
云 南	Yunnan	25		405	16200	739954	247363	29990272	40659
西 藏	Tibet	11	8	176	16000	11086	4461	475371	42581
陕 西	Shaanxi	10	2	260	26000	1079059	345312	47655851	42072
甘 肃	Gansu	164	36	11415	64492	391870	118978	18210739	46152
青 海	Qinghai					118359	34808	5327291	45090
宁 夏	Ningxia	66		1980	30000	125706	37645	5479606	43353
新 疆	Xinjiang	42	4	1724	42049	336975	103176	17685859	51673

3-2 续表 8 continued

地 区 Region	农副食品加工业 Processing of Food from Agricultural Products 年末人数(人) Year-end Figures (person)	#女性 Female	工资总额(千元) Total Wages (1000 yuan)	平均工资(元) Average Wage (yuan)	食品制造业 Manufacture of Foods 年末人数(人) Year-end Figures (person)	#女性 Female	工资总额(千元) Total Wages (1000 yuan)	平均工资(元) Average Wage (yuan)
全 国 National	**1890260**	**790429**	**68540496**	**36784**	**1244321**	**601114**	**53711798**	**43956**
北 京 Beijing	31301	13346	1671481	53159	46810	23498	2948749	61160
天 津 Tianjin	17672	5797	1068757	60225	54010	14365	5569682	104977
河 北 Hebei	53272	23577	1614000	30608	34572	15498	1408645	41544
山 西 Shanxi	15423	5572	379363	24860	9026	4094	224561	24888
内蒙古 Inner Mongolia	31609	11883	1141311	35574	33106	10286	1211651	36735
辽 宁 Liaoning	92516	37490	3515042	38746	29314	12411	998670	34457
吉 林 Jilin	61074	19555	1996736	33043	15143	6505	463653	29956
黑龙江 Heilongjiang	73879	24698	2262710	30446	33982	15806	1101793	31855
上 海 Shanghai	17758	7628	882650	50495	76464	35745	5053770	67295
江 苏 Jiangsu	55756	21425	2644849	47011	60298	26132	2698075	45868
浙 江 Zhejiang	42007	19697	1718467	41064	54364	32367	2113934	44827
安 徽 Anhui	41183	17336	1462159	36666	27001	12851	909391	34135
福 建 Fujian	65770	37257	2444308	36845	65209	34935	2532466	38926
江 西 Jiangxi	40613	15513	1540967	38955	24783	11760	849768	34650
山 东 Shandong	382996	176438	14210928	37513	102207	46639	3695788	35944
河 南 Henan	226377	99806	7276016	32960	144965	75699	3871839	27059
湖 北 Hubei	89848	35855	3158041	35214	60375	36745	1922688	34024
湖 南 Hunan	61337	20435	2043840	33305	34400	19238	944867	30833
广 东 Guangdong	99135	41391	3990023	41293	155110	77951	8528630	56006
广 西 Guangxi	89686	33436	2785769	34157	19997	10124	628557	30807
海 南 Hainan	17498	7738	542759	32902	6334	2314	231392	36451
重 庆 Chongqing	27971	14265	1217781	43155	13850	6749	613810	45213
四 川 Sichuan	89033	35073	3483280	39830	47265	24258	1784447	37633
贵 州 Guizhou	13744	5892	392090	28691	7217	3683	201178	28062
云 南 Yunnan	61062	28363	1883680	30149	25144	13654	712679	29134
西 藏 Tibet	360	203	10274	27618	445	200	16954	38357
陕 西 Shaanxi	40840	13767	1389994	34271	27727	14028	1055518	39382
甘 肃 Gansu	18030	5848	594487	32018	7910	2711	207903	26115
青 海 Qinghai	1921	689	52383	28027	964	436	22452	23535
宁 夏 Ningxia	4557	1913	144121	32718	6803	2711	269763	39870
新 疆 Xinjiang	26032	8543	1022230	42029	19526	7721	918525	44253

3-2 续表 9 continued

地区 Region	酒、饮料和精制茶制造业 Manufacture of Liquor, Beverages and Refined Tea				烟草制品业 Manufacture of Tobacco			
	年末人数(人) Year-end Figures (person)	#女性 Female	工资总额(千元) Total Wages (1000 yuan)	平均工资(元) Average Wage (yuan)	年末人数(人) Year-end Figures (person)	#女性 Female	工资总额(千元) Total Wages (1000 yuan)	平均工资(元) Average Wage (yuan)
全 国 National	**1093064**	**404896**	**47529760**	**43271**	**232992**	**83972**	**26946285**	**118011**
北 京 Beijing	34073	12818	2017177	58145	937	271	168630	181128
天 津 Tianjin	14133	3240	887914	57988	1065	342	151901	149509
河 北 Hebei	25989	9594	870881	34199	5860	1475	649574	108643
山 西 Shanxi	21779	9294	1054729	48729	1004	384	110195	105753
内蒙古 Inner Mongolia	17069	6638	554510	31726	2881	926	314289	108338
辽 宁 Liaoning	23584	8958	957338	40029	2305	629	240850	100229
吉 林 Jilin	20149	6125	669829	32990	4146	1444	464688	117020
黑龙江 Heilongjiang	27728	10594	986374	35430	6171	1582	591665	93900
上 海 Shanghai	15322	4585	1019570	64941	4069	840	955014	234763
江 苏 Jiangsu	75012	28441	2977456	38527	6320	2132	814222	128996
浙 江 Zhejiang	37211	13445	2036308	53721	3889	1262	694910	183644
安 徽 Anhui	38167	14610	1396575	36736	14750	4760	1448404	95252
福 建 Fujian	46166	18152	2258520	48141	5186	2136	604843	117834
江 西 Jiangxi	22102	8189	772478	34027	7173	2729	418954	58172
山 东 Shandong	71020	26273	2852134	39838	13573	4178	1586129	120262
河 南 Henan	81199	33054	2244327	28350	28160	10566	2998545	108454
湖 北 Hubei	76903	31403	3119255	39799	8960	3650	694566	77003
湖 南 Hunan	27330	9430	974543	35806	16014	4534	1993501	123866
广 东 Guangdong	68226	19761	4269046	62876	9267	3081	1934346	211890
广 西 Guangxi	24128	10409	945433	39996	5413	2343	597220	112789
海 南 Hainan	5203	2015	177581	34704	598	221	86440	144791
重 庆 Chongqing	13986	6344	784879	56171	4888	2228	433222	103001
四 川 Sichuan	150915	52837	6962220	45491	7652	2415	912110	120125
贵 州 Guizhou	43552	14178	2717107	64095	11990	4493	1317805	118316
云 南 Yunnan	44645	19328	1149513	26207	45561	20082	5281588	121816
西 藏 Tibet	1295	631	64007	50280				
陕 西 Shaanxi	30811	11159	1303362	42758	10833	3561	1121686	106817
甘 肃 Gansu	15558	5939	554866	36009	3283	1365	292267	88165
青 海 Qinghai	5947	2145	280594	48162				
宁 夏 Ningxia	2643	1197	112635	43288	29	8	1900	65517
新 疆 Xinjiang	11219	4110	558599	49064	1015	335	66821	68394

3-2 续表 10 continued

地 区	Region	纺织业 Manufacture of Textile 年末人数(人) Year-end Figures (person)	#女性 Female	工资总额(千元) Total Wages (1000 yuan)	平均工资(元) Average Wage (yuan)	纺织服装、服饰业 Manufacture of Textile, Wearing Apparel and Accessories 年末人数(人) Year-end Figures (person)	#女性 Female	工资总额(千元) Total Wages (1000 yuan)	平均工资(元) Average Wage (yuan)
全 国	**National**	**2207963**	**1304154**	**82052888**	**36811**	**2631157**	**1750351**	**99677612**	**37581**
北 京	Beijing	7173	3508	331567	44428	41605	31915	1819110	43018
天 津	Tianjin	14438	8446	628066	42921	82783	68101	3614616	44197
河 北	Hebei	63849	40067	1659238	24841	27037	18523	699413	25741
山 西	Shanxi	8297	5182	109205	13313	4719	2964	147558	31611
内蒙古	Inner Mongolia	16704	11514	539869	31359	7497	5640	207613	27429
辽 宁	Liaoning	25457	14071	667647	25603	80503	46951	2884597	34909
吉 林	Jilin	27679	15483	767252	27607	8862	6063	211816	23454
黑龙江	Heilongjiang	13791	9496	397510	28381	1913	1370	39144	21102
上 海	Shanghai	27978	16083	1363361	47099	96739	76370	4294458	42054
江 苏	Jiangsu	283882	174863	13282524	45631	321043	223904	13121205	40748
浙 江	Zhejiang	312214	171135	13019328	41116	346393	237441	13818185	39496
安 徽	Anhui	53653	39759	1743206	32326	58619	45682	1976762	33570
福 建	Fujian	102887	54808	4396846	42663	360314	201048	13833188	38274
江 西	Jiangxi	47120	32091	1648343	35248	99403	65740	3316672	33620
山 东	Shandong	424359	233806	15697809	36861	212133	149900	7489011	34978
河 南	Henan	183130	122511	4772336	26621	96757	60165	2589304	27398
湖 北	Hubei	130000	82576	3927058	30502	88549	59055	2644840	30331
湖 南	Hunan	27748	16693	785805	28170	21919	15293	743201	34093
广 东	Guangdong	263764	138140	11092252	41213	611194	392222	24092920	38767
广 西	Guangxi	23560	17112	606387	25439	11704	7709	322992	27421
海 南	Hainan	830	281	29709	36814	299	182	4016	21945
重 庆	Chongqing	7746	5272	291061	37864	12963	9820	572632	44045
四 川	Sichuan	55680	36272	1946889	35008	16977	10508	584853	33912
贵 州	Guizhou	2409	1560	63542	26531	2938	2086	85368	28418
云 南	Yunnan	8630	5873	204064	24506	4224	2764	110974	26721
西 藏	Tibet	290	163	6590	21466	133	90	1003	8089
陕 西	Shaanxi	41632	26949	1063741	25097	7547	4542	220453	29916
甘 肃	Gansu	5811	3091	105837	18151	1478	1233	44159	29938
青 海	Qinghai	1781	1249	39135	20861	1191	378	69915	58752
宁 夏	Ningxia	3089	2330	122103	40405	1262	1039	37237	29483
新 疆	Xinjiang	22382	13770	744608	31840	2459	1653	80397	32392

3-2 续表 11 continued

地 区	Region	皮革、毛皮、羽毛及其制品和制鞋业 Manufacture of Leather, Fur, Feather and Related Products and Footwear				木材加工和木、竹、藤、棕、草制品业 Processing of Timbers,Manufacture of Wood, Bamboo, Rattan, Palm, and Straw Products			
		年末人数（人） Year-end Figures (person)	#女 性 Female	工资总额（千元） Total Wages (1000 yuan)	平均工资（元） Average Wage (yuan)	年末人数（人） Year-end Figures (person)	#女 性 Female	工资总额（千元） Total Wages (1000 yuan)	平均工资（元） Average Wage (yuan)
全 国	**National**	**1836450**	**1087646**	**64156708**	**34519**	**439033**	**167305**	**14961139**	**34303**
北 京	Beijing	2311	1333	93784	39621	2931	785	132299	42485
天 津	Tianjin	8798	5326	311095	34390	2008	801	96750	46115
河 北	Hebei	21732	14321	666807	29878	4809	1544	170352	36431
山 西	Shanxi	148	65	678	4581	773	442	20784	27565
内蒙古	Inner Mongolia	3148	1956	82574	25668	8539	4013	238362	27655
辽 宁	Liaoning	5780	3033	219980	38264	16266	5087	575462	35630
吉 林	Jilin	1074	487	25459	23530	55852	21007	1480754	26441
黑龙江	Heilongjiang	2598	1027	90006	35421	24886	7994	650830	25891
上 海	Shanghai	24649	15319	1022417	41562	7551	2729	422377	54082
江 苏	Jiangsu	61038	40921	2285984	36694	41165	16776	1808713	43690
浙 江	Zhejiang	152604	82831	5535879	35950	20482	8680	769897	37036
安 徽	Anhui	24523	16454	764269	31870	8670	3350	259097	30215
福 建	Fujian	500970	290923	18622935	37015	19561	8136	745558	38797
江 西	Jiangxi	85915	53431	2765174	32294	18678	9400	629066	33570
山 东	Shandong	91983	51196	3198929	34268	25254	9934	938438	37197
河 南	Henan	90535	53838	2503217	28616	24816	7366	763751	31186
湖 北	Hubei	23960	16251	701338	28662	15374	5433	484500	32799
湖 南	Hunan	61561	44292	1743703	28806	15044	4397	407247	27894
广 东	Guangdong	587007	342414	20913784	34475	43542	16450	1631852	38773
广 西	Guangxi	27833	17750	836831	30362	28531	11798	983420	34489
海 南	Hainan	133	76	4042	30391	3290	1453	87987	27283
重 庆	Chongqing	8701	5673	316145	33233	3197	1359	123804	38437
四 川	Sichuan	36202	21387	1072253	29434	15975	5755	590384	37361
贵 州	Guizhou	3648	1893	110965	31795	11759	5046	377836	32377
云 南	Yunnan	4138	2563	75027	20533	14950	5900	400512	27719
西 藏	Tibet	92	32	3559	38685	926	309	32420	35744
陕 西	Shaanxi	1790	916	57763	32876	3332	1026	114200	34585
甘 肃	Gansu	2613	1397	104659	40755	136	41	4260	31324
青 海	Qinghai	21	3	171	6333				
宁 夏	Ningxia	595	384	14887	30695	118	76	1726	15411
新 疆	Xinjiang	350	154	12394	35210	618	218	18501	33456

3-2 续表 12 continued

地 区	Region	家具制造业 Manufacture of Furniture 年末人数(人) Year-end Figures (person)	#女性 Female	工资总额(千元) Total Wages (1000 yuan)	平均工资(元) Average Wage (yuan)	造纸和纸制品业 Manufacture of Paper and Paper Products 年末人数(人) Year-end Figures (person)	#女性 Female	工资总额(千元) Total Wages (1000 yuan)	平均工资(元) Average Wage (yuan)
全 国	**National**	**586089**	**207165**	**23532759**	**40527**	**768412**	**275088**	**31057826**	**40416**
北 京	Beijing	11460	3869	496989	43398	8923	3861	405311	44840
天 津	Tianjin	7348	2301	298904	40485	15454	4909	779593	49980
河 北	Hebei	9270	3934	250721	27655	12943	4447	508563	38851
山 西	Shanxi	360	117	7170	18575	938	421	25203	24564
内蒙古	Inner Mongolia	1127	254	43582	39405	3882	1205	134766	33810
辽 宁	Liaoning	20166	6651	862844	45010	15443	5130	422613	27211
吉 林	Jilin	2930	1113	72022	24852	8315	2626	252733	29884
黑龙江	Heilongjiang	10006	3666	271455	28130	7654	2315	244629	29189
上 海	Shanghai	33832	11123	2024994	59724	24638	9411	1381649	55452
江 苏	Jiangsu	22500	9246	1154120	50438	55719	17717	3678502	67068
浙 江	Zhejiang	100014	37390	4031774	40899	58239	18599	2420463	41496
安 徽	Anhui	3376	1319	114415	34925	10118	3838	387937	38394
福 建	Fujian	32063	12053	1323150	41588	54894	22021	2209076	40230
江 西	Jiangxi	10371	3009	486036	46258	12915	4669	502565	39685
山 东	Shandong	28887	9425	1063459	36778	108174	37047	4060543	36932
河 南	Henan	15786	4569	396295	25774	57112	19706	1762405	31055
湖 北	Hubei	6813	1928	216359	31659	27729	9233	935961	33650
湖 南	Hunan	6963	1569	227461	33939	29423	9528	1035968	35518
广 东	Guangdong	207406	73823	8103688	39120	140958	53466	5917104	42401
广 西	Guangxi	3454	1318	114373	33364	26988	8927	877948	32642
海 南	Hainan	997	466	27811	27027	6763	1780	346708	51001
重 庆	Chongqing	5445	2003	236083	45993	12479	5795	562995	46284
四 川	Sichuan	39486	14239	1506919	39559	26594	11586	951690	36064
贵 州	Guizhou	1923	530	73500	37329	4193	1472	119466	28533
云 南	Yunnan	1255	333	28327	23238	13740	4883	381879	28414
西 藏	Tibet	174	72	6032	34667				
陕 西	Shaanxi	1916	624	73795	40748	13472	6286	373283	27774
甘 肃	Gansu	579	180	16495	28197	1164	454	22668	19626
青 海	Qinghai								
宁 夏	Ningxia	25	11	762	30480	4910	2197	182704	33972
新 疆	Xinjiang	157	30	3224	20935	4638	1559	172901	38482

3-2 续表 13 continued

地 区	Region	印刷和记录媒介复制业 Printing and Reproduction of Recording Media				文教、工美、体育和娱乐用品制造业 Manufacture of Articles for Culture, Education, Arts and Crafts,Sport and Entertainment Activities			
		年末人数（人） Year-end Figures (person)	#女 性 Female	工资总额（千元） Total Wages (1000 yuan)	平均工资（元） Average Wage (yuan)	年末人数（人） Year-end Figures (person)	#女 性 Female	工资总额（千元） Total Wages (1000 yuan)	平均工资（元） Average Wage (yuan)
全 国	**National**	**599429**	**260358**	**25952260**	**42804**	**1329529**	**761505**	**49264135**	**36128**
北 京	Beijing	32126	12093	1877617	57232	9851	4758	479589	46885
天 津	Tianjin	8729	3334	409061	46766	18734	8466	720115	37283
河 北	Hebei	14095	5431	498320	35712	12633	6704	350898	29089
山 西	Shanxi	6719	2513	197900	29154	1730	750	48118	26599
内蒙古	Inner Mongolia	3708	1464	132718	35250	1242	506	41211	33075
辽 宁	Liaoning	12054	4491	412213	33738	8165	4192	267166	33225
吉 林	Jilin	7532	3320	229782	29391	2028	1157	65312	31705
黑龙江	Heilongjiang	7215	3121	239632	33741	4202	2411	102662	25261
上 海	Shanghai	25694	10815	1635205	63221	27722	15459	1428002	49218
江 苏	Jiangsu	46219	21180	2330812	49577	106286	65439	4638588	43855
浙 江	Zhejiang	29558	12438	1243789	41756	90665	51062	3590094	38856
安 徽	Anhui	18409	8122	749277	40833	12291	9063	388695	31918
福 建	Fujian	21126	9097	859619	40310	133193	61981	5106875	38360
江 西	Jiangxi	15381	7362	548375	36271	40900	21673	1375865	33590
山 东	Shandong	26893	11649	1044605	38498	103421	60337	3595970	34662
河 南	Henan	38566	17363	1262599	33523	74836	51200	2046452	27792
湖 北	Hubei	19637	7774	799998	41231	9779	4720	311781	32719
湖 南	Hunan	12525	4518	481089	39350	9868	5146	291534	30024
广 东	Guangdong	171645	78724	7588111	42680	622824	364616	23294061	35499
广 西	Guangxi	6986	3187	267066	38405	15422	9963	393498	27015
海 南	Hainan	1751	731	77376	43106	204	116	5156	26441
重 庆	Chongqing	8824	3542	435030	49145	3606	2355	115446	30736
四 川	Sichuan	21893	10198	908471	41360	5875	3786	224240	38404
贵 州	Guizhou	4542	1835	163896	36349	1274	691	26906	21629
云 南	Yunnan	12955	5354	502275	38975	5908	3015	180048	30455
西 藏	Tibet	574	303	11032	19153	500	370	8046	16354
陕 西	Shaanxi	13173	5596	681566	52311	1199	481	48442	39674
甘 肃	Gansu	4989	2100	153364	31014	571	353	10429	18264
青 海	Qinghai	1933	937	55102	28257	3839	446	86661	21769
宁 夏	Ningxia	1073	562	35946	33500	75	58	1543	20573
新 疆	Xinjiang	2905	1204	120414	41637	686	231	20732	31604

3-2 续表 14 continued

地 区	Region	石油加工、炼焦和核燃料加工业 Processing of Petroleum ,Coking and Processing of Nucleus Fuel				化学原料和化学制品制造业 Manufacture of Raw Chemical Material and Chemical Products			
		年末人数（人） Year-end Figures (person)	#女 性 Female	工资总额（千元） Total Wages (1000 yuan)	平均工资（元） Average Wage (yuan)	年末人数（人） Year-end Figures (person)	#女 性 Female	工资总额（千元） Total Wages (1000 yuan)	平均工资（元） Average Wage (yuan)
全 国	**National**	**691060**	**187365**	**42071568**	**60583**	**2882764**	**865264**	**142764060**	**49089**
北 京	Beijing	15511	5220	1166654	74182	36290	14577	2478518	67298
天 津	Tianjin	16103	5077	1267660	77818	48106	11188	3309368	68688
河 北	Hebei	29921	7580	1417607	45334	101543	29506	3998809	39732
山 西	Shanxi	62057	13159	1908839	30489	99184	29009	3285875	32885
内蒙古	Inner Mongolia	14754	2822	977705	64723	55178	14202	2804204	50015
辽 宁	Liaoning	86805	24712	5986741	68136	88083	23418	4030935	45256
吉 林	Jilin	3624	956	147016	39542	74979	20996	4126968	54161
黑龙江	Heilongjiang	47232	15752	2980782	62447	31550	10330	1275494	40077
上 海	Shanghai	19455	5535	2057524	103810	98264	32269	9879491	99692
江 苏	Jiangsu	17812	4098	1249509	70320	321553	95272	20403445	62373
浙 江	Zhejiang	9213	1995	974610	105091	165635	47013	9553521	57191
安 徽	Anhui	5476	1275	340455	61509	82006	24147	3683608	44476
福 建	Fujian	9193	4772	302234	34478	44608	14587	2057845	46229
江 西	Jiangxi	20718	5446	843712	41149	72884	22736	2474489	34332
山 东	Shandong	86235	23158	4574763	52219	313918	88000	13472825	42753
河 南	Henan	21221	5755	849526	41343	159636	46877	4912864	30968
湖 北	Hubei	9099	2440	622263	68059	130489	30553	5134657	39315
湖 南	Hunan	17073	5715	1193748	69400	121082	45793	4233951	35531
广 东	Guangdong	22957	5989	2096162	91547	221857	80377	13674439	59465
广 西	Guangxi	3394	784	230792	66684	53986	21354	1819271	33311
海 南	Hainan	1511	330	139795	93948	4621	1445	288324	62394
重 庆	Chongqing	3451	682	182875	51879	56453	16812	2898434	50727
四 川	Sichuan	9685	2381	469856	48364	140580	39134	6492735	46034
贵 州	Guizhou	5592	1126	216285	38437	55952	16514	2474265	43809
云 南	Yunnan	18891	5396	651809	34367	82663	23782	3189686	38062
西 藏	Tibet					480	67	21087	48813
陕 西	Shaanxi	55638	11277	3197224	58596	66578	19785	2880175	40446
甘 肃	Gansu	30261	8996	2662425	89047	39453	12889	1820091	46346
青 海	Qinghai	955	169	61801	60118	31968	10578	1622765	52740
宁 夏	Ningxia	8304	2230	432353	52630	23018	6541	934896	40355
新 疆	Xinjiang	38919	12538	2868843	74369	60167	15513	3531025	58059

3-2 续表 15 continued

地 区	Region	医药制造业 Manufacture of Medicines 年末人数(人) Year-end Figures (person)	#女 性 Female	工资总额(千元) Total Wages (1000 yuan)	平均工资(元) Average Wage (yuan)	化学纤维制造业 Manufacture of Chemical Fibres 年末人数(人) Year-end Figures (person)	#女 性 Female	工资总额(千元) Total Wages (1000 yuan)	平均工资(元) Average Wage (yuan)
全 国	**National**	**1559872**	**712725**	**77765082**	**50099**	**252734**	**102367**	**10351636**	**40900**
北 京	Beijing	68082	35499	7666848	113730	831	366	40463	48228
天 津	Tianjin	42994	16742	3604606	85638	787	300	45950	57945
河 北	Hebei	61664	28921	2435172	38584	8781	3621	250021	27560
山 西	Shanxi	25085	12295	908009	36794	858	368	7304	7126
内蒙古	Inner Mongolia	10776	4434	405446	37681	77	26	4010	53467
辽 宁	Liaoning	32303	13296	1217856	37820	5707	2674	162223	28120
吉 林	Jilin	119392	54428	4089471	34470	8088	3067	256181	30567
黑龙江	Heilongjiang	49641	22990	2035147	39370	921	286	34950	34298
上 海	Shanghai	58606	28019	5615241	96648	2400	876	148988	61565
江 苏	Jiangsu	138957	58053	7663597	57849	53546	25796	2733551	49847
浙 江	Zhejiang	101652	43511	6284448	60607	71548	27943	3111822	44101
安 徽	Anhui	37240	18555	1513851	41087	8380	2972	317536	38471
福 建	Fujian	19252	9878	882009	46378	15530	4810	614773	39711
江 西	Jiangxi	44505	22451	1988747	42071	3677	1273	161278	43695
山 东	Shandong	155574	70585	5784356	37342	15236	5556	558911	36612
河 南	Henan	116571	53842	3352610	29240	14198	5687	424244	29024
湖 北	Hubei	81353	36188	3452293	43310	5024	1817	158641	31849
湖 南	Hunan	33221	14171	1237701	37248	2200	1251	68281	31221
广 东	Guangdong	102215	46543	5735312	56376	11019	4112	439615	45999
广 西	Guangxi	26234	12909	941632	35920				
海 南	Hainan	13500	7267	522088	40111	278	89	11786	23385
重 庆	Chongqing	30780	14646	1517213	49448	581	383	16074	28299
四 川	Sichuan	70766	31938	3498071	48936	15686	6548	497569	31834
贵 州	Guizhou	29837	13911	1052456	36328	1		80	80000
云 南	Yunnan	26957	12827	1306937	49087	329	50	19685	59114
西 藏	Tibet	1321	780	94497	73481				
陕 西	Shaanxi	37843	16666	1938119	50991	966	317	46642	49252
甘 肃	Gansu	12420	6132	554263	44530	1700	470	31690	17914
青 海	Qinghai	4209	2333	126479	30602				
宁 夏	Ningxia	3458	1444	195438	51964	85	38	4160	48941
新 疆	Xinjiang	3464	1471	145169	43090	4300	1671	185175	41687

3-2 续表 16 continued

地 区	Region	橡胶和塑料制品业 Manufacture of Rubber and Plastics Products 年末人数(人) Year-end Figures (person)	#女 性 Female	工资总额(千元) Total Wages (1000 yuan)	平均工资(元) Average Wage (yuan)	非金属矿物制品业 Manufacture of Non-metallic Mineral Products 年末人数(人) Year-end Figures (person)	#女 性 Female	工资总额(千元) Total Wages (1000 yuan)	平均工资(元) Average Wage (yuan)
全 国	**National**	**1892047**	**783184**	**80217920**	**42019**	**2566949**	**731895**	**99932140**	**38755**
北 京	Beijing	20405	8469	997085	48229	58840	13458	3332690	55323
天 津	Tianjin	41662	13598	2096306	49776	26686	4966	1448138	53579
河 北	Hebei	34532	15533	1158954	33833	87173	26583	2792777	31719
山 西	Shanxi	8779	3318	260869	29981	49825	13219	1500928	29980
内蒙古	Inner Mongolia	5041	1954	182515	36954	35971	8223	1360450	36395
辽 宁	Liaoning	58001	21346	2574861	44310	69574	15753	2353104	33691
吉 林	Jilin	13747	4072	419072	31531	43462	9512	1375926	30601
黑龙江	Heilongjiang	15805	5456	518420	32640	37195	8888	1153563	30066
上 海	Shanghai	106872	50294	6429568	58146	50738	13890	3541108	66356
江 苏	Jiangsu	171162	67005	8710458	50378	124397	37390	6334360	50392
浙 江	Zhejiang	156296	62673	6774970	43041	99522	26415	4578038	44317
安 徽	Anhui	49562	18594	2141993	43409	57290	16989	2227935	39582
福 建	Fujian	114188	42642	5076885	44687	114090	36875	5215978	44791
江 西	Jiangxi	24442	11291	829155	34031	103525	38002	3676131	35864
山 东	Shandong	150676	50311	5779389	38764	230886	63157	8624269	37716
河 南	Henan	90700	33173	2703587	30391	272608	71444	7907538	29590
湖 北	Hubei	48715	24847	1757207	36786	125146	30934	4529274	37179
湖 南	Hunan	19280	7126	615749	32309	128800	35366	4914537	38254
广 东	Guangdong	591984	279016	25151587	41260	320087	113003	13162126	40542
广 西	Guangxi	17180	8100	612473	35173	72988	25909	2400509	32950
海 南	Hainan	2457	1093	85076	34598	9544	2120	390508	41215
重 庆	Chongqing	23548	11717	1083867	48465	47222	14717	2152844	44769
四 川	Sichuan	45938	15092	1544555	33529	115986	34405	4467533	38364
贵 州	Guizhou	18543	5594	681631	37376	50827	11648	1741942	34509
云 南	Yunnan	19880	7726	449949	22689	65055	17745	2142498	32970
西 藏	Tibet					4347	1176	195246	43015
陕 西	Shaanxi	22001	6229	762851	35978	69377	17356	2405843	34979
甘 肃	Gansu	6397	2167	194221	31225	36998	8598	1197989	32684
青 海	Qinghai	333	97	8663	25860	7214	1984	260342	35363
宁 夏	Ningxia	4061	1252	156101	38889	8124	1971	408992	49683
新 疆	Xinjiang	9860	3399	459903	44573	43452	10199	2139024	46250

3-2 续表 17 continued

地 区	Region	黑色金属冶炼和压延加工业 Smelting and Pressing of Ferrous Metals				有色金属冶炼和压延加工业 Smelting and Pressing of Non-ferrous Metals			
		年末人数（人） Year-end Figures (person)	#女 性 Female	工资总额（千元） Total Wages (1000 yuan)	平均工资（元） Average Wage (yuan)	年末人数（人） Year-end Figures (person)	#女 性 Female	工资总额（千元） Total Wages (1000 yuan)	平均工资（元） Average Wage (yuan)
全 国	**National**	**2686945**	**524275**	**137240546**	**50370**	**1297453**	**305627**	**59334112**	**45548**
北 京	Beijing	10366	2186	656979	58191	6114	1849	350240	56182
天 津	Tianjin	105846	16658	6991988	66056	13135	2874	705066	53719
河 北	Hebei	325393	53326	15585179	48161	14292	3850	514380	35870
山 西	Shanxi	82880	12394	4122862	49403	42504	8896	1630602	37941
内蒙古	Inner Mongolia	90249	23675	5123299	56773	68508	16667	3470481	50445
辽 宁	Liaoning	298344	45161	14144171	46193	41485	5731	1470105	38686
吉 林	Jilin	26677	5257	967822	35519	9880	2206	352731	35774
黑龙江	Heilongjiang	31194	6867	1184978	37150	7769	1839	316090	39506
上 海	Shanghai	57088	8531	6798219	115736	16530	4364	1177374	68820
江 苏	Jiangsu	188160	41569	11325271	59701	41851	10985	2212142	52480
浙 江	Zhejiang	64598	11942	3399584	51845	44798	12241	1975600	44396
安 徽	Anhui	55426	9804	3521460	56350	42315	7265	2110845	49857
福 建	Fujian	61828	18071	3036435	48779	26611	5472	1610197	62673
江 西	Jiangxi	61795	16787	3077162	49100	81934	20044	4251322	52381
山 东	Shandong	233275	44103	11150443	47893	77122	16199	3335622	41508
河 南	Henan	116549	25677	4249471	36719	124091	28590	4460558	35984
湖 北	Hubei	153792	11610	9273763	59173	33878	9698	1330312	39220
湖 南	Hunan	69060	15184	3304931	47427	63470	13488	2790653	44192
广 东	Guangdong	67186	14942	3384289	48529	84190	23264	3733318	43547
广 西	Guangxi	52094	9672	2292374	44491	41363	10696	1804493	43722
海 南	Hainan	902	116	22614	25610	475	37	29949	64685
重 庆	Chongqing	29671	6622	1337251	45465	17665	4930	850694	48628
四 川	Sichuan	229466	64270	10176945	42345	20117	4463	915505	44953
贵 州	Guizhou	42812	10062	1669508	39516	30618	6955	1266093	40137
云 南	Yunnan	78813	18029	2969096	38075	120297	27376	5227035	42935
西 藏	Tibet					69	32	1505	21812
陕 西	Shaanxi	45455	8939	1844991	41098	70228	16884	3268812	45724
甘 肃	Gansu	43232	8148	2357771	52999	82904	23690	4356558	51474
青 海	Qinghai	13921	3008	667128	47247	31065	7166	1528364	48839
宁 夏	Ningxia	13286	2396	469254	34917	19849	3779	976418	49481
新 疆	Xinjiang	37587	9269	2135308	54157	22326	4097	1311048	61953

3-2 续表 18 continued

地区 Region	金属制品业 Manufacture of Metal Products				通用设备制造业 Manufacture of General Purpose Machinery			
	年末人数（人） Year-end Figures (person)	#女性 Female	工资总额（千元） Total Wages (1000 yuan)	平均工资（元） Average Wage (yuan)	年末人数（人） Year-end Figures (person)	#女性 Female	工资总额（千元） Total Wages (1000 yuan)	平均工资（元） Average Wage (yuan)
全　国 National	**1849473**	**560765**	**81485228**	**44145**	**2824242**	**807592**	**140918905**	**49664**
北　京 Beijing	43725	11179	2420199	54551	61284	16293	4553345	73620
天　津 Tianjin	56518	14667	2550872	51356	76933	20024	5343545	68318
河　北 Hebei	66219	19184	2344957	35595	73381	19649	2576278	34759
山　西 Shanxi	35487	10959	1255259	35519	29791	8928	870596	28330
内蒙古 Inner Mongolia	8349	1918	319506	38523	16489	5344	693872	41440
辽　宁 Liaoning	86475	15059	3731508	42980	191853	54773	8645707	44532
吉　林 Jilin	12559	2782	477849	37825	19888	4620	717114	35949
黑龙江 Heilongjiang	15263	4292	549950	35262	53825	14242	2340011	42927
上　海 Shanghai	108678	37037	6567641	61363	180175	46185	15171047	82693
江　苏 Jiangsu	171470	49911	9345690	54007	389157	111456	23041852	59088
浙　江 Zhejiang	131093	46859	5671719	43025	311867	97510	15124760	48895
安　徽 Anhui	52041	13784	2628571	48985	90533	26225	4077153	44261
福　建 Fujian	53713	17259	2439426	44860	69238	24869	3179158	44455
江　西 Jiangxi	20495	6742	822081	40475	40623	11513	1522336	37546
山　东 Shandong	153506	37883	6062399	39441	304714	68146	12946861	42893
河　南 Henan	70480	18027	2025508	29403	150445	33926	4761527	32206
湖　北 Hubei	63726	17835	2466215	39518	71609	17439	3052542	42844
湖　南 Hunan	71860	16107	2911479	40583	57474	13428	2234848	38769
广　东 Guangdong	477678	180971	20755031	43264	359815	143555	17534331	48114
广　西 Guangxi	11297	4167	397373	37010	26290	5658	1356886	50980
海　南 Hainan	2054	684	85626	42431	423	158	13768	31651
重　庆 Chongqing	19443	4271	847970	43959	35020	9139	1572478	44772
四　川 Sichuan	48207	12869	2088972	44053	100266	25289	5039013	50092
贵　州 Guizhou	17599	4457	618964	34765	11625	2818	398513	33787
云　南 Yunnan	14568	3482	551261	36824	17143	4528	656082	37775
西　藏 Tibet	34	8	1660	48824				
陕　西 Shaanxi	19828	4255	823414	40745	56615	14321	2426589	42623
甘　肃 Gansu	6858	1415	246447	36446	12855	3643	426396	32135
青　海 Qinghai	1136	349	32766	27373	5897	1644	242674	39770
宁　夏 Ningxia	2952	840	139065	44162	6831	1718	301140	44253
新　疆 Xinjiang	6162	1513	305850	44020	2183	551	98483	45114

3-2 续表 19 continued

地区	Region	专用设备制造业 Manufacture of Special Purpose Machinery 年末人数(人) Year-end Figures (person)	#女性 Female	工资总额(千元) Total Wages (1000 yuan)	平均工资(元) Average Wage (yuan)	汽车制造业 Manufacture of Automobiles 年末人数(人) Year-end Figures (person)	#女性 Female	工资总额(千元) Total Wages (1000 yuan)	平均工资(元) Average Wage (yuan)
全国	**National**	**2168264**	**584190**	**116343515**	**53191**	**3193223**	**847924**	**181207990**	**57331**
北京	Beijing	74677	20662	5709078	76343	136027	28565	10133251	77170
天津	Tianjin	97583	24433	7740949	78534	119826	33640	7020532	60498
河北	Hebei	83820	19454	3581683	42347	120594	34683	5797738	48284
山西	Shanxi	55362	18981	2307632	41296	19727	4993	615907	31850
内蒙古	Inner Mongolia	7758	1962	368604	47142	12429	2746	594643	46690
辽宁	Liaoning	115075	30820	6329552	54140	116892	25505	7171128	61346
吉林	Jilin	21383	5204	686367	31572	262809	51215	17879614	70646
黑龙江	Heilongjiang	45489	10419	2045695	45170	25991	8119	1151826	43442
上海	Shanghai	108923	31537	9023908	81409	199813	54422	18736560	95105
江苏	Jiangsu	243473	68825	14908754	60514	233299	64585	14631688	63553
浙江	Zhejiang	124570	36807	6113774	48817	187000	62093	9320828	50779
安徽	Anhui	56191	15472	2429382	42705	114487	29968	5856380	50287
福建	Fujian	46026	13729	2060576	44400	73868	22833	3496771	45559
江西	Jiangxi	28176	13866	1137912	39958	58904	17535	3071701	53331
山东	Shandong	191426	44677	8587618	44470	234873	53769	10546773	44958
河南	Henan	195119	49743	6720663	35061	129511	31212	4791079	38027
湖北	Hubei	63683	12014	2958315	46816	299919	77548	15951698	52509
湖南	Hunan	110127	18378	7818804	66988	58497	14087	2876978	49540
广东	Guangdong	244922	84838	14070782	56769	290846	93219	17891769	63259
广西	Guangxi	28459	6810	1209431	42581	78756	17656	3894593	50669
海南	Hainan	870	302	24829	28151	6590	1553	225475	33784
重庆	Chongqing	19052	4499	1102710	58323	172859	45049	9241869	55172
四川	Sichuan	88447	22528	4190586	48030	81590	21081	3832722	47229
贵州	Guizhou	10443	2548	496162	46676	21310	6817	829578	39755
云南	Yunnan	12563	2811	440903	34026	12719	3309	402453	31951
西藏	Tibet	16	15	172	11467				
陕西	Shaanxi	65681	15730	2943023	43892	119985	40694	5100892	39854
甘肃	Gansu	18919	4857	790594	42201	1362	384	42992	28099
青海	Qinghai	110	44	2718	24486	55	14	1491	23297
宁夏	Ningxia	5639	1388	322602	57351	8	2	528	66000
新疆	Xinjiang	4282	837	219737	50329	2677	628	98533	38340

3-2 续表 20 continued

地区	Region	铁路、船舶、航空航天和其他运输设备制造业 Manufacture of Railway, Ship, Aerospace and Other Transport Equipments				电气机械和器材制造业 Manufacture of Electrical Machinery and apparatus			
		年末人数（人） Year-end Figures (person)	#女性 Female	工资总额（千元） Total Wages (1000 yuan)	平均工资（元） Average Wage (yuan)	年末人数（人） Year-end Figures (person)	#女性 Female	工资总额（千元） Total Wages (1000 yuan)	平均工资（元） Average Wage (yuan)
全 国	**National**	**1240051**	**314539**	**70315675**	**54814**	**3990862**	**1624619**	**190907198**	**47436**
北 京	Beijing	34468	9808	3005788	88159	55916	19361	4501892	78242
天 津	Tianjin	59155	16369	3466468	57543	57736	19158	3480924	58472
河 北	Hebei	35917	8543	1854293	51686	85922	26520	3263548	37557
山 西	Shanxi	20000	5023	951773	47737	18324	6980	685772	36444
内蒙古	Inner Mongolia	4964	1081	314906	62705	8287	2538	320620	38750
辽 宁	Liaoning	74430	14227	4250919	56280	77758	29838	3072572	39195
吉 林	Jilin	23613	3996	1582486	66480	10514	3115	407191	38512
黑龙江	Heilongjiang	27733	6906	1495394	53906	26055	7276	1298557	50559
上 海	Shanghai	60960	11908	5341486	85658	168069	76759	11199825	64466
江 苏	Jiangsu	189963	38601	11416083	58205	516854	197280	30410066	58713
浙 江	Zhejiang	60313	16846	2754002	44414	388725	176381	17895727	45456
安 徽	Anhui	10007	1810	416627	40922	144880	56524	5933482	41415
福 建	Fujian	22644	7375	1022653	45204	124931	55811	5753357	46705
江 西	Jiangxi	24636	6370	1090015	44622	126908	60047	5031838	40289
山 东	Shandong	78975	15186	4498960	56398	208170	71053	9332979	43495
河 南	Henan	33870	11564	1359890	40242	140952	45630	4985651	36171
湖 北	Hubei	26486	6622	1179774	43985	118027	42756	4680476	39765
湖 南	Hunan	46124	14070	2936050	64735	58414	19351	2497048	41536
广 东	Guangdong	106952	28760	5669513	53462	1386633	616727	64538489	46017
广 西	Guangxi	15575	3781	702207	45274	24878	10856	792035	32016
海 南	Hainan	1407	249	29197	25544	9123	2051	350085	39728
重 庆	Chongqing	77291	21522	3532078	45548	37041	15780	1704278	47421
四 川	Sichuan	51626	15811	3205325	62136	75428	27126	3917469	51754
贵 州	Guizhou	30920	9752	1583686	51581	8786	2900	292932	33074
云 南	Yunnan	2722	523	222590	81475	14150	4564	515813	36361
西 藏	Tibet					25	8	1224	48960
陕 西	Shaanxi	114695	36973	6155388	41853	72309	20805	3117230	41486
甘 肃	Gansu	2574	613	152994	57452	14812	4628	452031	30356
青 海	Qinghai	198	71	5776	29927	1086	273	39935	36705
宁 夏	Ningxia	34	12	1363	40088	3567	1030	155562	43068
新 疆	Xinjiang	1799	167	117991	64126	6582	1493	278590	43735

3-2 续表 21 continued

地 区 Region	计算机、通信和其他电子设备制造业 Manufacture of Computers, Communication and Other Electronic Equipment				仪器仪表制造业 Manufacture of Measuring Instrument and Machinery			
	年末人数(人) Year-end Figures (person)	#女 性 Female	工资总额(千元) Total Wages (1000 yuan)	平均工资(元) Average Wage (yuan)	年末人数(人) Year-end Figures (person)	#女 性 Female	工资总额(千元) Total Wages (1000 yuan)	平均工资(元) Average Wage (yuan)
全 国 National	**7433255**	**3603724**	**377931999**	**50143**	**748606**	**321671**	**39157330**	**51589**
北 京 Beijing	130444	55002	12234608	89070	33210	12077	2896326	85914
天 津 Tianjin	192942	101238	11933249	62168	9305	3775	541243	57493
河 北 Hebei	61440	24863	2819485	41398	10107	3715	420276	42201
山 西 Shanxi	96404	45903	3743301	38408	8589	3863	359960	44026
内蒙古 Inner Mongolia	3303	1332	113862	34379	198	46	6711	33059
辽 宁 Liaoning	70830	36915	3227382	45518	19504	7462	691373	35752
吉 林 Jilin	7735	3489	316782	40514	7769	2639	345307	44247
黑龙江 Heilongjiang	4893	2433	187963	40232	6339	2545	223656	35017
上 海 Shanghai	432555	191731	25165643	56301	42655	18576	3645041	85069
江 苏 Jiangsu	1485080	691218	79700479	52098	113471	37090	7217771	63412
浙 江 Zhejiang	278877	126778	14208360	50610	82835	35778	3947259	47260
安 徽 Anhui	71245	26297	3368168	50968	5954	2643	390363	66354
福 建 Fujian	247699	113093	13948255	53663	27695	15291	1179407	39880
江 西 Jiangxi	96419	55749	3552147	37001	16074	7953	668596	41644
山 东 Shandong	298363	136905	14088781	46349	36052	12807	1575505	44402
河 南 Henan	377114	245086	15689678	45358	32220	12739	1152617	36121
湖 北 Hubei	87314	35277	4714968	56945	14983	6444	686334	46415
湖 南 Hunan	144715	79005	5939052	42367	11222	3913	503766	44436
广 东 Guangdong	2665470	1338462	134336864	49376	202315	104270	9019440	43534
广 西 Guangxi	62856	44482	2233589	36213	3164	1469	92640	29261
海 南 Hainan	3099	1054	250701	77044	3903	2858	215277	55642
重 庆 Chongqing	143971	63568	5027022	38887	19375	7858	1001980	51399
四 川 Sichuan	409942	158282	18757713	44159	6401	2296	351977	52889
贵 州 Guizhou	3272	2003	124899	37791	11319	4923	632585	56310
云 南 Yunnan	5717	1182	184912	36080	2541	1191	67492	26333
西 藏 Tibet								
陕 西 Shaanxi	42588	17584	1779956	38421	18440	6375	1210687	55753
甘 肃 Gansu	8645	4678	272640	32461	1042	347	33523	32172
青 海 Qinghai	278	79	10140	36606	636	238	25523	38907
宁 夏 Ningxia					1140	472	48862	44501
新 疆 Xinjiang	45	36	1400	29787	148	18	5833	44189

3-2 续表 22 continued

地 区	Region	其他制造业 Other Manufacture 年末人数(人) Year-end Figures (person)	#女 性 Female	工资总额(千元) Total Wages (1000 yuan)	平均工资(元) Average Wage (yuan)	废弃资源综合利用业 Utilization of Waste Resources 年末人数(人) Year-end Figures (person)	#女 性 Female	工资总额(千元) Total Wages (1000 yuan)	平均工资(元) Average Wage (yuan)
全 国	**National**	**228139**	**112723**	**9949289**	**43309**	**80475**	**23482**	**3458564**	**42936**
北 京	Beijing	9224	3270	776922	83477	1273	294	78177	60136
天 津	Tianjin	6052	2931	360588	58804	4911	672	257893	50350
河 北	Hebei	5413	3589	154182	28151	911	172	42761	43062
山 西	Shanxi	3571	1494	134046	37590	151	47	2251	14429
内蒙古	Inner Mongolia	846	399	17386	20551	191	60	5960	31368
辽 宁	Liaoning	8108	3913	288174	34653	4053	963	167003	35578
吉 林	Jilin	264	54	5718	22690	1683	224	47955	28494
黑龙江	Heilongjiang	3971	1320	147790	35967	667	271	22469	31294
上 海	Shanghai	8333	4864	532580	62065	1320	306	121635	89175
江 苏	Jiangsu	13345	6907	610379	47236	3835	1172	192979	50412
浙 江	Zhejiang	34170	17036	1413455	41924	10516	3238	453949	42216
安 徽	Anhui	2334	935	88150	37543	1928	648	76869	41777
福 建	Fujian	33062	19448	1330390	39270	2686	1174	124684	46299
江 西	Jiangxi	5125	3025	183872	35023	1726	533	49639	30176
山 东	Shandong	9026	4135	293086	33343	1562	402	59745	39830
河 南	Henan	6823	3626	200213	29749	6273	1758	130351	26548
湖 北	Hubei	4296	1717	133416	32063	5492	2256	206686	37924
湖 南	Hunan	1314	357	43700	34710	3937	1226	161250	39329
广 东	Guangdong	44826	22924	1814863	39654	12849	3922	547970	41645
广 西	Guangxi	2501	1817	66573	26513	2784	827	150726	59388
海 南	Hainan					283	58	15643	49192
重 庆	Chongqing	3087	1005	157176	47600	1656	312	81728	48880
四 川	Sichuan	9775	3506	564287	57799	2476	790	134932	53523
贵 州	Guizhou	872	249	22831	26364	3968	1355	218062	53290
云 南	Yunnan	1163	394	33801	30700	962	220	31603	33336
西 藏	Tibet	5	2	63	12600				
陕 西	Shaanxi	4919	1799	189819	39033	1047	286	28606	26810
甘 肃	Gansu	4727	1702	345108	70488	1020	201	32113	33004
青 海	Qinghai	918	299	37324	39580	4	2	152	38000
宁 夏	Ningxia	59	4	2878	48780	112	42	4667	37943
新 疆	Xinjiang	10	2	519	51900	199	51	10106	50784

3-2 续表 23 continued

地区	Region	金属制品、机械和设备修理业 Repair Service of Metal Products, Machinery and Equipment 年末人数(人) Year-end Figures (person)	#女性 Female	工资总额(千元) Total Wages (1000 yuan)	平均工资(元) Average Wage (yuan)	电力、热力、燃气及水生产和供应业 Production and Supply of Electricity, Heat, Gas and Water 年末人数(人) Year-end Figures (person)	#女性 Female	工资总额(千元) Total Wages (1000 yuan)	平均工资(元) Average Wage (yuan)
全国	**National**	**134282**	**29682**	**7927247**	**58992**	**4045408**	**1097770**	**271529747**	**67085**
北京	Beijing	8700	1626	927002	109549	87189	24007	8878914	99743
天津	Tianjin	1844	414	130538	78495	44907	12000	4405557	101131
河北	Hebei	10274	2886	451945	43955	196189	53058	12528613	63938
山西	Shanxi	1875	433	100606	54118	114783	33449	7051408	63435
内蒙古	Inner Mongolia	1282	627	47165	36848	133555	36920	8464367	64325
辽宁	Liaoning	17748	2322	567524	32797	164508	39711	8738861	55207
吉林	Jilin	1184	263	31315	26765	140322	31872	7425713	53553
黑龙江	Heilongjiang	4327	1248	173878	38384	182837	49519	9976629	54211
上海	Shanghai	14054	1830	1217780	82741	52418	12083	6667587	125279
江苏	Jiangsu	1819	588	67449	36938	181362	42697	17647693	96912
浙江	Zhejiang	8617	1327	445753	54070	135425	31863	12790339	93793
安徽	Anhui	6274	1042	403493	63955	119807	25377	8665777	72363
福建	Fujian	11337	3946	899759	79505	88735	24832	6327709	71123
江西	Jiangxi	577	209	22102	38107	131941	38450	6850557	51676
山东	Shandong	1097	215	47768	43425	238516	63396	13833483	58181
河南	Henan	6061	2014	242317	39940	245582	73467	13189461	53634
湖北	Hubei	7637	2134	292222	37966	181323	56446	10145606	56047
湖南	Hunan	317	78	10533	31442	166432	46500	8695626	51793
广东	Guangdong	8612	1848	759995	82554	321821	76751	28644221	89166
广西	Guangxi	621	114	54983	85643	147388	40647	8312460	55724
海南	Hainan	1158	316	38484	32864	22146	6495	1157708	52156
重庆	Chongqing	2477	338	135671	55947	69789	21902	4967667	67647
四川	Sichuan	9852	2549	590955	60792	271619	82548	18536545	66679
贵州	Guizhou	161	17	9810	72667	134952	32523	8766185	64270
云南	Yunnan	609	116	16101	27336	103013	30872	6597066	64083
西藏	Tibet					10269	3358	532594	51458
陕西	Shaanxi	594	102	31787	53067	122036	37423	6939857	56935
甘肃	Gansu	3569	708	129499	36810	100410	30837	5764614	57778
青海	Qinghai	779	177	46837	58693	18548	5524	1164964	63403
宁夏	Ningxia					34416	10001	2724245	80137
新疆	Xinjiang	826	195	33976	40837	83170	23242	5137721	62704

3-2 续表 24 continued

地 区	Region	电力、热力生产和供应业 Production and Supply of Electric Power and Heat Power 年末人数(人) Year-end Figures (person)	#女 性 Female	工资总额(千元) Total Wages (1000 yuan)	平均工资(元) Average Wage (yuan)	燃气生产和供应业 Production and Supply of Gas 年末人数(人) Year-end Figures (person)	#女 性 Female	工资总额(千元) Total Wages (1000 yuan)	平均工资(元) Average Wage (yuan)
全 国	**National**	**3239075**	**812333**	**232992105**	**71754**	**236925**	**75172**	**13144694**	**56336**
北 京	Beijing	63403	16486	7013460	107038	11906	3635	1026885	88175
天 津	Tianjin	31893	7761	3449797	110291	7448	2411	486811	72702
河 北	Hebei	155488	37401	10952132	70494	12071	3939	583194	47905
山 西	Shanxi	86809	23685	6089372	72568	9566	2686	371879	41472
内蒙古	Inner Mongolia	114419	29322	7629793	67807	3836	1293	187511	49870
辽 宁	Liaoning	113529	24280	6863627	63114	13812	3578	567924	40875
吉 林	Jilin	116779	23960	6697499	58209	5575	1710	202071	37234
黑龙江	Heilongjiang	159559	41483	9156937	56990	5208	1615	285451	54705
上 海	Shanghai	28798	5260	4491464	153912	10550	2444	1081818	100541
江 苏	Jiangsu	134571	26585	14912396	110212	13787	4313	889042	65012
浙 江	Zhejiang	99694	20567	10576007	103845	6280	1804	379634	71373
安 徽	Anhui	96722	16980	7677523	79176	7331	2163	339795	47926
福 建	Fujian	69750	17933	5365509	76571	3720	986	221628	60192
江 西	Jiangxi	111377	31265	6103673	54385	4441	1452	184293	41724
山 东	Shandong	187378	45993	11620400	62276	16692	5051	823387	49569
河 南	Henan	192455	51678	11460690	59302	19429	7457	654014	34202
湖 北	Hubei	147793	43426	8793578	59579	7282	2565	369010	50391
湖 南	Hunan	136197	35349	7475640	54258	5300	1360	239166	45932
广 东	Guangdong	253007	53889	24596160	97411	13358	3913	906890	69128
广 西	Guangxi	129770	34450	7632523	57960	1976	556	88484	47292
海 南	Hainan	15846	4223	951953	59751	1340	316	59636	45247
重 庆	Chongqing	48479	13712	3618828	69355	11318	4130	791354	70324
四 川	Sichuan	224200	65181	16020779	69527	19599	7261	1081847	53909
贵 州	Guizhou	121324	27895	8213458	66890	4212	1350	186415	44195
云 南	Yunnan	90210	25971	6001917	66577	2993	911	186570	62503
西 藏	Tibet	9382	2927	496260	52387	8	2	414	51750
陕 西	Shaanxi	97154	27936	5793303	59584	8321	2699	465853	57456
甘 肃	Gansu	86164	25346	5181760	60560	3923	1504	187000	48471
青 海	Qinghai	16093	4482	1077584	67649	234	104	7331	31599
宁 夏	Ningxia	30054	8136	2528666	85120	1142	395	52244	46688
新 疆	Xinjiang	70778	18771	4549417	65361	4267	1569	237143	56706

3-2 续表 25 continued

地　区	Region	水的生产和供应业 Production and Supply of Water				建筑业 Construction			
		年末人数（人） Year-end Figures (person)	#女性 Female	工资总额（千元） Total Wages (1000 yuan)	平均工资（元） Average Wage (yuan)	年末人数（人） Year-end Figures (person)	#女性 Female	工资总额（千元） Total Wages (1000 yuan)	平均工资（元） Average Wage (yuan)
全　国	**National**	**569408**	**210265**	**25392948**	**44774**	**29218986**	**2953863**	**1231508618**	**42072**
北　京	Beijing	11880	3886	838569	70771	439059	86058	30220042	68501
天　津	Tianjin	5566	1828	468949	83921	310366	37852	18036425	54095
河　北	Hebei	28630	11718	993287	34959	906173	95905	32763607	34670
山　西	Shanxi	18408	7078	590157	32286	384486	52237	15773459	36719
内蒙古	Inner Mongolia	15300	6305	647063	42281	254938	32714	13858257	37575
辽　宁	Liaoning	37167	11853	1307310	36671	1120518	129875	52658745	38992
吉　林	Jilin	17968	6202	526143	28952	338694	40090	14582496	35730
黑龙江	Heilongjiang	18070	6421	534241	29454	372165	60936	18192706	36776
上　海	Shanghai	13070	4379	1094305	82402	371768	42346	24177497	65134
江　苏	Jiangsu	33004	11799	1846255	55746	4205275	234689	190580697	49693
浙　江	Zhejiang	29451	9492	1834698	62821	3032323	209379	125975428	43251
安　徽	Anhui	15754	6234	648459	41311	996751	95626	43648114	44710
福　建	Fujian	15265	5913	740572	48674	1461936	184978	65442315	44202
江　西	Jiangxi	16123	5733	562591	35336	913309	115358	33924572	38753
山　东	Shandong	34446	12352	1389696	40212	1886478	180531	76901334	40118
河　南	Henan	33698	14332	1074757	32051	1894751	214328	62151757	33856
湖　北	Hubei	26248	10455	983018	37661	1403952	144163	59451383	44194
湖　南	Hunan	24935	9791	980820	39381	1073926	105603	38187051	36989
广　东	Guangdong	55456	18949	3141171	56465	1622781	176397	64832878	42074
广　西	Guangxi	15642	5641	591453	37882	608630	52496	22128828	39126
海　南	Hainan	4960	1956	146119	29537	76903	8902	3031330	41126
重　庆	Chongqing	9992	4060	557485	55726	1036407	125429	42803989	43375
四　川	Sichuan	27820	10106	1433919	52133	1778360	195869	62473096	37421
贵　州	Guizhou	9416	3278	366312	39019	394542	43749	16423985	42874
云　南	Yunnan	9810	3990	408579	41649	736778	95227	22528324	32598
西　藏	Tibet	879	429	35920	41335	17531	3151	695115	37470
陕　西	Shaanxi	16561	6788	680701	41123	721432	86036	28052948	39375
甘　肃	Gansu	10323	3987	395854	38247	460595	52810	17101414	34793
青　海	Qinghai	2221	938	80049	36172	73223	9935	3173203	40242
宁　夏	Ningxia	3220	1470	143335	45230	62389	6943	4555037	39589
新　疆	Xinjiang	8125	2902	351161	43087	262547	34251	27182586	45940

3-2 续表 26 continued

地 区	Region	房屋建筑业 Construction of Buildings 年末人数(人) Year-end Figures (person)	#女 性 Female	工资总额(千元) Total Wages (1000 yuan)	平均工资(元) Average Wage (yuan)	土木工程建筑业 Civil Engineering 年末人数(人) Year-end Figures (person)	#女 性 Female	工资总额(千元) Total Wages (1000 yuan)	平均工资(元) Average Wage (yuan)
全 国	**National**	**20310895**	**1831673**	**840533838**	**41260**	**5516591**	**708001**	**249337875**	**44365**
北 京	Beijing	192072	36880	13648364	70728	118732	22580	8866661	72876
天 津	Tianjin	130760	12910	6966342	45396	93125	16439	6483218	68042
河 北	Hebei	649741	59275	22571175	33281	179317	25326	7189760	37758
山 西	Shanxi	129290	16897	5117464	32489	218627	29942	9538325	40348
内蒙古	Inner Mongolia	176668	22586	10059402	37127	64068	8077	3198004	38357
辽 宁	Liaoning	634508	62503	33310855	40148	283448	39954	12209820	38743
吉 林	Jilin	197197	21988	9545935	36792	85110	11238	2920211	31551
黑龙江	Heilongjiang	207517	25384	10897921	34543	108685	21131	5125457	41165
上 海	Shanghai	210926	19054	11906354	57332	82601	11957	6714171	79563
江 苏	Jiangsu	3367113	161709	154508547	50680	441089	42967	19696407	45649
浙 江	Zhejiang	2434376	152598	99394441	42606	390101	35642	16334279	43568
安 徽	Anhui	571087	52383	24291855	43523	265783	30455	12461849	47433
福 建	Fujian	1021938	134127	47312315	44855	138591	18844	6463524	47089
江 西	Jiangxi	710573	92206	26276944	38655	154333	17916	5672215	38085
山 东	Shandong	1395028	120882	55472471	38869	376276	45678	16776953	44679
河 南	Henan	1207852	114812	38440677	33171	419095	65401	14876193	35741
湖 北	Hubei	892880	78800	37455057	44206	324925	47280	14535726	46087
湖 南	Hunan	763568	67833	26034283	35865	234697	28945	9416361	40892
广 东	Guangdong	976583	97736	34454215	37691	305721	31929	15288212	52636
广 西	Guangxi	481509	36381	16891290	38054	102360	12465	4416912	44023
海 南	Hainan	63756	6548	2513207	40399	4088	848	164064	42614
重 庆	Chongqing	744395	89804	29258877	41827	158543	18845	7491594	48066
四 川	Sichuan	1304265	126301	44169115	36371	297194	45710	12622223	41710
贵 州	Guizhou	250356	29100	10625689	43885	116599	10546	4628428	40697
云 南	Yunnan	539026	69284	15596130	31248	136441	16789	4950961	37481
西 藏	Tibet	13700	2092	523258	36129	3365	960	156319	43996
陕 西	Shaanxi	477648	57406	17455508	37143	195835	22194	8420351	43139
甘 肃	Gansu	339110	36434	12429080	33673	80367	10698	3113165	39407
青 海	Qinghai	25124	3122	1076954	39026	43481	5973	1910714	41228
宁 夏	Ningxia	37644	4023	3279742	38491	20710	2507	1084675	43617
新 疆	Xinjiang	164685	20615	19050371	44187	73284	8765	6611123	48675

3-2 续表 27 continued

地 区	Region	建筑安装业 Building Installation				建筑装饰和其他建筑业 Building Decoration and Other Constructions			
		年末人数（人） Year-end Figures (person)	#女 性 Female	工资总额（千元） Total Wages (1000 yuan)	平均工资（元） Average Wage (yuan)	年末人数（人） Year-end Figures (person)	#女 性 Female	工资总额（千元） Total Wages (1000 yuan)	平均工资（元） Average Wage (yuan)
全 国	**National**	**1724121**	**218265**	**73785419**	**44348**	**1667379**	**195924**	**67851486**	**41991**
北 京	Beijing	71367	14331	4751284	64174	56888	12267	2953733	56274
天 津	Tianjin	41844	5978	2206387	54628	44637	2525	2380478	53743
河 北	Hebei	45539	7050	1986079	42271	31576	4254	1016593	34576
山 西	Shanxi	20486	3753	600011	29640	16083	1645	517659	33579
内蒙古	Inner Mongolia	10251	1662	432945	42317	3951	389	167906	39433
辽 宁	Liaoning	139377	20259	5046318	35596	63185	7159	2091752	32729
吉 林	Jilin	32991	4697	1227430	37639	23396	2167	888920	37809
黑龙江	Heilongjiang	32764	7349	1183247	36370	23199	7072	986081	44510
上 海	Shanghai	38976	5630	3041081	74870	39265	5705	2515891	65321
江 苏	Jiangsu	207992	14709	8822245	47458	189081	15304	7553498	44683
浙 江	Zhejiang	86867	7851	4942892	58957	120979	13288	5303816	43817
安 徽	Anhui	72918	6497	3198117	44538	86963	6291	3696293	44230
福 建	Fujian	43608	6806	1853300	43658	257799	25201	9813176	39887
江 西	Jiangxi	21263	2067	902894	44802	27140	3169	1072519	40433
山 东	Shandong	73709	8822	3036563	41933	41465	5149	1615347	38641
河 南	Henan	123566	17238	4257943	34829	144238	16877	4576944	33062
湖 北	Hubei	96386	11460	4170798	43731	89761	6623	3289802	37732
湖 南	Hunan	43009	4105	1735792	40218	32652	4720	1000615	30270
广 东	Guangdong	175947	26281	7295861	43109	164530	20451	7794590	46648
广 西	Guangxi	15206	1723	516542	39554	9555	1927	304084	36601
海 南	Hainan	4695	506	214775	45244	4364	1000	139284	47979
重 庆	Chongqing	68088	6935	3025942	46777	65381	9845	3027576	45355
四 川	Sichuan	124784	14148	3769615	37357	52117	9710	1912143	37110
贵 州	Guizhou	19066	2247	863063	46106	8521	1856	306805	36086
云 南	Yunnan	32954	5223	1034787	32247	28357	3931	946446	34050
西 藏	Tibet	48	8	1540	32083	418	91	13998	29974
陕 西	Shaanxi	28714	3395	1432642	49975	19235	3041	744447	39912
甘 肃	Gansu	31186	4148	1142426	34219	9932	1530	416743	41570
青 海	Qinghai	3558	661	143860	37289	1060	179	41675	39540
宁 夏	Ningxia	2662	149	106010	33718	1373	264	84610	45984
新 疆	Xinjiang	14300	2577	843030	58257	10278	2294	678062	65947

3-2 续表 28 continued

地 区	Region	批发和零售业 Wholesale and Retail Trades 年末人数（人）Year-end Figures (person)	#女 性 Female	工资总额（千元）Total Wages (1000 yuan)	平均工资（元）Average Wage (yuan)	批发业 Wholesale Trade 年末人数（人）Year-end Figures (person)	#女 性 Female	工资总额（千元）Total Wages (1000 yuan)	平均工资（元）Average Wage (yuan)
全 国	**National**	**8908129**	**4462624**	**445191989**	**50308**	**4007260**	**1684215**	**262554978**	**65615**
北 京	Beijing	688143	326764	59258473	86715	356925	157452	40976666	115976
天 津	Tianjin	171697	81947	9678365	56137	72248	28168	5374598	74055
河 北	Hebei	288563	150317	9108054	32091	123655	46898	4701395	38555
山 西	Shanxi	212002	83810	6935199	32802	121925	37614	4744784	39169
内蒙古	Inner Mongolia	113577	54386	4593672	40609	42245	14892	2109998	49005
辽 宁	Liaoning	277169	139767	11245464	40569	103250	42468	5308478	51316
吉 林	Jilin	128701	62183	4438276	34569	45962	15408	1913702	41385
黑龙江	Heilongjiang	197209	96130	7411875	38401	94166	36565	4066211	44381
上 海	Shanghai	668956	380718	66934117	100692	376580	198642	50829082	134786
江 苏	Jiangsu	613948	330883	31861510	52495	254043	114166	17815953	71519
浙 江	Zhejiang	401941	211983	21986855	54908	197130	88849	13209685	66720
安 徽	Anhui	225593	119759	8780298	39255	90209	34203	4426757	48801
福 建	Fujian	263668	121476	12171488	45998	114875	44864	6976437	60334
江 西	Jiangxi	155961	80452	6081786	39111	65203	25448	3019922	46553
山 东	Shandong	672577	352952	26203286	39219	259943	107683	12233963	46768
河 南	Henan	526618	240526	17630080	33759	213514	76403	8609988	40212
湖 北	Hubei	417166	218090	15627514	38099	156599	66253	7433911	47766
湖 南	Hunan	233409	108008	8938065	38649	95011	32727	4424108	46407
广 东	Guangdong	955253	474356	49116546	51767	487650	230162	29077691	60199
广 西	Guangxi	140750	65588	5300974	37762	66848	26196	2942459	43932
海 南	Hainan	128096	55473	4158469	32411	95306	39968	3100835	32171
重 庆	Chongqing	220882	118105	9694680	44484	87410	37401	4487494	52160
四 川	Sichuan	332283	166047	13846361	41814	112674	42731	5836270	51794
贵 州	Guizhou	139627	58135	6217849	44489	72027	23712	4023631	55330
云 南	Yunnan	255150	122992	9895101	38441	108253	39626	5735419	50351
西 藏	Tibet	9059	3573	507767	56026	2711	1031	176248	65593
陕 西	Shaanxi	259513	136848	8882175	34561	88304	36149	3977712	45039
甘 肃	Gansu	76774	38631	2506064	33083	28467	10091	1193351	42002
青 海	Qinghai	23644	12172	944095	40200	10955	4684	547012	49778
宁 夏	Ningxia	27450	16402	1133602	41684	9426	4189	508788	52768
新 疆	Xinjiang	82750	34151	4103929	49631	53746	19572	2772430	51090

3-2 续表 29 continued

地 区	Region	零售业 Retail Trade 年末人数(人) Year-end Figures (person)	#女 性 Female	工资总额(千元) Total Wages (1000 yuan)	平均工资(元) Average Wage (yuan)	交通运输、仓储和邮政业 Transport, Storage and Post 年末人数(人) Year-end Figures (person)	#女 性 Female	工资总额(千元) Total Wages (1000 yuan)	平均工资(元) Average Wage (yuan)
全 国	**National**	**4900869**	**2778409**	**182637011**	**37674**	**8462153**	**2189853**	**483455955**	**57993**
北 京	Beijing	331218	169312	18281807	55391	592268	157475	42221541	72006
天 津	Tianjin	99449	53779	4303767	43111	143455	31009	11795634	82315
河 北	Hebei	164908	103419	4406659	27223	275895	73949	12872483	46599
山 西	Shanxi	90077	46196	2190415	24261	236392	59386	13075188	54751
内蒙古	Inner Mongolia	71332	39494	2483674	35449	216843	48107	12033493	57041
辽 宁	Liaoning	173919	97299	5936986	34171	376584	83908	20846822	55620
吉 林	Jilin	82739	46775	2524574	30732	171587	36758	8291945	48587
黑龙江	Heilongjiang	103043	59565	3345664	32997	280785	64577	14006225	50797
上 海	Shanghai	292376	182076	16105035	55992	491586	113154	39406454	77999
江 苏	Jiangsu	359905	216717	14045557	39252	484064	115657	27303591	56782
浙 江	Zhejiang	204811	123134	8777170	43356	313698	81134	19852030	64156
安 徽	Anhui	135384	85556	4353541	32742	220051	57898	10349337	47235
福 建	Fujian	148793	76612	5195051	34872	243483	63680	13426391	55821
江 西	Jiangxi	90758	55004	3061864	33785	212442	51757	11487367	54417
山 东	Shandong	412634	245269	13969323	34362	506405	132041	27494353	55174
河 南	Henan	313104	164123	9020092	29275	436185	118945	19142624	44633
湖 北	Hubei	260567	151837	8193603	32189	331914	97860	16397583	49918
湖 南	Hunan	138398	75281	4513957	33208	245341	71397	12153058	49583
广 东	Guangdong	467603	244194	20038855	43023	833076	208767	50777122	65980
广 西	Guangxi	73902	39392	2358515	32132	212419	54194	10400584	49651
海 南	Hainan	32790	15505	1057634	33137	54404	14308	3159872	58729
重 庆	Chongqing	133472	80704	5207186	39478	260920	63401	14122305	55112
四 川	Sichuan	219609	123316	8010091	36667	393826	121795	22459999	58261
贵 州	Guizhou	67600	34423	2194218	32729	113449	30703	5861474	52524
云 南	Yunnan	146897	83366	4159682	28988	167968	45454	8921755	53775
西 藏	Tibet	6348	2542	331519	51995	7239	2555	395102	55166
陕 西	Shaanxi	171209	100699	4904463	29075	250381	78686	12450477	50410
甘 肃	Gansu	48307	28540	1312713	27730	126629	37025	6459035	51229
青 海	Qinghai	12689	7488	397083	31777	47567	17593	2765188	60428
宁 夏	Ningxia	18024	12213	624814	35596	40421	12803	2192330	54726
新 疆	Xinjiang	29004	14579	1331499	46846	174876	43877	11334593	64997

3-2 续表 30 continued

地 区	Region	铁路运输业 Railway Transport 年末人数（人）Year-end Figures (person)	#女 性 Female	工资总额（千元）Total Wages (1000 yuan)	平均工资（元）Average Wage (yuan)	道路运输业 Road Transport 年末人数（人）Year-end Figures (person)	#女 性 Female	工资总额（千元）Total Wages (1000 yuan)	平均工资（元）Average Wage (yuan)
全 国	**National**	**1796382**	**302982**	**132707350**	**75112**	**3806122**	**970887**	**158953763**	**42066**
北 京	Beijing	99577	14721	8940425	84366	273618	65805	12369803	46151
天 津	Tianjin	21298	3393	1929812	85670	51413	11113	2893526	56822
河 北	Hebei	51533	4918	3547429	67847	138157	41010	4513379	32885
山 西	Shanxi	114927	15766	9204862	78018	82492	26255	2523209	30654
内蒙古	Inner Mongolia	108259	15263	7697683	74167	73428	18165	2831455	38937
辽 宁	Liaoning	119040	12622	8472402	71449	142378	36287	4826323	34180
吉 林	Jilin	68771	7486	4555868	67301	60989	16221	1847569	30301
黑龙江	Heilongjiang	139143	17950	8885350	65574	76624	24339	2355894	30996
上 海	Shanghai	45222	6057	3927358	87906	202798	30401	10151016	46848
江 苏	Jiangsu	23336	5485	1930224	82732	239597	53816	12609021	53189
浙 江	Zhejiang	28105	5221	2568718	91086	159724	40474	8406177	53282
安 徽	Anhui	42541	5402	3319938	77856	112095	30120	3989517	35726
福 建	Fujian	40309	8524	2851459	70979	105271	22946	4441867	43132
江 西	Jiangxi	61574	11661	4521745	74447	106077	22754	4736610	45000
山 东	Shandong	82442	12798	5932089	76568	234278	63077	9516245	41026
河 南	Henan	120139	22880	7901183	67895	234278	64655	7849334	34087
湖 北	Hubei	83833	17346	6020240	71794	145880	43161	5135578	35880
湖 南	Hunan	76901	13296	5757871	74627	103424	34464	3314869	32423
广 东	Guangdong	27452	7709	1984846	76908	380485	87453	18577157	49305
广 西	Guangxi	66108	9514	4427217	70447	82659	24489	2937544	35656
海 南	Hainan	5034	957	414973	83563	19638	4570	708494	36109
重 庆	Chongqing	28535	5998	2002787	74653	165898	32933	8204771	50061
四 川	Sichuan	60521	14460	4500228	77616	195737	53926	7537763	39291
贵 州	Guizhou	31797	6262	2378175	76145	54795	14711	2126380	39450
云 南	Yunnan	37662	6874	3333354	87898	72439	20781	2630520	36637
西 藏	Tibet	67	8	2429	37369	4660	1623	201313	43631
陕 西	Shaanxi	65992	14685	4702605	72480	117312	37531	4499571	38849
甘 肃	Gansu	51684	12085	3770096	75725	50523	15864	1679850	33326
青 海	Qinghai	22259	6441	1699957	84256	18818	8480	738616	38748
宁 夏	Ningxia	16964	3560	1124015	69089	15857	5857	661599	41513
新 疆	Xinjiang	55357	13640	4402012	89707	84780	17606	4138793	49153

3-2 续表 31 continued

地 区	Region	水上运输业 Water Transport 年末人数(人) Year-end Figures (person)	#女 性 Female	工资总额(千元) Total Wages (1000 yuan)	平均工资(元) Average Wage (yuan)	航空运输业 Air Transport 年末人数(人) Year-end Figures (person)	#女 性 Female	工资总额(千元) Total Wages (1000 yuan)	平均工资(元) Average Wage (yuan)
全 国	**National**	**483428**	**82255**	**36063734**	**74662**	**494397**	**176971**	**57022796**	**119055**
北 京	Beijing	324	83	53414	173422	66653	27708	10278583	158912
天 津	Tianjin	21192	3067	2719443	127691	8236	2329	1391436	183955
河 北	Hebei	25568	4926	2227953	87114	3306	1298	356310	117827
山 西	Shanxi	74	21	4507	56338	5196	2144	260786	54421
内蒙古	Inner Mongolia	31	9	2003	64613	4076	1250	327254	80963
辽 宁	Liaoning	39223	6982	2828223	72597	19150	6865	1800244	95276
吉 林	Jilin	831	116	21873	26545	5379	1900	463838	87237
黑龙江	Heilongjiang	3103	456	128098	40900	6733	2333	592887	89492
上 海	Shanghai	50539	6042	5975601	115907	60843	19798	8470215	139441
江 苏	Jiangsu	78329	15923	4092675	52254	13368	2462	1468571	111840
浙 江	Zhejiang	26480	4619	2102138	78974	10887	3241	1094900	104415
安 徽	Anhui	14613	2752	621740	42460	4116	1548	281701	71498
福 建	Fujian	14927	2247	1015130	67639	15234	4878	1239999	84497
江 西	Jiangxi	7894	1412	364545	46017	4844	1572	423953	88250
山 东	Shandong	70405	10903	5098234	73076	14113	5227	1662433	126565
河 南	Henan	5768	1312	217106	38095	7795	2855	634308	85659
湖 北	Hubei	15757	3319	676964	42957	9137	3285	941214	106292
湖 南	Hunan	4761	1130	154523	31880	7463	2983	573674	78618
广 东	Guangdong	60106	8932	5391260	89838	109755	42541	13974122	132752
广 西	Guangxi	10430	2646	330175	33277	5229	1851	392974	75297
海 南	Hainan	5076	1018	418725	80991	14198	4791	1108495	80589
重 庆	Chongqing	14884	2865	682394	45612	10384	4073	907979	90716
四 川	Sichuan	10915	904	887851	84711	35328	12744	4241515	124699
贵 州	Guizhou	1142	273	24332	21140	6018	1422	496137	87425
云 南	Yunnan	716	192	13752	21321	18525	5338	1558492	88310
西 藏	Tibet					372	106	22350	60081
陕 西	Shaanxi	210	51	6766	32066	12228	5298	791656	65681
甘 肃	Gansu	46	22	1187	25804	1642	482	86642	54016
青 海	Qinghai	4	3	123	30750	1277	538	80974	65249
宁 夏	Ningxia	80	30	2999	37488	1710	674	117565	68551
新 疆	Xinjiang					11202	3437	981589	89406

3-2 续表 32 continued

地 区	Region	管道运输业 Transport Via Pipelines 年末人数(人) Year-end Figures (person)	#女性 Female	工资总额(千元) Total Wages (1000 yuan)	平均工资(元) Average Wage (yuan)	装卸搬运和运输代理业 Loading, Unloading and Forwarding Agency 年末人数(人) Year-end Figures (person)	#女性 Female	工资总额(千元) Total Wages (1000 yuan)	平均工资(元) Average Wage (yuan)
全 国	**National**	**37704**	**9299**	**2905309**	**75222**	**442510**	**139875**	**27556792**	**60350**
北 京	Beijing	5947	1170	445813	96916	51056	18726	3953055	77300
天 津	Tianjin	235	50	26020	109789	13272	3961	1016746	73972
河 北	Hebei	567	119	26621	46868	11742	2977	422317	34091
山 西	Shanxi	423	167	9867	23549	2411	559	58881	25249
内蒙古	Inner Mongolia					1644	605	60258	34179
辽 宁	Liaoning	3839	1149	224987	59005	17867	4830	970508	53254
吉 林	Jilin	1117	295	84325	61822	1384	313	54270	40319
黑龙江	Heilongjiang	767	114	59217	70919	4177	1290	130241	31482
上 海	Shanghai	1454	386	165858	119667	67921	32813	6136618	90844
江 苏	Jiangsu	10381	2909	829740	78715	36773	8892	2055792	55283
浙 江	Zhejiang	106	25	9308	88648	20930	6323	1267459	60705
安 徽	Anhui					5327	1252	199899	37540
福 建	Fujian	12	7	373	31083	29352	6664	1685128	57442
江 西	Jiangxi	808	128	45516	57253	3030	798	158962	40583
山 东	Shandong	3547	745	208860	59743	25688	7893	1497153	54174
河 南	Henan	74	19	2551	34473	10929	2638	462001	37758
湖 北	Hubei	788	144	39633	50617	11010	2321	512878	43765
湖 南	Hunan	169	54	6937	41047	8273	2253	324046	35108
广 东	Guangdong	319	32	25609	79531	54503	17933	3427648	63249
广 西	Guangxi	72	30	3071	34898	14361	3624	729500	46557
海 南	Hainan	30	4	2047	68233	4615	1034	234221	51151
重 庆	Chongqing					7192	1891	290594	40825
四 川	Sichuan	618	203	78697	127755	9365	2308	577543	52893
贵 州	Guizhou					3892	1080	132854	35589
云 南	Yunnan	372	80	26207	70449	17704	4110	523024	30438
西 藏	Tibet								
陕 西	Shaanxi	2661	718	205329	76989	3410	1392	151286	45404
甘 肃	Gansu	51	16	4535	88922	1057	134	142832	55105
青 海	Qinghai					247	48	10139	40883
宁 夏	Ningxia					450	126	38035	50444
新 疆	Xinjiang	3347	735	374188	70869	2928	1087	332904	53660

3-2 续表 33 continued

地 区	Region	仓储业 Storage 年末人数(人) Year-end Figures (person)	#女 性 Female	工资总额(千元) Total Wages (1000 yuan)	平均工资(元) Average Wage (yuan)	邮政业 Post 年末人数(人) Year-end Figures (person)	#女 性 Female	工资总额(千元) Total Wages (1000 yuan)	平均工资(元) Average Wage (yuan)
全 国	**National**	**325015**	**92515**	**14800769**	**45291**	**1076595**	**415069**	**53445442**	**53077**
北 京	Beijing	12887	3670	775899	59474	82206	25592	5404549	68776
天 津	Tianjin	19330	4553	1338142	68595	8479	2543	480509	64085
河 北	Hebei	11711	3954	402189	34249	33311	14747	1376285	41198
山 西	Shanxi	8420	2465	167798	19978	22449	12009	845278	37576
内蒙古	Inner Mongolia	6304	1707	207691	32894	23101	11108	907149	40672
辽 宁	Liaoning	11683	2826	467425	40088	23404	12347	1256710	53529
吉 林	Jilin	12215	2435	382324	31197	20901	7992	881878	42217
黑龙江	Heilongjiang	20038	4088	505778	25644	30200	14007	1348760	45303
上 海	Shanghai	30409	8584	1982066	64313	32400	9073	2597722	81674
江 苏	Jiangsu	17861	4495	926644	52279	64419	21675	3390924	53355
浙 江	Zhejiang	12400	3247	664981	53071	55066	17984	3738349	70743
安 徽	Anhui	9084	2410	324309	35133	32275	14414	1612233	50938
福 建	Fujian	5536	1419	300944	53913	32842	16995	1891491	57748
江 西	Jiangxi	6637	1924	238823	35838	21578	11508	997213	47491
山 东	Shandong	22729	7513	947079	41940	53203	23885	2632260	50354
河 南	Henan	23248	7780	810649	35035	33954	16806	1265492	37570
湖 北	Hubei	11325	3549	437821	39479	54184	24735	2633255	49403
湖 南	Hunan	5077	1749	185986	36454	39273	15468	1835152	46973
广 东	Guangdong	33415	10568	1870548	56781	167041	33599	5525932	48362
广 西	Guangxi	6309	1869	258665	40870	27251	10171	1321438	48911
海 南	Hainan	1053	270	40721	38598	4760	1664	232196	50172
重 庆	Chongqing	4400	1013	199016	45375	29627	14628	1834764	63161
四 川	Sichuan	7339	2248	304309	41318	74003	35002	4332093	59932
贵 州	Guizhou	3548	1272	129034	35226	12257	5683	574562	46938
云 南	Yunnan	3108	858	110452	35311	17442	7221	725954	42177
西 藏	Tibet	239	79	10735	45487	1901	739	158275	84413
陕 西	Shaanxi	9511	3262	315116	33310	39057	15749	1778148	46114
甘 肃	Gansu	4487	1326	147058	32235	17139	7096	626835	36801
青 海	Qinghai	1129	349	46387	40619	3833	1734	188992	48622
宁 夏	Ningxia	649	243	29109	44441	4711	2313	219008	47098
新 疆	Xinjiang	2934	790	273071	57380	14328	6582	832036	59902

3-2 续表 34 continued

地 区	Region	住宿和餐饮业 Hotels and Catering Services				住宿业 Hotels			
		年末人数（人）Year-end Figures (person)	#女 性 Female	工资总额（千元）Total Wages (1000 yuan)	平均工资（元）Average Wage (yuan)	年末人数（人）Year-end Figures (person)	#女 性 Female	工资总额（千元）Total Wages (1000 yuan)	平均工资（元）Average Wage (yuan)
全 国	**National**	**3043938**	**1687806**	**103833335**	**34044**	**1624881**	**888884**	**59285504**	**36113**
北 京	Beijing	309947	159489	14211017	45280	142665	71823	7385108	50441
天 津	Tianjin	65674	36377	2175995	33048	22928	10529	878890	38872
河 北	Hebei	69333	39548	1949117	27464	49571	28415	1433324	28128
山 西	Shanxi	55567	32025	1281150	22924	28856	16264	733997	24584
内蒙古	Inner Mongolia	45914	25344	1477778	31958	26297	14457	868129	32960
辽 宁	Liaoning	80807	41436	2677866	33121	54534	25643	1897165	34900
吉 林	Jilin	32884	17696	915666	27189	22285	12177	640938	27832
黑龙江	Heilongjiang	48516	25786	1813954	36746	35709	18783	1364364	37899
上 海	Shanghai	210544	107661	9547582	45169	68169	30664	4099994	58706
江 苏	Jiangsu	191980	110122	6065619	31574	77362	41637	2980787	38453
浙 江	Zhejiang	147032	80546	5389159	35829	91105	49367	3639193	38808
安 徽	Anhui	57923	35514	1647057	28563	33489	20532	976328	28858
福 建	Fujian	98117	53252	3309762	33572	60970	34284	2215235	36116
江 西	Jiangxi	46930	28947	1242181	26772	30555	19060	866382	27853
山 东	Shandong	192581	112662	7183919	37068	97366	54487	3674918	36967
河 南	Henan	118169	65147	3315551	27895	76957	42258	2193707	28291
湖 北	Hubei	121907	72496	3480066	29452	47524	28513	1465958	31130
湖 南	Hunan	95422	55446	2815390	29931	63900	36871	1991811	30908
广 东	Guangdong	393419	203745	13835423	35460	200884	104885	7667160	37906
广 西	Guangxi	54101	30793	1380618	25500	35485	21117	1028265	28451
海 南	Hainan	67659	35297	2193226	33564	58860	30725	1931055	34156
重 庆	Chongqing	70802	42344	2216349	31090	29418	17283	1005831	33693
四 川	Sichuan	124573	71290	3825282	30613	58797	34027	1919848	32630
贵 州	Guizhou	41181	24520	1197850	29760	26775	16099	807304	30455
云 南	Yunnan	95535	57241	2555776	26571	66380	39270	1830366	27492
西 藏	Tibet	6224	3379	220657	34981	5812	3156	204316	34653
陕 西	Shaanxi	125634	75945	3503056	27587	59607	36072	1813651	30123
甘 肃	Gansu	35232	20901	936124	26817	22102	13147	664495	30333
青 海	Qinghai	6058	3433	195768	31724	4960	2759	160489	31698
宁 夏	Ningxia	6482	3741	209258	32363	4134	2331	136868	32972
新 疆	Xinjiang	27791	15683	1065119	37072	21425	12249	809628	36378

3-2 续表 35 continued

地 区	Region	餐饮业 Catering Services				信息传输、软件和信息技术服务业 Information Transmission, Software and Information Technology			
		年末人数（人）Year-end Figures (person)	#女性 Female	工资总额（千元）Total Wages (1000 yuan)	平均工资（元）Average Wage (yuan)	年末人数（人）Year-end Figures (person)	#女性 Female	工资总额（千元）Total Wages (1000 yuan)	平均工资（元）Average Wage (yuan)
全 国	**National**	**1419057**	**798922**	**44547831**	**31631**	**3273117**	**1289135**	**295772122**	**90915**
北 京	Beijing	167282	87666	6825909	40767	582393	212193	78462319	136599
天 津	Tianjin	42746	25848	1297105	30002	35718	14618	3658787	102922
河 北	Hebei	19762	11133	515793	25774	86275	35237	6044099	69718
山 西	Shanxi	26711	15761	547153	21020	60181	29022	2963532	49299
内蒙古	Inner Mongolia	19617	10887	609649	30633	58542	29905	3199472	54434
辽 宁	Liaoning	26273	15793	780701	29470	127133	59355	9159926	72837
吉 林	Jilin	10599	5519	274728	25798	67365	27895	3349443	49288
黑龙江	Heilongjiang	12807	7003	449590	33642	71042	30169	3933162	55854
上 海	Shanghai	142375	76997	5447588	38490	216511	77800	32727810	153989
江 苏	Jiangsu	114618	68485	3084832	26920	304579	119854	28621113	94616
浙 江	Zhejiang	55927	31179	1749966	30896	153530	62705	16281616	106946
安 徽	Anhui	24434	14982	670729	28144	62069	22741	3270667	53755
福 建	Fujian	37147	18968	1094527	29382	69597	24616	5131315	74101
江 西	Jiangxi	16375	9887	375799	24573	63475	24612	3717846	57867
山 东	Shandong	95215	58175	3509001	37174	175437	73544	13044560	74249
河 南	Henan	41212	22889	1121844	27151	94622	39840	4492328	47671
湖 北	Hubei	74383	43983	2014108	28340	90969	35129	5136182	56715
湖 南	Hunan	31522	18575	823579	27806	73190	29371	3997077	54344
广 东	Guangdong	192535	98860	6168263	32828	332575	115910	33070142	100186
广 西	Guangxi	18616	9676	352353	19576	52360	22764	3020202	58162
海 南	Hainan	8799	4572	262171	29765	12996	5023	1016597	78812
重 庆	Chongqing	41384	25061	1210518	29215	48920	18361	3608065	73598
四 川	Sichuan	65776	37263	1905434	28819	156216	60871	10931278	69552
贵 州	Guizhou	14406	8421	390546	28420	33507	13905	2130220	64260
云 南	Yunnan	29155	17971	725410	24498	66460	25083	3714984	56193
西 藏	Tibet	412	223	16341	39663	5081	2283	405991	80988
陕 西	Shaanxi	66027	39873	1689405	25301	94705	39863	6569550	69266
甘 肃	Gansu	13130	7754	271629	20893	30607	13697	1220333	39962
青 海	Qinghai	1098	674	35279	31840	10001	4217	508285	49989
宁 夏	Ningxia	2348	1410	72390	31270	8267	4006	534393	65043
新 疆	Xinjiang	6366	3434	255491	39458	28794	14546	1850828	64214

3-2 续表 36 continued

地 区 Region	电信、广播电视和卫星传输服务 Telecommunication, Radio and Television and Satellite Transmission Service				互联网和相关服务 Internet and Related Service			
	年末人数(人) Year-end Figures (person)	#女 性 Female	工资总额(千元) Total Wages (1000 yuan)	平均工资(元) Average Wage (yuan)	年末人数(人) Year-end Figures (person)	#女 性 Female	工资总额(千元) Total Wages (1000 yuan)	平均工资(元) Average Wage (yuan)
全 国 National	**1886266**	**801964**	**135687948**	**71825**	**186323**	**75081**	**21558974**	**118374**
北 京 Beijing	83892	35683	11563808	138065	70261	27871	7783974	114742
天 津 Tianjin	18415	8349	1724677	93778	2590	708	207644	82595
河 北 Hebei	69836	30345	4137797	58697	4816	2060	289816	60028
山 西 Shanxi	56703	27407	2801628	49515	573	292	38843	69611
内蒙古 Inner Mongolia	56341	29005	3091025	54520	1071	394	48845	50564
辽 宁 Liaoning	71361	31785	4456696	62477	8360	4642	994411	126515
吉 林 Jilin	59772	25055	3007941	49833	979	420	41471	40618
黑龙江 Heilongjiang	61534	25586	3528400	57263	3415	1597	153615	50648
上 海 Shanghai	37469	14948	4858511	130046	10254	4173	1396564	137987
江 苏 Jiangsu	178775	78101	14847762	83187	10547	5045	788557	76079
浙 江 Zhejiang	68685	32990	6007207	86437	21723	9158	5128342	229950
安 徽 Anhui	53483	20400	2843974	53201	2115	263	78528	44822
福 建 Fujian	46926	17484	3349656	71735	3189	1058	176983	56635
江 西 Jiangxi	53045	20448	3234072	60935	1688	602	97708	59361
山 东 Shandong	137714	59402	10902394	78772	2268	1185	57796	36281
河 南 Henan	84973	36778	3956423	46656	2798	1124	88372	32406
湖 北 Hubei	64857	27377	3446435	53219	2736	1283	145890	54600
湖 南 Hunan	62079	25784	3360568	53722	2317	1133	117337	53070
广 东 Guangdong	161576	58361	14650194	91012	20850	7228	3163927	148814
广 西 Guangxi	49801	21640	2897127	58688	725	295	39278	55166
海 南 Hainan	9116	3708	782963	86467	1024	447	67051	64972
重 庆 Chongqing	33545	13885	2483175	73482	3317	781	197796	60917
四 川 Sichuan	134955	54350	9644931	70678	3065	993	159563	51158
贵 州 Guizhou	29443	12456	1942414	66768	442	160	16796	37829
云 南 Yunnan	57571	22523	3360130	58516	379	140	13693	36710
西 藏 Tibet	5006	2265	401470	81302				
陕 西 Shaanxi	67520	31316	4568180	67444	2935	1362	169346	57896
甘 肃 Gansu	27556	12730	1112237	40426	924	288	27846	30104
青 海 Qinghai	9939	4208	506118	50081				
宁 夏 Ningxia	7386	3664	480668	65424	541	248	40565	75681
新 疆 Xinjiang	26992	13931	1739367	64314	421	131	28417	67821

3-2 续表 37 continued

地 区	Region	软件和信息技术服务业 Software and Information Technology				金融业 Financial Intermediation			
		年末人数(人) Year-end Figures (person)	#女 性 Female	工资总额(千元) Total Wages (1000 yuan)	平均工资(元) Average Wage (yuan)	年末人数(人) Year-end Figures (person)	#女 性 Female	工资总额(千元) Total Wages (1000 yuan)	平均工资(元) Average Wage (yuan)
全 国	**National**	**1200528**	**412090**	**138525200**	**117196**	**5379393**	**2723345**	**526903519**	**99653**
北 京	Beijing	428240	148639	59114537	139816	391442	209861	79138513	206110
天 津	Tianjin	14713	5561	1726466	117896	80907	46118	9264729	118448
河 北	Hebei	11623	2832	1616486	142159	256396	134412	16720764	65547
山 西	Shanxi	2905	1323	123061	41365	156064	79360	10481825	67729
内蒙古	Inner Mongolia	1130	506	59602	53407	110766	58808	7679799	69426
辽 宁	Liaoning	47412	22928	3708819	79645	232089	122787	16730633	73851
吉 林	Jilin	6614	2420	300031	45639	110171	56343	7273626	66938
黑龙江	Heilongjiang	6093	2986	251147	43541	159235	74459	8936694	57390
上 海	Shanghai	168788	58679	26472735	160389	300312	136166	55022070	181909
江 苏	Jiangsu	115257	36708	12984794	114258	307892	159352	31901914	105289
浙 江	Zhejiang	63122	20557	5146067	85142	363239	204623	44491092	124711
安 徽	Anhui	6471	2078	348165	61786	172355	86474	11138189	65920
福 建	Fujian	19482	6074	1604676	82596	151274	80685	15046744	101550
江 西	Jiangxi	8742	3562	386066	40519	112662	59394	8058841	70497
山 东	Shandong	35455	12957	2084370	58402	347552	167405	27699274	80835
河 南	Henan	6851	1938	447533	66686	241291	113529	14922810	62835
湖 北	Hubei	23376	6469	1543857	66744	173200	87905	11570617	68047
湖 南	Hunan	8794	2454	519172	59098	212003	101376	16021208	77457
广 东	Guangdong	150149	50321	15256021	103181	433282	218954	49137929	117219
广 西	Guangxi	1834	829	83797	45296	115919	57320	9329817	82062
海 南	Hainan	2856	868	166583	59240	27838	12565	2092414	75429
重 庆	Chongqing	12058	3695	927094	77361	131173	63901	12312317	100437
四 川	Sichuan	18196	5528	1126784	64073	241172	118033	18248873	76687
贵 州	Guizhou	3622	1289	171010	47319	80420	38890	8042760	102294
云 南	Yunnan	8510	2420	341161	41025	98997	48420	10195089	104144
西 藏	Tibet	75	18	4521	60280	9652	4303	1290990	137033
陕 西	Shaanxi	24250	7185	1832024	75744	150381	76434	10623019	71987
甘 肃	Gansu	2127	679	80250	38232	72118	35541	3472341	48791
青 海	Qinghai	62	9	2167	34952	21601	11468	1423058	67182
宁 夏	Ningxia	340	94	13160	39520	30610	13503	2249571	74026
新 疆	Xinjiang	1381	484	83044	61107	87380	44956	6385999	74551

3-2 续表 38 continued

地区	Region	货币金融服务 Monetary and Financial Service 年末人数(人) Year-end Figures (person)	#女性 Female	工资总额(千元) Total Wages (1000 yuan)	平均工资(元) Average Wage (yuan)	资本市场服务 Capital Market Service 年末人数(人) Year-end Figures (person)	#女性 Female	工资总额(千元) Total Wages (1000 yuan)	平均工资(元) Average Wage (yuan)
全　国	**National**	**3384547**	**1666383**	**388446103**	**116355**	**198606**	**80354**	**33301696**	**165895**
北　京	Beijing	188741	102031	46989787	255577	50785	21672	12151678	239456
天　津	Tianjin	42615	22477	6593109	157417	186	52	55800	290625
河　北	Hebei	157447	72669	13310205	85379	2525	1143	228986	86182
山　西	Shanxi	120238	58634	9159772	76963	2629	1151	232703	88145
内蒙古	Inner Mongolia	86403	44019	6639076	77287	1144	538	73519	60961
辽　宁	Liaoning	147879	71878	12855930	87824	3405	1489	411963	125407
吉　林	Jilin	88800	44567	6346467	72190	3243	1475	240203	76182
黑龙江	Heilongjiang	103392	46423	7045216	68711	1340	538	98308	70472
上　海	Shanghai	160757	87617	38143154	237911	23022	9554	4815895	201132
江　苏	Jiangsu	198105	96418	25242871	129269	9024	3818	945000	102773
浙　江	Zhejiang	237760	130419	34074536	147132	13620	5536	1910067	138591
安　徽	Anhui	105014	47505	8566344	82837	3620	1533	386566	104647
福　建	Fujian	97172	48157	12258597	128421	4000	1689	446980	109259
江　西	Jiangxi	79010	40469	6478687	79417	1248	532	50888	40484
山　东	Shandong	224358	101490	22080941	99580	4066	1664	550639	134598
河　南	Henan	151527	69825	11165630	74736	3346	622	365709	109691
湖　北	Hubei	107155	51613	8151006	76878	6193	2394	532677	83114
湖　南	Hunan	124080	60655	11605410	94912	8013	3540	989326	119110
广　东	Guangdong	271409	135190	34253578	128686	27490	10436	5610643	204254
广　西	Guangxi	84113	39268	7929375	96152	1642	639	164486	98377
海　南	Hainan	19442	8794	1528710	79488	889	333	87372	96119
重　庆	Chongqing	66998	35757	8895693	136207	4276	1635	564708	137332
四　川	Sichuan	144126	69882	13615497	95661	13063	4222	1171609	88018
贵　州	Guizhou	61971	29024	6981279	115445	2068	854	314930	149539
云　南	Yunnan	72698	34463	8675765	120868	1933	766	227843	117566
西　藏	Tibet	7703	3427	1106056	147829	1088	446	115629	104926
陕　西	Shaanxi	88811	42299	7785001	88800	3674	1629	437926	119881
甘　肃	Gansu	53566	24481	2842057	53517	37	14	2045	55270
青　海	Qinghai	17172	8547	1230201	73022	29	9	2473	82433
宁　夏	Ningxia	22868	11270	2006438	88584				
新　疆	Xinjiang	53217	27115	4889715	93201	1008	431	115125	112537

3-2 续表 39 continued

地区	Region	保险业 Insurance 年末人数(人) Year-end Figures (person)	#女性 Female	工资总额(千元) Total Wages (1000 yuan)	平均工资(元) Average Wage (yuan)	其他金融业 Other Financial Activities 年末人数(人) Year-end Figures (person)	#女性 Female	工资总额(千元) Total Wages (1000 yuan)	平均工资(元) Average Wage (yuan)
全国	**National**	**1729407**	**950008**	**92751428**	**55127**	**66833**	**26600**	**12404292**	**188860**
北京	Beijing	123837	75271	13209166	108063	28079	10887	6787882	250272
天津	Tianjin	35868	22813	2240577	66230	2238	776	375243	162232
河北	Hebei	95757	60317	3144858	32801	667	283	36715	54880
山西	Shanxi	32040	19226	1031223	32289	1157	349	58127	49766
内蒙古	Inner Mongolia	22850	14132	945439	40836	369	119	21765	60796
辽宁	Liaoning	79562	48831	3386758	44760	1243	589	75982	62588
吉林	Jilin	17645	10129	640831	37423	483	172	46125	97722
黑龙江	Heilongjiang	53430	26964	1733540	34140	1073	534	59630	58865
上海	Shanghai	114393	38054	11137171	95907	2140	941	925850	445763
江苏	Jiangsu	100194	58938	5628543	57456	569	178	85500	152135
浙江	Zhejiang	109604	67758	8083445	73998	2255	910	423044	197592
安徽	Anhui	62433	36922	2058093	33958	1288	514	127186	101586
福建	Fujian	48350	30167	2135929	45582	1752	672	205238	116282
江西	Jiangxi	31780	18183	1443730	46754	624	210	85536	142560
山东	Shandong	118400	63996	4951033	42641	728	255	116661	161580
河南	Henan	84220	42271	3302041	39982	2198	811	89430	41250
湖北	Hubei	57448	32752	2608203	47203	2404	1146	278731	118659
湖南	Hunan	79413	37004	3345848	44156	497	177	80624	165552
广东	Guangdong	128339	70338	7859137	65966	6044	2990	1414571	220716
广西	Guangxi	28100	16608	1080694	39292	2064	805	155262	75775
海南	Hainan	5770	2996	404268	69283	1737	442	72064	40853
重庆	Chongqing	58110	25736	2540754	49422	1789	773	311162	177199
四川	Sichuan	82711	43478	3399806	41906	1272	451	61961	51807
贵州	Guizhou	15345	8619	681584	45279	1036	393	64967	65491
云南	Yunnan	23191	12735	1230047	53427	1175	456	61434	53236
西藏	Tibet	812	410	65579	83222	49	20	3726	76041
陕西	Shaanxi	56718	32049	2072193	37603	1178	457	327899	287883
甘肃	Gansu	18410	10998	622047	34714	105	48	6192	58415
青海	Qinghai	4241	2851	183747	44298	159	61	6637	42274
宁夏	Ningxia	7725	2233	242458	31402	17		675	37500
新疆	Xinjiang	32711	17229	1342686	42311	444	181	38473	87638

3-2 续表 40 continued

地区	Region	房地产业 Real Estate 年末人数(人) Year-end Figures (person)	#女性 Female	工资总额(千元) Total Wages (1000 yuan)	平均工资(元) Average Wage (yuan)	房地产开发经营 Development and Management of Real Estate 年末人数(人) Year-end Figures (person)	#女性 Female	工资总额(千元) Total Wages (1000 yuan)	平均工资(元) Average Wage (yuan)
全 国	**National**	**3737341**	**1340887**	**188230111**	**51048**	**1746779**	**602639**	**110072288**	**63525**
北 京	Beijing	405836	153345	29262195	72828	85210	34049	11542685	135950
天 津	Tianjin	91472	33402	5690728	67872	36587	11752	3511336	96566
河 北	Hebei	91472	33876	3462243	38716	64486	22584	2699672	42943
山 西	Shanxi	32293	10988	1025513	32837	19631	5905	716395	37367
内蒙古	Inner Mongolia	48378	19655	1969739	39964	26722	9232	1245866	44335
辽 宁	Liaoning	140409	49527	6246695	44905	71807	24945	4202867	58698
吉 林	Jilin	57257	19834	2219983	38598	27456	8826	1312935	46410
黑龙江	Heilongjiang	60459	20888	2283638	36885	31050	9885	1336671	40776
上 海	Shanghai	240280	81470	16208802	67231	58262	21866	7125009	122410
江 苏	Jiangsu	211881	78706	11785844	56357	97512	33480	7649589	79233
浙 江	Zhejiang	179474	66787	10154136	56607	68867	26371	6060072	88883
安 徽	Anhui	93760	35292	4257675	46737	64011	22749	3346718	53453
福 建	Fujian	126067	45343	6477229	52646	59601	21397	4265405	73202
江 西	Jiangxi	54294	19405	2002210	37376	38778	13235	1598979	41813
山 东	Shandong	236862	82387	10634818	44393	153168	47992	7985900	51412
河 南	Henan	157641	50960	5824741	37594	116449	35085	4565356	39814
湖 北	Hubei	119695	42605	5003014	42767	78739	24007	3776324	48845
湖 南	Hunan	111602	38470	4646435	42022	68247	22482	3387008	49906
广 东	Guangdong	524731	181533	27583581	53601	150373	56523	11818694	79812
广 西	Guangxi	77624	25935	2707824	35230	39992	14343	1737378	44029
海 南	Hainan	58401	20902	2695031	47873	35432	12730	2052331	60655
重 庆	Chongqing	101117	39044	4932227	50317	46948	16899	3280027	71093
四 川	Sichuan	157346	57570	7065335	45758	85174	29707	4736461	56407
贵 州	Guizhou	68690	25418	2727960	39683	38726	13705	1894640	48490
云 南	Yunnan	100707	38663	3805573	38864	67808	24139	2920677	44579
西 藏	Tibet	1304	464	60038	46613	754	269	29919	39892
陕 西	Shaanxi	87012	31163	3545258	41317	55247	18226	2597615	47093
甘 肃	Gansu	38869	12187	1452321	37381	28474	8289	1168113	40945
青 海	Qinghai	8252	3426	264352	32456	4367	1687	162819	37361
宁 夏	Ningxia	14410	5037	611296	42676	8120	2756	439277	53774
新 疆	Xinjiang	39746	16605	1623677	42100	18781	7524	905550	49209

3-2 续表 41 continued

地 区	Region	物业管理 Property Management 年末人数(人) Year-end Figures (person)	#女 性 Female	工资总额(千元) Total Wages (1000 yuan)	平均工资(元) Average Wage (yuan)	房地产中介服务 Agency Services of Real Estate 年末人数(人) Year-end Figures (person)	#女 性 Female	工资总额(千元) Total Wages (1000 yuan)	平均工资(元) Average Wage (yuan)
全 国	**National**	**1606258**	**588565**	**57086682**	**36231**	**198619**	**80286**	**11172388**	**58144**
北 京	Beijing	230510	85253	10708706	47063	37572	14903	3106501	86525
天 津	Tianjin	46866	18380	1704830	42846	5794	2301	296896	54178
河 北	Hebei	21552	8906	595187	28083	1479	748	37917	25882
山 西	Shanxi	9619	3806	227578	25083	708	363	15004	22261
内蒙古	Inner Mongolia	16623	8256	465882	28723	1330	496	61267	47531
辽 宁	Liaoning	56968	19832	1619730	28929	5367	2581	213279	40378
吉 林	Jilin	22463	7963	640863	29157	2625	1248	89838	35467
黑龙江	Heilongjiang	24353	9068	754005	31302	683	241	26736	39727
上 海	Shanghai	144675	45857	6294516	42846	30163	11247	2267260	79383
江 苏	Jiangsu	101984	40359	3401582	34021	6219	2551	348663	56445
浙 江	Zhejiang	95091	33828	3258071	34037	5352	2246	217458	42365
安 徽	Anhui	21965	9193	603923	28830	2798	1457	114359	44988
福 建	Fujian	59805	21235	1888736	32521	3314	1535	161338	49734
江 西	Jiangxi	8380	3547	194823	23704	1361	608	43050	32103
山 东	Shandong	70949	29378	2006739	29010	6181	2601	327313	40181
河 南	Henan	30125	12397	843901	28781	4618	1764	182643	40461
湖 北	Hubei	34656	16203	995408	29622	4118	1533	164500	42321
湖 南	Hunan	35686	12826	966739	27568	4166	1984	160869	39303
广 东	Guangdong	298948	96365	12192677	41447	53643	20397	2475228	48774
广 西	Guangxi	29784	9040	732592	24840	2372	765	67791	27863
海 南	Hainan	19827	6981	542397	28028	1821	750	66962	37284
重 庆	Chongqing	47920	19450	1356130	29236	4491	2158	235438	55489
四 川	Sichuan	62427	23286	1883507	30838	6263	3150	275664	46667
贵 州	Guizhou	24247	9448	664202	27657	1955	730	60151	31526
云 南	Yunnan	29102	12764	756042	26375	1660	797	53583	33552
西 藏	Tibet	496	175	20826	43029	23	9	7464	339273
陕 西	Shaanxi	24978	10254	710425	29652	1460	550	50425	34848
甘 肃	Gansu	8695	3107	218097	25272	166	81	6055	36476
青 海	Qinghai	3368	1550	82995	25443	156	69	7339	45584
宁 夏	Ningxia	5916	2062	153861	26597	296	189	13935	47723
新 疆	Xinjiang	18280	7796	601712	34510	465	234	17462	35492

3-2 续表 42 continued

地 区	Region	租赁和商务服务业 Leasing and Business Services 年末人数(人) Year-end Figures (person)	#女性 Female	工资总额(千元) Total Wages (1000 yuan)	平均工资(元) Average Wage (yuan)	租赁业 Leasing 年末人数(人) Year-end Figures (person)	#女性 Female	工资总额(千元) Total Wages (1000 yuan)	平均工资(元) Average Wage (yuan)
全 国	**National**	**4218913**	**1385196**	**262937771**	**62538**	**88978**	**21481**	**4754907**	**54508**
北 京	Beijing	661746	265008	65109159	99511	18577	4302	916616	51236
天 津	Tianjin	57713	16509	3641693	63436	1950	552	104188	54807
河 北	Hebei	114896	30541	4322056	37884	1083	150	41472	33938
山 西	Shanxi	72872	22307	2266894	31191	1779	927	35073	19860
内蒙古	Inner Mongolia	43847	14191	1945673	44301	245	106	5672	22964
辽 宁	Liaoning	132564	31399	4571459	34439	1066	425	26204	24605
吉 林	Jilin	54646	16435	1856291	33392	938	301	46656	45297
黑龙江	Heilongjiang	59292	24106	2390428	39156	684	351	31751	48327
上 海	Shanghai	420924	154661	54493560	129430	18204	2798	1582363	90920
江 苏	Jiangsu	318584	97196	15176571	48648	5705	1538	321346	57496
浙 江	Zhejiang	288068	78681	15002305	52596	3004	989	142896	49686
安 徽	Anhui	70975	24427	2885745	41054	1172	270	53061	45158
福 建	Fujian	114253	39740	5594193	49942	944	166	49479	54313
江 西	Jiangxi	55354	16001	2103463	37835	853	179	36773	43570
山 东	Shandong	208205	72118	10405448	46169	5783	955	202927	35072
河 南	Henan	124877	39260	4436080	34965	3417	923	121664	36038
湖 北	Hubei	89918	29771	3626442	40533	4050	1228	196175	48570
湖 南	Hunan	89867	29811	3129171	35201	1495	421	67043	44785
广 东	Guangdong	557825	184178	33490047	60605	7569	1823	366523	48831
广 西	Guangxi	98458	30068	3303757	33584	1424	458	57041	39584
海 南	Hainan	20019	7346	876047	46747	865	250	29148	35076
重 庆	Chongqing	108525	24354	3911015	37097	501	134	20087	40416
四 川	Sichuan	122099	28058	5853032	48724	1475	486	86443	58805
贵 州	Guizhou	46203	14330	1636718	35696	1800	620	59362	33200
云 南	Yunnan	93650	27503	3274218	35425	1205	415	29464	24656
西 藏	Tibet	4546	1404	146523	32568	15	5	624	41600
陕 西	Shaanxi	75546	26358	3541281	47752	1270	358	41565	34126
甘 肃	Gansu	27206	8383	743086	27057	245	63	5895	24061
青 海	Qinghai	7046	2201	225722	30685	22	12	940	44762
宁 夏	Ningxia	19752	5826	653958	33492	18	9	563	31278
新 疆	Xinjiang	59437	23025	2325736	39154	1620	267	75893	44304

3-2 续表 43 continued

地 区	Region	商务服务业 Business Services 年末人数(人) Year-end Figures (person)	#女 性 Female	工资总额(千元) Total Wages (1000 yuan)	平均工资(元) Average Wage (yuan)	科学研究和技术服务业 Scientific Research and Technical Services 年末人数(人) Year-end Figures (person)	#女 性 Female	工资总额(千元) Total Wages (1000 yuan)	平均工资(元) Average Wage (yuan)
全 国	**National**	**4129935**	**1363715**	**258182864**	**62708**	**3877646**	**1171358**	**294032219**	**76602**
北 京	Beijing	643169	260706	64192543	100868	596532	209325	66623755	113206
天 津	Tianjin	55763	15957	3537505	63732	107480	27426	10915477	102610
河 北	Hebei	113813	30391	4280584	37927	139734	37713	8396684	61114
山 西	Shanxi	71093	21380	2231821	31473	69576	22947	3488835	50793
内蒙古	Inner Mongolia	43602	14085	1940001	44422	60952	19952	3433554	56780
辽 宁	Liaoning	131498	30974	4545255	34518	168951	49042	9821240	59624
吉 林	Jilin	53708	16134	1809635	33167	80272	25803	3980036	49805
黑龙江	Heilongjiang	58608	23755	2358677	39056	111528	32432	6775398	60631
上 海	Shanghai	402720	151863	52911197	131091	203890	67214	28716654	141766
江 苏	Jiangsu	312879	95658	14855225	48487	192155	55395	14705580	77708
浙 江	Zhejiang	285064	77692	14859409	52626	159922	47372	12965999	82352
安 徽	Anhui	69803	24157	2832684	40984	83257	20905	5050184	60816
福 建	Fujian	113309	39574	5544714	49906	77321	23532	4785365	63208
江 西	Jiangxi	54501	15822	2066690	37747	56714	15223	2763775	47738
山 东	Shandong	202422	71163	10202521	46462	168827	48639	9668004	56233
河 南	Henan	121460	38337	4314416	34936	148175	44440	6985177	47717
湖 北	Hubei	85868	28543	3430267	40153	151167	40829	9069237	61121
湖 南	Hunan	88372	29390	3062128	35037	123505	32925	5757121	47101
广 东	Guangdong	550256	182355	33123524	60768	295214	96168	26225105	90557
广 西	Guangxi	97034	29610	3246716	33495	93828	27199	4471354	48101
海 南	Hainan	19154	7096	846899	47289	20294	6351	927731	46333
重 庆	Chongqing	108024	24220	3890928	37081	63594	17289	4997954	78204
四 川	Sichuan	120624	27572	5766589	48599	198608	59410	15034341	76610
贵 州	Guizhou	44403	13710	1577356	35798	65250	18054	2970771	45749
云 南	Yunnan	92445	27088	3244754	35566	91924	25969	4477422	48879
西 藏	Tibet	4531	1399	145899	32538	10795	3299	636201	60332
陕 西	Shaanxi	74276	26000	3499716	47979	167400	45326	10893819	65546
甘 肃	Gansu	26961	8320	737191	27084	68695	18440	3411290	49957
青 海	Qinghai	7024	2189	224782	30645	23425	7239	1334818	59097
宁 夏	Ningxia	19734	5817	653395	33494	13975	4210	796580	57000
新 疆	Xinjiang	57817	22758	2249843	39001	64686	21290	3952758	60859

3-2 续表 44 continued

地 区	Region	研究和试验发展 Research and Experimental Development 年末人数(人) Year-end Figures (person)	#女 性 Female	工资总额(千元) Total Wages (1000 yuan)	平均工资(元) Average Wage (yuan)	专业技术服务业 Professional Technical Services 年末人数(人) Year-end Figures (person)	#女 性 Female	工资总额(千元) Total Wages (1000 yuan)	平均工资(元) Average Wage (yuan)
全 国	**National**	**822445**	**276549**	**71620832**	**87892**	**2498688**	**708228**	**188720698**	**76271**
北 京	Beijing	172872	64330	20599327	121074	312959	104539	34531129	111246
天 津	Tianjin	16463	5232	1197997	72893	83291	20045	9136876	111401
河 北	Hebei	17924	5204	1211935	69222	115755	30209	6936109	60957
山 西	Shanxi	16208	6646	793718	49589	47127	13873	2468888	53178
内蒙古	Inner Mongolia	6271	2456	350629	56083	45712	14647	2579262	56880
辽 宁	Liaoning	38984	10241	2710041	70810	111036	32158	6399770	59292
吉 林	Jilin	13576	4974	794821	58937	56541	17484	2823455	50164
黑龙江	Heilongjiang	15344	5229	894215	58549	86741	23954	5479981	62970
上 海	Shanghai	72328	24449	11405532	157779	112671	36344	15026971	134748
江 苏	Jiangsu	39835	13081	3753874	96308	126294	33382	9467737	75738
浙 江	Zhejiang	20212	6749	1772013	88486	117569	32819	9181472	79382
安 徽	Anhui	12720	3758	813895	63442	59753	13796	3821163	64327
福 建	Fujian	5734	1981	385203	67027	62764	18798	3947860	64500
江 西	Jiangxi	10069	3303	436511	43279	40454	10286	2087559	50154
山 东	Shandong	28072	10183	1665346	58421	112541	29312	6873207	59074
河 南	Henan	30370	10797	1593175	52000	92632	25841	4546897	49954
湖 北	Hubei	26275	7742	1291773	50141	97133	23976	6864589	71874
湖 南	Hunan	19070	5081	1007605	53203	76479	19250	4010882	53061
广 东	Guangdong	49419	17869	4304841	88473	220428	67921	19980082	92680
广 西	Guangxi	13611	5020	637874	46903	57674	16527	3020036	52938
海 南	Hainan	4876	1770	171760	35776	13970	4169	692626	50187
重 庆	Chongqing	10140	3168	641435	63003	47163	12156	4057326	85623
四 川	Sichuan	78299	26844	6544187	84023	106815	28620	7906110	75285
贵 州	Guizhou	7754	2957	297776	38270	33944	8215	1646998	48674
云 南	Yunnan	10754	3694	487699	45905	55424	14335	2944269	53737
西 藏	Tibet	1369	495	96811	71500	8364	2386	487511	59861
陕 西	Shaanxi	58341	14781	4257645	74251	81826	21229	5193807	63486
甘 肃	Gansu	13661	3992	778634	56587	43104	10476	2101599	49299
青 海	Qinghai	2669	978	180064	68413	14788	4559	887882	63303
宁 夏	Ningxia	1786	659	83416	46653	10432	2970	618094	59273
新 疆	Xinjiang	7439	2886	461080	63179	47304	13952	3000551	62849

3-2 续表 45 continued

地区	Region	科技推广和应用服务业 Science and Technology Popularization and Application Services 年末人数（人）Year-end Figures (person)	#女性 Female	工资总额（千元）Total Wages (1000 yuan)	平均工资（元）Average Wage (yuan)	水利、环境和公共设施管理业 Management of Water Conservancy, Environment and Public Facilites 年末人数（人）Year-end Figures (person)	#女性 Female	工资总额（千元）Total Wages (1000 yuan)	平均工资（元）Average Wage (yuan)
全国	**National**	**556513**	**186581**	**33690689**	**61341**	**2591950**	**1046248**	**93365912**	**36123**
北京	Beijing	110701	40456	11493299	106442	98211	34509	5724940	57563
天津	Tianjin	7726	2149	580604	73262	41373	12285	2596287	62405
河北	Hebei	6055	2300	248640	40774	114872	47100	3201354	27926
山西	Shanxi	6241	2428	226229	36173	88274	40618	1959807	22506
内蒙古	Inner Mongolia	8969	2849	503663	56764	81734	35346	3270490	38722
辽宁	Liaoning	18931	6643	711429	38433	158882	55243	4611665	29565
吉林	Jilin	10155	3345	361760	35673	83034	33000	2034471	24552
黑龙江	Heilongjiang	9443	3249	401202	42451	101630	39301	2707576	27025
上海	Shanghai	18891	6421	2284151	121776	81138	27797	4818481	59119
江苏	Jiangsu	26026	8932	1483969	58755	140325	57131	6237931	44635
浙江	Zhejiang	22141	7804	2012514	92491	116694	45133	5371504	46195
安徽	Anhui	10784	3351	415126	38406	77550	29725	2540456	32453
福建	Fujian	8823	2753	452302	51668	54794	18914	2034011	37278
江西	Jiangxi	6191	1634	239705	38750	73794	26614	3044747	40756
山东	Shandong	28214	9144	1129451	41720	149280	59691	5633427	37195
河南	Henan	25173	7802	845105	34175	124356	45050	3898604	31679
湖北	Hubei	27759	9111	912875	33672	93377	35765	2841761	30664
湖南	Hunan	27956	8594	738634	26665	95553	40410	2590119	27238
广东	Guangdong	25367	10378	1940182	76506	162777	69282	7039223	43548
广西	Guangxi	22543	5652	813444	36464	96035	45787	2673688	28505
海南	Hainan	1448	412	63345	44578	30572	15703	963951	31753
重庆	Chongqing	6291	1965	299193	47176	50051	22743	1682170	34480
四川	Sichuan	13494	3946	584044	43772	121165	53857	4088251	33646
贵州	Guizhou	23552	6882	1025997	44000	46239	22704	1274851	27832
云南	Yunnan	25746	7940	1045454	39920	78403	36052	2352781	30608
西藏	Tibet	1062	418	51879	49550	2206	1247	72595	32923
陕西	Shaanxi	27233	9316	1442367	53320	89339	35514	3139889	35276
甘肃	Gansu	11930	3972	531057	44649	54249	21556	1805713	33119
青海	Qinghai	5968	1702	266872	45011	10366	4691	407241	39286
宁夏	Ningxia	1757	581	95070	54048	21093	10048	750876	35624
新疆	Xinjiang	9943	4452	491127	49564	54584	23432	1997052	36283

3-2 续表 46 continued

地 区	Region	水利管理业 Management of Water Conservancy 年末人数(人) Year-end Figures (person)	#女 性 Female	工资总额(千元) Total Wages (1000 yuan)	平均工资(元) Average Wage (yuan)	生态保护和环境治理业 Ecological Protection and Environmental Treatment 年末人数(人) Year-end Figures (person)	#女 性 Female	工资总额(千元) Total Wages (1000 yuan)	平均工资(元) Average Wage (yuan)
全 国	**National**	**500230**	**138492**	**20792458**	**41429**	**126462**	**41219**	**5884175**	**47080**
北 京	Beijing	8525	2708	625380	72854	6665	2250	593203	91586
天 津	Tianjin	6206	1873	455315	73296	827	275	66790	80762
河 北	Hebei	24485	7828	800469	32829	5271	1880	184038	35102
山 西	Shanxi	15768	5240	497195	31600	3349	1287	87586	26216
内蒙古	Inner Mongolia	16561	5331	834130	50303	2798	853	165033	54865
辽 宁	Liaoning	21903	5920	728802	33413	7034	2001	260710	39882
吉 林	Jilin	18768	5545	522716	27639	2882	1030	72487	25222
黑龙江	Heilongjiang	17146	4558	520891	30437	3045	797	99874	33071
上 海	Shanghai	4965	1384	424692	84871	6182	2500	436808	70272
江 苏	Jiangsu	30937	7363	1662325	53858	6283	2636	319897	51630
浙 江	Zhejiang	10752	2526	778915	72626	6531	2421	377215	58149
安 徽	Anhui	21528	5521	787179	36091	2274	509	70825	33096
福 建	Fujian	8207	1780	368279	44672	2746	869	129025	49152
江 西	Jiangxi	10962	2413	733706	61744	1248	390	48870	39159
山 东	Shandong	31509	8086	1428351	43261	4474	1237	216566	48853
河 南	Henan	35603	9991	1227269	34605	5853	2053	212673	36554
湖 北	Hubei	27222	7152	836731	31054	4815	1657	224765	48047
湖 南	Hunan	20700	5873	585888	28546	2127	817	60977	29629
广 东	Guangdong	29956	7537	1356985	45627	11597	3638	717275	61643
广 西	Guangxi	15064	3496	495967	32889	3938	1624	120355	29813
海 南	Hainan	4278	1180	141036	32929	1615	468	47840	29677
重 庆	Chongqing	3872	1158	156881	41122	2550	930	131671	51555
四 川	Sichuan	13479	3845	618773	45744	7861	1981	331811	42388
贵 州	Guizhou	6111	1614	261539	43009	1787	431	58582	33648
云 南	Yunnan	13852	3687	563640	40755	6794	1951	202917	33540
西 藏	Tibet	210	73	11117	53966	86	33	5329	61965
陕 西	Shaanxi	27702	9053	1102373	39854	6845	2162	290516	42202
甘 肃	Gansu	23313	6391	841361	36344	4354	1142	158748	37082
青 海	Qinghai	4287	1184	226366	52533	545	107	24339	45923
宁 夏	Ningxia	5610	1511	261655	46791	1226	410	48415	39202
新 疆	Xinjiang	20749	6671	936532	45054	2860	880	119035	36258

3-2 续表 47 continued

地 区	Region	公共设施管理业 Management of Public Facilities 年末人数(人) Year-end Figures (person)	#女性 Female	工资总额(千元) Total Wages (1000 yuan)	平均工资(元) Average Wage (yuan)	居民服务、修理和其他服务业 Service to Households, Repair and Other Services 年末人数(人) Year-end Figures (person)	#女性 Female	工资总额(千元) Total Wages (1000 yuan)	平均工资(元) Average Wage (yuan)
全 国	**National**	**1965258**	**866537**	**66689279**	**34064**	**723342**	**292562**	**27716388**	**38429**
北 京	Beijing	83021	29551	4506357	53396	90942	42415	3990041	43754
天 津	Tianjin	34340	10137	2074182	60008	108307	31371	3315315	30517
河 北	Hebei	85116	37392	2216847	26077	14368	4709	400545	28024
山 西	Shanxi	69157	34091	1375026	20220	14823	8945	411203	27476
内蒙古	Inner Mongolia	62375	29162	2271327	35014	10038	3931	351970	36346
辽 宁	Liaoning	129945	47322	3622153	28379	27964	11357	960986	34562
吉 林	Jilin	61384	26425	1439268	23564	13236	5289	369484	28343
黑龙江	Heilongjiang	81439	33946	2086811	26068	46702	22551	2316090	49101
上 海	Shanghai	69991	23913	3956981	56299	51049	21535	2754810	54276
江 苏	Jiangsu	103105	47132	4255709	41441	35732	10112	1625646	45774
浙 江	Zhejiang	99411	40186	4215374	42551	21928	7406	979750	44727
安 徽	Anhui	53748	23695	1682452	30967	8954	2918	330848	37074
福 建	Fujian	43841	16265	1536707	35169	13550	4943	523765	38689
江 西	Jiangxi	61584	23811	2262171	36738	5679	1885	179514	31840
山 东	Shandong	113297	50368	3988510	34985	32774	11875	1203412	38233
河 南	Henan	82900	33006	2458662	30064	19926	7280	551840	27878
湖 北	Hubei	61340	26956	1780265	29159	16674	7617	523865	31492
湖 南	Hunan	72726	33720	1943254	26800	18860	8542	620476	34523
广 东	Guangdong	121224	58107	4964963	41283	72523	33043	3100291	42187
广 西	Guangxi	77033	40667	2057366	27549	5732	2102	199610	34921
海 南	Hainan	24679	14055	775075	31684	3651	2182	105584	28983
重 庆	Chongqing	43629	20655	1393618	32854	13378	7165	468350	35535
四 川	Sichuan	99825	48031	3137667	31328	17005	6734	616440	36253
贵 州	Guizhou	38341	20659	954730	25136	12986	5507	370362	28437
云 南	Yunnan	57757	30414	1586224	27834	13539	5760	406475	30000
西 藏	Tibet	1910	1141	56149	29351	1490	1312	51356	34467
陕 西	Shaanxi	54792	24299	1747000	32075	19660	8368	619473	32047
甘 肃	Gansu	26582	14023	805604	29737	3309	1277	83419	27199
青 海	Qinghai	5534	3400	156536	28322	557	155	15595	27848
宁 夏	Ningxia	14257	8127	440806	30932	933	342	32694	35155
新 疆	Xinjiang	30975	15881	941485	30399	7073	3934	237179	32441

3-2 续表 48 continued

地 区	Region	居民服务业 Service to Households 年末人数(人) Year-end Figures (person)	#女 性 Female	工资总额(千元) Total Wages (1000 yuan)	平均工资(元) Average Wage (yuan)	机动车、电子产品和日用产品修理业 Repair of Motor Vehicle, Electronics and Household Products 年末人数(人) Year-end Figures (person)	#女 性 Female	工资总额(千元) Total Wages (1000 yuan)	平均工资(元) Average Wage (yuan)
全 国	**National**	**281043**	**126842**	**11126254**	**39642**	**119324**	**36683**	**5251211**	**43647**
北 京	Beijing	30808	16247	1280859	41249	20723	5169	1077300	50960
天 津	Tianjin	12893	3660	376384	28430	2447	494	125942	50865
河 北	Hebei	7528	2588	208106	27556	2367	748	69570	30729
山 西	Shanxi	4658	2233	130654	27953	7937	5969	206989	25745
内蒙古	Inner Mongolia	5460	2243	168737	33125	663	162	16102	24141
辽 宁	Liaoning	13058	6838	399302	30532	4452	1037	158503	35044
吉 林	Jilin	6433	2215	209426	32754	1551	395	45112	29562
黑龙江	Heilongjiang	35416	18488	1773455	49412	1528	678	68657	47187
上 海	Shanghai	13377	6328	849418	63804	14403	4442	860301	59532
江 苏	Jiangsu	10776	4150	499167	46699	7923	2074	399469	52007
浙 江	Zhejiang	12857	4789	594928	46559	3284	815	144163	41319
安 徽	Anhui	3618	1620	135417	37491	1241	318	49145	39665
福 建	Fujian	5954	2556	241269	40672	1885	486	83291	44280
江 西	Jiangxi	2350	775	73271	31678	920	317	27309	29716
山 东	Shandong	11639	4567	435665	37428	8110	2174	301226	36897
河 南	Henan	10782	4193	304287	28419	3594	901	112725	31444
湖 北	Hubei	5720	2921	177994	31140	3080	1175	89052	29226
湖 南	Hunan	13773	6039	476332	36831	1841	541	64493	35319
广 东	Guangdong	24791	11930	1145075	45256	12113	3492	687201	54479
广 西	Guangxi	3265	1189	130309	39984	1098	291	33298	30521
海 南	Hainan	846	501	25005	29109	754	197	28014	36909
重 庆	Chongqing	5121	2757	188900	37833	1649	397	60236	36418
四 川	Sichuan	8004	2767	291617	36956	4788	1516	216809	43588
贵 州	Guizhou	8059	3833	216763	27191	3101	782	95569	30700
云 南	Yunnan	7678	4142	238084	31001	2540	535	71751	28248
西 藏	Tibet	61	14	2488	40787				
陕 西	Shaanxi	10019	4404	332951	33232	3441	1097	107721	32782
甘 肃	Gansu	2072	899	60504	32687	928	203	17937	19308
青 海	Qinghai	271	97	8476	31162	286	58	7119	24719
宁 夏	Ningxia	887	330	31315	35424	31	9	653	21065
新 疆	Xinjiang	2869	1529	120096	39780	646	211	25554	38836

3-2 续表 49 continued

地区 Region	其他服务业 Other Services 年末人数(人) Year-end Figures (person)	#女性 Female	工资总额(千元) Total Wages (1000 yuan)	平均工资(元) Average Wage (yuan)	教育 Education 年末人数(人) Year-end Figures (person)	#女性 Female	工资总额(千元) Total Wages (1000 yuan)	平均工资(元) Average Wage (yuan)
全国 National	**322975**	**129037**	**11338923**	**35406**	**16872273**	**8766348**	**872114073**	**51950**
北京 Beijing	39411	20999	1631882	41843	461041	275088	40054813	87820
天津 Tianjin	92967	27217	2812989	30273	189399	107547	15328130	80673
河北 Hebei	4473	1373	122869	27444	897280	552810	36649062	41021
山西 Shanxi	2228	743	73560	32664	523509	318428	21676173	41695
内蒙古 Inner Mongolia	3915	1526	167131	42603	351288	196283	21784452	61981
辽宁 Liaoning	10454	3482	403181	39512	590603	304379	29136158	50032
吉林 Jilin	5252	2679	114946	22468	370820	215735	16681380	44988
黑龙江 Heilongjiang	9758	3385	473978	48247	452220	251763	19590521	43527
上海 Shanghai	23269	10765	1045091	45455	295015	187980	26639858	89333
江苏 Jiangsu	17033	3888	727010	42404	894699	473109	58527527	66056
浙江 Zhejiang	5787	1802	240659	42685	684004	409187	50899925	74700
安徽 Anhui	4095	980	146286	35916	636541	264718	29292380	46183
福建 Fujian	5711	1901	199205	34796	482251	252944	26984867	56378
江西 Jiangxi	2409	793	78934	32807	457603	212476	20941027	45499
山东 Shandong	13025	5134	466521	39969	1200518	562005	62322400	51658
河南 Henan	5550	2186	134828	24501	1169195	601696	48839636	42099
湖北 Hubei	7874	3521	256819	32624	681454	296953	27893844	41068
湖南 Hunan	3246	1962	79651	24783	721568	344864	29820969	41389
广东 Guangdong	35619	17621	1268015	35644	1186341	662247	69503499	58947
广西 Guangxi	1369	622	36003	26357	618283	311806	23441911	38350
海南 Hainan	2051	1484	52565	25958	124559	60054	6740541	54503
重庆 Chongqing	6608	4011	219214	33555	390685	186221	19964181	51560
四川 Sichuan	4213	2451	108014	26097	908523	433528	44412351	49234
贵州 Guizhou	1826	892	58030	29928	475598	212585	22053085	47235
云南 Yunnan	3321	1083	96640	29030	579952	281327	26175008	45448
西藏 Tibet	1429	1298	48868	34197	44178	21421	2720313	62163
陕西 Shaanxi	6200	2867	178801	29677	585108	305110	29698693	50826
甘肃 Gansu	309	175	4978	17345	365206	151467	16904326	46495
青海 Qinghai					76453	39016	4385444	57705
宁夏 Ningxia	15	3	726	48400	88043	45557	4399150	50283
新疆 Xinjiang	3558	2194	91529	25187	370336	228044	18652449	50809

3-2 续表 50 continued

地 区	Region	初等教育 Primary Education 年末人数(人) Year-end Figures (person)	#女 性 Female	工资总额(千元) Total Wages (1000 yuan)	平均工资(元) Average Wage (yuan)	中等教育 Secondary Education 年末人数(人) Year-end Figures (person)	#女 性 Female	工资总额(千元) Total Wages (1000 yuan)	平均工资(元) Average Wage (yuan)
全 国	**National**	**5854263**	**3277641**	**274628818**	**47066**	**7465841**	**3631788**	**379574816**	**51084**
北 京	Beijing	66903	49432	5893405	89012	101793	65357	9558686	94498
天 津	Tianjin	31928	22494	2516096	78540	64117	37375	5079241	79112
河 北	Hebei	347849	226781	13199253	38171	415116	248339	16795513	40666
山 西	Shanxi	195550	130369	7627346	39294	245470	142027	10082131	41455
内蒙古	Inner Mongolia	138153	82085	8436855	60957	150404	79578	9214148	61272
辽 宁	Liaoning	160853	96018	7433766	46478	251120	132992	11909649	47780
吉 林	Jilin	135979	86369	5525340	40632	151661	86892	6579211	43329
黑龙江	Heilongjiang	152217	89845	6093194	40080	197713	109696	8217545	41777
上 海	Shanghai	43466	33375	3835216	87668	90209	57408	8640392	94370
江 苏	Jiangsu	283653	174328	17617026	63362	400087	187887	26766989	66886
浙 江	Zhejiang	203452	135291	14683981	72784	274656	146250	21671116	79349
安 徽	Anhui	231691	104425	10006445	42986	305929	112984	14218476	46770
福 建	Fujian	175627	104351	9168253	52404	206637	91922	11806650	57110
江 西	Jiangxi	201059	101103	8697125	42953	190948	80960	8062951	42374
山 东	Shandong	372541	181846	17708710	47232	607936	272527	31062799	50928
河 南	Henan	402042	223255	15655641	39197	596689	294058	25461536	42949
湖 北	Hubei	193396	96047	6688628	34572	319146	124847	12395336	38870
湖 南	Hunan	192259	102689	6982676	36327	397079	180617	15660981	39542
广 东	Guangdong	448201	272920	23988529	53728	532154	271194	31088061	58592
广 西	Guangxi	296062	158874	10390363	35144	234439	108785	9177322	39996
海 南	Hainan	48533	22482	2635616	54173	51202	22946	2757941	54151
重 庆	Chongqing	143691	75066	6296134	44015	178123	78678	9492478	53954
四 川	Sichuan	339855	168281	15226708	44990	403243	181617	19945064	49807
贵 州	Guizhou	227873	104223	10437370	46418	185476	74462	8737159	48234
云 南	Yunnan	272151	130353	11654876	42814	221376	103188	10286588	47037
西 藏	Tibet	22238	11019	1349283	61114	16105	7453	982091	61798
陕 西	Shaanxi	202285	113786	9515181	46985	244372	123801	12310171	50499
甘 肃	Gansu	130069	58394	5819171	44885	176632	65025	8043650	45641
青 海	Qinghai	22870	11840	1309287	57992	37162	17739	2238728	60449
宁 夏	Ningxia	35013	19768	1640399	47049	38563	17953	2001162	52086
新 疆	Xinjiang	136804	90532	6596945	48649	180284	107231	9331051	52282

3-2 续表 51 continued

地区	Region	高等教育 Senior Education 年末人数(人) Year-end Figures (person)	#女性 Female	工资总额(千元) Total Wages (1000 yuan)	平均工资(元) Average Wage (yuan)	卫生和社会工作 Health and Social Service 年末人数(人) Year-end Figures (person)	#女性 Female	工资总额(千元) Total Wages (1000 yuan)	平均工资(元) Average Wage (yuan)
全国	**National**	**2097396**	**948938**	**147562230**	**70898**	**7700266**	**4738128**	**439776942**	**57979**
北京	Beijing	168273	80556	16750783	100599	248279	174702	26648822	109940
天津	Tianjin	50097	22968	4630280	92077	93077	60552	8004298	86807
河北	Hebei	81945	40352	4543589	55434	336961	209843	13120925	39382
山西	Shanxi	44827	22262	2668301	59487	188399	116749	6676687	35993
内蒙古	Inner Mongolia	33781	16125	2431116	72057	139262	83861	7766899	56148
辽宁	Liaoning	108885	42362	6797594	64578	333831	192305	15983088	48430
吉林	Jilin	61719	29306	3698890	60080	174007	108717	7631441	44311
黑龙江	Heilongjiang	67753	32089	3836896	57051	223008	135830	9544766	43211
上海	Shanghai	86151	39306	9103838	104168	188422	129998	20376672	107891
江苏	Jiangsu	134047	60719	9923777	75072	438712	273820	29500418	68571
浙江	Zhejiang	101732	47875	9252094	88863	394496	257164	33233583	86220
安徽	Anhui	69778	29722	3901568	56599	271532	160229	13544090	50908
福建	Fujian	60122	27454	3898096	67431	197517	126485	12394456	64544
江西	Jiangxi	39720	17757	2824065	72457	196605	111851	9852662	48823
山东	Shandong	130352	57117	9229428	70765	561548	329834	30584028	54919
河南	Henan	89913	38767	4619300	52049	484395	278962	20748414	43526
湖北	Hubei	121803	51798	7117424	58649	372202	211679	17779424	48539
湖南	Hunan	90446	41600	5557138	61404	363808	221528	19618653	54704
广东	Guangdong	95978	43630	8685266	92048	559297	349956	38005954	69057
广西	Guangxi	46990	20936	2595233	56089	280245	173890	12992530	47276
海南	Hainan	12285	6365	915998	74538	53092	33384	2795869	53771
重庆	Chongqing	44830	19232	3254526	73242	161980	98911	9884930	62470
四川	Sichuan	112668	49634	6954858	62670	426578	263517	24787609	59159
贵州	Guizhou	23782	11358	1343564	57486	167463	102003	8627491	53103
云南	Yunnan	33244	16300	2045168	62370	221897	146671	10031436	46400
西藏	Tibet	3622	1629	252727	70046	16733	8746	900854	55017
陕西	Shaanxi	103207	45739	6233855	60583	234149	141346	11563706	50090
甘肃	Gansu	36366	15660	2085883	58543	127819	72576	5414767	43061
青海	Qinghai	5188	2413	310264	60082	36797	22182	1769174	48976
宁夏	Ningxia	7978	3901	450873	57990	40831	25794	1773735	44547
新疆	Xinjiang	29914	14006	1649838	55230	167324	115043	8219561	49696

3-2 续表 52 continued

地区	Region	卫生 Health 年末人数(人) Year-end Figures (person)	#女性 Female	工资总额(千元) Total Wages (1000 yuan)	平均工资(元) Average Wage (yuan)	社会工作 Social Service 年末人数(人) Year-end Figures (person)	#女性 Female	工资总额(千元) Total Wages (1000 yuan)	平均工资(元) Average Wage (yuan)
全国	**National**	**7494820**	**4628249**	**430459905**	**58355**	**205446**	**109879**	**9317037**	**44677**
北京	Beijing	236254	167081	26040089	112990	12025	7621	608733	51021
天津	Tianjin	91257	59664	7881862	87259	1820	888	122436	65091
河北	Hebei	329029	205922	12857049	39576	7932	3921	263876	31800
山西	Shanxi	184516	114889	6553629	36081	3883	1860	123058	31847
内蒙古	Inner Mongolia	135026	81814	7541586	56235	4236	2047	225313	53366
辽宁	Liaoning	310636	180249	15009718	48892	23195	12056	973370	42262
吉林	Jilin	168657	106037	7444640	44640	5350	2680	186801	34250
黑龙江	Heilongjiang	214828	131997	9196054	43223	8180	3833	348712	42892
上海	Shanghai	182285	125891	19988929	109446	6137	4107	387743	62288
江苏	Jiangsu	431307	269835	29080544	68762	7405	3985	419874	57509
浙江	Zhejiang	383823	250900	32726152	87617	10673	6264	507431	42509
安徽	Anhui	267700	158138	13407865	51119	3832	2091	136225	36220
福建	Fujian	191787	123386	12144807	65133	5730	3099	249649	44844
江西	Jiangxi	186989	105318	8870864	46754	9616	6533	981798	81362
山东	Shandong	552763	325403	30166190	55047	8785	4431	417838	47001
河南	Henan	477106	275351	20488635	43642	7289	3611	259779	35971
湖北	Hubei	362546	206363	17468750	48975	9656	5316	310674	32345
湖南	Hunan	357802	218796	19419977	55070	6006	2732	198676	33162
广东	Guangdong	544931	341088	37262719	69523	14366	8868	743235	51682
广西	Guangxi	275536	171075	12839007	47519	4709	2815	153523	33130
海南	Hainan	51884	32839	2748099	54050	1208	545	47770	41467
重庆	Chongqing	157136	96573	9726155	63430	4844	2338	158775	32430
四川	Sichuan	414991	257638	24295784	59619	11587	5879	491825	42823
贵州	Guizhou	164010	100446	8492969	53370	3453	1557	134522	40373
云南	Yunnan	216356	144133	9839351	46692	5541	2538	192085	35129
西藏	Tibet	16187	8515	870067	54970	546	231	30787	56386
陕西	Shaanxi	228848	138664	11362068	50358	5301	2682	201638	38532
甘肃	Gansu	124123	71580	5268941	43170	3696	996	145826	39455
青海	Qinghai	34567	21016	1682611	49551	2230	1166	86563	39964
宁夏	Ningxia	39683	25144	1725414	44591	1148	650	48321	43028
新疆	Xinjiang	162257	112504	8059380	50262	5067	2539	160181	31719

3-2 续表 53 continued

地 区	Region	文化、体育和娱乐业 Culture, Sports and Entertainment 年末人数(人) Year-end Figures (person)	#女 性 Female	工资总额(千元) Total Wages (1000 yuan)	平均工资(元) Average Wage (yuan)	新闻和出版业 Journalism and Publishing Activities 年末人数(人) Year-end Figures (person)	#女 性 Female	工资总额(千元) Total Wages (1000 yuan)	平均工资(元) Average Wage (yuan)
全 国	**National**	**1469503**	**641324**	**86781040**	**59336**	**355854**	**156656**	**26749404**	**75025**
北 京	Beijing	180964	87780	20367471	112707	72914	37278	8912926	122466
天 津	Tianjin	22681	9847	1527321	67310	5559	2595	397947	71100
河 北	Hebei	52785	23236	1922861	36423	9828	4081	457987	46520
山 西	Shanxi	46697	21268	1691806	36348	9597	4705	375299	39655
内蒙古	Inner Mongolia	34813	16459	1818729	52312	7261	3568	325881	44562
辽 宁	Liaoning	55375	23042	2580265	46818	12920	4695	694985	53791
吉 林	Jilin	35956	15883	1361100	37367	10174	4728	389429	37478
黑龙江	Heilongjiang	45747	19908	1787269	39644	9464	4716	405153	43546
上 海	Shanghai	58854	27098	5330146	90056	12989	6722	1502494	114050
江 苏	Jiangsu	77194	31194	4852782	63059	15606	6538	1225119	79004
浙 江	Zhejiang	71604	32756	5260092	73090	13476	6088	1417621	103521
安 徽	Anhui	33778	13682	1442096	42787	6374	2485	352029	55701
福 建	Fujian	39663	17039	2113757	53391	7400	2852	514918	70191
江 西	Jiangxi	33092	14891	1456601	44087	10057	5712	525667	52546
山 东	Shandong	72039	29171	4084752	56870	14338	5987	909860	63467
河 南	Henan	85062	34149	2943811	36555	16529	4949	851397	49460
湖 北	Hubei	55686	23244	2519606	45201	13658	5732	820476	60188
湖 南	Hunan	50505	21482	2471957	48902	10019	4219	577021	58391
广 东	Guangdong	108650	47673	7134853	65268	25934	9587	2497973	94631
广 西	Guangxi	33188	13393	1316352	40389	5871	2500	340548	58273
海 南	Hainan	12624	5452	546277	43622	2901	1276	148531	50849
重 庆	Chongqing	26175	10057	1395835	53723	9056	3154	490780	54338
四 川	Sichuan	59205	23882	2787629	47138	20723	7451	971679	47119
贵 州	Guizhou	19172	8288	815126	43319	4652	2091	217331	46708
云 南	Yunnan	34743	16037	1442903	41914	6662	3023	310752	47919
西 藏	Tibet	6606	2684	409010	62046	711	285	27541	39570
陕 西	Shaanxi	45719	19860	2116949	46364	7521	3013	410209	54217
甘 肃	Gansu	25097	10847	987162	39989	4141	2084	166571	40558
青 海	Qinghai	8147	3587	402814	49730	1267	550	47830	37602
宁 夏	Ningxia	8067	3588	393747	48919	1867	886	121684	66097
新 疆	Xinjiang	29615	13847	1499961	50951	6385	3106	341766	53476

3-2 续表 54 continued

地区 Region	广播、电视、电影和影视录音制作业 Radio, Television, Motion Picture and Videotape Programme Production Services 年末人数(人) Year-end Figures (person)	#女性 Female	工资总额(千元) Total Wages (1000 yuan)	平均工资(元) Average Wage (yuan)	文化艺术业 Cultural and Art Activities 年末人数(人) Year-end Figures (person)	#女性 Female	工资总额(千元) Total Wages (1000 yuan)	平均工资(元) Average Wage (yuan)
全 国 National	**435021**	**171845**	**27889617**	**64394**	**449125**	**210921**	**21181276**	**47480**
北 京 Beijing	38028	17575	6358947	167680	37255	17882	2903066	78860
天 津 Tianjin	4911	2200	332890	68836	7465	3343	446598	60124
河 北 Hebei	20383	8697	694339	34853	16095	7674	546314	34353
山 西 Shanxi	13826	5750	568229	41305	20191	9630	626832	31033
内蒙古 Inner Mongolia	10980	4771	613541	57169	14459	7206	775355	53654
辽 宁 Liaoning	16079	6537	841099	53056	18816	8850	765834	41145
吉 林 Jilin	9944	3795	359101	36058	12362	5940	476577	38002
黑龙江 Heilongjiang	15394	5545	548275	35948	15556	7467	579017	38076
上 海 Shanghai	12801	5371	1487266	117570	13791	6783	1066522	76289
江 苏 Jiangsu	27537	8975	1758452	63890	20469	9410	1167849	57060
浙 江 Zhejiang	24895	10133	1937440	77032	24637	12673	1444820	59212
安 徽 Anhui	14861	5676	602535	40458	9611	4455	369707	38628
福 建 Fujian	12276	4652	713022	58272	11948	5878	545609	45616
江 西 Jiangxi	9918	3794	423763	42671	9722	4354	335804	34548
山 东 Shandong	28181	10722	1711071	60520	19649	8425	931236	47714
河 南 Henan	24952	9864	909542	37005	27401	12089	881933	32705
湖 北 Hubei	18887	7180	873315	46146	18173	8179	645234	35342
湖 南 Hunan	19471	7950	1158147	58289	15643	7002	532951	34596
广 东 Guangdong	23691	8838	1555659	65834	21441	10367	1331421	62289
广 西 Guangxi	9030	2889	318763	35406	13242	5762	472522	36878
海 南 Hainan	2962	1171	144888	49231	2716	1201	137259	50426
重 庆 Chongqing	7303	2822	475625	65594	6657	2879	296546	45116
四 川 Sichuan	14789	5544	800594	53883	19252	9030	815083	42619
贵 州 Guizhou	5255	1930	233129	45136	6906	3277	284926	42730
云 南 Yunnan	8605	3510	391652	45791	13923	6657	579890	41821
西 藏 Tibet	2853	1086	208135	73184	2446	1041	146014	59695
陕 西 Shaanxi	13496	5442	722692	53792	21034	9782	836724	39865
甘 肃 Gansu	8004	2866	312586	40990	11102	5241	433843	39131
青 海 Qinghai	3261	1310	173782	54460	3036	1524	151232	49682
宁 夏 Ningxia	1848	715	87210	47786	2821	1354	131907	47110
新 疆 Xinjiang	10600	4535	573928	54540	11306	5566	522651	46640

3-2 续表 55 continued

地 区	Region	体育 Sports Activities 年末人数(人) Year-end Figures (person)	#女性 Female	工资总额(千元) Total Wages (1000 yuan)	平均工资(元) Average Wage (yuan)	娱乐业 Entertainment 年末人数(人) Year-end Figures (person)	#女性 Female	工资总额(千元) Total Wages (1000 yuan)	平均工资(元) Average Wage (yuan)
全 国	**National**	**137678**	**59542**	**7030611**	**51028**	**91825**	**42360**	**3930132**	**44162**
北 京	Beijing	25161	11252	1686879	66410	7606	3793	505653	64869
天 津	Tianjin	2400	742	220692	90969	2346	967	129194	53741
河 北	Hebei	2995	1226	115936	36723	3484	1558	108285	27310
山 西	Shanxi	2335	854	100350	42270	748	329	21096	28091
内蒙古	Inner Mongolia	1233	457	61420	45195	880	457	42532	46636
辽 宁	Liaoning	4179	1590	152006	37822	3381	1370	126341	34073
吉 林	Jilin	2218	758	89067	40229	1258	662	46926	35550
黑龙江	Heilongjiang	2698	820	117408	43533	2635	1360	137416	52389
上 海	Shanghai	14969	6351	878344	58541	4304	1871	395520	90322
江 苏	Jiangsu	4146	1744	226663	55136	9436	4527	474699	50781
浙 江	Zhejiang	5903	2615	343944	57884	2693	1247	116267	41838
安 徽	Anhui	2047	700	80220	39401	885	366	37605	42540
福 建	Fujian	4638	1936	197763	42212	3401	1721	142445	42243
江 西	Jiangxi	2323	651	131306	56573	1072	380	40061	37687
山 东	Shandong	6980	2813	421201	61651	2891	1224	111384	38837
河 南	Henan	2511	823	92604	37875	13669	6424	208335	22339
湖 北	Hubei	2059	783	79485	38269	2909	1370	101096	35460
湖 南	Hunan	2378	1011	88432	37001	2994	1300	115406	38430
广 东	Guangdong	25331	13325	1169283	46164	12253	5556	580517	46124
广 西	Guangxi	3547	1536	121646	35414	1498	706	62873	41999
海 南	Hainan	2626	1198	67457	26361	1419	606	48142	34936
重 庆	Chongqing	1473	571	63007	44123	1686	631	69877	41153
四 川	Sichuan	2498	969	108998	43065	1943	888	91275	45592
贵 州	Guizhou	1292	504	47450	37012	1067	486	32290	30782
云 南	Yunnan	3779	1950	105610	27873	1774	897	54999	31755
西 藏	Tibet	390	111	22981	58926	206	161	4339	20088
陕 西	Shaanxi	2149	833	88762	41692	1519	790	58562	38027
甘 肃	Gansu	1355	457	58472	42743	495	199	15690	31506
青 海	Qinghai	384	121	21984	56953	199	82	7986	38580
宁 夏	Ningxia	802	388	29970	38081	729	245	22976	28864
新 疆	Xinjiang	879	453	41271	47113	445	187	20345	45926

3-2 续表 56 continued

地 区 Region	公共管理、社会保障和社会组织 Public Management, Social Security and Social Organization				中国共产党机关 Organs of Communist Party of China			
	年末人数（人） Year-end Figures (person)	#女 性 Female	工资总额（千元） Total Wages (1000 yuan)	平均工资（元） Average Wage (yuan)	年末人数（人） Year-end Figures (person)	#女 性 Female	工资总额（千元） Total Wages (1000 yuan)	平均工资（元） Average Wage (yuan)
全 国 National	**15669880**	**4654572**	**767501895**	**49259**	**578555**	**150232**	**30453374**	**52902**
北 京 Beijing	454755	170742	33264992	73563	11246	3431	969772	86835
天 津 Tianjin	155362	43591	11850338	76626	3517	807	318778	91682
河 北 Hebei	853937	263140	29861995	35150	33942	8060	1292312	38610
山 西 Shanxi	600979	196552	22286944	37173	20606	5672	897216	43588
内蒙古 Inner Mongolia	402583	131448	22321969	55697	19200	5628	1158555	60455
辽 宁 Liaoning	535168	153788	22425298	42162	24374	6940	1063112	43547
吉 林 Jilin	350820	108045	13357845	38028	12692	3249	563519	44463
黑龙江 Heilongjiang	432532	129809	16771306	39325	14836	4073	615482	41887
上 海 Shanghai	204859	67888	19155579	91983	3192	1352	299867	92838
江 苏 Jiangsu	677469	179993	49488466	73532	14588	3126	1207953	81607
浙 江 Zhejiang	656007	182680	52071054	80118	19922	5129	1901975	95562
安 徽 Anhui	481337	121972	22088455	46164	16528	3142	855556	51842
福 建 Fujian	359371	95479	20339195	57022	14398	3630	871377	60825
江 西 Jiangxi	482617	130304	19762094	40732	17955	4078	744757	41247
山 东 Shandong	1120817	312981	53644851	48062	41654	9155	2124519	51060
河 南 Henan	1084731	341551	39196496	36348	32330	8483	1295721	40003
湖 北 Hubei	575463	157502	22674861	39465	14254	2823	601168	42407
湖 南 Hunan	814798	228387	30133601	37143	28759	7216	1087395	37800
广 东 Guangdong	1016629	286334	65999594	65245	35246	8738	2468935	71495
广 西 Guangxi	451886	126401	18241924	40748	18269	4815	858375	47094
海 南 Hainan	112584	30445	5633234	50047	4165	939	236377	56495
重 庆 Chongqing	288857	78172	13974262	48733	8873	2226	436840	49669
四 川 Sichuan	838624	262392	40539028	48635	37476	11400	1944781	52149
贵 州 Guizhou	464293	138736	20644795	45226	18862	5001	985158	53263
云 南 Yunnan	502352	150333	21044007	42351	25003	7130	1177851	47563
西 藏 Tibet	132069	40096	7799721	60202	9020	2889	662205	74724
陕 西 Shaanxi	557034	171880	24868919	44868	26263	6506	1265399	48490
甘 肃 Gansu	403743	127471	16739935	41848	21966	5919	1002241	45955
青 海 Qinghai	93540	32689	5055355	54414	5171	1569	327399	64020
宁 夏 Ningxia	92829	31851	4420948	47962	2374	591	127964	54709
新 疆 Xinjiang	471835	161920	21844834	46636	21874	6515	1090815	50194

3-2 续表 57 continued

地 区	Region	国家机构 Government Agencies 年末人数(人) Year-end Figures (person)	#女性 Female	工资总额(千元) Total Wages (1000 yuan)	平均工资(元) Average Wage (yuan)	人民政协、民主党派 People's Political Consultative Conference and Democratic Parties 年末人数(人) Year-end Figures (person)	#女性 Female	工资总额(千元) Total Wages (1000 yuan)	平均工资(元) Average Wage (yuan)
全 国	**National**	**14400316**	**4236437**	**704305822**	**49207**	**102393**	**27111**	**5886164**	**57553**
北 京	Beijing	368957	138778	28757842	78486	2128	764	204281	95862
天 津	Tianjin	145442	39709	11089041	76593	440	139	32678	73434
河 北	Hebei	796326	245714	27668528	34907	5076	1377	223343	44209
山 西	Shanxi	558168	181565	20502321	36819	3445	965	161278	46951
内蒙古	Inner Mongolia	364518	117586	20142597	55516	4506	1979	238928	52825
辽 宁	Liaoning	481708	135819	20234209	42292	3270	966	167148	51194
吉 林	Jilin	325545	99672	12263904	37621	2209	626	106623	48093
黑龙江	Heilongjiang	402921	119705	15577569	39234	2562	725	126550	49337
上 海	Shanghai	190296	60386	18021771	93138	790	351	86083	106803
江 苏	Jiangsu	646201	170322	47003602	73264	2943	771	269824	91683
浙 江	Zhejiang	588881	159603	47524267	81514	3643	968	366308	100995
安 徽	Anhui	451735	114206	20629098	45952	2727	571	154099	56612
福 建	Fujian	328241	85126	18561470	56981	3013	756	208796	69390
江 西	Jiangxi	439116	115782	17590689	40118	3452	817	162733	47251
山 东	Shandong	1047154	293220	49921617	47890	6275	1323	349681	55224
河 南	Henan	1008963	317949	36306243	36208	6002	1470	249672	41814
湖 北	Hubei	530305	142295	21027777	39709	3934	842	179151	45597
湖 南	Hunan	763058	212073	28242071	37188	4246	1096	174683	41044
广 东	Guangdong	942696	263051	61127632	65123	3743	1104	325981	86928
广 西	Guangxi	413262	112886	16610747	40589	3077	747	159561	52008
海 南	Hainan	104373	27961	5185506	49733	607	157	42465	69615
重 庆	Chongqing	269121	71753	13029382	48756	1740	411	93680	54307
四 川	Sichuan	756468	234328	36511517	48573	6890	1861	411060	59704
贵 州	Guizhou	427918	127720	18828720	44776	3553	875	221563	62712
云 南	Yunnan	454741	134001	18938051	42099	5960	1522	299883	50836
西 藏	Tibet	115903	34745	6772508	59615	1308	425	98955	76531
陕 西	Shaanxi	506484	156125	22550172	44746	4622	1242	235981	51067
甘 肃	Gansu	367584	116757	15134838	41566	4866	937	211041	43595
青 海	Qinghai	82425	28851	4412073	53893	1440	303	104058	71518
宁 夏	Ningxia	84908	28930	4006087	47521	1162	287	67595	58171
新 疆	Xinjiang	436898	149819	20133973	46431	2764	734	152482	55267

3-2 续表 58 continued

地 区	Region	社会保障 Social Security 年末人数(人) Year-end Figures (person)	#女性 Female	工资总额(千元) Total Wages (1000 yuan)	平均工资(元) Average Wage (yuan)	群众团体、社会团体和其他成员组织 Non-Governmental Organizations, Social Organizations and Membership Organizations 年末人数(人) Year-end Figures (person)	#女性 Female	工资总额(千元) Total Wages (1000 yuan)	平均工资(元) Average Wage (yuan)
全 国	**National**	**156160**	**72829**	**6984911**	**44979**	**346469**	**137473**	**17614265**	**50528**
北 京	Beijing	3297	1721	218189	66198	29904	13389	2493823	83624
天 津	Tianjin	2729	1385	206230	76212	2001	772	145976	72733
河 北	Hebei	6925	3266	243221	35684	11668	4723	434591	37513
山 西	Shanxi	7196	3498	270048	37627	11077	4650	435917	39517
内蒙古	Inner Mongolia	5015	2233	254252	51447	8272	3562	466759	56611
辽 宁	Liaoning	7662	3365	307259	40018	14167	5415	562752	39886
吉 林	Jilin	4024	1935	150001	37566	6283	2521	271634	42939
黑龙江	Heilongjiang	5874	2609	200936	34430	5567	2406	222763	39936
上 海	Shanghai	5984	3407	430015	71136	3872	1869	284347	72188
江 苏	Jiangsu	5792	2700	365270	63338	7549	2741	605656	80358
浙 江	Zhejiang	5367	3016	404676	76296	14058	4946	1074716	76919
安 徽	Anhui	3285	1475	128985	39517	6106	2131	292008	47831
福 建	Fujian	4924	2532	231636	47234	7520	2986	407969	54739
江 西	Jiangxi	4131	1685	159825	38586	17303	7683	1080220	52903
山 东	Shandong	8908	3279	442643	49413	16826	6004	806391	47854
河 南	Henan	8602	3472	298765	34833	28045	9979	1025233	36736
湖 北	Hubei	6774	3029	207057	30730	20004	8435	655062	32797
湖 南	Hunan	6514	3024	217483	33351	12221	4978	411969	33507
广 东	Guangdong	7573	3535	430848	57739	26898	9690	1611899	60362
广 西	Guangxi	8836	4688	281976	32050	7370	2874	298989	41087
海 南	Hainan	248	130	11760	47419	3132	1230	155042	48572
重 庆	Chongqing	3024	1334	130051	43597	6099	2448	284309	47267
四 川	Sichuan	9560	4308	390428	41285	27695	10263	1254429	45304
贵 州	Guizhou	4202	1535	173260	41669	9758	3605	436094	44572
云 南	Yunnan	5454	2939	217695	40866	9024	3947	371179	41659
西 藏	Tibet	328	153	20782	63945	5510	1884	245271	44798
陕 西	Shaanxi	4399	2070	187590	42858	10112	4374	416450	41360
甘 肃	Gansu	2193	1049	79811	37070	6709	2626	295526	44274
青 海	Qinghai	1383	614	73662	53186	3121	1352	138163	44800
宁 夏	Ningxia	776	338	40967	53273	3609	1705	178335	49469
新 疆	Xinjiang	5181	2505	209590	40422	4989	2285	250793	50492

3-3 各地区分行业城镇单位在岗职工人数和工资(2013年)

URBAN UNITS ON-POST STAFF AND WORKERS AND WAGES BY SECTOR AND REGION(2013)

地 区	Region	总 计 Total		农、林、牧、渔业 Agriculture, Forestry, Animal Husbandry and Fishery		采矿业 Mining		制造业 Manufacturing	
		年末人数(人) Year-end Figures (person)	平均工资(元) Average Wage (yuan)	年末人数(人) Year-end Figures (person)	平均工资(元) Average Wage (yuan)	年末人数(人) Year-end Figures (person)	平均工资(元) Average Wage (yuan)	年末人数(人) Year-end Figures (person)	平均工资(元) Average Wage (yuan)
全 国	**National**	**170567278**	**52388**	**2555918**	**26557**	**6215875**	**60787**	**51656736**	**46290**
北 京	Beijing	6954597	93997	30589	48836	67397	82729	1007050	71812
天 津	Tianjin	2837991	68864	4915	57717	74802	82825	1193525	61623
河 北	Hebei	6128982	42532	51717	13664	278772	61913	1485242	40065
山 西	Shanxi	4465566	47417	21710	29807	1021303	69039	720472	36876
内蒙古	Inner Mongolia	2944201	51388	234932	29540	206877	70299	465463	45555
辽 宁	Liaoning	6481411	46310	226870	13195	331652	56807	1759371	45372
吉 林	Jilin	3206266	43821	128840	23835	153364	49994	862869	46763
黑龙江	Heilongjiang	4201871	42744	556067	23483	380677	56939	622081	40487
上 海	Shanghai	5790874	91477	10905	60009	507	115728	2061898	69980
江 苏	Jiangsu	14178830	57984	62447	30185	133600	59348	5467465	53396
浙 江	Zhejiang	10205832	57310	7193	48305	8745	48457	3539518	45710
安 徽	Anhui	4721109	48929	37073	26130	327277	71509	1174837	44316
福 建	Fujian	6035156	49328	28305	35899	26536	38357	2492861	42669
江 西	Jiangxi	4100025	43582	48075	28569	81161	42164	1234778	39662
山 东	Shandong	12375967	47652	17719	39879	723064	63885	4325975	41185
河 南	Henan	10233762	38804	50959	25402	612324	51168	3084270	34058
湖 北	Hubei	6434941	44613	76939	25607	82494	43234	1871767	43168
湖 南	Hunan	5543266	43893	18972	23441	150541	38028	1308682	43700
广 东	Guangdong	19051631	53611	61078	24943	28990	72137	10101784	45637
广 西	Guangxi	3755238	42637	72175	24432	41143	37740	781210	38583
海 南	Hainan	952232	45573	40202	21284	7923	45609	104591	41570
重 庆	Chongqing	3753586	51015	10675	36006	99661	45023	842733	47901
四 川	Sichuan	7944954	49019	36325	35084	223624	52456	2011740	44405
贵 州	Guizhou	2732672	49087	13505	37452	179068	45475	446183	43967
云 南	Yunnan	3901300	44188	60015	27368	221089	42355	682569	41733
西 藏	Tibet	264807	64409	2823	25068	5379	60637	9472	44736
陕 西	Shaanxi	4706402	48853	25767	37033	350171	70605	1046335	42513
甘 肃	Gansu	2375727	44109	48423	30318	98218	58656	380152	46728
青 海	Qinghai	626221	52105	14201	32211	39764	78854	117312	45295
宁 夏	Ningxia	672524	52185	19591	34848	65682	81937	123732	43581
新 疆	Xinjiang	2989337	49843	536911	30451	194070	80054	330799	52007

3-3 续表 1 continued

地 区	Region	电力、热力、燃气及水生产和供应业 Production and Supply of Electricity, Heat, Gas and Water		建筑业 Construction		批发和零售业 Wholesale and Retail Trades		交通运输、仓储和邮政业 Transport, Storage and Post	
		年末人数（人） Year-end Figures (person)	平均工资（元） Average Wage (yuan)	年末人数（人） Year-end Figures (person)	平均工资（元） Average Wage (yuan)	年末人数（人） Year-end Figures (person)	平均工资（元） Average Wage (yuan)	年末人数（人） Year-end Figures (person)	平均工资（元） Average Wage (yuan)
全 国	**National**	**3892753**	**68552**	**25133086**	**42839**	**8544162**	**50264**	**8163785**	**58869**
北 京	Beijing	85403	100677	412088	69525	647356	84535	577387	71958
天 津	Tianjin	43082	103044	268432	57063	163046	56478	137651	84108
河 北	Hebei	171384	70213	761666	35498	279491	32544	268339	47249
山 西	Shanxi	111921	64507	339935	38119	206035	33075	231437	55385
内蒙古	Inner Mongolia	130009	65109	230327	37548	110669	40953	212040	57627
辽 宁	Liaoning	158225	56249	944530	39621	264365	41011	370155	56132
吉 林	Jilin	137075	54188	279062	37038	124316	34951	167582	49366
黑龙江	Heilongjiang	177483	55063	317784	37851	188592	38980	270803	51866
上 海	Shanghai	51733	126309	322266	65309	619441	99475	469400	79154
江 苏	Jiangsu	178324	97803	3754100	50681	590936	52902	467247	57458
浙 江	Zhejiang	132805	94786	2826503	43396	384048	55553	305836	64862
安 徽	Anhui	118116	72923	748066	43705	217642	39750	210462	48007
福 建	Fujian	86618	71811	1233827	44916	253933	46836	233588	57053
江 西	Jiangxi	111412	54753	747976	39268	146437	40237	203937	55318
山 东	Shandong	227591	59129	1676487	40770	654567	39586	488297	55847
河 南	Henan	237909	54367	1615387	34311	505372	34045	409605	45823
湖 北	Hubei	178071	56561	1129774	44416	400847	38554	318653	50724
湖 南	Hunan	161776	52513	852193	38245	221115	39242	233104	50502
广 东	Guangdong	319847	89494	1366419	42766	932543	51956	808047	67120
广 西	Guangxi	142597	56920	539086	40268	135625	38365	205705	50527
海 南	Hainan	21161	53574	68758	40477	127778	32390	53667	59182
重 庆	Chongqing	66424	69263	936060	43535	214550	44945	244500	55944
四 川	Sichuan	262208	68143	1529076	38074	321474	42339	380877	59270
贵 州	Guizhou	122978	68028	323652	43554	133816	45783	108280	53456
云 南	Yunnan	97590	66440	581619	33633	237398	40137	161187	55161
西 藏	Tibet	10100	51927	10050	39939	8258	57404	5765	58432
陕 西	Shaanxi	118538	57883	576621	40486	251606	34943	240152	51747
甘 肃	Gansu	97925	58420	376910	35251	71860	34198	121006	52653
青 海	Qinghai	18406	63637	67431	41503	23207	40556	47248	60604
宁 夏	Ningxia	33548	81303	50015	39322	27125	41912	39470	55507
新 疆	Xinjiang	82494	62962	246986	46429	80714	50138	172358	65647

3-3 续表 2 continued

地 区	Region	住宿和餐饮业 Hotels and Catering Services		信息传输、软件和信息技术服务业 Information Transmission, Software and Information Technology		金融业 Financial Intermediation		房地产业 Real Estate	
		年末人数（人） Year-end Figures (person)	平均工资（元） Average Wage (yuan)	年末人数（人） Year-end Figures (person)	平均工资（元） Average Wage (yuan)	年末人数（人） Year-end Figures (person)	平均工资（元） Average Wage (yuan)	年末人数（人） Year-end Figures (person)	平均工资（元） Average Wage (yuan)
全 国	**National**	**2817244**	**34990**	**3191751**	**91404**	**4467518**	**112330**	**3520437**	**51887**
北 京	Beijing	271133	47217	570199	135346	321056	234497	378727	73578
天 津	Tianjin	50364	38485	35487	101071	54146	152109	86281	70041
河 北	Hebei	66866	27639	83837	71099	189022	80341	88704	39096
山 西	Shanxi	53226	23251	55992	51171	137791	73675	28841	34579
内蒙古	Inner Mongolia	44649	32107	57814	54796	101541	73130	46563	40326
辽 宁	Liaoning	77543	33169	122020	74059	187214	83404	132822	45946
吉 林	Jilin	31870	27247	65211	49635	101475	69581	54106	39426
黑龙江	Heilongjiang	46211	37919	69851	56313	123228	66346	52075	39638
上 海	Shanghai	162576	51924	213913	151901	291522	181818	204456	70995
江 苏	Jiangsu	163233	34608	297970	95707	248757	122284	200746	57412
浙 江	Zhejiang	134237	37507	151133	107620	306107	138442	167257	57964
安 徽	Anhui	56185	28870	59238	54679	130170	80452	87128	47925
福 建	Fujian	95732	33657	68620	74872	120977	119368	121007	53414
江 西	Jiangxi	45492	27066	58403	61086	97665	77389	52367	37843
山 东	Shandong	187511	37254	174465	74448	270977	95546	228073	44838
河 南	Henan	114288	28081	88938	49071	212793	68337	147861	38165
湖 北	Hubei	118658	29625	85968	58087	144369	74624	111560	43419
湖 南	Hunan	91822	30184	71116	54830	169844	90860	105877	42823
广 东	Guangdong	376109	36106	328829	100504	365738	129498	508560	53961
广 西	Guangxi	51825	25709	48779	60055	97191	91691	73893	35639
海 南	Hainan	66524	33646	12954	79068	27116	77086	57591	47953
重 庆	Chongqing	67269	31256	48196	73852	88954	130220	97369	50951
四 川	Sichuan	118394	30658	153712	70089	197781	85923	150461	46458
贵 州	Guizhou	39979	29898	32363	64923	73317	109224	65671	40125
云 南	Yunnan	91916	26830	64814	56825	92377	110061	93834	39606
西 藏	Tibet	5711	36040	5058	81301	9500	138572	1166	50599
陕 西	Shaanxi	117173	28532	92429	70126	123829	82947	82318	42596
甘 肃	Gansu	31663	28035	28945	40340	68889	49836	35521	39040
青 海	Qinghai	6044	31758	9047	50417	21470	67402	8090	32694
宁 夏	Ningxia	6213	33090	8081	65961	24242	86444	13289	43689
新 疆	Xinjiang	26828	37413	28369	64616	68460	87175	38223	42780

3-3 续表 3 continued

地 区	Region	租赁和商务服务业 Leasing and Business Services		科学研究和技术服务业 Scientific Research and Technical Services		水利、环境和公共设施管理业 Management of Water Conservancy,Environment and Public Facilities		居民服务、修理和其他服务业 Service to Households, Repair and Other Services	
		年末人数(人) Year-end Figures (person)	平均工资(元) Average Wage (yuan)	年末人数(人) Year-end Figures (person)	平均工资(元) Average Wage (yuan)	年末人数(人) Year-end Figures (person)	平均工资(元) Average Wage (yuan)	年末人数(人) Year-end Figures (person)	平均工资(元) Average Wage (yuan)
全 国	**National**	**3988951**	**62260**	**3676496**	**77921**	**2255865**	**38595**	**689861**	**38888**
北 京	Beijing	625960	95525	547380	116571	92830	59276	85358	44023
天 津	Tianjin	53119	64844	99867	104901	34245	69811	103997	30741
河 北	Hebei	109064	37635	133242	62690	94443	30614	14111	28409
山 西	Shanxi	66125	32218	67232	51611	75779	24091	13964	28473
内蒙古	Inner Mongolia	43272	44584	59066	57735	78049	39682	9423	37101
辽 宁	Liaoning	126549	35564	160571	60182	135980	31194	27155	34995
吉 林	Jilin	50380	33993	77545	50648	69179	26463	12934	28527
黑龙江	Heilongjiang	55236	40868	109201	61335	81000	29287	46494	49247
上 海	Shanghai	386533	127662	192558	142759	69720	62906	47650	55051
江 苏	Jiangsu	309455	49071	184262	79060	123396	47293	34296	46497
浙 江	Zhejiang	277040	53261	147470	85070	103019	48716	20635	45440
安 徽	Anhui	65641	41959	77696	62996	64808	35313	8052	38469
福 建	Fujian	112082	50292	73353	64724	49244	39108	12750	39512
江 西	Jiangxi	49580	39602	52967	49194	58871	46192	5371	32051
山 东	Shandong	202436	48475	163105	56986	130265	39619	32139	38295
河 南	Henan	119255	36357	143910	48362	116233	32823	18869	28472
湖 北	Hubei	85675	40963	141019	62929	77131	33292	15500	32576
湖 南	Hunan	85299	35761	116822	48011	75792	29656	16106	35592
广 东	Guangdong	535257	61037	286194	91276	156446	44291	70913	42231
广 西	Guangxi	92190	34572	88974	49330	79858	30802	5203	36157
海 南	Hainan	19745	47134	19878	46555	27184	32716	3623	28771
重 庆	Chongqing	90467	39162	60442	80073	46898	34787	12855	35955
四 川	Sichuan	117023	48766	189641	78388	107638	35645	16162	37094
贵 州	Guizhou	44633	36163	60294	48296	37969	30301	11622	30185
云 南	Yunnan	90364	35871	86521	50450	65899	33261	12700	30466
西 藏	Tibet	4454	32655	8410	69533	1331	42178	1476	34549
陕 西	Shaanxi	72118	49099	162732	66509	76091	38672	18958	32540
甘 肃	Gansu	20579	28556	66826	50645	48683	35246	3261	27347
青 海	Qinghai	6993	30662	23190	59489	10308	39327	557	27848
宁 夏	Ningxia	18918	33794	13586	57791	16045	41400	872	36798
新 疆	Xinjiang	53509	40329	62542	61472	51531	37642	6855	32821

3-3 续表 4 continued

地 区	Region	教 育 Education		卫生和社会工作 Health and Social Service		文化、体育和娱乐业 Culture, Sports and Entertainment		公共管理、社会保障和社会组织 Public Management, Social Security and Social Organization	
		年末人数(人) Year-end Figures (person)	平均工资(元) Average Wage (yuan)	年末人数(人) Year-end Figures (person)	平均工资(元) Average Wage (yuan)	年末人数(人) Year-end Figures (person)	平均工资(元) Average Wage (yuan)	年末人数(人) Year-end Figures (person)	平均工资(元) Average Wage (yuan)
全 国	**National**	**16234847**	**52882**	**7271958**	**59371**	**1384374**	**60486**	**14905661**	**50723**
北 京	Beijing	415072	91166	234651	112293	170225	115062	414736	78310
天 津	Tianjin	180647	82926	87603	89649	21371	68553	145411	79983
河 北	Hebei	863711	41913	320600	40357	49687	36294	819084	35992
山 西	Shanxi	509425	42430	176389	37245	44625	36502	583364	37866
内蒙古	Inner Mongolia	349727	62182	136875	56677	34491	52611	392414	56669
辽 宁	Liaoning	568473	50771	316607	49340	53787	47401	517522	42985
吉 林	Jilin	363466	45397	168319	44909	34919	37853	323754	40142
黑龙江	Heilongjiang	439959	44182	212928	44147	43073	40733	409128	40487
上 海	Shanghai	267640	92548	173080	112240	51909	89274	193167	95550
江 苏	Jiangsu	855633	67612	398765	71247	72489	64904	635709	76497
浙 江	Zhejiang	642889	77720	369800	88287	64711	77781	616886	83011
安 徽	Anhui	610153	47210	253172	52342	31395	44312	443998	48210
福 建	Fujian	460253	57399	185643	66710	37734	54934	342093	58817
江 西	Jiangxi	439800	46627	178916	51037	30382	46684	456435	41972
山 东	Shandong	1178509	52138	530472	56334	70085	56635	1094230	48632
河 南	Henan	1151038	42384	468395	44087	74682	38500	1061674	36736
湖 北	Hubei	647751	42156	352807	49655	53057	46014	542901	40567
湖 南	Hunan	692663	41965	346013	55836	47294	50551	778235	37962
广 东	Guangdong	1158043	59399	543269	69768	105294	66205	998271	65905
广 西	Guangxi	578815	39752	268177	48188	30455	41810	422337	42397
海 南	Hainan	122321	55101	51705	54280	12417	43997	107094	51537
重 庆	Chongqing	370896	53018	152973	63979	25514	54360	277150	49954
四 川	Sichuan	876443	50195	404516	59892	56863	48142	790996	50307
贵 州	Guizhou	448205	49025	152325	55782	18433	44188	420379	48214
云 南	Yunnan	556680	46651	199717	48934	32344	43095	472667	44057
西 藏	Tibet	42166	64291	14948	59187	5882	67498	112858	68363
陕 西	Shaanxi	565458	51830	220589	51728	42876	47907	522641	46747
甘 肃	Gansu	352803	47402	117439	45013	23956	40722	382668	43138
青 海	Qinghai	76044	57970	36259	49351	8109	49889	92541	54802
宁 夏	Ningxia	83286	51877	38123	46151	7271	52169	83435	51009
新 疆	Xinjiang	366878	51085	160883	50793	29044	51318	451883	47874

3-4 各地区分行业城镇单位其他就业人员和平均工资(2013年)

URBAN UNITS OTHER EMPLOYMENT AND AVERAGE WAGE BY SECTOR AND REGION(2013)

地区	Region	总计 Total		农、林、牧、渔业 Agriculture, Forestry, Animal Husbandry and Fishery		采矿业 Mining		制造业 Manufacturing	
		年末人数(人) Year-end Figures (person)	平均工资(元) Average Wage (yuan)	年末人数(人) Year-end Figures (person)	平均工资(元) Average Wage (yuan)	年末人数(人) Year-end Figures (person)	平均工资(元) Average Wage (yuan)	年末人数(人) Year-end Figures (person)	平均工资(元) Average Wage (yuan)
全 国	**National**	**10517189**	**36821**	**392416**	**21230**	**148625**	**36402**	**922659**	**54341**
北 京	Beijing	467968	78390	757	30873	187	45727	27838	112647
天 津	Tianjin	186372	50718	431	26577	1331	41509	29771	128994
河 北	Hebei	404598	25962	690	28664	3914	36203	18116	48747
山 西	Shanxi	174819	21880	273	19073	8833	25716	10897	24116
内蒙古	Inner Mongolia	94188	32378	5855	27816	8533	44595	9699	34691
辽 宁	Liaoning	409289	33622	6373	8273	8669	40480	35210	47671
吉 林	Jilin	178151	25672	7808	13562	599	28293	21165	40705
黑龙江	Heilongjiang	476039	24863	242924	24543	3450	25699	27804	23213
上 海	Shanghai	397500	82552	2513	39579	19	51316	56006	119246
江 苏	Jiangsu	853670	43569	3570	14548	2590	25218	86977	90232
浙 江	Zhejiang	510294	42126	341	21562	977	24317	39967	62366
安 徽	Anhui	475589	36536	12032	18716	3754	17769	29492	31240
福 建	Fujian	405101	36226	17138	10026	1143	32298	32677	53067
江 西	Jiangxi	350044	29146	7727	12763	2137	27667	23719	23002
山 东	Shandong	530029	32579	243	20335	22968	36034	45611	42786
河 南	Henan	526104	28378	901	17698	13425	50697	42411	26616
湖 北	Hubei	530180	34997	14024	17426	7002	24924	36828	32046
湖 南	Hunan	466646	28703	3848	13481	4443	17063	33637	29606
广 东	Guangdong	618180	43726	646	19311	412	26041	100707	64853
广 西	Guangxi	274705	23790	19234	19833	2423	30419	26912	26717
海 南	Hainan	35348	29113	7496	13519	23	57493	1507	61741
重 庆	Chongqing	266628	35440	721	27011	1689	48766	21566	37525
四 川	Sichuan	517499	31508	1082	12417	8353	24776	34041	35400
贵 州	Guizhou	234473	27492	2255	9638	5099	39680	17463	27302
云 南	Yunnan	380004	24358	11072	7110	8106	32943	57385	27800
西 藏	Tibet	45410	19719	5656	8090	291	32339	1614	29341
陕 西	Shaanxi	346925	28236	330	18652	12951	52402	32724	27265
甘 肃	Gansu	190727	27532	3831	16553	7554	47460	11718	27626
青 海	Qinghai	15725	23588	6	15667	4391	17986	1047	26523
宁 夏	Ningxia	49235	28487	478	9963	334	55096	1974	28883
新 疆	Xinjiang	105749	28391	12161	18858	3025	39585	6176	31364

3-4 续表 1 continued

地 区	Region	电力、热力、燃气及水生产和供应业 Production and Supply of Electricity, Heat, Gas and Water		建筑业 Construction		批发和零售业 Wholesale and Retail Trades		交通运输、仓储和邮政业 Transport, Storage and Post	
		年末人数（人）Year-end Figures (person)	平均工资（元）Average Wage (yuan)	年末人数（人）Year-end Figures (person)	平均工资（元）Average Wage (yuan)	年末人数（人）Year-end Figures (person)	平均工资（元）Average Wage (yuan)	年末人数（人）Year-end Figures (person)	平均工资（元）Average Wage (yuan)
全 国	**National**	**152655**	**29154**	**4085900**	**37353**	**363967**	**51350**	**298368**	**34586**
北 京	Beijing	1786	42593	26971	53810	40787	122425	14881	73406
天 津	Tianjin	1825	41636	41934	34472	8651	49682	5804	40131
河 北	Hebei	24805	20140	144507	30249	9072	17936	7556	23533
山 西	Shanxi	2862	25509	44551	26695	5967	23806	4955	24639
内蒙古	Inner Mongolia	3546	32505	24611	37793	2908	27315	4803	30576
辽 宁	Liaoning	6283	20614	175988	35767	12804	31466	6429	26208
吉 林	Jilin	3247	20257	59632	29084	4385	23360	4005	16289
黑龙江	Heilongjiang	5354	23181	54381	31785	8617	25709	9982	22145
上 海	Shanghai	685	52108	49502	63910	49515	115652	22186	52710
江 苏	Jiangsu	3038	45790	451175	41811	23012	40545	16817	38938
浙 江	Zhejiang	2620	37103	205820	41399	17893	40950	7862	36196
安 徽	Anhui	1691	34707	248685	47743	7951	25977	9589	30616
福 建	Fujian	2117	41721	228109	39898	9735	24934	9895	26638
江 西	Jiangxi	20529	35027	165333	36412	9524	20728	8505	31835
山 东	Shandong	10925	37728	209991	34829	18010	26233	18108	36963
河 南	Henan	7673	31023	279364	31167	21246	27176	26580	26493
湖 北	Hubei	3252	28125	274178	43270	16319	25519	13261	31424
湖 南	Hunan	4656	26905	221733	32199	12294	27591	12237	32223
广 东	Guangdong	1974	36696	256362	38137	22710	43802	25029	30329
广 西	Guangxi	4791	19588	69544	30221	5125	20645	6714	23511
海 南	Hainan	985	20297	8145	46385	318	40543	737	24855
重 庆	Chongqing	3365	34036	100347	41884	6332	28777	16334	42488
四 川	Sichuan	9411	29026	249284	33538	10809	26267	13035	28398
贵 州	Guizhou	11974	30048	70890	39927	5811	19292	5169	33069
云 南	Yunnan	5423	23841	155159	28613	17752	19994	6781	21013
西 藏	Tibet	169	22503	7481	34200	801	41909	1474	42369
陕 西	Shaanxi	3498	24928	144811	35024	7907	22155	10229	19284
甘 肃	Gansu	2485	29524	83685	32814	4914	16723	5623	20536
青 海	Qinghai	142	36229	5792	24564	437	20671	319	34523
宁 夏	Ningxia	868	26225	12374	41055	325	24431	951	23670
新 疆	Xinjiang	676	30595	15561	38123	2036	29967	2518	20040

3-4 续表 2 continued

地 区	Region	住宿和餐饮业 Hotels and Catering Services		信息传输、软件和信息技术服务业 Information Transmission, Software and Information Technology		金融业 Financial Intermediation		房地产业 Real Estate	
		年末人数（人） Year-end Figures (person)	平均工资（元） Average Wage (yuan)	年末人数（人） Year-end Figures (person)	平均工资（元） Average Wage (yuan)	年末人数（人） Year-end Figures (person)	平均工资（元） Average Wage (yuan)	年末人数（人） Year-end Figures (person)	平均工资（元） Average Wage (yuan)
全 国	**National**	**226694**	**22016**	**81366**	**71238**	**911875**	**35809**	**216904**	**37610**
北 京	Beijing	38814	31567	12194	191736	70386	73688	27109	62630
天 津	Tianjin	15310	15265	231	378797	26761	45658	5191	36091
河 北	Hebei	2467	23100	2438	22273	67374	24663	2768	26453
山 西	Shanxi	2341	16211	4189	24798	18273	23048	3452	18278
内蒙古	Inner Mongolia	1265	26628	728	12990	9225	29691	1815	31614
辽 宁	Liaoning	3264	32022	5113	43850	44875	32864	7587	27363
吉 林	Jilin	1014	25370	2154	38253	8696	34483	3151	25585
黑龙江	Heilongjiang	2305	17285	1191	29464	36007	25026	8384	21072
上 海	Shanghai	47968	22084	2598	314760	8790	184963	35824	45885
江 苏	Jiangsu	28747	13673	6609	40264	59135	32551	11135	37195
浙 江	Zhejiang	12795	17798	2397	57336	57132	51592	12217	36253
安 徽	Anhui	1738	19240	2831	35101	42185	20250	6632	30881
福 建	Fujian	2385	29859	977	19741	30297	28148	5060	35020
江 西	Jiangxi	1438	18255	5072	19967	14997	24701	1927	24600
山 东	Shandong	5070	29800	972	38036	76575	28087	8789	33097
河 南	Henan	3881	22504	5684	23462	28498	20972	9780	28703
湖 北	Hubei	3249	22990	5001	29046	28831	32766	8135	33666
湖 南	Hunan	3600	23339	2074	37876	42159	24969	5725	27361
广 东	Guangdong	17310	21776	3746	72083	67544	42309	16171	42201
广 西	Guangxi	2276	20919	3581	32681	18728	30895	3731	27034
海 南	Hainan	1135	29102	42	28338	722	22381	810	42856
重 庆	Chongqing	3533	25152	724	56777	42219	29892	3748	33233
四 川	Sichuan	6179	28529	2504	33732	43391	34718	6885	30225
贵 州	Guizhou	1202	25437	1144	42547	7103	29434	3019	30170
云 南	Yunnan	3619	20508	1646	30022	6620	21616	6873	29326
西 藏	Tibet	513	25773	23	46356	152	38614	138	12570
陕 西	Shaanxi	8461	14714	2276	34529	26552	21159	4694	19178
甘 肃	Gansu	3569	15678	1662	32245	3229	26676	3348	21424
青 海	Qinghai	14	17533	954	45854	131	31349	162	21131
宁 夏	Ningxia	269	17355	186	24951	6368	27609	1121	30163
新 疆	Xinjiang	963	27912	425	37097	18920	28226	1523	25066

3-4 续表 3 continued

地 区 Region		租赁和商务服务业 Leasing and Business Services		科学研究和技术服务业 Scientific Research and Technical Services		水利、环境和公共设施管理业 Management of Water Conservancy,Environment and Public Facilities		居民服务、修理和其他服务业 Service to Households, Repair and Other Services	
		年末人数(人) Year-end Figures (person)	平均工资(元) Average Wage (yuan)	年末人数(人) Year-end Figures (person)	平均工资(元) Average Wage (yuan)	年末人数(人) Year-end Figures (person)	平均工资(元) Average Wage (yuan)	年末人数(人) Year-end Figures (person)	平均工资(元) Average Wage (yuan)
全 国	**National**	**229962**	**67017**	**201150**	**52544**	**336085**	**19582**	**33481**	**28734**
北 京	Beijing	35786	168454	49152	75490	5381	29987	5584	39549
天 津	Tianjin	4594	47511	7613	71492	7128	26111	4310	25191
河 北	Hebei	5832	42617	6492	34475	20429	15591	257	14719
山 西	Shanxi	6747	20582	2344	28005	12495	12582	859	11086
内蒙古	Inner Mongolia	575	22281	1886	25982	3685	18740	615	18891
辽 宁	Liaoning	6015	10048	8380	49296	22902	20227	809	19380
吉 林	Jilin	4266	26141	2727	26522	13855	14922	302	20147
黑龙江	Heilongjiang	4056	16644	2327	28239	20630	18505	208	18158
上 海	Shanghai	34391	148468	11332	124310	11418	35682	3399	43211
江 苏	Jiangsu	9129	34450	7893	46216	16929	25203	1436	27432
浙 江	Zhejiang	11028	36050	12452	48570	13675	27303	1293	34084
安 徽	Anhui	5334	27764	5561	30905	12742	17488	902	24539
福 建	Fujian	2171	32683	3968	35120	5550	20755	800	25559
江 西	Jiangxi	5774	22744	3747	25843	14923	17906	308	28083
山 东	Shandong	5769	23142	5722	34141	19015	20510	635	35337
河 南	Henan	5622	18133	4265	25571	8123	15117	1057	17261
湖 北	Hubei	4243	31911	10148	35201	16246	18232	1174	17216
湖 南	Hunan	4568	24677	6683	31461	19761	17858	2754	26521
广 东	Guangdong	22568	49789	9020	68638	6331	24495	1610	40283
广 西	Guangxi	6268	18877	4854	24906	16177	17374	529	22545
海 南	Hainan	274	21555	416	35405	3388	23979	28	58500
重 庆	Chongqing	18058	26246	3152	43597	3153	29803	523	25229
四 川	Sichuan	5076	47756	8967	39599	13527	18034	843	19698
贵 州	Guizhou	1570	23224	4956	15596	8270	16331	1364	12668
云 南	Yunnan	3286	23822	5403	24213	12504	16913	839	22916
西 藏	Tibet	92	28182	2385	26062	875	18775	14	30719
陕 西	Shaanxi	3428	17049	4668	32493	13248	15698	702	18344
甘 肃	Gansu	6627	22513	1869	26419	5566	17368	48	18451
青 海	Qinghai	53	34444	235	21907	58	31691		
宁 夏	Ningxia	834	26828	389	31544	5048	17257	61	12540
新 疆	Xinjiang	5928	28505	2144	43677	3053	15652	218	21267

3-4 续表 4 continued

地区	Region	教育 Education 年末人数(人) Year-end Figures (person)	教育 Education 平均工资(元) Average Wage (yuan)	卫生和社会工作 Health and Social Service 年末人数(人) Year-end Figures (person)	卫生和社会工作 Health and Social Service 平均工资(元) Average Wage (yuan)	文化、体育和娱乐业 Culture, Sports and Entertainment 年末人数(人) Year-end Figures (person)	文化、体育和娱乐业 Culture, Sports and Entertainment 平均工资(元) Average Wage (yuan)	公共管理、社会保障和社会组织 Public Management, Social Security and Social Organization 年末人数(人) Year-end Figures (person)	公共管理、社会保障和社会组织 Public Management, Social Security and Social Organization 平均工资(元) Average Wage (yuan)
全 国	**National**	**637426**	**27967**	**428308**	**34188**	**85129**	**39679**	**764219**	**20493**
北 京	Beijing	45969	56999	13628	68919	10739	75669	40019	24329
天 津	Tianjin	8752	31933	5474	42726	1310	47614	9951	26606
河 北	Hebei	33569	17691	16361	20251	3098	38872	34853	15148
山 西	Shanxi	14084	14959	12010	17605	2072	33805	17615	14753
内蒙古	Inner Mongolia	1561	22324	2387	24648	322	19594	10169	17512
辽 宁	Liaoning	22130	31698	17224	31687	1588	25347	17646	18727
吉 林	Jilin	7354	25242	5688	26758	1037	21841	27066	12511
黑龙江	Heilongjiang	12261	19997	10080	23086	2674	21799	23404	17577
上 海	Shanghai	27375	56935	15342	58170	6945	95964	11692	32114
江 苏	Jiangsu	39066	31711	39947	41675	4705	34439	41760	28731
浙 江	Zhejiang	41115	31501	24696	55566	6893	28348	39121	34566
安 徽	Anhui	26388	21260	18360	30868	2383	22558	37339	21667
福 建	Fujian	21998	34136	11874	31257	1929	25107	17278	21702
江 西	Jiangxi	17803	17305	17689	24902	2710	15157	26182	18649
山 东	Shandong	22009	24824	31076	30528	1954	65257	26587	24639
河 南	Henan	18157	23746	16000	26858	10380	14288	23057	18216
湖 北	Hubei	33703	20340	19395	28498	2629	29015	32562	20985
湖 南	Hunan	28905	27401	17795	32845	3211	24171	36563	19570
广 东	Guangdong	28298	39735	16028	43926	3356	36807	18358	28863
广 西	Guangxi	39468	17172	12068	26844	2733	22128	29549	17064
海 南	Hainan	2238	23057	1387	34903	207	24599	5490	21045
重 庆	Chongqing	19789	23939	9007	37635	661	30206	11707	20102
四 川	Sichuan	32080	22767	22062	45499	2342	22597	47628	20666
贵 州	Guizhou	27393	17113	15138	26359	739	21876	43914	16022
云 南	Yunnan	23272	15595	22180	23535	2399	26289	29685	14942
西 藏	Tibet	2012	17093	1785	16698	724	18267	19211	12696
陕 西	Shaanxi	19650	21457	13560	23177	2843	23084	34393	16347
甘 肃	Gansu	12403	20135	10380	20995	1141	19589	21075	17587
青 海	Qinghai	409	8267	538	23641	38	16026	999	18973
宁 夏	Ningxia	4757	21345	2708	22631	796	21100	9394	21052
新 疆	Xinjiang	3458	22169	6441	22097	571	32372	19952	18896

3-5 各地区分登记注册类型城镇单位年末人数(2013年)
EMPLOYMENT IN URBAN UNITS BY REGISTRATION STATUS AND REGION(2013)

单位：千人 (1000 persons)

地区	Region	就业人员 Employment				在岗职工 On-post Staff and Workers	
		合计 Total	国有单位 State-owned Units	城镇集体单位 Urban Collective-owned Units	其他单位 Other Ownership Units	合计 Total	国有单位 State-owned Units
全国	**National**	**181084**	**63651**	**5662**	**111772**	**170567**	**60124**
北京	Beijing	7423	1895	175	5352	6955	1783
天津	Tianjin	3024	779	71	2175	2838	737
河北	Hebei	6534	2989	180	3364	6129	2836
山西	Shanxi	4640	2100	214	2326	4466	2014
内蒙古	Inner Mongolia	3038	1708	73	1257	2944	1673
辽宁	Liaoning	6891	2925	367	3598	6481	2798
吉林	Jilin	3384	1740	74	1571	3206	1667
黑龙江	Heilongjiang	4678	2965	158	1554	4202	2614
上海	Shanghai	6188	1115	120	4953	5791	1034
江苏	Jiangsu	15033	2933	388	11712	14179	2756
浙江	Zhejiang	10716	2130	223	8364	10206	2002
安徽	Anhui	5197	1970	164	3063	4721	1811
福建	Fujian	6440	1552	141	4747	6035	1451
江西	Jiangxi	4450	1872	154	2424	4100	1730
山东	Shandong	12906	4118	592	8196	12376	3976
河南	Henan	10760	3698	461	6601	10234	3590
湖北	Hubei	6965	2686	153	4127	6435	2520
湖南	Hunan	6010	2691	237	3082	5543	2523
广东	Guangdong	19670	4028	585	15057	19052	3917
广西	Guangxi	4030	2109	144	1777	3755	1946
海南	Hainan	988	444	30	513	952	421
重庆	Chongqing	4020	1212	91	2717	3754	1147
四川	Sichuan	8462	3613	314	4535	7945	3421
贵州	Guizhou	2967	1661	62	1244	2733	1524
云南	Yunnan	4281	1862	140	2279	3901	1729
西藏	Tibet	310	267	5	38	265	228
陕西	Shaanxi	5053	2370	189	2494	4706	2233
甘肃	Gansu	2566	1483	107	976	2376	1393
青海	Qinghai	642	348	13	281	626	343
宁夏	Ningxia	722	367	8	346	673	340
新疆	Xinjiang	3095	2018	29	1048	2989	1964

3-5 续表 continued

单位：千人 (1000 persons)

地 区	Region	在岗职工 On-post Staff and Workers		其他就业人员 Others			
		城镇集体单位 Urban Collective-owned Units	其他单位 Other Ownership Units	合计 Total	国有单位 State-owned Units	城镇集体单位 Urban Collective-owned Units	其他单位 Other Ownership Units
全 国	**National**	**5215**	**105229**	**10517**	**3527**	**447**	**6543**
北 京	Beijing	165	5006	468	111	10	347
天 津	Tianjin	59	2042	186	42	12	133
河 北	Hebei	168	3125	405	154	12	239
山 西	Shanxi	204	2248	175	86	11	78
内蒙古	Inner Mongolia	69	1202	94	35	4	55
辽 宁	Liaoning	346	3337	409	126	21	262
吉 林	Jilin	69	1471	178	73	5	100
黑龙江	Heilongjiang	147	1441	476	351	12	113
上 海	Shanghai	109	4648	398	81	11	305
江 苏	Jiangsu	350	11073	854	177	37	639
浙 江	Zhejiang	209	7994	510	127	14	369
安 徽	Anhui	154	2756	476	159	10	307
福 建	Fujian	119	4465	405	101	22	282
江 西	Jiangxi	126	2244	350	142	28	180
山 东	Shandong	555	7845	530	142	37	351
河 南	Henan	423	6221	526	109	38	380
湖 北	Hubei	140	3775	530	166	12	351
湖 南	Hunan	209	2811	467	168	27	272
广 东	Guangdong	558	14577	618	111	27	480
广 西	Guangxi	120	1688	275	163	23	88
海 南	Hainan	28	503	35	23	2	11
重 庆	Chongqing	85	2522	267	65	6	196
四 川	Sichuan	293	4232	517	192	21	304
贵 州	Guizhou	55	1154	234	137	7	90
云 南	Yunnan	129	2043	380	133	11	235
西 藏	Tibet	4	33	45	39	2	5
陕 西	Shaanxi	177	2296	347	137	11	198
甘 肃	Gansu	98	885	191	89	10	92
青 海	Qinghai	12	271	16	5	1	10
宁 夏	Ningxia	7	325	49	27	1	21
新 疆	Xinjiang	28	997	106	54	1	50

3-6 各地区分登记注册类型城镇单位工资总额(2013年)

WAGES IN URBAN UNITS BY REGISTRATION STATUS AND REGION(2013)

单位：亿元 (100 million yuan)

地区	Region	就业人员工资总额 Earnings of Employment 合计 Total	国有单位 State-owned Units	城镇集体单位 Urban Collective-owned Units	其他单位 Other Ownership Units	在岗职工 Wages of On-post Staff and Workers 合计 Total	国有单位 State-owned Units
全国	**National**	**93064.3**	**33359.6**	**2195.8**	**57508.9**	**89195.7**	**32449.7**
北京	Beijing	6869.8	1771.4	74.5	5023.9	6502.0	1724.7
天津	Tianjin	2053.8	593.7	31.6	1428.4	1961.4	580.7
河北	Hebei	2724.1	1181.1	60.6	1482.5	2618.0	1152.3
山西	Shanxi	2161.1	883.1	77.7	1200.3	2120.8	867.6
内蒙古	Inner Mongolia	1599.1	919.9	37.1	642.1	1563.3	911.8
辽宁	Liaoning	3229.7	1336.6	123.5	1769.5	3078.3	1303.4
吉林	Jilin	1476.6	790.1	25.3	661.3	1429.0	775.2
黑龙江	Heilongjiang	1947.9	1155.5	59.8	732.6	1818.5	1068.6
上海	Shanghai	5676.6	1079.4	67.6	4529.6	5348.1	1043.2
江苏	Jiangsu	8396.4	1966.7	193.7	6236.0	8037.9	1910.5
浙江	Zhejiang	5985.1	1715.0	117.0	4153.1	5768.3	1668.3
安徽	Anhui	2464.5	954.9	61.4	1448.3	2293.9	915.2
福建	Fujian	3135.3	898.4	56.4	2180.6	2994.3	873.7
江西	Jiangxi	1878.0	853.7	52.6	971.7	1779.0	824.9
山东	Shandong	6098.8	2184.4	247.7	3666.6	5915.4	2141.9
河南	Henan	4048.7	1556.0	149.0	2343.7	3903.8	1530.5
湖北	Hubei	3012.4	1195.2	49.6	1767.6	2834.0	1158.3
湖南	Hunan	2538.1	1184.2	76.0	1277.9	2407.1	1140.8
广东	Guangdong	10467.4	2473.1	205.4	7789.0	10213.3	2434.6
广西	Guangxi	1634.2	886.5	45.2	702.5	1572.1	852.7
海南	Hainan	437.7	208.3	11.0	218.4	427.3	203.7
重庆	Chongqing	1960.3	666.7	31.1	1262.5	1870.3	647.5
四川	Sichuan	4003.5	1917.5	118.0	1968.0	3845.3	1863.0
贵州	Guizhou	1387.1	809.3	28.8	549.0	1322.8	780.1
云南	Yunnan	1786.7	864.7	58.1	863.8	1696.7	841.5
西藏	Tibet	177.7	157.6	1.4	18.7	168.7	151.1
陕西	Shaanxi	2409.4	1164.1	71.3	1174.0	2311.6	1130.3
甘肃	Gansu	1109.0	673.4	37.3	398.3	1054.1	653.3
青海	Qinghai	330.5	190.9	4.3	135.2	326.7	189.5
宁夏	Ningxia	389.9	199.7	5.2	185.0	374.0	193.4
新疆	Xinjiang	1674.7	928.7	17.3	728.8	1639.5	917.3

3-6 续表 continued

单位：亿元 (100 million yuan)

地区	Region	在岗职工 Wages of On-post Staff and Workers 城镇集体单位 Urban Collective-owned Units	在岗职工 其他单位 Other Ownership Units	其他就业人员 Others 合计 Total	其他就业人员 国有单位 State-owned Units	其他就业人员 城镇集体单位 Urban Collective-owned Units	其他就业人员 其他单位 Other Ownership Units
全国	**National**	**2063.9**	**54682.0**	**3868.6**	**909.9**	**131.8**	**2826.9**
北京	Beijing	70.2	4707.1	367.7	46.6	4.3	316.8
天津	Tianjin	27.3	1353.4	92.4	13.0	4.3	75.1
河北	Hebei	58.2	1407.6	106.1	28.7	2.4	74.9
山西	Shanxi	75.4	1177.8	40.3	15.5	2.3	22.5
内蒙古	Inner Mongolia	36.0	615.5	35.7	8.1	1.1	26.6
辽宁	Liaoning	118.9	1656.0	151.4	33.2	4.6	113.6
吉林	Jilin	23.9	629.9	47.6	14.8	1.4	31.3
黑龙江	Heilongjiang	56.2	693.6	129.5	86.8	3.6	39.1
上海	Shanghai	64.1	4240.8	328.5	36.2	3.5	288.8
江苏	Jiangsu	179.2	5948.2	358.5	56.2	14.5	287.7
浙江	Zhejiang	112.0	3988.0	216.8	46.7	5.0	165.1
安徽	Anhui	59.0	1319.7	170.7	39.7	2.5	128.6
福建	Fujian	49.2	2071.4	141.0	24.7	7.2	109.2
江西	Jiangxi	43.5	910.5	99.0	28.8	9.0	61.1
山东	Shandong	236.2	3537.4	183.5	42.6	11.6	129.3
河南	Henan	140.3	2233.0	144.9	25.5	8.7	110.7
湖北	Hubei	47.0	1628.8	178.4	36.9	2.6	138.8
湖南	Hunan	69.1	1197.3	130.9	43.4	6.9	80.6
广东	Guangdong	197.0	7581.8	254.1	38.5	8.4	207.2
广西	Guangxi	39.6	679.9	62.1	33.8	5.7	22.6
海南	Hainan	10.4	213.3	10.4	4.6	0.6	5.1
重庆	Chongqing	29.3	1193.5	90.0	19.2	1.8	69.0
四川	Sichuan	111.2	1871.0	158.2	54.4	6.9	96.9
贵州	Guizhou	27.3	515.5	64.2	29.2	1.6	33.5
云南	Yunnan	55.3	799.8	90.0	23.2	2.8	64.0
西藏	Tibet	0.9	16.7	9.0	6.4	0.5	2.0
陕西	Shaanxi	67.9	1113.3	97.8	33.8	3.3	60.7
甘肃	Gansu	34.0	366.8	54.9	20.1	3.3	31.5
青海	Qinghai	4.3	132.9	3.8	1.4	0.1	2.3
宁夏	Ningxia	4.5	176.1	15.9	6.3	0.7	8.9
新疆	Xinjiang	16.8	705.4	35.2	11.3	0.5	23.3

3-7 各地区分登记注册类型城镇单位平均工资(2013年)
AVERAGE WAGE IN URBAN UNITS BY REGISTRATION STATUS AND REGION(2013)

单位：元 (yuan)

地 区	Region	就业人员平均工资 Average Wage of Employment				在岗职工 On-post Staff and Workers	
		合计 Total	国有单位 State-owned Units	城镇集体单位 Urban Collective-owned Units	其他单位 Other Ownership Units	合计 Total	国有单位 State-owned Units
全 国	**National**	**51483**	**52657**	**38905**	**51453**	**52388**	**54225**
北 京	Beijing	93006	94173	42502	94256	93997	97356
天 津	Tianjin	67773	75881	41094	65797	68864	78374
河 北	Hebei	41501	39648	33057	43578	42532	40757
山 西	Shanxi	46407	42175	36409	51086	47417	43228
内蒙古	Inner Mongolia	50723	53977	50932	46680	51388	54592
辽 宁	Liaoning	45505	45936	31789	46578	46310	46890
吉 林	Jilin	42846	45618	34570	40289	43821	46726
黑龙江	Heilongjiang	40794	39072	35819	44381	42744	41230
上 海	Shanghai	90908	95573	55098	90733	91477	99460
江 苏	Jiangsu	57177	67826	50560	54691	57984	70137
浙 江	Zhejiang	56571	81157	52070	50390	57310	84133
安 徽	Anhui	47806	48683	37926	47765	48929	50668
福 建	Fujian	48538	58199	41293	45625	49328	60245
江 西	Jiangxi	42473	45315	36004	40629	43582	47238
山 东	Shandong	46998	52811	41416	44486	47652	53801
河 南	Henan	38301	42270	33135	36393	38804	42831
湖 北	Hubei	43899	44746	33216	43734	44613	46126
湖 南	Hunan	42726	44153	32975	42205	43893	45381
广 东	Guangdong	53318	62652	35650	51553	53611	63388
广 西	Guangxi	41391	42552	32197	40738	42637	44257
海 南	Hainan	44971	47159	36418	43559	45573	48632
重 庆	Chongqing	50006	55870	34492	47882	51015	57271
四 川	Sichuan	47965	53896	39112	43859	49019	55332
贵 州	Guizhou	47364	49734	47941	44229	49087	52327
云 南	Yunnan	42447	46849	43702	38729	44188	48997
西 藏	Tibet	57773	59904	24865	48183	64409	67191
陕 西	Shaanxi	47446	48381	38455	47212	48853	49815
甘 肃	Gansu	42833	45636	32822	39834	44109	47050
青 海	Qinghai	51393	55410	34255	47311	52105	55810
宁 夏	Ningxia	50476	49914	48650	51151	52185	52130
新 疆	Xinjiang	49064	45834	56809	53712	49843	46523

3-7 续表 continued

单位：元 (yuan)

地 区	Region	在岗职工 On-post Staff and Workers		其他就业人员 Others			
		城镇集体单位 Urban Collective-owned Units	其他单位 Other Ownership Units	合计 Total	国有单位 State-owned Units	城镇集体单位 Urban Collective-owned Units	其他单位 Other Ownership Units
全 国	**National**	**39669**	**51972**	**36821**	**25919**	**29898**	**43124**
北 京	Beijing	42482	94513	78390	42622	42828	90604
天 津	Tianjin	42031	66267	50718	31339	36045	58339
河 北	Hebei	34003	44584	25962	18964	19856	30600
山 西	Shanxi	37152	52053	21880	17834	22094	25902
内蒙古	Inner Mongolia	52107	47243	32378	23705	29236	36595
辽 宁	Liaoning	32417	47305	33622	25540	21238	38046
吉 林	Jilin	35181	41061	25672	20363	26608	29232
黑龙江	Heilongjiang	36586	45971	24863	23763	26973	27492
上 海	Shanghai	56984	90518	82552	44959	34200	94006
江 苏	Jiangsu	51754	55117	43569	32008	39350	47153
浙 江	Zhejiang	53061	50666	42126	35869	36625	44526
安 徽	Anhui	38761	48344	36536	25579	24983	42535
福 建	Fujian	42855	45978	36226	26432	33034	39817
江 西	Jiangxi	36185	41101	29146	20928	35158	34693
山 东	Shandong	42028	44944	32579	27427	31940	34794
河 南	Henan	33954	36765	28378	23652	23882	30217
湖 北	Hubei	34181	43975	34997	23083	22118	41095
湖 南	Hunan	33912	43275	28703	25800	25852	30865
广 东	Guangdong	35812	51717	43726	36108	32240	46206
广 西	Guangxi	33623	41382	23790	21580	24855	27742
海 南	Hainan	36814	43466	29113	20193	30779	47801
重 庆	Chongqing	34852	48684	35440	30628	29511	37266
四 川	Sichuan	39457	44595	31508	28542	34278	33257
贵 州	Guizhou	50545	44819	27492	21401	25246	36772
云 南	Yunnan	45410	39985	24358	18109	25055	27809
西 藏	Tibet	23856	50124	19719	16909	26717	36512
陕 西	Shaanxi	39141	48636	28236	24648	28331	30719
甘 肃	Gansu	33039	40833	27532	23084	30744	31001
青 海	Qinghai	34984	48290	23588	27816	16588	21959
宁 夏	Ningxia	50526	52289	28487	21642	39051	35741
新 疆	Xinjiang	57518	54749	28391	20852	40665	34163

四、国有单位就业人员和工资总额

EMPLOYMENT AND TOTAL WAGES IN STATE-OWNED UNITS

4-1 分行业国有单位就业人员和工资总额(2013年)
EMPLOYMENT AND TOTAL WAGES IN STATE-OWNED UNITS BY SECTOR (2013)

项 目	Item	年末人数(千人) Year-end Figures (1000 persons)	#女性 Female	工资总额(千元) Total Wages (1000 yuan)	平均工资(元) Average Wage (yuan)
全国总计	**National Total**	**63651**	**24723**	**3335958665**	**52657**
按隶属关系分组	**Grouped by Administrtive Relationship**				
中央	Under Central Government	9536	2970	708936857	74136
省、自治区、直辖市	Under Provincial Government	9260	3250	544882671	58774
地区	Under Perfectural Government	11851	4708	644310853	54956
县及县以下	At and Below County Level	32000	13437	1383185514	43494
其他	Other	1005	358	54642770	54992
按国民经济行业分组	**Grouped by Sector**				
农、林、牧、渔业	**Agriculture, Forestry, Animal Husbandry and Fishery**	**2803**	**1037**	**70994697**	**25444**
农业	**Farming**	1649	691	40441470	24376
林业	Forestry	709	199	16707076	24370
畜牧业	Animal Husbandry	139	54	2944384	21255
渔业	Fishery	19	6	477356	24329
农、林、牧、渔服务业	Service in Support of Agriculture	287	87	10424411	36271
采矿业	**Mining**	**972**	**188**	**55017925**	**56317**
煤炭开采和洗选业	Mining and Washing of Coal	621	91	33900164	54409
石油和天然气开采业	Extraction of Petroleum and Natural Gas	91	16	5926097	64247
黑色金属矿采选业	Mining and Processing of Ferrous Metal Ores	32	6	1764661	57002
有色金属矿采选业	Mining and Processing of Non-Ferrous Metal Ores	32	8	1388015	42792
非金属矿采选业	Mining and Processing of Non-metal Ores	41	10	1394912	33718
开采辅助活动	Support Activities for Mining	154	56	10597291	68068
其他采矿业	Mining of Other Ores	1	0	46785	39282
制造业	**Manufacturing**	**2326**	**622**	**128893274**	**54094**
农副食品加工业	Processing of Food from Agricultural Products	63	20	1961367	31632
食品制造业	Manufacture of Foods	20	7	662629	32412
酒、饮料和精制茶制造业	Manufacture of Liquor, Beverages and Refined Tea	49	17	3079476	63374
烟草制品业	Manufacture of Tobacco	82	26	10297212	127186
纺织业	Manufacture of Textile	29	12	1117635	38796
纺织服装、服饰业	Manufacture of Textile, Wearing Apparel and Accessories	30	15	892452	29324
皮革、毛皮、羽毛及其制品和制鞋业	Manufacture of Leather, Fur, Feather and Related Products and Footwear	10	5	318236	33418
木材加工和木、竹、藤、棕、草制品业	Processing of Timber, Manufacture of Wood, Bamboo, Rattan, Palm and Straw Products	19	6	566548	30355
家具制造业	Manufacture of Furniture	4	1	114389	29391
造纸及纸制品业	Manufacture of Paper and Paper Products	13	4	476312	36676

4-1 续表 1 continued

项 目	Item	年末人数（千人）Year-end Figures (1000 persons)	#女 性 Female	工资总额（千元）Total Wages (1000 yuan)	平均工资（元）Average Wage (yuan)
印刷和记录媒介复制业	Printing and Reproduction of Recording Media	53	20	2332886	43796
文教、工美、体育和娱乐用品制造业	Manufacture of Articles for Culture, Education, Arts and Crafts, Sport and Entertainment Activities	7	3	256823	35152
石油加工、炼焦和核燃料加工业	Processing of Petroleum, Coking and Processing of Nuclear Fuel	51	14	3550846	68560
化学原料和化学制品制造业	Manufacture of Raw Chemical Materials and Chemical Products	163	49	7781545	45540
医药制造业	Manufacture of Medicines	36	16	1906310	55424
化学纤维制造业	Manufacture of Chemical Fibres	5	2	139241	29009
橡胶和塑料制品业	Manufacture of Rubber and Plastics Products	22	7	756898	34999
非金属矿物制品业	Manufacture of Non-metallic Mineral Products	125	31	4724446	37952
黑色金属冶炼和压延加工业	Smelting and Pressing of Ferrous Metals	381	54	21616763	54736
有色金属冶炼和压延加工业	Smelting and Pressing of Non-ferrous Metals	93	20	4712761	52875
金属制品业	Manufacture of Metal Products	55	14	2530618	45446
通用设备制造业	Manufacture of General Purpose Machinery	113	30	5201318	45948
专用设备制造业	Manufacture of Special Purpose Machinery	119	30	5761958	48514
汽车制造业	Manufacture of Automobiles	271	62	18323076	67343
铁路、船舶、航空航天和其他运输设备制造业	Manufacture of Railway, Ship, Aerospace and Other Transport Equipments	241	66	15121084	55900
电气机械和器材制造业	Manufacture of Electrical Machinery and Apparatus	82	24	3828067	44773
计算机、通信和其他电子设备制造业	Manufacture of Computers, Communication and Other Electronic Equipment	87	34	4948533	56089
仪器仪表制造业	Manufacture of Measuring Instruments and Machinery	46	18	2497911	50732
其他制造业	Other Manufacture	28	9	1509500	53542
废弃资源综合利用业	Utilization of Waste Resources	6	2	301317	51105
金属制品、机械和设备修理业	Repair Service of Metal Products, Machinery and Equipment	26	6	1605117	60436
电力、热力、燃气及水生产和供应业	**Production and Supply of Electricity, Heat, Gas and Water**	**1990**	**545**	**136190087**	**68146**
电力、热力生产和供应业	Production and Supply of Electric Power and Heat Power	1664	419	123786193	73897
燃气生产和供应业	Production and Supply of Gas	32	11	1489756	46817
水的生产和供应业	Production and Supply of Water	294	115	10914138	37431
建筑业	**Construction**	**2675**	**331**	**116618396**	**43849**
房屋建筑业	Construction of Buildings	1388	141	57909153	42199
土木工程建筑业	Civil Engineering	994	147	45969998	45829
建筑安装业	Building Installation	201	28	8382843	43752
建筑装饰和其他建筑业	Building Decoration and Other Constructions	93	15	4356402	47055

4-1 续表 2 continued

项目	Item	年末人数（千人）Year-end Figures (1000 persons)	#女性 Female	工资总额（千元）Total Wages (1000 yuan)	平均工资（元）Average Wage (yuan)
批发和零售业	**Wholesale and Retail Trades**	**1101**	**389**	**62274762**	**55980**
批发业	Wholesale Trade	798	247	50921835	62943
零售业	Retail Trade	303	142	11352927	37416
交通运输、仓储和邮政业	**Transport, Storage and Post**	**4103**	**1076**	**238839073**	**59516**
铁路运输业	Railway Transport	1677	275	123784568	75532
道路运输业	Road Transport	1181	341	47283706	40422
水上运输业	Water Transport	120	18	9484026	78720
航空运输业	Air Transport	83	28	6797299	82661
管道运输业	Transport Via Pipelines	9	2	573878	60973
装卸搬运和运输代理业	Loading, Unloading and Forwarding Agency	47	14	3421318	58291
仓储业	Storage	141	40	5526976	38623
邮政业	Post	845	359	41967302	53090
住宿和餐饮业	**Hotels and Catering Services**	**457**	**241**	**16795608**	**36298**
住宿业	Hotels	390	205	14547625	36795
餐饮业	Catering Services	67	36	2247983	33381
信息传输、软件和信息技术服务业	**Information Transmission, Software and Information Technology**	**495**	**187**	**29830643**	**60182**
电信、广播电视和卫星传输服务	Telecommunication, Radio and Television and Satellite Transmission Service	448	171	26254861	58413
互联网和相关服务	Internet and Related Service	13	5	801795	62655
软件和信息技术服务业	Software and Information Technology	34	12	2773987	83031
金融业	**Financial Intermediation**	**1479**	**720**	**128880514**	**87732**
货币金融服务	Monetary and Financial Service	1170	555	111746930	95991
资本市场服务	Capital Market Service	37	13	4404859	118461
保险业	Insurance	260	147	11270519	44005
其他金融业	Other Financial Activities	12	4	1458206	126001
房地产业	**Real Estate**	**371**	**133**	**16832028**	**45435**
#房地产开发经营	Development and Management of Real Estate	111	37	6171683	55402
物业管理	Property Management	151	54	5463287	36451
房地产中介服务	Agency Services of Real Estate	20	8	816223	41926
租赁和商务服务业	**Leasing and Business Services**	**1236**	**324**	**58093410**	**46542**
租赁业	Leasing	11	3	533047	48636
商务服务业	Business Services	1225	320	57560363	46524
科学研究和技术服务业	**Scientific Research and Technical Services**	**2237**	**677**	**154619795**	**69501**
研究和试验发展	Research and Experimental Development	652	214	53457390	82782
专业技术服务业	Professional Technical Services	1276	363	85380105	67269

4-1 续表 3 continued

项　目	Item	年末人数（千人）Year-end Figures (1000 persons)	#女 性 Female	工资总额（千元）Total Wages (1000 yuan)	平均工资（元）Average Wage (yuan)
科技推广和应用服务业	Science and Technology Popularization and Application Services	310	100	15782300	50958
水利、环境和公共设施管理业	**Management of Water Conservancy, Environment and Public Facilities**	**2077**	**833**	**72839429**	**35155**
水利管理业	Management of Water Conservancy	471	131	19376142	41014
生态保护和环境治理业	Ecological Protection and Environmental Treatment	88	28	3585709	41019
公共设施管理业	Management of Public Facilities	1519	675	49877578	32985
居民服务、修理和其他服务业	**Service to Households, Repair and Other Services**	**229**	**77**	**9636330**	**41416**
居民服务业	Service to Households	121	50	5684895	46568
机动车、电子产品和日用产品修理业	Repair of Motor Vehicle, Electronics and Household Products	22	7	854587	38286
其他服务业	Other Services	85	21	3096848	35083
教育	**Education**	**15738**	**8114**	**819388974**	**52283**
#初等教育	Primary Education	5657	3157	265499850	47069
中等教育	Secondary Education	7121	3449	361941627	51056
高等教育	Senior Education	1942	870	139961759	72481
卫生和社会工作	**Health and Social Service**	**6727**	**4157**	**392428805**	**59200**
卫生	Health	6548	4063	383960720	59561
社会工作	Social Service	179	94	8468085	46445
文化、体育和娱乐业	**Culture, Sports and Entertainment**	**1099**	**467**	**65141159**	**59437**
新闻和出版业	Journalism and Publishing Activities	259	111	18900667	73007
广播、电视、电影和影视录音制作业	Radio, Television, Motion Picture and Videotape Programme Production Services	358	138	22606894	63338
文化艺术业	Cultural and Art Activities	389	184	18553846	47954
体育	Sports Activities	67	24	3700076	55332
娱乐业	Entertainment	26	11	1379676	52320
公共管理、社会保障和社会组织	**Public Management, Social Security and Social Organization**	**15536**	**4606**	**762643756**	**49371**
#中国共产党机关	Organs of Communist Party of China	578	150	30443317	52907
国家机构	Government Agencies	14372	4227	703053589	49215
人民政协、民主党派	People's Political Consultative Conference and Democratic Parties	102	27	5882920	57552
社会保障	Social Security	153	71	6804276	44757
群众团体、社会团体和其他成员组织	Non-Governmental Organizations, Social Organizations and Membership Organizations	313	125	15792165	50054

4-2 各地区分行业国有单位就业人员和工资总额(2013年)
EMPLOYMENT AND TOTAL WAGES IN STATE-OWNED UNITS BY SECTOR AND REGION (2013)

地区	Region	总计 Total 年末人数(人) Year-end Figures (person)	#女性 Female	工资总额(千元) Total Wages (1000 yuan)	平均工资(元) Average Wage (yuan)
全国	**National**	**63651039**	**24722877**	**3335958665**	**52657**
北京	Beijing	1894772	815514	177135664	94173
天津	Tianjin	778523	298763	59370693	75881
河北	Hebei	2989446	1300879	118105002	39648
山西	Shanxi	2100052	865277	88311218	42175
内蒙古	Inner Mongolia	1708361	674615	91988332	53977
辽宁	Liaoning	2924933	1060737	133661849	45936
吉林	Jilin	1739627	654356	79006206	45618
黑龙江	Heilongjiang	2965334	1110539	115545870	39072
上海	Shanghai	1114941	488425	107938762	95573
江苏	Jiangsu	2933426	1144171	196672763	67826
浙江	Zhejiang	2129794	908346	171504210	81157
安徽	Anhui	1969789	683603	95487418	48683
福建	Fujian	1552321	605479	89843819	58199
江西	Jiangxi	1872002	658495	85371761	45315
山东	Shandong	4117898	1535162	218444781	52811
河南	Henan	3698362	1474968	155601893	42270
湖北	Hubei	2686091	973922	119518024	44746
湖南	Hunan	2690947	999659	118417450	44153
广东	Guangdong	4027642	1588010	247305237	62652
广西	Guangxi	2109342	846084	88646804	42552
海南	Hainan	443956	172007	20828836	47159
重庆	Chongqing	1212226	467031	66673367	55870
四川	Sichuan	3613136	1320251	191745192	53896
贵州	Guizhou	1661467	603942	80926409	49734
云南	Yunnan	1862388	747486	86473851	46849
西藏	Tibet	267185	95508	15759295	59904
陕西	Shaanxi	2370488	915193	116410439	48381
甘肃	Gansu	1482682	522504	67337277	45636
青海	Qinghai	348166	140418	19091894	55410
宁夏	Ningxia	367379	151677	19966661	49914
新疆	Xinjiang	2018363	899856	92867688	45834

4-2 续表 1 continued

地区	Region	中央属单位 Units Under Central Government 年末人数(人) Year-end Figures (person)	#女性 Female	工资总额(千元) Total Wages (1000 yuan)	平均工资(元) Average Wage (yuan)	省、自治区、直辖市属单位 Units Under Provincial Government 年末人数(人) Year-end Figures (person)	#女性 Female	工资总额(千元) Total Wages (1000 yuan)	平均工资(元) Average Wage (yuan)
全国	**National**	**9535502**	**2969952**	**708936857**	**74136**	**9260483**	**3249532**	**544882671**	**58774**
北京	Beijing	834712	325690	94858974	114656	411088	145507	35215331	86469
天津	Tianjin	121710	34298	11449416	93412	304792	102482	22431135	72724
河北	Hebei	249277	74971	15138755	60085	268480	96763	13280134	49428
山西	Shanxi	171200	56504	10991123	63989	455927	139058	25626038	55933
内蒙古	Inner Mongolia	272749	76107	18335160	68250	226504	77813	11570671	50978
辽宁	Liaoning	608799	142919	40979487	66926	288393	105707	16172461	57056
吉林	Jilin	424344	101221	30299876	72829	235338	78920	10374216	44017
黑龙江	Heilongjiang	511101	144922	29989531	58656	1083544	390178	35612103	32930
上海	Shanghai	267066	83763	32222416	118771	338777	134179	34342618	100095
江苏	Jiangsu	349234	106416	30442037	87231	360962	133117	25082798	69634
浙江	Zhejiang	183612	61236	20070800	108849	229392	92197	21072419	92732
安徽	Anhui	209540	58549	15063708	71947	284307	95220	15040837	53047
福建	Fujian	157897	56306	12228441	78221	205351	72743	13968974	68914
江西	Jiangxi	108866	39807	6293281	58812	343150	99394	22546692	63512
山东	Shandong	512741	152111	36541361	69514	395781	139840	24966695	63089
河南	Henan	317461	87874	20027876	62430	356941	127338	20432200	57270
湖北	Hubei	578816	166719	38264538	65863	204836	77966	10958198	53902
湖南	Hunan	325370	94605	23493885	71695	305613	105014	16595675	54499
广东	Guangdong	353182	108591	30273360	99177	386461	135149	29506820	76956
广西	Guangxi	219698	58805	13539967	61673	326935	117860	16076252	49956
海南	Hainan	29617	10177	1772932	60197	137098	50497	6307641	46554
重庆	Chongqing	144664	43783	10906971	79808	245755	93948	15910354	64217
四川	Sichuan	647251	214144	48437003	74417	381931	126744	23277038	60793
贵州	Guizhou	216884	57811	13872371	64728	218792	70251	12272976	57225
云南	Yunnan	177669	58705	13516206	75545	307093	107292	15917769	51753
西藏	Tibet	16300	6602	1942907	122658	52475	19678	3439932	66211
陕西	Shaanxi	452631	147006	27560581	54816	307224	100825	16705830	54840
甘肃	Gansu	236261	67484	15611315	65874	251338	76978	10715854	42760
青海	Qinghai	54247	19088	3755727	72496	84467	31800	4384816	52973
宁夏	Ningxia	59404	18813	4953903	71939	79458	32093	4473865	43758
新疆	Xinjiang	723199	294925	36102949	48994	182280	72981	10604329	57942

4-2 续表 2 continued

地 区	Region	地区属单位 Units Under Prefectural Government				县及县以下属单位 Units at and Below County Level			
		年末人数（人）Year-end Figures (person)	#女 性 Female	工资总额（千元）Total Wages (1000 yuan)	平均工资（元）Average Wage (yuan)	年末人数（人）Year-end Figures (person)	#女 性 Female	工资总额（千元）Total Wages (1000 yuan)	平均工资（元）Average Wage (yuan)
全 国	**National**	**11850852**	**4708191**	**644310853**	**54956**	**31999617**	**13437134**	**1383185514**	**43494**
北 京	Beijing	523443	283600	40337834	77386	99667	49001	5138468	51764
天 津	Tianjin	238239	112942	17337993	72559	96708	43786	6753954	70545
河 北	Hebei	527164	219785	21971176	41881	1919978	901747	66536768	34855
山 西	Shanxi	355502	148147	12793931	36119	1106945	517476	38532876	35044
内蒙古	Inner Mongolia	344919	136456	16966592	49201	858151	381873	44808162	52240
辽 宁	Liaoning	698974	249915	29058513	42010	1267937	544008	44365332	35140
吉 林	Jilin	327721	132155	12671507	38541	745103	340216	25351591	34064
黑龙江	Heilongjiang	409288	166574	17371178	42635	953970	405439	32256639	33975
上 海	Shanghai	439217	240413	36135757	81300	44666	21212	3696326	81651
江 苏	Jiangsu	539154	211295	38837696	73143	1564841	649125	94700568	61335
浙 江	Zhejiang	346414	145832	29393025	84846	1329114	591431	98084315	74566
安 徽	Anhui	388664	138924	19174901	49926	1035676	376345	43389798	42062
福 建	Fujian	340079	125846	21114062	62710	817005	343976	40387678	49654
江 西	Jiangxi	325842	113703	15859817	48233	1086264	402797	40390831	37218
山 东	Shandong	768741	289812	45079430	58591	2368205	927567	108395862	45651
河 南	Henan	624520	245258	26851577	43189	2313746	979430	84802590	36923
湖 北	Hubei	438844	163844	20750596	47909	1426155	555577	48255734	34001
湖 南	Hunan	463083	170535	21437574	46687	1567001	617697	55794174	35777
广 东	Guangdong	1006519	366348	69546368	70234	2128657	917495	108027344	51031
广 西	Guangxi	414313	166549	18385983	45361	1135439	498869	40075915	35623
海 南	Hainan	64887	26727	3590226	55439	205546	81877	8850189	43153
重 庆	Chongqing	236651	98433	11081797	48531	555584	223729	27435758	49830
四 川	Sichuan	661197	204753	32043936	51863	1857259	754253	84174580	45737
贵 州	Guizhou	175018	67095	8904812	52251	1045141	406580	45652953	44647
云 南	Yunnan	231281	96298	10544467	47427	1141286	483123	46271868	40880
西 藏	Tibet	54367	21360	3221475	60003	144043	47868	7154981	50532
陕 西	Shaanxi	375420	145518	19025044	50647	1200278	507116	51228398	43084
甘 肃	Gansu	191607	70372	8446242	44157	797166	305384	32327835	40904
青 海	Qinghai	38756	16807	2048462	53114	169433	72319	8843640	51964
宁 夏	Ningxia	87068	37312	4053714	46489	139463	62580	6355782	45478
新 疆	Xinjiang	213960	95583	10275148	48491	879190	427238	35144605	40118

4-2 续表 3 continued

地区	Region	其他隶属关系单位 Other Units 年末人数(人) Year-end Figures (person)	#女性 Female	工资总额(千元) Total Wages (1000 yuan)	平均工资(元) Average Wage (yuan)	农、林、牧、渔业 Agriculture, Forestry, Animal Husbandry and Fishery 年末人数(人) Year-end Figures (person)	#女性 Female	工资总额(千元) Total Wages (1000 yuan)	平均工资(元) Average Wage (yuan)
全国	**National**	**1004585**	**358068**	**54642770**	**54992**	**2802934**	**1036818**	**70994697**	**25444**
北京	Beijing	25862	11716	1585057	61332	7969	2540	502586	61209
天津	Tianjin	17074	5255	1398195	83639	5120	1549	277412	54003
河北	Hebei	24547	7613	1178169	47895	50338	16388	679401	13487
山西	Shanxi	10478	4092	367250	35829	20045	5838	604277	30218
内蒙古	Inner Mongolia	6038	2366	307747	51002	233038	75081	6898708	29384
辽宁	Liaoning	60830	18188	3086056	51682	227274	89452	2757137	12246
吉林	Jilin	7121	1844	309016	43177	134607	43342	3102466	23107
黑龙江	Heilongjiang	7431	3426	316419	41335	790820	292691	18744394	23899
上海	Shanghai	25215	8858	1541645	61070	5618	1920	368214	64644
江苏	Jiangsu	119235	44218	7609664	65891	64253	25183	1920712	29225
浙江	Zhejiang	41262	17650	2883651	72468	4850	1261	246750	49970
安徽	Anhui	51602	14565	2818174	53319	48192	17839	1192762	24310
福建	Fujian	31989	6608	2144664	61920	41786	11206	1083544	25958
江西	Jiangxi	7880	2794	281140	35660	51184	12990	1332690	25050
山东	Shandong	72430	25832	3461413	48668	15221	4178	617103	40179
河南	Henan	85694	35068	3487650	40963	36486	11768	868226	23908
湖北	Hubei	37440	9816	1288958	37450	89996	37568	2188277	24364
湖南	Hunan	29880	11808	1096142	35272	18937	6150	390882	20827
广东	Guangdong	152823	60427	9951345	65668	58807	20108	1451563	24493
广西	Guangxi	12957	4001	568687	49054	84753	28738	1859991	22533
海南	Hainan	6808	2729	307848	44765	45333	16422	891449	19914
重庆	Chongqing	29572	7138	1338487	44595	8171	1897	306620	37972
四川	Sichuan	65498	20357	3812635	58089	33531	9790	1189962	35211
贵州	Guizhou	5632	2205	223297	41191	11925	3110	435762	36662
云南	Yunnan	5059	2068	223541	44108	65689	23272	1624929	24566
西藏	Tibet					8454	567	116043	13720
陕西	Shaanxi	34935	14728	1890586	55524	24588	7355	909931	37272
甘肃	Gansu	6310	2286	236031	37341	51083	17558	1487333	29228
青海	Qinghai	1263	404	59249	48525	11041	3463	426798	37570
宁夏	Ningxia	1986	879	129397	65985	19149	6266	678159	32728
新疆	Xinjiang	19734	9129	740657	40431	534676	241328	15840616	30171

4-2 续表 4 continued

地 区	Region	采矿业 Mining 年末人数(人) Year-end Figures (person)	#女 性 Female	工资总额(千元) Total Wages (1000 yuan)	平均工资(元) Average Wage (yuan)	制造业 Manufacturing 年末人数(人) Year-end Figures (person)	#女 性 Female	工资总额(千元) Total Wages (1000 yuan)	平均工资(元) Average Wage (yuan)
全 国	**National**	**972183**	**187708**	**55017925**	**56317**	**2326052**	**621869**	**128893274**	**54094**
北 京	Beijing					50982	15209	4219862	83989
天 津	Tianjin	3619	893	340207	86655	66296	17455	3864054	57497
河 北	Hebei	51857	7898	2642435	51342	65591	19450	2491475	38016
山 西	Shanxi	58841	11371	4172098	71177	48488	15030	1406163	28742
内蒙古	Inner Mongolia	37837	6501	3012211	80480	29006	7504	1657028	56639
辽 宁	Liaoning	67600	22555	4276185	64117	217184	38571	10863577	48170
吉 林	Jilin	27501	3385	1167805	41012	190467	32720	14014652	76477
黑龙江	Heilongjiang	109076	14131	5257554	48514	68798	19996	3021675	44006
上 海	Shanghai	72	6	3628	49027	45175	10393	3630312	77657
江 苏	Jiangsu	27058	7965	1521710	55590	90455	25071	5934953	67831
浙 江	Zhejiang	1411	229	44186	27343	30547	7382	2418403	80648
安 徽	Anhui	28930	3240	1775633	62205	59174	17106	3479288	58627
福 建	Fujian	6891	1894	244335	34682	15128	4968	745268	48454
江 西	Jiangxi	46885	8935	1901000	40455	103748	28004	5220442	49822
山 东	Shandong	119437	20316	7940754	66603	116546	38773	6170352	52812
河 南	Henan	82904	21586	4311059	51165	81374	23424	3646124	44213
湖 北	Hubei	11928	4211	516295	41400	204305	35327	11722252	56927
湖 南	Hunan	34449	4927	1148511	33272	97696	26924	5406605	55040
广 东	Guangdong	7251	1307	568667	76754	61205	19881	4485234	72756
广 西	Guangxi	13669	3610	492574	36136	77652	22747	3818946	49523
海 南	Hainan	738	108	9754	12936	6358	2223	209231	32682
重 庆	Chongqing	9285	1450	484198	51227	34128	10231	1748987	50405
四 川	Sichuan	53135	9562	2579685	48146	162039	47990	9085813	54977
贵 州	Guizhou	23759	3287	1113012	45786	79273	25582	4358174	57891
云 南	Yunnan	25154	6259	1127670	44489	46639	16127	1933862	42676
西 藏	Tibet	2203	690	127099	60151	2858	1279	123410	43887
陕 西	Shaanxi	68392	12485	4497083	65116	215205	73912	10047585	37509
甘 肃	Gansu	33118	3715	2325057	69225	40679	12560	2209940	54088
青 海	Qinghai	2457	600	100152	41522	5397	1611	237507	43966
宁 夏	Ningxia	320	3	17130	57100	1464	468	84172	47341
新 疆	Xinjiang	16406	4589	1300238	72700	12195	3951	637928	50949

4-2 续表 5 continued

地 区	Region	电力、热力、燃气及水生产和供应业 Production and Supply of Electricity, Heat, Gas and Water 年末人数(人) Year-end Figures (person)	#女 性 Female	工资总额(千元) Total Wages (1000 yuan)	平均工资(元) Average Wage (yuan)	建筑业 Construction 年末人数(人) Year-end Figures (person)	#女 性 Female	工资总额(千元) Total Wages (1000 yuan)	平均工资(元) Average Wage (yuan)
全 国	**National**	**1989723**	**544942**	**136190087**	**68146**	**2674925**	**331229**	**116618396**	**43849**
北 京	Beijing	24014	6093	2729396	107334	36165	7477	2771305	74732
天 津	Tianjin	16067	4253	1820773	114767	21927	3152	1608273	72612
河 北	Hebei	108445	29863	6012758	55511	68678	9762	2752414	38438
山 西	Shanxi	63846	19757	4146607	66001	75129	13300	2343280	30346
内蒙古	Inner Mongolia	61486	16317	3820280	62749	15034	2275	811014	55141
辽 宁	Liaoning	81772	20506	4637272	58405	131472	18673	5854613	43029
吉 林	Jilin	50062	12890	2699201	54307	37700	4368	1537381	39601
黑龙江	Heilongjiang	89002	26105	4281911	48088	96563	12416	4229934	38576
上 海	Shanghai	22076	4741	3243119	145151	13342	2821	1025608	75274
江 苏	Jiangsu	99928	22349	11507749	114819	135494	14094	6423729	50655
浙 江	Zhejiang	81105	17884	8685742	104332	27311	2803	1422062	52062
安 徽	Anhui	61613	11962	4950494	80356	88482	9026	3770750	42259
福 建	Fujian	31181	8561	2359543	75663	90826	7779	4712015	50818
江 西	Jiangxi	15510	5815	654497	42267	112781	15206	4073267	38407
山 东	Shandong	129172	34979	8007084	61638	171835	22890	8008445	45986
河 南	Henan	131653	40458	8215793	61478	77684	12793	3361166	42070
湖 北	Hubei	131100	39787	7573737	57935	93747	14539	3331157	38083
湖 南	Hunan	114430	31558	6042663	52152	124200	17320	5143274	42289
广 东	Guangdong	105940	27287	7852200	74001	294452	32144	11707614	41334
广 西	Guangxi	52311	15622	2631528	50378	86211	10671	3497271	42131
海 南	Hainan	14206	4041	692931	48586	18196	2497	656142	36835
重 庆	Chongqing	8156	2729	456087	56037	61450	7015	2491124	44722
四 川	Sichuan	154107	44122	11339065	71319	349898	26987	14017131	45202
贵 州	Guizhou	109846	26698	7243807	64941	105930	16246	4266094	45199
云 南	Yunnan	38183	11576	2551465	67278	56414	8522	2517667	49487
西 藏	Tibet	9996	3270	516435	51229	4590	950	161052	36070
陕 西	Shaanxi	56191	17947	3007199	53172	116896	16425	4732152	43603
甘 肃	Gansu	69832	21518	4255511	61310	82030	9822	3430995	41584
青 海	Qinghai	10424	2851	684360	66071	17022	1569	746418	41173
宁 夏	Ningxia	19360	5377	1751403	91985	14731	2108	1882787	38640
新 疆	Xinjiang	28709	8026	1819477	64596	48735	5579	3332262	43913

4-2 续表 6 continued

地 区	Region	批发和零售业 Wholesale and Retail Trades				交通运输、仓储和邮政业 Transport, Storage and Post			
		年末人数（人）Year-end Figures (person)	#女 性 Female	工资总额（千元）Total Wages (1000 yuan)	平均工资（元）Average Wage (yuan)	年末人数（人）Year-end Figures (person)	#女 性 Female	工资总额（千元）Total Wages (1000 yuan)	平均工资（元）Average Wage (yuan)
全 国	**National**	**1100792**	**388716**	**62274762**	**55980**	**4102869**	**1075860**	**238839073**	**59516**
北 京	Beijing	29458	12562	3466150	114838	112843	22444	8785051	79687
天 津	Tianjin	11969	4515	940179	76938	55390	13141	4015362	71602
河 北	Hebei	43539	20669	1804646	41456	167440	46587	7581518	45187
山 西	Shanxi	69913	22626	2532046	36091	180647	41304	11176657	60914
内蒙古	Inner Mongolia	32723	12315	1649605	49872	160871	37009	9647931	61947
辽 宁	Liaoning	38486	13469	2072117	53084	232270	49915	13347110	57811
吉 林	Jilin	26021	7729	1197112	45606	127653	25014	6955149	54967
黑龙江	Heilongjiang	53452	20924	2302171	44196	254107	57199	12950751	51854
上 海	Shanghai	17508	7192	1410904	78866	97128	17238	8863805	91044
江 苏	Jiangsu	44337	12442	2550327	57701	164656	45357	9591946	58960
浙 江	Zhejiang	18808	6262	1976629	104346	88640	24791	6483462	73472
安 徽	Anhui	34561	11531	1601860	46319	98158	26239	5586047	56919
福 建	Fujian	35924	11339	2419301	65447	109493	33343	6661426	61200
江 西	Jiangxi	37230	11986	2036306	54262	131837	36436	7837108	60042
山 东	Shandong	66432	24212	3278837	49123	229904	63896	13712941	61084
河 南	Henan	116202	41378	5099580	43592	230065	65477	11777606	51875
湖 北	Hubei	44817	15302	2182291	49012	198004	60731	10778548	54918
湖 南	Hunan	35949	11437	2143417	58571	154343	44663	8742963	56196
广 东	Guangdong	80936	29403	4676331	57679	229376	51570	10565074	58529
广 西	Guangxi	32187	10335	1637699	50192	121012	28902	6925143	58070
海 南	Hainan	7351	2640	456499	63000	14067	4652	710651	50497
重 庆	Chongqing	18339	6537	1373520	75035	108334	31495	6713163	63620
四 川	Sichuan	47657	16125	3193620	66927	210864	69492	12490415	60511
贵 州	Guizhou	32951	9177	2641859	78201	61479	18073	3570608	58574
云 南	Yunnan	44890	14084	3425900	67869	83692	22592	5200732	62453
西 藏	Tibet	4319	1750	239848	55961	6499	2389	362613	56403
陕 西	Shaanxi	37634	16850	1801685	47434	179571	54183	9234140	51973
甘 肃	Gansu	13816	4814	710100	50929	90119	26045	5272202	58770
青 海	Qinghai	3093	1197	215619	70211	36185	12752	2315153	67849
宁 夏	Ningxia	4054	1836	250022	60232	27020	8407	1604214	60466
新 疆	Xinjiang	16236	6078	988582	60769	141202	34524	9379584	67552

4-2 续表 7 continued

地 区	Region	住宿和餐饮业 Hotels and Catering Services 年末人数(人) Year-end Figures (person)	#女 性 Female	工资总额(千元) Total Wages (1000 yuan)	平均工资(元) Average Wage (yuan)	信息传输、软件和信息技术服务业 Information Transmission, Software and Information Technology 年末人数(人) Year-end Figures (person)	#女 性 Female	工资总额(千元) Total Wages (1000 yuan)	平均工资(元) Average Wage (yuan)
全 国	**National**	**457104**	**240564**	**16795608**	**36298**	**494860**	**187117**	**29830643**	**60182**
北 京	Beijing	42312	20969	2183313	49801	12732	5007	1466077	115941
天 津	Tianjin	7088	3162	262234	37873	997	271	61488	62743
河 北	Hebei	22322	12043	623861	26956	23496	10396	1307228	55705
山 西	Shanxi	18278	9999	422235	22458	11260	4554	646376	58013
内蒙古	Inner Mongolia	9998	5039	369110	37291	23802	11813	1210695	50305
辽 宁	Liaoning	23395	10168	876368	37150	17654	6195	1053024	59587
吉 林	Jilin	10956	5350	305320	26941	21828	7797	1008109	45750
黑龙江	Heilongjiang	23025	11596	953177	41424	21779	8351	1192596	54689
上 海	Shanghai	18806	7925	982921	52200	2849	920	282087	97608
江 苏	Jiangsu	22462	12541	891560	39660	28534	11758	1722019	60556
浙 江	Zhejiang	11622	6350	501738	41798	13308	5405	1030102	75360
安 徽	Anhui	7994	4592	228258	28076	16156	6115	777267	48083
福 建	Fujian	10802	6290	404264	36828	12983	3028	915226	70805
江 西	Jiangxi	9951	5706	276845	27208	17165	6729	736681	42746
山 东	Shandong	39403	19810	1408368	35532	39002	16413	2853307	72581
河 南	Henan	26129	13264	779813	30066	27084	10471	1226215	45528
湖 北	Hubei	11012	6498	341579	31180	16880	6157	654254	39097
湖 南	Hunan	14141	8167	466818	32870	13122	4760	579745	44117
广 东	Guangdong	30946	15834	1382691	43986	41843	12343	3276256	78492
广 西	Guangxi	12626	7313	390731	30376	14778	5882	726926	49681
海 南	Hainan	5633	2762	151972	26898	953	328	40394	43248
重 庆	Chongqing	5628	3217	180813	32404	3236	991	161192	49920
四 川	Sichuan	13024	7024	455460	34048	52016	16775	3446723	65885
贵 州	Guizhou	6033	3927	207707	34298	3060	1046	138454	45499
云 南	Yunnan	10846	6339	289777	26936	22298	7964	1293360	57887
西 藏	Tibet	4036	2055	141523	34738	3780	1692	318855	85968
陕 西	Shaanxi	12835	7343	368531	27772	6236	2033	346339	55789
甘 肃	Gansu	10412	6268	338641	32891	11529	4807	440179	38203
青 海	Qinghai	1908	1176	61233	32009	2678	1173	165207	60872
宁 夏	Ningxia	1482	910	59387	39697	2943	1333	182336	62188
新 疆	Xinjiang	11999	6927	489360	40513	8879	4610	571926	62877

4-2 续表 8 continued

地 区	Region	金融业 Financial Intermediation 年末人数(人) Year-end Figures (person)	#女 性 Female	工资总额(千元) Total Wages (1000 yuan)	平均工资(元) Average Wage (yuan)	房地产业 Real Estate 年末人数(人) Year-end Figures (person)	#女 性 Female	工资总额(千元) Total Wages (1000 yuan)	平均工资(元) Average Wage (yuan)
全 国	**National**	**1479215**	**719749**	**128880514**	**87732**	**371254**	**133119**	**16832028**	**45435**
北 京	Beijing	10364	4835	1876847	181988	31930	11222	2100791	65633
天 津	Tianjin	11095	5500	1708455	156237	12617	4531	825152	65645
河 北	Hebei	41266	21305	2559465	62312	10263	3776	344587	33770
山 西	Shanxi	52533	25556	3687434	70555	8268	2981	213890	26710
内蒙古	Inner Mongolia	46174	24246	3130720	67650	6545	2641	333611	51112
辽 宁	Liaoning	82314	41104	6811720	83620	21202	7364	706778	33505
吉 林	Jilin	47249	23997	3122625	66319	9633	3607	306758	32158
黑龙江	Heilongjiang	51414	23866	3365855	65805	15039	4863	540170	36518
上 海	Shanghai	34918	18776	6627410	189479	17037	5036	1323871	73725
江 苏	Jiangsu	99439	47696	9328448	94610	15236	5468	883158	58148
浙 江	Zhejiang	50744	26784	6960417	138329	11354	4438	652103	58838
安 徽	Anhui	59418	27919	3354893	57709	11467	4176	489683	42726
福 建	Fujian	53015	27001	5029648	96929	20621	6782	911887	44762
江 西	Jiangxi	48280	25233	3925533	76033	8971	3180	282458	31694
山 东	Shandong	87839	36937	7352656	84894	22130	7630	910633	41005
河 南	Henan	66571	29754	4288803	64770	9267	3626	331517	35980
湖 北	Hubei	70660	34156	4965830	70755	10252	3592	366937	36223
湖 南	Hunan	38664	18777	3331581	87786	11667	3969	508746	42311
广 东	Guangdong	107804	53056	13223671	124625	40818	14072	1818807	45583
广 西	Guangxi	53842	27090	4125771	77308	12200	3761	417500	34216
海 南	Hainan	8981	3226	557660	62183	5066	1553	194417	38084
重 庆	Chongqing	38861	20818	4691928	121998	9054	4537	282643	31269
四 川	Sichuan	111332	53244	9193768	83191	9572	4158	409429	43221
贵 州	Guizhou	20893	9134	1624077	78500	4630	1858	153556	32409
云 南	Yunnan	45659	21902	3871007	85070	4268	2185	193972	45791
西 藏	Tibet	7764	3451	1110431	147213	47	19	3070	61400
陕 西	Shaanxi	41055	18802	2996379	74113	16634	6311	624945	36523
甘 肃	Gansu	30726	14035	1481961	48408	7890	2631	370661	46507
青 海	Qinghai	15797	8411	1054561	68195	1144	450	41563	35676
宁 夏	Ningxia	13273	6877	1032224	77933	2662	896	141867	53880
新 疆	Xinjiang	31271	16261	2488736	80163	3770	1806	146868	41383

4-2 续表 9 continued

地 区	Region	租赁和商务服务业 Leasing and Business Services 年末人数(人) Year-end Figures (person)	#女性 Female	工资总额(千元) Total Wages (1000 yuan)	平均工资(元) Average Wage (yuan)	科学研究和技术服务业 Scientific Research and Technical Services 年末人数(人) Year-end Figures (person)	#女性 Female	工资总额(千元) Total Wages (1000 yuan)	平均工资(元) Average Wage (yuan)
全 国	**National**	**1235726**	**323857**	**58093410**	**46542**	**2237352**	**676883**	**154619795**	**69501**
北 京	Beijing	172155	43178	12965961	76279	219818	80023	26761625	123797
天 津	Tianjin	7090	2351	513148	72818	42313	12375	4152937	98797
河 北	Hebei	60404	15593	2469661	41583	75666	22681	3914057	51958
山 西	Shanxi	37559	8834	1069455	28801	59897	20465	2959324	49931
内蒙古	Inner Mongolia	21483	7513	1026251	46550	45992	16241	2542028	55768
辽 宁	Liaoning	64109	13232	1975297	30823	117666	34553	6352544	55442
吉 林	Jilin	24517	8306	766407	31002	58568	18089	2983421	51291
黑龙江	Heilongjiang	26606	9997	1123141	37890	99043	27350	6149934	61776
上 海	Shanghai	58494	10150	3307985	54107	83160	25948	10372000	123953
江 苏	Jiangsu	91266	22500	3761570	41840	85610	24891	6835909	80451
浙 江	Zhejiang	67852	11791	2960104	45117	73141	21432	6365563	88182
安 徽	Anhui	24012	5388	903246	37523	58110	14899	3378100	58328
福 建	Fujian	34242	10199	1491060	44337	43992	12334	2893576	66711
江 西	Jiangxi	34380	8449	1222089	35440	46979	13537	2156464	44563
山 东	Shandong	93032	34692	5062283	46146	93672	26348	5723978	58436
河 南	Henan	38587	10705	1274094	32776	89009	26528	4347349	49035
湖 北	Hubei	37276	12073	1190024	32043	85565	24080	3952275	46953
湖 南	Hunan	28881	9326	958724	33440	78250	20764	3817712	49151
广 东	Guangdong	118612	25262	6057820	51837	88062	27966	7384680	84594
广 西	Guangxi	35005	10649	1126839	32142	75340	22469	3638392	48735
海 南	Hainan	7284	2655	345215	47603	12815	4140	600302	47579
重 庆	Chongqing	21902	5093	896276	41712	39507	10990	2834678	71994
四 川	Sichuan	43220	7940	2280527	53195	159396	49680	11785315	74713
贵 州	Guizhou	8973	3213	314189	35058	50185	14868	2437423	48579
云 南	Yunnan	16606	4980	846396	51450	72215	21206	3547507	49130
西 藏	Tibet	463	189	17102	39046	10783	3295	634908	60278
陕 西	Shaanxi	15303	5513	609258	40598	130388	35884	8306778	64265
甘 肃	Gansu	13762	3391	417647	29662	59359	16294	3001908	50625
青 海	Qinghai	1473	618	62152	41995	20230	6138	1156997	59571
宁 夏	Ningxia	7060	1075	219088	31844	10319	3242	579342	56083
新 疆	Xinjiang	24118	9002	860401	35709	52302	18173	3052769	58558

4-2 续表 10 continued

地区	Region	水利、环境和公共设施管理业 Management of Water Conservancy, Environment and Public Facilities				居民服务、修理和其他服务业 Service to Households, Repair and Other Services			
		年末人数(人) Year-end Figures (person)	#女性 Female	工资总额(千元) Total Wages (1000 yuan)	平均工资(元) Average Wage (yuan)	年末人数(人) Year-end Figures (person)	#女性 Female	工资总额(千元) Total Wages (1000 yuan)	平均工资(元) Average Wage (yuan)
全国	**National**	**2076963**	**833369**	**72839429**	**35155**	**228926**	**77061**	**9636330**	**41416**
北京	Beijing	61092	22583	3613568	58744	14596	5196	750472	51735
天津	Tianjin	35615	10435	2258792	62947	45200	7292	1374092	28504
河北	Hebei	105012	42881	2935857	28137	5676	1894	158898	28039
山西	Shanxi	77611	35466	1748873	22809	4138	1403	126650	30423
内蒙古	Inner Mongolia	71803	31375	2884464	38911	4333	1743	178070	41201
辽宁	Liaoning	143927	50480	4182149	29639	15776	6235	604843	38564
吉林	Jilin	69180	26777	1732092	25070	4144	1341	161436	39070
黑龙江	Heilongjiang	95203	37001	2526753	26939	37922	17650	1976739	50946
上海	Shanghai	27680	9132	1801713	64430	9295	4029	589551	62732
江苏	Jiangsu	89163	33026	4326015	48464	5020	1550	305729	60769
浙江	Zhejiang	66597	26755	3237683	48581	5809	1787	357929	63016
安徽	Anhui	69005	26338	2219063	31812	2857	902	109177	38120
福建	Fujian	44748	15591	1727802	38640	7228	2071	292797	40526
江西	Jiangxi	63792	21888	2753921	42479	3877	1194	133554	34501
山东	Shandong	122951	48176	4759684	37890	7961	2437	354533	43981
河南	Henan	105544	38509	3236702	31014	6128	1831	176305	28917
湖北	Hubei	77333	28732	2278104	29587	5780	2600	164691	28567
湖南	Hunan	86578	37043	2284560	26564	2995	1040	114264	38720
广东	Guangdong	113593	46083	4855625	42999	14816	5380	761341	51411
广西	Guangxi	89573	43211	2501263	28592	2024	692	100981	50566
海南	Hainan	22829	12450	618804	27181	449	121	16903	33671
重庆	Chongqing	35814	16354	1196094	34307	1569	567	62243	40576
四川	Sichuan	97281	42132	3101261	32137	4917	1636	205364	42343
贵州	Guizhou	40036	20026	1074178	26928	3131	1279	94533	30338
云南	Yunnan	55150	24533	1616379	29514	1785	518	62562	35108
西藏	Tibet	2196	1244	72476	33019	61	29	3438	56361
陕西	Shaanxi	75793	29341	2638097	34940	4119	1319	162864	39037
甘肃	Gansu	52853	20996	1763173	33190	1897	543	60325	32173
青海	Qinghai	9717	4550	377392	38798	251	72	7654	30494
宁夏	Ningxia	18822	8989	675748	36156	458	153	20714	45326
新疆	Xinjiang	50472	21272	1841144	36214	4714	2557	147678	30512

4-2 续表 11 continued

地　区	Region	教　育 Education 年末人数（人）Year-end Figures (person)	#女 性 Female	工资总额（千元）Total Wages (1000 yuan)	平均工资（元）Average Wage (yuan)	卫生和社会工作 Health and Social Service 年末人数（人）Year-end Figures (person)	#女 性 Female	工资总额（千元）Total Wages (1000 yuan)	平均工资（元）Average Wage (yuan)
全　国	**National**	**15738116**	**8113687**	**819388974**	**52283**	**6727438**	**4156625**	**392428805**	**59200**
北　京	Beijing	350749	206714	33198776	95523	203422	143848	23532522	117810
天　津	Tianjin	180574	101928	14843299	81927	86217	56654	7644221	89459
河　北	Hebei	881241	543104	36035573	41071	309415	193808	12303573	40226
山　西	Shanxi	505966	308635	21182308	42192	164901	102733	6007136	37050
内蒙古	Inner Mongolia	346921	193507	21628817	62308	125103	76139	7093260	57130
辽　宁	Liaoning	565263	292453	28083770	50387	302715	175798	14808070	49486
吉　林	Jilin	360773	209469	16311525	45193	158106	98990	7114346	45523
黑龙江	Heilongjiang	447296	249080	19379472	43526	214061	130311	9225197	43504
上　海	Shanghai	268589	170902	24256838	89323	162578	112373	18224569	111847
江　苏	Jiangsu	831644	434619	54680185	66353	321652	202663	22659174	72069
浙　江	Zhejiang	574134	335177	44671456	77990	321644	210379	28301047	90111
安　徽	Anhui	596871	243965	27808290	46733	197365	120287	10641785	55214
福　建	Fujian	449735	234290	25496140	56905	155541	101422	10483815	69304
江　西	Jiangxi	446337	207057	20506517	45697	181013	102511	9256519	49627
山　东	Shandong	1107408	514154	58394338	52481	481870	284616	27089234	56634
河　南	Henan	1016980	518970	43145641	42700	423838	243993	18394923	44092
湖　北	Hubei	640978	278579	26398226	41218	335175	193559	16223682	49019
湖　南	Hunan	665963	314200	27755036	41705	322310	196846	17743279	55827
广　东	Guangdong	1058249	584289	62678346	59456	498357	310844	34207755	69699
广　西	Guangxi	597052	299864	22864901	38661	270311	167773	12620981	47609
海　南	Hainan	110606	51002	6284670	56893	44738	28452	2478835	56596
重　庆	Chongqing	365354	174014	18951344	52330	136780	84360	8895696	66711
四　川	Sichuan	865037	408343	42592625	49521	359122	223538	21491525	60988
贵　州	Guizhou	462218	205665	21642626	47693	158118	95771	8295009	54053
云　南	Yunnan	546027	261863	24983068	46049	198487	131312	9214592	47694
西　藏	Tibet	44178	21421	2720313	62163	16482	8588	884641	54858
陕　西	Shaanxi	562168	292537	28868229	51411	214984	129822	10780960	50876
甘　肃	Gansu	363847	150666	16868113	46570	123395	69720	5263010	43356
青　海	Qinghai	73790	36945	4323320	58929	35283	21200	1712492	49488
宁　夏	Ningxia	84639	43612	4278354	50779	39888	25168	1738473	44735
新　疆	Xinjiang	367529	226663	18556858	50948	164567	113147	8098484	49787

4-2 续表 12 continued

地 区	Region	文化、体育和娱乐业 Culture, Sports and Entertainment				公共管理、社会保障和社会组织 Public Management, Social Security and Social Organization			
		年末人数（人） Year-end Figures (person)	#女 性 Female	工资总额（千元） Total Wages (1000 yuan)	平均工资（元） Average Wage (yuan)	年末人数（人） Year-end Figures (person)	#女 性 Female	工资总额（千元） Total Wages (1000 yuan)	平均工资（元） Average Wage (yuan)
全 国	**National**	**1098685**	**467446**	**65141159**	**59437**	**15535922**	**4606258**	**762643756**	**49371**
北 京	Beijing	113389	54058	14540372	128426	400782	151556	31670990	79560
天 津	Tianjin	14569	6056	1036207	71095	154760	43250	11824408	76753
河 北	Hebei	45911	19866	1653148	36074	852886	262915	29834447	35161
山 西	Shanxi	42004	19021	1592546	38110	600728	196404	22273863	37167
内蒙古	Inner Mongolia	33629	15908	1772560	52994	402583	131448	22321969	55697
辽 宁	Liaoning	44156	17741	2068707	47359	530698	152273	22330568	42339
吉 林	Jilin	30112	13207	1175980	38820	350550	107978	13344421	38018
黑龙江	Heilongjiang	39893	17295	1560275	39675	432235	129717	16764171	39336
上 海	Shanghai	30131	13167	2721694	89204	200485	65756	18902533	92749
江 苏	Jiangsu	46744	17269	2889251	61822	670475	177729	48938619	73478
浙 江	Zhejiang	54851	25051	4277761	77987	626066	172385	50911073	82107
安 徽	Anhui	28037	11048	1189393	42395	479387	121031	22031429	46231
福 建	Fujian	28962	11964	1634450	56593	359223	95417	20337722	57041
江 西	Jiangxi	29767	13407	1313053	44153	482315	130232	19752817	40739
山 东	Shandong	56832	22776	3310780	58058	1117251	311929	53489471	48079
河 南	Henan	65007	24793	2483292	38213	1067850	335640	38637685	36394
湖 北	Hubei	46034	19028	2020086	43923	575249	157403	22669779	39471
湖 南	Hunan	37302	14976	1809643	48456	811070	226812	30029027	37188
广 东	Guangdong	62538	26104	4509292	71681	1014037	285077	65842270	65251
广 西	Guangxi	27012	10393	1030219	38884	451784	126362	18239148	40751
海 南	Hainan	6366	2603	298064	46755	111987	30132	5614943	50170
重 庆	Chongqing	17801	6564	972499	55062	288857	78172	13974262	48733
四 川	Sichuan	48535	19429	2354283	48735	838453	262284	40533221	48638
贵 州	Guizhou	15363	6526	688574	45173	463664	138456	20626767	45249
云 南	Yunnan	26330	12068	1135549	43596	502056	150184	21037457	42363
西 藏	Tibet	6407	2534	406317	63656	132069	40096	7799721	60202
陕 西	Shaanxi	35803	15361	1621689	45371	556693	171770	24856595	44873
甘 肃	Gansu	22749	9718	904628	40434	403586	127403	16735893	41854
青 海	Qinghai	6736	2953	347961	51997	93540	32689	5055355	54414
宁 夏	Ningxia	6947	3112	352059	51350	92788	31845	4419182	47964
新 疆	Xinjiang	28768	13450	1470827	51429	471815	161913	21843950	46637

4-3 各地区分行业国有单位在岗职工人数和平均工资(2013年)
ON-POST STAFF AND WORKERS AND AVERAGE WAGE IN STATE-OWNED UNITS BY SECTOR AND REGION(2013)

地 区	Region	总 计 Total		农、林、牧、渔业 Agriculture, Forestry, Animal Husbandry and Fishery		采矿业 Mining		制造业 Manufacturing	
		年末人数(人) Year-end Figures (person)	平均工资(元) Average Wage (yuan)	年末人数(人) Year-end Figures (person)	平均工资(元) Average Wage (yuan)	年末人数(人) Year-end Figures (person)	平均工资(元) Average Wage (yuan)	年末人数(人) Year-end Figures (person)	平均工资(元) Average Wage (yuan)
全 国	**National**	**60123645**	**54225**	**2417256**	**26171**	**944893**	**56915**	**2241699**	**55007**
北 京	Beijing	1783445	97356	7761	62017			48896	85591
天 津	Tianjin	736822	78374	4709	56507	3593	87106	64820	57905
河 北	Hebei	2835831	40757	49716	13283	51602	51443	63864	38181
山 西	Shanxi	2013559	43228	19782	30385	57584	72403	46632	29398
内蒙古	Inner Mongolia	1673441	54592	228238	29431	37694	80690	27816	57661
辽 宁	Liaoning	2798453	46890	220991	12368	66793	64589	214551	48482
吉 林	Jilin	1666572	46726	126843	23691	27486	41015	187757	75801
黑龙江	Heilongjiang	2614244	41230	547924	23589	107727	48913	64093	45868
上 海	Shanghai	1033896	99460	4520	69273	61	52175	41343	80272
江 苏	Jiangsu	2755952	70137	60767	30092	25946	55913	88520	68412
浙 江	Zhejiang	2002332	84133	4644	51508	628	30549	29622	81418
安 徽	Anhui	1810979	50668	36337	26151	28446	62959	57125	60191
福 建	Fujian	1450982	60245	24747	36838	6782	34807	14164	50496
江 西	Jiangxi	1730479	47238	43802	27080	45624	40927	95437	52991
山 东	Shandong	3975829	53801	14980	40500	118046	66751	114809	53270
河 南	Henan	3589818	42831	35594	24067	79211	51595	79694	44675
湖 北	Hubei	2519722	46126	76008	25654	9389	47343	196496	58016
湖 南	Hunan	2523146	45381	15186	22742	32344	34715	94523	56364
广 东	Guangdong	3916717	63388	58291	24532	7111	77853	59959	73499
广 西	Guangxi	1946406	44257	65786	23547	13191	36532	73764	50375
海 南	Hainan	421120	48632	37886	21221	738	12936	6340	32739
重 庆	Chongqing	1147367	57271	8069	38195	9281	51210	32678	51283
四 川	Sichuan	3420762	55332	32501	35940	52675	48193	156578	55673
贵 州	Guizhou	1524095	52327	9840	42377	22957	45691	73975	61232
云 南	Yunnan	1729032	48997	55286	27867	24437	45037	41106	45002
西 藏	Tibet	228354	67191	2800	25093	2118	61773	2334	46062
陕 西	Shaanxi	2233075	49815	24258	37526	65673	65590	206835	38029
甘 肃	Gansu	1393427	47050	47258	30240	29074	70899	39267	55081
青 海	Qinghai	343256	55810	11035	37582	2288	41868	5306	43593
宁 夏	Ningxia	340347	52130	18909	34573	4	89250	1386	48569
新 疆	Xinjiang	1964185	46523	522788	30427	16390	72759	12009	51304

4-3 续表 1 continued

地区	Region	电力、热力、燃气及水生产和供应业 Production and Supply of Electricity, Heat, Gas and Water		建筑业 Construction		批发和零售业 Wholesale and Retail Trades		交通运输、仓储和邮政业 Transport, Storage and Post	
		年末人数(人) Year-end Figures (person)	平均工资(元) Average Wage (yuan)	年末人数(人) Year-end Figures (person)	平均工资(元) Average Wage (yuan)	年末人数(人) Year-end Figures (person)	平均工资(元) Average Wage (yuan)	年末人数(人) Year-end Figures (person)	平均工资(元) Average Wage (yuan)
全　国	**National**	**1908617**	**69880**	**2296725**	**45268**	**1039734**	**57851**	**3994313**	**60339**
北　京	Beijing	23644	108364	33459	78124	27479	118729	111606	79772
天　津	Tianjin	15202	118414	21365	73874	11330	79999	53584	73276
河　北	Hebei	91126	62314	61140	39569	42484	42157	162645	45911
山　西	Shanxi	61598	67647	66958	30998	67860	36760	178637	61309
内蒙古	Inner Mongolia	58944	63865	14344	56085	31382	50880	158744	62258
辽　宁	Liaoning	79550	59312	112613	43561	36581	54558	227779	58419
吉　林	Jilin	48897	55150	36223	40537	24867	46566	125835	55480
黑龙江	Heilongjiang	85571	49110	86204	39286	50336	44975	246086	52879
上　海	Shanghai	21889	145887	12294	76559	15528	84062	95210	91995
江　苏	Jiangsu	98941	115449	115710	54352	42247	59510	160208	59711
浙　江	Zhejiang	79791	105213	20040	57999	18206	106926	86390	74627
安　徽	Anhui	60475	81154	62493	42920	33273	46673	95147	57836
福　建	Fujian	30535	76664	79644	50284	33772	68698	106052	62164
江　西	Jiangxi	14471	43230	85984	41453	34233	56916	129908	60483
山　东	Shandong	120603	63116	154375	47496	64989	49612	226954	61498
河　南	Henan	126825	62798	67575	44401	108152	44533	221467	52930
湖　北	Hubei	129002	58492	77012	39304	42550	49874	189873	55912
湖　南	Hunan	110908	52987	92596	46341	31469	61287	148847	56858
广　东	Guangdong	105129	74333	277763	41217	78977	58346	224497	59041
广　西	Guangxi	50896	51256	67465	43071	30757	51887	118210	58977
海　南	Hainan	13469	50211	16743	37533	7287	63041	13697	51290
重　庆	Chongqing	8068	56188	50944	45866	17649	76651	99372	65363
四　川	Sichuan	148220	73222	315288	46882	45434	68673	204613	61305
贵　州	Guizhou	98124	69692	92756	46172	29972	85968	59059	59529
云　南	Yunnan	36700	68930	43837	51190	37051	83153	81628	63579
西　藏	Tibet	9836	51731	1630	41209	3872	58145	5090	59983
陕　西	Shaanxi	54428	54046	88202	44512	36016	48329	172778	53438
甘　肃	Gansu	68062	62023	66191	44791	13295	51951	88724	59391
青　海	Qinghai	10305	66462	15186	41856	2935	72625	36070	67949
宁　夏	Ningxia	18919	92907	12799	39318	3937	61496	26379	61551
新　疆	Xinjiang	28489	64914	47892	43693	15814	61551	139224	68245

4-3 续表 2 continued

地区	Region	住宿和餐饮业 Hotels and Catering Services		信息传输、软件和信息技术服务业 Information Transmission, Software and Information Technology		金融业 Financial Intermediation		房地产业 Real Estate	
		年末人数(人) Year-end Figures (person)	平均工资(元) Average Wage (yuan)	年末人数(人) Year-end Figures (person)	平均工资(元) Average Wage (yuan)	年末人数(人) Year-end Figures (person)	平均工资(元) Average Wage (yuan)	年末人数(人) Year-end Figures (person)	平均工资(元) Average Wage (yuan)
全 国	**National**	**431169**	**36870**	**477870**	**61280**	**1345076**	**93532**	**346416**	**46669**
北 京	Beijing	40232	50438	12200	118683	10150	185076	28885	68577
天 津	Tianjin	6081	39988	971	63596	10649	162311	10752	72820
河 北	Hebei	21639	27131	22421	57516	32493	73993	10029	34211
山 西	Shanxi	17576	22840	10457	60610	49584	73504	7676	28200
内蒙古	Inner Mongolia	9470	37816	23118	51112	43849	70019	6497	51339
辽 宁	Liaoning	22034	37789	17179	60320	76004	88083	19350	34695
吉 林	Jilin	10620	27225	21648	45946	45327	67690	9516	32240
黑龙江	Heilongjiang	21942	42664	21426	55217	48772	67688	14317	37161
上 海	Shanghai	16054	54048	2754	98507	34352	191473	13350	83162
江 苏	Jiangsu	21259	39926	27506	61326	82858	107510	14650	59269
浙 江	Zhejiang	10824	42596	13100	76047	49308	140159	9798	64827
安 徽	Anhui	7811	28297	14898	49818	44454	70297	10576	43096
福 建	Fujian	10504	37233	12510	72927	44178	109416	19698	45513
江 西	Jiangxi	9020	28278	15323	46681	43130	81668	8581	32257
山 东	Shandong	37846	36048	38337	73092	80284	89494	21206	41424
河 南	Henan	24799	30423	25458	47475	60535	69079	9084	36170
湖 北	Hubei	9960	32019	16187	39493	65563	74336	9171	36303
湖 南	Hunan	12692	34090	12543	43619	34044	96571	11056	43622
广 东	Guangdong	29824	43986	40201	79887	100704	129645	40409	45756
广 西	Guangxi	11723	30994	14482	50281	47052	83729	10759	35876
海 南	Hainan	5566	27011	951	43283	8750	63188	4959	38415
重 庆	Chongqing	5391	33149	3223	50024	38607	122743	8439	32306
四 川	Sichuan	12426	34536	51210	66327	98002	90072	8889	44815
贵 州	Guizhou	5848	34713	2933	45753	20194	80267	4329	33567
云 南	Yunnan	9800	27756	21940	58438	43242	88641	3975	47468
西 藏	Tibet	3538	36369	3778	86217	7734	147625	39	62381
陕 西	Shaanxi	12188	28290	6157	56209	39307	76081	15843	37486
甘 肃	Gansu	9827	33240	10572	38816	28686	49794	7382	47609
青 海	Qinghai	1908	32009	2667	61042	15760	68207	1027	37324
宁 夏	Ningxia	1344	42170	2878	63305	11933	83620	2440	53802
新 疆	Xinjiang	11423	40940	8842	63014	29571	83474	3734	41620

4-3 续表 3 continued

地 区	Region	租赁和商务服务业 Leasing and Business Services		科学研究和技术服务业 Scientific Research and Technical Services		水利、环境和公共设施管理业 Management of Water Conservancy,Environment and Public Facilities		居民服务、修理和其他服务业 Service to Households, Repair and Other Services	
		年末人数（人） Year-end Figures (person)	平均工资（元） Average Wage (yuan)	年末人数（人） Year-end Figures (person)	平均工资（元） Average Wage (yuan)	年末人数（人） Year-end Figures (person)	平均工资（元） Average Wage (yuan)	年末人数（人） Year-end Figures (person)	平均工资（元） Average Wage (yuan)
全 国	**National**	**1153881**	**48145**	**2142346**	**70835**	**1788972**	**37865**	**219780**	**42034**
北 京	Beijing	163621	77502	205356	127784	57222	60999	13987	52489
天 津	Tianjin	6569	76149	39371	102945	30009	69930	44988	28513
河 北	Hebei	57373	42198	73668	52568	86199	30921	5472	28515
山 西	Shanxi	32055	29960	58201	50536	65592	24648	4003	30688
内蒙古	Inner Mongolia	20997	47038	45041	56227	68843	39940	4246	41341
辽 宁	Liaoning	59014	32848	113834	56102	122576	31439	15384	39037
吉 林	Jilin	21998	32559	57298	51807	57528	27233	3886	40381
黑龙江	Heilongjiang	23036	41329	97161	62403	75049	29258	37748	51095
上 海	Shanghai	53043	55569	78908	126861	23330	70811	7922	67556
江 苏	Jiangsu	87176	42382	81778	82118	80187	50899	4785	62141
浙 江	Zhejiang	65373	45622	68764	90799	58324	51695	5354	65129
安 徽	Anhui	22838	38247	54419	60352	57296	34664	2542	40114
福 建	Fujian	33248	44771	41168	68863	40334	40728	6754	41191
江 西	Jiangxi	31080	36558	43795	45970	49935	48775	3696	35035
山 东	Shandong	90517	51012	90832	59083	105076	40911	7818	44318
河 南	Henan	36788	33061	86413	49831	98140	32250	6060	28983
湖 北	Hubei	36479	32266	80993	48140	63587	32131	4986	30411
湖 南	Hunan	26867	34230	73891	50380	67871	29008	2856	38722
广 东	Guangdong	107550	53788	85306	85516	109476	43724	14307	51415
广 西	Guangxi	31020	33934	71274	50147	74199	30974	1865	52986
海 南	Hainan	7094	48392	12545	48027	19629	27870	437	33310
重 庆	Chongqing	21348	42373	37816	73636	33384	35070	1481	40828
四 川	Sichuan	39486	53267	153151	76191	84791	34382	4301	45212
贵 州	Guizhou	8605	35705	48207	49729	31816	29611	2026	40323
云 南	Yunnan	16004	52596	68933	50559	44607	32583	1687	36375
西 藏	Tibet	415	41383	8398	69478	1321	42407	47	64638
陕 西	Shaanxi	14770	41358	126953	65209	63532	38826	3893	40501
甘 肃	Gansu	8791	32218	57721	51334	47694	35330	1862	32487
青 海	Qinghai	1454	41855	20038	59972	9661	38834	251	30494
宁 夏	Ningxia	7022	31909	10030	56943	14292	42240	458	45326
新 疆	Xinjiang	22250	37773	51083	59035	47472	37676	4678	30621

4-3 续表 4 continued

地 区	Region	教 育 Education 年末人数(人) Year-end Figures (person)	教 育 Education 平均工资(元) Average Wage (yuan)	卫生和社会工作 Health and Social Service 年末人数(人) Year-end Figures (person)	卫生和社会工作 Health and Social Service 平均工资(元) Average Wage (yuan)	文化、体育和娱乐业 Culture, Sports and Entertainment 年末人数(人) Year-end Figures (person)	文化、体育和娱乐业 Culture, Sports and Entertainment 平均工资(元) Average Wage (yuan)	公共管理、社会保障和社会组织 Public Management, Social Security and Social Organization 年末人数(人) Year-end Figures (person)	公共管理、社会保障和社会组织 Public Management, Social Security and Social Organization 平均工资(元) Average Wage (yuan)
全 国	**National**	**15188685**	**53289**	**6354362**	**60729**	**1042188**	**60867**	**14789663**	**50821**
北 京	Beijing	326194	99402	194724	120721	106803	132384	371226	83986
天 津	Tianjin	173274	83934	81374	92294	13372	74050	144809	80133
河 北	Hebei	848203	41971	294470	41231	43233	35961	818054	36004
山 西	Shanxi	492283	42951	153768	38447	40200	38295	583113	37860
内蒙古	Inner Mongolia	345389	62511	123002	57669	33413	53187	392414	56669
辽 宁	Liaoning	550111	51060	288137	50459	42908	48053	513064	43175
吉 林	Jilin	354552	45626	153190	46118	29615	39077	323486	40133
黑龙江	Heilongjiang	435745	44157	204102	44493	38174	40533	408831	40499
上 海	Shanghai	247844	93193	149413	116698	26830	91627	189251	96282
江 苏	Jiangsu	798803	67789	292279	75170	43481	64195	628851	76460
浙 江	Zhejiang	541724	81346	302123	92370	49065	83768	589254	85038
安 徽	Anhui	572533	47768	182049	57074	25938	44038	442329	48270
福 建	Fujian	430259	57941	147256	71330	27413	58536	341964	58836
江 西	Jiangxi	428755	46851	163974	52033	27598	46399	456133	41979
山 东	Shandong	1087643	52972	455190	58130	55597	58814	1090727	48650
河 南	Henan	1002606	43007	409203	44696	63848	38632	1048366	36712
湖 北	Hubei	609517	42312	316603	50242	43626	44737	542720	40572
湖 南	Hunan	640505	42236	305828	57100	34452	50376	774668	38008
广 东	Guangdong	1037902	60031	483096	70520	60248	73161	995967	65907
广 西	Guangxi	558388	40111	258444	48547	24896	40312	422235	42401
海 南	Hainan	108569	57560	43740	56998	6179	47561	106541	51664
重 庆	Chongqing	346358	53882	130843	67760	17266	55815	277150	49954
四 川	Sichuan	835308	50476	340438	61739	46596	49808	790855	50310
贵 州	Guizhou	435441	49520	143453	56898	14786	46089	419774	48243
云 南	Yunnan	524385	47280	177317	50663	24702	45223	472395	44070
西 藏	Tibet	42166	64291	14697	59082	5683	69517	112858	68363
陕 西	Shaanxi	544758	52367	201966	52633	33218	47028	522300	46754
甘 肃	Gansu	351451	47482	113423	45355	21634	41234	382513	43146
青 海	Qinghai	73381	59210	34745	49887	6698	52202	92541	54802
宁 夏	Ningxia	80460	52286	37231	46342	6515	53065	83411	51007
新 疆	Xinjiang	364178	51222	158284	50876	28201	51814	451863	47874

4-4 各地区分行业国有单位其他就业人员和平均工资(2013年)

OTHER EMPLOYMENT AND AVERSGE WAGE IN STATE-OWNED UNITS BY SECTOR AND REGION (2013)

地区	Region	总计 Total		农、林、牧、渔业 Agriculture, Forestry, Animal Husbandry and Fishery		采矿业 Mining		制造业 Manufacturing	
		年末人数(人) Year-end Figures (person)	平均工资(元) Average Wage (yuan)	年末人数(人) Year-end Figures (person)	平均工资(元) Average Wage (yuan)	年末人数(人) Year-end Figures (person)	平均工资(元) Average Wage (yuan)	年末人数(人) Year-end Figures (person)	平均工资(元) Average Wage (yuan)
全国	**National**	**3527394**	**25919**	**385678**	**21078**	**27290**	**35376**	**84353**	**28154**
北京	Beijing	111327	42622	208	27283			2086	44340
天津	Tianjin	41701	31339	411	25207	26	21519	1476	40261
河北	Hebei	153615	18964	622	30200	255	30128	1727	27196
山西	Shanxi	86493	17834	263	18903	1257	11960	1856	12502
内蒙古	Inner Mongolia	34920	23705	4800	27085	143	24209	1190	32517
辽宁	Liaoning	126480	25540	6283	8034	807	26204	2633	26497
吉林	Jilin	73055	20363	7764	13560	15	37000	2710	121677
黑龙江	Heilongjiang	351090	23763	242896	24543	1349	17683	4705	19835
上海	Shanghai	81045	44959	1098	45108	11	31000	3832	48835
江苏	Jiangsu	177474	32008	3486	14205	1112	24525	1935	41128
浙江	Zhejiang	127462	35869	206	19464	783	24073	925	57137
安徽	Anhui	158810	25579	11855	18722	484	23864	2049	22750
福建	Fujian	101339	26432	17039	9983	109	26630	964	19792
江西	Jiangxi	141523	20928	7382	12427	1261	24867	8311	12078
山东	Shandong	142069	27427	241	19954	1391	54527	1737	23927
河南	Henan	108544	23652	892	17540	3693	41785	1680	22170
湖北	Hubei	166369	23083	13988	17418	2539	19508	7809	21215
湖南	Hunan	167801	25800	3751	13193	2105	13209	3173	16654
广东	Guangdong	110925	36108	516	20021	140	18409	1246	39367
广西	Guangxi	162936	21580	18967	19032	478	25344	3888	29409
海南	Hainan	22836	20193	7447	13475			18	12667
重庆	Chongqing	64859	30628	102	21019	4	78000	1450	27498
四川	Sichuan	192374	28542	1030	11784	460	40577	5461	34102
贵州	Guizhou	137372	21401	2085	9688	802	47736	5298	13811
云南	Yunnan	133356	18109	10403	6461	717	26650	5533	19112
西藏	Tibet	38831	16909	5654	8074	85	27500	524	33531
陕西	Shaanxi	137413	24648	330	18652	2719	53479	8370	21962
甘肃	Gansu	89255	23084	3825	16577	4044	56535	1412	26814
青海	Qinghai	4910	27816	6	15667	169	37136	91	67631
宁夏	Ningxia	27032	21642	240	9285	316	56666	78	20577
新疆	Xinjiang	54178	20852	11888	18759	16	6813	186	29139

4-4 续表 1 continued

地区	Region	电力、热力、燃气及水生产和供应业 Production and Supply of Electricity, Heat, Gas and Water		建筑业 Construction		批发和零售业 Wholesale and Retail Trades		交通运输、仓储和邮政业 Transport, Storage and Post	
		年末人数（人） Year-end Figures (person)	平均工资（元） Average Wage (yuan)	年末人数（人） Year-end Figures (person)	平均工资（元） Average Wage (yuan)	年末人数（人） Year-end Figures (person)	平均工资（元） Average Wage (yuan)	年末人数（人） Year-end Figures (person)	平均工资（元） Average Wage (yuan)
全　国	**National**	**81106**	**27325**	**378200**	**34841**	**61058**	**26895**	**108556**	**29321**
北　京	Beijing	370	32230	2706	45228	1979	56018	1237	67240
天　津	Tianjin	865	26997	562	26382	639	29781	1806	21909
河　北	Hebei	17319	19610	7538	29232	1055	13707	4795	20067
山　西	Shanxi	2248	23336	8171	24548	2053	16288	2010	27079
内蒙古	Inner Mongolia	2542	35043	690	37322	1341	25678	2127	35644
辽　宁	Liaoning	2222	19816	18859	40147	1905	28101	4491	26463
吉　林	Jilin	1165	16250	1477	16614	1154	25283	1818	19164
黑龙江	Heilongjiang	3431	22024	10359	33581	3116	32540	8021	21797
上　海	Shanghai	187	71145	1048	60000	1980	38822	1918	43867
江　苏	Jiangsu	987	53283	19784	30612	2090	20969	4448	34316
浙　江	Zhejiang	1314	36090	7271	36385	602	25611	2250	30975
安　徽	Anhui	1138	39231	25989	40516	1288	37439	3011	30112
福　建	Fujian	646	26939	11182	60621	2152	19708	3441	29466
江　西	Jiangxi	1039	26411	26797	28472	2997	22696	1929	29148
山　东	Shandong	8569	40034	17460	32146	1443	28122	2950	29277
河　南	Henan	4828	27607	10109	26755	8050	31406	8598	24289
湖　北	Hubei	2098	22019	16735	30766	2267	32646	8131	32181
湖　南	Hunan	3522	26153	31604	31352	4480	38847	5496	38768
广　东	Guangdong	811	33600	16689	43257	1959	31084	4879	33066
广　西	Guangxi	1415	18240	18746	38248	1430	17897	2802	20679
海　南	Hainan	737	16869	1453	28871	64	58359	370	21533
重　庆	Chongqing	88	42103	10506	38798	690	29843	8962	45027
四　川	Sichuan	5887	28135	34610	31607	2223	32267	6251	32524
贵　州	Guizhou	11722	29668	13174	38959	2979	16735	2420	34725
云　南	Yunnan	1483	21841	12577	39662	7839	17425	2064	18841
西　藏	Tibet	160	19058	2960	32804	447	37294	1409	43459
陕　西	Shaanxi	1763	25376	28694	41077	1618	25241	6793	15008
甘　肃	Gansu	1770	30148	15839	26589	521	26683	1395	20759
青　海	Qinghai	119	36224	1836	35217	158	22547	115	38733
宁　夏	Ningxia	441	26917	1932	28630	117	19185	641	17842
新　疆	Xinjiang	220	22038	843	61150	422	32609	1978	18892

4-4 续表 2 continued

地区	Region	住宿和餐饮业 Hotels and Catering Services		信息传输、软件和信息技术服务业 Information Transmission, Software and Information Technology		金融业 Financial Intermediation		房地产业 Real Estate	
		年末人数（人） Year-end Figures (person)	平均工资（元） Average Wage (yuan)	年末人数（人） Year-end Figures (person)	平均工资（元） Average Wage (yuan)	年末人数（人） Year-end Figures (person)	平均工资（元） Average Wage (yuan)	年末人数（人） Year-end Figures (person)	平均工资（元） Average Wage (yuan)
全　国	**National**	**25935**	**27056**	**16990**	**28794**	**134139**	**28925**	**24838**	**28223**
北　京	Beijing	2080	38029	532	56550	214	30490	3045	37616
天　津	Tianjin	1007	25226	26	30160	446	17935	1865	24457
河　北	Hebei	683	22519	1075	18336	8773	19860	234	15894
山　西	Shanxi	702	14627	803	25615	2949	21981	592	8305
内蒙古	Inner Mongolia	528	28094	684	8542	2325	23075	48	19872
辽　宁	Liaoning	1361	27801	475	35039	6310	27959	1852	20422
吉　林	Jilin	336	19003	180	21415	1922	33845	117	25430
黑龙江	Heilongjiang	1083	17427	353	25952	2642	31073	722	23639
上　海	Shanghai	2752	39840	95	71168	566	63283	3687	38481
江　苏	Jiangsu	1203	34735	1028	40345	16581	29609	586	32077
浙　江	Zhejiang	798	30274	208	30725	1436	72676	1556	21129
安　徽	Anhui	183	18842	1258	27915	14964	18302	891	38185
福　建	Fujian	298	22890	473	15185	8837	29885	923	27486
江　西	Jiangxi	931	18057	1842	11989	5150	25317	390	19953
山　东	Shandong	1557	22955	665	42684	7555	34626	924	32372
河　南	Henan	1330	23545	1626	14885	6036	21910	183	26560
湖　北	Hubei	1052	23199	693	28651	5097	25838	1081	35425
湖　南	Hunan	1449	22248	579	54714	4620	23779	611	18281
广　东	Guangdong	1122	43975	1642	44269	7100	50909	409	28163
广　西	Guangxi	903	23695	296	21175	6790	33094	1441	22112
海　南	Hainan	67	17493	2	11000	231	23133	107	21833
重　庆	Chongqing	237	16704	13	26143	254	21827	615	16639
四　川	Sichuan	598	23699	806	37465	13330	33313	683	22467
贵　州	Guizhou	185	21831	127	39661	699	27054	301	15984
云　南	Yunnan	1046	19245	358	24128	2417	22477	293	22196
西　藏	Tibet	498	25838	2	47792	30	47548	8	56250
陕　西	Shaanxi	647	18077	79	22821	1748	33306	791	17443
甘　肃	Gansu	585	27403	957	29322	2040	29066	508	30949
青　海	Qinghai			11	19182	37	62657	117	21590
宁　夏	Ningxia	138	18611	65	12923	1340	26986	222	54814
新　疆	Xinjiang	576	32170	37	29351	1700	28262	36	29944

4-4 续表 3 continued

地区	Region	租赁和商务服务业 Leasing and Business Services		科学研究和技术服务业 Scientific Research and Technical Services		水利、环境和公共设施管理业 Management of Water Conservancy,Environment and Public Facilities		居民服务、修理和其他服务业 Service to Households, Repair and Other Services	
		年末人数(人) Year-end Figures (person)	平均工资(元) Average Wage (yuan)	年末人数(人) Year-end Figures (person)	平均工资(元) Average Wage (yuan)	年末人数(人) Year-end Figures (person)	平均工资(元) Average Wage (yuan)	年末人数(人) Year-end Figures (person)	平均工资(元) Average Wage (yuan)
全 国	**National**	**81845**	**27286**	**95006**	**39271**	**287991**	**18383**	**9146**	**26319**
北 京	Beijing	8534	52278	14462	64728	3870	26092	609	34420
天 津	Tianjin	521	30569	2942	45516	5606	25302	212	26487
河 北	Hebei	3031	30044	1998	30800	18813	15510	204	15351
山 西	Shanxi	5504	21911	1696	29770	12019	12443	135	22566
内蒙古	Inner Mongolia	486	23623	951	30716	2960	15414	87	35042
辽 宁	Liaoning	5095	6909	3832	36457	21351	19724	392	22473
吉 林	Jilin	2519	17483	1270	27876	11652	14241	258	19546
黑龙江	Heilongjiang	3570	14610	1882	29957	20154	18680	174	17753
上 海	Shanghai	5451	39740	4252	69997	4350	29397	1373	34018
江 苏	Jiangsu	4090	30499	3832	45516	8976	26907	235	32762
浙 江	Zhejiang	2479	32286	4377	47009	8273	27077	455	40119
安 徽	Anhui	1174	23998	3691	29604	11709	17388	315	21458
福 建	Fujian	994	30185	2824	33769	4414	19150	474	31067
江 西	Jiangxi	3300	24483	3184	23831	13857	18190	181	24163
山 东	Shandong	2515	20265	2840	36823	17875	19936	143	27019
河 南	Henan	1799	26924	2596	21176	7404	14160	68	23074
湖 北	Hubei	797	22653	4572	24616	13746	17848	794	17039
湖 南	Hunan	2014	22941	4359	28654	18707	17612	139	38679
广 东	Guangdong	11062	31005	2756	57039	4117	23427	509	51278
广 西	Guangxi	3985	18157	4066	23009	15374	17291	159	22405
海 南	Hainan	190	16247	270	25918	3200	22894	12	48417
重 庆	Chongqing	554	16534	1691	37019	2430	23289	88	35444
四 川	Sichuan	3734	52462	6245	39554	12490	17382	616	20928
贵 州	Guizhou	368	23450	1978	22058	8220	16282	1105	11135
云 南	Yunnan	602	21626	3282	20646	10543	16493	98	14020
西 藏	Tibet	48	18114	2385	26062	875	18775	14	28571
陕 西	Shaanxi	533	19959	3435	29902	12261	14868	226	14177
甘 肃	Gansu	4971	25190	1638	26733	5159	16625	35	17800
青 海	Qinghai	19	53333	192	17044	56	32321		
宁 夏	Ningxia	38	22261	289	27154	4530	17058		
新 疆	Xinjiang	1868	11552	1219	36971	3000	15508	36	16000

4-4 续表 4 continued

地区	Region	教育 Education 年末人数(人) Year-end Figures (person)	教育 Education 平均工资(元) Average Wage (yuan)	卫生和社会工作 Health and Social Service 年末人数(人) Year-end Figures (person)	卫生和社会工作 Health and Social Service 平均工资(元) Average Wage (yuan)	文化、体育和娱乐业 Culture, Sports and Entertainment 年末人数(人) Year-end Figures (person)	文化、体育和娱乐业 Culture, Sports and Entertainment 平均工资(元) Average Wage (yuan)	公共管理、社会保障和社会组织 Public Management, Social Security and Social Organization 年末人数(人) Year-end Figures (person)	公共管理、社会保障和社会组织 Public Management, Social Security and Social Organization 平均工资(元) Average Wage (yuan)
全国	**National**	**549431**	**24213**	**373076**	**32915**	**56497**	**32961**	**746259**	**20422**
北京	Beijing	24555	42728	8698	51730	6586	62956	29556	23762
天津	Tianjin	7300	32696	4843	43196	1197	38274	9951	26606
河北	Hebei	33038	17599	14945	20342	2678	38230	34832	15145
山西	Shanxi	13683	14789	11133	17708	1804	35147	17615	14753
内蒙古	Inner Mongolia	1532	22271	2101	24733	216	23312	10169	17512
辽宁	Liaoning	15152	27058	14578	30201	1248	21474	17634	18731
吉林	Jilin	6221	21199	4916	26884	497	23713	27064	12510
黑龙江	Heilongjiang	11551	19609	9959	22869	1719	20272	23404	17577
上海	Shanghai	20745	41218	13165	55949	3301	69504	11234	32285
江苏	Jiangsu	32841	31433	29373	40873	3263	30814	41624	28757
浙江	Zhejiang	32410	27873	19521	55437	5786	27654	36812	35184
安徽	Anhui	24338	21005	15316	32657	2099	21978	37058	21726
福建	Fujian	19476	33658	8285	33770	1549	22767	17259	21725
江西	Jiangxi	17582	17251	17039	24826	2169	15854	26182	18649
山东	Shandong	19765	24280	26680	30784	1235	23847	26524	24641
河南	Henan	14374	20682	14635	26916	1159	20307	19484	18927
湖北	Hubei	31461	20148	18572	28341	2408	29257	32529	20989
湖南	Hunan	25458	28062	16482	32306	2850	24605	36402	19583
广东	Guangdong	20347	29615	15261	42720	2290	33910	18070	28673
广西	Guangxi	38664	17065	11867	26981	2116	18192	29549	17064
海南	Hainan	2037	22034	998	38920	187	24423	5446	21025
重庆	Chongqing	18996	23699	5937	44085	535	31260	11707	20102
四川	Sichuan	29729	22375	18684	47031	1939	22996	47598	20664
贵州	Guizhou	26777	17110	14665	26396	577	21723	43890	16008
云南	Yunnan	21642	14855	21170	22769	1628	19654	29661	14934
西藏	Tibet	2012	17093	1785	16698	724	18267	19211	12696
陕西	Shaanxi	17410	21308	13018	23309	2585	24056	34393	16347
甘肃	Gansu	12396	20124	9972	20639	1115	19703	21073	17588
青海	Qinghai	409	8267	538	23641	38	16026	999	18973
宁夏	Ningxia	4179	20638	2657	22724	432	24252	9377	21054
新疆	Xinjiang	3351	21892	6283	22098	567	32369	19952	18896

4-5 各地区国有控股企业就业人员和工资总额(2013年)
EMPLOYMENT AND TOTAL WAGES IN STATE-OWNED CONTROLLING SHARE HOLD ENTERPRISES BY REGION(2013)

地区	Region	年末人数（人） Year-End Person (person)				工资 Wages
		就业人员年末人数 Year-end Employment	#女性 Female	在岗职工 On-post Staff and Workers	其他就业人员 Other Employment	就业人员工资总额（千元） Ttoal Wages of Employment (1000 yuan)
全 国	**National**	**48373047**	**13778255**	**44810178**	**3562869**	**2970627482**
北 京	Beijing	2617169	883460	2469963	147206	269526464
天 津	Tianjin	941547	251134	883262	58285	71357826
河 北	Hebei	1711417	492305	1573421	137996	91436011
山 西	Shanxi	2213649	527649	2135151	78498	125874703
内蒙古	Inner Mongolia	1084805	321805	1049836	34969	60768888
辽 宁	Liaoning	2487238	643643	2360364	126874	130414037
吉 林	Jilin	1044772	276957	1006640	38132	56157362
黑龙江	Heilongjiang	2346438	739182	2012748	333690	104357258
上 海	Shanghai	2036588	587241	1883463	153125	200966776
江 苏	Jiangsu	2441234	705718	2284714	156520	163135193
浙 江	Zhejiang	1469873	481987	1358458	111415	111037520
安 徽	Anhui	1791393	426837	1575320	216073	101716153
福 建	Fujian	977902	290926	887122	90780	59084051
江 西	Jiangxi	1210708	316559	1064777	145931	57159462
山 东	Shandong	3149338	875980	2999669	149669	185927279
河 南	Henan	2412175	678166	2270895	141280	115207548
湖 北	Hubei	2044828	585603	1832666	212162	111420639
湖 南	Hunan	1547169	431464	1360491	186678	81314665
广 东	Guangdong	3139496	871236	2939872	199624	223360746
广 西	Guangxi	1100584	288400	1026353	74231	53796484
海 南	Hainan	303541	104823	288852	14689	13091951
重 庆	Chongqing	1241723	352818	1125141	116582	70269197
四 川	Sichuan	2375152	658250	2209562	165590	135370251
贵 州	Guizhou	1006800	241539	915437	91363	53991153
云 南	Yunnan	967758	304090	881853	85905	56617981
西 藏	Tibet	57209	21744	48781	8428	3645346
陕 西	Shaanxi	1933273	546827	1769090	164183	107064787
甘 肃	Gansu	758418	208819	697551	60867	39294772
青 海	Qinghai	259681	78986	248770	10911	14619150
宁 夏	Ningxia	237591	64619	224364	13227	16501330
新 疆	Xinjiang	1463578	519488	1425592	37986	86142499

4-5 续表 continued

地 区	Region	工资 Wages		就业人员平均工资(元) Average Earnings of Employment (yuan)		
		在岗职工 On-post Staff and Workers	其 他 就业人员 Others		在岗职工 Average Wage of On-post Staff and Workers	其 他 就业人员 Average Earnings of Others
全 国	**National**	**2840312150**	**130315332**	**60980**	**62980**	**36043**
北 京	Beijing	260102888	9423576	103252	105797	62047
天 津	Tianjin	68831002	2526824	75448	77707	42107
河 北	Hebei	87674503	3761508	53396	55445	28686
山 西	Shanxi	123743112	2131591	56275	57511	25033
内蒙古	Inner Mongolia	59452812	1316076	55285	56030	34545
辽 宁	Liaoning	125089904	5324133	50807	51865	34337
吉 林	Jilin	54952386	1204976	53872	54725	31493
黑龙江	Heilongjiang	95299681	9057577	43762	46965	25477
上 海	Shanghai	192266468	8700308	96860	100162	56037
江 苏	Jiangsu	157229422	5905771	66695	68800	36752
浙 江	Zhejiang	106349061	4688459	76428	79026	43784
安 徽	Anhui	92180526	9535627	56644	58382	43987
福 建	Fujian	56617590	2466461	60610	63437	29957
江 西	Jiangxi	52428634	4730828	47780	49763	33145
山 东	Shandong	180287365	5639914	58156	59762	31285
河 南	Henan	111114672	4092876	47885	49032	29279
湖 北	Hubei	102773567	8647072	54775	56016	43355
湖 南	Hunan	75647852	5666813	52456	55490	30321
广 东	Guangdong	215463074	7897672	73330	75304	42760
广 西	Guangxi	51972590	1823894	50077	51772	25905
海 南	Hainan	12644185	447766	43417	44067	30648
重 庆	Chongqing	66194302	4074895	57257	59270	36895
四 川	Sichuan	129999590	5370661	57774	59635	32908
贵 州	Guizhou	50677477	3313676	53768	55744	34868
云 南	Yunnan	54357962	2260019	58619	61534	27400
西 藏	Tibet	3346475	298871	64083	69298	34777
陕 西	Shaanxi	101456478	5608309	54371	56252	33879
甘 肃	Gansu	36887980	2406792	50528	51767	36964
青 海	Qinghai	14344376	274774	56447	57897	24459
宁 夏	Ningxia	16060267	441063	59758	61510	29340
新 疆	Xinjiang	84865949	1276550	51058	51611	29839

五、城镇集体单位就业人员和工资总额

EMPLOYMENT AND TOTAL WAGES IN URBAN COLLECTIVE-OWNED UNITS

5-1 分行业城镇集体单位就业人员和工资总额(2013年)
EMPLOYMENT AND TOTAL WAGES IN URBAN COLLECTIVE-OWNED UNITS BY SECTOR (2013)

项 目	Item	年末人数(千人) Year-end Figures (1000 persons)	#女 性 Female	工资总额(千元) Total Wages (1000 yuan)	平均工资(元) Average Wage (yuan)
全 国 总 计	**National Total**	**5662**	**1791**	**219577107**	**38905**
农、林、牧、渔业	**Agriculture, Forestry, Animal Husbandry and Fishery**	**25**	**7**	**662592**	**26754**
农业	Farming	6	2	171044	26822
林业	Forestry	8	2	171106	22041
畜牧业	Animal Husbandry	2	1	40860	26793
渔业	Fishery	1		37845	27051
农、林、牧、渔服务业	Service in Support of Agriculture	8	2	241737	31386
采矿业	**Mining**	**158**	**27**	**6055310**	**39007**
煤炭开采和洗选业	Mining and Washing of Coal	95	12	3804153	40683
石油和天然气开采业	Extraction of Petroleum and Natural Gas				
黑色金属矿采选业	Mining and Processing of Ferrous Metal Ores	13	3	464086	35041
有色金属矿采选业	Mining and Processing of Non-Ferrous Metal Ores	20	4	671369	33956
非金属矿采选业	Mining and Processing of Non-metal Ores	24	7	734067	31623
开采辅助活动	Support Activities for Mining	5	1	376579	70048
其他采矿业	Mining of Other Ores			5056	40774
制造业	**Manufacturing**	**974**	**392**	**34218630**	**34689**
农副食品加工业	Processing of Food from Agricultural Products	39	14	1246321	32081
食品制造业	Manufacture of Foods	8	3	204295	27113
酒、饮料和精制茶制造业	Manufacture of Liquor, Beverages and Refined Tea	7	3	184346	27428
烟草制品业	Manufacture of Tobacco	5	2	268119	52686
纺织业	Manufacture of Textile	29	16	1276361	40821
纺织服装、服饰业	Manufacture of Textile, Wearing Apparel and Accessories	36	21	1068122	29917
皮革、毛皮、羽毛及其制品和制鞋业	Manufacture of Leather, Fur, Feather and Related Products and Footwear	34	24	1120211	31400
木材加工和木、竹、藤、棕、草制品业	Processing of Timber, Manufacture of Wood, Bamboo, Rattan, Palm and Straw Products	11	5	328493	29377
家具制造业	Manufacture of Furniture	4	1	109048	27032
造纸及纸制品业	Manufacture of Paper and Paper Products	22	9	698005	31103
印刷和记录媒介复制业	Printing and Reproduction of Recording Media	28	13	1012671	35725
文教、工美、体育和娱乐用品制造业	Manufacture of Articles for Culture, Education, Arts and Crafts, Sport and Entertainment Activities	45	24	1430129	32313
石油加工、炼焦和核燃料加工业	Processing of Petroleum, Coking and Processing of Nuclear Fuel	9	4	252111	26970

5-1 续表 1 continued

项 目	Item	年末人数（千人）Year-end Figures (1000 persons)	#女 性 Female	工资总额（千元）Total Wages (1000 yuan)	平均工资（元）Average Wage (yuan)
化学原料和化学制品制造业	Manufacture of Raw Chemical Materials and Chemical Products	66	25	2431251	36800
医药制造业	Manufacture of Medicines	17	6	558594	33711
化学纤维制造业	Manufacture of Chemical Fibres	1	1	39431	27536
橡胶和塑料制品业	Manufacture of Rubber and Plastics Products	42	22	1281465	30181
非金属矿物制品业	Manufacture of Non-metallic Mineral Products	75	20	2082306	27515
黑色金属冶炼和压延加工业	Smelting and Pressing of Ferrous Metals	56	18	2167890	38923
有色金属冶炼和压延加工业	Smelting and Pressing of Non-ferrous Metals	16	4	548104	33684
金属制品业	Manufacture of Metal Products	66	20	1981924	29727
通用设备制造业	Manufacture of General Purpose Machinery	96	29	3484376	36046
专用设备制造业	Manufacture of Special Purpose Machinery	44	19	1475643	32104
汽车制造业	Manufacture of Automobiles	24	7	796573	33527
铁路、船舶、航空航天和其他运输设备制造业	Manufacture of Railway, Ship, Aerospace and Other Transport Equipments	34	11	1187509	34683
电气机械和器材制造业	Manufacture of Electrical Machinery and Apparatus	72	25	3351817	43457
计算机、通信和其他电子设备制造业	Manufacture of Computers, Communication and Other Electronic Equipment	48	32	2362924	48066
仪器仪表制造业	Manufacture of Measuring Instruments and Machinery	12	6	401855	33012
其他制造业	Other Manufacture	7	3	219005	33077
废弃资源综合利用业	Utilization of Waste Resources	6	2	204036	35429
金属制品、机械和设备修理业	Repair Service of Metal Products, Machinery and Equipment	14	4	445695	32616
电力、热力、燃气及水生产和供应业	**Production and Supply of Electricity, Heat, Gas and Water**	**42**	**13**	**1891539**	**45082**
电力、热力生产和供应业	Production and Supply of Electric Power and Heat Power	22	6	1178775	52820
燃气生产和供应业	Production and Supply of Gas	1		35777	37940
水的生产和供应业	Production and Supply of Water	19	6	676987	36206
建筑业	**Construction**	**1816**	**215**	**61082864**	**33893**
房屋建筑业	Construction of Buildings	1530	168	50448206	33233
土木工程建筑业	Civil Engineering	153	24	5585602	36519
建筑安装业	Building Installation	103	19	3959716	39054
建筑装饰和其他建筑业	Building Decoration and Other Constructions	30	5	1089340	36467
批发和零售业	**Wholesale and Retail Trades**	**383**	**154**	**9988280**	**26200**
批发业	Wholesale Trade	151	54	4292591	28399
零售业	Retail Trade	232	100	5695689	24755

5-1 续表 2 continued

项目	Item	年末人数(千人) Year-end Figures (1000 persons)	#女性 Female	工资总额(千元) Total Wages (1000 yuan)	平均工资(元) Average Wage (yuan)
交通运输、仓储和邮政业	**Transport, Storage and Post**	**190**	**44**	**6039077**	**31772**
铁路运输业	Railway Transport	10	4	418318	39176
道路运输业	Road Transport	103	20	3273999	31953
水上运输业	Water Transport	26	6	696245	26856
航空运输业	Air Transport	1		20524	36261
管道运输业	Transport Via Pipelines				
装卸搬运和运输代理业	Loading, Unloading and Forwarding Agency	39	9	1258636	31834
仓储业	Storage	8	3	271531	32279
邮政业	Post	2	1	95657	40430
住宿和餐饮业	**Hotels and Catering Services**	**100**	**63**	**4028178**	**39491**
住宿业	Hotels	65	38	2380869	35699
餐饮业	Catering Services	35	25	1647309	46654
信息传输、软件和信息技术服务业	**Information Transmission, Software and Information Technology**	**9**	**4**	**353109**	**40268**
电信、广播电视和卫星传输服务	Telecommunication, Radio and Television and Satellite Transmission Service	5	2	220196	41767
互联网和相关服务	Internet and Related Service				
软件和信息技术服务业	Software and Information Technology	3	1	114008	36801
金融业	**Financial Intermediation**	**487**	**210**	**33928831**	**70249**
货币金融服务	Monetary and Financial Service	477	205	33275024	70457
资本市场服务	Capital Market Service				
保险业	Insurance	8	4	538626	64321
其他金融业	Other Financial Activities	2	1	91609	45667
房地产业	**Real Estate**	**83**	**29**	**3119199**	**37155**
#房地产开发经营	Development and Management of Real Estate	21	6	841327	40585
物业管理	Property Management	41	15	1445770	34981
房地产中介服务	Agency Services of Real Estate	3	1	93009	35204
租赁和商务服务业	**Leasing and Business Services**	**381**	**99**	**12715350**	**33296**
租赁业	Leasing	5	2	131283	28227
商务服务业	Business Services	376	97	12584067	33359
科学研究和技术服务业	**Scientific Research and Technical Services**	**55**	**16**	**2858117**	**52204**
研究和试验发展	Research and Experimental Development	6	2	435912	72713
专业技术服务业	Professional Technical Services	41	12	2016938	49945

5-1 续表 3 continued

项 目	Item	年末人数(千人) Year-end Figures (1000 persons)	#女性 Female	工资总额(千元) Total Wages (1000 yuan)	平均工资(元) Average Wage (yuan)
科技推广和应用服务业	Science and Technology Popularization and Application Services	8	3	405267	48413
水利、环境和公共设施管理业	Management of Water Conservancy, Environment and Public Facilities	107	48	2952181	27855
水利管理业	Management of Water Conservancy	10	2	359052	35406
生态保护和环境治理业	Ecological Protection and Environmental Treatment	1		31899	27452
公共设施管理业	Management of Public Facilities	95	45	2561230	27051
居民服务、修理和其他服务业	**Service to Households, Repair and Other Services**	**54**	**21**	**1645790**	**31005**
居民服务业	Service to Households	27	11	820694	30414
机动车、电子产品和日用产品修理业	Repair of Motor Vehicle, Electronics and Household Products	9	3	274208	30720
其他服务业	Other Services	17	7	550888	32081
教育	**Education**	**218**	**128**	**10267065**	**47610**
#初等教育	Primary Education	76	44	3723262	49154
中等教育	Secondary Education	75	39	3771731	50501
高等教育	Senior Education	9	5	519348	57539
卫生和社会工作	**Health and Social Service**	**540**	**306**	**26041907**	**48990**
卫生	Health	531	301	25791067	49282
社会工作	Social Service	8	5	250840	30449
文化、体育和娱乐业	**Culture, Sports and Entertainment**	**20**	**9**	**768974**	**37715**
新闻和出版业	Journalism and Publishing Activities	3	1	118499	42412
广播、电视、电影和影视录音制作业	Radio, Television, Motion Picture and Videotape Programme Production Services	4	2	152238	40575
文化艺术业	Cultural and Art Activities	11	5	393140	37549
体育	Sports Activities	1		40738	33147
娱乐业	Entertainment	2	1	64359	30018
公共管理、社会保障和社会组织	**Public Management, Social Security and Social Organization**	**21**	**8**	**960114**	**45859**
#中国共产党机关	Organs of Communist Party of China				
国家机构	Government Agencies	12	4	612889	49268
人民政协、民主党派	People's Political Consultative Conference and Democratic Parties				
社会保障	Social Security	2	1	103444	64451
群众团体、社会团体和其他成员组织	Non-Governmental Organizations, Social Organizations and Membership Organizations	4	1	161125	41506

5-2 各地区分行业城镇集体单位就业人员和工资总额(2013年)
EMPLOYMENT AND TOTAL WAGES IN URBAN COLLECTIVE-OWNED UNITS BY SECTOR AND REGION (2013)

地区	Region	总计 Total 年末人数(人) Year-end Figures (person)	#女性 Female	工资总额(千元) Total Wages (1000 yuan)	平均工资(元) Average Wage (yuan)	农、林、牧、渔业 Agriculture, Forestry, Animal Husbandry and Fishery 年末人数(人) Year-end Figures (person)	#女性 Female	工资总额(千元) Total Wages (1000 yuan)	平均工资(元) Average Wage (yuan)
全国	**National**	**5661703**	**1790977**	**219577107**	**38905**	**24740**	**6611**	**662592**	**26754**
北京	Beijing	175341	72133	7454056	42502	3513	1334	97715	27333
天津	Tianjin	71037	17043	3163660	41094	1		32	32000
河北	Hebei	179959	64373	6061643	33057	840	147	14125	16815
山西	Shanxi	214152	87113	7771827	36409	813	239	25364	31430
内蒙古	Inner Mongolia	72806	32825	3708677	50932	491	37	11531	23485
辽宁	Liaoning	367325	93342	12354287	31789	618	129	20647	32982
吉林	Jilin	74054	28788	2525717	34570	459	150	12981	28281
黑龙江	Heilongjiang	158466	55786	5984182	35819	1538	694	24338	15662
上海	Shanghai	119979	41660	6756285	55098	222	45	19784	85276
江苏	Jiangsu	387546	139370	19369457	50560	609	153	22802	37442
浙江	Zhejiang	222690	79721	11695217	52070	296	54	12708	42079
安徽	Anhui	163996	58051	6141056	37926	529	190	13023	24572
福建	Fujian	140841	47815	5635920	41293	266	73	7373	27718
江西	Jiangxi	153894	33847	5257117	36004	438	99	11901	27937
山东	Shandong	591711	179413	24774600	41416	836	341	23948	29675
河南	Henan	460928	158703	14902246	33135	4158	888	109759	26764
湖北	Hubei	152522	49293	4961480	33216	586	130	11010	18885
湖南	Hunan	236522	52904	7601373	32975	883	214	22402	25515
广东	Guangdong	585200	205559	20537787	35650	718	199	21080	28525
广西	Guangxi	143910	37138	4522979	32197	273	48	6016	21956
海南	Hainan	30324	8642	1098011	36418	656	266	9019	13728
重庆	Chongqing	90925	24993	3109943	34492	634	150	18392	29240
四川	Sichuan	313964	79292	11804251	39112	2737	240	75868	27770
贵州	Guizhou	61517	17004	2883323	47941	169	18	2223	12559
云南	Yunnan	140252	35810	5813428	43702	1739	553	43839	25094
西藏	Tibet	5413	1501	141882	24865	25	7	789	24656
陕西	Shaanxi	188936	48712	7128001	38455	407	115	14633	35953
甘肃	Gansu	107389	21689	3733448	32822	142	51	4238	29431
青海	Qinghai	12643	4468	434628	34255	71	29	1910	26901
宁夏	Ningxia	8338	2546	523471	48650	7	1	332	47429
新疆	Xinjiang	29123	11443	1727155	56809	66	17	2810	44603

5-2 续表 1 continued

地区	Region	采矿业 Mining 年末人数(人) Year-end Figures (person)	#女性 Female	工资总额(千元) Total Wages (1000 yuan)	平均工资(元) Average Wage (yuan)	制造业 Manufacturing 年末人数(人) Year-end Figures (person)	#女性 Female	工资总额(千元) Total Wages (1000 yuan)	平均工资(元) Average Wage (yuan)
全国	**National**	**158065**	**26989**	**6055310**	**39007**	**974077**	**391691**	**34218630**	**34689**
北京	Beijing	721	72	45639	65668	26266	10544	999700	37425
天津	Tianjin	143	6	11154	78000	11373	4058	407557	35277
河北	Hebei	3656	1204	139714	37138	35072	14628	972076	27448
山西	Shanxi	12416	2425	903897	73812	46695	22467	1390719	29921
内蒙古	Inner Mongolia	1459	430	55550	38523	12209	5189	360820	29171
辽宁	Liaoning	8769	2189	198278	22159	125051	32339	3486090	27825
吉林	Jilin	2088	756	72828	35302	14073	5423	397347	26754
黑龙江	Heilongjiang	12591	2976	481414	38403	46735	18916	1676466	36004
上海	Shanghai					30940	7866	1341934	41480
江苏	Jiangsu	1004	179	22910	22887	67520	28162	3173436	46730
浙江	Zhejiang	1115	103	41081	39050	12562	4555	533402	40842
安徽	Anhui	3320	1018	108083	32703	12917	6764	437173	33505
福建	Fujian	5886	416	214750	35978	12569	5827	382130	30735
江西	Jiangxi	2786	430	88508	32045	11186	4313	331477	30080
山东	Shandong	8291	1609	334583	40394	111444	34116	5266485	44878
河南	Henan	21551	6836	663764	32398	77625	28984	2411329	31439
湖北	Hubei	8112	1012	280468	35364	21303	8609	658012	30578
湖南	Hunan	32692	2671	1168104	36356	35075	9853	1025432	29421
广东	Guangdong	1364	319	55452	41882	160223	99904	5680252	34656
广西	Guangxi	853	128	25466	29925	24029	11499	698701	29784
海南	Hainan	19	1	214	11263	820	346	15570	18988
重庆	Chongqing	4728	236	153378	33948	9939	3057	295974	29365
四川	Sichuan	4071	451	131664	36142	15638	5025	553938	35310
贵州	Guizhou	1894	132	74049	39388	6883	2531	173665	24845
云南	Yunnan	7124	324	263263	38806	9199	3476	229323	24709
西藏	Tibet	169	14	3224	18854	1641	833	32002	20064
陕西	Shaanxi	4975	431	226228	45092	20532	7049	742392	36209
甘肃	Gansu	5997	600	277343	46714	9554	3426	337143	35418
青海	Qinghai	46	2	1107	19768	1309	765	30120	22749
宁夏	Ningxia					383	130	12463	32540
新疆	Xinjiang	225	19	13197	47132	3312	1037	165502	48506

5-2 续表 2 continued

地 区	Region	电力、热力、燃气及水生产和供应业 Production and Supply of Electricity, Heat, Gas and Water				建筑业 Construction			
		年末人数（人）Year-end Figures (person)	#女 性 Female	工资总额（千元）Total Wages (1000 yuan)	平均工资（元）Average Wage (yuan)	年末人数（人）Year-end Figures (person)	#女 性 Female	工资总额（千元）Total Wages (1000 yuan)	平均工资（元）Average Wage (yuan)
全 国	**National**	**42035**	**12586**	**1891539**	**45082**	**1815700**	**215015**	**61082864**	**33893**
北 京	Beijing	1012	268	33768	36986	18036	2746	932481	53456
天 津	Tianjin	341	41	13143	50745	26995	2401	1448957	44728
河 北	Hebei	339	111	12120	36179	31502	3014	1016604	29796
山 西	Shanxi	298	144	8326	27940	27550	5093	717369	25763
内蒙古	Inner Mongolia	781	268	25124	32335	4939	1568	144114	29179
辽 宁	Liaoning	1659	566	44463	26625	117234	20121	4613976	33243
吉 林	Jilin	266	72	4940	18783	14451	2450	455004	35100
黑龙江	Heilongjiang	829	223	45523	54979	34237	5461	1409212	31770
上 海	Shanghai	1064	301	67781	62935	9273	535	649453	66237
江 苏	Jiangsu	2235	541	110433	48182	91857	6135	4196487	47305
浙 江	Zhejiang	2063	555	125242	58993	73599	7779	3001095	40355
安 徽	Anhui	1109	502	36749	32095	44570	5606	1434599	33346
福 建	Fujian	2490	575	123383	49020	33832	4554	1164071	38930
江 西	Jiangxi	104	33	3286	31596	100414	13512	3293588	35383
山 东	Shandong	1084	304	40434	37860	215124	23232	7290562	33999
河 南	Henan	3737	1148	118559	31734	103838	9572	2945275	29945
湖 北	Hubei	1418	615	40105	28463	45353	6903	1325097	30035
湖 南	Hunan	2361	855	85956	36577	95164	9454	2700848	29757
广 东	Guangdong	11293	3225	705920	62587	185199	20760	5282245	30480
广 西	Guangxi	603	175	15583	25546	68223	8489	1782904	27262
海 南	Hainan	97	35	1725	17784	13327	1075	481178	36611
重 庆	Chongqing	1220	397	34781	28960	44720	6696	1584496	35371
四 川	Sichuan	3167	967	108215	34474	160897	16559	4953205	32820
贵 州	Guizhou	508	99	13029	25201	22750	3038	636486	29322
云 南	Yunnan	342	143	9417	28110	64332	7527	1714033	29839
西 藏	Tibet					3234	509	96253	27540
陕 西	Shaanxi	935	189	46856	50221	92257	12726	3091258	34748
甘 肃	Gansu	384	110	6072	15813	61953	5679	2151754	31320
青 海	Qinghai					5562	1049	170001	30493
宁 夏	Ningxia					2120	183	146663	32548
新 疆	Xinjiang	296	124	10606	35472	3158	589	253596	52073

5-2 续表 3 continued

地区	Region	批发和零售业 Wholesale and Retail Trades 年末人数(人) Year-end Figures (person)	#女性 Female	工资总额(千元) Total Wages (1000 yuan)	平均工资(元) Average Wage (yuan)	交通运输、仓储和邮政业 Transport, Storage and Post 年末人数(人) Year-end Figures (person)	#女性 Female	工资总额(千元) Total Wages (1000 yuan)	平均工资(元) Average Wage (yuan)
全国	**National**	**383042**	**154093**	**9988280**	**26200**	**189524**	**43837**	**6039077**	**31772**
北京	Beijing	9102	4760	411321	43851	7366	1465	228027	30744
天津	Tianjin	6776	2588	228459	33168	7112	363	306883	41861
河北	Hebei	23511	9049	426430	18022	5274	953	147419	26222
山西	Shanxi	32538	10695	619336	19163	3694	1102	72610	19833
内蒙古	Inner Mongolia	2605	966	81296	30946	2636	813	83278	30021
辽宁	Liaoning	12993	5696	307122	23513	16521	2760	618540	37383
吉林	Jilin	2511	922	51673	22360	1000	165	20175	20195
黑龙江	Heilongjiang	12299	5492	320551	27032	2115	578	61240	29699
上海	Shanghai	4721	1633	277356	56592	5012	1411	184710	36083
江苏	Jiangsu	15699	6300	485745	30855	17064	3850	723933	42697
浙江	Zhejiang	5604	2770	204670	35976	5402	1003	295589	52652
安徽	Anhui	5468	2551	141542	25961	10912	2402	278661	25080
福建	Fujian	11669	3417	282316	24056	3713	1022	122043	32167
江西	Jiangxi	4022	1252	107873	26908	4193	667	121387	29145
山东	Shandong	43913	18432	1396014	32010	14688	2420	508788	34720
河南	Henan	71430	29512	1935766	27492	18987	5971	487422	25807
湖北	Hubei	17741	10150	413045	23635	5912	1576	150624	25691
湖南	Hunan	7206	2563	175972	25057	10658	2544	239857	22955
广东	Guangdong	31953	11553	739420	23219	10847	2872	314712	29451
广西	Guangxi	9905	3116	188818	19048	7196	2039	169603	23589
海南	Hainan	1931	620	34002	17321	357	90	8929	24803
重庆	Chongqing	4358	1813	103293	24299	2648	622	90229	34730
四川	Sichuan	10161	4006	260925	25814	12710	2395	360908	28358
贵州	Guizhou	4674	1742	103979	22237	1565	614	55108	35485
云南	Yunnan	7743	3369	165679	21345	4062	886	96327	23432
西藏	Tibet	178	63	6963	28190	11	1	152	13818
陕西	Shaanxi	12785	5467	289939	22422	4773	2109	179655	38224
甘肃	Gansu	4956	1962	98513	19802	2034	493	60326	29703
青海	Qinghai	675	348	16225	23617	308	196	13908	44293
宁夏	Ningxia	355	135	11578	31548				
新疆	Xinjiang	3560	1151	102459	30576	754	455	38034	49459

5-2 续表 4 continued

地 区	Region	住宿和餐饮业 Hotels and Catering Services				信息传输、软件和信息技术服务业 Information Transmission, Software and Information Technology			
		年末人数（人）Year-end Figures (person)	#女 性 Female	工资总额（千元）Total Wages (1000 yuan)	平均工资（元）Average Wage (yuan)	年末人数（人）Year-end Figures (person)	#女 性 Female	工资总额（千元）Total Wages (1000 yuan)	平均工资（元）Average Wage (yuan)
全 国	**National**	**99896**	**62654**	**4028178**	**39491**	**8775**	**3601**	**353109**	**40268**
北 京	Beijing	9356	4933	369449	39370	633	231	23438	36565
天 津	Tianjin	1333	470	45014	30726	116	58	9548	80235
河 北	Hebei	2240	1338	55618	24632	336	146	14144	42095
山 西	Shanxi	3519	2193	91975	25982	242	110	6129	25326
内蒙古	Inner Mongolia	1306	724	32014	24513	26	24	562	21615
辽 宁	Liaoning	3924	1576	102547	26382	258	96	9353	36252
吉 林	Jilin	842	421	22843	24249	57	30	1541	27035
黑龙江	Heilongjiang	3684	1857	154780	43259	193	78	2890	25804
上 海	Shanghai	3165	1680	128382	36246	9	3	432	48000
江 苏	Jiangsu	3512	2067	122043	34349	830	250	34420	41570
浙 江	Zhejiang	2835	1722	104396	35752	1083	437	66121	60440
安 徽	Anhui	997	648	25569	25467	221	59	8635	38722
福 建	Fujian	1327	820	52616	39472	80	32	1998	24366
江 西	Jiangxi	292	179	4475	15169	392	99	10684	27325
山 东	Shandong	30305	23376	1810714	57915	273	81	16384	52682
河 南	Henan	7244	4095	184071	25505	1636	786	53654	33059
湖 北	Hubei	2074	1344	65977	31478	105	52	1844	17562
湖 南	Hunan	1219	699	29206	22675	96	23	3354	39000
广 东	Guangdong	7278	4133	264603	34853	879	337	39941	44330
广 西	Guangxi	1420	846	33568	23295	794	509	31971	39568
海 南	Hainan	194	128	4821	24851	43	14	2198	44857
重 庆	Chongqing	2103	1379	58103	27921	31	14	1580	52667
四 川	Sichuan	2313	1345	67551	29485	181	47	5251	29011
贵 州	Guizhou	798	502	20718	26259	37	12	774	20919
云 南	Yunnan	2401	1568	61648	25286	71	20	1392	19886
西 藏	Tibet	90	67	1773	19700				
陕 西	Shaanxi	1830	1215	43429	23137	84	32	2646	32667
甘 肃	Gansu	971	551	21282	22402	48	16	1395	29063
青 海	Qinghai	419	274	14925	34709				
宁 夏	Ningxia	121	84	3983	33192	14	3	702	50143
新 疆	Xinjiang	784	420	30085	35987	7	2	128	18286

5-2 续表 5 continued

地区	Region	金融业 Financial Intermediation 年末人数(人) Year-end Figures (person)	#女性 Female	工资总额(千元) Total Wages (1000 yuan)	平均工资(元) Average Wage (yuan)	房地产业 Real Estate 年末人数(人) Year-end Figures (person)	#女性 Female	工资总额(千元) Total Wages (1000 yuan)	平均工资(元) Average Wage (yuan)
全国	**National**	**487228**	**209538**	**33928831**	**70249**	**82784**	**29201**	**3119199**	**37155**
北京	Beijing	6	3	780	130000	15884	5783	664528	41142
天津	Tianjin	27	12	948	36462	1013	395	47852	47948
河北	Hebei	25777	10705	1769956	68317	1296	599	55399	42549
山西	Shanxi	43433	20386	2822751	65051	1664	638	24252	14989
内蒙古	Inner Mongolia	26393	13451	2178975	82384	59	36	877	14864
辽宁	Liaoning	23634	9469	1157493	49144	2079	770	68000	33187
吉林	Jilin	16809	7279	885371	52943	195	82	4396	24836
黑龙江	Heilongjiang	19208	7413	934603	49174	1412	444	41698	27112
上海	Shanghai	68	32	7781	112768	4999	1458	204161	40751
江苏	Jiangsu	21853	8779	1946975	90334	4344	1567	204083	47209
浙江	Zhejiang	4474	2267	527851	121541	2959	949	168919	50095
安徽	Anhui	18027	7021	1316888	73705	1160	337	36599	31551
福建	Fujian	10743	4645	1016637	94960	2203	841	86563	36835
江西	Jiangxi	16355	7297	880706	54509	1127	343	30764	27225
山东	Shandong	35829	15812	2555938	71744	10489	3400	426380	39067
河南	Henan	31744	14193	1666496	52627	3837	1590	114958	31582
湖北	Hubei	12781	5644	716238	56446	1349	563	41985	30758
湖南	Hunan	12528	5699	702080	56501	851	251	27036	30898
广东	Guangdong	40958	16629	2281980	56517	16762	5566	601884	35794
广西	Guangxi	15005	5933	1147790	78557	1583	463	39754	25434
海南	Hainan	3473	1445	183775	53130	831	328	15494	18735
重庆	Chongqing	11	4	284	25818	768	390	40333	53070
四川	Sichuan	26604	11752	2009683	76785	1259	458	38960	31268
贵州	Guizhou	11409	4740	1497106	137274	1331	617	39806	29248
云南	Yunnan	19342	7356	2384219	124269	419	179	12636	30302
西藏	Tibet								
陕西	Shaanxi	21184	8994	1488358	70312	1403	567	37309	26255
甘肃	Gansu	13036	5245	552273	43153	561	215	15784	27594
青海	Qinghai	2246	1083	128510	57345	27	8	530	25238
宁夏	Ningxia	3773	1363	298706	80125	373	129	12452	33383
新疆	Xinjiang	10498	4887	867680	85418	547	235	15807	29057

5-2 续表 6 continued

地 区	Region	租赁和商务服务业 Leasing and Business Services 年末人数(人) Year-end Figures (person)	#女 性 Female	工资总额(千元) Total Wages (1000 yuan)	平均工资(元) Average Wage (yuan)	科学研究和技术服务业 Scientific Research and Technical Services 年末人数(人) Year-end Figures (person)	#女 性 Female	工资总额(千元) Total Wages (1000 yuan)	平均工资(元) Average Wage (yuan)
全 国	**National**	**381169**	**98949**	**12715350**	**33296**	**55374**	**16224**	**2858117**	**52204**
北 京	Beijing	35822	16464	1108961	30794	7936	3061	533429	69088
天 津	Tianjin	7404	2492	262296	35682	1112	394	50157	44624
河 北	Hebei	13402	3059	302017	22671	1215	298	32766	27396
山 西	Shanxi	8002	3185	213407	26633	613	195	14004	23071
内蒙古	Inner Mongolia	2081	823	68611	33633	909	162	20102	22066
辽 宁	Liaoning	21292	3556	570512	26955	6213	1347	295202	48705
吉 林	Jilin	1946	664	60387	30498	476	159	29791	63385
黑龙江	Heilongjiang	6314	3169	218991	36432	1677	575	70685	42813
上 海	Shanghai	27027	7060	1610364	60149	1163	306	114760	93529
江 苏	Jiangsu	33312	8172	1238806	37266	3688	1180	197289	54215
浙 江	Zhejiang	24206	4954	1083167	42142	4172	1240	311778	77173
安 徽	Anhui	7041	2234	224170	32250	1035	221	53586	50889
福 建	Fujian	18902	4694	531295	28193	1102	292	59689	55370
江 西	Jiangxi	3165	463	87815	27459	67	19	5363	80045
山 东	Shandong	16264	5412	534358	31470	3487	1065	178026	46935
河 南	Henan	16609	3271	403791	25969	3724	1410	140014	37913
湖 北	Hubei	2794	734	82687	29637	1229	324	36880	30180
湖 南	Hunan	5788	1387	184275	32906	984	197	36909	37547
广 东	Guangdong	75426	17471	2490148	32632	6789	1558	371335	56910
广 西	Guangxi	7817	1536	188213	22889	1218	380	50523	41446
海 南	Hainan	442	129	16306	36397	688	240	26665	39680
重 庆	Chongqing	986	176	28698	32137	760	195	30145	40033
四 川	Sichuan	11480	1429	287933	26131	1420	293	58618	41339
贵 州	Guizhou	5784	835	163476	27388	311	88	6651	21386
云 南	Yunnan	7506	911	182003	24261	1349	428	39389	28814
西 藏	Tibet	11	4	132	12000				
陕 西	Shaanxi	11050	1838	332715	30835	1432	460	69335	50646
甘 肃	Gansu	4233	1351	86257	20513	217	54	7684	36766
青 海	Qinghai	933	254	24444	26627	177	29	7837	44028
宁 夏	Ningxia	306	129	7690	24968				
新 疆	Xinjiang	3824	1093	121425	32277	211	54	9505	49505

5-2 续表 7 continued

地 区	Region	水利、环境和公共设施管理业 Management of Water Conservancy, Environment and Public Facilities				居民服务、修理和其他服务业 Service to Households, Repair and Other Services			
		年末人数(人) Year-end Figures (person)	#女 性 Female	工资总额(千元) Total Wages (1000 yuan)	平均工资(元) Average Wage (yuan)	年末人数(人) Year-end Figures (person)	#女 性 Female	工资总额(千元) Total Wages (1000 yuan)	平均工资(元) Average Wage (yuan)
全 国	**National**	**106723**	**48108**	**2952181**	**27855**	**53765**	**21162**	**1645790**	**31005**
北 京	Beijing	4230	1543	128779	30516	8920	3803	252015	28285
天 津	Tianjin	734	314	22372	30986	1995	767	76403	37955
河 北	Hebei	2154	714	31435	14211	1136	381	27435	24365
山 西	Shanxi	6322	3660	112459	18361	1598	866	25304	15766
内蒙古	Inner Mongolia	2851	1438	39169	13900	3074	1208	68104	24720
辽 宁	Liaoning	4145	1170	91955	22363	2245	751	62495	28025
吉 林	Jilin	8517	4601	174466	20669	1616	688	37336	22724
黑龙江	Heilongjiang	3493	1131	76993	22201	2863	1513	124962	45573
上 海	Shanghai	2878	1004	113386	38712	3697	1877	159740	44249
江 苏	Jiangsu	23499	11950	751257	32312	4153	1681	143548	35020
浙 江	Zhejiang	8984	3517	346340	39117	2695	618	103323	37792
安 徽	Anhui	1518	603	35982	23411	610	130	23834	39526
福 建	Fujian	1262	454	46171	36384	354	135	9344	26174
江 西	Jiangxi	2778	1648	53974	19946	384	170	8577	22872
山 东	Shandong	4508	1819	138355	28480	3393	821	128619	37896
河 南	Henan	2003	531	80789	40823	2261	976	55951	24518
湖 北	Hubei	6455	2933	164025	25729	1808	516	55778	31336
湖 南	Hunan	1480	509	41647	28235	471	102	22167	47164
广 东	Guangdong	7507	3285	235546	31477	1928	694	51443	26654
广 西	Guangxi	784	337	14997	19104	750	190	15953	21587
海 南	Hainan	114	23	1596	14378	52	22	1326	27625
重 庆	Chongqing	2896	1759	69718	26239	712	267	24396	34312
四 川	Sichuan	3994	1231	97321	24545	1864	758	38939	21278
贵 州	Guizhou	862	454	17615	20063	492	183	12153	24955
云 南	Yunnan	1887	1239	36940	19555	544	280	11434	21614
西 藏	Tibet	10	3	119	11900	20		242	12100
陕 西	Shaanxi	674	198	21724	32231	3370	1244	81360	24655
甘 肃	Gansu					361	222	8071	22357
青 海	Qinghai	107	37	4305	40613	90	34	2737	30411
宁 夏	Ningxia	75	2	2676	35680	19	7	334	17579
新 疆	Xinjiang	2	1	70	70000	290	258	12467	42990

5-2 续表 8 continued

地 区	Region	教 育 Education				卫生和社会工作 Health and Social Service			
		年末人数(人) Year-end Figures (person)	#女 性 Female	工资总额(千元) Total Wages (1000 yuan)	平均工资(元) Average Wage (yuan)	年末人数(人) Year-end Figures (person)	#女 性 Female	工资总额(千元) Total Wages (1000 yuan)	平均工资(元) Average Wage (yuan)
全 国	**National**	**217924**	**127688**	**10267065**	**47610**	**539621**	**305999**	**26041907**	**48990**
北 京	Beijing	10999	5449	647180	58888	11864	7969	835625	72891
天 津	Tianjin	614	471	18123	28997	3620	2058	200367	55335
河 北	Hebei	7590	4842	335705	44125	22253	12273	652676	29601
山 西	Shanxi	4484	2310	161201	35926	18490	10707	526182	28588
内蒙古	Inner Mongolia	221	106	11759	53208	10766	5582	526435	48744
辽 宁	Liaoning	3919	2127	125963	33519	15169	7758	529802	35247
吉 林	Jilin	384	287	13524	35683	8044	4549	267050	33290
黑龙江	Heilongjiang	2483	1425	98889	39955	5820	3371	207333	35852
上 海	Shanghai	2725	1786	159481	57972	17788	12149	1407889	78605
江 苏	Jiangsu	17207	12983	1135179	67502	73106	43365	4474631	61683
浙 江	Zhejiang	25267	18470	1557511	62745	43626	28125	3125309	73040
安 徽	Anhui	2543	1098	99233	38388	49414	25444	1789824	36723
福 建	Fujian	2440	1622	110819	46271	31745	18309	1413423	45311
江 西	Jiangxi	330	135	13204	40628	5770	3144	200207	35075
山 东	Shandong	34048	16586	1602921	47092	54556	29494	2400164	44776
河 南	Henan	65218	35002	2524753	39028	20565	12151	833471	41590
湖 北	Hubei	3085	1745	110058	35850	19758	6228	783277	42748
湖 南	Hunan	7196	3495	281052	39297	21153	12120	832771	39652
广 东	Guangdong	7263	5567	311082	46541	17801	10996	1043714	60015
广 西	Guangxi	1105	455	37354	34428	2159	960	70557	33423
海 南	Hainan	672	285	34256	51052	6127	3351	244038	39895
重 庆	Chongqing	1708	868	66525	39551	12572	6897	503980	40696
四 川	Sichuan	6089	4297	314567	51909	48426	27492	2407432	50455
贵 州	Guizhou	691	435	24326	35721	1329	951	41430	34698
云 南	Yunnan	8148	4970	409393	50511	3813	2492	147943	38617
西 藏	Tibet								
陕 西	Shaanxi	971	558	47109	48516	9418	5140	382563	40755
甘 肃	Gansu	290	176	7370	25326	2481	1502	92538	37740
青 海	Qinghai	8	7	375	46875	213	164	8472	39775
宁 夏	Ningxia	109	65	4800	45714	303	223	12373	40567
新 疆	Xinjiang	117	66	3353	28658	1472	1035	80431	55393

5-2 续表 9 continued

地区 Region	文化、体育和娱乐业 Culture, Sports and Entertainment				公共管理、社会保障和社会组织 Public Management, Social Security and Social Organization			
	年末人数（人） Year-end Figures (person)	#女性 Female	工资总额（千元） Total Wages (1000 yuan)	平均工资（元） Average Wage (yuan)	年末人数（人） Year-end Figures (person)	#女性 Female	工资总额（千元） Total Wages (1000 yuan)	平均工资（元） Average Wage (yuan)
全国 National	**20343**	**9193**	**768974**	**37715**	**20918**	**7838**	**960114**	**45859**
北京 Beijing	1601	847	69597	41800	2074	858	71624	34418
天津 Tianjin	328	155	14395	41011				
河北 Hebei	1315	687	28456	22638	1051	225	27548	26488
山西 Shanxi	1692	650	33013	19674	89	48	3529	39211
内蒙古 Inner Mongolia			356	29667				
辽宁 Liaoning	555	202	18902	34181	1047	720	32947	31438
吉林 Jilin	108	42	2057	19224	212	48	12007	56905
黑龙江 Heilongjiang	678	378	26479	40800	297	92	7135	24024
上海 Shanghai	1183	565	77843	65141	4045	1949	231048	56175
江苏 Jiangsu	2952	1202	151123	51455	3102	854	234357	75697
浙江 Zhejiang	756	391	34958	46425	992	212	51757	53084
安徽 Anhui	703	300	21473	30720	1902	923	55433	29392
福建 Fujian	242	81	11299	46884	16	6		
江西 Jiangxi	21	11	1723	82048	70	33	1605	22606
山东 Shandong	1023	385	41094	39249	2156	708	80833	37492
河南 Henan	1779	928	49027	28521	2982	859	123397	41576
湖北 Hubei	615	200	23287	37989	44	15	1083	25186
湖南 Hunan	522	218	16843	32328	195	50	5462	27586
广东 Guangdong	872	444	41736	47972	140	47	5294	37814
广西 Guangxi	119	10	3539	29008	74	25	1669	22253
海南 Hainan	439	228	15859	35009	42	16	1040	24762
重庆 Chongqing	131	73	5638	43705				
四川 Sichuan	902	514	31812	35229	51	33	1461	29816
贵州 Guizhou	22	10	590	26818	8	3	139	17375
云南 Yunnan	94	42	2074	22543	137	47	2476	18073
西藏 Tibet	24		233	9708				
陕西 Shaanxi	676	315	22949	33211	180	65	7543	41906
甘肃 Gansu	171	36	5405	31608				
青海 Qinghai	452	189	9222	20224				
宁夏 Ningxia	368	90	7992	18247	12	2	727	60583
新疆 Xinjiang								

5-3 各地区分行业城镇集体单位在岗职工人数和平均工资(2013年)
ON-POST STAFF AND WORKERS AND AVERAGE WAGE IN URBAN COLLECTIVE-OWNED UNITS BY SECTOR AND REGION(2013)

地 区	Region	总 计 Total		农、林、牧、渔业 Agriculture, Forestry, Animal Husbandry and Fishery		采矿业 Mining		制造业 Manufacturing	
		年末人数(人) Year-end Figures (person)	平均工资(元) Average Wage (yuan)	年末人数(人) Year-end Figures (person)	平均工资(元) Average Wage (yuan)	年末人数(人) Year-end Figures (person)	平均工资(元) Average Wage (yuan)	年末人数(人) Year-end Figures (person)	平均工资(元) Average Wage (yuan)
全 国	**National**	**5215008**	**39669**	**23898**	**27034**	**153560**	**39105**	**943889**	**34897**
北 京	Beijing	165345	42482	3380	27490	719	65597	24659	35529
天 津	Tianjin	59494	42031	1	32000	127	77565	10449	36269
河 北	Hebei	168268	34003	794	16999	3606	37053	34427	27448
山 西	Shanxi	203522	37152	803	31523	12323	74152	45356	30140
内蒙古	Inner Mongolia	68842	52107	460	24859	1377	36422	11471	28851
辽 宁	Liaoning	346190	32417	615	32904	8438	22295	120183	28194
吉 林	Jilin	68911	35181	431	29244	1843	36029	13857	26645
黑龙江	Heilongjiang	146527	36586	1510	15481	11797	38813	43756	37193
上 海	Shanghai	108772	56984	221	85429			29531	41455
江 苏	Jiangsu	350298	51754	589	37100	853	24754	66440	47000
浙 江	Zhejiang	209068	53061	286	42877	1112	39139	12255	41189
安 徽	Anhui	154078	38761	385	26617	3235	32862	12494	34097
福 建	Fujian	118678	42855	261	27770	5814	36081	12137	31136
江 西	Jiangxi	125856	36185	437	27974	2761	31993	9215	30648
山 东	Shandong	555103	42028	836	29675	8215	40604	111015	44870
河 南	Henan	422889	33954	4158	26764	21549	32398	75633	31931
湖 北	Hubei	140115	34181	552	18780	7887	36119	20313	31230
湖 南	Hunan	209248	33912	870	25556	32324	36372	34149	29449
广 东	Guangdong	558177	35812	700	28875	1345	40873	157819	34366
广 西	Guangxi	120495	33623	268	22171	780	31315	23118	30231
海 南	Hainan	28323	36814	656	13728	19	11263	816	19018
重 庆	Chongqing	84712	34852	633	29258	4723	33930	9447	29410
四 川	Sichuan	292665	39457	2733	27793	3685	36290	15035	35841
贵 州	Guizhou	54875	50545	142	14704	1886	39407	6468	25583
云 南	Yunnan	128830	45410	1462	26332	6961	38207	8739	24863
西 藏	Tibet	3582	23856	23	22700	169	18854	1496	20523
陕 西	Shaanxi	177453	39141	407	35953	3943	46575	19585	36578
甘 肃	Gansu	97514	33039	141	29752	5798	45637	9073	36506
青 海	Qinghai	12137	34984	71	26901	46	19768	1305	22797
宁 夏	Ningxia	7135	50526	7	47429			370	32743
新 疆	Xinjiang	27906	57518	66	44603	225	47132	3278	48745

5-3 续表 1 continued

地区	Region	电力、热力、燃气及水生产和供应业 Production and Supply of Electricity, Heat, Gas and Water		建筑业 Construction		批发和零售业 Wholesale and Retail Trades		交通运输、仓储和邮政业 Transport, Storage and Post	
		年末人数(人) Year-end Figures (person)	平均工资(元) Average Wage (yuan)	年末人数(人) Year-end Figures (person)	平均工资(元) Average Wage (yuan)	年末人数(人) Year-end Figures (person)	平均工资(元) Average Wage (yuan)	年末人数(人) Year-end Figures (person)	平均工资(元) Average Wage (yuan)
全　国	**National**	**40092**	**46034**	**1567021**	**34211**	**358635**	**26672**	**169418**	**32207**
北　京	Beijing	801	35618	17332	53214	8532	43628	6761	31060
天　津	Tianjin	204	57309	20979	46603	6529	33188	4897	41397
河　北	Hebei	285	40156	24747	32120	22596	18332	4679	27187
山　西	Shanxi	296	28007	23475	26276	31587	19384	3389	20617
内蒙古	Inner Mongolia	781	32335	4016	28576	2468	31289	1969	30228
辽　宁	Liaoning	1654	26683	105594	34432	11956	22595	16217	37916
吉　林	Jilin	266	18783	13439	34173	2107	22984	864	19322
黑龙江	Heilongjiang	736	57871	29473	31338	11476	28149	1939	28882
上　海	Shanghai	827	69535	7667	67180	3919	60900	3218	42581
江　苏	Jiangsu	2189	48198	77142	47066	14843	31757	15096	42714
浙　江	Zhejiang	2000	59982	72365	40340	4968	37912	5201	53733
安　徽	Anhui	1109	32095	42853	33731	5320	26254	10211	25540
福　建	Fujian	2432	49592	18928	39384	10592	25110	3068	32247
江　西	Jiangxi	104	31596	77359	34742	3853	27837	4045	29397
山　东	Shandong	1058	38411	192624	33966	41383	32791	11509	35568
河　南	Henan	3463	33179	80212	30734	68186	27924	16607	26738
湖　北	Hubei	1413	28513	40424	30528	15623	24308	5644	25605
湖　南	Hunan	2216	36570	73831	30833	6773	25715	9065	23631
广　东	Guangdong	10819	64915	167369	30430	30649	23384	10701	29464
广　西	Guangxi	567	26362	49708	27487	9160	19215	6328	24153
海　南	Hainan	97	17784	11878	37065	1925	17307	313	26592
重　庆	Chongqing	1207	29015	41680	35556	4237	24573	2384	34976
四　川	Sichuan	3151	34539	146884	32496	9250	27084	12435	28195
贵　州	Guizhou	496	25022	17868	29573	3970	23932	1456	35675
云　南	Yunnan	321	28797	56186	30457	7148	21553	3931	24020
西　藏	Tibet			1552	27524	178	28190	11	13818
陕　西	Shaanxi	935	50221	86616	35113	10884	22628	4590	38890
甘　肃	Gansu	384	15813	54953	31069	4378	19879	1918	30243
青　海	Qinghai			5193	31972	675	23617	222	44833
宁　夏	Ningxia			1883	31478	296	35464		
新　疆	Xinjiang	281	36637	2791	49758	3174	32364	750	49642

5-3 续表 2 continued

地区 Region	住宿和餐饮业 Hotels and Catering Services		信息传输、软件和信息技术服务业 Information Transmission, Software and Information Technology		金融业 Financial Intermediation		房地产业 Real Estate	
	年末人数(人) Year-end Figures (person)	平均工资(元) Average Wage (yuan)	年末人数(人) Year-end Figures (person)	平均工资(元) Average Wage (yuan)	年末人数(人) Year-end Figures (person)	平均工资(元) Average Wage (yuan)	年末人数(人) Year-end Figures (person)	平均工资(元) Average Wage (yuan)
全　国 National	**96663**	**40053**	**8179**	**41260**	**472271**	**71437**	**75673**	**38309**
北　京 Beijing	8887	40049	553	35257	6	130000	14879	41483
天　津 Tianjin	1215	31799	116	80235	27	36462	1000	48497
河　北 Hebei	2190	24703	336	42095	25580	68660	1114	46298
山　西 Shanxi	3443	26320	239	25414	41304	66744	1527	15673
内蒙古 Inner Mongolia	1267	24622	26	21615	25967	83162	59	14864
辽　宁 Liaoning	3831	26437	258	36252	23137	49529	1949	34111
吉　林 Jilin	803	23974	57	27035	16530	53538	195	24836
黑龙江 Heilongjiang	3682	43282	193	25804	18726	49877	1099	30795
上　海 Shanghai	2590	36642	3	30000	52	103057	4264	42263
江　苏 Jiangsu	3449	34545	561	46535	21415	91530	4200	47996
浙　江 Zhejiang	2781	35910	1024	63145	4447	121976	2524	54683
安　徽 Anhui	914	26376	212	39280	17077	75601	1059	33196
福　建 Fujian	1280	39550	66	26015	10396	97377	2038	39480
江　西 Jiangxi	224	19141	306	33954	15297	55799	1040	28964
山　东 Shandong	30169	58019	273	52682	33320	74928	10266	39379
河　南 Henan	6938	26092	1613	33422	31216	53015	2834	34589
湖　北 Hubei	1994	31951	104	17567	12454	57197	1230	32606
湖　南 Hunan	1196	22680	96	39000	12138	57457	676	33205
广　东 Guangdong	7121	35364	854	44084	40601	56835	15454	36309
广　西 Guangxi	1244	24395	794	39568	14609	79821	1263	26334
海　南 Hainan	194	24851	43	44857	3419	53292	796	18691
重　庆 Chongqing	1956	28211	31	52667	11	25818	744	54022
四　川 Sichuan	2247	29604	165	30539	25832	77724	1209	31530
贵　州 Guizhou	794	26340	35	20886	11159	139652	1228	30282
云　南 Yunnan	2246	25620	68	20418	18724	127344	391	30837
西　藏 Tibet	90	19700						
陕　西 Shaanxi	1717	22679	84	32667	20490	71463	1308	27291
甘　肃 Gansu	893	23380	48	29063	12523	43987	472	28202
青　海 Qinghai	411	34863			2224	57745	20	26533
宁　夏 Ningxia	121	33192	14	50143	3277	82376	369	33583
新　疆 Xinjiang	776	36077	7	18286	10313	86425	466	30301

5-3 续表 3 continued

地 区	Region	租赁和商务服务业 Leasing and Business Services		科学研究和技术服务业 Scientific Research and Technical Services		水利、环境和公共设施管理业 Management of Water Conservancy,Environment and Public Facilities		居民服务、修理和其他服务业 Service to Households, Repair and Other Services	
		年末人数（人） Year-end Figures (person)	平均工资（元） Average Wage (yuan)	年末人数（人） Year-end Figures (person)	平均工资（元） Average Wage (yuan)	年末人数（人） Year-end Figures (person)	平均工资（元） Average Wage (yuan)	年末人数（人） Year-end Figures (person)	平均工资（元） Average Wage (yuan)
全 国	**National**	**365122**	**33501**	**52185**	**53685**	**89160**	**29348**	**50047**	**31666**
北 京	Beijing	35047	30800	7021	73284	4137	30946	8604	28257
天 津	Tianjin	6880	35569	1014	46092	170	49988	1916	38293
河 北	Hebei	13328	22741	1153	28499	1685	14192	1132	24402
山 西	Shanxi	7900	26817	559	24329	6250	18455	1289	16928
内蒙古	Inner Mongolia	2080	33642	769	25709	2769	13822	2553	26082
辽 宁	Liaoning	21166	27010	5988	49436	3658	23728	2088	29558
吉 林	Jilin	1784	31043	416	69297	6471	21616	1614	22732
黑龙江	Heilongjiang	6073	37108	1456	48930	3197	23312	2854	45810
上 海	Shanghai	25617	61751	1086	96262	2856	38742	3539	44780
江 苏	Jiangsu	32938	37415	3511	54999	17647	35948	3870	36045
浙 江	Zhejiang	21349	42775	3931	80269	7419	41683	2176	39895
安 徽	Anhui	5343	30748	1009	51808	829	29145	595	40123
福 建	Fujian	18526	28336	1047	57031	863	41544	329	27036
江 西	Jiangxi	3025	27592	53	98340	2041	22281	362	23068
山 东	Shandong	15868	31455	3470	47028	4294	28049	3317	37897
河 南	Henan	14137	27642	3716	37922	1850	41115	1567	28370
湖 北	Hubei	2666	29656	1083	30342	4406	28781	1664	32675
湖 南	Hunan	5606	33396	944	37310	1216	30624	375	49083
广 东	Guangdong	73460	32538	6588	57940	7405	31631	1872	26588
广 西	Guangxi	7166	23755	1089	43364	391	26681	697	21990
海 南	Hainan	429	37125	675	39033	114	14378	52	27625
重 庆	Chongqing	926	33332	735	40861	2726	26707	619	33822
四 川	Sichuan	11276	26150	1363	41792	3161	24338	1860	21302
贵 州	Guizhou	5715	27454	298	21503	862	20435	492	24955
云 南	Yunnan	7293	24294	1238	27992	1885	19565	529	21512
西 藏	Tibet	9	13333			10	11900	20	12100
陕 西	Shaanxi	10797	31232	1384	51514	674	32231	3303	24711
甘 肃	Gansu	3689	21453	211	37217			361	22357
青 海	Qinghai	933	26627	167	44161	107	40613	90	30411
宁 夏	Ningxia	305	25026			65	38369	19	17579
新 疆	Xinjiang	3791	32430	211	49505	2	70000	289	43035

5-3 续表 4 continued

地 区	Region	教 育 Education		卫生和社会工作 Health and Social Service		文化、体育和娱乐业 Culture, Sports and Entertainment		公共管理、社会保障和社会组织 Public Management, Social Security and Social Organization	
		年末人数（人） Year-end Figures (person)	平均工资（元） Average Wage (yuan)	年末人数（人） Year-end Figures (person)	平均工资（元） Average Wage (yuan)	年末人数（人） Year-end Figures (person)	平均工资（元） Average Wage (yuan)	年末人数（人） Year-end Figures (person)	平均工资（元） Average Wage (yuan)
全 国	**National**	**206841**	**48757**	**504055**	**50048**	**18679**	**38894**	**19620**	**47040**
北 京	Beijing	9932	62496	11027	73710	1307	43420	1761	32369
天 津	Tianjin	444	32821	3231	57170	295	45680		
河 北	Hebei	7572	44191	20875	30302	1139	22960	1030	26615
山 西	Shanxi	4357	36446	17684	29157	1652	19834	89	39211
内蒙古	Inner Mongolia	221	53208	10589	49189		29667		
辽 宁	Liaoning	3642	35027	14224	35844	548	34302	1044	31478
吉 林	Jilin	384	35683	7532	33798	108	19224	210	57033
黑龙江	Heilongjiang	1878	44808	5707	35728	678	40800	297	24024
上 海	Shanghai	2190	65456	16425	81757	1119	66019	3648	59300
江 苏	Jiangsu	14816	73504	64832	63926	2850	51628	3057	76500
浙 江	Zhejiang	22906	65763	40718	74470	655	49298	951	54151
安 徽	Anhui	2499	38648	46709	37636	604	32285	1621	32087
福 建	Fujian	2255	47362	28402	47881	228	48170	16	
江 西	Jiangxi	330	40628	5321	36116	13	91615	70	22606
山 东	Shandong	33380	47665	51077	45900	931	41203	2098	37724
河 南	Henan	64450	39208	20031	42047	1758	28561	2971	41631
湖 北	Hubei	2736	37249	19275	43298	605	38126	42	25512
湖 南	Hunan	6763	40305	20369	39897	504	33038	137	34285
广 东	Guangdong	6774	48363	17671	60027	845	48447	130	36138
广 西	Guangxi	1047	35142	2073	34146	119	29008	74	22253
海 南	Hainan	672	51052	5758	40911	435	34967	32	27688
重 庆	Chongqing	1648	40255	10874	42846	131	43705		
四 川	Sichuan	6008	52486	45561	51381	789	38385	21	40053
贵 州	Guizhou	678	36136	1298	34914	22	26818	8	17375
云 南	Yunnan	7771	52435	3743	39035	73	25239	121	18860
西 藏	Tibet					24	9708		
陕 西	Shaanxi	967	48641	8969	41895	620	34452	180	41906
甘 肃	Gansu	287	25358	2214	38808	171	31608		
青 海	Qinghai	8	46875	213	39775	452	20224		
宁 夏	Ningxia	109	45714	284	41745	4	30250	12	60583
新 疆	Xinjiang	117	28658	1369	58154				

5-4 各地区分行业城镇集体单位其他就业人员和平均工资(2013年)
OTHER EMPLOYMENT AND AVERAGE WAGE IN URBAN COLLECTIVE-OWNED UNITS BY SECTOR AND REGION(2013)

地 区	Region	总 计 Total		农、林、牧、渔业 Agriculture, Forestry, Animal Husbandry and Fishery		采矿业 Mining		制造业 Manufacturing	
		年末人数(人) Year-end Figures (person)	平均工资(元) Average Wage (yuan)	年末人数(人) Year-end Figures (person)	平均工资(元) Average Wage (yuan)	年末人数(人) Year-end Figures (person)	平均工资(元) Average Wage (yuan)	年末人数(人) Year-end Figures (person)	平均工资(元) Average Wage (yuan)
全 国	**National**	**446695**	**29898**	**842**	**18810**	**4505**	**35821**	**30188**	**28281**
北 京	Beijing	9996	42828	133	22684	2	90000	1607	66724
天 津	Tianjin	11543	36045			16	90000	924	24243
河 北	Hebei	11691	19856	46	14200	50	42000	645	27442
山 西	Shanxi	10630	22094	10	24000	93	34476	1339	22521
内蒙古	Inner Mongolia	3964	29236	31	3097	82	95824	738	34503
辽 宁	Liaoning	21135	21238	3	49333	331	18692	4868	17804
吉 林	Jilin	5143	26608	28	13464	245	31443	216	33502
黑龙江	Heilongjiang	11939	26973	28	26269	794	32919	2979	20256
上 海	Shanghai	11207	34200	1	50000			1409	42002
江 苏	Jiangsu	37248	39350	20	47500	151	8647	1080	31457
浙 江	Zhejiang	13622	36625	10	18800	3	15750	307	28226
安 徽	Anhui	9918	24983	144	19090	85	26619	423	16929
福 建	Fujian	22163	33034	5	25000	72	27528	432	20448
江 西	Jiangxi	28038	35158	1	12000	25	38261	1971	27427
山 东	Shandong	36608	31940			76	18052	429	46763
河 南	Henan	38039	23882			2	31000	1992	13424
湖 北	Hubei	12407	22118	34	20588	225	9379	990	17278
湖 南	Hunan	27274	25852	13	22769	368	34875	926	28395
广 东	Guangdong	27023	32240	18	15263	19	98957	2404	50820
广 西	Guangxi	23415	24855	5	10400	73	15110	911	17465
海 南	Hainan	2001	30779					4	12750
重 庆	Chongqing	6213	29511	1	18000	5	50800	492	28527
四 川	Sichuan	21299	34278	4	12500	386	33396	603	22567
贵 州	Guizhou	6642	25246	27	3857	8	27333	415	13494
云 南	Yunnan	11422	25055	277	18523	163	61330	460	22012
西 藏	Tibet	1831	26717	2	54000			145	15175
陕 西	Shaanxi	11483	28331			1032	39897	947	28231
甘 肃	Gansu	9875	30744	1	14333	199	64790	481	15873
青 海	Qinghai	506	16588					4	7000
宁 夏	Ningxia	1203	39051					13	26769
新 疆	Xinjiang	1217	40665					34	26111

5-4 续表 1 continued

地区	Region	电力、热力、燃气及水生产和供应业 Production and Supply of Electricity, Heat, Gas and Water		建筑业 Construction		批发和零售业 Wholesale and Retail Trades		交通运输、仓储和邮政业 Transport, Storage and Post	
		年末人数（人）Year-end Figures (person)	平均工资（元）Average Wage (yuan)	年末人数（人）Year-end Figures (person)	平均工资（元）Average Wage (yuan)	年末人数（人）Year-end Figures (person)	平均工资（元）Average Wage (yuan)	年末人数（人）Year-end Figures (person)	平均工资（元）Average Wage (yuan)
全 国	**National**	**1943**	**23426**	**248679**	**31840**	**24407**	**19279**	**20106**	**28166**
北 京	Beijing	211	45532	704	58526	570	47296	605	26908
天 津	Tianjin	137	26400	6016	37329	247	32631	2215	42920
河 北	Hebei	54	15019	6755	21025	915	11143	595	18039
山 西	Shanxi	2	18000	4075	22666	951	11529	305	11210
内蒙古	Inner Mongolia			923	31869	137	24266	667	29466
辽 宁	Liaoning	5	7000	11640	21557	1037	33970	304	8825
吉 林	Jilin			1012	43905	404	15842	136	25735
黑龙江	Heilongjiang	93	31267	4764	34709	823	12223	176	39618
上 海	Shanghai	237	40638	1606	31047	802	35583	1794	23704
江 苏	Jiangsu	46	47567	14715	48534	856	14492	1968	42575
浙 江	Zhejiang	63	26667	1234	41334	636	20517	201	25894
安 徽	Anhui			1717	24367	148	15486	701	18281
福 建	Fujian	58	24316	14904	38434	1077	13647	645	31812
江 西	Jiangxi			23055	37611	169	5929	148	21936
山 东	Shandong	26	10381	22500	34290	2530	19723	3179	31741
河 南	Henan	274	13193	23626	27251	3244	18667	2380	19092
湖 北	Hubei	5	14600	4929	25645	2118	18674	268	27556
湖 南	Hunan	145	36687	21333	26151	433	15463	1593	19193
广 东	Guangdong	474	7329	17830	30974	1304	19262	146	28823
广 西	Guangxi	36	12528	18515	26676	745	16984	868	19503
海 南	Hainan			1449	32865	6	22000	44	11955
重 庆	Chongqing	13	23923	3040	32745	121	14590	264	32420
四 川	Sichuan	16	21067	14013	36287	911	13222	275	36426
贵 州	Guizhou	12	32750	4882	28335	704	12860	109	33018
云 南	Yunnan	21	17300	8146	25794	595	18812	131	16794
西 藏	Tibet			1682	27554				
陕 西	Shaanxi			5641	29548	1901	21268	183	21973
甘 肃	Gansu			7000	33313	578	19217	116	20776
青 海	Qinghai			369	9518			86	42860
宁 夏	Ningxia			237	37989	59	11102		
新 疆	Xinjiang	15	13400	367	72259	386	13280	4	14500

5-4 续表 2 continued

地 区	Region	住宿和餐饮业 Hotels and Catering Services		信息传输、软件和信息技术服务业 Information Transmission, Software and Information Technology		金融业 Financial Intermediation		房地产业 Real Estate	
		年末人数（人）Year-end Figures (person)	平均工资（元）Average Wage (yuan)	年末人数（人）Year-end Figures (person)	平均工资（元）Average Wage (yuan)	年末人数（人）Year-end Figures (person)	平均工资（元）Average Wage (yuan)	年末人数（人）Year-end Figures (person)	平均工资（元）Average Wage (yuan)
全 国	**National**	**3233**	**23626**	**596**	**26682**	**14957**	**33311**	**7111**	**24861**
北 京	Beijing	469	26884	80	45738			1005	35804
天 津	Tianjin	118	19612					13	22381
河 北	Hebei	50	21549			197	26493	182	16898
山 西	Shanxi	76	11350	3	18333	2129	32800	137	7599
内蒙古	Inner Mongolia	39	21302			426	35956		
辽 宁	Liaoning	93	24120			497	31000	130	19546
吉 林	Jilin	39	31194			279	17114		
黑龙江	Heilongjiang	2	15667			482	21851	313	15234
上 海	Shanghai	575	34405	6	57000	16	144938	735	32009
江 苏	Jiangsu	63	24464	269	31139	438	30733	144	25464
浙 江	Zhejiang	54	28939	59	16175	27	54464	435	21479
安 徽	Anhui	83	15386	9	25444	950	40062	101	14297
福 建	Fujian	47	37283	14	16357	347	20348	165	16026
江 西	Jiangxi	68	1912	86	3814	1058	36063	87	6379
山 东	Shandong	136	29274			2509	30994	223	22468
河 南	Henan	306	14238	23	7783	528	29115	1003	21572
湖 北	Hubei	80	20419	1	17000	327	29394	119	13200
湖 南	Hunan	23	22435			390	26925	175	22412
广 东	Guangdong	157	19976	25	53292	357	19635	1308	30073
广 西	Guangxi	176	15635			396	30159	320	21367
海 南	Hainan					54	42660	35	19765
重 庆	Chongqing	147	24212					24	23875
四 川	Sichuan	66	26039	16	13250	772	48556	50	24729
贵 州	Guizhou	4	10250	2	21500	250	33352	103	16750
云 南	Yunnan	155	20599	3	8000	618	31570	28	21920
西 藏	Tibet								
陕 西	Shaanxi	113	30228			694	36785	95	11638
甘 肃	Gansu	78	11474			513	22767	89	26120
青 海	Qinghai	8	26625			22	17000	7	22000
宁 夏	Ningxia					496	64818	4	15000
新 疆	Xinjiang	8	26625			185	32605	81	21395

5-4 续表 3 continued

地区	Region	租赁和商务服务业 Leasing and Business Services		科学研究和技术服务业 Scientific Research and Technical Services		水利、环境和公共设施管理业 Management of Water Conservancy,Environment and Public Facilities		居民服务、修理和其他服务业 Service to Households, Repair and Other Services	
		年末人数（人）Year-end Figures (person)	平均工资（元）Average Wage (yuan)	年末人数（人）Year-end Figures (person)	平均工资（元）Average Wage (yuan)	年末人数（人）Year-end Figures (person)	平均工资（元）Average Wage (yuan)	年末人数（人）Year-end Figures (person)	平均工资（元）Average Wage (yuan)
全 国	**National**	**16047**	**28738**	**3189**	**28044**	**17563**	**20252**	**3718**	**21801**
北 京	Beijing	775	30588	915	35656	93	12636	316	29028
天 津	Tianjin	524	37249	98	29912	564	25134	79	29889
河 北	Hebei	74	10014	62	7226	469	14274	4	14000
山 西	Shanxi	102	14919	54	8085	72	10444	309	10929
内蒙古	Inner Mongolia	1	14000	140	2000	82	16500	521	13280
辽 宁	Liaoning	126	17516	225	30004	487	11115	157	6760
吉 林	Jilin	162	22746	60	22203	2046	17709	2	18333
黑龙江	Heilongjiang	241	20021	221	3027	296	10247	9	16318
上 海	Shanghai	1410	33776	77	54350	22	34727	158	33037
江 苏	Jiangsu	374	26654	177	38709	5852	21248	283	20539
浙 江	Zhejiang	2857	37098	241	29212	1565	26852	519	29843
安 徽	Anhui	1698	37798	26	13080	689	16353	15	20111
福 建	Fujian	376	21436	55	24473	399	25133	25	14208
江 西	Jiangxi	140	24418	14	10786	737	13254	22	19727
山 东	Shandong	396	32034	17	29400	214	38014	76	37842
河 南	Henan	2472	17082	8	34000	153	37370	694	15669
湖 北	Hubei	128	29234	146	28986	2049	19272	144	16125
湖 南	Hunan	182	17621	40	43282	264	17228	96	39688
广 东	Guangdong	1966	35768	201	23467	102	20774	56	28842
广 西	Guangxi	651	12653	129	24810	393	11547	53	16377
海 南	Hainan	13	15400	13	72462				
重 庆	Chongqing	60	15237	25	15920	170	18988	93	37570
四 川	Sichuan	204	25086	57	31892	833	25324	4	12600
贵 州	Guizhou	69	21522	13	18692				
云 南	Yunnan	213	23131	111	36319	2	10500	15	25133
西 藏	Tibet	2	6000						
陕 西	Shaanxi	253	14398	48	27286			67	21910
甘 肃	Gansu	544	14052	6	21500				
青 海	Qinghai			10	41800				
宁 夏	Ningxia	1	7000			10	18200		
新 疆	Xinjiang	33	14939					1	30000

5-4 续表 4 continued

地 区	Region	教 育 Education		卫生和社会工作 Health and Social Service		文化、体育和娱乐业 Culture, Sports and Entertainment		公共管理、社会保障和社会组织 Public Management, Social Security and Social Organization	
		年末人数（人） Year-end Figures (person)	平均工资（元） Average Wage (yuan)	年末人数（人） Year-end Figures (person)	平均工资（元） Average Wage (yuan)	年末人数（人） Year-end Figures (person)	平均工资（元） Average Wage (yuan)	年末人数（人） Year-end Figures (person)	平均工资（元） Average Wage (yuan)
全 国	**National**	**11083**	**26006**	**35566**	**34191**	**1664**	**25151**	**1298**	**27615**
北 京	Beijing	1067	26415	837	62160	294	34278	313	46490
天 津	Tianjin	170	18595	389	40087	33	16930		
河 北	Hebei	18	16500	1378	19048	176	20007	21	20050
山 西	Shanxi	127	18364	806	16096	40	13125		
内蒙古	Inner Mongolia			177	22358				
辽 宁	Liaoning	277	13955	945	26203	7	24714	3	17333
吉 林	Jilin			512	25642			2	30000
黑龙江	Heilongjiang	605	26692	113	42071				
上 海	Shanghai	535	26088	1363	41253	64	49877	397	26924
江 苏	Jiangsu	2391	29448	8274	44268	102	46647	45	21222
浙 江	Zhejiang	2361	32011	2908	53672	101	27224	41	29381
安 徽	Anhui	44	24362	2705	21269	99	21340	281	13936
福 建	Fujian	185	32076	3343	23710	14	22333		
江 西	Jiangxi			449	22354	8	66500		
山 东	Shandong	668	18288	3479	28556	92	24298	58	25810
河 南	Henan	768	24017	534	24625	21	25238	11	26636
湖 北	Hubei	349	24905	483	23040	10	29700	2	18500
湖 南	Hunan	433	23540	784	33377	18	12500	58	12541
广 东	Guangdong	489	22572	130	58452	27	33148	10	59600
广 西	Guangxi	58	22000	86	15088				
海 南	Hainan			369	24119	4	38800	10	15400
重 庆	Chongqing	60	17906	1698	26914				
四 川	Sichuan	81	9817	2865	35849	113	13609	30	23333
贵 州	Guizhou	13	12583	31	22050				
云 南	Yunnan	377	11285	70	15870	21	13429	16	12125
西 藏	Tibet								
陕 西	Shaanxi	4	18250	449	17046	56	19143		
甘 肃	Gansu	3	22333	267	28774				
青 海	Qinghai								
宁 夏	Ningxia			19	22842	364	18136		
新 疆	Xinjiang			103	18853				

六、其他单位就业人员和工资总额

EMPLOYMENT AND TOTAL WAGES IN OTHER OWNERSHIP UNITS

6-1 分行业其他单位就业人员和工资总额(2013年)
EMPLOYMENT AND TOTAL WAGES IN OTHER OWNERSHIP UNITS BY SECTOR (2013)

项 目	Item	年末人数(千人) Year-end Figures (1000 persons)	#女性 Female	工资总额(千元) Total Wages (1000 yuan)	平均工资(元) Average Wage (yuan)
全国总计	**National Total**	**111772**	**36869**	**5750893332**	**51453**
按登记注册类型分组	**Grouped by Registration Status**				
内资	Domestic Funded	82142	23279	4052403975	49452
股份合作	Cooperative Units	1084	426	52366534	48657
联营	Joint-owned Units	253	72	10747876	43973
#国有联营	State Joint-owned Units	77	20	4088631	52839
集体联营	Collective Joint-owned Units	54	16	1988303	37581
有限责任公司	Limited Liability Corporations	60690	15953	2834693895	46718
#国有独资	State Funded Corporations	7458	1752	451063982	60220
股份有限公司	Share-holding Corporations Ltd	17215	5622	1045352339	61145
其他	Others	2899	1206	109243331	38306
港、澳、台商投资	Funded by Entrepreneurs from Hong Kong, Macao and Taiwan	13970	6721	701715881	49961
外商投资	Foreign Funded	15661	6869	996773476	63171
按国民经济行业分组	**Grouped by Sector**				
农、林、牧、渔业	**Agriculture, Forestry, Animal Husbandry and Fishery**	**121**	**44**	**4138714**	**34310**
农业	Farming	50	20	1373238	27152
林业	Forestry	11	4	365890	32056
畜牧业	Animal Husbandry	38	15	1422829	37930
渔业	Fishery	11	2	503419	44932
农、林、牧、渔服务业	Service in Support of Agriculture	10	3	473338	47711
采矿业	**Mining**	**5234**	**902**	**322244560**	**61475**
煤炭开采和洗选业	Mining and Washing of Coal	3798	539	227886465	60213
石油和天然气开采业	Extraction of Petroleum and Natural Gas	670	223	54871151	79145
黑色金属矿采选业	Mining and Processing of Ferrous Metal Ores	256	43	13423918	53558
有色金属矿采选业	Mining and Processing of Non-Ferrous Metal Ores	260	47	11805274	45444
非金属矿采选业	Mining and Processing of Non-metal Ores	169	33	6789975	40112
开采辅助活动	Support Activities for Mining	156	30	11170947	71085
其他采矿业	Mining of Other Ores	1	0	37067	42753
制造业	**Manufacturing**	**49279**	**19724**	**2293551766**	**46297**
农副食品加工业	Processing of Food from Agricultural Products	1856	789	67583802	36950
食品制造业	Manufacture of Foods	1228	596	53261673	44175
酒、饮料和精制茶制造业	Manufacture of Liquor, Beverages and Refined Tea	1045	388	44526600	42369
烟草制品业	Manufacture of Tobacco	146	56	16380954	115127
纺织业	Manufacture of Textile	2176	1289	80624415	36728
纺织服装、服饰业	Manufacture of Textile, Wearing Apparel and Accessories	2584	1728	98302040	37754
皮革、毛皮、羽毛及其制品和制鞋业	Manufacture of Leather, Fur, Feather and Related Products and Footwear	1798	1063	62901766	34580

6-1 续表 1 continued

项　目	Item	年末人数（千人）Year-end Figures (1000 persons)	#女 性 Female	工资总额（千元）Total Wages (1000 yuan)	平均工资（元）Average Wage (yuan)
木材加工和木、竹、藤、棕、草制品业	Processing of Timber, Manufacture of Wood, Bamboo, Rattan, Palm and Straw Products	417	160	14339048	34649
家具制造业	Manufacture of Furniture	582	206	23444204	40671
造纸及纸制品业	Manufacture of Paper and Paper Products	742	265	30200486	40708
印刷和记录媒介复制业	Printing and Reproduction of Recording Media	521	229	22704390	43019
文教、工美、体育和娱乐用品制造业	Manufacture of Articles for Culture, Education, Arts and Crafts, Sport and Entertainment Activities	1290	742	48008116	36244
石油加工、炼焦和核燃料加工业	Processing of Petroleum, Coking and Processing of Nuclear Fuel	639	172	38591931	60192
化学原料和化学制品制造业	Manufacture of Raw Chemical Materials and Chemical Products	2704	803	134519782	49424
医药制造业	Manufacture of Medicines	1520	697	75820594	50062
化学纤维制造业	Manufacture of Chemical Fibres	247	101	10203236	41219
橡胶和塑料制品业	Manufacture of Rubber and Plastics Products	1847	762	78917727	42344
非金属矿物制品业	Manufacture of Non-metallic Mineral Products	2421	692	95164830	39134
黑色金属冶炼和压延加工业	Smelting and Pressing of Ferrous Metals	2258	453	113761412	49826
有色金属冶炼和压延加工业	Smelting and Pressing of Non-ferrous Metals	1193	282	54238457	45158
金属制品业	Manufacture of Metal Products	1746	531	77623035	44592
通用设备制造业	Manufacture of General Purpose Machinery	2635	754	132899792	50225
专用设备制造业	Manufacture of Special Purpose Machinery	2018	539	109563391	53835
汽车制造业	Manufacture of Automobiles	2913	783	162633622	56489
铁路、船舶、航空航天和其他运输设备制造业	Manufacture of Railway, Ship, Aerospace and Other Transport Equipments	972	238	54329639	55164
电气机械和器材制造业	Manufacture of Electrical Machinery and Apparatus	3854	1581	184445330	47546
计算机、通信和其他电子设备制造业	Manufacture of Computers, Communication and Other Electronic Equipment	7306	3543	370911446	50070
仪器仪表制造业	Manufacture of Measuring Instruments and Machinery	691	298	36309615	51971
其他制造业	Other Manufacture	195	102	8308493	42281
废弃资源综合利用业	Utilization of Waste Resources	69	19	2965454	42811
金属制品、机械和设备修理业	Repair Service of Metal Products, Machinery and Equipment	96	20	6019349	62682
电力、热力、燃气及水生产和供应业	**Production and Supply of Electricity, Heat, Gas and Water**	**2014**	**540**	**133448121**	**66489**
电力、热力生产和供应业	Production and Supply of Electric Power and Heat Power	1557	389	108363643	69711
燃气生产和供应业	Production and Supply of Gas	204	64	11632350	57938
水的生产和供应业	Production and Supply of Water	257	89	13808117	53721

6-1 续表 2 continued

项　目	Item	年末人数（千人）Year-end Figures (1000 persons)	#女 性 Female	工资总额（千元）Total Wages (1000 yuan)	平均工资（元）Average Wage (yuan)
建筑业	**Construction**	**24728**	**2408**	**1053807358**	**42476**
房屋建筑业	Construction of Buildings	17446	1528	734545315	41904
土木工程建筑业	Civil Engineering	4375	537	197978840	44312
建筑安装业	Building Installation	1425	172	61712143	44843
建筑装饰和其他建筑业	Building Decoration and Other Constructions	1550	177	62637765	41793
批发和零售业	**Wholesale and Retail Trades**	**7424**	**3920**	**372928947**	**50700**
批发业	Wholesale Trade	3078	1390	208059574	67996
零售业	Retail Trade	4373	2539	165809178	38376
交通运输、仓储和邮政业	**Transport, Storage and Post**	**4170**	**1070**	**238577805**	**57720**
铁路运输业	Railway Transport	110	24	8515372	72426
道路运输业	Road Transport	2534	611	108902843	43250
水上运输业	Water Transport	340	59	25994909	76615
航空运输业	Air Transport	413	150	50325847	126165
管道运输业	Transport Via Pipelines	29	7	2334792	79691
装卸搬运和运输代理业	Loading, Unloading and Forwarding Agency	357	117	22902015	63772
仓储业	Storage	179	52	9135558	51240
邮政业	Post	229	55	11390941	53141
住宿和餐饮业	**Hotels and Catering Services**	**2487**	**1385**	**83009549**	**33400**
住宿业	Hotels	1172	648	42443050	35913
餐饮业	Catering Services	1319	739	40720036	31132
信息传输、软件和信息技术服务业	**Information Transmission, Software and Information Technology**	**2769**	**1098**	**265588370**	**96618**
电信、广播电视和卫星传输服务	Telecommunication, Radio and Television and Satellite Transmission Service	1433	629	109223031	76135
互联网和相关服务	Internet and Related Service	173	70	20741776	122732
软件和信息技术服务业	Software and Information Technology	1164	399	135641175	118401
金融业	**Financial Intermediation**	**3413**	**1794**	**364094174**	**109161**
货币金融服务	Monetary and Financial Service	1738	907	243424149	143020
资本市场服务	Capital Market Service	161	67	28873265	176887
保险业	Insurance	1461	799	80942283	57082
其他金融业	Other Financial Activities	53	21	10854477	208335
房地产业	**Real Estate**	**3283**	**1179**	**168278884**	**52052**
#房地产开发经营	Development and Management of Real Estate	1619	561	103273588	64381
物业管理	Property Management	1415	520	50190764	36239
房地产中介服务	Agency Services of Real Estate	176	71	10265028	60350
租赁和商务服务业	**Leasing and Business Services**	**2602**	**962**	**192129011**	**74632**
租赁业	Leasing	74	16	4106571	57071
商务服务业	Business Services	2532	947	188171222	75086

6-1 续表 3 continued

项 目	Item	年末人数 (千人) Year-end Figures (1000 persons)	#女 性 Female	工资总额 (千元) Total Wages (1000 yuan)	平均工资 (元) Average Wage (yuan)
科学研究和技术服务业	**Scientific Research and Technical Services**	**1585**	**478**	**136554307**	**87590**
研究和试验发展	Research and Experimental Development	165	60	17740175	108523
专业技术服务业	Professional Technical Services	1183	334	101361324	86960
科技推广和应用服务业	Science and Technology Popularization and Application Services	264	94	18171315	72252
水利、环境和公共设施管理业	**Management of Water Conservancy, Environment and Public Facilities**	**408**	**165**	**17574302**	**43213**
水利管理业	Management of Water Conservancy	20	6	1066143	54674
生态保护和环境治理业	Ecological Protection and Environmental Treatment	38	13	2270615	62166
公共设施管理业	Management of Public Facilities	356	148	14397300	40483
居民服务、修理和其他服务业	**Service to Households, Repair and Other Services**	**441**	**194**	**16434268**	**37738**
居民服务业	Service to Households	132	66	4632154	35135
机动车、电子产品和日用产品修理业	Repair of Motor Vehicle, Electronics and Household Products	88	27	4128006	46265
其他服务业	Other Services	221	102	7725589	35810
教育	**Education**	**916**	**525**	**42458034**	**47194**
#初等教育	Primary Education	121	76	5412554	45575
中等教育	Secondary Education	270	145	13861458	51990
高等教育	Senior Education	146	74	7081123	50118
卫生和社会工作	**Health and Social Service**	**433**	**276**	**21306230**	**50173**
卫生	Health	416	264	20729181	50912
社会工作	Social Service	18	11	598112	33269
文化、体育和娱乐业	**Culture, Sports and Entertainment**	**350**	**165**	**20870907**	**60288**
新闻和出版业	Journalism and Publishing Activities	94	44	7730238	81495
广播、电视、电影和影视录音制作业	Radio, Television, Motion Picture and Videotape Programme Production Services	73	32	5130485	70828
文化艺术业	Cultural and Art Activities	50	23	2250025	45756
体育	Sports Activities	70	36	3302218	47103
娱乐业	Entertainment	65	31	2514102	40903
公共管理、社会保障和社会组织	**Public Management, Social Security and Social Organization**	**113**	**40**	**3898025**	**34486**
#中国共产党机关	Organs of Communist Party of China				
国家机构	Government Agencies	15	6	639344	41678
人民政协、民主党派	People's Political Consultative Conference and Democratic Parties				
社会保障	Social Security	2	1	77191	46557
群众团体、社会团体和其他成员组织	Non-Governmental Organizations, Social Organizations and Membership Organizations	29	12	1660975	56853

6-2 各地区分行业其他单位就业人员和工资总额(2013年)

EMPLOYMENT AND TOTAL WAGES IN OTHER OWNERSHIP UNITS BY SECTOR AND REGION (2013)

地 区	Region	总 计 Total			
		年末人数(人) Year-end Figures (person)	#女 性 Female	工资总额(千元) Total Wages (1000 yuan)	平均工资(元) Average wage (yuan)
全 国	**National**	**111771725**	**36868757**	**5750893332**	**51453**
北 京	Beijing	5352452	2095729	502386439	94256
天 津	Tianjin	2174803	741107	142842045	65797
河 北	Hebei	3364175	961322	148247899	43578
山 西	Shanxi	2326181	569872	120031365	51086
内蒙古	Inner Mongolia	1257222	359976	64211695	46680
辽 宁	Liaoning	3598442	1013237	176953970	46578
吉 林	Jilin	1570736	476028	66128923	40289
黑龙江	Heilongjiang	1554110	504168	73264678	44381
上 海	Shanghai	4953454	1934521	452964526	90733
江 苏	Jiangsu	11711528	3397497	623596862	54691
浙 江	Zhejiang	8363642	2565533	415313845	50390
安 徽	Anhui	3062913	879861	144826484	47765
福 建	Fujian	4747095	1726395	218055163	45625
江 西	Jiangxi	2424173	842254	97168325	40629
山 东	Shandong	8196387	2662608	366664513	44486
河 南	Henan	6600576	2084905	234368441	36393
湖 北	Hubei	4126508	1256164	176760090	43734
湖 南	Hunan	3082443	929740	127787206	42205
广 东	Guangdong	15056969	6407409	778900727	51553
广 西	Guangxi	1776691	559419	70250657	40738
海 南	Hainan	513300	197801	21842756	43559
重 庆	Chongqing	2717149	770089	126256992	47885
四 川	Sichuan	4535267	1380112	196786669	43857
贵 州	Guizhou	1244161	342777	54895477	44229
云 南	Yunnan	2278664	672500	86383142	38729
西 藏	Tibet	37619	12566	1872718	48183
陕 西	Shaanxi	2493903	767953	117403816	47212
甘 肃	Gansu	976383	262317	39832880	39834
青 海	Qinghai	281137	85781	13519616	47311
宁 夏	Ningxia	346042	100780	18496770	51151
新 疆	Xinjiang	1047600	308336	72878643	53712

6-2 续表 1 continued

地区	Region	内资 Domestic Funded 年末人数(人) Year-end Figures (person)	#女性 Female	工资总额(千元) Total Wages (1000 yuan)	平均工资(元) Average wage (yuan)	股份合作 Cooperative Units 年末人数(人) Year-end Figures (person)	#女性 Female	工资总额(千元) Total Wages (1000 yuan)	平均工资(元) Average wage (yuan)
全国	**National**	**82141648**	**23279266**	**4052403975**	**49452**	**1084236**	**426275**	**52366534**	**48657**
北京	Beijing	3915212	1484861	327841669	84078	71400	29236	2632322	36778
天津	Tianjin	1287816	363770	84887496	66050	15589	4117	753064	49668
河北	Hebei	2873851	784261	126049667	43423	43568	18793	2429362	56446
山西	Shanxi	2113036	488040	111070990	51959	6634	3039	196088	29855
内蒙古	Inner Mongolia	1180700	332409	60381949	46537	19688	4565	1063263	49321
辽宁	Liaoning	2802505	695245	135312638	45024	45152	10763	1577101	32810
吉林	Jilin	1404884	423449	58380561	39588	11234	5135	363728	32418
黑龙江	Heilongjiang	1392459	441702	66151883	44549	69333	36798	3090450	47240
上海	Shanghai	2247227	684298	187911715	82599	20621	7206	858784	41407
江苏	Jiangsu	7441524	1519045	378571469	53539	51201	20289	2491206	47044
浙江	Zhejiang	6203291	1553312	303411574	50013	112218	49256	7846368	70158
安徽	Anhui	2701440	715773	129280520	48277	34583	13210	1650399	48334
福建	Fujian	2866377	812835	134331259	46847	63429	22867	3073052	49364
江西	Jiangxi	1887608	580240	77944265	41459	33451	9455	879581	30107
山东	Shandong	6555231	1952959	294448831	44678	84739	30997	4215275	49713
河南	Henan	5871547	1683032	205951632	35822	77952	32001	3173185	41673
湖北	Hubei	3584951	1038953	150516524	43036	21775	9744	991014	46113
湖南	Hunan	2711316	744324	113035409	42387	43369	19286	2091602	48713
广东	Guangdong	6631620	2257535	366665278	56152	76269	30837	3325426	43532
广西	Guangxi	1458440	406897	57933511	41079	21790	8667	1175769	55553
海南	Hainan	453279	173576	18967594	42878	4226	1732	143084	33818
重庆	Chongqing	2338386	616686	108605704	47675	19525	6084	1072320	55987
四川	Sichuan	3954713	1152640	169898470	43647	58823	23304	2868114	48911
贵州	Guizhou	1197370	323564	52705610	44133	20676	7433	1853242	91658
云南	Yunnan	2175891	628500	82058274	38556	16487	6059	669778	40622
西藏	Tibet	36019	11818	1764385	47334	1380	200	36271	26572
陕西	Shaanxi	2305839	690170	108292410	47069	18324	6922	892741	46089
甘肃	Gansu	947041	249967	38646245	39789	10811	4272	315912	29516
青海	Qinghai	266305	81207	12843195	47386	3064	1039	121343	41315
宁夏	Ningxia	325525	94678	17545714	51362	2270	935	98980	44109
新疆	Xinjiang	1010245	293520	70997534	53833	4655	2034	417710	99171

6-2 续表 2 continued

地 区	Region	联营 Joint-owned Units 年末人数（人）Year-end Figures (person)	#女性 Female	工资总额（千元）Total Wages (1000 yuan)	平均工资（元）Average wage (yuan)	国有联营 State Joint-owned Units 年末人数（人）Year-end Figures (person)	#女性 Female	工资总额（千元）Total Wages (1000 yuan)	平均工资（元）Average wage (yuan)
全 国	**National**	**253149**	**72308**	**10747876**	**43973**	**76524**	**20222**	**4088631**	**52839**
北 京	Beijing	9033	4047	384764	41945	3569	1604	142080	39899
天 津	Tianjin	3751	1046	149936	40854	1253	160	47258	40461
河 北	Hebei	34378	4280	968481	38087	731	258	26688	35679
山 西	Shanxi	3670	1055	125670	33956	1255	149	54745	42340
内蒙古	Inner Mongolia	1023	368	66215	64038	415	115	46608	111770
辽 宁	Liaoning	10857	1986	445286	41341	1092	282	54690	49991
吉 林	Jilin	1024	218	33056	32093	635	126	21063	33118
黑龙江	Heilongjiang	4369	1620	180728	38758	128	24	4088	31938
上 海	Shanghai	9325	3159	536918	56655	1496	398	87968	57196
江 苏	Jiangsu	14640	3546	584167	40519	5783	903	223898	38385
浙 江	Zhejiang	8187	2715	362700	45366	3847	750	157921	42486
安 徽	Anhui	4241	1557	184181	43769	550	288	20756	38724
福 建	Fujian	10379	3919	529600	55046	3796	1343	266498	69473
江 西	Jiangxi	2562	676	87048	33950	559	121	18950	34644
山 东	Shandong	39126	10076	2007048	49549	28015	6630	1606147	55482
河 南	Henan	13858	5327	469592	34299	2573	920	101382	39711
湖 北	Hubei	5651	2268	215673	38658	1029	399	54543	54598
湖 南	Hunan	11501	3410	420156	36631	2380	690	107316	43964
广 东	Guangdong	29101	9983	1479297	51228	9210	2491	623563	69016
广 西	Guangxi	2116	924	68198	31824	801	368	32354	39993
海 南	Hainan	1116	400	39688	34937	151	71	2486	16143
重 庆	Chongqing	4076	1220	202371	50618	902	386	77443	86048
四 川	Sichuan	7161	2782	283632	40490	998	399	37544	37320
贵 州	Guizhou	2854	678	91082	31332	580	139	16576	27719
云 南	Yunnan	5425	1532	190042	34541	544	242	23771	44102
西 藏	Tibet	421	122	19359	45983	39	6	1372	35179
陕 西	Shaanxi	8849	1946	458453	51756	2081	516	143919	68176
甘 肃	Gansu	2841	656	103648	34934	1599	270	67672	39597
青 海	Qinghai	83	29	2580	30353	22	10	820	35652
宁 夏	Ningxia	600	352	17861	30376	11	2	205	29286
新 疆	Xinjiang	931	411	40446	43212	450	162	18307	40235

6-2 续表 3 continued

地 区	Region	集体联营 Collective Joint-owned Units				有限责任公司 Limited Liability Corporations			
		年末人数（人）Year-end Figures (person)	#女性 Female	工资总额（千元）Total Wages (1000 yuan)	平均工资（元）Average wage (yuan)	年末人数（人）Year-end Figures (person)	#女性 Female	工资总额（千元）Total Wages (1000 yuan)	平均工资（元）Average wage (yuan)
全 国	**National**	**54062**	**16079**	**1988303**	**37581**	**60690465**	**15952915**	**2834693895**	**46718**
北 京	Beijing	1342	691	49141	35609	2713146	950205	201695611	74700
天 津	Tianjin	1809	654	58130	32566	981125	248943	61406833	62761
河 北	Hebei	499	271	15149	28054	2152354	532714	91695836	41803
山 西	Shanxi	1421	588	47640	33692	1798397	378265	94362502	51715
内蒙古	Inner Mongolia	142	67	3857	28153	914316	244164	47483262	46341
辽 宁	Liaoning	6473	453	263536	41587	2051878	464189	94331682	42389
吉 林	Jilin	44	18	1088	24727	929551	253122	35683290	36730
黑龙江	Heilongjiang	1237	540	69290	56151	1002820	302047	48008799	43801
上 海	Shanghai	1760	440	133371	75952	1599336	461019	113452349	69954
江 苏	Jiangsu	2883	648	106533	36710	5681856	1041709	279914027	51714
浙 江	Zhejiang	833	402	31753	36498	4598052	1004134	206307494	45992
安 徽	Anhui	911	446	64576	71355	2007015	473619	94991091	48036
福 建	Fujian	2463	585	115316	67993	2325522	625903	104103000	44343
江 西	Jiangxi	879	230	37467	41909	1482871	441025	60124189	40603
山 东	Shandong	7125	2309	225440	31882	4719245	1333062	203423905	42856
河 南	Henan	4205	1637	129022	30896	4352101	1182594	145733308	34323
湖 北	Hubei	946	296	28270	29979	2741353	736697	114687157	42990
湖 南	Hunan	2573	911	92487	36398	1894143	462091	74699817	40178
广 东	Guangdong	6457	2434	210748	33121	4782217	1568945	238600715	50814
广 西	Guangxi	270	138	6934	25777	1083781	276043	42383371	40598
海 南	Hainan	65	17	2388	34609	294875	107214	12060535	42414
重 庆	Chongqing	968	166	29084	31273	1903075	458619	84125017	45338
四 川	Sichuan	1381	255	43586	32001	2985507	838430	123354850	42025
贵 州	Guizhou	691	227	21193	31166	929628	238384	38302607	41461
云 南	Yunnan	2127	865	66547	31810	1140674	337162	46325305	41170
西 藏	Tibet	108	35	5184	47127	25741	8452	1312935	49303
陕 西	Shaanxi	3670	508	105291	29054	1763867	509788	78536176	44557
甘 肃	Gansu	380	46	14179	36450	692085	168033	26696944	37354
青 海	Qinghai	34	8	1044	29000	161526	46061	6645615	39773
宁 夏	Ningxia	317	180	8475	27427	241376	66677	13399602	52368
新 疆	Xinjiang	49	14	1584	32327	741032	193605	50846071	49548

6-2 续表 4 continued

地 区	Region	国有独资 State Funded Corporations 年末人数(人) Year-end Figures (person)	#女性 Female	工资总额(千元) Total Wages (1000 yuan)	平均工资(元) Average wage (yuan)	股份有限公司 Share-holding Corporations Ltd 年末人数(人) Year-end Figures (person)	#女性 Female	工资总额(千元) Total Wages (1000 yuan)	平均工资(元) Average wage (yuan)
全 国	**National**	**7458008**	**1751741**	**451063982**	**60220**	**17214878**	**5621910**	**1045352339**	**61145**
北 京	Beijing	407028	126399	39341597	96546	949817	407582	115261843	121635
天 津	Tianjin	145594	36899	12130240	83386	250236	91204	20020808	80782
河 北	Hebei	199271	51829	12197359	61163	621391	218002	30241259	48870
山 西	Shanxi	316200	73370	18052593	56306	283163	94751	15791567	56052
内蒙古	Inner Mongolia	157408	36260	10518191	66340	228402	76168	11184376	47860
辽 宁	Liaoning	303126	55597	16178853	51961	617515	191882	36330631	56457
吉 林	Jilin	160616	38306	7873643	48918	388793	135425	18780150	45133
黑龙江	Heilongjiang	197764	48521	9666745	50052	307073	97160	14573404	47092
上 海	Shanghai	252570	60822	22769640	87113	589279	196350	71142001	119730
江 苏	Jiangsu	359572	94609	23389909	64139	1568436	394661	89127626	60759
浙 江	Zhejiang	260808	73544	14555215	56118	1355884	424769	82455458	61850
安 徽	Anhui	400345	65498	22804429	57239	594630	197117	30210884	50289
福 建	Fujian	137008	34096	7766915	56317	389618	121636	23014152	61632
江 西	Jiangxi	151157	42268	7285000	48598	344169	116867	15901113	46405
山 东	Shandong	775396	162821	44835740	57269	1491241	477535	75990427	50613
河 南	Henan	259359	73636	10449701	40900	1206374	369078	49449386	41388
湖 北	Hubei	304002	80622	16689299	55533	728026	253949	31673250	44069
湖 南	Hunan	254935	53098	11172720	43171	588545	189792	29950827	51502
广 东	Guangdong	476259	98388	36146036	77246	1511611	525578	111744418	74540
广 西	Guangxi	337273	43503	16913711	53265	277305	95366	12041260	44249
海 南	Hainan	11202	4187	594224	52304	136004	53777	6143135	45168
重 庆	Chongqing	277782	71128	15288256	54115	365411	128720	21535405	60858
四 川	Sichuan	294260	73892	15569099	53088	814233	248378	40221938	50120
贵 州	Guizhou	233282	37916	10736235	46434	214377	65127	11545820	52944
云 南	Yunnan	165213	50936	9724415	57950	257463	76620	13108520	52336
西 藏	Tibet	7539	3159	428112	56442	8063	2970	379314	44916
陕 西	Shaanxi	272943	80211	15494648	56709	475253	150952	27240584	57861
甘 肃	Gansu	102316	25731	5715180	55373	224741	71137	11091022	48992
青 海	Qinghai	33285	7292	1512604	44121	96560	30565	5950480	62088
宁 夏	Ningxia	82771	16387	6303622	74677	73366	23619	3742004	50172
新 疆	Xinjiang	121724	30816	8960051	59931	257899	95173	19509277	69246

6-2 续表 5 continued

地　区	Region	其　他 Others 年末人数(人) Year-end Figures (person)	#女 性 Female	工资总额(千元) Total Wages (1000 yuan)	平均工资(元) Average wage (yuan)	港、澳、台商投资 Funded from Hong Kong, Macao and Taiwan 年末人数(人) Year-end Figures (person)	#女 性 Female	工资总额(千元) Total Wages (1000 yuan)	平均工资(元) Average wage (yuan)
全　国	**National**	**2898920**	**1205858**	**109243331**	**38306**	**13969539**	**6720662**	**701715881**	**49961**
北　京	Beijing	171816	93791	7867129	46047	529495	234496	56108008	106762
天　津	Tianjin	37115	18460	2556855	63740	280897	136221	18153570	64689
河　北	Hebei	22160	10472	714729	32436	196415	70807	9043567	45721
山　西	Shanxi	21172	10930	595163	28337	107531	46026	4144117	39421
内蒙古	Inner Mongolia	17271	7144	584833	35276	22049	8925	972743	43831
辽　宁	Liaoning	77103	26425	2627938	33861	194624	69372	8708254	45896
吉　林	Jilin	74282	29549	3520337	47034	53716	14298	2280837	41882
黑龙江	Heilongjiang	8864	4077	298502	32025	52796	20363	1998695	37317
上　海	Shanghai	28666	16564	1921663	66810	882693	426905	70514546	79874
江　苏	Jiangsu	125391	58840	6454443	52107	1504667	673795	79243736	51930
浙　江	Zhejiang	128950	72438	6439554	50323	1060499	496105	54791908	51197
安　徽	Anhui	60971	30270	2243965	36624	158616	76500	6123855	39665
福　建	Fujian	77429	38510	3611455	48507	1118025	562522	46781352	41348
江　西	Jiangxi	24555	12217	952334	38416	346334	166193	12091496	37310
山　东	Shandong	220880	101289	8812176	40578	436108	179010	20096923	45770
河　南	Henan	221262	94032	7126161	32572	528426	320529	21131223	42801
湖　北	Hubei	88146	36295	2949430	35169	198500	98006	7973747	40436
湖　南	Hunan	173758	69745	5873007	34237	216446	116919	8116860	38589
广　东	Guangdong	232422	122192	11515422	50097	5185168	2617939	234770068	44398
广　西	Guangxi	73448	25897	2264913	31952	174062	101089	5981585	34525
海　南	Hainan	17058	10453	581152	34942	26066	11014	1277730	49727
重　庆	Chongqing	46299	22043	1670591	36697	180199	72726	8126636	47681
四　川	Sichuan	88989	39746	3169936	35559	361088	136169	16621506	44190
贵　州	Guizhou	29835	11942	912859	31233	14980	6283	641024	43239
云　南	Yunnan	755842	207127	21764629	29790	45026	16890	1738826	39158
西　藏	Tibet	414	74	16506	39870	657	322	57129	86954
陕　西	Shaanxi	39546	20562	1164456	29804	51133	25962	2160465	42354
甘　肃	Gansu	16563	5869	438719	26550	10064	4118	384815	40333
青　海	Qinghai	5072	3513	123177	24233	5306	1169	294580	57156
宁　夏	Ningxia	7913	3095	287267	34531	7099	1931	319273	48112
新　疆	Xinjiang	5728	2297	184030	31867	20854	8058	1066807	49755

6-2 续表 6 continued

地 区	Region	外商投资 Foreign Funded				农、林、牧、渔业 Agriculture, Forestry, Animal Husbandry and Fishery			
		年末人数（人） Year-end Figures (person)	#女性 Female	工资总额（千元） Total Wages (1000 yuan)	平均工资（元） Average wage (yuan)	年末人数（人） Year-end Figures (person)	#女性 Female	工资总额（千元） Total Wages (1000 yuan)	平均工资（元） Average wage (yuan)
全 国	**National**	**15660538**	**6868829**	**996773476**	**63171**	**120660**	**43700**	**4138714**	**34310**
北 京	Beijing	907745	376372	118436762	130840	19864	8813	965399	46875
天 津	Tianjin	606090	241116	39800979	65775	225	57	18547	82431
河 北	Hebei	293909	106254	13154665	43662	1229	498	34345	26298
山 西	Shanxi	105614	35806	4816258	45108	1125	304	20785	18476
内蒙古	Inner Mongolia	54473	18642	2857003	51134	7258	2771	239002	33786
辽 宁	Liaoning	601313	248620	32933078	54523	5351	1679	239546	45172
吉 林	Jilin	112136	38281	5467525	48718	1582	557	52992	33904
黑龙江	Heilongjiang	108855	42103	5114100	45526	6633	2415	110294	16803
上 海	Shanghai	1823534	823318	194538265	106045	7578	1917	381741	47813
江 苏	Jiangsu	2765337	1204657	165781657	59094	1155	391	35011	31316
浙 江	Zhejiang	1099852	516116	57110363	51678	2388	777	96992	41379
安 徽	Anhui	202857	87588	9422109	47165	384	197	9730	23002
福 建	Fujian	762693	351038	36942552	47335	3391	1260	98883	29135
江 西	Jiangxi	190231	95821	7132564	38038	4180	1652	184859	44256
山 东	Shandong	1205048	530639	52118759	42981	1905	634	76778	39313
河 南	Henan	200603	81344	7285586	36985	11216	2828	325085	29148
湖 北	Hubei	343057	119205	18269819	52642	381	93	9990	26016
湖 南	Hunan	154681	68497	6634937	44027	3000	1015	78824	26398
广 东	Guangdong	3240181	1531935	177465381	53926	2199	626	74958	34243
广 西	Guangxi	144189	51433	6335561	44965	6383	2124	226676	34889
海 南	Hainan	33955	13211	1597432	47824	1709	590	43685	25547
重 庆	Chongqing	198564	80677	9524652	50604	2591	887	72137	28740
四 川	Sichuan	219466	91303	10266693	47031	1139	414	28466	26905
贵 州	Guizhou	31811	12930	1548843	48239	3666	1290	86534	24044
云 南	Yunnan	57747	27110	2586042	44758	3659	1439	67790	18825
西 藏	Tibet	943	426	51204	54764				
陕 西	Shaanxi	136931	51821	6950941	51482	1102	446	28160	26342
甘 肃	Gansu	19278	8232	801820	41875	1029	256	32366	34105
青 海	Qinghai	9526	3405	381841	39891	3095	1308	39051	12622
宁 夏	Ningxia	13418	4171	631783	47264	913	433	30639	33195
新 疆	Xinjiang	16501	6758	814302	49232	14330	6029	429449	31217

6-2 续表 7 continued

地区	Region	采矿业 Mining 年末人数(人) Year-end Figures (person)	#女性 Female	工资总额(千元) Total Wages (1000 yuan)	平均工资(元) Average wage (yuan)	制造业 Manufacturing 年末人数(人) Year-end Figures (person)	#女性 Female	工资总额(千元) Total Wages (1000 yuan)	平均工资(元) Average wage (yuan)
全国	**National**	**5234252**	**902170**	**322244560**	**61475**	**49279266**	**19724036**	**2293551766**	**46297**
北京	Beijing	66863	10040	5559445	82799	957640	346063	71148806	73318
天津	Tianjin	72371	17805	6011630	81876	1145627	412639	72560726	63705
河北	Hebei	227173	37752	14772605	64226	1402695	443215	57343906	40587
山西	Shanxi	958879	141934	64364511	68407	636186	194563	24180973	37781
内蒙古	Inner Mongolia	176114	28945	11947588	67170	433947	133648	19755953	45040
辽宁	Liaoning	263952	41409	14975882	55640	1452346	452072	67757593	46502
吉林	Jilin	124374	26424	6549657	52135	679494	224837	26520922	38999
黑龙江	Heilongjiang	262460	63863	15623476	60965	534352	176647	21416882	39462
上海	Shanghai	454	109	54401	124203	2041789	806781	148881880	71627
江苏	Jiangsu	108128	21280	6622462	60089	5396467	2202744	294502184	53848
浙江	Zhejiang	7196	1044	371481	51225	3536376	1528796	162043402	45620
安徽	Anhui	298781	29681	21297851	72161	1132238	428223	49210047	43335
福建	Fujian	14902	2420	615279	40540	2497841	1173687	108040778	42845
江西	Jiangxi	33627	5732	1500504	44370	1143563	524821	43756579	38476
山东	Shandong	618304	135804	39594550	61890	4143596	1550180	169317992	40772
河南	Henan	521294	83327	26918299	51898	2967682	1229805	97349525	33725
湖北	Hubei	69456	13559	2995108	42667	1682987	620816	69117177	41396
湖南	Hunan	87843	10039	3435511	39397	1209548	436390	51533781	42807
广东	Guangdong	20787	4344	1403911	71464	9981063	4668996	465506226	45846
广西	Guangxi	29044	6473	1175210	38187	706441	286891	25894427	37279
海南	Hainan	7189	2028	361399	49157	98920	36584	4135401	42639
重庆	Chongqing	87337	10839	3922181	45004	820232	295967	38102139	47731
四川	Sichuan	174771	35125	9160541	52840	1868104	665657	82024725	43396
贵州	Guizhou	158514	18828	7252206	45305	377490	118895	15448102	40821
云南	Yunnan	196917	22982	8134740	41784	684116	227760	27827087	40742
西藏	Tibet	3298	561	206542	58510	6587	2349	319959	47352
陕西	Shaanxi	289755	49554	20601301	71483	843322	264351	36865874	43662
甘肃	Gansu	66657	11706	3564585	53049	341637	102992	15663656	45507
青海	Qinghai	41652	10929	3114753	74641	111653	32432	5059664	45410
宁夏	Ningxia	65696	11003	5349616	81922	123859	37047	5382971	43330
新疆	Xinjiang	180464	46631	14787335	80121	321468	98188	16882429	51734

6-2 续表 8 continued

地 区	Region	电力、热力、燃气及水生产和供应业 Production and Supply of Electricity, Heat, Gas and Water				建筑业 Construction			
		年末人数（人） Year-end Figures (person)	#女 性 Female	工资总额（千元） Total Wages (1000 yuan)	平均工资（元） Average wage (yuan)	年末人数（人） Year-end Figures (person)	#女 性 Female	工资总额（千元） Total Wages (1000 yuan)	平均工资（元） Average wage (yuan)
全 国	**National**	**2013650**	**540242**	**133448121**	**66489**	**24728361**	**2407619**	**1053807358**	**42476**
北 京	Beijing	62163	17646	6115750	97577	384858	75835	26516256	68582
天 津	Tianjin	28499	7706	2571641	93722	261444	32299	14979195	53712
河 北	Hebei	87405	23084	6503735	74500	805993	83129	28994589	34547
山 西	Shanxi	50639	13548	2896475	60299	281807	33844	12712810	39176
内蒙古	Inner Mongolia	71288	20335	4618963	66053	234965	28871	12903129	36954
辽 宁	Liaoning	81077	18639	4057126	52536	871812	91081	42190156	39223
吉 林	Jilin	89994	18910	4721572	53234	286543	33272	12590111	35331
黑龙江	Heilongjiang	93006	23191	5649195	59995	241365	43059	12553560	36849
上 海	Shanghai	29278	7041	3356687	112633	349153	38990	22502436	64706
江 苏	Jiangsu	79199	19807	6029511	75764	3977924	214460	179960481	49718
浙 江	Zhejiang	52257	13424	3979355	78036	2931413	198797	121552271	43242
安 徽	Anhui	57085	12913	3678534	64532	863699	80994	38442765	45549
福 建	Fujian	55064	15696	3844783	69567	1337278	172645	59566229	43866
江 西	Jiangxi	116327	32602	6192774	52939	700114	86640	26557717	39271
山 东	Shandong	108260	28113	5785965	54180	1499519	134409	61602327	40308
河 南	Henan	110192	31861	4855109	44730	1713229	191963	55845316	33692
湖 北	Hubei	48805	16044	2531764	51793	1264852	122721	54795129	45149
湖 南	Hunan	49641	14087	2567007	51675	854562	78829	30342929	37003
广 东	Guangdong	204588	46239	20086101	98529	1143130	123493	47843019	44120
广 西	Guangxi	94474	24850	5665349	58815	454196	33336	16848653	40388
海 南	Hainan	7843	2419	463052	59078	45380	5330	1894010	44301
重 庆	Chongqing	60413	18776	4476799	69846	930237	111718	38728369	43695
四 川	Sichuan	114345	37459	7089265	61185	1267565	152323	43502760	35999
贵 州	Guizhou	24598	5726	1509349	62024	265862	24465	11521405	43154
云 南	Yunnan	64488	19153	4036184	62397	616032	79178	18296624	31396
西 藏	Tibet	273	88	16159	60071	9707	1692	437810	41338
陕 西	Shaanxi	64910	19287	3885802	60338	512279	56885	20229538	39283
甘 肃	Gansu	30194	9209	1503031	50138	316612	37309	11518665	33847
青 海	Qinghai	8124	2673	480604	59956	50639	7317	2256784	40922
宁 夏	Ningxia	15056	4624	972842	65051	45538	4652	2525587	40850
新 疆	Xinjiang	54165	15092	3307638	61860	210654	28083	23596728	46182

6-2 续表 9 continued

地　区	Region	批发和零售业 Wholesale and Retail Trades 年末人数(人) Year-end Figures (person)	#女性 Female	工资总额(千元) Total Wages (1000 yuan)	平均工资(元) Average wage (yuan)	交通运输、仓储和邮政业 Transport, Storage and Post 年末人数(人) Year-end Figures (person)	#女性 Female	工资总额(千元) Total Wages (1000 yuan)	平均工资(元) Average wage (yuan)
全　国	**National**	**7424295**	**3919815**	**372928947**	**50700**	**4169760**	**1070156**	**238577805**	**57720**
北　京	Beijing	649583	309442	55381002	86022	472059	133566	33208463	70853
天　津	Tianjin	152952	74844	8509727	55511	80953	17505	7473389	93548
河　北	Hebei	221513	120599	6876978	31746	103181	26409	5143546	50016
山　西	Shanxi	109551	50489	3783817	34731	52051	16980	1825921	35338
内蒙古	Inner Mongolia	78249	41105	2862771	36979	53336	10285	2302284	43902
辽　宁	Liaoning	225690	120602	8866225	39389	127793	31233	6881172	54017
吉　林	Jilin	100169	53532	3189491	31950	42934	11579	1316621	30528
黑龙江	Heilongjiang	131458	69714	4789153	37106	24563	6800	994234	41575
上　海	Shanghai	646727	371893	65245857	101637	389446	94505	30357939	75378
江　苏	Jiangsu	553912	312141	28825438	52698	302344	66450	16987712	56398
浙　江	Zhejiang	377529	202951	19805556	52703	219656	55340	13072979	60643
安　徽	Anhui	185564	105677	7036896	38319	110981	29257	4484629	40825
福　建	Fujian	216075	106720	9469871	43861	130277	29315	6642922	51945
江　西	Jiangxi	114709	67214	3937607	34552	76412	14654	3528872	46186
山　东	Shandong	562232	310308	21528435	38598	261813	65725	13272624	51212
河　南	Henan	338986	169636	10594734	31642	187133	47497	6877596	37591
湖　北	Hubei	354608	192638	13032178	37430	127998	35553	5468411	43276
湖　南	Hunan	190254	94008	6618676	35273	80340	24190	3170238	40091
广　东	Guangdong	842364	433400	43700795	52281	592853	154325	39897336	68980
广　西	Guangxi	98658	52137	3474457	35513	84211	23253	3305838	39815
海　南	Hainan	118814	52213	3667968	30799	39980	9566	2440292	61982
重　庆	Chongqing	198185	109755	8217867	42061	149938	31284	7318913	49409
四　川	Sichuan	274465	145916	10391816	38022	170252	49908	9608676	57757
贵　州	Guizhou	102002	47216	3472011	34274	50405	12016	2235758	45550
云　南	Yunnan	202517	105539	6303522	31649	80214	21976	3624696	46160
西　藏	Tibet	4562	1760	260956	57606	729	165	32337	44788
陕　西	Shaanxi	209094	114531	6790551	32950	66037	22394	3036682	46998
甘　肃	Gansu	58002	31855	1697451	29867	34476	10487	1126507	32804
青　海	Qinghai	19876	10627	712251	36105	11074	4645	436127	38514
宁　夏	Ningxia	23041	14431	872002	38453	13401	4396	588116	43471
新　疆	Xinjiang	62954	26922	3012888	47771	32920	8898	1916975	55136

6-2 续表 10 continued

地 区	Region	住宿和餐饮业 Hotels and Catering Services 年末人数（人） Year-end Figures (person)	#女 性 Female	工资总额（千元） Total Wages (1000 yuan)	平均工资（元） Average wage (yuan)	信息传输、软件和信息技术服务业 Information Transmission, Software and Information Technology 年末人数（人） Year-end Figures (person)	#女 性 Female	工资总额（千元） Total Wages (1000 yuan)	平均工资（元） Average wage (yuan)
全 国	**National**	**2486938**	**1384588**	**83009549**	**33400**	**2769482**	**1098417**	**265588370**	**96618**
北 京	Beijing	258279	133587	11658255	44732	569028	206955	76972804	137179
天 津	Tianjin	57253	32745	1868747	32525	34605	14289	3587751	104144
河 北	Hebei	44771	26167	1269638	27863	62443	24695	4722727	75095
山 西	Shanxi	33770	19833	766940	22862	48679	24358	2311027	47425
内蒙古	Inner Mongolia	34610	19581	1076654	30729	34714	18068	1988215	57324
辽 宁	Liaoning	53488	29692	1698951	31831	109221	53064	8097549	75096
吉 林	Jilin	21086	11925	587503	27450	45480	20068	2339793	51016
黑龙江	Heilongjiang	21807	12333	705997	30997	49070	21740	2737676	56448
上 海	Shanghai	188573	98056	8436279	44636	213653	76877	32445291	154770
江 苏	Jiangsu	166006	95514	5052016	30420	275215	107846	26864674	98322
浙 江	Zhejiang	132575	72474	4783025	35302	139139	56863	15185393	110457
安 徽	Anhui	48932	30274	1393230	28709	45692	16567	2484765	55893
福 建	Fujian	85988	46142	2852882	33066	56534	21556	4214091	74930
江 西	Jiangxi	36687	23062	960861	26744	45918	17784	2970481	63713
山 东	Shandong	122873	69476	3964837	32260	136162	57050	10174869	74780
河 南	Henan	84796	47788	2351667	27439	65902	28583	3212459	48910
湖 北	Hubei	108821	64654	3072510	29231	73984	28920	4480084	60769
湖 南	Hunan	80062	46580	2319366	29519	59972	24588	3413978	56594
广 东	Guangdong	355195	183778	12188129	34710	289853	103230	29753945	103511
广 西	Guangxi	40055	22634	956319	24006	36788	16373	2261305	61976
海 南	Hainan	61832	32407	2036433	34225	12000	4681	974005	81739
重 庆	Chongqing	63071	37748	1977433	31079	45653	17356	3445293	75282
四 川	Sichuan	109236	62921	3302271	30217	104019	44049	7479304	71454
贵 州	Guizhou	34350	20091	969425	29020	30410	12847	1990992	66212
云 南	Yunnan	82288	49334	2204351	26561	44091	17099	2420232	55385
西 藏	Tibet	2098	1257	77361	36083	1301	591	87136	66822
陕 西	Shaanxi	110969	67387	3091096	27640	88385	37798	6220565	70244
甘 肃	Gansu	23849	14082	576201	24351	19030	8874	778759	41059
青 海	Qinghai	3731	1983	119610	31246	7323	3044	343078	46026
宁 夏	Ningxia	4879	2747	145888	30080	5310	2670	351355	66671
新 疆	Xinjiang	15008	8336	545674	34501	19908	9934	1278774	64847

6-2 续表 11 continued

地 区	Region	金融业 Financial Infermediation 年末人数(人) Year-end Figures (person)	#女 性 Female	工资总额(千元) Total Wages (1000 yuan)	平均工资(元) Average wage (yuan)	房地产业 Real Estate 年末人数(人) Year-end Figures (person)	#女 性 Female	工资总额(千元) Total Wages (1000 yuan)	平均工资(元) Average wage (yuan)
全 国	**National**	**3412950**	**1794058**	**364094174**	**109161**	**3283303**	**1178567**	**168278884**	**52052**
北 京	Beijing	381072	205023	77260886	206777	358022	136340	26496876	74927
天 津	Tianjin	69785	40606	7555326	112335	77842	28476	4817724	68553
河 北	Hebei	189353	102402	12391343	65871	79913	29501	3062257	39300
山 西	Shanxi	60098	33418	3971640	67196	22361	7369	787371	36446
内蒙古	Inner Mongolia	38199	21111	2370104	62551	41774	16978	1635251	38294
辽 宁	Liaoning	126141	72214	8761420	72090	117128	41393	5471917	47186
吉 林	Jilin	46113	25067	3265630	72806	47429	16145	1908829	39934
黑龙江	Heilongjiang	88613	43180	4636236	54184	44008	15581	1701770	37333
上 海	Shanghai	265326	117358	48386879	180936	218244	74976	14680770	67305
江 苏	Jiangsu	186600	102877	20626491	112810	192301	71671	10698603	56422
浙 江	Zhejiang	308021	175572	37002824	122489	165161	61400	9333114	56590
安 徽	Anhui	94910	51534	6466408	69559	81133	30779	3731393	47547
福 建	Fujian	87516	49039	9000459	105176	103243	37720	5478779	54618
江 西	Jiangxi	48027	26864	3252602	69906	44196	15882	1688988	38803
山 东	Shandong	223884	114656	17790680	80710	204243	71357	9297805	45039
河 南	Henan	142976	69582	8967511	64233	144537	45744	5378266	37853
湖 北	Hubei	89759	48105	5888549	67556	108094	38450	4594092	43551
湖 南	Hunan	160811	76900	11987547	76615	99084	34250	4110653	42086
广 东	Guangdong	284520	149269	33632278	123325	467151	161895	25162890	54953
广 西	Guangxi	47072	24297	4056256	88733	63841	21711	2250570	35668
海 南	Hainan	15384	7894	1350979	88224	52504	19021	2485120	49343
重 庆	Chongqing	92301	43079	7620105	90589	91295	34117	4609251	52245
四 川	Sichuan	103236	53037	7045422	69564	146515	52954	6616946	46051
贵 州	Guizhou	48118	25016	4921577	104650	62729	22943	2534598	40460
云 南	Yunnan	33996	19162	3939863	118656	96020	36299	3598965	38588
西 藏	Tibet	1888	852	180559	96144	1257	445	56968	46016
陕 西	Shaanxi	88142	48638	6138282	71400	68975	24285	2883004	42854
甘 肃	Gansu	28356	16261	1438107	51812	30418	9341	1065876	35166
青 海	Qinghai	3558	1974	239987	69021	7081	2968	222259	31938
宁 夏	Ningxia	13564	5263	918641	68474	11375	4012	456977	40376
新 疆	Xinjiang	45611	23808	3029583	68148	35429	14564	1461002	42380

6-2 续表 12 continued

地 区	Region	租赁和商务服务业 Leasing and Business Services 年末人数(人) Year-end Figures (person)	#女 性 Female	工资总额(千元) Total Wages (1000 yuan)	平均工资(元) Average wage (yuan)	科学研究和技术服务业 Scientific Research and Technical Services 年末人数(人) Year-end Figures (person)	#女 性 Female	工资总额(千元) Total Wages (1000 yuan)	平均工资(元) Average wage (yuan)
全 国	**National**	**2602018**	**962390**	**192129011**	**74632**	**1584920**	**478251**	**136554307**	**87590**
北 京	Beijing	453769	205366	51034237	113840	368778	126241	39328701	107861
天 津	Tianjin	43219	11666	2866249	66643	64055	14657	6712383	106177
河 北	Hebei	41090	11889	1550378	37473	62853	14734	4449861	73109
山 西	Shanxi	27311	10288	984032	35740	9066	2287	515507	58501
内蒙古	Inner Mongolia	20283	5855	850811	42899	14051	3549	871424	62343
辽 宁	Liaoning	47163	14611	2025650	42653	45072	13142	3173494	71997
吉 林	Jilin	28183	7465	1029497	35635	21228	7555	966824	45444
黑龙江	Heilongjiang	26372	10940	1048296	41278	10808	4507	554779	52606
上 海	Shanghai	335403	137451	49575211	148823	119567	40960	18229894	154937
江 苏	Jiangsu	194006	66524	10176195	53893	102857	29324	7672382	76241
浙 江	Zhejiang	196010	61936	10959034	56513	82609	24700	6288658	77427
安 徽	Anhui	39922	16805	1758329	44778	24112	5785	1618498	67239
福 建	Fujian	61109	24847	3571838	59992	32227	10906	1832100	58618
江 西	Jiangxi	17809	7089	793559	44298	9668	1667	601948	63786
山 东	Shandong	98909	32014	4808807	48725	71668	21226	3766000	53660
河 南	Henan	69681	25284	2758195	38070	55442	16502	2497814	46223
湖 北	Hubei	49848	16964	2353731	47512	64373	16425	5080082	80657
湖 南	Hunan	55198	19098	1986172	36361	44271	11964	1902500	43662
广 东	Guangdong	363787	141445	24942079	69396	200363	66644	18469090	94337
广 西	Guangxi	55636	17883	1988705	36099	17270	4350	782439	45808
海 南	Hainan	12293	4562	514526	46606	6791	1971	300764	44663
重 庆	Chongqing	85637	19085	2986041	35956	23327	6104	2133131	89695
四 川	Sichuan	67399	18689	3284572	49588	37792	9437	3190408	86030
贵 州	Guizhou	31446	10282	1159053	37486	14754	3098	526697	36447
云 南	Yunnan	69538	21612	2245819	32799	18360	4335	890526	49391
西 藏	Tibet	4072	1211	129289	31923	12	4	1293	107750
陕 西	Shaanxi	49193	19007	2599308	53746	35580	8982	2517706	70774
甘 肃	Gansu	9211	3641	239182	26058	9119	2092	401698	45762
青 海	Qinghai	4640	1329	139126	28061	3018	1072	169984	56908
宁 夏	Ningxia	12386	4622	427180	34623	3656	968	217238	59599
新 疆	Xinjiang	31495	12930	1343910	42606	12173	3063	890484	70533

6-2 续表 13 continued

地 区	Region	水利、环境和公共设施管理业 Management of Water Conservancy, Environment and Public Facilities				居民服务、修理和其他服务业 Service to Households, Repair and Other Services			
		年末人数（人） Year-end Figures (person)	#女 性 Female	工资总额（千元） Total Wages (1000 yuan)	平均工资（元） Average wage (yuan)	年末人数（人） Year-end Figures (person)	#女 性 Female	工资总额（千元） Total Wages (1000 yuan)	平均工资（元） Average wage (yuan)
全 国	**National**	**408264**	**164771**	**17574302**	**43213**	**440651**	**194339**	**16434268**	**37738**
北 京	Beijing	32889	10383	1982593	58792	67426	33416	2987554	44080
天 津	Tianjin	5024	1536	315123	63050	61112	23312	1864820	31923
河 北	Hebei	7706	3505	234062	28957	7556	2434	214212	28562
山 西	Shanxi	4341	1492	98475	23014	9087	6676	259249	28185
内蒙古	Inner Mongolia	7080	2533	346857	46168	2631	980	105796	40582
辽 宁	Liaoning	10810	3593	337561	31357	9943	4371	293648	29688
吉 林	Jilin	5337	1622	127913	23990	7476	3260	170712	23511
黑龙江	Heilongjiang	2934	1169	103830	35497	5917	3388	214389	38100
上 海	Shanghai	50580	17661	2903382	57365	38057	15629	2005519	53129
江 苏	Jiangsu	27663	12155	1160659	42605	26559	6881	1176369	44585
浙 江	Zhejiang	41113	14861	1787481	43832	13424	5001	518498	38433
安 徽	Anhui	7027	2784	285411	40837	5487	1886	197837	36254
福 建	Fujian	8784	2869	260038	30307	5968	2737	221624	37210
江 西	Jiangxi	7224	3078	236852	33034	1418	521	37383	26856
山 东	Shandong	21821	9696	735388	35052	21420	8617	720260	35975
河 南	Henan	16809	6010	581113	34753	11537	4473	319584	27994
湖 北	Hubei	9589	4100	399632	42957	9086	4501	303396	33377
湖 南	Hunan	7495	2858	263912	34657	15394	7400	484045	33263
广 东	Guangdong	41677	19914	1948052	47243	55779	26969	2287507	40308
广 西	Guangxi	5678	2239	157428	28463	2958	1220	82676	27744
海 南	Hainan	7629	3230	343551	45923	3150	2039	87355	28243
重 庆	Chongqing	11341	4630	416358	36957	11097	6331	381711	34907
四 川	Sichuan	19890	10494	889669	42281	10224	4340	372137	36046
贵 州	Guizhou	5341	2224	183058	36350	9363	4045	263676	27988
云 南	Yunnan	21366	10280	699462	34603	11210	4962	332479	29585
西 藏	Tibet					1409	1283	47676	33837
陕 西	Shaanxi	12872	5975	480068	37409	12171	5805	375249	31645
甘 肃	Gansu	1396	560	42540	30429	1051	512	15023	18078
青 海	Qinghai	542	104	25544	47925	216	49	5204	23763
宁 夏	Ningxia	2196	1057	72452	31324	456	182	11646	25652
新 疆	Xinjiang	4110	2159	155838	37104	2069	1119	77034	35320

6-2 续表 14 continued

地区	Region	教育 Education 年末人数(人) Year-end Figures (person)	#女性 Female	工资总额(千元) Total Wages (1000 yuan)	平均工资(元) Average wage (yuan)	卫生和社会工作 Health and Social Service 年末人数(人) Year-end Figures (person)	#女性 Female	工资总额(千元) Total Wages (1000 yuan)	平均工资(元) Average wage (yuan)
全国	**National**	**916233**	**524973**	**42458034**	**47194**	**433207**	**275504**	**21306230**	**50173**
北京	Beijing	99293	62925	6208857	63639	32993	22885	2280675	73141
天津	Tianjin	8211	5148	466708	56909	3240	1840	159710	50895
河北	Hebei	8449	4864	277784	32971	5293	3762	164676	31307
山西	Shanxi	13059	7483	332664	24943	5008	3309	143369	28911
内蒙古	Inner Mongolia	4146	2670	143876	34896	3393	2140	147204	43681
辽宁	Liaoning	21421	9799	926425	43650	15947	8749	645216	40938
吉林	Jilin	9663	5979	356331	37588	7857	5178	250045	31559
黑龙江	Heilongjiang	2441	1258	112160	47305	3127	2148	112236	36799
上海	Shanghai	23701	15292	2223539	93058	8056	5476	744214	92911
江苏	Jiangsu	45848	25507	2712163	60102	43954	27792	2366613	54699
浙江	Zhejiang	84603	55540	4670958	55750	29226	18660	1807227	63203
安徽	Anhui	37127	19655	1384857	37805	24753	14498	1112481	45271
福建	Fujian	30076	17032	1377908	48874	10231	6754	497218	51994
江西	Jiangxi	10936	5284	421306	37701	9822	6196	395936	41355
山东	Shandong	59062	31265	2325141	38933	25122	15724	1094630	43834
河南	Henan	86997	47724	3169242	37288	39992	22818	1520020	38522
湖北	Hubei	37391	16629	1385560	38826	17269	11892	772465	45444
湖南	Hunan	48409	27169	1784881	37309	20345	12562	1042603	52635
广东	Guangdong	120829	72391	6514071	55107	43139	28116	2754485	65315
广西	Guangxi	20126	11487	539656	28774	7775	5157	300992	39521
海南	Hainan	13281	8767	421615	33630	2227	1581	72996	35094
重庆	Chongqing	23623	11339	946312	40498	12628	7654	485254	38811
四川	Sichuan	37397	20888	1505159	41925	19030	12487	888652	47026
贵州	Guizhou	12689	6485	386133	31117	8016	5281	291052	37257
云南	Yunnan	25777	14494	782547	30945	19597	12867	668901	34904
西藏	Tibet					251	158	16213	65375
陕西	Shaanxi	21969	12015	783355	35874	9747	6384	400183	41843
甘肃	Gansu	1069	625	28843	27032	1943	1354	59219	31086
青海	Qinghai	2655	2064	61749	23523	1301	818	48210	36914
宁夏	Ningxia	3295	1880	115996	37071	640	403	22889	35214
新疆	Xinjiang	2690	1315	92238	33383	1285	861	40646	31730

6-2 续表 15 continued

地 区	Region	文化、体育和娱乐业 Culture, Sports and Entertainment				公共管理、社会保障和社会组织 Public Management, Social Security and Social Organization			
		年末人数（人） Year-end Figures (person)	#女 性 Female	工资总额（千元） Total Wages (1000 yuan)	平均工资（元） Average wage (yuan)	年末人数（人） Year-end Figures (person)	#女 性 Female	工资总额（千元） Total Wages (1000 yuan)	平均工资（元） Average wage (yuan)
全 国	**National**	**350475**	**164685**	**20870907**	**60288**	**113040**	**40476**	**3898025**	**34486**
北 京	Beijing	65974	32875	5757502	87465	51899	18328	1522378	29255
天 津	Tianjin	7784	3636	476719	61393	602	341	25930	43653
河 北	Hebei	5559	2683	241257	42259				
山 西	Shanxi	3001	1597	66247	21516	162	100	9552	56857
内蒙古	Inner Mongolia	1184	551	45813	35052				
辽 宁	Liaoning	10664	5099	492656	45285	3423	795	61783	18070
吉 林	Jilin	5736	2634	183063	30384	58	19	1417	28340
黑龙江	Heilongjiang	5176	2235	200515	39255				
上 海	Shanghai	27540	13366	2530609	92086	329	183	21998	65862
江 苏	Jiangsu	27498	12723	1812408	66428	3892	1410	315490	81186
浙 江	Zhejiang	15997	7314	947373	57901	28949	10083	1108224	38350
安 徽	Anhui	5038	2334	231230	46713	48	18	1593	35400
福 建	Fujian	10459	4994	468008	44708	132	56	1473	11331
江 西	Jiangxi	3304	1473	141825	43253	232	39	7672	33069
山 东	Shandong	14184	6010	732878	53285	1410	344	74547	50370
河 南	Henan	18276	8428	411492	29764	13899	5052	435414	31671
湖 北	Hubei	9037	4016	476233	52121	170	84	3999	23524
湖 南	Hunan	12681	6288	645471	50897	3533	1525	99112	27623
广 东	Guangdong	45240	21125	2583825	56739	2452	1210	152030	64338
广 西	Guangxi	6057	2990	282594	47296	28	14	1107	39536
海 南	Hainan	5819	2621	232354	40800	555	297	17251	28848
重 庆	Chongqing	8243	3420	417698	50995				
四 川	Sichuan	9768	3939	401534	40449	120	75	4346	35623
贵 州	Guizhou	3787	1752	125962	35462	621	277	17889	29041
云 南	Yunnan	8319	3927	305280	36843	159	102	4074	25785
西 藏	Tibet	175	150	2460	13297				
陕 西	Shaanxi	9240	4184	472311	51199	161	45	4781	29696
甘 肃	Gansu	2177	1093	77129	36008	157	68	4042	25745
青 海	Qinghai	959	445	45631	47932				
宁 夏	Ningxia	752	386	33696	44630	29	4	1039	35828
新 疆	Xinjiang	847	397	29134	34683	20	7	884	44200

6-3 各地区分行业其他单位在岗职工人数和平均工资(2013年)

ON-POST STAFF AND WORKERS AND AVERAGE WAGE IN OTHER OWNERSHIP UNITS BY SECTOR AND REGION (2013)

地 区	Region	总 计 Total		农、林、牧、渔业 Agriculture, Forestry, Animal Husbandry and Fishery		采矿业 Mining		制造业 Manufacturing	
		年末人数（人） Year-end Figures (person)	平均工资（元） Average Wage (yuan)	年末人数（人） Year-end Figures (person)	平均工资（元） Average Wage (yuan)	年末人数（人） Year-end Figures (person)	平均工资（元） Average Wage (yuan)	年末人数（人） Year-end Figures (person)	平均工资（元） Average Wage (yuan)
全 国	**National**	**105228625**	**51972**	**114764**	**34583**	**5117422**	**62148**	**48471148**	**46101**
北 京	Beijing	5005807	94513	19448	47244	66678	82906	933495	72071
天 津	Tianjin	2041675	66267	205	86299	71082	82604	1118256	62083
河 北	Hebei	3124883	44584	1207	26370	223564	64690	1386951	40466
山 西	Shanxi	2248485	52053	1125	18476	951396	68766	628484	37914
内蒙古	Inner Mongolia	1201918	47243	6234	33927	167806	68290	426176	45219
辽 宁	Liaoning	3336768	47305	5264	45606	256421	55985	1424637	46340
吉 林	Jilin	1470783	41061	1566	34102	124035	52228	661255	39279
黑龙江	Heilongjiang	1441100	45971	6633	16803	261153	61137	514232	40102
上 海	Shanghai	4648206	90518	6164	51769	446	125040	1991024	70197
江 苏	Jiangsu	11072580	55117	1091	31794	106801	60484	5312505	53236
浙 江	Zhejiang	7994432	50666	2263	42240	7005	51908	3497641	45431
安 徽	Anhui	2756052	48344	351	23697	295596	72755	1105218	43617
福 建	Fujian	4465496	45978	3297	29479	13940	41034	2466560	42679
江 西	Jiangxi	2243690	41101	3836	46428	32776	44725	1130126	38589
山 东	Shandong	7845035	44944	1903	39285	596803	63641	4100151	40741
河 南	Henan	6221055	36765	11207	29144	511564	51856	2928943	33812
湖 北	Hubei	3775104	43975	379	26039	65218	43454	1654958	41509
湖 南	Hunan	2810872	43275	2916	26417	85873	39898	1180010	43088
广 东	Guangdong	14576737	51717	2087	35197	20534	72092	9884006	45650
广 西	Guangxi	1688337	41382	6121	34675	27172	38453	684328	37572
海 南	Hainan	502789	43466	1660	25673	7166	49080	97435	42352
重 庆	Chongqing	2521507	48684	1973	28980	85657	44925	800608	47983
四 川	Sichuan	4231527	44595	1091	26985	167264	54162	1840127	43506
贵 州	Guizhou	1153702	44819	3523	24504	154225	45515	365740	41008
云 南	Yunnan	2043438	39985	3267	19158	189691	42148	632724	41754
西 藏	Tibet	32871	50124			3092	62216	5642	50273
陕 西	Shaanxi	2295874	48636	1102	26342	280555	72140	819915	44071
甘 肃	Gansu	884786	40833	1024	34286	63346	54060	331812	46019
青 海	Qinghai	270828	48290	3095	12622	37430	81148	110701	45646
宁 夏	Ningxia	325042	52289	675	43325	65678	81937	121976	43544
新 疆	Xinjiang	997246	54749	14057	31291	177455	80823	315512	52069

6-3 续表 1 continued

地区	Region	电力、热力、燃气及水生产和供应业 Production and Supply of Electricity, Heat, Gas and Water		建筑业 Construction		批发和零售业 Wholesale and Retail Trades		交通运输、仓储和邮政业 Transport, Storage and Post	
		年末人数（人） Year-end Figures (person)	平均工资（元） Average Wage (yuan)	年末人数（人） Year-end Figures (person)	平均工资（元） Average Wage (yuan)	年末人数（人） Year-end Figures (person)	平均工资（元） Average Wage (yuan)	年末人数（人） Year-end Figures (person)	平均工资（元） Average Wage (yuan)
全　国	**National**	**1944044**	**67706**	**21269340**	**43209**	**7145793**	**50333**	**4000054**	**58561**
北　京	Beijing	60958	98383	361297	69485	611345	83534	459020	70680
天　津	Tianjin	27676	94646	226088	56683	145187	55686	79170	94418
河　北	Hebei	79973	79304	675779	35259	214411	32132	101015	50422
山　西	Shanxi	50027	60722	249502	40859	106588	34773	49411	35906
内蒙古	Inner Mongolia	70284	66531	211967	36827	76819	37124	51327	44596
辽　宁	Liaoning	77021	53718	726323	39847	215828	39720	126159	54365
吉　林	Jilin	87912	53758	229400	36706	97342	32210	40883	31412
黑龙江	Heilongjiang	91176	60544	202107	38270	126780	37591	22778	42897
上　海	Shanghai	29017	113239	302305	64783	599994	100149	370972	76286
江　苏	Jiangsu	77194	76653	3561248	50642	533846	52972	291943	56992
浙　江	Zhejiang	51014	79007	2734098	43371	360874	53179	214245	61162
安　徽	Anhui	56532	64935	642720	44442	179049	38854	105104	41292
福　建	Fujian	53651	70074	1135255	44585	209569	44337	124468	53258
江　西	Jiangxi	96837	56509	584633	39533	108351	35335	69984	47346
山　东	Shandong	105930	54702	1329488	40957	548195	38895	249834	51723
河　南	Henan	107621	44838	1467600	34011	329034	31804	171531	38423
湖　北	Hubei	47656	52166	1012338	45379	342674	37786	123136	43832
湖　南	Hunan	48652	52143	685766	37941	182873	35811	75192	40849
广　东	Guangdong	203899	98657	921287	45422	822917	52407	572849	70385
广　西	Guangxi	91134	60206	421913	41345	95708	35812	81167	40303
海　南	Hainan	7595	60047	40137	42829	118566	30786	39657	62212
重　庆	Chongqing	57149	71780	843436	43816	192664	42438	142744	49851
四　川	Sichuan	110837	62185	1066904	36438	266790	38364	163829	59141
贵　州	Guizhou	24358	62140	213028	43686	99874	34481	47765	46345
云　南	Yunnan	60569	65127	481596	32309	193199	32060	75628	47539
西　藏	Tibet	264	59459	6868	42427	4208	58452	664	47325
陕　西	Shaanxi	63175	61358	401803	40795	204706	33191	62784	47986
甘　肃	Gansu	29479	50637	255766	33795	54187	30913	30364	34446
青　海	Qinghai	8101	60024	47052	42355	19597	36335	10956	38659
宁　夏	Ningxia	14629	66280	35333	39942	22892	38496	13091	43664
新　疆	Xinjiang	53724	62073	196303	46828	61726	48086	32384	55613

6-3 续表 2 continued

地 区	Region	住宿和餐饮业 Hotels and Catering Services		信息传输、软件和信息技术服务业 Information Transmission, Software and Information Technology		金融业 Financial Intermediation		房地产业 Real Estate	
		年末人数（人） Year-end Figures (person)	平均工资（元） Average Wage (yuan)	年末人数（人） Year-end Figures (person)	平均工资（元） Average Wage (yuan)	年末人数（人） Year-end Figures (person)	平均工资（元） Average Wage (yuan)	年末人数（人） Year-end Figures (person)	平均工资（元） Average Wage (yuan)
全 国	**National**	**2289412**	**34415**	**2705702**	**96925**	**2650171**	**129315**	**3098348**	**52821**
北 京	Beijing	222014	46905	557446	135815	310900	236131	334963	75494
天 津	Tianjin	43068	38486	34400	102189	43470	149693	74529	69910
河 北	Hebei	43037	28045	61080	76198	130949	84241	77561	39631
山 西	Shanxi	32207	23149	45296	49157	46903	80060	19638	38538
内蒙古	Inner Mongolia	33912	30826	34670	57333	31725	69152	40007	38610
辽 宁	Liaoning	51678	31687	104583	76437	88073	88430	111523	48129
吉 林	Jilin	20447	27401	43506	51498	39618	78573	44395	41007
黑龙江	Heilongjiang	20587	32091	48232	56876	55730	70717	36659	40847
上 海	Shanghai	143932	51992	211156	152624	257118	180552	186842	70729
江 苏	Jiangsu	138525	33796	269903	99316	144484	135401	181896	57480
浙 江	Zhejiang	120632	37082	137009	111090	252352	138389	154935	57604
安 徽	Anhui	47460	29016	44128	56443	68639	88330	75493	48839
福 建	Fujian	83948	33115	56044	75366	66403	129557	99271	55318
江 西	Jiangxi	36248	26805	42774	66319	39238	80754	42746	39190
山 东	Shandong	119496	32235	135855	74884	157373	103014	196601	45496
河 南	Henan	82551	27554	61867	50123	121042	71985	135943	38375
湖 北	Hubei	106704	29349	69677	62426	66352	78169	101159	44218
湖 南	Hunan	77934	29659	58477	57246	123662	92632	94145	42796
广 东	Guangdong	339164	35409	287774	103574	224433	142607	452697	55304
广 西	Guangxi	38858	24146	33503	64772	35530	107187	61871	35792
海 南	Hainan	60764	34309	11960	82026	14947	90817	51836	49382
重 庆	Chongqing	59922	31188	44942	75567	50336	136188	88186	52769
四 川	Sichuan	103721	30218	102337	72031	73947	83232	140363	46693
贵 州	Guizhou	33337	29112	29395	66889	41964	115419	60114	40815
云 南	Yunnan	79870	26753	42806	56048	30411	130284	89468	39287
西 藏	Tibet	2083	36199	1280	67184	1766	100019	1127	50154
陕 西	Shaanxi	103268	28661	86188	71149	64032	90964	65167	44226
甘 肃	Gansu	20943	25820	18325	41268	27680	52535	27667	36868
青 海	Qinghai	3725	31290	6380	46006	3486	70047	7043	32010
宁 夏	Ningxia	4748	30506	5189	67483	9032	91763	10480	41695
新 疆	Xinjiang	14629	34850	19520	65383	28576	91276	34023	43078

6-3 续表 3 continued

地区	Region	租赁和商务服务业 Leasing and Business Services 年末人数(人) Year-end Figures (person)	平均工资(元) Average Wage (yuan)	科学研究和技术服务业 Scientific Research and Technical Services 年末人数(人) Year-end Figures (person)	平均工资(元) Average Wage (yuan)	水利、环境和公共设施管理业 Management of Water Conservancy,Environment and Public Facilities 年末人数(人) Year-end Figures (person)	平均工资(元) Average Wage (yuan)	居民服务、修理和其他服务业 Service to Households, Repair and Other Services 年末人数(人) Year-end Figures (person)	平均工资(元) Average Wage (yuan)
全　国	**National**	**2469948**	**73231**	**1481965**	**89146**	**377733**	**44235**	**420034**	**38057**
北　京	Beijing	427292	107823	335003	110607	31471	59825	62767	44302
天　津	Tianjin	39670	68069	59482	107211	4066	69751	57093	32440
河　北	Hebei	38363	36087	58421	76777	6559	30847	7507	28945
山　西	Shanxi	26170	36521	8472	61014	3937	23538	8672	29157
内蒙古	Inner Mongolia	20195	43030	13256	64766	6437	47358	2624	40654
辽　宁	Liaoning	46369	42844	40749	73136	9746	30996	9683	29821
吉　林	Jilin	26598	35356	19831	46930	5180	23879	7434	23499
黑龙江	Heilongjiang	26127	41257	10584	52944	2754	36933	5892	38169
上　海	Shanghai	307873	146262	112564	154598	43534	60229	36189	53237
江　苏	Jiangsu	189341	54256	98973	77360	25562	43700	25641	45125
浙　江	Zhejiang	190318	57093	74775	80066	37276	45427	13105	38575
安　徽	Anhui	37460	45856	22268	69938	6683	41801	4915	37411
福　建	Fujian	60308	60264	31138	59386	8047	30517	5667	38243
江　西	Jiangxi	15475	48166	9119	65286	6895	33800	1313	26061
山　东	Shandong	96051	48968	68803	54585	20895	35376	21004	35932
河　南	Henan	68330	39882	53781	46679	16243	35347	11242	28211
湖　北	Hubei	46530	48430	58943	84023	9138	43761	8850	33772
湖　南	Hunan	52826	36786	41987	44051	6705	35903	12875	34498
广　东	Guangdong	354247	69274	194300	94956	39565	48239	54734	40396
广　西	Guangxi	54004	36474	16611	46203	5268	28676	2641	28212
海　南	Hainan	12222	46717	6658	44550	7441	46041	3134	28066
重　庆	Chongqing	68193	38229	21891	92209	10788	35812	10755	35406
四　川	Sichuan	66261	49823	35127	89461	19686	42429	10001	36508
贵　州	Guizhou	30313	38018	11789	42994	5291	36411	9104	28201
云　南	Yunnan	67067	33130	16350	51699	19407	36334	10484	29959
西　藏	Tibet	4030	31841	12	107750			1409	33855
陕　西	Shaanxi	46551	55622	34395	71844	11885	38219	11762	32013
甘　肃	Gansu	8099	27715	8894	46325	989	31248	1038	18041
青　海	Qinghai	4606	28095	2985	57212	540	48049	216	23763
宁　夏	Ningxia	11591	35144	3556	60207	1688	34880	395	27765
新　疆	Xinjiang	27468	43454	11248	72472	4057	37241	1888	36671

6-3 续表 4 continued

地　区	Region	教　育 Education 年末人数(人) Year-end Figures (person)	教　育 Education 平均工资(元) Average Wage (yuan)	卫生和社会工作 Health and Social Service 年末人数(人) Year-end Figures (person)	卫生和社会工作 Health and Social Service 平均工资(元) Average Wage (yuan)	文化、体育和娱乐业 Culture, Sports and Entertainment 年末人数(人) Year-end Figures (person)	文化、体育和娱乐业 Culture, Sports and Entertainment 平均工资(元) Average Wage (yuan)	公共管理、社会保障和社会组织 Public Management, Social Security and Social Organization 年末人数(人) Year-end Figures (person)	公共管理、社会保障和社会组织 Public Management, Social Security and Social Organization 平均工资(元) Average Wage (yuan)
全　国	**National**	**839321**	**46436**	**413541**	**49799**	**323507**	**60505**	**96378**	**36468**
北　京	Beijing	78946	60532	28900	68233	62115	86713	41749	30220
天　津	Tianjin	6929	61341	2998	52093	7704	59855	602	43653
河　北	Hebei	7936	33580	5255	31369	5315	41661		
山　西	Shanxi	12785	24993	4937	29140	2773	21621	162	56857
内蒙古	Inner Mongolia	4117	34962	3284	44054	1078	36995		
辽　宁	Liaoning	14720	43819	14246	40194	10331	45454	3414	18087
吉　林	Jilin	8530	36141	7597	31782	5196	31503	58	28340
黑龙江	Heilongjiang	2336	48585	3119	36848	4221	42517		
上　海	Shanghai	17606	86805	7242	89413	23960	87703	268	72912
江　苏	Jiangsu	42014	62192	41654	55372	26158	67531	3801	82646
浙　江	Zhejiang	78259	56073	26959	63535	14991	59725	26681	39520
安　徽	Anhui	35121	38614	24414	45495	4853	47309	48	35400
福　建	Fujian	27739	49470	9985	52077	10093	45253	113	13018
江　西	Jiangxi	10715	38009	9621	41398	2771	49323	232	33069
山　东	Shandong	57486	39035	24205	44322	13557	48481	1405	50523
河　南	Henan	83982	37279	39161	38764	9076	39464	10337	37708
湖　北	Hubei	35498	39747	16929	45451	8826	52800	139	25050
湖　南	Hunan	45395	38332	19816	52781	12338	51758	3430	27918
广　东	Guangdong	113367	54151	42502	65210	44201	57069	2174	67118
广　西	Guangxi	19380	28994	7660	39820	5440	49063	28	39536
海　南	Hainan	13080	33658	2207	35060	5803	40848	521	29034
重　庆	Chongqing	22890	40827	11256	40803	8117	51435		
四　川	Sichuan	35127	42844	18517	47077	9478	40932	120	35623
贵　州	Guizhou	12086	31800	7574	38000	3625	36077	597	28525
云　南	Yunnan	24524	31087	18657	34599	7569	36386	151	24660
西　藏	Tibet			251	65375	175	13297		
陕　西	Shaanxi	19733	37235	9654	41967	9038	52088	161	29696
甘　肃	Gansu	1065	26945	1802	31082	2151	36254	155	25884
青　海	Qinghai	2655	23523	1301	36914	959	47932		
宁　夏	Ningxia	2717	39360	608	36705	752	44630	12	58500
新　疆	Xinjiang	2583	33471	1230	31935	843	34693	20	44200

6-4 各地区分行业其他单位其他就业人员和平均工资(2013)

OTHER EMPLOYMENT AND AVERAGE WAGE IN OTHER OWNERSHIP UNITS BY SECTOR AND REGION (2013)

地 区	Region	总计 Total		农、林、牧、渔业 Agriculture, Forestry, Animal Husbandry and Fishery		采矿业 Mining		制造业 Manufacturing	
		年末人数(人) Year-end Figures (person)	平均工资(元) Average Wage (yuan)	年末人数(人) Year-end Figures (person)	平均工资(元) Average Wage (yuan)	年末人数(人) Year-end Figures (person)	平均工资(元) Average Wage (yuan)	年末人数(人) Year-end Figures (person)	平均工资(元) Average Wage (yuan)
全 国	**National**	**6543100**	**43124**	**5896**	**29978**	**116830**	**36623**	**808118**	**57914**
北 京	Beijing	346645	90604	416	33787	185	45266	24145	121062
天 津	Tianjin	133128	58339	20	50042	1289	41736	27371	138870
河 北	Hebei	239292	30600	22	21650	3609	36492	15744	50946
山 西	Shanxi	77696	25902			7483	27599	7702	27170
内蒙古	Inner Mongolia	55304	36595	1024	32738	8308	44621	7771	35043
辽 宁	Liaoning	261674	38046	87	22354	7531	43121	27709	55092
吉 林	Jilin	99953	29232	16	14750	339	25417	18239	29168
黑龙江	Heilongjiang	113010	27492			1307	29191	20120	24398
上 海	Shanghai	305248	94006	1414	36695	8	79250	50765	126631
江 苏	Jiangsu	638948	47153	64	23438	1327	26853	83962	92099
浙 江	Zhejiang	369210	44526	125	25829	191	25537	38735	62804
安 徽	Anhui	306861	42535	33	14788	3185	16451	27020	32217
福 建	Fujian	281599	39817	94	17043	962	33286	31281	54451
江 西	Jiangxi	180483	34693	344	19985	851	31621	13437	29005
山 东	Shandong	351352	34794	2	66000	21501	35395	43445	43481
河 南	Henan	379521	30217	9	33222	9730	54006	38739	27482
湖 北	Hubei	351404	41095	2	21500	4238	29461	28029	34886
湖 南	Hunan	271571	30865	84	25684	1970	18305	29538	31141
广 东	Guangdong	480232	46206	112	16717	253	23555	97057	65605
广 西	Guangxi	88354	27742	262	36205	1872	32857	22113	26672
海 南	Hainan	10511	47801	49	20867	23	57493	1485	62523
重 庆	Chongqing	195556	37266	618	28024	1680	48665	19624	38359
四 川	Sichuan	303826	33257	48	25300	7507	23872	27977	35944
贵 州	Guizhou	90459	36772	143	10483	4289	37543	11750	34461
云 南	Yunnan	235226	27809	392	16054	7226	32911	51392	28533
西 藏	Tibet	4748	36512			206	33405	945	29230
陕 西	Shaanxi	198029	30719			9200	53488	23407	29207
甘 肃	Gansu	91597	31001			3311	37204	9825	28336
青 海	Qinghai	10309	21959			4222	17192	952	23705
宁 夏	Ningxia	21000	35741	238	13260	18	29278	1883	29245
新 疆	Xinjiang	50354	34163	273	25397	3009	39751	5956	31484

6-4 续表 1 continued

地 区	Region	电力、热力、燃气及水生产和供应业 Production and Supply of Electricity, Heat, Gas and Water		建筑业 Construction		批发和零售业 Wholesale and Retail Trades		交通运输、仓储和邮政业 Transport, Storage and Post	
		年末人数(人) Year-end Figures (person)	平均工资(元) Average Wage (yuan)	年末人数(人) Year-end Figures (person)	平均工资(元) Average Wage (yuan)	年末人数(人) Year-end Figures (person)	平均工资(元) Average Wage (yuan)	年末人数(人) Year-end Figures (person)	平均工资(元) Average Wage (yuan)
全 国	**National**	**69606**	**31512**	**3459021**	**37996**	**278502**	**60353**	**169706**	**38561**
北 京	Beijing	1205	45914	23561	55015	38238	126958	13039	75089
天 津	Tianjin	823	56740	35356	34092	7765	52184	1783	55352
河 北	Hebei	7432	21439	130214	30800	7102	19647	2166	32114
山 西	Shanxi	612	32563	32305	27495	2963	33246	2640	24211
内蒙古	Inner Mongolia	1004	25093	22998	37935	1430	29137	2009	26368
辽 宁	Liaoning	4056	21157	145489	36245	9862	31954	1634	28616
吉 林	Jilin	2082	23106	57143	29094	2827	23094	2051	13225
黑龙江	Heilongjiang	1830	25338	39258	31183	4678	23150	1785	22228
上 海	Shanghai	261	47103	46848	64188	46733	120420	18474	56413
江 苏	Jiangsu	2005	42009	416676	42127	20066	44184	10401	40331
浙 江	Zhejiang	1243	38519	197315	41585	16655	42296	5411	39045
安 徽	Anhui	553	25627	220979	48753	6515	23900	5877	32405
福 建	Fujian	1413	49332	202023	39489	6506	28730	5809	24466
江 西	Jiangxi	19490	35413	115481	37953	6358	20184	6428	32870
山 东	Shandong	2330	29228	170031	35167	14037	27224	11979	40329
河 南	Henan	2571	40027	245629	31742	9952	26428	15602	28745
湖 北	Hubei	1149	37800	252514	44234	11934	25358	4862	30425
湖 南	Hunan	989	28214	168796	33157	7381	21153	5148	28938
广 东	Guangdong	689	60353	221843	38294	19447	46814	20004	29861
广 西	Guangxi	3340	20223	32283	28030	2950	23640	3044	27219
海 南	Hainan	248	29789	5243	54861	248	36523	323	31086
重 庆	Chongqing	3264	33861	86801	42538	5521	28957	7108	39561
四 川	Sichuan	3508	30684	200661	33696	7675	26049	6509	24463
贵 州	Guizhou	240	50541	52834	41087	2128	25448	2640	31604
云 南	Yunnan	3919	24483	134436	28130	9318	23299	4586	22400
西 藏	Tibet	9	75900	2839	39012	354	47714	65	18254
陕 西	Shaanxi	1735	24496	110476	33737	4388	21493	3253	28136
甘 肃	Gansu	715	28062	60846	34048	3815	14809	4112	20449
青 海	Qinghai	23	36261	3587	20613	279	19651	118	23151
宁 夏	Ningxia	427	25819	10205	43988	149	32785	310	35560
新 疆	Xinjiang	441	35376	14351	36951	1228	33046	536	24302

6-4 续表 2 continued

地 区	Region	住宿和餐饮业 Hotels and Catering Services		信息传输、软件和信息技术服务业 Information Transmission, Software and Information Technology		金融业 Financial Intermediation		房地产业 Real Estate	
		年末人数(人) Year-end Figures (person)	平均工资(元) Average Wage (yuan)	年末人数(人) Year-end Figures (person)	平均工资(元) Average Wage (yuan)	年末人数(人) Year-end Figures (person)	平均工资(元) Average Wage (yuan)	年末人数(人) Year-end Figures (person)	平均工资(元) Average Wage (yuan)
全 国	**National**	**197526**	**21279**	**63780**	**83218**	**762779**	**37106**	**184955**	**39366**
北 京	Beijing	36265	31227	11582	198917	70172	73820	23059	66970
天 津	Tianjin	14185	14535	205	419910	26315	46183	3313	42427
河 北	Hebei	1734	23428	1363	25399	58404	25382	2352	28290
山 西	Shanxi	1563	17290	3383	24606	13195	21673	2723	21143
内蒙古	Inner Mongolia	698	25815	44	51264	6474	31601	1767	31890
辽 宁	Liaoning	1810	36003	4638	44836	38068	33707	5605	29606
吉 林	Jilin	639	29070	1974	39820	6495	35476	3034	25591
黑龙江	Heilongjiang	1220	17192	838	31177	32883	24556	7349	21111
上 海	Shanghai	44641	20939	2497	324172	8208	193176	31402	47098
江 苏	Jiangsu	27481	12735	5312	40771	42116	33753	10405	37686
浙 江	Zhejiang	11943	16925	2130	61916	55669	51067	10226	39488
安 徽	Anhui	1472	19492	1564	40971	26271	20582	5640	30021
福 建	Fujian	2040	30843	490	24348	21113	27585	3972	37862
江 西	Jiangxi	439	21464	3144	25652	8789	22964	1450	27102
山 东	Shandong	3377	33209	307	27864	66511	27239	7642	33464
河 南	Henan	2245	23189	4035	27485	21934	20502	8594	29470
湖 北	Hubei	2117	22992	4307	29115	23407	34515	6935	33820
湖 南	Hunan	2128	24152	1495	31336	37149	25096	4939	28697
广 东	Guangdong	16031	20240	2079	94663	60087	41339	14454	43800
广 西	Guangxi	1197	19025	3285	33737	11542	29551	1970	31686
海 南	Hainan	1068	29803	40	28609	437	20167	668	46773
重 庆	Chongqing	3149	26641	711	57376	41965	29956	3109	36749
四 川	Sichuan	5515	30117	1682	31969	29289	34968	6152	31153
贵 州	Guizhou	1013	26168	1015	43026	6154	29550	2615	32381
云 南	Yunnan	2418	20977	1285	31845	3585	19245	6552	29650
西 藏	Tibet	15	23700	21	44714	122	36184	130	9819
陕 西	Shaanxi	7701	14203	2197	34942	24110	19737	3808	19744
甘 肃	Gansu	2906	13168	705	35438	676	22252	2751	19467
青 海	Qinghai	6	7143	943	46165	72	20514	38	19600
宁 夏	Ningxia	131	15965	121	31521	4532	23927	895	24413
新 疆	Xinjiang	379	22193	388	37844	17035	28171	1406	25011

6-4 续表 3 continued

地区	Region	租赁和商务服务业 Leasing and Business Services		科学研究和技术服务业 Scientific Research and Technical Services		水利、环境和公共设施管理业 Management of Water Conservancy,Environment and Public Facilities		居民服务、修理和其他服务业 Service to Households, Repair and Other Services	
		年末人数（人） Year-end Figures (person)	平均工资（元） Average Wage (yuan)	年末人数（人） Year-end Figures (person)	平均工资（元） Average Wage (yuan)	年末人数（人） Year-end Figures (person)	平均工资（元） Average Wage (yuan)	年末人数（人） Year-end Figures (person)	平均工资（元） Average Wage (yuan)
全　国	**National**	**132070**	**100148**	**102955**	**65473**	**30531**	**30560**	**20617**	**31085**
北　京	Beijing	26477	209244	33775	80874	1418	39848	4659	40981
天　津	Tianjin	3549	51286	4573	91484	958	31863	4019	25027
河　北	Hebei	2727	57891	4432	36192	1147	17521	49	14062
山　西	Shanxi	1141	13819	594	24529	404	17395	415	7406
内蒙古	Inner Mongolia	88	15948	795	25378	643	34207	7	26077
辽　宁	Liaoning	794	30376	4323	61633	1064	34773	260	22293
吉　林	Jilin	1585	40486	1397	25545	157	27320	42	27500
黑龙江	Heilongjiang	245	43291	224	37779	180	11479	25	22600
上　海	Shanghai	27530	176098	7003	160690	7046	39550	1868	50994
江　苏	Jiangsu	4665	38888	3884	47290	2101	28843	918	28164
浙　江	Zhejiang	5692	37175	7834	50171	3837	27999	319	32625
安　徽	Anhui	2462	21985	1844	33903	344	22927	572	26333
福　建	Fujian	801	40926	1089	38718	737	28007	301	17747
江　西	Jiangxi	2334	20431	549	38123	329	16199	105	38636
山　东	Shandong	2858	40122	2865	31453	926	27887	416	37944
河　南	Henan	1351	15685	1661	31983	566	20278	295	19697
湖　北	Hubei	3318	34465	5430	43888	451	25779	236	18481
湖　南	Hunan	2372	26719	2284	36647	790	23845	2519	24967
广　东	Guangdong	9540	74146	6063	75370	2112	26937	1045	35928
广　西	Guangxi	1632	23260	659	36023	410	25854	317	23679
海　南	Hainan	71	33078	133	50496	188	41518	16	67143
重　庆	Chongqing	17444	26614	1436	51896	553	57759	342	19863
四　川	Sichuan	1138	34510	2665	39905	204	28219	223	16955
贵　州	Guizhou	1133	23230	2965	11032	50	30021	259	19650
云　南	Yunnan	2471	24393	2010	29822	1959	19082	726	24118
西　藏	Tibet	42	39786						32389
陕　西	Shaanxi	2642	16673	1185	40156	987	26826	409	20301
甘　肃	Gansu	1112	14588	225	24143	407	28441	13	20818
青　海	Qinghai	34	21852	33	37044	2	15000		
宁　夏	Ningxia	795	27115	100	42179	508	18971	61	12540
新　疆	Xinjiang	4027	36715	925	50461	53	25531	181	22158

6-4 续表 4 continued

地 区	Region	教 育 Education		卫生和社会工作 Health and Social Service		文化、体育和娱乐业 Culture, Sports and Entertainment		公共管理、社会保障和社会组织 Public Management, Social Security and Social Organization	
		年末人数（人）Year-end Figures (person)	平均工资（元）Average Wage (yuan)	年末人数（人）Year-end Figures (person)	平均工资（元）Average Wage (yuan)	年末人数（人）Year-end Figures (person)	平均工资（元）Average Wage (yuan)	年末人数（人）Year-end Figures (person)	平均工资（元）Average Wage (yuan)
全 国	**National**	**76912**	**55583**	**19666**	**57911**	**26968**	**57241**	**16662**	**23105**
北 京	Beijing	20347	75851	4093	107375	3859	98934	10150	25300
天 津	Tianjin	1282	29118	242	37802	80	198709		
河 北	Hebei	513	23583	38	25632	244	56572		
山 西	Shanxi	274	22355	71	18333	228	19766		
内蒙古	Inner Mongolia	29	25517	109	27714	106	11600		
辽 宁	Liaoning	6701	43281	1701	46958	333	39559	9	12600
吉 林	Jilin	1133	48408	260	26597	540	20262		
黑龙江	Heilongjiang	105	19962	8	18000	955	24543		
上 海	Shanghai	6095	110991	814	125190	3580	122005	61	34311
江 苏	Jiangsu	3834	35707	2300	42284	1340	43176	91	20297
浙 江	Zhejiang	6344	51815	2267	59218	1006	32081	2268	24950
安 徽	Anhui	2006	24071	339	30504	185	30266		
福 建	Fujian	2337	39668	246	48965	366	33041	19	1474
江 西	Jiangxi	221	21774	201	38946	533	11479		
山 东	Shandong	1576	34874	917	30694	627	158236	5	5200
河 南	Henan	3015	37525	831	27288	9200	12440	3562	14400
湖 北	Hubei	1893	22665	340	45115	211	26513	31	16677
湖 南	Hunan	3014	22654	529	47662	343	21400	103	19238
广 东	Guangdong	7462	70980	637	73760	1039	43227	278	41044
广 西	Guangxi	746	22740	115	21890	617	32617		
海 南	Hainan	201	32124	20	38429	16	22467	34	25765
重 庆	Chongqing	733	30417	1372	23966	126	26210		
四 川	Sichuan	2270	28283	513	45166	290	23547		
贵 州	Guizhou	603	17341	442	25389	162	22425	24	41750
云 南	Yunnan	1253	28370	940	40807	750	41490	8	46875
西 藏	Tibet								
陕 西	Shaanxi	2236	22727	93	31609	202	11877		
甘 肃	Gansu	4	50000	141	31138	26	15962	2	15000
青 海	Qinghai								
宁 夏	Ningxia	578	26458	32	17706			17	19824
新 疆	Xinjiang	107	31152	55	27550	4	32750		

七、职业培训与技能鉴定

VOCATIONAL TRAINING AND SKILL APPRAISAL

7-1 技工学校综合情况

GENERAL CONDITION OF VOCATIONAL SCHOOLS

单位：亿元，万人

年 份 Year	技工学校个数（个） Number of Vocational Schools (unit)	招生人数 Students Newly Enrolled	在校学生人数 Number of Students in School	毕业生人数 Number of Graduates	在职教职工人数 Total Teachers and Staff	文化技术理论课教师 Teachers of Cultural and Technical Theory	生产实习指导教师 Production Guide Teachers
绝对数 Absolute figure							
1990	4184	50.6	133.2	24.3	30.8	10.4	3.2
1995	4521	74.6	189.0	68.5	33.7	11.5	3.9
2000	3792	50.4	140.1	64.6	24.0	10.5	3.5
2001	3470	55.1	134.7	47.7	22.0	10.0	3.4
2002	3075	73.3	153.0	45.4	20.3	9.5	3.2
2003	2970	91.6	193.1	45.3	20.2	9.6	3.4
2004	2884	109.7	234.4	53.5	20.4	9.6	3.8
2005	2855	118.4	275.3	69.0	20.4	9.7	3.8
2006	2880	134.8	320.8	86.4	21.5	10.4	4.2
2007	2995	158.5	367.1	99.7	24.0	11.2	5.0
2008	3075	161.4	397.5	109	24.7	12.2	5.4
2009	3064	156.4	414.3	115.2	25.8	12.5	6.0
2010	2998	158.6	421.0	121.3	26.5	12.7	6.3
2011	2914	163.5	429.4	118.9	26.5	12.9	6.3
2012	2892	156.8	422.8	120.2	26.7	13.0	6.6
2013	2882	133.5	386.6	116.9	26.9	13.4	6.5
比上年增长(%) Increase over Preceding year(%)							
1995	2.1	4.5	1.0	23.0	-1.0	0.9	1.6
2000	-7.5	-2.3	-10.2	-2.5	-11.0	-6.9	-6.7
2001	-8.5	9.4	-3.8	-26.1	-8.3	-4.9	-3.7
2002	-11.4	33.0	13.6	-4.9	-7.4	-5.0	-6.8
2003	-3.4	24.9	26.2	-0.2	-0.7	1.5	7.3
2004	-2.9	19.8	21.4	18.1	1.0		11.8
2005	-1.0	7.9	17.4	29.0		1.0	
2006	0.9	13.9	16.5	25.2	5.4	7.2	10.5
2007	4.0	17.6	14.4	15.4	11.6	7.7	19.0
2008	2.7	1.8	8.3	9.3	2.9	8.9	8.0
2009	-0.4	-3.1	4.2	5.7	4.6	2.8	11.6
2010	-2.2	1.4	1.6	5.4	2.6	1.2	4.3
2011	-2.8	3.1	2.0	-2.0	0.0	1.8	-0.4
2012	-0.8	-4.1	-1.5	1.1	0.8	0.3	6.1
2013	-0.3	-14.8	-8.6	-2.8	0.9	3.4	-2.1

7-1 续表 continued

单位：亿元，万人

年 份 Year	兼职教师人数 Part-time Teachers	经费来源合计 Resourses of Funds	#事业经费 Operating Funds	#公司经费 Company Funds	经费支出合计 Expenditure	培训社会人员人次 Person-time of Trainees from the Society	培训社会人员结业人数 Graduates of Trainees Recruited from the Society
绝对数							
Absolute figure							
1990	1.7	15.6	6.1	2.3	17.5		
1995	1.9	53.7	13.2	4.4	43.3	89.9	71.3
2000	2.7	56.9	21.9	3.2	59.4	158.5	156.7
2001	2.6	68.1	23.6	3.2	64.6	151.7	163.9
2002	2.6	67.4	28.2	2.8	67.1	208.6	196.9
2003	3.0	81.4	30.5	2.8	80.5	226.9	223.7
2004	2.9	112.5	37.4	5.2	102.8	265.6	257.5
2005	3.2	123.4	37.8	3.8	124.0	273.3	270.1
2006	3.6	143.1	43.9	3.0	148.7	337.7	330.2
2007	3.8	198.2				380.7	369.8
2008	4.1	204.4				400.0	389.8
2009	4.3	237.3				484.1	382.9
2010	4.4	260.4				468.4	371.3
2011	4.3	271.5				527.5	416.1
2012	4.3	306.1				551.3	441.6
2013	4.1	289.7				525.3	397.1
比上年增长(%)							
Increase over Preceding year(%)							
1995	8.2	18.6	11.1	14.3	18.0	6.8	3.9
2000	-6.3	-4.6	0.8	-30.1	-0.9	6.3	8.4
2001	-4.1	19.7	7.7	0.6	8.7	-4.3	4.6
2002	-2.4	-1.1	19.4	-13.6	3.8	37.6	20.2
2003	17.4	20.8	8.2	0.1	20.0	37.6	20.2
2004	-3.3	38.2	22.6	85.7	27.7	17.1	15.1
2005	10.3	9.7	1.0	-26.9	20.6	2.9	4.9
2006	12.5	16.0	16.1	-21.1	19.9	23.6	22.3
2007	5.6	38.5				12.7	12.0
2008	7.9	3.1				5.1	5.4
2009	5.2	16.1				21.0	-1.8
2010	1.0	9.7				-3.2	-3.0
2011	-1.7	4.3				12.6	12.1
2012	0.6	12.7				4.5	6.1
2013	-5.7	-5.3				-4.7	-10.1

7-2 各地区技工学校综合情况(2013年)

GENERAL CONDITION OF VOCATIONAL SCHOOLS BY REGION (2013)

地区	Region	技工学校个数(个) Number of Vocational Schools (unit)	#劳动预备制度定点培训机构数 Number of Labor Pre-partory System Training Agency	在职教职工人数(人) Total Teachers and Staff (person)	#女性 Female	文化技术理论课教师 Teachers of Cultural and Technical Theory	#高级讲师 Senior Lecturers	#讲师 Lecturers	#助理讲师 Assistant Lecturers
全国	**National**	**2882**	**1145**	**269443**	**116194**	**134130**	**36258**	**48384**	**37283**
北京	Beijing	31	17	3671	1784	1569	472	624	344
天津	Tianjin	29	7	3010	1252	1176	398	398	336
河北	Hebei	170	33	13204	6485	6962	2122	2483	1850
山西	Shanxi	99	51	8486	4062	4065	1055	1201	1216
内蒙古	Inner Mongolia	39	26	4999	2401	3238	1262	1095	629
辽宁	Liaoning	144	23	10476	4865	5398	1717	2083	1145
吉林	Jilin	135	39	6170	3159	3605	1161	1363	837
黑龙江	Heilongjiang	134	60	11671	5843	5856	2250	2021	1403
上海	Shanghai								
江苏	Jiangsu	126	38	17816	7948	8979	2474	3339	2426
浙江	Zhejiang	66	26	8877	3836	4587	1127	1735	1197
安徽	Anhui	86	28	6649	2629	3371	984	1232	980
福建	Fujian	69	22	4743	2076	2511	701	684	634
江西	Jiangxi	105	49	10414	3843	5144	1583	1920	1510
山东	Shandong	207	98	30860	12138	17166	5033	6423	4961
河南	Henan	183	76	14947	6079	6764	1520	2275	2197
湖北	Hubei	131	41	8778	3346	4216	1244	1907	872
湖南	Hunan	129	65	11820	4742	5682	1575	2199	1522
广东	Guangdong	243	57	28491	11856	12400	1901	4562	3995
广西	Guangxi	48	30	6305	2408	3127	601	1072	1147
海南	Hainan	10	2	1560	623	824	195	242	370
重庆	Chongqing	80	80	5230	3029	2086	530	926	461
四川	Sichuan	87	27	8354	3354	4269	917	1500	1249
贵州	Guizhou	66	31	3867	1679	2040	502	787	558
云南	Yunnan	36	17	4729	1966	2745	854	693	902
陕西	Shaanxi	204	59	14693	6185	6287	1400	1955	1935
甘肃	Gansu	80	41	4560	1687	2318	491	926	697
青海	Qinghai	18	18	2421	1168	1235	387	434	311
宁夏	Ningxia	19	5	2122	975	1018	357	266	234
新疆	Xinjiang	108	79	10520	4776	5492	1445	2039	1365

7-2 续表 1 continued

地 区	Region	生产实习指导教师 Production Guide Teachers	高级实习指导教师 Senior	一级实习指导教师 Class One	二级实习指导教师 Class Two	三级实习指导教师 Class Three	技师和高级技师 Technician and Senior Technician	一体化教师 Allround Teachers	兼职教师人数 Part-time Teachers
全 国	**National**	**65059**	**7882**	**13145**	**12168**	**6704**	**18249**	**67929**	**40612**
北 京	Beijing	649	131	138	104	29	176	1253	1264
天 津	Tianjin	624	139	162	174	37	100	833	222
河 北	Hebei	2584	348	553	439	140	822	2687	1834
山 西	Shanxi	1748	192	345	274	147	651	1360	1308
内蒙古	Inner Mongolia	954	177	167	117	92	228	1061	568
辽 宁	Liaoning	1793	176	296	282	217	488	1797	1018
吉 林	Jilin	1159	142	206	233	118	376	1488	827
黑龙江	Heilongjiang	2131	331	420	282	201	707	2886	1934
上 海	Shanghai								
江 苏	Jiangsu	4226	529	984	777	346	1108	5216	2975
浙 江	Zhejiang	1734	233	443	334	118	545	3160	974
安 徽	Anhui	1355	169	241	266	133	429	1763	1172
福 建	Fujian	1144	136	219	273	94	192	1176	851
江 西	Jiangxi	4812	857	764	860	780	830	3748	1984
山 东	Shandong	6811	938	1427	1124	646	2043	7387	3566
河 南	Henan	4238	435	949	969	425	1124	4173	2577
湖 北	Hubei	2204	323	584	395	187	553	1837	1429
湖 南	Hunan	3415	383	947	790	280	864	3095	2028
广 东	Guangdong	7439	398	1407	1369	607	2790	8286	2792
广 西	Guangxi	1985	129	426	365	150	745	1893	915
海 南	Hainan	606	74	110	195	32	195	667	157
重 庆	Chongqing	2487	411	448	489	510	528	941	1086
四 川	Sichuan	2026	152	353	342	221	522	2395	1374
贵 州	Guizhou	758	66	113	147	93	194	657	733
云 南	Yunnan	1202	146	162	243	139	367	1411	1373
陕 西	Shaanxi	3192	388	487	632	487	787	1852	2410
甘 肃	Gansu	953	87	241	229	203	156	670	776
青 海	Qinghai	503	116	121	68	37	127	556	385
宁 夏	Ningxia	303	30	47	76	14	36	549	340
新 疆	Xinjiang	2024	246	385	320	221	566	3132	1740

7-2 续表 2 continued

地 区	Region	经费来源(亿元) Resouses of Funds (100 million yuan)	招生学校数(所) Number of School (unit)	招生人数(人) Students Newly Enrolled (person)	#高级班学生 Senior Class	#农业户口学生 New Students from Rural	在校学生人数(人) Number of Students in School (person)	#女生 Female	#高级班学生 Senior Class
全 国	**National**	**289.7**	**2069**	**1334957**	**370714**	**993952**	**3865864**	**1078372**	**1035139**
北 京	Beijing	12.5	19	16883	5681	9593	43137	12238	14017
天 津	Tianjin	3.8	27	8910	2653	5315	20862	5067	7910
河 北	Hebei	11.8	133	50126	8285	41857	135468	39057	25511
山 西	Shanxi	8.2	68	36910	11018	28185	113246	31512	30005
内蒙古	Inner Mongolia	3.4	31	7762	2211	4901	18328	4414	4710
辽 宁	Liaoning	9.9	80	26264	5699	16063	82977	14550	24842
吉 林	Jilin	4.4	71	22599	3055	8326	43975	7715	5357
黑龙江	Heilongjiang	7.0	95	44647	7069	31150	144614	58771	15588
上 海	Shanghai								
江 苏	Jiangsu	26.1	121	99614	33622	68304	260570	76443	88272
浙 江	Zhejiang	17.0	64	37351	14007	28679	118587	31502	40502
安 徽	Anhui	5.6	55	18570	4763	12925	49126	14104	13228
福 建	Fujian	6.7	50	25808	4781	16257	70664	22226	13949
江 西	Jiangxi	9.0	80	43196	3908	34541	139257	42066	13040
山 东	Shandong	35.0	171	144165	60874	125299	369922	104373	154876
河 南	Henan	12.9	120	100512	18839	77827	271926	71936	46534
湖 北	Hubei	7.0	83	39055	7065	23527	104384	31932	19898
湖 南	Hunan	7.7	75	40878	19596	37026	160840	33925	61118
广 东	Guangdong	37.3	161	272962	89702	193547	876154	222801	250283
广 西	Guangxi	10.2	43	43201	3321	37675	103948	31756	9746
海 南	Hainan	2.3	10	8402	1855	6619	21909	5204	6077
重 庆	Chongqing	3.8	55	51027	8276	24795	150132	46515	22592
四 川	Sichuan	9.1	65	39157	9560	28386	113406	32211	25356
贵 州	Guizhou	3.5	34	21912	5517	18187	40985	10718	9529
云 南	Yunnan	7.9	35	39964	10321	35213	101173	26343	34108
陕 西	Shaanxi	9.2	174	50319	21520	44112	150711	47769	64711
甘 肃	Gansu	4.6	46	17402	4666	14366	79502	28890	23030
青 海	Qinghai	2.4	12	6666	243	5523	21665	8636	1429
宁 夏	Ningxia	2.7	6	1929	369	987	5873	1963	1386
新 疆	Xinjiang	9.0	85	18766	2238	14767	52523	13735	7535

7-2 续表 3 continued

地区	Region	#农业户口学生 New Students from Rural	毕业生人数（人） Number of Graduates (person)	#获得中级职业资格 Won Medium Certificates	#获得高级职业资格 Won Senior Certificates	培训社会人员（人次） Person-time of Trainees from the Society (person-time)	培训社会人员结业人数 Graduates of Trainees Recruited from the Society	按培训对象分组 Grouped by Trainee：失业人员 Unemployment Workers	劳动预备制人员 Pupils of Labour Preparatory System
全 国	**National**	**2766680**	**1168809**	**698075**	**268387**	**5253073**	**3970809**	**401200**	**350568**
北 京	Beijing	27411	13891	7547	4937	103071	96526	7570	2977
天 津	Tianjin	11961	7312	2728	3154	109754	90208	475	19044
河 北	Hebei	101126	48513	37734	7666	166643	105330	15302	7463
山 西	Shanxi	87189	37465	25969	7568	102860	97827	5379	2875
内蒙古	Inner Mongolia	10458	5795	3080	861	89712	60588	7419	1489
辽 宁	Liaoning	40751	24693	14859	4992	140696	97105	39544	3901
吉 林	Jilin	19553	18379	10623	677	58578	39924	16456	3826
黑龙江	Heilongjiang	113078	91463	50093	4405	261641	251451	54622	10840
上 海	Shanghai								
江 苏	Jiangsu	187218	83605	45433	31189	483628	335187	29547	32946
浙 江	Zhejiang	89523	27273	18725	6104	281160	214483	18366	8764
安 徽	Anhui	32583	17668	12228	2560	157593	117198	11265	15221
福 建	Fujian	46214	55546	31809	3540	131440	62475	2375	2716
江 西	Jiangxi	100616	40997	18572	8916	95389	40937	3198	2517
山 东	Shandong	319516	121782	57160	41704	463983	332695	39398	27398
河 南	Henan	200890	87306	55870	18080	434292	377014	32641	49919
湖 北	Hubei	64464	35942	23338	7491	153658	126523	11593	10708
湖 南	Hunan	140901	40248	21156	16142	274923	243286	22105	44197
广 东	Guangdong	511595	127105	86370	39186	400694	286824	17267	30273
广 西	Guangxi	88338	32097	21608	3832	135952	105020	9043	17543
海 南	Hainan	15645	5689	3806	870	41181	28310	4589	1180
重 庆	Chongqing	99879	33402	26672	5719	186825	124839	7481	5742
四 川	Sichuan	79298	30804	21013	3075	180313	119014	14542	6675
贵 州	Guizhou	32367	6721	4038	729	72377	40812	1767	7908
云 南	Yunnan	88399	27523	18582	7177	149509	60718	1328	7271
陕 西	Shaanxi	134518	80282	39775	20440	132269	113113	4207	7296
甘 肃	Gansu	62399	46847	23846	14410	94906	71222	13496	6149
青 海	Qinghai	16992	6928	5705	887	28217	28182	270	121
宁 夏	Ningxia	3946	1888	159	326	20222	15275	1490	506
新 疆	Xinjiang	39852	11645	9577	1750	301587	288723	8465	13103

7-2 续表 4 continued

地 区	Region	按培训对象分组 Grouped by Trainee		按获取证书分组 Grouped by Certification Level				就业人数 Employment	#高级班学生 Students in Senior Class
		在职职工 Workers	农村劳动者 Rural Workers	初级职业资格 Primary Certificates	中级职业资格 Medium Certificates	高级职业资格 Senior Certificates	技师和高级技师资格 Technicians and Senior Technicians Certificates		
全 国	**National**	**2685924**	**1087300**	**1309340**	**801805**	**329902**	**99931**	**1130011**	**302147**
北 京	Beijing	67656	15227	24527	18959	13621	5422	13708	5408
天 津	Tianjin	57995	19273	32655	22452	19438	6186	6801	2872
河 北	Hebei	89677	29691	29303	18284	16890	6709	47204	7740
山 西	Shanxi	64136	11507	38900	37707	4974	1348	36342	7624
内蒙古	Inner Mongolia	61745	8111	22085	12827	3866	2265	5488	912
辽 宁	Liaoning	60282	20495	35819	13023	3721	3856	23738	6446
吉 林	Jilin	20063	12404	20189	6878	2593	587	17840	2971
黑龙江	Heilongjiang	69621	64788	73404	36768	8666	4913	89733	5277
上 海	Shanghai								
江 苏	Jiangsu	311183	58651	67107	93642	45090	7592	80627	30564
浙 江	Zhejiang	174072	44769	61547	28777	27882	8154	26820	6128
安 徽	Anhui	68627	34094	33298	46813	7883	1599	16687	4403
福 建	Fujian	87319	19237	26047	15101	5517	1175	53756	3646
江 西	Jiangxi	56711	5412	13065	21540	3398	873	38969	14259
山 东	Shandong	230476	112963	119434	59501	34657	11584	116046	48327
河 南	Henan	201004	101576	78201	68173	21620	12543	84154	18054
湖 北	Hubei	62770	31176	54754	17601	6210	1850	34585	7677
湖 南	Hunan	138440	36153	93307	70141	18233	4037	39201	16127
广 东	Guangdong	217152	101602	118838	60358	23630	5628	124575	38598
广 西	Guangxi	31236	39469	57310	14061	9401	2837	31302	3377
海 南	Hainan	7907	19841	1987	2668	1441	289	5519	1308
重 庆	Chongqing	121296	40100	96238	23808	4389	404	32743	5719
四 川	Sichuan	101942	39216	31401	29389	11636	4444	30067	5651
贵 州	Guizhou	46046	7827	9570	8401	3871	558	6567	1094
云 南	Yunnan	36106	50254	27776	8176	8763	1233	26640	7133
陕 西	Shaanxi	73512	39372	37728	13593	6001	979	77081	31931
甘 肃	Gansu	34385	25627	19498	10694	1843	317	43708	16101
青 海	Qinghai	19478	7276	6064	8825	597	97	6884	894
宁 夏	Ningxia	10767	6384	10551	1086	1740	638	1886	655
新 疆	Xinjiang	164320	84805	68737	32559	12331	1814	11340	1251

7-3 各地区就业训练中心综合情况(2013年)
EMPLOYMENT TRAINNING CENTERS BY REGION (2013)

地区	Region	就业训练中心个数(个) Number of Employment Trainning Centers (unit)	在职教职工总人数(人) Total Teachers and Staff (person)	#教师 Teachers	兼职教师人数(人) Part-time Teachers (person)	经费来源总计(亿元) Resouses of Funds (100 million yuan)	财政补助费 Financial Allowance	职业培训补贴 Occupational Training Allowance	就业训练人数(人) Trainees (person)
全国	**National**	**3001**	**46087**	**30284**	**27559**	**29.1**	**4.2**	**21.5**	**6450222**
北京	Beijing	16	434	181	361	0.5	0.1	0.4	55704
天津	Tianjin	19	378	123	710	0.5	0.0	0.5	126638
河北	Hebei	289	5992	4132	1490	0.3	0.1	0.2	281683
山西	Shanxi	61	1357	772	514	0.4	0.2	0.2	254025
内蒙古	Inner Mongolia	195	1085	820	947				159491
辽宁	Liaoning	179	1953	1313	1333	1.2	0.9	0.2	121974
吉林	Jilin	64	804	504	549	0.2	0.0	0.2	130483
黑龙江	Heilongjiang	85	1254	868	501	0.5	0.2	0.3	154232
上海	Shanghai								
江苏	Jiangsu	106	2369	1342	2359	2.3	0.5	1.8	814289
浙江	Zhejiang	50	356	153	817	0.5	0.1	0.2	169261
安徽	Anhui	117	1523	1052	792	0.7	0.1	0.5	261320
福建	Fujian	77	526	294	723	0.3	0.2	0.1	148932
江西	Jiangxi	175	2929	1787	1224	0.5	0.1	0.4	440406
山东	Shandong	238	5069	3707	2561	9.8	0.2	9.6	522170
河南	Henan	160	2142	1209	799	1.8	0.2	0.3	375069
湖北	Hubei	117	1667	1184	1000	1.3	0.1	1.2	462022
湖南	Hunan	281	4611	3845	4083	1.8	0.1	1.7	422495
广东	Guangdong	135	2540	1518	1971	1.2	0.2	1.0	499548
广西	Guangxi	59	1002	565	462	0.4	0.0	0.2	48454
海南	Hainan	12	344	47	84	0.1	0.0	0.1	21543
重庆	Chongqing	39	177	90	155	0.3	0.1	0.2	46144
四川	Sichuan	139	1569	775	1197	2.3	0.2	0.6	212308
贵州	Guizhou	46	338	209	404	0.2	0.0	0.2	54881
云南	Yunnan	3	9	7	6	0.0		0.0	228
陕西	Shaanxi	132	2678	1784	1063	0.8	0.2	0.6	237947
甘肃	Gansu	78	1341	888	483	0.3	0.1	0.3	173038
青海	Qinghai	27	373	298	254	0.1	0.0	0.1	28005
宁夏	Ningxia	22	145	95	115	0.0	0.0	0.0	23309
新疆	Xinjiang	80	1122	722	602	0.5	0.2	0.3	204623

7-3 续表 1 continued

单位：人 (person)

地区	Region	#女性 Female	结业人数 Number of Graduates	按训练对象分组 Grouped by Personnel: 劳动预备制学员 Pupils of Labour Preparatory System	按训练对象分组 Grouped by Personnel: 失业人员 Unemployment Workers	按训练对象分组 Grouped by Personnel: 农村劳动者 Rural Workers	按训练对象分组 Grouped by Personnel: 在职职工 Workers	按训练对象分组 Grouped by Personnel: 其他 Others
全国	**National**	**2937766**	**5840449**	**269369**	**1773395**	**2586998**	**948779**	**738804**
北京	Beijing	25325	55092	225	23595	26105	3999	1780
天津	Tianjin	57412	115680		18048	62036	17086	29468
河北	Hebei	125576	259641	12802	100209	101894	11987	26212
山西	Shanxi	106121	198343	27535	32642	87256	88470	18122
内蒙古	Inner Mongolia	74929	152014	1412	71247	54828	6310	8896
辽宁	Liaoning	6463	109775		73184	21957	2439	24394
吉林	Jilin	47201	94881	4583	45488	34068	20809	22745
黑龙江	Heilongjiang	71130	145155	6465	82966	45812	6238	12751
上海	Shanghai							
江苏	Jiangsu	375076	747016	40669	266109	199922	192782	99780
浙江	Zhejiang	85804	153837	3510	29073	38699	82658	14894
安徽	Anhui	135046	250605	37746	51730	146531	19685	5628
福建	Fujian	78990	145449	2603	26392	76161	14930	26838
江西	Jiangxi	187842	438453	6690	124656	208135	27728	60836
山东	Shandong	253143	500521	29181	172076	216917	49207	48955
河南	Henan	181194	345372	2220	93829	177817	46697	34476
湖北	Hubei	223758	375913	20769	119871	182374	69470	49929
湖南	Hunan	222620	396114	20182	160151	168912	73250	
广东	Guangdong	233223	376811	12499	51907	160895	118991	155256
广西	Guangxi	21545	43446		9647	25495	2508	10804
海南	Hainan	9878	20532	380	2332	17560	1100	171
重庆	Chongqing	23524	45997		15311	23634	6019	1180
四川	Sichuan	105290	186865	2495	45447	117198	27757	19411
贵州	Guizhou	12195	53158		6015	33423	4226	11217
云南	Yunnan	99	228				228	
陕西	Shaanxi	100410	235362	25936	41814	132352	14109	22957
甘肃	Gansu	83186	159179	8261	69803	63760	9499	13080
青海	Qinghai	8701	27565	580	6945	20023		457
宁夏	Ningxia	9317	23284	136	9138	12286	826	923
新疆	Xinjiang	72768	184161	2490	23770	130948	29771	17644

7-3 续表 2 continued

单位：人 (person)

地区	Region	按训练期限分组 Grouped by Duration			按获取证书分组 Grouped by Certification Level				就业人数
		六个月以下 Less than Half a Year	六个月至一年 Half to One Year	一年以上 More than One Year	初级职业资格 Primary Certificates	中级职业资格 Medium Certificates	高级职业资格 Senior Certificates	技师和高级技师资格 Technicians and Senior Technicians Certificates	Employment
全国	**National**	**6020800**	**217733**	**65386**	**2822723**	**502937**	**156287**	**21396**	**4534446**
北京	Beijing	55479		225	20664	6298	115		18075
天津	Tianjin	123820	2818		17142	2273	798	201	100223
河北	Hebei	244051	170	32	182375	22172	168	23	217822
山西	Shanxi	226013	25686	2024	31640	19210	4707	20	122489
内蒙古	Inner Mongolia	156247	2197		43919	2609	47		136611
辽宁	Liaoning	109776	12198		104286	5489			85381
吉林	Jilin	112721	7892	45	44874	8060	1982	4	94806
黑龙江	Heilongjiang	147234	5509	1489	72090	7370	488	3	116479
上海	Shanghai								
江苏	Jiangsu	782925	23717	7647	191169	68385	31623	2104	453362
浙江	Zhejiang	167628	1043	155	63185	20101	22343	1804	108493
安徽	Anhui	249994	8416	2910	239969	4582	2926	3128	247623
福建	Fujian	146328	1042	432	83856	14389	3692	2019	110171
江西	Jiangxi	413258	16245		238705	17697	1552	80	388642
山东	Shandong	489094	18018	4211	287881	50858	19197	812	409119
河南	Henan	357804	2899	1661	178568	17930	3666	3351	246507
湖北	Hubei	402838	6926	1007	182060	35310	7840	3591	330345
湖南	Hunan	303346	76914	39535	208940	143285	43586	303	375731
广东	Guangdong	490893	360	1688	145099	21688	8797	3787	221923
广西	Guangxi	48243	30		22695	308	474	62	29933
海南	Hainan	21543			4967	996	470		11097
重庆	Chongqing	46144			20117	659			29208
四川	Sichuan	212308			73344	10840	1145	99	149372
贵州	Guizhou	54376	505		27373	224			37266
云南	Yunnan	228			6	54	168		228
陕西	Shaanxi	235533	1675	250	104616	3229	327	5	189327
甘肃	Gansu	170608	1894	85	48681	6128			119211
青海	Qinghai	28005			16348				23293
宁夏	Ningxia	22709	600		10928	12356			20259
新疆	Xinjiang	201654	979	1990	157226	437	176		141450

7-4 各地区民办职业培训机构综合情况(2013年)

VOCATIONAL TRAINING AGENCIES BY REGION (2013)

地区	Region	职业培训机构个数(个) Number of Employment Trainning Centers (unit)	在职教职工总人数(人) Total Teachers and Staff (person)	#教师 Teachers	兼职教师人数(人) Part-time Teachers (person)	经费来源(亿元) Resouses of Funds (100 million yuan)	财政补助费 Financial Allowance	职业培训补贴 Occupational Training Allowance	培训人数(人) Trainees (person)
全国	**National**	**19008**	**297630**	**179645**	**101140**	**86.7**	**4.0**	**32.6**	**12443451**
北京	Beijing	403	6190	3517	2838	9.7	0.1	0.4	310579
天津	Tianjin	338	4628	2558	2113	0.7	0.0	0.1	307687
河北	Hebei	865	11417	8613	3319	1.2	0.0	0.4	529549
山西	Shanxi	375	5637	3519	1689	0.7	0.0	0.4	225083
内蒙古	Inner Mongolia	289	3238	2075	2044	0.5	0.2	0.1	103448
辽宁	Liaoning	859	8542	5573	3407	0.7	0.1	0.2	212107
吉林	Jilin	685	4893	3122	1375	0.1		0.1	148871
黑龙江	Heilongjiang	672	5999	3934	2239	0.7	0.0	0.3	146585
上海	Shanghai	423	41103	13224	3747	8.8	1.0	1.7	596679
江苏	Jiangsu	1263	19546	12665	7009	3.3	0.3	1.2	802652
浙江	Zhejiang	802	7383	4379	4060	2.2	0.3	0.9	536911
安徽	Anhui	945	11975	9162	3041	1.6	0.1	0.9	299331
福建	Fujian	336	4362	2590	2184	0.9	0.0	0.1	203178
江西	Jiangxi	313	8744	5921	2769	1.3	0.4	0.3	334740
山东	Shandong	1389	16085	9528	5756	5.3	0.3	1.2	731751
河南	Henan	995	12792	8444	4491	2.5	0.0	0.3	925764
湖北	Hubei	577	7792	4960	2785	1.7	0.1	0.2	250382
湖南	Hunan	744	8542	4891	4057	2.2	0.0	1.4	489468
广东	Guangdong	1280	15447	9253	5475	6.0	0.1	1.8	1182034
广西	Guangxi	421	9036	6151	3020	12.1	0.0	10.9	261785
海南	Hainan	156	798	340	930	0.6	0.1	0.5	78034
重庆	Chongqing	650	9379	4945	4458	6.5	0.2	0.8	1266738
四川	Sichuan	1404	18807	12830	6304	6.1	0.1	2.9	573834
贵州	Guizhou	181	3571	2491	1140	0.9	0.0	0.5	110588
云南	Yunnan	764	22825	15583	10439	3.9	0.1	1.6	607343
西藏	Tibet	68	821	628	238	0.6	0.0	0.4	29173
陕西	Shaanxi	602	12355	7969	3513	2.9	0.2	0.5	334903
甘肃	Gansu	495	3625	2506	1498	0.5	0.0	0.4	209203
青海	Qinghai	124	1607	1067	370	0.4		0.4	64524
宁夏	Ningxia	181	5013	3417	1993	0.8	0.1	0.5	188912
新疆	Xinjiang	409	5478	3790	2839	1.3	0.1	1.2	381615

7-4 续表 1 continued

单位：人 (person)

地区 Region	#女性 Female	结业人数 Number of Graduates	按培训对象分组 Grouped by trainee: 劳动预备制学员 Pupils of Labour Preparatory System	失业人员 Unemployment Workers	按培训对象分组 Grouped by trainee: 农村劳动者 Rural Workers	在职职工 Workers	其他 Others
全国 National	**5078877**	**10513223**	**523390**	**1331893**	**4227064**	**3876920**	**2276447**
北京 Beijing	145252	248138	4018	34669	59634	122615	67576
天津 Tianjin	86676	265951		27792	72794	119223	87878
河北 Hebei	240842	456606	14934	44826	186002	249468	30114
山西 Shanxi	108716	193177	32748	50353	100113	20333	18637
内蒙古 Inner Mongolia	44731	85421	3262	17092	35675	21193	25181
辽宁 Liaoning	84727	186501	1373	60688	59501	31233	54131
吉林 Jilin	99076	95660	8087	38331	30904	29597	29850
黑龙江 Heilongjiang	75845	143063	18836	54312	40918	17258	15261
上海 Shanghai	277436	473577		25159	11223	489063	71234
江苏 Jiangsu	303355	695034	59700	87663	180186	341090	134013
浙江 Zhejiang	227649	426361	33706	40268	141485	236720	61670
安徽 Anhui	150050	270975	23334	46499	128350	41625	56117
福建 Fujian	80306	131267	11730	11238	44736	101307	21782
江西 Jiangxi	134214	159539	31544	88358	93375	54601	56535
山东 Shandong	336103	668509	42593	110975	276269	186967	100726
河南 Henan	285243	781279	36783	43022	338857	112303	394799
湖北 Hubei	113931	216546	22166	29229	74659	65556	53877
湖南 Hunan	137980	416092	45791	67953	187346	128540	59838
广东 Guangdong	526586	941081	24876	50601	278330	643193	158114
广西 Guangxi	118303	212026	2524	34760	111080	43925	62594
海南 Hainan	53316	75884	2058	22138	51049	733	2056
重庆 Chongqing	350903	1172072	52938	71139	462301	373374	306986
四川 Sichuan	278135	502633	19412	69949	269512	125930	79518
贵州 Guizhou	39126	89911	2293	7685	49507	28220	22883
云南 Yunnan	259089	561638	5760	39386	289917	121449	144511
西藏 Tibet	9529	27306	2505	5566	17090	1815	1432
陕西 Shaanxi	169913	278147	569	37769	141246	48008	107311
甘肃 Gansu	98674	173041	7783	45299	99805	2558	12236
青海 Qinghai	24959	61004		8672	54933	800	119
宁夏 Ningxia	57934	180411	4717	21368	120415	23102	19310
新疆 Xinjiang	160278	324373	7350	39134	219852	95121	20158

7-4 续表 2 continued

单位：人 (person)

地 区 Region	按训练期限分组 Grouped by Duration			按获取证书分组 Grouped by Certification Level				就业人数 Employment
	六个月以下 Less than Half a Year	六个月至一年 Half to One Year	一年以上 More than One Year	初级职业资格 Primary Certificates	中级职业资格 Medium Certificates	高级职业资格 Senior Certificates	技师和高级技师资格 Technicians and Senior Technicians Certificates	
全 国 National	**10995987**	**760944**	**385732**	**3534258**	**1488949**	**507394**	**88746**	**7763259**
北 京 Beijing	278092	27152	4081	86811	45233	17125	3814	116927
天 津 Tianjin	274158	29822	3707	65762	23392	10313	13821	147378
河 北 Hebei	475210	22976	7367	130914	116403	19394	3100	414844
山 西 Shanxi	186751	28280	722	43523	19423	2926	6	137465
内蒙古 Inner Mongolia	87015	3723	2963	36043	9194	4520	2805	70392
辽 宁 Liaoning	173196	16797	20434	72961	40870	9251	1936	131138
吉 林 Jilin	130592	3085	194	46650	6623	124	93	94189
黑龙江 Heilongjiang	130720	12951	2914	99534	16596	2479	162	120807
上 海 Shanghai	570549	19779	6351	151685	90757	44850	5660	520957
江 苏 Jiangsu	694881	59211	27312	208746	131706	49485	9597	488785
浙 江 Zhejiang	509112	17397	8924	198065	70190	43435	7797	215525
安 徽 Anhui	230830	50776	11852	128172	54292	16378	518	215391
福 建 Fujian	171298	12204	8344	55563	15986	10167	1479	94065
江 西 Jiangxi	186803	30247	28781	70006	69911	16972	2650	107767
山 东 Shandong	642094	49329	19726	305628	92518	34731	4976	522465
河 南 Henan	865351	46444	13969	116788	49688	21480	3373	654183
湖 北 Hubei	209392	20299	8946	65696	35061	25262	9276	160935
湖 南 Hunan	324521	104582	60365	179501	87510	6720	1221	379826
广 东 Guangdong	1026283	75936	40617	202618	59522	32617	4910	417731
广 西 Guangxi	242476	7405	6766	116181	15720	2823	922	212786
海 南 Hainan	78034			16814	20061	5581		50823
重 庆 Chongqing	1227530	22639	16569	171578	116799	18064	4412	1012603
四 川 Sichuan	503193	31141	23880	188209	97300	15240	1226	359199
贵 州 Guizhou	97088	8833	4667	35904	11396	1594	138	55027
云 南 Yunnan	582977	19274	1365	251960	134309	75698	3591	347776
西 藏 Tibet	22722	3127	1743	14558	42			20160
陕 西 Shaanxi	294289	14619	25995	114374	31420	14226		166423
甘 肃 Gansu	184671	2545	8657	60079	6605	92	205	129521
青 海 Qinghai	64524			25721				49797
宁 夏 Ningxia	181356	7180	376	32309	10854	4388	1058	135072
新 疆 Xinjiang	350279	13191	18145	241905	9568	1459		213302

7-5 历年全国职业技能鉴定综合情况

单位：人

年 份	Year	职业技能鉴定机构数（个）Numbe of Testing Agencies (unit)	鉴定所数 Testing Agencies	鉴定站数 Testing Stations	工考委和中央企业试点单位数 The Units of Workers Assessing Committees & the Central Enterprises Pilot	考评人员人数 Number of the Assessors	本年鉴定考核人数 Number of the Candidates	初级 Primary
1996		5682	2369	794	2519	37859	2685695	932642
1997		5752	3012	1030	1710	50779	3141832	1044325
1998		6878	3690	1263	1925	70466	3194218	1185862
1999		7820	4202	2240	1378	97209	3678723	1548193
#行业合计	Subtotal of Industrial Administrations	904		904		24141	300733	87304
地方合计	Subtotal of Local Governments	6916	4202	1336	1378	73068	3377990	1460889
2000		8179	4440	2824	915	128033	4421880	1818534
#行业合计	Subtotal of Industrial Administrations	1445		1443	2	48383	762909	241359
地方合计	Subtotal of Local Governments	6734	4440	1381	913	79650	3658971	1577175
2001		8336	4702	2837	797	143068	5348001	2057575
#行业合计	Subtotal of Industrial Administrations	1501		1464	37	48455	892499	285684
地方合计	Subtotal of Local Governments	6835	4702	1373	760	94613	4455502	1771891
2002		8517	4448	3617	452	175247	6619012	2373190
#行业合计	Subtotal of Industrial Administrations	1776		1770	6	69230	1318097	347894
地方合计	Subtotal of Local Governments	6741	4448	1847	446	106017	5300915	2025296
2003		7252	4780	2293	179	155971	6875444	2461777
#行业合计	Subtotal of Industrial Administrations	1131		1128	3	56821	1105420	249368
地方合计	Subtotal of Local Governments	6121	4780	1165	176	99150	5770024	2212409
2004		9438	4305	5059	74	197821	8796272	3144495
#行业合计	Subtotal of Industrial Administrations	3559	4	3554	1	81539	1700147	482348
地方合计	Subtotal of Local Governments	5879	4301	1505	73	116282	7096125	2662147

STATISTICS OF OCCUPATIONAL SKILL TESTING

(person)

中　级 Medium	高　级 Senior	技　师 Technicians	高级技师 Senior Technicians	本年获取证书人数 Number of the Candidates Got the Certificates	初　级 Primary	中　级 Medium	高　级 Senior	技　师 Technicians	高级技师 Senior Technicians
1318141	360490	69132	5290	2146895	727215	1094809	271346	51262	2263
1625749	427603	39478	4677	2786360	949828	1439046	364024	30506	2956
1670410	278862	51799	7285	2858782	1071270	1491968	244529	44995	6020
1711318	369049	45329	4780	3141392	1341236	1466663	293584	36699	3210
147011	63460	2645	259	217186	60914	110560	44104	1534	74
1564307	305589	42684	4521	2924206	1280322	1356103	249480	35165	3136
2050863	505685	43794	3004	3726619	1553035	1743885	393201	34175	2323
343589	167271	10125	565	521288	157155	239573	118036	6132	392
1707274	338414	33669	2439	3205331	1395880	1504312	275165	28043	1931
2571508	645644	67688	5586	4570081	1756881	2236967	523010	49689	3534
367182	223536	14192	1905	645636	195946	280851	161054	7082	703
2204326	422108	53496	3681	3924445	1560935	1956116	361956	42607	2831
3204580	965404	69379	6459	5562607	2036748	2712382	761195	48852	3430
577791	369192	20071	3149	1019654	269218	453267	286133	9718	1318
2626789	596212	49308	3310	4542953	1767530	2259115	475062	39134	2112
3338421	969477	96653	9116	5839222	2124504	2870097	768890	69501	6230
486792	345449	20515	3296	892494	208524	401194	267989	12867	1920
2851629	624028	76138	5820	4946728	1915980	2468903	500901	56634	4310
4161612	1229130	212037	48998	7360975	2691946	3516786	975155	140816	36272
731856	440143	35862	9938	1346661	390280	583697	345424	20988	6272
3429756	788987	176175	39060	6014314	2301666	2933089	629731	119828	30000

7-5 续表 1

单位：人

年 份	Year	职业技能鉴定机构数（个）Numbe of Testing Agencies (unit)	鉴定所数 Testing Agencies	鉴定站数 Testing Stations	工考委和中央企业试点单位数 The Units of Workers Assessing Committees & the Central Enterprises Pilot	考评人员人数 Number of the Assessors	本年鉴定考核人数 Number of the Candidates	初级 Primary
中央企业试点	The Central Enterprises Pilot	3			3	739	16509	829
2005		7654	4144	3347	163	164442	9577395	3222564
#行业合计	Subtotal of Industrial Administrations	1848	5	1824	19	59974	1595369	362360
地方合计	Subtotal of Local Governments	5719	4139	1436	144	101484	7922895	2842964
中央企业试点	The Central Enterprises Pilot	87		87		2984	59131	17240
2006		7998	3860	4002	136	161596	11821552	4140894
#行业合计	Subtotal of Industrial Administrations	2020	12	2008		65571	2473429	916021
地方合计	Subtotal of Local Governments	5823	3848	1839	136	91729	9279660	3212161
中央企业试点	The Central Enterprises Pilot	155		155		4296	68463	12712
2007		7794	4251	3378	165	158186	12231413	4389064
#行业合计	Subtotal of Industrial Administrations	1938	6	1932		56673	1622348	465248
地方合计	Subtotal of Local Governments	5845	4245	1446	154	98395	10515051	3873553
中央企业试点	The Central Enterprises Pilot	11			11	3118	94014	50263
2008		9933	4096	4662	1175	203883	13374707	5104213
#行业合计	Subtotal of Industrial Administrations	1477	1	1476		72503	1736592	468497
地方合计	Subtotal of Local Governments	8441	4095	3186	1160	124902	11560949	4598473
中央企业试点	The Central Enterprises Pilot	15			15	6478	77166	37243
2009		9538	4825	4486	227	232060	14920761	6029998
#行业合计	Subtotal of Industrial Administrations	2241	9	2188	44	80116	2049033	663297

continued

(person)

中 级 Medium	高 级 Senior	技 师 Technicians	高级技师 Senior Technicians	本年获取证书人数 Number of the Candidates Got the Certificates	初 级 Primary	中 级 Medium	高 级 Senior	技 师 Technicians	高级技师 Senior Technicians
3246	7958	3822	654	14615	777	3025	7373	3002	438
4552986	1456750	290637	54458	7857292	2732405	3756905	1133278	195577	39127
686936	489903	48197	7973	1233171	278809	551073	372000	27357	3932
3852384	948018	234071	45458	6575037	2438276	3194681	745632	162062	34386
13666	18829	8369	1027	49084	15320	11151	15646	6158	809
5269104	1909269	432423	65401						
				9252416	3124130	4390924	1440591	260830	35384
826698	629978	86015	14717	1576857	377737	660904	488129	43178	6909
4422694	1257031	338287	49487	7619774	2734026	3712773	933739	211694	27542
19712	22260	8121	1197	55785	12367	17247	18723	5958	933
5422375	1907654	442715	69605	9956079	3687419	4518674	1429235	274176	46575
619235	461074	65822	10969	1284859	384585	499805	361828	32760	5881
4788802	1424504	370444	57748	8593861	3259275	4007337	1050805	236480	39964
14338	22076	6449	888	77359	43559	11532	16602	4936	730
5758542	2029246	403738	78968	11372105	4492273	4891989	1606473	318047	63323
633514	535833	86649	12099	1448203	393277	514497	440977	86369	13083
5108105	1477855	311085	65431	9863382	4069230	4363967	1152734	227947	49504
16923	15558	6004	1438	60520	29766	13525	12762	3731	736
6110523	2126028	544210	110002	12320051	5251357	5134383	1516357	336623	81331
806706	460363	98550	20117	1636149	562781	673659	335144	55143	9422

7-5 续表 2

单位：人

年 份	Year	职业技能鉴定机构数（个）Numbe of Testing Agencies (unit)	鉴定所数 Testing Agencies	鉴定站数 Testing Stations	工考委和中央企业试点单位数 The Units of Workers Assessing Committees & the Central Enterprises Pilot	考评人员人数 Number of the Assessors	本年鉴定考核人数 Number of the Candidates	初级 Primary
地方合计	Subtotal of Local Governments	7281	4816	2298	167	143719	12674516	5279691
中央企业试点	The Central Enterprises Pilot	16			16	8225	197212	87010
2010		9803	4612	5058	133	210497	16575457	6768836
#行业合计	Subtotal of Industrial Administrations	2137	12	2125		70109	2831683	949906
地方合计	Subtotal of Local Governments	7647	4600	2933	114	130977	13495340	5704143
中央企业试点	The Central Enterprises Pilot	19			19	9411	248434	114787
2011		10677	5533	4977	167	194795	17459327	7254275
#行业合计	Subtotal of Industrial Administrations	2574	12	2562		75206	3129020	1059714
地方合计	Subtotal of Local Governments	8084	5521	2415	148	110545	14101095	6087176
中央企业试点	The Central Enterprises Pilot	19			19	9044	229212	107385
2012		10963	5321	5441	201	213403	18305470	7538797
#行业合计	Subtotal of Industrial Administrations	3246	13	3197	36	91000	3355097	1241887
地方合计	Subtotal of Local Governments	7698	5308	2244	146	111150	14651252	6162855
中央企业试点	The Central Enterprises Pilot	19			19	11253	299121	134055
2013		9865	5067	4664	134	252662	18385729	7752500
#行业合计	Subtotal of Industrial Administrations	2418	16	2402		108333	3375909	1341750
地方合计	Subtotal of Local Governments	7428	5051	2262	115	132737	14735101	6274214
中央企业试点	The Central Enterprises Pilot	19			19	11592	274719	136536

continued

(person)

中　级 Medium	高　级 Senior	技　师 Technicians	高级技师 Senior Technicians	本年获取证书人数 Number of the Candidates Got the Certificates	初　级 Primary	中　级 Medium	高　级 Senior	技　师 Technicians	高级技师 Senior Technicians
5234031	1634315	438111	88368	10556864	4636816	4414218	1158564	276470	70796
69786	31350	7549	1517	127038	51760	46506	22649	5010	1113
6531792	2722092	453762	98975	13929377	5899097	5544598	2097432	316663	71587
951227	766652	129482	34416	2285392	801645	770516	626959	72822	13450
5495732	1918827	314609	62029	11489343	5028937	4718723	1446776	238171	56736
84833	36613	9671	2530	154642	68515	55359	23697	5670	1401
6579593	3098462	428247	98750	14820504	6533022	5464700	2464290	286769	71723
1094106	816296	132899	26005	2578410	1067480	724459	686101	84163	16207
5408072	2246836	288493	70518	12091861	5396177	4689411	1753472	198785	54016
77415	35330	6855	2227	150233	69365	50830	24717	3821	1500
6611139	3476563	503134	175837	15487834	6655352	5604790	2760639	336187	130866
1056340	880430	147893	28547	2702465	1020025	857542	708589	97529	18780
5443861	2551931	347493	145112	12584198	5546362	4672359	2021009	233932	110536
110938	44202	7748	2178	201171	88965	74889	31041	4726	1550
6355360	3514734	577770	185365	15366664	6766044	5372332	2728517	376144	123627
1086891	763465	151090	32713	2750425	1119433	893839	614511	99406	23236
5184217	2705976	418804	151890	12439250	5560531	4422960	2083789	272164	99806
84252	45293	7876	762	176989	86080	55533	30217	4574	585

7-6 各地区职业技能鉴定综合情况(2013年)

单位：人

地区	Region	职业技能鉴定机构数(个) Numbe of Testing Agencies (unit)	鉴定所数 Testing Agencies	鉴定站数 Testing Stations	工考委和中央企业试点单位数 The Units of Workers Assessing Committees & the Central Enterprises Pilot	考评人员人数 Number of the Assessors	本年鉴定考核人数 Number of the Candidates	初级 Primary
全国	**National**	**9865**	**5067**	**4664**	**134**	**252662**	**18385729**	**7752500**
行业合计	Subtotal of Industrial Administrations	2418	16	2402		108333	3375909	1341750
地方合计	Subtotal of Local Governments	7428	5051	2262	115	132737	14735101	6274214
中央企业试点	The Central Enterprises Pilot	19			19	11592	274719	136536
北京	Beijing	47	33	3	11	294	244586	54713
天津	Tianjin	125	90	24	11	2523	252832	92856
河北	Hebei	171	171			1094	493341	209697
山西	Shanxi	157	127	30		5963	336628	114975
内蒙古	Inner Mongolia	253	3	249	1	4099	206501	86390
辽宁	Liaoning	143	116	27		1346	276948	137341
吉林	Jilin	11	11			513	145671	69915
黑龙江	Heilongjiang	49	36	13		759	358060	175545
上海	Shanghai	503	303	200		3971	458596	178130
江苏	Jiangsu	174	137	11	26	585	1429163	466576
浙江	Zhejiang	214	87	127		2080	963513	455532
安徽	Anhui	414	1	413		10685	644951	269065
福建	Fujian	571	560	11		1473	540892	173439
江西	Jiangxi	372	287	85		694	236562	66117
山东	Shandong	162	14	148		1021	846677	426489
河南	Henan	420	266	130	24	5337	572951	198612
湖北	Hubei	755	755			6924	474656	218006
湖南	Hunan	298	291	5	2	2410	614397	313320
广东	Guangdong	48	48			39691	1583755	556597
广西	Guangxi	86	44	3	39	1628	428456	214328
海南	Hainan	93	87	6		1652	71138	29498
重庆	Chongqing	87	87			9010	456222	192769
四川	Sichuan	494	266	228		7363	770642	269995
贵州	Guizhou	159	159			4292	132206	61424
云南	Yunnan	728	485	243		7925	560316	271203
西藏	Tibet	20	6	14		211	16995	5917
陕西	Shaanxi	331	190	141		5743	552737	252585
甘肃	Gansu	80	80			427	309100	173173
青海	Qinghai	65	30	34	1	102	56332	43821
宁夏	Ningxia	64	63	1		982	62471	41739
新疆	Xinjiang	281	185	96		406	516605	413167
新疆兵团	Xinjiang Production and Construction Crops	53	33	20		1534	121201	41280

STATISTICS OF OCCUPATIONAL SKILL TESTING BY REGION (2013)

(person)

中级 Medium	高级 Senior	技师 Technicians	高级技师 Senior Technicians	本年获取证书人数 Number of the Candidates Got the Certificates	初级 Primary	中级 Medium	高级 Senior	技师 Technicians	高级技师 Senior Technicians
6355360	**3514734**	**577770**	**185365**	**15366664**	**6766044**	**5372332**	**2728517**	**376144**	**123627**
1086891	763465	151090	32713	2750425	1119433	893839	614511	99406	23236
5184217	2705976	418804	151890	12439250	5560531	4422960	2083789	272164	99806
84252	45293	7876	762	176989	86080	55533	30217	4574	585
67755	69079	28170	24869	181397	49715	60881	51788	8458	10555
77960	47360	23556	11100	243193	89632	75454	46028	22708	9371
144900	104743	15965	18036	441239	193020	132266	90430	12227	13296
141102	70126	9119	1306	286270	99426	122751	57072	6276	745
46644	44106	21493	7868	173129	80027	41950	31360	14277	5515
99503	27779	9915	2410	236208	117475	87171	23667	6156	1739
33657	37971	3337	791	107593	47457	26956	30246	2371	563
70171	85880	24333	2131	340718	169835	67565	78995	22482	1841
168837	84102	23207	4320	304073	133665	111902	48799	7759	1948
569921	359851	29343	3472	1093607	374416	447740	253042	16596	1813
306475	178366	20722	2418	840028	406836	268200	148417	15017	1558
268886	92770	12645	1585	537215	234800	229601	65983	6262	569
221512	123494	16453	5994	446137	153208	196635	86730	7273	2291
97771	68139	4171	364	228729	65905	95278	63645	3550	351
202333	171983	36501	9371	785479	409267	184554	150025	33018	8615
183126	165870	21912	3431	457072	166928	156444	116104	15008	2588
138447	98526	5914	13763	460458	211245	136322	95445	5116	12330
180017	92997	15804	12259	512476	275463	150735	68689	10313	7276
690123	283361	40729	12945	1212342	471451	528801	184757	19978	7355
144101	61615	7496	916	361263	195272	121101	38749	5401	740
28651	11726	1020	243	51637	23462	22124	5625	348	78
211411	39220	10151	2671	373606	155857	180469	28582	6602	2096
400744	89389	7939	2575	708847	253539	373376	76524	4063	1345
57204	12212	947	419	123818	58477	52691	11438	837	375
167880	114589	5577	1067	492131	256761	142173	87949	4338	910
3524	6893	661		11202	3799	2520	4613	270	
205751	88396	5199	806	460642	206582	172911	76282	4227	640
124221	10002	1431	273	289330	160328	118113	9354	1290	245
7241	4876	291	103	44764	35735	5481	3320	175	53
14200	5139	1226	167	48609	32309	10854	4388	935	123
66983	21974	10738	3743	473668	389795	59761	15060	6578	2474
43166	33442	2839	474	112370	38844	40180	30683	2255	408

八、劳动关系

LABOUR RELATION

8-1 历年劳动争议处理情况

单位：件

项　目	Item	1996	1997	1998	1999	2000	2001
上期未结案件数	Number of Cases Left from Last Year-end	2634	2864	3475	3840	6374	8739
案件受理情况	Cases Accepted						
当期案件受理数	Cases	48121	71524	93649	120191	135206	154621
#集体劳动争议案件数	Number of Collective Labour Disputes	3150	4109	6767	9043	8247	9847
劳动者申诉案件数	Number of Cases Left from Last Year-end	41697	68773	84829	114152	120043	146781
劳动者当事人数(人)	Number of Laborers Involved(person)	189120	221115	358531	473957	422617	467150
#集体劳动争议劳动者当事人数	Number of Laborers Involved in Collective Labour Disputes	92203	132647	251268	319445	259445	286680
争议原因	Disputes Reasons						
劳动报酬	Labour Remuneration						45172
社会保险	Social Insurances						31158
变更劳动合同	Change the Labour Contract		2992	2840	3469	3829	4254
解除、终止劳动合同	Relieve or End the Labour Contract		10337	13069	18108	21149	29038
其　他	Others		8917	9515	8626	12549	
案件处理情况	Cases Settled						
结案数	Number of Cases Settled	46543	70792	92288	121289	130688	150279
处理方式	by Manners of Settlement						
仲裁调解	by Mediation	24223	32793	31483	39550	41877	42933
仲裁裁决	by Arbitrition Lawsuit	12789	15060	25389	34712	54142	77250
其他方式	Others	9531	22939	35155	47027	34669	35096
处理结果	by Result of Settlement						
用人单位胜诉	Lawsuit Won by Units	9452	11488	11937	15674	13699	31544
劳动者胜诉	Lawsuit Won by Laborers	23696	40063	48650	63030	70544	71739
双方部分胜诉及其他	Lawsuit Partly Won by Both Parties and Others	13395	19241	27365	37459	37247	46996
案外调解案件数	Cases Mediated						63939

注：2011年起，解除、终止劳动合同的类型进行合并统计。
a) Since 2011, items of Relieve or End the Labour Contract have been merged during statistics.

LABOUR DISPUTES ACCEPTED AND SETTLED

(piece)

2002	2003	2004	2005	2006	2007	2008	2009	2010	2011	2012	2013
12472	16276	17117	17829	22165	25424	33084	83709	77926	42308	36151	34478
184116	226391	260471	313773	317162	350182	693465	684379	600865	589244	641202	665760
11024	10823	19241	16217	13977	12784	21880	13779	9314	6592	7252	6783
172253	215512	249335	293710	301233	325590	650077	627530	558853	568768	620849	641932
608396	801042	764981	744195	679312	653472	1214328	1016922	815121	779490	882487	888430
374956	514573	477992	409819	348714	271777	502713	299601	211755	174785	231894	218521
59144	76774	85132	103183	103887	108953	225061	247330	209968	200550	225981	223351
56558	76181	88119	97519	100342	97731				149944	159649	165665
3765	5494	4465	7567	3456	4695						
30940	40017	57021	68873	67868	80261	139702	43876	31915	118684	129108	147977
178744	223503	258678	306027	310780	340030	622719	689714	634041	592823	643292	669062
50925	67765	83400	104308	104435	119436	221284	251463	250131	278873	302552	311806
77340	95774	110708	131745	141465	149013	274543	290971	266506	244942	268530	283341
50479	59954	64550	69974	64880	71581	126892	147280	117404	69008	72210	73915
27017	34272	35679	39401	39251	49211	80462	95470	85028	74189	79187	82519
84432	109556	123268	145352	146028	156955	276793	255119	229448	195680	213453	217551
67295	79475	94041	121274	125501	133864	265464	339125	319565	322954	350652	368992
77342	58451	70840	93561	130321	151902	237283	185598	163997	194338	212937	215595

8-2 各地区劳动争议处理情况(2013年)

单位：件

地 区	Region	上期未结案件数 Number of Cases Left from Last Year-end	案件受理情况 Cases Accepted					
			当期案件受理数 Cases	#集体劳动争议案件 Number of Collective Labour Disputes	#劳动者申诉案件 Number of Cases Left from Last Year-end	劳动者当事人数(人) Number of Laborers Involved (person)	#集体劳动争议劳动者当事人数 Number of Laborers Involvedin Collective Labour Disputes	劳动报酬 Labour Remuneration
全 国	**National**	**34478**	**665760**	**6783**	**641932**	**888430**	**218521**	**223351**
北 京	Beijing	2682	65051	578	64275	65051	14852	34711
天 津	Tianjin	2446	12352	69	12299	14432	1705	5701
河 北	Hebei	903	14947	267	14767	21646	4268	3768
山 西	Shanxi	325	5562	44	5388	8751	1197	1582
内 蒙 古	Inner Mongolia	166	6551	197	6350	12367	5098	2232
辽 宁	Liaoning	424	27788	231	26974	32472	6672	13318
吉 林	Jilin	411	5231	66	4769	7577	1703	1373
黑 龙 江	Heilongjiang	440	7088	44	6904	8675	1207	2059
上 海	Shanghai	3742	68106	54	66339	70471	1580	21955
江 苏	Jiangsu	1686	62577	570	59438	87031	21815	21019
浙 江	Zhejiang	2889	50374	785	49050	85286	34635	18463
安 徽	Anhui	288	13882	141	13839	18037	3334	3693
福 建	Fujian	902	14830	361	14662	29321	13029	4940
江 西	Jiangxi	214	8009	41	7729	10083	1575	2081
山 东	Shandong	2299	34488	302	33631	50058	13040	13537
河 南	Henan	815	21689	254	20497	27369	3494	5499
湖 北	Hubei	1307	20639	134	18197	25657	3073	4101
湖 南	Hunan	652	14741	311	13653	21693	4270	3485
广 东	Guangdong	8531	91965	1658	89145	150513	64522	31039
广 西	Guangxi	584	11729	23	11471	12294	425	3534
海 南	Hainan	454	3865	47	3823	4953	805	831
重 庆	Chongqing	469	30566	49	30278	31133	1346	6958
四 川	Sichuan	521	29511	214	27283	38390	5831	6299
贵 州	Guizhou	335	12627	37	11493	14094	997	2023
云 南	Yunnan	255	6607	87	6437	8610	1711	915
西 藏	Tibet	17	265	21	264	1137	664	155
陕 西	Shaanxi	117	8262	20	7724	9367	776	2025
甘 肃	Gansu	39	2805	66	2301	4559	1740	875
青 海	Qinghai	10	1130	5	1083	1383	69	485
宁 夏	Ningxia	296	2891	28	2830	4008	670	703
新 疆	Xinjiang	237	8864	79	8280	11199	2418	3716
新疆兵团	Xinjiang Production and Construction Crops	22	768		759	813		276

LABOUR DISPUTES ACCEPTED AND SETTLED BY REGION (2013)

(piece)

争议原因 Causes of the Disputes			案件处理情况 Cases Settled							案外调解案件数 Cases Mediated
社会保险 Social Insurance	#工伤保险 Work Injury Insurance	解除、终止劳动合同 Relieve or End the Labour Contract	结案数 Number of Cases Settled	处理方式 by Manners of Settlement: 仲裁调解 by Mediation	仲裁裁决 by Arbitrition Lawsuit	其他方式 Others	处理结果 by Result of Settlement: 用人单位胜诉 Lawsuit Won by Units	劳动者胜诉 Lawsuit Won by Laborers	双方部分胜诉及其他 Lawsuit Partly Won by Both Parties and Others	
165665	**94941**	**147977**	**669062**	**311806**	**283341**	**73915**	**82519**	**217551**	**368992**	**215595**
5436	590	170	65233	32474	27346	5413	10906	4800	49527	6630
974	753	2525	13415	6913	6502		2027	5012	6376	3739
5288	3647	2159	14612	6061	7530	1021	1429	7854	5329	5543
2093	1451	715	5331	2517	2406	408	275	3035	2021	1384
1800	1190	1534	6400	2873	2831	696	479	3447	2474	884
6316	2907	3875	27889	10822	13154	3913	3746	12304	11839	4772
1541	850	1126	5573	2836	2085	652	257	3349	1967	3882
3478	2143	419	7164	2977	3756	431	626	4837	1701	1028
12125	3747	22119	68257	19270	31007	17980	17811	9525	40921	5145
15961	12595	16038	62683	39789	13232	9662	5791	21908	34984	29699
16862	11381	8954	50065	33324	12033	4708	4861	15595	29609	4449
5716	2191	1977	13502	5901	6557	1044	861	7020	5621	7504
4597	3699	3217	14835	6919	5647	2269	907	5806	8122	7111
2878	1573	1834	7904	3291	4028	585	730	4198	2976	3172
6161	5077	8590	35237	18788	13634	2815	3453	12997	18787	9685
7968	2496	4317	21083	11381	9118	584	3375	9505	8203	6822
8083	2549	5156	20920	9969	8763	2188	1519	6367	13034	5893
4615	2549	3831	14698	8236	5233	1229	961	8682	5055	13744
10335	8625	38057	94364	32887	54613	6864	11794	19262	63308	56375
3479	662	2713	11751	4839	6083	829	1866	4108	5777	3313
262	65	1007	3934	824	2311	799	447	1417	2070	121
10598	7570	5580	30457	15329	10823	4305	3205	10925	16327	9257
10620	5811	5853	29339	13331	13425	2583	2368	14309	12662	13284
6137	4663	1938	12656	7139	5129	388	599	5664	6393	3636
3391	2381	684	6771	3230	3071	470	333	4189	2249	1956
54	34	10	254	160	75	19	14	142	98	578
3083	1023	2041	8321	2851	4659	811	716	4449	3156	429
690	475	241	2759	1015	1484	260	196	1579	984	990
407	288	124	1097	491	474	132	52	656	389	125
1141	381	494	2933	1405	1274	254	334	1553	1046	299
3334	1404	532	8855	3704	4638	513	534	2819	5502	3472
242	171	147	770	260	420	90	47	238	485	674

8-3 劳动保障监察案件结案情况(2013)
CASES SETTLED BY LABOUR AND SOCIAL SECURITY INSPECTION ORGANIZATION(2013)

单位：件 (piece)

项　目	Item	2013
结案数	**Cases Settled**	**418634**
案件分类	**Cases by Caused Reasons**	
内部劳动保障规章制度	Inner Institutions on Labour and Social Security	8990
订立和解除劳动合同	Signing or Relieve Labour Contract	58276
女职工特殊劳动保护	Special Protection for Female Workers and employees	883
未成年工特殊劳动保护	Special Protection for minor Workers and employees	1020
工作时间和休息休假	Working Hours and Vocation	27148
支付工资和最低工资标准	Wage Payment and Minimum Wage Standard	247600
参加社会保险和缴纳社会保险费	Social Insurances	77160
职业介绍	Job Referral	4121
职业技能培训和职业技能考核	Vocational Training and Vocational Qualification	2488
其　他	Others	30892
案件处理情况	**Settlement of Cases**	
责令限期改正	Orders to Make Corrections	262447
行政处理决定	Decisions of Administrative Settlement	10499
行政处罚决定	Decisions of Administrative Penalty	21363
警　告	Disciplinary Warning	6862
罚　款	Fine	14423
其他行政处罚	Others	865

8-4 劳动保障监察工作情况(2013)
LABOUR AND SOCIAL SECURITY INSPECTION (2013)

项　目	Item	2013
主动监察	Inspection on Initiative	
检查单位数(万户)	Employing Units Inspected (10 000 households)	202.0
涉及劳动者人数(万人)	Labourers Involved (10 000 persons)	9361.1
投诉结案数(万件)	Complaint Cases Settled (10 000 pieces)	32.9
举报结案数(万件)	Cases Settled through Inspection upon Reporting (10 000 pieces)	5.2
审查用人单位报送的书面材料涉及用人单位数(万户)	Employing Units inspected through Examining Documents reported (10 000 households)	235.7
补签劳动合同(万人)	Number of Labour Contracts Signed for Inspection (10 000 persons)	511.7
追发劳动者工资等待遇	Repay Wages and other Benefits	
涉及劳动者人数(万人)	Labourers Involved (10 000 persons)	471.2
金额(亿元)	Amount of Money (100 million yuan)	268.5
督促缴纳社会保险费	Levy of Social Insurance Fees for Inspection	
单位数(万户)	Employing Units Involved (10 000 households)	9.4
金额(亿元)	Amount of Money (100 million yuan)	34.8
督促社会保险登记单位数(万户)	Registeration of Social Insurance for Inspection Employing Units Involved (10 000 households)	5.9
取缔非法职业中介机构(户)	Number of Illegal Occupational Intermediary Agencies(household)	3543
清退风险抵押金金额(万元)	Amount of Money in Pledge Repaid to Employees (10 000 Yuan)	3180.3
审查用人单位规章数(万件)	Number of Regulations of Employing Units Inspected (10 000 pieces)	109.2
纠正用人单位违法规章数(万件)	Number of Regulations of Employing Units Corrected (10 000 pieces)	21.3
向社会公布重大违法行为数(件)	Discolsed Serious Violations of Laws or Rules (piece)	543

九、社会保障

SOCIAL SECURITY

9-1 历年全国社会保险基金收入
REVENUE OF SOCIAL INSURANCE FUNDS

年 份 Year	合 计 Total	基本养老保险 Basic Pension Insurance	失业保险 Unemployment Insurance	城镇基本医疗保险 Urban Basic Medical Insurance	工伤保险 Work Injury Insurance	生育保险 Maternity Insurance
绝对数(亿元) Revenue (100 million yuan)						
1989	153.6	146.7	6.8			
1990	186.8	178.8	7.2			
1991	225.0	215.7	9.3			
1992	377.4	365.8	11.7			
1993	526.1	503.5	17.9	1.4	2.4	0.8
1994	742.0	707.4	25.4	3.2	4.6	1.5
1995	1006.0	950.1	35.3	9.7	8.1	2.9
1996	1252.4	1171.8	45.2	19.0	10.9	5.5
1997	1458.2	1337.9	46.9	52.3	13.6	7.4
1998	1623.1	1459.0	68.4	60.6	21.2	9.8
1999	2211.8	1965.1	125.2	89.9	20.9	10.7
2000	2644.9	2278.5	160.4	170.0	24.8	11.2
2001	3101.9	2489.0	187.3	383.6	28.3	13.7
2002	4048.7	3171.5	215.6	607.8	32.0	21.8
2003	4882.9	3680.0	249.5	890.0	37.6	25.8
2004	5780.3	4258.4	290.8	1140.5	58.3	32.1
2005	6975.2	5093.3	340.3	1405.3	92.5	43.8
2006	8643.2	6309.8	402.4	1747.1	121.8	62.1
2007	10812.3	7834.2	471.7	2257.2	165.6	83.6
2008	13696.1	9740.2	585.1	3040.4	216.7	113.7
2009	16115.6	11490.8	580.4	3671.9	240.1	132.4
2010	19276.1	13872.9	649.8	4308.9	284.9	159.6
2011	25153.3	18004.8	923.1	5539.2	466.4	219.8
2012	30738.8	21830.2	1138.9	6938.7	526.7	304.2
2013	35252.9	24732.6	1288.9	8248.3	614.8	368.4
比上年增长(%) Increase rate						
1990	21.6	21.9	5.9			
1991	20.5	20.6	29.2			
1992	67.7	69.6	25.8			
1993	39.4	37.7	53.0			
1994	41.0	40.5	41.9	119.9	90.4	73.8
1995	35.6	34.3	38.9	206.3	77.5	99.4
1996	24.5	23.3	28.2	96.6	34.7	87.8
1997	16.4	14.2	3.7	175.1	24.6	34.9
1998	11.3	9.0	45.7	15.9	55.9	31.1
1999	36.3	34.7	83.1	48.3	-1.3	10.1
2000	19.6	15.9	28.1	89.2	18.7	3.8
2001	17.3	9.2	16.8	125.7	14.2	23.1
2002	30.5	27.4	15.1	58.4	13.2	58.9
2003	20.6	16.0	15.7	46.4	17.4	18.3
2004	18.4	15.7	16.6	28.1	55.1	24.4
2005	20.7	19.6	17.0	23.2	58.7	36.4
2006	23.9	23.9	18.2	24.3	31.7	41.8
2007	25.1	24.2	17.2	29.2	36.0	34.6
2008	26.7	24.3	24.0	34.7	30.9	36.0
2009	17.7	18.0	-0.8	20.8	10.8	16.4
2010	19.6	20.7	12.0	17.3	18.7	20.5
2011	30.5	29.8	42.1	28.6	63.7	37.8
2012	22.2	21.2	23.4	25.3	12.9	38.4
2013	14.7	13.3	13.2	18.9	16.7	21.1

注：2010年及以后基本养老保险基金中包括城镇职工基本养老保险和城乡居民基本养老保险。

a) Data of the basic pension insurance for 2010 and following years include the basic pension insurances for urban workers and for urban and rural residents.

9-2 历年全国社会保险基金支出
EXPENSES OF SOCIAL INSURANCE FUNDS

年 份 Year	合 计 Total	基本养老保险 Basic Pension Insurance	失业保险 Unemployment Insurance	城镇基本医疗保险 Basic Medical Insurance	工伤保险 Work Injury Insurance	生育保险 Maternity Insurance
绝对数(亿元) Expenses (100 million yuan)						
1989	120.9	118.8	2.0			
1990	151.9	149.3	2.5			
1991	176.1	173.1	3.0			
1992	327.1	321.9	5.1			
1993	482.2	470.6	9.3	1.3	0.4	0.5
1994	680.0	661.1	14.2	2.9	0.9	0.8
1995	877.1	847.6	18.9	7.3	1.8	1.6
1996	1082.4	1031.9	27.3	16.2	3.7	3.3
1997	1339.2	1251.3	36.3	40.5	6.1	4.9
1998	1636.9	1511.6	51.9	53.3	9.0	6.8
1999	2108.1	1924.9	91.6	69.1	15.4	7.1
2000	2385.6	2115.5	123.4	124.5	13.8	8.3
2001	2748.0	2321.3	156.6	244.1	16.5	9.6
2002	3471.5	2842.9	186.6	409.4	19.9	12.8
2003	4016.4	3122.1	199.8	653.9	27.1	13.5
2004	4627.4	3502.1	211.3	862.2	33.3	18.8
2005	5400.8	4040.3	206.9	1078.7	47.5	27.4
2006	6477.4	4896.7	198.0	1276.7	68.5	37.5
2007	7887.9	5964.9	217.7	1561.8	87.9	55.6
2008	9925.1	7389.6	253.5	2083.6	126.9	71.5
2009	12302.6	8894.4	366.8	2797.4	155.7	88.3
2010	15018.9	10755.3	423.3	3538.1	192.4	109.9
2011	18652.9	13363.2	432.8	4431.4	286.4	139.2
2012	23331.3	16711.5	450.6	5543.6	406.3	219.3
2013	27916.3	19818.7	531.6	6801.0	482.1	282.8
比上年增长(%) Increase rate						
1990	25.6	25.7	27.0			
1991	15.9	15.9	18.1			
1992	85.7	86.0	70.0			
1993	47.4	46.2	82.4			
1994	41.0	40.5	52.7	118.3	127.4	60.5
1995	29.0	28.2	32.9	150.2	92.4	95.3
1996	23.4	21.7	44.7	122.9	104.1	108.2
1997	23.7	21.3	33.1	149.5	64.5	49.4
1998	22.2	20.8	42.9	31.6	48.6	39.5
1999	28.8	27.3	76.6	29.6	70.5	4.1
2000	13.2	9.9	34.7	80.3	-10.5	17.1
2001	15.2	9.7	26.8	96.0	19.5	14.9
2002	26.3	22.5	19.2	67.7	20.6	33.3
2003	15.7	9.8	7.1	59.7	36.2	5.6
2004	15.2	12.2	5.8	31.9	22.9	39.3
2005	16.7	15.4	-2.1	25.1	42.6	45.7
2006	19.9	21.2	-4.3	18.4	44.2	36.9
2007	21.8	21.8	9.9	22.3	28.3	48.3
2008	25.8	23.9	16.4	33.4	44.4	28.6
2009	24.0	20.4	44.7	34.3	22.7	23.5
2010	22.1	20.9	15.4	26.5	23.6	24.4
2011	24.2	24.2	2.2	25.2	48.8	26.7
2012	25.1	25.1	4.1	25.1	41.9	57.6
2013	19.7	18.6	18.0	22.7	18.7	28.9

9-3 历年全国社会保险基金累计结余
BALANCE OF SOCIAL INSURANCE FUNDS

年 份 Year	合 计 Total	基本养老保险 Basic Pension Insurance	失业保险 Unemployment Insurance	城镇基本医疗保险 Basic Medical Insurance	工伤保险 Work Injury Insurance	生育保险 Maternity Insurance
绝对数(亿元) Balance at the Year-end (100 million yuan)						
1989	81.6	68.0	13.6			
1990	117.3	97.9	19.5			
1991	169.7	144.1	25.7			
1992	252.8	220.6	32.1			
1993	303.7	258.6	40.8	0.4	3.1	0.8
1994	365.7	304.8	52.0	0.7	6.8	1.4
1995	516.8	429.8	68.4	3.1	12.7	2.7
1996	696.1	578.6	86.4	6.4	19.7	5.0
1997	831.6	682.8	97.0	16.6	27.7	7.5
1998	791.1	587.8	133.4	20.0	39.5	10.3
1999	1009.8	733.5	159.9	57.6	44.9	13.9
2000	1327.5	947.1	195.9	109.8	57.9	16.8
2001	1622.8	1054.1	226.2	253.0	68.9	20.6
2002	2423.4	1608.0	253.8	450.7	81.1	29.7
2003	3313.8	2206.5	303.5	670.6	91.2	42.0
2004	4493.4	2975.0	385.8	957.9	118.6	55.9
2005	6073.7	4041.0	519.0	1278.1	163.5	72.1
2006	8255.9	5488.9	724.8	1752.4	192.9	96.9
2007	11236.6	7391.4	979.1	2476.9	262.6	126.6
2008	15225.6	9931.0	1310.1	3431.7	384.6	168.2
2009	19006.5	12526.1	1523.6	4275.9	468.8	212.1
2010	23407.5	15787.8	1749.8	5047.1	561.4	261.4
2011	30233.1	20727.8	2240.2	6180.0	742.6	342.5
2012	38106.6	26243.5	2929.0	7644.5	861.9	427.6
2013	45588.1	31274.8	3685.9	9116.5	996.2	514.7
比上年增长(%) Increase rate						
1990	43.8	44.0	43.1			
1991	44.6	47.2	32.0			
1992	49.0	53.1	24.9			
1993	20.1	17.2	27.1			
1994	20.4	17.9	27.5	63.8	118.1	87.6
1995	41.3	41.0	31.6	335.4	87.3	91.7
1996	34.7	34.6	26.2	107.9	55.8	81.6
1997	19.5	18.0	12.3	157.8	40.1	51.2
1998	-4.9	-13.9	37.6	20.5	42.9	37.1
1999	27.6	24.8	19.8	187.8	13.6	34.9
2000	31.5	29.1	22.6	90.8	28.8	20.6
2001	22.2	11.3	15.5	130.4	19.1	22.7
2002	49.3	52.6	12.2	78.1	17.7	44.5
2003	36.7	37.2	19.6	48.8	12.5	41.3
2004	35.6	34.8	27.1	42.8	30.0	33.1
2005	35.2	35.8	34.5	33.4	37.9	29.0
2006	35.9	35.8	39.7	37.1	18.0	34.4
2007	36.1	34.7	35.1	41.3	36.1	30.7
2008	35.5	34.4	33.8	38.5	46.5	32.9
2009	24.8	26.1	16.3	24.6	21.9	26.1
2010	23.2	26.0	14.8	18.0	19.8	23.2
2011	29.2	31.3	28.0	22.4	32.3	31.0
2012	26.0	26.6	30.7	23.7	16.1	24.8
2013	19.6	19.2	25.8	19.3	15.6	20.4

注：工伤保险累计结余中含储备金。
a) The grand total of work injury insurance at year-end include reserve fund.

9-4 历年全国基本养老保险参保人数情况
PERSONS COVERED BY THE BASIC PENSION INSURANCE AT THE YEAR-END

年 份 Year	合计 Total	城镇职工基本养老保险参保人数 Persons Covered by the Urban Employees Basic Pension Insurance	职工人数 Workers	退休人员人数 Retirees	城乡居民基本养老保险参保人数 Persons Covered by the Basic Pension Insurance for Urban and Rural Residents
绝对数(万人) Absolute figure (10 000 persons)					
1989	5710.3	5710.3	4816.9	893.4	
1990	6166.0	6166.0	5200.7	965.3	
1991	6740.3	6740.3	5653.7	1086.6	
1992	9456.2	9456.2	7774.7	1681.5	
1993	9847.6	9847.6	8008.2	1839.4	
1994	10573.5	10573.5	8494.1	2079.4	
1995	10979.0	10979.0	8737.8	2241.2	
1996	11116.7	11116.7	8758.4	2358.3	
1997	11203.9	11203.9	8670.9	2533.0	
1998	11203.1	11203.1	8475.8	2727.3	
1999	12485.4	12485.4	9501.8	2983.6	
2000	13617.4	13617.4	10447.5	3169.9	
2001	14182.5	14182.5	10801.9	3380.6	
2002	14736.6	14736.6	11128.8	3607.8	
2003	15506.7	15506.7	11646.5	3860.2	
2004	16352.9	16352.9	12250.3	4102.6	
2005	17487.9	17487.9	13120.4	4367.5	
2006	18766.3	18766.3	14130.9	4635.4	
2007	20136.9	20136.9	15183.2	4953.7	
2008	21891.1	21891.1	16587.5	5303.6	
2009	23549.9	23549.9	17743.0	5806.9	
2010	35984.1	25707.3	19402.3	6305.0	10276.8
2011	61573.3	28391.3	21565.0	6826.2	33182.0
2012	78796.3	30426.8	22981.1	7445.7	48369.5
2013	81968.4	32218.4	24177.3	8041.0	49750.1
比上年增长(%) Increase over Preceding Year %					
1990	8.0	8.0	8.0	8.0	
1991	9.3	9.3	8.7	12.6	
1992	40.3	40.3	37.5	54.8	
1993	4.1	4.1	3.0	9.4	
1994	7.4	7.4	6.1	13.0	
1995	3.8	3.8	2.9	7.8	
1996	1.3	1.3	0.2	5.2	
1997	0.8	0.8	-1.0	7.4	
1998	0.0	0.0	-2.3	7.7	
1999	11.4	11.4	12.1	9.4	
2000	9.1	9.1	10.0	6.2	
2001	4.2	4.2	3.4	6.6	
2002	3.9	3.9	3.0	6.7	
2003	5.2	5.2	4.7	7.0	
2004	5.5	5.5	5.2	6.3	
2005	6.9	6.9	7.1	6.5	
2006	7.3	7.3	7.7	6.1	
2007	7.3	7.3	7.4	6.9	
2008	8.7	8.7	9.2	7.1	
2009	7.6	7.6	7.0	9.5	
2010	52.8	9.2	9.4	8.6	
2011	71.1	10.4	11.1	8.3	222.9
2012	28.0	7.2	6.6	9.1	45.8
2013	4.0	5.9	5.2	8.0	2.9

9-5 历年全国基本养老保险基金情况
URBAN BASIC PENSION INSURANCE

年 份 Year	基本养老保险 Basic Pension Insurance			城镇职工基本养老保险 Urban Employees Basic Pension Insurance			城乡居民基本养老保险 Basic Pension Insurance for Urban and Rural Residents		
	基金收入 Revenue	基金支出 Expenses	累计结余 Balance at the Year-end	基金收入 Revenue	基金支出 Expenses	累计结余 Balance at the Year-end	基金收入 Revenue	基金支出 Expenses	累计结余 Balance at the Year-end
1989	146.7	118.8	68.0	146.7	118.8	68.0			
1990	178.8	149.3	97.9	178.8	149.3	97.9			
1991	215.7	173.1	144.1	215.7	173.1	144.1			
1992	365.8	321.9	220.6	365.8	321.9	220.6			
1993	503.5	470.6	258.6	503.5	470.6	258.6			
1994	707.4	661.1	304.8	707.4	661.1	304.8			
1995	950.1	847.6	429.8	950.1	847.6	429.8			
1996	1171.8	1031.9	578.6	1171.8	1031.9	578.6			
1997	1337.9	1251.3	682.8	1337.9	1251.3	682.8			
1998	1459.0	1511.6	587.8	1459.0	1511.6	587.8			
1999	1965.1	1924.9	733.5	1965.1	1924.9	733.5			
2000	2278.5	2115.5	947.1	2278.5	2115.5	947.1			
2001	2489.0	2321.3	1054.1	2489.0	2321.3	1054.1			
2002	3171.5	2842.9	1608.0	3171.5	2842.9	1608.0			
2003	3680.0	3122.1	2206.5	3680.0	3122.1	2206.5			
2004	4258.4	3502.1	2975.0	4258.4	3502.1	2975.0			
2005	5093.3	4040.3	4041.0	5093.3	4040.3	4041.0			
2006	6309.8	4896.7	5488.9	6309.8	4896.7	5488.9			
2007	7834.2	5964.9	7391.4	7834.2	5964.9	7391.4			
2008	9740.2	7389.6	9931.0	9740.2	7389.6	9931.0			
2009	11490.8	8894.4	12526.1	11490.8	8894.4	12526.1			
2010	13872.9	10755.3	15787.8	13419.5	10554.9	15365.3	453.4	200.4	422.5
2011	18004.8	13363.2	20727.8	16894.7	12764.9	19496.6	1110.1	598.3	1231.2
2012	21830.2	16711.5	26243.5	20001.0	15561.8	23941.3	1829.2	1149.7	2302.2
2013	24732.6	19818.7	31274.8	22680.4	18470.4	28269.2	2052.3	1348.3	3005.7

9-6 历年全国机关、事业单位城镇职工基本养老保险情况
URBAN BASIC PENSION INSURANCE (INSTITUTION AGENCIES AND ORGANIZATIONS)

年 份 Year	年末参保人数(万人) Persons Covered at the Year-end (10 000 persons)			基金收支情况(亿元) Revenue and Expenses(100 million yuan)		
	合 计 Total	职工 Workers	离退休人员 Retirees	基金收入 Revenue	基金支出 Expenses	累计结余 Balance at the Year-end
1999	762.5	642.6	119.9	93.2	61.8	89.3
2000	1131.0	977.6	153.4	189.8	145.4	186.1
2001	1278.2	1068.9	209.3	253.0	204.4	233.2
2002	1458.0	1199.4	258.6	387.8	340.1	364.5
2003	1625.3	1322.0	303.3	470.6	405.9	441.7
2004	1674.0	1346.4	327.6	529.9	470.9	475.7
2005	1772.1	1409.8	362.3	601.6	545.0	534.3
2006	1909.7	1512.9	396.8	677.2	609.4	619.8
2007	1902.3	1492.6	409.7	823.6	811.3	633.2
2008	1939.7	1504.1	435.6	940.1	882.0	690.0
2009	1983.0	1524.0	459.0	1070.3	1007.8	751.8
2010	2072.9	1579.6	493.3	1201.1	1145.0	818.1
2011	2108.0	1595.0	513.0	1409.9	1339.3	888.5
2012	2154.9	1620.2	534.7	1638.0	1553.3	973.3
2013	2168.9	1612.6	556.2	1831.7	1729.0	1076.9

9-7 历年全国企业及其他城镇职工基本养老保险情况
URBAN BASIC PENSION INSURANCE(ENTERPRISES AND OTHERS)

年 份 Year	年末参保人数(万人) Persons Covered at the Year-end (10 000 persons)			基金收支情况(亿元) Revenue and Expenses(100 million yuan)		
	合 计 Total	职工 Workers	离退休人员 Retirees	基金收入 Revenue	基金支出 Expenses	累计结余 Balance at the Year-end
1989	5710.3	4816.9	893.4	146.7	118.8	68.0
1990	6166.0	5200.7	965.3	178.8	149.3	97.9
1991	6740.3	5653.7	1086.6	215.7	173.1	144.1
1992	9456.2	7774.7	1681.5	365.8	321.9	220.6
1993	9847.6	8008.2	1839.4	503.5	470.6	258.6
1994	10573.5	8494.1	2079.4	707.4	661.1	304.8
1995	10979.0	8737.8	2241.2	950.1	847.6	429.8
1996	11116.7	8758.4	2358.3	1171.8	1031.9	578.6
1997	11203.9	8670.9	2533.0	1337.9	1251.3	682.8
1998	11203.1	8475.8	2727.3	1459.0	1511.6	587.8
1999	11722.9	8859.2	2863.7	1871.9	1863.1	644.2
2000	12486.4	9469.9	3016.5	2088.3	1970.0	761.0
2001	12904.3	9733.0	3171.3	2235.1	2116.5	818.6
2002	13278.6	9929.4	3349.2	2783.6	2502.8	1243.5
2003	13881.4	10324.5	3556.9	3209.4	2716.2	1764.8
2004	14678.9	10903.9	3775.0	3728.5	3031.2	2499.3
2005	15715.8	11710.6	4005.2	4491.7	3495.3	3506.7
2006	16856.6	12618.0	4238.6	5632.5	4287.3	4869.1
2007	18234.6	13690.6	4544.0	7010.6	5153.6	6758.2
2008	19951.4	15083.4	4868.0	8800.1	6507.6	9241.0
2009	21567.0	16219.0	5348.0	10420.6	7886.6	11774.3
2010	23634.4	17822.7	5811.6	12218.4	9409.9	14547.2
2011	26284.0	19970.0	6314.0	15484.8	11425.7	18608.1
2012	28271.9	21360.9	6910.9	18363.0	14008.5	22968.0
2013	30049.5	22564.7	7484.8	20848.7	16741.5	27192.3

9-8 历年各地区基本养老保险参保人数

CONTRIBUTORS OF BASIC PENSION INSURANCE BY REGION

单位：万人 (10 000 persons)

地区	Region	2001 城镇职工基本养老保险 Staff	2001 #离退休人员 Retirees	2002 城镇职工基本养老保险 Staff	2002 #离退休人员 Retirees	2003 城镇职工基本养老保险 Staff	2003 #离退休人员 Retirees	2004 城镇职工基本养老保险 Staff	2004 #离退休人员 Retirees	2005 城镇职工基本养老保险 Staff	2005 #离退休人员 Retirees
全国	**National**	**14182.5**	**3380.6**	**14736.6**	**3607.8**	**15506.7**	**3860.2**	**16352.9**	**4102.6**	**17487.9**	**4367.5**
北京	Beijing	425.9	124.3	436.2	133.2	448.5	141.5	459.7	148.6	520.0	155.2
天津	Tianjin	281.4	85.2	296.0	91.4	283.3	97.6	298.1	102.9	308.3	107.7
河北	Hebei	641.4	145.3	643.5	154.0	665.5	163.6	683.4	172.0	707.9	184.2
山西	Shanxi	365.6	81.8	361.8	85.4	364.4	88.1	376.7	93.3	383.4	98.2
内蒙古	Inner Mongolia	290.6	65.3	292.9	70.8	300.9	72.6	318.8	82.0	338.9	86.1
辽宁	Liaoning	1022.7	288.9	1039.2	302.2	1070.4	315.5	1101.0	333.8	1193.6	360.8
吉林	Jilin	389.1	99.6	397.7	104.9	427.0	115.5	439.0	123.1	455.9	131.0
黑龙江	Heilongjiang	692.5	178.5	689.8	187.4	714.3	196.0	738.1	207.3	768.9	223.2
上海	Shanghai	683.5	239.9	699.8	246.9	715.6	254.6	770.9	265.3	830.0	290.7
江苏	Jiangsu	888.1	212.7	1063.5	252.9	1135.2	271.4	1214.1	288.8	1345.6	307.9
浙江	Zhejiang	610.4	125.1	701.1	132.6	801.2	144.2	888.0	152.4	962.3	160.9
安徽	Anhui	432.7	98.5	432.3	102.8	456.6	113.6	463.9	118.8	471.7	124.8
福建	Fujian	242.0	58.4	285.1	61.6	364.2	79.4	377.5	83.7	409.6	88.9
江西	Jiangxi	328.8	78.2	339.8	82.6	355.9	93.4	371.8	99.9	387.4	105.5
山东	Shandong	1022.6	191.3	1043.0	205.3	1135.9	219.3	1218.7	232.2	1302.4	248.6
河南	Henan	736.6	141.9	757.8	161.5	751.1	171.0	781.1	181.1	814.0	194.2
湖北	Hubei	612.1	137.7	628.8	147.2	732.4	177.9	780.5	195.4	804.0	206.4
湖南	Hunan	603.4	148.0	616.5	157.7	636.2	167.5	691.7	185.4	718.6	195.2
广东	Guangdong	1370.3	187.0	1405.4	193.5	1482.2	203.8	1588.8	220.4	1796.1	231.2
广西	Guangxi	248.9	58.7	257.2	63.5	264.8	66.3	279.3	70.2	288.6	73.3
海南	Hainan	108.2	30.5	111.2	31.9	116.7	33.6	120.0	35.2	120.9	36.5
重庆	Chongqing	270.3	82.3	280.3	87.8	280.0	92.4	283.9	96.8	290.2	100.5
四川	Sichuan	578.9	169.4	589.2	178.1	605.5	187.5	668.0	202.7	793.4	230.7
贵州	Guizhou	159.0	42.4	168.9	44.9	168.0	48.0	174.9	50.0	183.7	51.7
云南	Yunnan	243.1	69.6	252.1	74.1	257.3	77.8	255.3	79.4	258.7	81.9
西藏	Tibet	7.1	2.6	7.0	2.6	7.3	2.8	7.6	3.0	7.7	3.1
陕西	Shaanxi	345.4	83.4	352.0	90.8	362.4	97.4	369.3	102.5	376.1	107.8
甘肃	Gansu	188.4	45.3	188.0	48.1	192.0	51.2	194.5	53.5	197.3	55.1
青海	Qinghai	51.9	14.9	54.2	15.0	56.4	15.9	58.5	16.5	60.0	16.9
宁夏	Ningxia	57.9	13.2	59.0	13.7	60.7	14.3	62.5	15.2	67.5	16.1
新疆	Xinjiang	258.4	77.6	262.1	79.6	269.3	83.0	294.8	87.3	302.1	89.0
中国人民银行	The People's Bank of China	19.8	3.1	19.8	3.3	19.8	3.4	17.1	3.5	17.1	3.7
中国农业发展银行	Agricutural Development Bank of China	5.4	0.2	5.5	0.3	5.6	0.4	5.8	0.4	5.7	0.5

9-8 续表 1 continued

单位：万人 (10 000 persons)

地区	Region	2006 城镇职工基本养老保险 Staff	2006 #离退休人员 Retirees	2007 城镇职工基本养老保险 Staff	2007 #离退休人员 Retirees	2008 城镇职工基本养老保险 Staff	2008 #离退休人员 Retirees	2009 城镇职工基本养老保险 Staff	2009 #离退休人员 Retirees
全　国	**National**	**18766.3**	**4635.4**	**20136.9**	**4953.7**	**21891.1**	**5303.6**	**23549.9**	**5806.9**
北　京	Beijing	603.6	160.9	671.0	171.2	757.2	180.1	826.7	188.2
天　津	Tianjin	328.2	112.7	344.8	119.2	376.5	129.3	401.5	136.5
河　北	Hebei	747.5	196.0	795.6	210.2	862.5	222.7	919.5	238.0
山　西	Shanxi	486.9	112.7	506.7	120.2	539.4	128.0	563.8	136.6
内蒙古	Inner Mongolia	356.6	91.1	370.9	96.6	389.5	102.9	410.8	112.8
辽　宁	Liaoning	1248.8	383.0	1299.7	408.1	1406.2	429.9	1457.4	449.4
吉　林	Jilin	480.2	138.9	501.7	147.8	525.3	155.4	554.3	171.1
黑龙江	Heilongjiang	801.0	236.5	826.8	253.0	857.8	276.0	920.3	333.7
上　海	Shanghai	891.7	314.4	932.4	340.5	967.7	357.8	1001.1	376.0
江　苏	Jiangsu	1469.8	328.1	1602.3	353.3	1751.6	378.6	1883.1	415.4
浙　江	Zhejiang	1052.6	170.9	1167.1	182.3	1386.9	194.8	1527.4	209.6
安　徽	Anhui	495.2	133.8	530.3	144.8	578.4	158.1	628.2	169.5
福　建	Fujian	456.1	93.6	512.8	98.1	557.2	102.6	585.9	108.1
江　西	Jiangxi	415.0	111.6	475.0	118.5	550.3	128.5	581.9	135.9
山　东	Shandong	1368.0	261.7	1457.1	282.2	1565.9	305.0	1661.0	326.0
河　南	Henan	863.8	208.2	912.9	224.7	972.0	239.1	1019.1	254.5
湖　北	Hubei	850.8	220.5	886.8	235.3	932.3	252.0	982.0	273.6
湖　南	Hunan	751.6	209.9	784.0	227.3	829.1	235.3	879.1	246.1
广　东	Guangdong	1972.3	243.5	2226.8	257.2	2444.3	273.0	2716.4	294.2
广　西	Guangxi	302.7	77.1	325.5	82.2	368.1	95.0	411.3	118.0
海　南	Hainan	132.0	38.0	141.7	39.7	156.2	42.0	168.1	43.2
重　庆	Chongqing	317.3	107.9	344.8	112.7	406.1	130.7	492.8	176.5
四　川	Sichuan	842.7	244.9	917.4	269.4	1017.9	306.7	1176.2	393.5
贵　州	Guizhou	193.2	54.1	205.9	56.5	215.9	59.3	235.6	63.5
云　南	Yunnan	267.4	83.8	279.4	87.6	293.7	89.3	306.5	90.2
西　藏	Tibet	7.6	3.1	8.1	3.0	8.5	3.1	9.2	3.1
陕　西	Shaanxi	391.5	111.4	408.1	117.4	433.4	124.4	458.8	131.0
甘　肃	Gansu	201.2	57.7	208.4	60.6	221.0	64.0	230.9	67.5
青　海	Qinghai	62.5	17.4	65.2	18.0	68.3	18.6	71.3	19.3
宁　夏	Ningxia	72.3	16.7	77.0	17.7	82.6	18.8	89.4	20.0
新　疆	Xinjiang	313.3	90.9	327.7	93.7	346.3	97.6	356.9	100.6
中国人民银行	The People's Bank of China	17.2	3.9	17.3	4.1	17.5	4.2	17.5	4.4
中国农业发展银行	Agricutural Development Bank of China	5.6	0.5	5.6	0.6	5.6	0.7	5.6	0.7

9-8 续表 2 continued

单位：万人 (10 000 persons)

地区	Region	2010 合计 Total	2010 #城镇职工基本养老保险 Staff	2010 #离退休人员 Retirees	2010 #城乡居民基本养老保险 Urban and Rural Staff	2011 合计 Total	2011 #城镇职工基本养老保险 Staff	2011 #离退休人员 Retirees	2011 #城乡居民基本养老保险 Urban and Rural Staff
全　国	**National**	**35984.1**	**25707.3**	**6305.0**	**10276.8**	**61573.3**	**28391.3**	**6826.2**	**33182.0**
北　京	Beijing	1149.8	981.3	195.5	168.5	1262.8	1089.4	201.2	173.4
天　津	Tianjin	510.8	431.5	143.6	79.4	543.7	458.7	148.8	85.0
河　北	Hebei	1828.7	988.4	259.5	840.3	3417.5	1059.8	285.3	2357.7
山　西	Shanxi	840.8	591.0	147.3	249.8	1611.7	623.8	158.9	987.9
内蒙古	Inner Mongolia	599.4	430.7	119.2	168.8	756.0	452.4	136.6	303.6
辽　宁	Liaoning	1643.7	1496.9	472.7	146.8	2329.1	1556.6	486.5	772.5
吉　林	Jilin	686.2	599.5	206.6	86.7	1027.6	617.5	221.1	410.1
黑龙江	Heilongjiang	1083.5	952.2	363.0	131.2	1261.2	981.0	380.0	280.2
上　海	Shanghai	1078.4	1049.5	392.2	28.9	1463.7	1382.7	406.5	81.0
江　苏	Jiangsu	2366.5	2033.0	449.1	333.5	4284.6	2223.9	483.1	2060.6
浙　江	Zhejiang	1993.0	1702.2	223.6	290.8	2732.3	1919.2	253.4	813.1
安　徽	Anhui	1018.9	669.5	177.5	349.3	2907.2	729.3	191.5	2178.0
福　建	Fujian	909.4	635.5	113.5	273.9	1484.6	695.1	118.2	789.5
江　西	Jiangxi	879.9	607.6	145.5	272.3	2025.9	653.0	168.7	1372.8
山　东	Shandong	2692.2	1773.0	345.1	919.2	5514.7	1907.1	373.1	3607.6
河　南	Henan	2291.1	1079.3	270.3	1211.8	4474.3	1168.4	287.9	3305.9
湖　北	Hubei	1419.8	1039.8	301.6	380.0	2851.1	1113.4	341.7	1737.7
湖　南	Hunan	1520.7	938.9	265.4	581.8	3174.7	988.2	277.9	2186.5
广　东	Guangdong	3372.8	3215.2	339.6	157.6	4608.1	3800.7	372.6	807.4
广　西	Guangxi	669.7	449.3	138.1	220.4	1279.9	483.8	151.5	796.1
海　南	Hainan	243.2	180.8	45.4	62.4	409.0	199.9	47.8	209.1
重　庆	Chongqing	1391.7	584.4	192.5	807.4	1772.7	647.6	220.1	1125.1
四　川	Sichuan	1970.5	1300.9	439.0	669.6	3055.0	1494.2	495.4	1560.7
贵　州	Guizhou	481.2	257.3	67.0	223.9	1131.8	282.1	71.3	849.7
云　南	Yunnan	786.9	317.4	92.3	469.4	1619.3	342.8	104.2	1276.5
西　藏	Tibet	90.4	9.9	3.2	80.5	131.3	11.2	3.2	120.1
陕　西	Shaanxi	990.0	550.4	150.3	439.7	1866.1	588.6	155.5	1277.5
甘　肃	Gansu	428.0	242.5	71.3	185.5	1044.6	263.0	85.1	781.6
青　海	Qinghai	139.5	74.4	20.0	65.1	261.9	81.5	25.2	180.4
宁　夏	Ningxia	132.5	107.8	30.5	24.7	296.5	121.4	36.4	175.1
新　疆	Xinjiang	751.7	393.8	119.2	357.9	951.1	431.5	131.9	519.6
中国人民银行	The People's Bank of China	17.7	17.7	4.6		17.8	17.8	4.8	
中国农业发展银行	Agricutural Development Bank of China	5.7	5.7	0.8		5.8	5.8	1.0	

9-8 续表 3 continued

单位：万人 (10 000 persons)

地区	Region	2012 合计 Total	2012 #城镇职工基本养老保险 Staff	2012 #离退休人员 Retirees	2012 #城乡居民基本养老保险 Urban and Rural Staff	2013 合计 Total	2013 #城镇职工基本养老保险 Staff	2013 #离退休人员 Retirees	2013 #城乡居民基本养老保险 Urban and Rural Staff
全国	**National**	**78796.3**	**30426.8**	**7445.7**	**48369.5**	**81968.4**	**32218.4**	**8041.0**	**49750.1**
北京	Beijing	1383.2	1206.4	210.7	176.8	1491.4	1311.3	220.0	180.1
天津	Tianjin	579.6	490.3	156.9	89.3	616.2	520.7	168.4	95.5
河北	Hebei	4460.2	1125.6	312.3	3334.6	4548.8	1194.7	335.1	3354.2
山西	Shanxi	2130.8	648.7	168.9	1482.1	2206.2	672.4	180.5	1533.7
内蒙古	Inner Mongolia	1228.1	471.9	153.0	756.1	1276.8	496.5	172.7	780.3
辽宁	Liaoning	2655.4	1609.2	510.4	1046.1	2776.3	1729.5	557.8	1046.9
吉林	Jilin	1193.5	632.2	234.6	561.3	1298.3	655.2	248.4	643.1
黑龙江	Heilongjiang	1770.9	1013.0	401.6	758.0	1877.9	1062.1	422.2	815.8
上海	Shanghai	1497.7	1416.9	423.8	80.8	1509.9	1429.9	437.5	80.0
江苏	Jiangsu	4774.7	2427.5	547.0	2347.2	4966.1	2582.1	594.3	2384.0
浙江	Zhejiang	3515.6	2183.3	347.8	1332.3	3731.2	2375.4	398.9	1355.8
安徽	Anhui	4134.3	783.8	205.4	3350.6	4120.0	811.3	219.1	3308.7
福建	Fujian	2202.5	756.5	125.5	1446.1	2280.0	812.8	133.2	1467.2
江西	Jiangxi	2444.9	707.4	189.1	1737.5	2526.6	754.2	207.0	1772.5
山东	Shandong	6464.4	2063.2	416.3	4401.2	6772.4	2259.6	459.2	4512.8
河南	Henan	5990.3	1270.6	306.0	4719.7	6147.0	1350.0	325.6	4797.0
湖北	Hubei	3437.6	1171.4	367.3	2266.2	3455.6	1219.4	395.9	2236.3
湖南	Hunan	4168.3	1048.0	300.4	3120.3	4407.8	1091.7	329.5	3316.0
广东	Guangdong	6289.3	4034.1	390.2	2255.2	6529.9	4183.0	421.3	2346.8
广西	Guangxi	2085.0	512.7	163.6	1572.3	2202.4	538.4	172.6	1664.0
海南	Hainan	483.7	214.2	52.5	269.5	503.6	231.5	57.1	272.1
重庆	Chongqing	1847.8	716.9	247.0	1130.9	1896.0	773.1	275.4	1122.9
四川	Sichuan	4443.8	1615.4	541.7	2828.4	4721.8	1720.3	596.2	3001.6
贵州	Guizhou	1570.1	309.4	77.7	1260.7	1824.5	337.3	82.6	1487.2
云南	Yunnan	2467.6	364.5	110.7	2103.2	2537.0	384.3	115.7	2152.7
西藏	Tibet	147.4	13.3	3.5	134.0	154.5	14.0	3.5	140.4
陕西	Shaanxi	2349.0	643.5	177.1	1705.5	2389.9	685.0	191.9	1704.9
甘肃	Gansu	1454.0	277.4	93.7	1176.6	1526.9	288.4	99.9	1238.5
青海	Qinghai	292.1	86.0	26.2	206.1	306.4	90.3	27.6	216.1
宁夏	Ningxia	311.5	131.2	39.9	180.3	323.3	143.8	41.9	179.5
新疆	Xinjiang	999.4	458.8	139.0	540.6	1019.9	476.3	143.8	543.6
中国人民银行	The People's Bank of China	17.9	17.9	5.0		18.0	18.0	5.2	
中国农业发展银行	Agricutural Development Bank of China	5.9	5.9	1.0		6.0	6.0	1.1	

9-9 各地区城镇职工基本养老保险情况(2013年)

URBAN BASIC PENSION INSURANCE BY REGION(2013)

单位：万人，亿元 (10 000 persons，100 million yuan)

地区	Region	参保职工年末人数 Active Contributors at the Year-end	#企业(含其他) Enterprises (others)	参保离退休人员年末人数 Retirees at the Year-end	基金收支情况 Revenue and Expenses 基金收入 Revenue	基金支出 Expenses	累计结余 Balance at the Year-end
全国	**National**	**24177.3**	**22564.7**	**8041.0**	**22680.4**	**18470.4**	**28269.2**
北京	Beijing	1091.3	1091.3	220.0	1181.3	734.8	1671.3
天津	Tianjin	352.3	346.0	168.4	466.0	426.3	318.9
河北	Hebei	859.6	724.1	335.1	891.1	833.1	813.1
山西	Shanxi	491.9	408.8	180.5	639.0	477.8	1124.8
内蒙古	Inner Mongolia	323.8	315.5	172.7	461.4	411.3	456.0
辽宁	Liaoning	1171.7	1109.5	557.8	1422.2	1251.1	1226.6
吉林	Jilin	406.8	406.8	248.4	462.8	448.2	421.6
黑龙江	Heilongjiang	639.9	584.1	422.2	845.6	886.0	429.5
上海	Shanghai	992.4	931.1	437.5	1563.5	1308.0	1077.0
江苏	Jiangsu	1987.8	1901.8	594.3	1742.7	1372.4	2516.1
浙江	Zhejiang	1976.5	1901.1	398.9	1278.0	944.9	2297.0
安徽	Anhui	592.2	581.3	219.1	605.2	449.1	745.4
福建	Fujian	679.6	623.1	133.2	412.3	338.7	415.9
江西	Jiangxi	547.1	530.7	207.0	405.0	352.2	385.0
山东	Shandong	1800.4	1560.6	459.2	1489.0	1270.5	1857.9
河南	Henan	1024.4	917.8	325.6	833.8	711.5	840.0
湖北	Hubei	823.5	779.6	395.9	860.5	798.0	817.1
湖南	Hunan	762.2	605.7	329.5	733.7	622.1	797.5
广东	Guangdong	3761.7	3606.7	421.3	1842.5	1050.0	4673.1
广西	Guangxi	365.8	365.8	172.6	367.8	364.2	446.6
海南	Hainan	174.4	143.8	57.1	127.3	120.0	101.4
重庆	Chongqing	497.8	488.1	275.4	607.2	508.0	557.3
四川	Sichuan	1124.1	1000.4	596.2	1392.9	1107.6	1749.7
贵州	Guizhou	254.7	248.9	82.6	240.2	178.5	355.2
云南	Yunnan	268.6	260.5	115.7	333.8	253.8	503.1
西藏	Tibet	10.5	8.0	3.5	21.0	13.5	32.0
陕西	Shaanxi	493.0	448.8	191.9	536.2	465.0	414.9
甘肃	Gansu	188.5	188.2	99.9	258.0	224.7	321.6
青海	Qinghai	62.8	62.8	27.6	80.7	77.4	82.0
宁夏	Ningxia	101.8	101.8	41.9	107.6	99.8	166.3
新疆	Xinjiang	332.5	322.1	143.8	464.8	367.0	644.8
中国人民银行	The People's Bank of China	12.7		5.2			
中国农业发展银行	Agricutural Development Bank of China	4.9		1.1	7.5	5.1	10.7

9-10 各地区城乡居民基本养老保险情况（2013年）
STATISTICS ON BASIC PENSION INSURANCE FOR URBAN AND RURAL RESIDENTS BY REGION (2013)

地 区	Region	参保人数（万人）Contributors at Year-end (10 000 persons)	#达到领取待遇年龄参保人数 Number of Participants Who Have Reached the Prescribed Age of Benifit Entilement	基金收支情况(亿元) Revenue and Expenses(100 million yuan) 基金收入 Revenue	基金支出 Expenses	累计结余 Balance at Year-end
全 国	**National Total**	**49750.1**	**14122.3**	**2052.3**	**1348.3**	**3005.7**
北 京	Beijing	180.1	31.6	29.9	17.1	101.4
天 津	Tianjin	95.5	71.0	50.0	16.7	106.4
河 北	Hebei	3354.2	840.2	99.9	60.6	133.2
山 西	Shanxi	1533.7	345.6	53.9	29.8	76.9
内蒙古	Inner Mongolia	780.3	192.8	44.1	27.3	58.1
辽 宁	Liaoning	1046.9	360.4	42.8	31.1	42.0
吉 林	Jilin	643.1	218.8	24.4	15.0	30.1
黑龙江	Heilongjiang	815.8	244.6	30.4	17.9	44.1
上 海	Shanghai	80.0	46.7	34.1	34.4	72.0
江 苏	Jiangsu	2384.0	942.1	190.4	148.5	340.3
浙 江	Zhejiang	1355.8	577.1	121.1	105.3	129.5
安 徽	Anhui	3308.7	842.8	109.9	63.7	132.8
福 建	Fujian	1467.2	375.4	48.9	29.6	63.9
江 西	Jiangxi	1772.5	416.6	17.9	28.2	39.7
山 东	Shandong	4512.8	1315.2	209.3	138.6	357.8
河 南	Henan	4797.0	1229.5	146.2	95.7	189.8
湖 北	Hubei	2236.3	610.1	78.3	48.3	107.7
湖 南	Hunan	3316.0	888.1	99.1	58.9	110.7
广 东	Guangdong	2346.8	791.3	141.7	90.9	219.5
广 西	Guangxi	1664.0	514.1	7.3	5.8	5.1
海 南	Hainan	272.1	68.1	12.0	7.6	15.2
重 庆	Chongqing	1122.9	377.1	64.8	38.4	66.9
四 川	Sichuan	3001.6	1090.2	145.2	93.9	215.5
贵 州	Guizhou	1487.2	425.5	45.2	30.2	44.0
云 南	Yunnan	2152.7	431.5	63.9	33.5	94.4
西 藏	Tibet	140.4	22.7	4.4	2.8	6.7
陕 西	Shaanxi	1704.9	398.8	65.9	39.8	90.7
甘 肃	Gansu	1238.5	278.3	37.4	21.1	53.0
青 海	Qinghai	216.1	40.3	7.7	4.6	12.0
宁 夏	Ningxia	179.5	36.3	8.0	4.2	12.5
新 疆	Xinjiang	543.6	99.5	18.0	9.0	33.9

注：2009年启动新型农村社会养老保险试点，2011年启动城镇居民社会养老保险试点，2012年底实现两项制度的全覆盖，2014年两项制度合并实施，建立统一的城乡居民基本养老保险制度。

a) Since August 2012, basic pension insurance for unban and rural residents consist of new rural old-age insurance and urban residents basic pension insurance.

9-11 各地区养老金社会化发放人数(2013年)
NUMBER OF PENSIONERS PAID BY THE SOCIALIZED AGENCIES BY REGION (2013)

地区	Region	社会化发放人数(万人) Pensioners Paid by the Socialized Agencies (10 000 persons)	纳入社区管理的企业退休人数(万人) Community Administer Retirees (10 000 persons)	纳入社区管理的企业退休人数占企业退休人员总数的比例(%) Ratio of Community Administer Retirees (%)
全国	**National**	**7201.0**	**5620.0**	**79.1**
北京	Beijing	**212.6**	176.0	88.0
天津	Tianjin	15.8	134.0	90.0
河北	Hebei	286.8	235.0	90.2
山西	Shanxi	159.5	120.0	82.5
内蒙古	Inner Mongolia	168.7	125.0	83.8
辽宁	Liaoning	524.6	425.0	90.9
吉林	Jilin	242.9	216.0	96.5
黑龙江	Heilongjiang	397.7	293.0	81.1
上海	Shanghai	388.1	263.0	88.1
江苏	Jiangsu	557.0	481.0	95.3
浙江	Zhejiang	328.9	290.0	88.7
安徽	Anhui	204.8	168.0	87.1
福建	Fujian	102.7	80.0	85.1
江西	Jiangxi	202.4	162.0	89.9
山东	Shandong	363.9	251.0	98.8
河南	Henan	295.8	221.0	82.7
湖北	Hubei	373.7	287.0	83.2
湖南	Hunan	259.9	184.0	75.0
广东	Guangdong	383.4	272.0	80.0
广西	Guangxi	170.2	124.0	79.1
海南	Hainan	47.7	35.0	79.8
重庆	Chongqing	270.3	108.0	82.1
四川	Sichuan	561.8	491.0	96.2
贵州	Guizhou	81.3	54.0	73.2
云南	Yunnan	112.6	81.0	79.8
西藏	Tibet	3.4		
陕西	Shaanxi	174.7	125.0	79.1
甘肃	Gansu	100.0	72.0	81.4
青海	Qinghai	27.6	15.0	63.0
宁夏	Ningxia	40.7	33.0	90.3
新疆	Xinjiang	84.9	62.0	87.8
新疆兵团	Xinjiang Production and Construction Crops	56.4	35.0	68.0

9-12 历年全国城镇基本医疗保险基本情况

PERSONS COVERED BY THE BASIC MEDICAL INSURANCE AT THE YEAR-END

年 份 Year	合计 Total	职工基本医疗保险参保人数 Persons Covered by the Basic Medical Insurance of Employment	职工人数 Workers	退休人员人数 Retirees	城镇居民基本医疗保险参保人数 Persons Covered by the Basic Medical Insurance of Non-employment
绝对数(万人) Absolute figure (10 000 persons)					
1993	290.1	290.1	267.6	22.5	
1994	400.3	400.3	374.6	25.7	
1995	745.9	745.9	702.6	43.3	
1996	855.7	855.7	791.2	64.5	
1997	1762.0	1762.0	1588.9	173.1	
1998	1878.7	1878.7	1509.7	369.0	
1999	2065.3	2065.3	1509.4	555.9	
2000	3786.9	3786.9	2862.8	924.2	
2001	7285.9	7285.9	5470.7	1815.2	
2002	9401.2	9401.2	6925.8	2475.4	
2003	10901.7	10901.7	7974.9	2926.8	
2004	12403.6	12403.6	9044.4	3359.2	
2005	13782.9	13782.9	10021.7	3761.2	
2006	15731.8	15731.8	11580.3	4151.5	
2007	22311.4	18020.3	13420.3	4600.0	4291.1
2008	31821.6	19995.6	14987.7	5007.9	11826.0
2009	40147.0	21937.4	16410.5	5526.9	18209.6
2010	43262.9	23734.7	17791.2	5943.5	19528.3
2011	47343.2	25227.1	18948.5	6278.6	22116.1
2012	53641.3	26485.6	19861.3	6624.2	27155.7
2013	57072.6	27443.1	20501.3	6941.8	29629.4
比上年增长(%) Increase over Preceding Year %					
1994	38.0	38.0	40.0	14.3	
1995	86.3	86.3	87.6	68.0	
1996	14.7	14.7	12.6	49.0	
1997	105.9	105.9	100.8	168.5	
1998	6.6	6.6	-5.0	113.2	
1999	9.9	9.9	0.0	50.7	
2000	83.4	83.4	89.7	66.2	
2001	92.4	92.4	91.1	96.4	
2002	29.0	29.0	26.6	36.4	
2003	16.0	16.0	15.1	18.2	
2004	13.8	13.8	13.4	14.8	
2005	11.1	11.1	10.8	12.0	
2006	14.1	14.1	15.6	10.4	
2007	41.8	14.5	15.9	10.8	
2008	42.6	11.0	11.7	8.9	175.6
2009	26.2	9.7	9.5	10.4	54.0
2010	7.8	8.2	8.4	7.5	7.2
2011	9.4	6.3	6.5	5.6	13.3
2012	13.3	5.0	4.8	5.5	22.8
2013	6.4	3.6	3.2	4.8	9.1

9-13 历年各地区城镇基本医疗保险参保人数

BASIC MEDICAL INSURANCE BY REGION

单位：万人 (10 000 persons)

地区	Region	2001 职工基本医疗保险 Staff	2001 #退休人员 Retirees	2002 职工基本医疗保险 Staff	2002 #退休人员 Retirees	2003 职工基本医疗保险 Staff	2003 #退休人员 Retirees	2004 职工基本医疗保险 Staff	2004 #退休人员 Retirees
全国	**National**	**7285.9**	**1815.2**	**9401.2**	**2475.4**	**10901.7**	**2926.8**	**12403.6**	**3359.2**
北京	Beijing	240.7	89.4	321.1	113.2	436.1	134.7	483.9	141.7
天津	Tianjin	139.6	46.8	250.2	103.8	254.7	108.5	263.0	104.8
河北	Hebei	282.5	61.5	330.4	73.0	383.2	84.7	472.5	108.9
山西	Shanxi	157.3	34.4	216.7	49.5	245.5	51.3	295.5	63.9
内蒙古	Inner Mongolia	196.9	45.5	221.7	54.2	252.3	66.1	274.2	78.1
辽宁	Liaoning	313.6	90.4	619.0	188.7	697.7	217.2	783.7	247.3
吉林	Jilin	124.2	27.8	176.9	39.8	230.8	55.3	270.0	67.5
黑龙江	Heilongjiang	308.3	89.2	392.8	108.2	435.2	122.1	544.1	151.7
上海	Shanghai	680.5	238.9	694.8	245.9	709.6	250.6	714.1	260.9
江苏	Jiangsu	456.0	113.5	690.9	183.2	815.0	227.6	976.7	261.6
浙江	Zhejiang	352.7	100.0	423.4	117.0	510.3	139.5	569.2	150.3
安徽	Anhui	232.8	53.6	273.4	65.6	318.2	79.8	362.2	97.7
福建	Fujian	171.0	38.3	230.0	54.7	247.8	61.8	285.9	69.5
江西	Jiangxi	71.6	12.2	106.6	22.7	188.2	45.7	250.4	65.8
山东	Shandong	490.2	86.0	625.6	119.5	691.1	138.0	771.9	153.5
河南	Henan	460.3	94.8	537.4	115.2	567.9	126.9	590.0	136.8
湖北	Hubei	255.4	54.5	338.1	80.6	416.6	110.1	466.8	132.5
湖南	Hunan	351.6	83.7	398.1	108.3	423.5	116.1	477.0	133.9
广东	Guangdong	544.8	84.4	717.7	118.8	877.0	146.4	1034.2	168.9
广西	Guangxi	150.1	33.4	201.8	54.1	235.0	66.1	272.2	77.8
海南	Hainan	40.9	8.5	52.6	11.5	63.1	15.4	78.6	22.3
重庆	Chongqing	36.8	9.7	58.7	18.0	121.8	41.7	206.3	76.2
四川	Sichuan	437.6	128.3	480.6	150.1	531.2	173.8	587.6	196.5
贵州	Guizhou	31.1	6.9	94.6	26.6	134.1	38.2	152.6	44.0
云南	Yunnan	185.7	45.6	238.4	65.0	281.5	81.4	302.3	89.6
西藏	Tibet					6.0	1.8	7.1	2.8
陕西	Shaanxi	231.4	49.4	261.8	65.1	301.0	77.4	325.6	86.8
甘肃	Gansu	109.9	23.6	124.1	26.0	146.0	32.8	165.8	40.6
青海	Qinghai	38.3	12.6	51.1	16.3	56.4	17.8	60.2	19.5
宁夏	Ningxia	17.2	4.0	36.8	10.1	48.1	12.7	55.6	14.6
新疆	Xinjiang	177.0	48.1	235.7	70.6	276.7	85.3	304.4	93.2

9-13 续表 1 continued

单位：万人 (10 000 persons)

地 区	Region	2005 职工基本医疗保险 Staff	2005 #退休人员 Retirees	2006 职工基本医疗保险 Staff	2006 #退休人员 Retirees	2007 合 计 Total	2007 #职工基本医疗保险 Staff	2007 #退休人员 Retirees	2007 #城镇居民基本医疗保险 Urban Staff
全 国	**National**	**13782.9**	**3761.2**	**15731.9**	**4151.5**	**22311.4**	**18020.3**	**4600.0**	**4291.1**
北 京	Beijing	574.8	155.1	679.5	163.9	929.4	783.0	172.9	146.4
天 津	Tianjin	299.1	118.3	344.2	126.0	403.8	382.5	133.2	21.3
河 北	Hebei	562.1	139.6	615.9	158.6	746.3	686.3	183.9	60.0
山 西	Shanxi	324.9	73.0	353.8	82.2	460.6	405.7	98.3	54.9
内蒙古	Inner Mongolia	292.0	86.0	316.2	93.1	451.6	352.7	103.8	98.9
辽 宁	Liaoning	864.2	280.0	959.3	307.4	1200.2	1087.8	346.5	112.4
吉 林	Jilin	283.0	73.9	376.3	101.2	767.2	427.8	118.2	339.4
黑龙江	Heilongjiang	602.9	170.4	708.2	192.9	826.7	752.2	202.3	74.5
上 海	Shanghai	728.6	275.9	1023.3	291.0	1096.8	1096.8	306.4	
江 苏	Jiangsu	1124.1	303.0	1274.3	338.5	2136.6	1435.8	365.4	700.8
浙 江	Zhejiang	639.6	163.1	730.6	172.9	946.2	855.0	185.5	91.2
安 徽	Anhui	387.1	112.7	441.2	124.7	953.3	486.2	137.1	467.1
福 建	Fujian	333.0	77.2	370.1	85.2	477.4	406.1	91.0	71.3
江 西	Jiangxi	276.7	75.0	313.3	86.5	784.7	403.4	121.6	381.3
山 东	Shandong	861.5	176.7	996.1	199.9	1292.3	1115.9	227.8	176.4
河 南	Henan	641.5	154.1	704.1	173.3	897.7	781.0	197.4	116.8
湖 北	Hubei	502.0	147.2	565.3	166.6	870.5	644.5	196.3	226.0
湖 南	Hunan	503.4	146.6	560.5	162.4	724.5	620.6	181.9	103.9
广 东	Guangdong	1235.3	180.3	1421.1	197.9	2281.6	2022.2	218.0	259.4
广 西	Guangxi	285.9	82.3	302.0	88.7	361.4	339.3	99.2	22.1
海 南	Hainan	87.2	24.5	91.0	25.6	155.3	107.5	29.9	47.9
重 庆	Chongqing	237.7	91.9	257.5	97.4	327.5	284.7	104.7	42.8
四 川	Sichuan	647.0	220.2	734.5	247.8	1020.0	815.0	270.6	205.0
贵 州	Guizhou	180.5	51.5	199.2	57.8	293.8	228.2	66.1	65.6
云 南	Yunnan	320.7	95.5	331.5	98.8	400.3	345.8	101.8	54.5
西 藏	Tibet	15.2	4.8	16.5	5.0	19.2	19.2	5.8	
陕 西	Shaanxi	348.8	101.3	377.1	111.4	459.3	410.1	123.2	49.3
甘 肃	Gansu	176.6	46.2	195.8	51.7	449.5	221.5	61.6	228.0
青 海	Qinghai	62.0	20.4	64.5	22.0	95.8	70.1	23.0	25.7
宁 夏	Ningxia	64.5	17.2	73.1	19.9	114.0	78.3	21.4	35.7
新 疆	Xinjiang	321.1	97.5	335.8	101.2	367.9	355.1	105.1	12.7

9-13 续表 2 continued

单位：万人 (10 000 persons)

地区	Region	2008 合计 Total	2008 #职工基本医疗保险 Staff	2008 #退休人员 Retirees	2008 #城镇居民基本医疗保险 Urban Staff	2009 合计 Total	2009 #职工基本医疗保险 Staff	2009 #退休人员 Retirees	2009 #城镇居民基本医疗保险 Urban Staff
全国	**National**	**31821.7**	**19995.6**	**5007.9**	**11826.1**	**40147.0**	**21937.4**	**5526.9**	**18209.6**
北京	Beijing	1017.1	871.0	182.4	146.1	1083.9	938.4	191.8	145.5
天津	Tianjin	484.5	399.1	141.8	85.4	605.3	444.1	150.6	161.2
河北	Hebei	1083.1	738.5	199.5	344.5	1421.1	802.1	219.7	619.0
山西	Shanxi	593.9	441.8	108.8	152.1	879.0	534.6	128.5	344.5
内蒙古	Inner Mongolia	612.5	373.7	108.6	238.8	805.3	410.4	117.8	394.9
辽宁	Liaoning	1507.5	1209.3	386.5	298.1	1895.6	1347.0	444.5	548.6
吉林	Jilin	937.4	450.9	131.8	486.5	1242.8	486.4	147.4	756.4
黑龙江	Heilongjiang	1056.3	788.3	216.0	268.1	1544.3	851.3	256.5	693.0
上海	Shanghai	1355.2	1171.7	320.9	183.5	1583.8	1329.6	372.5	254.2
江苏	Jiangsu	2837.6	1604.3	390.3	1233.3	3031.0	1701.1	418.6	1329.9
浙江	Zhejiang	1322.6	1053.9	198.3	268.7	1784.4	1173.7	211.8	610.7
安徽	Anhui	1323.8	528.8	148.1	795.0	1435.8	570.2	160.4	865.6
福建	Fujian	796.5	435.7	101.4	360.7	1137.2	503.7	114.7	633.5
江西	Jiangxi	1207.1	503.2	149.4	704.0	1300.4	515.1	151.6	785.3
山东	Shandong	1847.0	1266.2	256.2	580.8	2540.2	1428.6	287.8	1111.6
河南	Henan	1549.4	840.9	220.8	708.6	1970.1	920.1	243.7	1050.0
湖北	Hubei	1435.7	714.9	210.9	720.8	1811.7	820.4	236.2	991.3
湖南	Hunan	1321.6	682.0	206.5	639.6	1831.9	746.4	225.6	1085.5
广东	Guangdong	3551.8	2370.7	240.3	1181.1	4568.5	2556.4	259.4	2012.1
广西	Guangxi	568.2	361.4	103.8	206.8	850.0	388.8	110.6	461.2
海南	Hainan	249.7	121.8	34.0	127.9	283.8	152.7	41.5	131.0
重庆	Chongqing	550.6	326.2	115.1	224.4	769.5	362.5	120.8	407.0
四川	Sichuan	1413.8	893.5	296.7	520.4	1912.7	958.5	317.3	954.2
贵州	Guizhou	404.3	257.4	73.0	146.9	567.0	279.5	85.1	287.5
云南	Yunnan	618.2	356.8	103.6	261.4	762.5	397.4	118.3	365.0
西藏	Tibet	32.4	20.1	5.3	12.3	36.0	22.6	6.4	13.5
陕西	Shaanxi	717.3	432.7	132.8	284.6	890.0	463.3	145.2	426.8
甘肃	Gansu	522.2	248.9	68.8	273.2	557.4	272.2	77.7	285.2
青海	Qinghai	93.6	72.1	24.5	21.5	104.8	75.7	24.6	29.1
宁夏	Ningxia	158.7	83.2	22.7	75.4	186.0	87.0	23.8	99.0
新疆	Xinjiang	652.1	376.6	109.0	275.5	755.0	397.5	114.7	357.4

9-13 续表 3 continued

单位：万人 (10 000 persons)

地 区	Region	2010 合 计 Total	2010 #职工基本医疗保险 Staff	2010 #退休人员 Retirees	2010 #城镇居民基本医疗保险 Urban Staff	2011 合 计 Total	2011 #职工基本医疗保险 Staff	2011 #退休人员 Retirees	2011 #城镇居民基本医疗保险 Urban Staff
全 国	**National**	**43262.9**	**23734.7**	**5943.5**	**19528.3**	**47343.2**	**25227.1**	**6278.6**	**22116.1**
北 京	Beijing	1207.3	1063.7	215.1	143.7	1347.8	1188.0	232.8	159.8
天 津	Tianjin	960.9	470.0	157.5	490.9	972.8	474.5	162.5	498.3
河 北	Hebei	1518.1	848.0	238.0	670.0	1562.2	875.5	248.2	686.6
山 西	Shanxi	923.5	562.0	140.0	361.5	1005.1	595.8	150.8	409.3
内蒙古	Inner Mongolia	886.4	433.5	124.7	452.8	907.3	438.0	124.3	469.3
辽 宁	Liaoning	2056.2	1408.7	464.1	647.5	2120.1	1499.4	494.1	620.7
吉 林	Jilin	1333.8	550.1	179.9	783.7	1350.6	557.2	188.2	793.4
黑龙江	Heilongjiang	1560.8	873.7	278.4	687.1	1578.0	881.0	293.6	697.0
上 海	Shanghai	1665.2	1405.9	388.8	259.2	1591.8	1342.1	404.1	249.7
江 苏	Jiangsu	3249.4	1848.3	443.2	1401.2	3500.5	2012.4	470.9	1488.1
浙 江	Zhejiang	1963.8	1344.4	226.8	619.4	2244.1	1514.4	243.3	729.7
安 徽	Anhui	1529.3	598.5	169.3	930.9	1612.9	659.3	181.9	953.6
福 建	Fujian	1200.6	546.6	120.7	654.0	1217.2	579.3	126.2	637.8
江 西	Jiangxi	1326.4	532.1	166.5	794.3	1329.7	535.9	170.9	793.8
山 东	Shandong	2770.6	1541.3	316.7	1229.3	2947.8	1637.1	337.5	1310.7
河 南	Henan	2043.7	957.4	258.7	1086.4	2122.3	1016.4	272.2	1105.8
湖 北	Hubei	1860.0	847.8	239.8	1012.3	1932.5	902.8	254.6	1029.7
湖 南	Hunan	1894.5	777.4	236.9	1117.2	1941.2	789.5	242.9	1151.7
广 东	Guangdong	5043.2	3000.0	314.5	2043.2	6767.1	3234.3	340.5	3532.8
广 西	Guangxi	935.2	413.5	123.0	521.7	981.3	437.2	128.8	544.1
海 南	Hainan	323.3	166.9	43.2	156.4	352.4	186.2	45.3	166.1
重 庆	Chongqing	830.8	406.2	125.6	424.6	1324.8	458.5	133.1	866.3
四 川	Sichuan	2063.1	1051.9	348.3	1011.2	2248.4	1169.1	366.0	1079.3
贵 州	Guizhou	602.5	293.5	88.2	309.0	629.0	314.1	93.3	314.9
云 南	Yunnan	820.5	414.8	121.4	405.7	865.8	443.4	126.6	422.4
西 藏	Tibet	38.6	23.5	6.6	15.1	43.7	24.9	6.6	18.7
陕 西	Shaanxi	947.2	474.2	151.2	473.1	1090.4	540.3	172.8	550.2
甘 肃	Gansu	588.8	290.2	85.9	298.6	590.8	291.1	88.2	299.8
青 海	Qinghai	140.3	78.7	25.2	61.6	151.6	82.4	25.9	69.2
宁 夏	Ningxia	188.3	94.1	26.4	94.2	188.8	100.2	27.1	88.5
新 疆	Xinjiang	790.5	417.7	119.0	372.7	825.2	446.6	125.2	378.5

9-13 续表 4 continued

单位：万人 (10 000 persons)

地区	Region	2012 合计 Total	2012 #职工基本医疗保险 Staff	2012 #退休人员 Retirees	2012 #城镇居民基本医疗保险 Urban Staff	2013 合计 Total	2013 #职工基本医疗保险 Staff	2013 #退休人员 Retirees	2013 #城镇居民基本医疗保险 Urban Staff
全国	**National**	**53641.3**	**26485.6**	**6624.2**	**27155.7**	**57072.6**	**27443.1**	**6941.8**	**29629.4**
北京	Beijing	1431.6	1279.7	239.1	151.9	1514.9	1354.8	249.8	160.1
天津	Tianjin	981.3	479.1	168.9	502.2	1001.5	493.1	177.3	508.4
河北	Hebei	1644.4	906.8	261.5	737.6	1674.5	926.3	275.6	748.2
山西	Shanxi	1055.9	621.1	157.2	434.9	1086.3	646.5	166.9	439.7
内蒙古	Inner Mongolia	967.7	455.1	132.4	512.6	986.2	464.5	134.5	521.7
辽宁	Liaoning	2251.9	1587.0	524.8	664.9	2333.3	1624.8	546.9	708.5
吉林	Jilin	1370.0	569.5	194.0	800.5	1378.6	574.9	197.5	803.7
黑龙江	Heilongjiang	1580.3	867.8	309.6	712.5	1580.4	868.1	311.6	712.3
上海	Shanghai	1638.6	1376.0	421.5	262.6	1650.5	1394.1	438.4	256.4
江苏	Jiangsu	3608.8	2155.5	508.9	1453.4	3427.6	2274.7	543.6	1152.9
浙江	Zhejiang	2806.8	1671.0	277.1	1135.8	4121.1	1791.1	299.5	2330.0
安徽	Anhui	1660.0	685.2	191.5	974.8	1660.8	716.0	203.3	944.9
福建	Fujian	1262.9	666.3	130.2	596.6	1283.8	703.0	136.4	580.8
江西	Jiangxi	1438.6	546.8	180.4	891.8	1476.6	569.9	189.8	906.7
山东	Shandong	3101.2	1734.1	365.6	1367.1	3647.9	1809.7	391.7	1838.2
河南	Henan	2222.2	1082.2	293.2	1140.0	2297.2	1140.2	313.4	1157.0
湖北	Hubei	1960.3	921.2	264.7	1039.1	1960.6	922.8	280.7	1037.8
湖南	Hunan	2341.9	797.6	248.8	1544.3	2316.2	799.3	257.5	1516.9
广东	Guangdong	8421.8	3373.4	362.8	5048.4	9179.8	3473.0	383.8	5706.8
广西	Guangxi	1011.5	456.3	133.6	555.3	1031.0	466.6	137.8	564.4
海南	Hainan	378.5	205.2	47.5	173.2	406.5	220.0	50.6	186.6
重庆	Chongqing	3219.1	496.5	147.9	2722.6	3234.8	539.5	158.9	2695.3
四川	Sichuan	2383.8	1240.9	381.8	1142.9	2486.0	1282.0	394.5	1204.0
贵州	Guizhou	648.3	329.3	96.3	319.0	672.1	344.7	98.1	327.4
云南	Yunnan	882.4	452.2	129.5	430.2	1118.8	458.0	133.3	660.8
西藏	Tibet	50.1	27.6	7.1	22.6	54.8	30.6	7.2	24.3
陕西	Shaanxi	1118.8	547.5	175.8	571.3	1244.3	571.7	181.7	672.5
甘肃	Gansu	616.5	293.0	87.7	323.6	622.8	297.1	90.2	325.7
青海	Qinghai	172.3	86.1	26.7	86.2	181.3	89.7	27.6	91.6
宁夏	Ningxia	561.8	106.6	28.5	455.2	565.5	108.6	29.5	456.9
新疆	Xinjiang	851.9	469.1	129.6	382.9	877.1	488.0	134.3	389.1

9-14 各地区城镇基本医疗保险基本情况(2013年)
BASIC MEDICAL INSURANCE BY REGION(2013)

地 区	Region	年末参保人数(万人) Persons Covered at the Year-end (10 000 persons)	基金收支情况(亿元) Revenue and Expenses(100 million yuan)		
			基金收入 Revenue	基金支出 Expenses	累计结余 Balance at the Year-end
全 国	**National**	**57072.6**	**8248.3**	**6801.0**	**9116.5**
北 京	Beijing	1514.9	614.5	611.3	201.6
天 津	Tianjin	1001.5	185.7	177.1	86.3
河 北	Hebei	1674.5	268.1	213.2	349.8
山 西	Shanxi	1086.3	174.9	138.3	217.4
内蒙古	Inner Mongolia	986.2	150.4	128.7	143.9
辽 宁	Liaoning	2333.3	348.3	312.2	347.0
吉 林	Jilin	1378.6	127.3	105.6	178.0
黑龙江	Heilongjiang	1580.4	212.0	190.6	273.7
上 海	Shanghai	1650.5	624.8	414.9	685.7
江 苏	Jiangsu	3427.6	675.0	550.4	795.8
浙 江	Zhejiang	4121.1	628.8	508.4	758.8
安 徽	Anhui	1660.8	191.7	152.3	215.5
福 建	Fujian	1283.8	206.2	147.6	304.7
江 西	Jiangxi	1476.6	125.4	95.4	155.5
山 东	Shandong	3647.9	500.3	412.8	506.3
河 南	Henan	2297.2	247.0	193.6	310.8
湖 北	Hubei	1960.6	232.3	209.8	242.6
湖 南	Hunan	2316.2	216.3	189.5	222.4
广 东	Guangdong	9179.8	908.4	685.2	1329.9
广 西	Guangxi	1031.0	125.7	107.3	187.8
海 南	Hainan	406.5	46.6	38.6	54.6
重 庆	Chongqing	3234.8	238.3	208.0	203.9
四 川	Sichuan	2486.0	404.2	344.0	487.1
贵 州	Guizhou	672.1	84.3	80.1	82.8
云 南	Yunnan	1118.8	166.2	145.7	175.3
西 藏	Tibet	54.8	14.9	11.9	25.9
陕 西	Shaanxi	1244.3	161.9	123.2	201.3
甘 肃	Gansu	622.8	90.1	85.3	85.5
青 海	Qinghai	181.3	40.3	37.5	49.0
宁 夏	Ningxia	565.5	53.6	43.5	53.0
新 疆	Xinjiang	877.1	184.6	139.0	184.4

9-15 各地区职工基本医疗保险基本情况(2013年)

BASIC MEDICAL INSURANCE OF EMPLOYMENT BY REGION(2013)

地区	Region	年末参保人数(万人) Persons Covered at the Year-end (10 000 persons)			基金收支情况(亿元) Revenue and Expenses (100 million yuan)				
		合计 Total	职工 Workers	退休人员 Retirees	基金收入 Revenue	基金支出 Expenses	累计结余 Balance at the Year-end	统筹基金 Mutual Assistance Fund	个人账户 Personal Accounts
全国	**National**	**27443.1**	**20501.3**	**6941.8**	**7061.6**	**5829.9**	**8129.3**	**4806.5**	**3322.9**
北京	Beijing	1354.8	1105.0	249.8	601.7	598.4	192.7	191.9	0.8
天津	Tianjin	493.1	315.8	177.3	159.1	156.9	75.7	13.6	62.1
河北	Hebei	926.3	650.7	275.6	242.6	196.5	315.5	191.1	124.4
山西	Shanxi	646.5	479.6	166.9	160.9	128.2	198.1	86.3	111.8
内蒙古	Inner Mongolia	464.5	330.0	134.5	132.8	114.4	126.9	73.8	53.0
辽宁	Liaoning	1624.8	1077.9	546.9	326.8	296.4	322.8	201.1	121.7
吉林	Jilin	574.9	377.4	197.5	102.7	89.7	141.8	100.0	41.9
黑龙江	Heilongjiang	868.1	556.5	311.6	187.4	170.0	239.2	147.9	91.4
上海	Shanghai	1394.1	955.7	438.4	600.6	394.1	679.4	163.4	516.0
江苏	Jiangsu	2274.7	1731.1	543.6	610.3	495.4	751.4	433.6	317.9
浙江	Zhejiang	1791.1	1491.6	299.5	491.6	373.1	716.5	514.4	202.1
安徽	Anhui	716.0	512.7	203.3	156.7	125.6	175.3	106.9	68.3
福建	Fujian	703.0	566.6	136.4	190.0	133.0	294.4	136.5	157.9
江西	Jiangxi	569.9	380.2	189.8	94.5	76.4	111.1	67.3	43.9
山东	Shandong	1809.7	1418.1	391.7	443.3	366.3	456.1	357.3	98.8
河南	Henan	1140.2	826.8	313.4	211.7	167.7	265.8	140.4	125.4
湖北	Hubei	922.8	642.1	280.7	195.1	183.8	189.2	91.3	97.9
湖南	Hunan	799.3	541.7	257.5	169.5	149.6	180.8	74.0	106.9
广东	Guangdong	3473.0	3089.2	383.8	679.0	510.5	1142.3	840.5	301.8
广西	Guangxi	466.6	328.8	137.8	108.8	97.5	158.8	77.2	81.6
海南	Hainan	220.0	169.3	50.6	39.6	33.5	45.8	41.0	4.9
重庆	Chongqing	539.5	380.6	158.9	143.6	131.0	152.9	69.6	83.3
四川	Sichuan	1282.0	887.6	394.5	323.1	271.4	430.6	288.0	142.6
贵州	Guizhou	344.7	246.6	98.1	76.3	74.1	71.5	27.7	43.8
云南	Yunnan	458.0	324.6	133.3	142.0	122.5	160.8	78.6	82.1
西藏	Tibet	30.6	23.4	7.2	14.0	10.5	25.9	18.5	7.4
陕西	Shaanxi	571.7	390.0	181.7	137.8	103.0	175.7	94.5	81.2
甘肃	Gansu	297.1	206.9	90.2	80.2	76.2	75.2	51.4	23.8
青海	Qinghai	89.7	62.1	27.6	35.9	32.0	47.5	17.6	29.9
宁夏	Ningxia	108.6	79.1	29.5	33.2	24.9	38.3	22.8	15.5
新疆	Xinjiang	488.0	353.7	134.3	170.7	127.2	171.2	88.4	82.8

9-16 各地区城镇居民基本医疗保险基本情况(2013年)

BASIC MEDICAL INSURANCE OF NONEMPLOYMENT BY REGION(2013)

地 区	Region	年末参保居民人数(万人) Non-employment Covered at the Year-end (10 000 persons)	基金收支情况(亿元) Revenue and Expenses(100 million yuan)		
			基金收入 Revenue	基金支出 Expenses	累计结余 Balance at the Year-end
全 国	**National**	**29629.4**	**1186.6**	**971.1**	**987.1**
北 京	Beijing	160.1	12.8	13.0	8.8
天 津	Tianjin	508.4	26.6	20.1	10.6
河 北	Hebei	748.2	25.5	16.8	34.3
山 西	Shanxi	439.7	14.0	10.1	19.3
内蒙古	Inner Mongolia	521.7	17.6	14.3	17.0
辽 宁	Liaoning	708.5	21.5	15.8	24.2
吉 林	Jilin	803.7	24.6	15.9	36.2
黑龙江	Heilongjiang	712.3	24.6	20.6	34.5
上 海	Shanghai	256.4	24.3	20.8	6.3
江 苏	Jiangsu	1152.9	64.7	55.0	44.4
浙 江	Zhejiang	2330.0	137.3	135.2	42.3
安 徽	Anhui	944.9	35.0	26.7	40.3
福 建	Fujian	580.8	16.1	14.7	10.3
江 西	Jiangxi	906.7	30.9	19.0	44.3
山 东	Shandong	1838.2	57.0	46.5	50.2
河 南	Henan	1157.0	35.3	25.9	45.0
湖 北	Hubei	1037.8	37.2	26.0	53.4
湖 南	Hunan	1516.9	46.8	39.8	41.6
广 东	Guangdong	5706.8	229.4	174.7	187.6
广 西	Guangxi	564.4	16.9	9.9	29.0
海 南	Hainan	186.6	7.0	5.1	8.8
重 庆	Chongqing	2695.3	94.7	77.0	51.0
四 川	Sichuan	1204.0	81.1	72.6	56.5
贵 州	Guizhou	327.4	8.0	6.0	11.4
云 南	Yunnan	660.8	24.2	23.2	14.5
西 藏	Tibet	24.3	0.9	1.4	0.0
陕 西	Shaanxi	672.5	24.1	20.2	25.6
甘 肃	Gansu	325.7	9.9	9.1	10.3
青 海	Qinghai	91.6	4.4	5.4	1.5
宁 夏	Ningxia	456.9	20.4	18.7	14.7
新 疆	Xinjiang	389.1	13.9	11.8	13.2

9-17 历年全国失业保险基本情况
UNEMPLOYMENT INSURANCE

年 份 Year	年末参保人数 (万人) Contributors at the Year-end (10 000 persons)	年末领取失业保险金人数 (万人) Beneficiaries of Unemplo-ment Insurance Funds(10 000 persons)	全年发放失业保险金 (万元) Unemployed Relief (10 000 yuan)
绝对数 Absolute figure			
1992	7443		8959
1993	7924		27847
1994	7968		50755
1995	8238		79199
1996	8333		133394
1997	7961		179319
1998	7928		203907
1999	9852	109	318722
2000	10408	190	561984
2001	10355	312	832563
2002	10182	440	1167736
2003	10373	415	1334448
2004	10584	419	1374983
2005	10648	362	1366801
2006	11187	327	1253873
2007	11645	286	1294405
2008	12400	261	1395349
2009	12715	235	1457592
2010	13376	209	1404485
2011	14317	197	1598544
2012	15225	204	1812934
2013	16417	197	2032389
比上年增长(%) Increase over Preceding Year %			
1993	6.5		210.8
1994	0.6		82.3
1995	3.4		56.0
1996	1.2		68.4
1997	-4.5		34.4
1998	-0.4		13.7
1999	24.3		56.3
2000	5.6	74.3	76.3
2001	-0.6	64.2	48.1
2002	-1.7	41.0	40.3
2003	1.9	-5.7	14.3
2004	2.0	1.0	3.0
2005	0.6	-13.5	-0.6
2006	5.0	-9.9	-8.3
2007	4.1	-12.4	3.2
2008	6.5	-8.7	7.8
2009	2.5	-10.0	4.5
2010	5.2	-11.0	-3.6
2011	7.0	-5.8	13.8
2012	6.3	3.6	13.4
2013	7.8	-3.4	12.1

9-18 历年各地区失业保险参保人数

UNEMPLOYMENT INSURANCE BY REGION

单位：万人 (10 000 persons)

地区	Region	2001 年末参保人数 Contributors at the Year-end	2001 年末领取失业保险金人数 Beneficiaries at the Year-end	2002 年末参保人数 Contributors at the Year-end	2002 年末领取失业保险金人数 Beneficiaries at the Year-end	2003 年末参保人数 Contributors at the Year-end	2003 年末领取失业保险金人数 Beneficiaries at the Year-end	2004 年末参保人数 Contributors at the Year-end	2004 年末领取失业保险金人数 Beneficiaries at the Year-end
全国	**National**	**10355**	**312**	**10182**	**440**	**10373**	**415**	**10584**	**419**
北京	Beijing	287.2	5.5	299.6	4.8	306.6	5.2	308.2	3.8
天津	Tianjin	214.3	10.8	196.3	12.4	193.5	9.4	195.1	5.1
河北	Hebei	513.2	7.3	488.6	7.2	484.2	8.3	479.0	11.0
山西	Shanxi	286.0	5.9	278.9	4.5	284.1	5.7	286.5	5.4
内蒙古	Inner Mongolia	217.7	5.4	219.7	7.1	221.6	5.7	222.3	5.8
辽宁	Liaoning	656.7	20.3	591.2	82.2	622.2	67.0	616.2	81.7
吉林	Jilin	283.8	13.2	284.0	15.6	292.9	16.2	282.2	12.2
黑龙江	Heilongjiang	532.6	12.5	466.0	19.6	479.0	12.6	475.8	9.7
上海	Shanghai	430.7	13.1	436.0	14.4	441.1	14.0	487.8	15.9
江苏	Jiangsu	766.5	39.5	735.6	49.7	761.6	48.9	797.1	43.6
浙江	Zhejiang	391.1	33.0	390.0	27.5	396.8	17.4	428.4	11.3
安徽	Anhui	375.2	11.5	378.8	17.5	380.8	23.4	371.1	26.4
福建	Fujian	239.6	9.6	249.5	11.1	266.4	10.0	266.4	9.5
江西	Jiangxi	235.9	2.1	226.7	3.9	215.5	5.9	226.6	7.2
山东	Shandong	700.2	20.5	701.2	30.1	719.1	30.1	747.5	30.6
河南	Henan	676.1	10.0	670.4	16.8	680.0	18.7	681.6	22.3
湖北	Hubei	420.8	26.1	416.1	25.1	390.1	18.7	391.3	17.0
湖南	Hunan	352.0	4.4	326.6	7.9	347.5	10.5	380.5	9.8
广东	Guangdong	819.5	21.2	890.2	26.2	954.1	25.9	1005.8	23.4
广西	Guangxi	217.7	5.0	215.5	7.6	219.1	8.9	226.4	9.8
海南	Hainan	56.1	0.7	60.2	1.7	57.7	1.8	57.9	2.1
重庆	Chongqing	210.0	7.7	205.3	9.1	199.5	8.1	193.4	9.2
四川	Sichuan	412.2	11.9	402.9	14.0	400.0	12.6	398.6	12.6
贵州	Guizhou	136.4	1.2	132.2	1.6	128.0	1.3	129.9	1.2
云南	Yunnan	190.7	3.6	183.2	4.6	183.0	6.6	173.2	10.5
西藏	Tibet	6.3		7.1		7.1		6.7	
陕西	Shaanxi	304.9	3.5	315.7	7.3	323.3	8.2	325.5	7.2
甘肃	Gansu	162.7	1.1	161.0	2.7	162.1	3.8	161.0	4.3
青海	Qinghai	35.7	1.4	32.2	1.0	33.2	1.3	33.1	1.2
宁夏	Ningxia	34.7	0.7	35.7	0.8	36.3	1.0	36.4	1.2
新疆	Xinjiang	188.2	3.9	185.2	5.7	186.5	7.4	192.4	7.7

9-18 续表 1 continued

单位：万人 (10 000 persons)

地区	Region	2005 年末参保人数 Contributors at the Year-end	2005 年末领取失业保险金人数 Beneficiaries at the Year-end	2006 年末参保人数 Contributors at the Year-end	2006 年末领取失业保险金人数 Beneficiaries at the Year-end	2007 年末参保人数 Contributors at the Year-end	2007 年末领取失业保险金人数 Beneficiaries at the Year-end
全　国	**National**	**10648**	**362**	**11187**	**327**	**11645**	**286**
北　京	Beijing	357.5	3.5	482.2	3.1	535.3	3.0
天　津	Tianjin	197.5	3.8	216.7	3.6	221.5	3.3
河　北	Hebei	461.2	13.3	470.8	13.4	473.3	11.6
山　西	Shanxi	288.5	4.8	296.0	5.2	299.0	6.0
内蒙古	Inner Mongolia	222.2	4.9	223.5	5.0	223.7	4.7
辽　宁	Liaoning	607.7	46.5	614.1	25.9	622.1	19.6
吉　林	Jilin	199.4	7.5	224.4	10.2	228.7	13.9
黑龙江	Heilongjiang	459.6	10.3	457.5	17.8	464.1	15.3
上　海	Shanghai	466.1	17.8	476.4	18.5	491.5	14.9
江　苏	Jiangsu	838.3	30.2	901.1	22.7	968.5	21.2
浙　江	Zhejiang	444.7	7.2	504.4	6.5	584.7	6.3
安　徽	Anhui	360.3	24.3	362.6	17.9	364.5	14.1
福　建	Fujian	266.6	8.6	293.1	6.8	318.2	5.7
江　西	Jiangxi	230.7	6.0	241.0	4.9	251.5	5.3
山　东	Shandong	771.1	32.2	789.7	30.3	814.9	27.8
河　南	Henan	681.9	29.2	682.8	28.0	682.9	21.6
湖　北	Hubei	391.5	14.8	395.5	12.0	405.7	8.9
湖　南	Hunan	382.7	11.3	386.3	10.2	389.0	8.6
广　东	Guangdong	1099.1	20.4	1208.2	16.7	1295.5	14.3
广　西	Guangxi	219.9	9.4	222.3	8.1	223.8	7.2
海　南	Hainan	56.7	2.0	59.1	2.3	66.2	2.5
重　庆	Chongqing	188.2	6.4	193.0	4.8	196.7	4.1
四　川	Sichuan	380.5	15.6	400.0	16.3	418.2	11.3
贵　州	Guizhou	129.3	1.3	131.1	1.5	134.5	1.4
云　南	Yunnan	180.3	9.1	183.0	6.4	185.8	4.3
西　藏	Tibet	6.7		7.5		7.2	0.0
陕　西	Shaanxi	326.7	8.6	326.5	14.1	327.2	13.6
甘　肃	Gansu	160.0	5.4	160.5	7.5	161.8	7.1
青　海	Qinghai	33.2	1.1	34.0	1.0	34.7	2.1
宁　夏	Ningxia	37.2	1.2	38.3	1.2	40.1	1.5
新　疆	Xinjiang	202.4	5.6	205.4	4.8	213.6	4.7

9-18 续表 2 continued

单位：万人 (10 000 persons)

地区	Region	2008 年末参保人数 Contributors at the Year-end	2008 年末领取失业保险金人数 Beneficiaries at the Year-end	2009 年末参保人数 Contributors at the Year-end	2009 年末领取失业保险金人数 Beneficiaries at the Year-end	2010 年末参保人数 Contributors at the Year-end	2010 年末领取失业保险金人数 Beneficiaries at the Year-end
全　国	**National**	**12400**	**261**	**12715**	**235**	**13376**	**209**
北　京	Beijing	614.3	2.6	675.7	1.8	774.2	1.6
天　津	Tianjin	232.5	3.2	239.2	3.1	246.1	3.5
河　北	Hebei	481.7	9.8	484.4	10.4	493.4	9.0
山　西	Shanxi	312.2	7.3	293.3	6.1	305.7	4.6
内蒙古	Inner Mongolia	225.5	3.1	229.7	2.5	230.9	2.1
辽　宁	Liaoning	622.7	15.7	625.3	13.4	626.9	11.4
吉　林	Jilin	233.7	16.5	241.4	14.3	245.1	7.8
黑龙江	Heilongjiang	467.6	10.3	471.3	9.3	472.9	8.8
上　海	Shanghai	511.8	14.0	523.5	14.6	556.2	11.6
江　苏	Jiangsu	1052.2	21.5	1079.1	19.7	1153.8	19.7
浙　江	Zhejiang	731.1	6.3	784.5	5.5	875.0	5.8
安　徽	Anhui	373.1	12.8	377.8	10.5	384.0	7.8
福　建	Fujian	338.7	4.6	348.1	3.6	374.2	3.2
江　西	Jiangxi	266.3	3.4	275.5	3.4	265.3	8.2
山　东	Shandong	864.1	24.9	899.5	23.0	931.2	20.7
河　南	Henan	683.4	18.4	690.2	16.7	696.7	14.7
湖　北	Hubei	422.9	7.4	440.3	7.0	469.7	6.4
湖　南	Hunan	390.1	8.3	392.0	8.3	399.5	6.9
广　东	Guangdong	1471.9	13.7	1470.7	12.8	1627.3	10.6
广　西	Guangxi	234.6	8.0	237.0	7.6	238.4	6.2
海　南	Hainan	84.7	3.3	97.5	2.8	112.5	1.6
重　庆	Chongqing	210.1	4.4	215.9	4.7	237.4	3.7
四　川	Sichuan	436.9	12.2	463.5	10.0	464.7	9.1
贵　州	Guizhou	141.4	1.3	144.6	1.1	152.5	1.2
云　南	Yunnan	191.9	3.7	198.7	3.5	209.6	3.2
西　藏	Tibet	7.8	0.0	8.8	0.0	9.3	0.0
陕　西	Shaanxi	329.3	9.1	331.0	9.3	331.6	7.5
甘　肃	Gansu	162.6	5.6	164.1	3.7	164.2	2.4
青　海	Qinghai	35.4	2.3	36.0	1.0	36.6	0.4
宁　夏	Ningxia	44.4	1.4	44.9	1.1	47.6	1.0
新　疆	Xinjiang	224.8	6.1	231.8	4.9	242.9	8.3

9-18 续表 3 continued

单位：万人 (10 000 persons)

地 区	Region	2011 年末参保人数 Contributors at the Year-end	2011 年末领取失业保险金人数 Beneficiaries at the Year-end	2012 年末参保人数 Contributors at the Year-end	2012 年末领取失业保险金人数 Beneficiaries at the Year-end	2013 年末参保人数 Contributors at the Year-end	2013 年末领取失业保险金人数 Beneficiaries at the Year-end
全 国	**National**	**14317**	**197**	**15225**	**204**	**16417**	**197**
北 京	Beijing	881.0	2.0	1006.7	2.3	1025.1	2.4
天 津	Tianjin	258.8	2.8	268.7	2.0	278.7	2.0
河 北	Hebei	498.7	8.4	501.7	7.9	505.0	7.1
山 西	Shanxi	309.4	4.3	391.0	3.8	400.7	3.1
内蒙古	Inner Mongolia	232.5	2.5	232.8	2.5	233.4	2.3
辽 宁	Liaoning	632.3	9.7	660.7	7.4	663.2	7.6
吉 林	Jilin	247.2	5.1	251.5	4.6	258.8	6.0
黑龙江	Heilongjiang	474.5	7.1	476.2	7.7	477.4	7.1
上 海	Shanghai	604.2	11.2	617.4	10.9	625.7	9.9
江 苏	Jiangsu	1238.2	29.9	1332.2	32.7	1389.3	29.9
浙 江	Zhejiang	980.6	7.4	1065.6	7.0	1144.3	7.8
安 徽	Anhui	397.7	6.7	402.2	6.1	409.0	6.1
福 建	Fujian	430.9	3.6	459.1	4.6	496.7	4.2
江 西	Jiangxi	263.5	5.4	272.2	3.3	271.1	1.5
山 东	Shandong	964.9	19.8	1009.8	19.1	1089.6	17.8
河 南	Henan	701.2	13.3	724.2	11.4	741.3	10.5
湖 北	Hubei	498.2	5.1	508.6	4.8	511.3	5.2
湖 南	Hunan	415.6	7.0	449.9	6.0	461.7	6.1
广 东	Guangdong	1875.4	10.5	2008.7	9.8	2702.2	8.8
广 西	Guangxi	240.8	5.2	243.4	5.5	253.4	5.6
海 南	Hainan	126.0	1.8	139.5	1.8	150.8	2.1
重 庆	Chongqing	268.6	2.9	323.5	2.8	389.7	3.4
四 川	Sichuan	536.8	8.1	585.5	24.5	613.5	24.1
贵 州	Guizhou	160.5	1.1	173.5	1.0	185.2	1.3
云 南	Yunnan	216.8	3.3	224.7	3.8	232.5	4.5
西 藏	Tibet	9.6	0.0	10.6		11.0	0.0
陕 西	Shaanxi	332.2	4.5	339.1	3.5	339.7	3.2
甘 肃	Gansu	163.8	1.5	163.6	1.2	163.1	1.0
青 海	Qinghai	37.3	0.6	37.9	0.7	38.5	0.5
宁 夏	Ningxia	60.0	1.2	70.5	1.1	71.3	1.1
新 疆	Xinjiang	260.2	5.0	273.7	4.2	283.9	4.8

9-19 各地区失业保险基金基本情况(2013年)
UNEMPLOYMENT INSURANCE BY REGION(2013)

地 区	Region	参保人数 (万人) Employees Insured (10 000 persons)	基金收入 (亿元) Revenue (100 million yuan)	基金支出 (亿元) Expenses (100 million yuan)	累计结余 (亿元) Balance at the Year-end (100 million yuan)
全 国	**National**	**16417**	**1288.9**	**531.6**	**3685.9**
北 京	Beijing	1025.1	56.5	32.1	137.0
天 津	Tianjin	278.7	34.1	13.3	98.4
河 北	Hebei	505.0	46.6	19.4	123.2
山 西	Shanxi	400.7	34.1	5.2	109.0
内蒙古	Inner Mongolia	233.4	24.3	6.3	71.1
辽 宁	Liaoning	663.2	64.6	15.9	192.2
吉 林	Jilin	258.8	24.2	10.4	71.0
黑龙江	Heilongjiang	477.4	30.7	8.0	118.9
上 海	Shanghai	625.7	99.5	77.9	150.9
江 苏	Jiangsu	1389.3	134.2	62.8	338.7
浙 江	Zhejiang	1144.3	93.3	43.5	283.8
安 徽	Anhui	409.0	32.8	19.0	71.5
福 建	Fujian	496.7	30.0	9.7	103.2
江 西	Jiangxi	271.1	11.1	3.2	44.3
山 东	Shandong	1089.6	57.3	46.3	241.7
河 南	Henan	741.3	41.2	16.2	101.1
湖 北	Hubei	511.3	38.8	9.3	120.3
湖 南	Hunan	461.7	26.2	8.8	78.8
广 东	Guangdong	2702.2	127.7	24.3	407.8
广 西	Guangxi	253.4	24.7	7.7	87.5
海 南	Hainan	150.8	5.4	3.4	28.1
重 庆	Chongqing	389.7	22.9	4.1	71.4
四 川	Sichuan	613.5	81.6	29.4	214.0
贵 州	Guizhou	185.2	18.0	13.1	54.8
云 南	Yunnan	232.5	24.9	4.5	87.6
西 藏	Tibet	11.0	2.0	0.2	9.0
陕 西	Shaanxi	339.7	41.5	16.4	105.1
甘 肃	Gansu	163.1	14.8	2.6	46.8
青 海	Qinghai	38.5	5.0	0.9	19.6
宁 夏	Ningxia	71.3	7.0	1.5	22.7
新 疆	Xinjiang	283.9	33.9	16.2	76.4

9-20 历年全国工伤保险基本情况

WORK INJURY INSURANCE

年 份 Year	年末参保人数 (万人) Contributors at the Year-end (10 000 persons)	全年享受工伤保险待遇人数(万人) Beneficiaries at the Year-end (10 000 persons)	基金收支情况(亿元) Revenue and Expenses(100 million yuan)		
			基金收入 Revenue	基金支出 Expenses	累计结余 Balance at the Year-end
绝对数 Absolute figure					
1993	1103.5		2.4	0.4	3.1
1994	1822.1		4.6	0.9	6.8
1995	2614.8		8.1	1.8	12.7
1996	3102.6		10.9	3.7	19.7
1997	3507.8		13.6	6.1	27.7
1998	3781.3		21.2	9.0	39.5
1999	3912.3		20.9	15.4	44.9
2000	4350.3		24.8	13.8	57.9
2001	4345.3	18.7	28.3	16.5	68.9
2002	4405.6	26.5	32.0	19.9	81.1
2003	4574.8	32.9	37.6	27.1	91.2
2004	6845.2	51.9	58.3	33.3	118.6
2005	8477.8	65.1	92.5	47.5	163.5
2006	10268.5	77.8	121.8	68.5	192.9
2007	12173.4	96.0	165.6	87.9	262.6
2008	13787.2	117.8	216.7	126.9	384.6
2009	14895.5	129.6	240.1	155.7	468.8
2010	16160.7	147.5	284.9	192.4	561.4
2011	17695.9	163.0	466.4	286.4	742.6
2012	19010.1	190.5	526.7	406.3	861.9
2013	19917.2	195.2	614.8	482.1	996.2
比上年增长(%) Increase over Preceding Year %					
1994	65.1		90.4	127.4	118.1
1995	43.5		77.5	92.4	87.3
1996	18.7		34.7	104.1	55.8
1997	13.1		24.6	64.5	40.1
1998	7.8		55.9	48.6	42.9
1999	3.5		-1.3	70.5	13.6
2000	11.2		18.7	-10.5	28.8
2001	-0.1	-0.6	14.2	19.5	19.1
2002	1.4	41.7	13.2	20.6	17.7
2003	3.8	24.2	17.4	36.2	12.5
2004	49.6	57.8	55.1	22.9	30.0
2005	23.9	25.4	58.7	42.6	37.9
2006	21.1	19.5	31.7	44.2	18.0
2007	18.6	23.4	36.0	28.3	36.1
2008	13.3	22.7	30.9	44.4	27.6
2009	8.0	10.0	10.8	22.7	21.9
2010	8.5	13.8	18.7	23.6	19.8
2011	9.5	10.6	63.7	48.8	32.3
2012	7.4	16.9	12.9	41.9	16.1
2013	4.8	2.4	16.7	18.7	15.6

9-21 历年各地区工伤保险基本情况
WORK INJURY INSURANCE BY REGION

单位：万人 (10 000 persons)

地区	Region	2001		2002		2003		2004	
		年末参保人数 Contributors at the Year-end	享受工伤保险待遇人数 Beneficiaries of Work Injury Insurance	年末参保人数 Contributors at the Year-end	享受工伤保险待遇人数 Beneficiaries of Work Injury Insurance	年末参保人数 Contributors at the Year-end	享受工伤保险待遇人数 Beneficiaries of Work Injury Insurance	年末参保人数 Contributors at the Year-end	享受工伤保险待遇人数 Beneficiaries of Work Injury Insurance
全　国	**National**	**4345**	**19**	**4406**	**27**	**4575**	**33**	**6845**	**52**
北　京	Beijing	204.7	0.1	221.1	**0.7**	242.9	1.2	258.9	2.5
天　津	Tianjin							147.2	0.1
河　北	Hebei	163.1	0.8	146.7	0.4	145.7	0.4	273.9	0.9
山　西	Shanxi	71.8		46.3	0.1	48.4		104.0	0.1
内蒙古	Inner Mongolia	26.7	0.5	23.8	0.2	31.8	0.3	85.0	0.5
辽　宁	Liaoning	390.6	5.0	390.5	6.0	345.8	7.3	404.2	8.2
吉　林	Jilin	30.7	1.1	36.6	1.5	37.1	1.2	114.3	3.1
黑龙江	Heilongjiang	104.4	0.1	119.0	0.9	130.9	1.1	202.7	4.3
上　海	Shanghai							488.3	0.1
江　苏	Jiangsu	473.9	0.7	480.0	1.3	503.0	1.7	577.2	2.7
浙　江	Zhejiang	219.7	0.6	226.0	1.0	287.7	1.4	360.4	2.7
安　徽	Anhui	73.4	0.2	69.8	0.3	68.0	0.4	102.0	0.5
福　建	Fujian	159.0	0.2	170.7	0.3	172.3	0.6	205.4	0.8
江　西	Jiangxi	137.8	0.2	129.3	0.2	129.7	0.3	134.7	0.4
山　东	Shandong	285.5	0.6	277.7	1.1	281.8	1.5	476.7	4.7
河　南	Henan	196.0	0.5	218.8	0.7	210.6	0.5	324.7	1.1
湖　北	Hubei	182.3	1.3	183.2	1.7	189.2	1.4	187.2	1.8
湖　南	Hunan					8.6		203.3	0.3
广　东	Guangdong	990.1	5.2	1049.9	8.0	1120.0	9.7	1215.1	11.3
广　西	Guangxi	124.1	0.1	117.3	0.2	120.3	0.3	133.5	0.7
海　南	Hainan	69.5		68.9	0.1	68.2	0.1	64.5	0.1
重　庆	Chongqing	25.0	0.1	29.7	0.1	26.5	0.2	122.6	0.4
四　川	Sichuan	179.3	0.5	167.4	0.6	161.4	1.2	195.6	1.6
贵　州	Guizhou	1.7		1.3		1.3		1.2	
云　南	Yunnan	97.3	0.6	89.0	0.9	84.1	1.2	150.9	1.1
西　藏	Tibet								
陕　西	Shaanxi	24.5	0.1	25.6		35.1	0.1	115.1	0.7
甘　肃	Gansu	9.5		8.7		8.0		42.0	0.1
青　海	Qinghai	7.1		6.6		6.6		15.7	0.1
宁　夏	Ningxia	11.4		16.0		15.2	0.1	19.1	0.3
新　疆	Xinjiang	86.3	0.1	86.0	0.1	94.6	0.5	119.5	0.7

9-21 续表 continued 1

单位：万人 (10 000 persons)

地 区	Region	2005 年末参保人数 Contributors at the Year-end	2005 享受工伤保险待遇人数 Beneficiaries of Work Injury Insurance	2006 年末参保人数 Contributors at the Year-end	2006 享受工伤保险待遇人数 Beneficiaries of Work Injury Insurance	2007 年末参保人数 Contributors at the Year-end	2007 享受工伤保险待遇人数 Beneficiaries of Work Injury Insurance
全 国	**National**	**8478**	**65**	**10268**	**78**	**12173**	**96**
北 京	Beijing	303.9	3.0	465.3	1.5	609.2	1.6
天 津	Tianjin	162.9	0.9	209.7	1.7	257.2	2.3
河 北	Hebei	361.4	1.3	402.4	2.4	481.3	6.0
山 西	Shanxi	151.4	0.5	201.4	3.3	229.1	3.9
内蒙古	Inner Mongolia	110.2	0.7	131.6	0.8	163.6	1.3
辽 宁	Liaoning	474.6	9.1	510.0	8.5	572.3	9.1
吉 林	Jilin	136.7	2.2	174.7	3.0	206.8	2.6
黑龙江	Heilongjiang	257.5	3.8	303.0	3.9	351.7	4.9
上 海	Shanghai	523.7	0.5	817.7	0.7	884.4	0.9
江 苏	Jiangsu	680.2	3.7	812.7	5.6	921.0	6.6
浙 江	Zhejiang	453.1	4.8	603.9	7.4	1002.9	11.2
安 徽	Anhui	148.2	1.7	200.2	2.0	248.7	2.2
福 建	Fujian	239.1	1.3	261.0	1.5	294.8	1.9
江 西	Jiangxi	153.6	0.8	207.9	1.5	251.3	1.7
山 东	Shandong	578.7	5.7	647.3	5.8	745.0	7.0
河 南	Henan	404.0	1.5	421.0	1.7	448.3	2.6
湖 北	Hubei	230.3	1.1	275.5	1.5	327.5	2.0
湖 南	Hunan	228.2	0.7	280.1	2.0	342.4	2.6
广 东	Guangdong	1605.1	12.9	1868.2	13.5	2113.9	13.8
广 西	Guangxi	144.4	0.8	161.1	0.8	182.4	0.9
海 南	Hainan	68.9	0.1	71.5	0.2	78.4	0.2
重 庆	Chongqing	154.1	1.2	165.4	1.8	181.1	1.6
四 川	Sichuan	270.5	2.0	304.9	2.3	397.3	3.2
贵 州	Guizhou	65.8	0.1	90.5	0.6	110.5	0.9
云 南	Yunnan	166.9	1.2	173.8	1.1	188.5	1.6
西 藏	Tibet	1.9		2.3		3.7	
陕 西	Shaanxi	149.2	1.8	210.3	0.7	232.0	1.0
甘 肃	Gansu	70.1	0.4	86.3	0.3	98.2	0.4
青 海	Qinghai	20.5	0.3	23.1	0.4	25.3	0.4
宁 夏	Ningxia	23.5	0.3	24.2	0.3	30.5	0.1
新 疆	Xinjiang	139.1	0.9	161.3	1.2	194.1	1.4

9-21 续表 continued 2

单位：万人 (10 000 persons)

地 区 Region	2008		2009		2010	
	年末参保人数 Contributors at the Year-end	享受工伤保险待遇人数 Beneficiaries of Work Injury Insurance	年末参保人数 Contributors at the Year-end	享受工伤保险待遇人数 Beneficiaries of Work Injury Insurance	年末参保人数 Contributors at the Year-end	享受工伤保险待遇人数 Beneficiaries of Work Injury Insurance
全 国 National	**13787**	**118**	**14896**	**130**	**16161**	**147**
北 京 Beijing	666.5	1.8	747.1	4.1	823.8	4.4
天 津 Tianjin	274.9	2.7	292.2	3.1	304.5	4.1
河 北 Hebei	520.8	5.3	559.3	6.0	594.4	7.5
山 西 Shanxi	261.0	4.6	280.7	4.3	292.4	4.9
内蒙古 Inner Mongolia	185.4	1.4	199.1	1.6	207.5	1.8
辽 宁 Liaoning	659.6	8.5	695.8	9.0	730.0	10.0
吉 林 Jilin	234.9	4.1	272.2	3.0	300.5	3.7
黑龙江 Heilongjiang	390.9	4.5	401.8	5.6	415.1	6.2
上 海 Shanghai	950.4	1.2	934.0	1.3	961.0	1.7
江 苏 Jiangsu	1056.6	8.4	1118.1	9.3	1205.5	9.8
浙 江 Zhejiang	1261.8	16.9	1331.1	18.0	1475.1	20.2
安 徽 Anhui	292.9	2.9	320.6	3.9	351.1	4.4
福 建 Fujian	346.1	2.2	379.3	2.3	417.7	2.4
江 西 Jiangxi	313.6	2.0	340.2	1.9	371.7	2.7
山 东 Shandong	865.0	8.8	1064.6	9.2	1211.2	10.2
河 南 Henan	500.2	3.1	521.0	3.2	551.7	3.0
湖 北 Hubei	360.9	2.4	410.7	2.7	444.0	3.1
湖 南 Hunan	403.5	3.9	472.1	5.3	516.0	7.4
广 东 Guangdong	2302.3	15.2	2435.5	15.0	2657.8	14.7
广 西 Guangxi	204.9	1.1	221.7	1.2	235.7	1.4
海 南 Hainan	86.1	0.2	90.1	0.3	95.8	0.3
重 庆 Chongqing	208.2	4.2	226.5	4.7	266.0	5.6
四 川 Sichuan	464.6	4.6	515.8	6.1	583.8	6.0
贵 州 Guizhou	129.0	1.1	143.3	1.4	162.2	1.9
云 南 Yunnan	202.5	2.3	215.1	2.4	227.4	4.6
西 藏 Tibet	5.9		8.3		8.8	
陕 西 Shaanxi	247.6	1.4	264.9	1.4	278.6	1.6
甘 肃 Gansu	108.9	0.8	119.7	0.8	130.1	1.1
青 海 Qinghai	29.9	0.5	40.1	0.5	43.2	0.5
宁 夏 Ningxia	37.5	0.2	42.4	0.2	48.9	0.3
新 疆 Xinjiang	214.5	1.6	232.3	1.9	249.3	2.0

9-21 续表 continued 3

单位：万人 (10 000 persons)

地 区	Region	2011 年末参保人数 Contributors at the Year-end	2011 享受工伤保险待遇人数 Beneficiaries of Work Injury Insurance	2012 年末参保人数 Contributors at the Year-end	2012 享受工伤保险待遇人数 Beneficiaries of Work Injury Insurance	2013 年末参保人数 Contributors at the Year-end	2013 享受工伤保险待遇人数 Beneficiaries of Work Injury Insurance
全 国	**National**	**17696**	**163**	**19010**	**191**	**19917**	**195**
北 京	Beijing	862.4	4.7	897.2	4.8	920.3	4.8
天 津	Tianjin	320.4	3.8	330.1	3.4	335.1	3.3
河 北	Hebei	640.4	8.6	694.8	9.1	737.0	10.5
山 西	Shanxi	337.6	5.5	529.6	8.4	550.0	9.7
内蒙古	Inner Mongolia	225.3	3.2	248.9	2.5	277.4	2.2
辽 宁	Liaoning	779.1	11.3	819.1	14.0	856.7	13.2
吉 林	Jilin	331.6	3.3	359.4	4.2	392.1	5.3
黑龙江	Heilongjiang	450.0	8.2	470.6	6.8	493.1	7.2
上 海	Shanghai	939.5	2.5	898.9	6.1	904.1	6.6
江 苏	Jiangsu	1327.0	10.7	1420.7	12.3	1487.3	13.6
浙 江	Zhejiang	1610.8	22.2	1731.7	23.8	1826.1	22.6
安 徽	Anhui	422.0	5.6	457.9	8.8	473.2	8.1
福 建	Fujian	496.9	2.8	540.9	3.4	607.5	3.5
江 西	Jiangxi	387.9	3.0	410.9	5.5	431.5	4.5
山 东	Shandong	1276.1	10.8	1339.6	11.9	1371.9	11.2
河 南	Henan	655.5	3.5	720.6	4.8	773.1	4.6
湖 北	Hubei	481.0	4.5	522.6	4.0	556.9	5.7
湖 南	Hunan	635.5	7.0	693.8	7.8	731.2	8.3
广 东	Guangdong	2847.8	15.4	2962.8	16.7	3057.3	16.7
广 西	Guangxi	272.5	1.5	312.4	1.8	325.6	1.9
海 南	Hainan	104.0	0.3	119.5	0.4	123.4	0.3
重 庆	Chongqing	337.1	6.2	374.9	8.0	406.8	8.0
四 川	Sichuan	650.8	6.5	689.4	8.0	690.1	8.3
贵 州	Guizhou	194.0	2.2	238.2	2.7	260.4	2.3
云 南	Yunnan	243.4	3.6	295.3	4.0	334.3	4.4
西 藏	Tibet	11.8		14.2	0.1	14.8	
陕 西	Shaanxi	326.8	1.9	350.4	2.2	378.1	3.0
甘 肃	Gansu	150.2	1.4	158.5	1.8	167.7	1.8
青 海	Qinghai	45.6	0.5	49.2	0.6	52.3	0.6
宁 夏	Ningxia	58.3	0.3	63.9	0.4	72.7	0.5
新 疆	Xinjiang	274.6	2.0	294.1	2.4	309.5	2.5

9-22 各地区工伤保险基本情况(2013年)

单位：人、亿元

地　区　Region	参保人数(万人) Contributors at the Year-end (10 000 persons)	享受伤残待遇人数 Beneficiaries of Work Injury Insurance	#享受职业病待遇人数 Beneficiaries of Occupational Diseases	一至四级 Level 1 to Level 4 Disability	#职业病 Occupational Diseases	五至六级 Level 5 to Level 6 Disability
全　国　National	**19917**	**1656465**	**103364**	**191231**	**50333**	**80782**
北　京　Beijing	920	40437	8167	7044	3781	2988
天　津　Tianjin	335	31555	6611	7977	4291	3132
河　北　Hebei	737	86018	12272	15895	8080	5301
山　西　Shanxi	550	72218	7408	21237	2127	1353
内蒙古　Inner Mongolia	277	19838	831	3191	325	2388
辽　宁　Liaoning	857	114691	9699	21531	6342	13518
吉　林　Jilin	392	42516	1376	6880	692	4976
黑龙江　Heilongjiang	493	59405	7679	11668	2751	12711
上　海　Shanghai	904	62111	1704	3831	909	1169
江　苏　Jiangsu	1487	120652	4488	9700	2384	2461
浙　江　Zhejiang	1826	219571	362	2308	93	2127
安　徽　Anhui	473	68513	5577	5235	477	2787
福　建　Fujian	608	31058	4206	1927	598	304
江　西　Jiangxi	431	37034	2854	5179	1812	2014
山　东　Shandong	1372	82459	6572	11517	3085	4396
河　南　Henan	773	32164	2055	5094	999	949
湖　北　Hubei	557	50824	1148	4011	521	2778
湖　南　Hunan	731	71707	1789	2704	428	1517
广　东　Guangdong	3057	148174	379	3354	124	2048
广　西　Guangxi	326	14711	695	2559	203	769
海　南　Hainan	123	2775	25	203	5	67
重　庆　Chongqing	407	68809	5934	8169	3860	870
四　川　Sichuan	690	67859	7468	9893	3682	3702
贵　州　Guizhou	260	19152	506	1719	248	1772
云　南　Yunnan	334	32409	585	4162	372	452
西　藏　Tibet	15	427		31		83
陕　西　Shaanxi	378	18717	390	2971	257	1421
甘　肃　Gansu	168	12819	198	4552	132	1303
青　海　Qinghai	52	3186	221	893	193	155
宁　夏　Ningxia	73	4421	255	677	193	230
新　疆　Xinjiang	240	15881	1588	3639	1136	817
新疆兵团　Xinjiang Production and Construction Crops	70	4354	322	1480	233	224

注：工伤保险累计结余中含储备金。

a) Balance of work injury insurance includes reserves.

WORK INJURY INSURANCE BY REGION (2013)

(person, 100 million yuan)

#职业病 Occupational Diseases	七至十级 Level 7 to Level 10 Disability	#职业病 Occupational Diseases	其他 Others	#职业病 Occupational Diseases	基金收入 Revenue	基金支出 Expenses	累计结余 Balance at the Year-end
11752	**546037**	**19587**	**838415**	**21692**	**614.8**	**482.1**	**996.2**
2085	16088	2150	14317	151	25.6	18.3	29.3
1713	8221	590	12225	17	9.5	8.2	13.8
175	24250	2936	40572	1081	28.2	30.3	19.7
115	7096	360	42532	4806	28.3	22.1	44.9
216	5048	93	9211	197	12.6	7.8	25.1
1947	48996	950	30646	460	25.4	25.3	41.3
271	24260	300	6400	113	11.6	8.6	14.9
1992	24437	2847	10589	89	21.1	18.8	30.1
230	45967	559	11144	6	26.9	26.1	48.0
230	48042	625	60449	1249	57.0	48.1	57.3
9	56442	12	158694	248	41.9	34.6	57.2
67	17394	1434	43097	3599	19.1	12.6	27.0
31	6780	101	22047	3476	15.8	8.3	40.1
167	7318	825	22523	50	13.4	8.4	19.3
706	25206	1020	41340	1761	40.0	31.3	50.6
101	7126	301	18995	654	21.1	14.2	42.0
5	6804	91	37231	531	13.0	8.8	24.3
39	16809	267	50677	1055	27.2	20.4	35.7
24	65147	115	77625	116	58.8	36.5	194.4
126	3341	131	8042	235	6.9	4.0	20.9
	298	1	2207	19	2.4	1.1	7.7
144	21594	1244	38176	686	17.5	16.7	7.4
921	24628	2076	29636	789	27.5	20.2	41.3
66	9633	190	6028	2	13.1	11.5	14.6
17	5024	100	22771	96	13.6	11.4	20.7
	228		85		0.7	0.3	1.6
53	5466	75	8859	5	12.6	7.9	26.6
10	3043	13	3921	43	7.0	5.9	11.2
16	804	11	1334	1	2.5	2.2	4.4
30	1931	32	1583		3.1	3.2	8.6
216	7232	113	4193	123	8.8	6.9	13.5
30	1384	25	1266	34	2.6	1.9	2.5

9-23 各地区工伤认定情况(2013年)

单位：人

地区 Region	当期认定(视同)工伤人数 合计 Total	认定工伤件数 小计 Sub-total	在工作时间和工作场所内因工作原因受到事故伤害 Injured by the Work Accident at the Workplace During the Work Time	工作时间前后在工作场所内从事与工作有关的预备性或者收尾性工作受到事故伤害 Injured by the Accident Related to the Preparation or Ending of Work at the Workplace During the Work Time	在工作时间和工作场所内因履行工作职责受到暴力等意外伤害 Injured by Non-work Accident such as Violence in Fulfilling Work-related Responsibilities at the Workplace During the Work Time	患职业病 Suffering from the Occupational Disease
全　国 National	**1183378**	**1175724**	**1028016**	**10427**	**10785**	**21462**
北　京 Beijing	24193	23875	17279	277	290	2879
天　津 Tianjin	19994	19868	17274	226	292	407
河　北 Hebei	52745	52256	46505	284	420	489
山　西 Shanxi	15985	15631	13281	126	80	1001
内蒙古 Inner Mongolia	9533	9335	7797	119	106	321
辽　宁 Liaoning	29264	28840	25828	196	187	370
吉　林 Jilin	11884	11666	10632	81	143	174
黑龙江 Heilongjiang	16381	16190	14483	83	129	988
上　海 Shanghai	56942	56688	46403	851	487	177
江　苏 Jiangsu	107515	107134	90289	818	627	539
浙　江 Zhejiang	217714	217402	201413	1569	1079	966
安　徽 Anhui	29156	28986	24690	270	257	266
福　建 Fujian	28873	28753	25363	204	139	693
江　西 Jiangxi	17690	17622	15080	70	190	118
山　东 Shandong	68481	67947	53397	1245	1018	1205
河　南 Henan	21995	21543	17325	203	225	660
湖　北 Hubei	23981	23790	20315	330	335	518
湖　南 Hunan	50520	50223	45054	259	520	1459
广　东 Guangdong	188155	187330	171819	857	1461	624
广　西 Guangxi	11344	11180	9182	104	350	116
海　南 Hainan	2611	2575	2043	20	95	31
重　庆 Chongqing	55349	55205	49830	327	336	2902
四　川 Sichuan	45227	44940	36385	507	1158	2540
贵　州 Guizhou	19323	19199	16838	145	190	1030
云　南 Yunnan	21379	21119	18554	95	234	299
西　藏 Tibet	321	310	259	8	5	
陕　西 Shaanxi	11947	11698	9771	929	131	181
甘　肃 Gansu	4781	4690	4095	33	83	129
青　海 Qinghai	2784	2748	2498	7	17	55
宁　夏 Ningxia	3531	3440	2761	40	72	105
新　疆 Xinjiang	11331	11151	9493	127	111	187
新疆兵团 Xinjiang Production and Construction Crops	2448	2390	2080	17	18	33

WORK INJURY CERTIFICATION BY REGION (2013)

(person)

Cases Certified(Cases Considered) as Suffering Work Injury							不予认定工伤人数	当期不予受理申请人数
Cases Certified as Suffering Work Injury			视同工伤件数 Cases Considered as Suffering Work Injury					
因工外出期间由于工作原因受到伤害或者发生事故下落不明 Injured by Work-related Accident or Missing Due to Accident When Outside the Workplace Due to Work-related Reasons	在上下班途中受到机动车事故伤害 Injured by Automobile Accident on the Road to Work from Home and Back Home from Work	其他应当认定为工伤的情形 Other Circumstances That Shall be Certified as Suffering Work Injury as Stipulated by Laws and Regulations	小计 Sub-total	在工作时间和工作岗位突发疾病死亡或者在48小时之内经抢救无效死亡 Died Immediately or Within 48 Hours after Unsuccessful Salvage Due to Illness Outburst at the Workplace During the	在抢险救灾等维护国家利益、公共利益活动中受到伤害 Injured in Rescue Activities for Protecting the Common Good of the State and the Public in Case of Emergencies or Natural	因战、因公负伤致残到用人单位后旧伤复发 Recrudescing of Previous Injury as a Result of War or Public Activities on the Employee Who Hold an Honorable Disabled Veteran Certificate	Cases Not be Certified or Considered as Suffering Work Injury	Work Injury Certification Applications Not Accepted
36872	**67461**	**701**	**7654**	**7182**	**311**	**161**	**11412**	**6188**
1558	1559	33	318	307	5	6	94	52
595	1074		126	122	2	2	85	50
1494	3060	4	489	471	7	11	262	78
366	776	1	354	348	3	3	110	72
456	524	12	198	193	4	1	89	74
816	1307	136	424	420	3	1	86	56
206	391	39	218	216	1	1	83	136
216	291		191	175	13	3	88	107
2543	6226	1	254	248	3	3	264	11
2896	11959	6	381	345	24	12	1208	389
3573	8792	10	312	260	43	9	667	1141
966	2534	3	170	167	1	2	231	178
755	1596	3	120	116	2	2	278	254
825	1339		68	68			301	98
3342	7707	33	534	498	13	23	490	333
984	2144	2	452	432	6	14	192	80
772	1499	21	191	183	6	2	301	205
1196	1734	1	297	237	46	14	666	178
6546	5978	45	826	778	44	4	3077	1197
605	818	5	164	160	4		210	96
129	232	25	36	33	1	2	107	47
846	946	18	144	135	8	1	757	390
1863	2415	72	287	247	34	6	658	469
598	392	6	124	117	6	1	206	160
1298	600	39	260	240	20		338	52
30	8		11	10	1		5	3
319	298	69	249	208	5	36	62	35
202	148		91	89	2		70	65
117	54		36	36			39	24
168	294		91	89	2		76	48
483	633	117	180	177	1	2	253	99
109	133		58	57	1		59	11

9-24 分地区因工死亡人员工伤认定情况(2013年)

单位：人

地 区 Region	当期认定(视同)工伤人数					
	合 计	认定工伤件数				
		小 计	在工作时间和工作场所内因工作原因受到事故伤害	工作时间前后在工作场所内从事与工作有关的预备性或者收尾性工作受到事故伤害	在工作时间和工作场所内因履行工作职责受到暴力等意外伤害	患职业病
	Total	Sub-total	Injured by the Work Accident at the Workplace During the Work Time;	Injured by the Accident Related to the Preparation or Ending of Work at the Workplace During the Work Time	Injured by Non-work Accident such as Violence in Fulfilling Work-related Responsibilities at the Workplace During the Work Time	Suffering from the Occupational Disease
全 国 National	**23107**	**15889**	**8774**	**119**	**237**	**76**
北 京 Beijing	635	327	137	1	6	
天 津 Tianjin	307	184	90	2	1	1
河 北 Hebei	1873	1402	701	4	6	4
山 西 Shanxi	805	456	235	8	7	
内蒙古 Inner Mongolia	544	350	211	2	8	
辽 宁 Liaoning	886	466	272	2	5	
吉 林 Jilin	391	175	106	2	1	5
黑龙江 Heilongjiang	501	326	284	1	3	
上 海 Shanghai	753	505	264	3	1	2
江 苏 Jiangsu	1575	1229	578	14	8	9
浙 江 Zhejiang	1333	1068	573	3	15	9
安 徽 Anhui	626	459	214		3	1
福 建 Fujian	581	464	276	7	3	
江 西 Jiangxi	320	252	133			
山 东 Shandong	1912	1414	622	7	29	13
河 南 Henan	1020	587	260	5	12	
湖 北 Hubei	578	392	221	2	6	1
湖 南 Hunan	1073	835	667	2	3	1
广 东 Guangdong	2059	1274	536	18	15	6
广 西 Guangxi	435	273	139	2	16	
海 南 Hainan	81	48	27	1	4	
重 庆 Chongqing	645	510	405	1	9	2
四 川 Sichuan	1021	773	431	5	36	3
贵 州 Guizhou	521	403	299	3	4	
云 南 Yunnan	773	527	396	1	7	
西 藏 Tibet	21	10	4			
陕 西 Shaanxi	512	304	161	17	11	16
甘 肃 Gansu	254	165	118		3	1
青 海 Qinghai	140	104	69	1		
宁 夏 Ningxia	171	81	46		1	
新 疆 Xinjiang	598	420	231	5	13	2
新疆兵团 Xinjiang Production and Construction Crops	163	106	68		1	

WORK INJURY CERTIFICATION INVOLVING DEATHS BY REGION

(person)

Cases Certified(Cases Considered) as Suffering Work Injury							不予认定工伤人数	当期不予受理申请人数
Cases Certified as Suffering Work Injury			视同工伤件数 Cases Considered as Suffering Work Injury					
因工外出期间由于工作原因受到伤害或者发生事故下落不明 Injured by Work-related Accident or Missing Due to Accident When Outside the Workplace Due to Work-related Reasons	在上下班途中受到机动车事故伤害 Injured by Automobile Accident on the Road to Work from Home and Back Home from Work	其他应当认定为工伤的情形 Other Circumstances That Shall be Certified as Suffering Work Injury as Stipulated by Laws and Regulations	小计 Sub-total	在工作时间和工作岗位突发疾病死亡或者在48小时之内经抢救无效死亡 Died Immediately or Within 48 Hours after Unsuccessful Salvage Due to Illness Outburst at the Workplace During the	在抢险救灾等维护国家利益、公共利益活动中受到伤害 Injured in Rescue Activities for Protecting the Common Good of the State and the Public in Case of Emergencies or Natural	因战、因公负伤致残到用人单位后旧伤复发 Recrudescing of Previous Injury as a Result of War or Public Activities on the Employee Who Hold an Honorable Disabled Veteran Certificate	Cases Not be Certified or Considered as Suffering Work Injury	Work Injury Certification Applications Not Accepted
1918	**4733**	**32**	**7218**	**7182**	**35**	**1**	**1369**	**101**
73	98	12	308	307	1		29	3
21	69		123	122	1		10	4
165	522		471	471			47	3
38	168		349	348	1		7	2
51	78		194	193	1		13	1
47	137	3	420	420				
7	54		216	216			4	
10	28		175	175			11	
64	171		248	248			27	
122	498		346	345	1		70	5
103	365		265	260	5		51	10
58	183		167	167			17	
66	112		117	116		1	31	2
19	100		68	68			42	10
212	531		498	498			79	12
95	215		433	432	1		19	3
32	128	2	186	183	3		40	1
42	120		238	237	1		136	5
234	462	3	785	778	7		336	
36	72	8	162	160	2		45	15
4	12		33	33			9	1
25	66	2	135	135			70	12
73	223	2	248	247	1		44	3
48	49		118	117	1		31	4
73	50		246	240	6		92	3
6			11	10	1			
47	52		208	208			18	
26	17		89	89			18	
23	11		36	36			8	1
9	25		90	89	1		3	
79	90		178	177	1		37	1
10	27		57	57			25	

9-25 各地区劳动能力鉴定情况(2013)

WORK CAPACITY ASSESSMENT BY REGION

单位：人 (person)

地区 Region	申请鉴定人数 Work Capacity Assessment Applicants						评定伤残等级人数 Persons Assessed as Certain Level of Work-related Disable				存在生活自理障碍人数 Persons Assessed as Living-related Disable
	小计 Sub-total	初次申请 First Applications	再次申请 Second Applications	#改变结论 Concusions Changed	复查申请 Reassessment Applications	#改变结论 Concusions Changed	小计 Sub-total	一至四级 Level 1 to Level 4	五至六级 Level 5 to Level 6	七至十级 Level 7 to Level 10	
全 国 National	**604189**	**577586**	**15926**	**4908**	**10677**	**2482**	**511635**	**21134**	**25811**	**464690**	**9505**
北 京 Beijing	14389	13774	70	8	545	505	12345	982	1607	9756	221
天 津 Tianjin	7778	7235	173	57	370	144	7312	351	649	6312	155
河 北 Hebei	21322	20919	216	62	187	119	20025	1113	1245	17667	462
山 西 Shanxi	10956	10722	126	33	108	59	10333	1645	962	7726	724
内蒙古 Inner Mongolia	5680	5355	160	57	165	88	5075	468	464	4143	192
辽 宁 Liaoning	20201	18624	266	67	1311	301	18613	1200	1322	16091	648
吉 林 Jilin	9474	8535	422	190	517	91	7282	263	355	6664	125
黑龙江 Heilongjiang	16311	15709	411	89	191	48	13381	700	1298	11383	462
上 海 Shanghai	45114	40207	1153	296	3754		41268	328	673	40267	209
江 苏 Jiangsu	65921	63954	1102	83	865	186	53928	813	1666	51449	527
浙 江 Zhejiang	69248	67322	1905	557	21	12	64114	723	1858	61533	582
安 徽 Anhui	14591	13928	590	190	73	39	11212	424	488	10300	210
福 建 Fujian	12773	11964	778	236	31	8	9892	603	594	8695	263
江 西 Jiangxi	13215	12535	610	217	70	21	12717	99	721	11897	47
山 东 Shandong	31562	30428	714	210	420	130	27404	1023	1708	24673	508
河 南 Henan	14618	13760	599	200	259	61	10771	720	802	9249	430
湖 北 Hubei	12078	11529	453	154	96	36	10748	597	661	9490	296
湖 南 Hunan	22048	21370	594	158	84	14	19356	754	814	17788	422
广 东 Guangdong	75461	73961	1414	244	86	38	53683	976	1643	51064	353
广 西 Guangxi	6518	6419	82	28	17	8	3880	424	305	3151	69
海 南 Hainan	695	682	7	5	6	1	492	89	61	342	49
重 庆 Chongqing	28157	26631	1258	461	268	87	25258	1500	857	22901	387
四 川 Sichuan	34285	32772	1198	612	315	98	26959	1659	1846	23454	470
贵 州 Guizhou	14549	13895	540	190	114	48	14839	755	876	13208	224
云 南 Yunnan	9825	9561	246	107	18	10	7086	746	391	5949	305
西 藏 Tibet	698	690	8	3			472	21	52	399	11
陕 西 Shaanxi	8175	7349	385	149	441	267	7208	514	621	6073	594
甘 肃 Gansu	3968	3689	95	35	184	20	3308	449	342	2517	113
青 海 Qinghai	1220	1196	16	6	8	4	1187	138	134	915	37
宁 夏 Ningxia	3352	3268	15	8	69	13	2999	698	295	2006	214
新 疆 Xinjiang	8121	7756	304	187	61	17	6846	301	401	6144	150
新疆兵团 Xinjiang Production and Construction Crops	1886	1847	16	9	23	9	1642	58	100	1484	46

9-26 历年全国生育保险基本情况
MATERNITY INSURANCE

年 份 Year	年末参保人数 (万人) Contributors at the Year-end (10 000 persons)	基金收支情况(亿元) Revenue and Expenses(100 million yuan)		
		基金收入 Revenue	基金支出 Expenses	累计结余 Balance at the Year-end
绝对数 Absolute figure				
1993	557.2	0.8	0.5	0.8
1994	915.9	1.5	0.8	1.4
1995	1500.2	2.9	1.6	2.7
1996	2015.6	5.5	3.3	5.0
1997	2485.9	7.4	4.9	7.5
1998	2776.7	9.8	6.8	10.3
1999	2929.8	10.7	7.1	13.9
2000	3001.6	11.2	8.3	16.8
2001	3455.1	13.7	9.6	20.6
2002	3488.2	21.8	12.8	29.7
2003	3655.4	25.8	13.5	42.0
2004	4383.8	32.1	18.8	55.9
2005	5408.5	43.8	27.4	72.1
2006	6458.9	62.1	37.5	96.9
2007	7775.3	83.6	55.6	126.6
2008	9254.1	113.7	71.5	168.2
2009	10875.7	132.4	88.3	212.1
2010	12335.9	159.6	109.9	261.4
2011	13892.0	219.8	139.2	342.5
2012	15428.7	304.2	219.3	427.6
2013	16392.0	368.4	282.8	514.7
比上年增长(%) Increase over Preceding Year %				
1994	64.4	73.8	60.5	87.6
1995	63.8	99.4	95.3	91.7
1996	34.4	87.8	108.2	81.6
1997	23.3	34.9	49.4	51.2
1998	11.7	31.1	39.5	37.1
1999	5.5	10.1	4.1	34.9
2000	2.5	3.8	17.1	20.6
2001	15.1	23.1	14.9	22.7
2002	1.0	58.9	33.3	44.5
2003	4.8	18.3	5.6	41.3
2004	19.9	24.4	39.3	33.1
2005	23.4	36.4	45.7	29.0
2006	19.4	41.8	36.9	34.4
2007	20.4	34.6	48.3	30.7
2008	19.0	36.0	28.6	32.9
2009	17.5	16.4	23.5	26.1
2010	13.4	20.5	24.4	23.2
2011	12.6	37.8	26.7	31.0
2012	11.1	38.4	57.6	24.8
2013	6.2	21.1	28.9	20.4

9-27 历年各地区生育保险基本情况

MATERNITY INSURANCE BY REGION

单位：万人，万人次 (10 000 persons)

地 区	Region	2001		2002		2003		2004	
		年末参保人数 Contributors at the Year-end	享受待遇人次 Beneficiaries of Maternity Insurance	年末参保人数 Contributors at the Year-end	享受待遇人次 Beneficiaries of Maternity Insurance	年末参保人数 Contributors at the Year-end	享受待遇人次 Beneficiaries of Maternity Insurance	年末参保人数 Contributors at the Year-end	享受待遇人次 Beneficiaries of Maternity Insurance
全 国	**National**	**3455**	**24**	**3488**	**28**	**3655**	**36**	**4384**	**46**
北 京	Beijing								
天 津	Tianjin								
河 北	Hebei	131.5	0.8	95.4	0.7	94.1	0.4	114.1	0.4
山 西	Shanxi	108.0	0.3	84.3	0.3	84.3	0.2	93.2	0.2
内蒙古	Inner Mongolia	27.9	0.3	23.4	0.1	40.3	0.2	66.7	0.4
辽 宁	Liaoning	227.8	1.2	216.1	1.2	199.1	1.5	215.9	2.1
吉 林	Jilin	24.0	0.1	32.7	0.1	34.0	0.1	35.1	0.2
黑龙江	Heilongjiang	68.2	0.2	153.2	1.2	167.5	2.7	187.3	3.5
上 海	Shanghai	443.7	0.1	452.9	3.7	461.1	4.1	505.6	4.9
江 苏	Jiangsu	483.5	4.6	486.1	4.1	504.1	7.2	552.7	9.2
浙 江	Zhejiang	187.6	1.7	193.7	1.9	215.0	2.1	239.8	3.0
安 徽	Anhui	23.4	0.1	23.6	0.2	23.9	0.2	37.6	0.2
福 建	Fujian	118.2	0.9	123.7	1.0	139.4	1.4	146.5	1.7
江 西	Jiangxi	120.2	0.8	109.4	0.7	108.7	0.6	107.6	0.5
山 东	Shandong	331.8	3.4	322.8	3.8	336.5	4.1	390.8	4.7
河 南	Henan	196.4	1.1	205.9	1.1	199.2	1.1	201.2	1.5
湖 北	Hubei	182.1	1.1	182.7	0.8	182.1	0.6	179.9	0.6
湖 南	Hunan	3.7	0.0	3.4	0.0	3.3	0.0	212.9	0.5
广 东	Guangdong	250.1	2.4	258.7	2.5	330.8	3.0	376.7	3.6
广 西	Guangxi	113.5	1.2	106.8	1.1	111.1	1.2	134.8	1.6
海 南	Hainan	10.8	0.1	23.2	0.2	28.4	0.2	31.7	0.4
重 庆	Chongqing	23.6	0.2	19.9	0.1	16.5	0.1	12.9	0.0
四 川	Sichuan	178.1	1.6	166.4	1.2	165.1	1.3	187.4	1.4
贵 州	Guizhou	1.1	0.0	0.9	0.0	0.9	0.0	2.3	0.0
云 南	Yunnan	96.1	1.2	86.9	1.0	82.8	1.4	142.3	2.3
西 藏	Tibet								
陕 西	Shaanxi	4.6	0.1	5.4	0.1	14.6	0.1	36.2	0.2
甘 肃	Gansu	5.0	0.0	5.1	0.0	6.8	0.0	31.0	0.1
青 海	Qinghai	6.6	0.1	4.3	0.0	5.2	0.1	5.8	0.1
宁 夏	Ningxia	8.7	0.1	15.0	0.2	15.1	0.2	18.4	0.2
新 疆	Xinjiang	78.9	1.0	86.4	1.0	85.7	2.0	117.4	2.5

9-27 续表 1 continued

单位：万人，万人次 (10 000 persons)

地 区	Region	2005 年末参保人数 Contributors at the Year-end	2005 享受待遇人次 Beneficiaries of Maternity Insurance	2006 年末参保人数 Contributors at the Year-end	2006 享受待遇人次 Beneficiaries of Maternity Insurance	2007 年末参保人数 Contributors at the Year-end	2007 享受待遇人次 Beneficiaries of Maternity Insurance
全 国	**National**	**5408**	**62**	**6459**	**108**	**7775**	**113**
北 京	Beijing	226.1	1.1	263.3	6.7	290.6	9.8
天 津	Tianjin	157.4	0.6	180.1	7.7	194.0	3.9
河 北	Hebei	215.9	0.8	264.2	1.7	338.5	2.5
山 西	Shanxi	95.6	0.3	98.1	0.4	104.4	0.3
内蒙古	Inner Mongolia	105.8	1.5	122.1	2.1	139.1	1.7
辽 宁	Liaoning	220.1	2.7	378.7	4.9	423.0	13.2
吉 林	Jilin	35.3	0.8	117.7	0.6	173.6	1.6
黑龙江	Heilongjiang	156.6	2.9	172.7	3.1	216.8	3.1
上 海	Shanghai	539.3	5.8	555.1	16.8	592.0	7.3
江 苏	Jiangsu	630.9	11.2	711.5	12.8	794.1	14.5
浙 江	Zhejiang	284.9	3.7	382.7	6.9	505.0	6.1
安 徽	Anhui	53.5	0.5	78.6	1.0	175.6	1.9
福 建	Fujian	161.8	2.1	173.5	2.0	250.4	2.7
江 西	Jiangxi	117.8	0.8	123.2	1.1	137.8	0.8
山 东	Shandong	461.2	5.5	488.8	10.0	563.3	8.2
河 南	Henan	228.4	1.5	238.4	2.0	279.1	2.2
湖 北	Hubei	175.9	0.6	194.5	0.8	224.6	1.1
湖 南	Hunan	250.2	3.2	308.5	5.2	369.3	5.6
广 东	Guangdong	419.4	4.2	464.8	4.8	659.1	6.6
广 西	Guangxi	141.4	1.9	145.2	1.9	163.5	2.3
海 南	Hainan	34.9	0.5	40.6	0.7	66.7	0.8
重 庆	Chongqing			96.8	0.6	116.9	2.2
四 川	Sichuan	212.5	1.4	274.1	1.9	323.3	3.6
贵 州	Guizhou	52.1	0.0	72.1	0.7	89.1	1.2
云 南	Yunnan	156.1	2.5	159.5	2.6	165.1	2.2
西 藏	Tibet					9.4	0.0
陕 西	Shaanxi	43.1	0.8	86.3	0.5	120.9	0.9
甘 肃	Gansu	40.0	0.3	47.0	0.4	53.3	0.7
青 海	Qinghai	6.5	0.1	7.2	0.2	6.2	0.2
宁 夏	Ningxia	21.6	0.2	18.1	0.4	19.2	0.4
新 疆	Xinjiang	164.1	4.7	195.6	7.5	211.6	5.6

9-27 续表 2 continued

单位：万人，万人次 (10 000 persons)

地区	Region	2008 年末参保人数 Contributors at the Year-end	2008 享受待遇人次 Beneficiaries of Maternity Insurance	2009 年末参保人数 Contributors at the Year-end	2009 享受待遇人次 Beneficiaries of Maternity Insurance	2010 年末参保人数 Contributors at the Year-end	2010 享受待遇人次 Beneficiaries of Maternity Insurance
全　国	**National**	**9254**	**140**	**10876**	**174**	**12336**	**211**
北　京	Beijing	324.1	11.8	346.8	12.8	372.2	12.6
天　津	Tianjin	196.5	4.7	204.6	4.8	212.0	5.6
河　北	Hebei	408.5	5.2	489.9	6.7	561.5	5.2
山　西	Shanxi	148.3	0.7	185.8	0.9	211.6	1.7
内蒙古	Inner Mongolia	154.6	1.6	182.9	2.0	233.9	2.2
辽　宁	Liaoning	460.2	11.7	531.2	13.5	593.0	13.5
吉　林	Jilin	227.9	2.5	289.9	4.6	310.5	5.6
黑龙江	Heilongjiang	241.9	3.2	270.0	3.3	290.1	3.4
上　海	Shanghai	609.9	7.1	625.1	6.5	657.3	7.7
江　苏	Jiangsu	907.2	19.5	962.5	23.3	1086.4	24.4
浙　江	Zhejiang	690.0	8.1	750.7	10.4	863.7	12.4
安　徽	Anhui	231.0	3.5	303.6	4.6	346.9	5.0
福　建	Fujian	273.9	3.2	317.8	4.5	374.4	4.9
江　西	Jiangxi	156.6	0.6	163.0	0.7	170.0	1.0
山　东	Shandong	638.0	10.3	703.0	14.4	774.1	18.0
河　南	Henan	313.4	2.8	379.8	4.0	412.9	5.3
湖　北	Hubei	278.0	2.9	357.1	6.5	381.8	11.0
湖　南	Hunan	431.5	6.2	502.4	9.0	527.1	12.1
广　东	Guangdong	1011.2	9.7	1586.3	12.5	2038.5	24.3
广　西	Guangxi	176.5	3.0	199.0	3.2	218.5	3.6
海　南	Hainan	79.8	1.1	85.0	1.2	92.6	1.5
重　庆	Chongqing	141.6	2.6	155.5	3.7	175.7	4.9
四　川	Sichuan	373.0	4.4	426.4	5.8	484.2	5.9
贵　州	Guizhou	135.9	1.8	152.5	1.9	164.3	2.3
云　南	Yunnan	168.4	2.6	181.1	2.8	210.2	4.0
西　藏	Tibet	12.4	0.1	14.2	0.2	14.8	0.3
陕　西	Shaanxi	147.6	1.6	164.4	2.1	180.1	2.4
甘　肃	Gansu	59.1	0.6	71.2	0.7	82.0	1.0
青　海	Qinghai	6.3	0.1	6.3	0.1	6.4	0.1
宁　夏	Ningxia	25.1	0.4	30.7	0.5	39.8	0.6
新　疆	Xinjiang	225.4	6.4	236.8	6.6	249.4	8.4

9-27 续表 3 continued

单位：万人，万人次 (10 000 persons)

地区	Region	2011 年末参保人数 Contributors at the Year-end	2011 享受待遇人次 Beneficiaries of Maternity Insurance	2012 年末参保人数 Contributors at the Year-end	2012 享受待遇人次 Beneficiaries of Maternity Insurance	2013 年末参保人数 Contributors at the Year-end	2013 享受待遇人次 Beneficiaries of Maternity Insurance
全 国	**National**	**13892**	**265**	**15429**	**353**	**16392**	**522**
北 京	Beijing	395.3	14.9	844.7	27.9	883.2	41.1
天 津	Tianjin	234.6	6.6	242.7	8.0	249.1	24.8
河 北	Hebei	593.1	5.5	634.8	9.7	667.6	15.7
山 西	Shanxi	253.7	2.1	407.6	3.1	445.6	5.2
内蒙古	Inner Mongolia	263.3	4.8	274.8	4.3	285.0	6.5
辽 宁	Liaoning	664.7	15.1	713.9	19.4	752.3	25.9
吉 林	Jilin	335.9	6.7	350.4	9.4	365.9	11.2
黑龙江	Heilongjiang	350.1	3.6	353.1	4.2	355.1	6.9
上 海	Shanghai	703.1	8.8	711.5	11.7	713.9	22.0
江 苏	Jiangsu	1199.2	44.2	1276.2	55.5	1355.6	78.7
浙 江	Zhejiang	979.8	14.9	1084.8	19.4	1173.2	39.9
安 徽	Anhui	400.1	6.3	430.1	9.0	458.5	10.6
福 建	Fujian	451.9	5.7	484.3	8.2	539.6	12.1
江 西	Jiangxi	200.1	0.8	204.2	2.0	217.8	2.5
山 东	Shandong	857.8	19.7	919.0	19.9	974.4	47.1
河 南	Henan	460.7	6.3	520.3	12.0	569.6	13.6
湖 北	Hubei	420.9	13.6	452.9	18.8	465.3	18.5
湖 南	Hunan	538.8	15.3	546.0	14.8	536.0	14.8
广 东	Guangdong	2339.7	32.6	2484.9	40.1	2711.6	45.0
广 西	Guangxi	243.8	3.9	254.7	5.1	270.2	7.7
海 南	Hainan	100.7	2.2	116.0	3.2	120.2	4.0
重 庆	Chongqing	216.6	5.4	253.5	8.2	280.4	10.2
四 川	Sichuan	601.7	6.8	654.4	12.5	689.1	18.0
贵 州	Guizhou	198.1	2.6	221.6	3.1	238.7	4.4
云 南	Yunnan	216.5	3.5	239.2	4.6	270.9	11.2
西 藏	Tibet	16.1	0.3	18.2	0.4	20.7	0.5
陕 西	Shaanxi	211.6	2.8	223.7	3.1	240.3	4.3
甘 肃	Gansu	110.1	1.7	129.5	2.5	135.1	3.2
青 海	Qinghai	6.7	0.2	33.8	0.3	42.8	1.7
宁 夏	Ningxia	59.3	1.0	66.4	1.9	68.4	3.7
新 疆	Xinjiang	268.1	7.0	281.6	10.3	296.1	11.1

9-28 各地区生育保险基本情况(2013年)

MATERNITY INSURANCE BY REGION(2013)

单位：万人次、亿元 (10 000 persons, 100 million yuan)

地 区	Region	享受待遇人次 Beneficiaries of Maternity Insurance	基金收入 Revenue	基金支出 Expenses	累计结余 Balance at the Year-end
全 国	**National**	**522**	**368.4**	**282.8**	**514.7**
北 京	Beijing	41.1	37.5	34.5	36.5
天 津	Tianjin	24.8	9.7	7.5	17.8
河 北	Hebei	15.7	11.2	7.5	16.6
山 西	Shanxi	5.2	7.8	3.5	13.7
内蒙古	Inner Mongolia	6.5	6.3	4.3	9.5
辽 宁	Liaoning	25.9	12.4	13.2	13.3
吉 林	Jilin	11.2	4.8	3.1	9.4
黑龙江	Heilongjiang	6.9	5.7	4.0	11.3
上 海	Shanghai	22.0	33.5	32.6	1.1
江 苏	Jiangsu	78.7	36.3	26.9	69.1
浙 江	Zhejiang	39.9	25.2	21.3	26.6
安 徽	Anhui	10.6	8.0	5.8	11.0
福 建	Fujian	12.1	12.6	8.2	18.5
江 西	Jiangxi	2.5	2.4	1.0	5.8
山 东	Shandong	47.1	28.1	22.3	36.8
河 南	Henan	13.6	11.5	6.3	21.8
湖 北	Hubei	18.5	8.1	5.0	16.7
湖 南	Hunan	14.8	8.6	5.6	16.8
广 东	Guangdong	45.0	38.5	27.6	59.9
广 西	Guangxi	7.7	5.8	3.9	11.1
海 南	Hainan	4.0	2.1	1.5	3.8
重 庆	Chongqing	10.2	6.5	4.9	8.1
四 川	Sichuan	18.0	13.8	9.9	21.8
贵 州	Guizhou	4.4	3.5	2.1	6.4
云 南	Yunnan	11.2	7.4	7.1	12.3
西 藏	Tibet	0.5	0.6	0.4	1.0
陕 西	Shaanxi	4.3	5.3	2.6	10.9
甘 肃	Gansu	3.2	3.5	2.4	5.3
青 海	Qinghai	1.7	1.6	0.7	2.2
宁 夏	Ningxia	3.7	1.9	1.4	2.1
新 疆	Xinjiang	11.1	8.1	5.5	17.4

十、工会工作

TRADE UNION WORKS

10-1 各地区基层工会组织数(2013年)

NUMBER OF GRASSROOTS TRADE UNION BY REGION (2013)

单位：个　　(unit)

地 区	Region	总 计 Total	内资企业 Enterprises of Domestic Funded							
			国有企业 State-owned	集体企业 Urban Collective-owned	股份合作企业 Coopera-tive	联营企业 Joint-owned	国有独资公司 State Funded Corporations	其他有限责任公司 Other Limited Liability Corporations	国有控股公司 State-holding	其他股份有限公司 Other Share-holding Corporations Ltd.
全 国	**National**	**2767232**	**80317**	**72606**	**38629**	**8161**	**9231**	**170427**	**15811**	**51394**
北 京	Beijing	32518	1449	1638	648	64	438	9217	359	1058
天 津	Tianjin	21972	1144	532	282	29	415	1036	286	106
河 北	Hebei	131188	3980	3912	1052	463	242	3430	608	1598
山 西	Shanxi	58688	3938	3284	502	91	195	2403	378	1359
内蒙古	Inner Mongolia	73676	1972	558	620	131	66	5630	398	820
辽 宁	Liaoning	93575	2469	1809	878	125	229	5517	531	1576
吉 林	Jilin	40440	1608	604	359	59	169	1873	291	688
黑龙江	Heilongjiang	69342	6224	1940	586	118	140	3117	446	1101
上 海	Shanghai	56480	2004	2118	1196	79	751	2969	780	839
江 苏	Jiangsu	145467	2412	2855	2949	584	473	9247	702	3593
浙 江	Zhejiang	149865	1940	1417	6675	419	688	15699	791	4782
安 徽	Anhui	119568	3246	6295	1603	325	556	7763	941	2149
福 建	Fujian	107396	2998	1793	1118	349	314	2650	653	1357
江 西	Jiangxi	77312	3363	1657	1689	328	207	3041	245	1022
山 东	Shandong	214271	4882	6494	2716	303	506	13343	1041	5802
河 南	Henan	202769	5037	6328	2207	601	292	7780	739	2735
湖 北	Hubei	130513	2825	7409	1962	861	424	5048	771	1618
湖 南	Hunan	123329	3839	4526	2248	624	262	5177	664	3296
广 东	Guangdong	247173	5559	5617	1988	358	798	14074	1085	1960
广 西	Guangxi	90320	3543	1978	529	974	147	3401	566	1428
海 南	Hainan	17414	925	626	218	76	103	5657	262	414
重 庆	Chongqing	58182	868	967	934	255	239	4499	220	1551
四 川	Sichuan	156340	2644	1623	1464	208	528	12235	709	3672
贵 州	Guizhou	64753	2323	896	1525	229	192	4107	597	2544
云 南	Yunnan	95428	1453	933	633	107	260	6575	552	1738
西 藏	Tibet	4308	191	89	42	8	8	30	20	7
陕 西	Shaanxi	97158	3521	3727	1126	280	219	10458	365	1640
甘 肃	Gansu	35123	1312	469	425	71	87	1380	327	321
青 海	Qinghai	14828	442	115	118	18	48	454	86	80
宁 夏	Ningxia	13322	382	100	67	3	43	587	116	127
新 疆	Xinjiang	24514	1824	297	270	21	192	2030	282	413

10-1 续表 continued

单位：个 (unit)

地 区 Region	私营企业 Private	其他企业 Others	个 体 经营户 Individuals	港澳台商投资企业 Funded by Entrepreneurs from HongKong, Macao & Taiwan	外 商 投资企业 Foreign Funded	事业单位 Institutions	机 关 Agencies and Organizations	其 他 Others
全 国 National	**1478358**	**12513**	**103255**	**34206**	**49025**	**308648**	**182292**	**152359**
北 京 Beijing	6134	88	673	347	826	4711	1492	3376
天 津 Tianjin	11121	17	269	286	1277	3006	1220	946
河 北 Hebei	69344	3423	3663	235	670	12712	10528	15328
山 西 Shanxi	24648	51	1930	113	327	11402	5324	2743
内蒙古 Inner Mongolia	45457	61	2248	47	179	8249	6180	1060
辽 宁 Liaoning	50361	165	4982	369	1980	11130	5065	6389
吉 林 Jilin	25685	32	387	52	165	5679	2050	739
黑龙江 Heilongjiang	35772	31	2379	175	298	8555	5652	2808
上 海 Shanghai	29488	776	524	2275	5423	5391	1447	420
江 苏 Jiangsu	84435	263	2165	3860	7549	12393	5728	6259
浙 江 Zhejiang	83620	303	1724	2326	3482	12678	6697	6624
安 徽 Anhui	64677	114	8101	182	408	11741	6017	5450
福 建 Fujian	70985	1189	1313	3252	2455	8827	5279	2864
江 西 Jiangxi	40150	133	2723	269	1027	11765	7039	2654
山 东 Shandong	123806	608	10449	939	6926	17085	9427	9944
河 南 Henan	121587	279	13290	156	296	22963	10363	8116
湖 北 Hubei	74518	652	4392	269	712	16037	6912	6103
湖 南 Hunan	63705	889	7312	147	263	15164	10186	5027
广 东 Guangdong	149470	1733	8583	17610	11581	17454	8151	1152
广 西 Guangxi	53993	201	3012	372	607	10140	6757	2672
海 南 Hainan	4297	18	531	96	184	2205	1346	456
重 庆 Chongqing	30260	42	2912	89	255	6285	3895	4911
四 川 Sichuan	53871	1137	7897	395	885	24246	18247	26579
贵 州 Guizhou	22840	145	1016	26	66	9511	6693	12043
云 南 Yunnan	62031	48	1378	150	292	8448	8663	2167
西 藏 Tibet	463	1	493		1	299	1934	722
陕 西 Shaanxi	41923	82	4629	83	693	13076	6655	8681
甘 肃 Gansu	14937	14	918	34	78	7493	5705	1552
青 海 Qinghai	5544	2	1506	7	23	2279	1979	2127
宁 夏 Ningxia	6770	3	881	12	37	1755	1216	1223
新 疆 Xinjiang	6466	13	975	33	60	5969	4445	1224

10-2 各地区工会会员人数(2013年)

TRADE UNION MEMBERS IN GRASSROOTS TRADE UNION BY REGION (2013)

单位：人 (person)

地区	Region	总计 Total	内资企业 Enterprises of Domestic Funded							
			国有企业 State-owned	集体企业 Urban Collective-owned	股份合作企业 Coopera-tive	联营企业 Joint-owned	国有独资公司 State Funded Corporations	其他有限责任公司 Other Limited Liability Corporations	国有控股公司 State-holding	其他股份有限公司 Other Share-holding Corporations Ltd.
全 国	**National**	**287568622**	**26495660**	**8446854**	**6221644**	**1317499**	**3337598**	**16361398**	**7259040**	**7260174**
北 京	Beijing	4267062	570110	134877	64465	3847	174543	797800	301472	155711
天 津	Tianjin	3724599	416100	94040	128029	4125	215107	185945	210549	29011
河 北	Hebei	14656346	1253824	401635	185026	103775	85400	535024	283106	284717
山 西	Shanxi	7713786	1745843	392359	162753	27437	140373	368898	253971	210437
内蒙古	Inner Mongolia	6156987	861870	88341	108029	57125	23344	443803	92001	191299
辽 宁	Liaoning	9920926	1439401	376254	126079	13741	166511	503484	334107	211636
吉 林	Jilin	5175914	644489	79506	92764	7365	116680	310750	262013	145897
黑龙江	Heilongjiang	8326427	2466599	242197	118001	16427	73995	327095	253109	158450
上 海	Shanghai	9237488	537724	302812	147797	13553	252428	467704	591659	158618
江 苏	Jiangsu	20123163	1268221	467960	683172	98104	170775	1211013	332089	657331
浙 江	Zhejiang	20103362	455238	207511	953645	81280	161635	2086972	279384	932418
安 徽	Anhui	7957053	779185	550440	181199	27560	62676	529066	278836	187931
福 建	Fujian	8805234	440555	167823	114206	52874	82264	223051	182339	223931
江 西	Jiangxi	7308624	760075	138137	368751	60499	77403	209145	64928	128212
山 东	Shandong	23908562	1609157	1053905	687244	45920	259467	1838663	494900	944579
河 南	Henan	16480060	1566340	800841	432200	64718	164253	636391	336231	302608
湖 北	Hubei	13121631	877430	933519	298820	153000	167214	475131	327285	215276
湖 南	Hunan	11403898	1302518	520711	241286	80868	78324	380797	219488	295699
广 东	Guangdong	26895004	983388	567740	344280	72580	168679	1395034	406672	605347
广 西	Guangxi	6530886	741428	157391	80124	176250	60394	323027	139748	137240
海 南	Hainan	1213073	156715	35303	26382	5819	29401	222019	119257	43613
重 庆	Chongqing	7762468	367380	65497	100891	46992	110142	506923	127956	138168
四 川	Sichuan	19370354	1049311	152320	215548	19452	144602	959487	350965	424487
贵 州	Guizhou	5000267	470520	39090	41946	5865	78963	110524	197907	42572
云 南	Yunnan	5402553	569553	71028	52104	17694	79702	308069	267608	127062
西 藏	Tibet	206052	12013	5407	4075	265	385	1421	1929	888
陕 西	Shaanxi	7032785	1142142	274362	101255	41816	102741	584308	224313	161667
甘 肃	Gansu	3586735	577187	70003	70414	13469	28437	140293	148598	46025
青 海	Qinghai	1087765	164731	8328	15208	2364	12722	27350	13947	7701
宁 夏	Ningxia	1360029	132015	6166	17638	149	12146	64439	24388	28709
新 疆	Xinjiang	3729529	1134598	41351	58313	2566	36892	187772	138285	62934

10-2 续表 continued

单位：人 (person)

地 区 Region	私营企业 Private	其他企业 Others	个体经营户 Individuals	港澳台商投资企业 Funded by Entrepreneurs from HongKong Macao&Taiwan	外商投资企业 Foreign Funded	事业单位 Institutions	机关 Agencies and Organization	其他 Others
全 国 National	**104004992**	**1612654**	**9683889**	**8437981**	**10705792**	**32895349**	**15440486**	**28087612**
北 京 Beijing	372424	4805	33067	81147	263221	693114	312869	303590
天 津 Tianjin	1307430	3566	61114	89342	375417	336765	143384	124675
河 北 Hebei	6284554	366148	280558	104263	159351	1494591	839314	1995060
山 西 Shanxi	2278668	14396	265533	101415	61398	952218	392517	345570
内蒙古 Inner Mongolia	2787830	6104	112005	9307	58496	706510	430617	180306
辽 宁 Liaoning	3008294	15252	289198	54827	446188	1301489	510409	1124056
吉 林 Jilin	2306940	7512	76335	9249	47046	659898	218275	191195
黑龙江 Heilongjiang	2158071	6471	356764	46479	64657	955530	457879	624703
上 海 Shanghai	4007970	169101	93081	486297	1121527	675315	165051	46851
江 苏 Jiangsu	8187385	29756	382841	826056	1618919	1551542	628398	2009601
浙 江 Zhejiang	9003412	67020	301111	561115	808448	1371619	473253	2359301
安 徽 Anhui	2703308	21331	279478	32683	98341	1040791	418096	766132
福 建 Fujian	4453243	160465	64313	733746	471933	728266	342286	363939
江 西 Jiangxi	3488470	10008	130850	67361	203322	876225	564179	161059
山 东 Shandong	9166401	100991	1164415	207813	1110163	2496999	902487	1825458
河 南 Henan	5862654	28750	1021339	252071	91786	2751186	1243270	925422
湖 北 Hubei	5214418	108569	489126	67635	171788	1684748	584313	1353359
湖 南 Hunan	4515520	118638	570593	52691	58283	1754267	767891	446324
广 东 Guangdong	11070731	180691	674533	4333430	2968101	1902313	668714	552771
广 西 Guangxi	2577798	7040	154120	60240	100233	998458	476259	341136
海 南 Hainan	169546	1139	8298	9947	28011	207927	97070	52626
重 庆 Chongqing	2507358	3948	798935	24634	56353	603179	507636	1796476
四 川 Sichuan	3802404	160181	1247938	166256	134780	2813397	1715983	6013243
贵 州 Guizhou	924455	4344	65277	3638	19348	649445	384092	1962281
云 南 Yunnan	1770335	3865	106099	18570	40220	976018	660438	334188
西 藏 Tibet	21272	94	9944		116	15435	94475	38333
陕 西 Shaanxi	1765766	8383	280828	15254	96674	1026444	404829	802003
甘 肃 Gansu	1092820	1397	88568	5370	8526	666343	383836	245449
青 海 Qinghai	247578	38	52323	1271	5935	144972	85325	297972
宁 夏 Ningxia	416995	490	95607	1212	7424	185279	92306	275066
新 疆 Xinjiang	530942	2161	129698	14662	9787	675066	475035	229467

10-3 分地区基层单位建立职工代表大会制度情况(2013年)

EMPLOYEE CONGRESS SYSTEM IN GRASSROOTS TRADE UNION BY REGION (2013)

地区	Region	建立职工(代表)大会制度的企事业单位(个) Number of Establishments with Employee Congress (unit)	本年度召开过职工(代表)大会的企事业单位(个) Number of Establishments with Congress Held (unit)	职工(代表)大会的职工代表(人) Congress Members (person)	#女职工代表 Female	实行厂务公开的企事业单位(个) Number of Establishments with Publishing Management Affairs (unit)
全国	**National**	**4708127**	**3726746**	**22842884**	**6620586**	**4643202**
北京	Beijing	58053	52152	315803	107150	59327
天津	Tianjin	79453	74594	377543	121010	82851
河北	Hebei	192492	147881	1042155	285175	181060
山西	Shanxi	141891	132382	702704	160251	140658
内蒙古	Inner Mongolia	83187	51506	757630	128290	79988
辽宁	Liaoning	147883	113618	949608	242034	139909
吉林	Jilin	102253	82246	485583	143432	99071
黑龙江	Heilongjiang	112760	77842	546434	140523	111957
上海	Shanghai	284115	245427	691392	260586	288027
江苏	Jiangsu	303936	273146	2172841	696333	287823
浙江	Zhejiang	322691	234749	1885972	647193	314183
安徽	Anhui	125131	90406	849814	231866	126565
福建	Fujian	189610	148283	682352	215478	186136
江西	Jiangxi	101692	86277	895824	221381	101347
山东	Shandong	457243	395587	2009043	590124	432034
河南	Henan	213525	153385	1243500	336528	207051
湖北	Hubei	212448	143408	797245	233025	220237
湖南	Hunan	140608	117676	825997	199088	144740
广东	Guangdong	511934	318181	1416707	452355	526265
广西	Guangxi	124380	108989	584934	187484	124365
海南	Hainan	24768	16301	76894	25667	24763
重庆	Chongqing	147518	135022	455305	97670	147161
四川	Sichuan	216818	196928	941451	282082	211932
贵州	Guizhou	75416	61546	281050	79023	75109
云南	Yunnan	96671	68605	398933	118239	89113
西藏	Tibet	236	210	2988	644	313
陕西	Shaanxi	117000	92931	591840	156167	115425
甘肃	Gansu	60763	51059	376947	102819	60346
青海	Qinghai	17584	15153	82023	20770	17287
宁夏	Ningxia	18636	17524	116978	39554	18645
新疆	Xinjiang	27041	23388	271831	93430	29170
国家机关	Government Agencies	369	322	13081	4995	322
中直机关	CCCPC Agencies	22	22	482	220	22

注：中直机关指中央直属机关（以下各表同）。

a) CCCPC Agencies are Agencies of Central Committee of the Communist Party of Chine (The same as in the following tables).

10-4 各地区基层以上工会职业培训机构情况(2013年)

VOCATIONAL TRAINING ORGANIZATIONS ABOVE GRASSROOTS TRADE UNION BY REGION (2013)

地 区	Region	工会开办的职业培训机构(个) Number of Vocational Training (Organizations)	本年度工会职业培训机构培训人次(人次) Trained Persons (person-time)	#农民工 Migrant Workers	#下岗失业人员人次数 Laid-off and Unemployment Persons	#经培训实现再就业人次数 Reemployees
全 国	**National**	**3707**	**1619007**	**830201**	**511043**	**267699**
北 京	Beijing	5	2957	2211	553	293
天 津	Tianjin	47	34748	26180	2359	891
河 北	Hebei	105	73656	32981	29596	15687
山 西	Shanxi	903	47808	26907	13739	5971
内蒙古	Inner Mongolia	63	40621	12796	20868	15237
辽 宁	Liaoning	310	100982	28214	61024	28295
吉 林	Jilin	38	17603	5260	9981	6143
黑龙江	Heilongjiang	69	32979	7141	22067	11447
上 海	Shanghai	11	31868	16298	6633	1654
江 苏	Jiangsu	119	98202	37987	33386	18368
浙 江	Zhejiang	61	166763	94266	24010	12943
安 徽	Anhui	57	37230	17801	13014	7428
福 建	Fujian	45	22448	13054	5951	2780
江 西	Jiangxi	32	15125	7835	5512	3277
山 东	Shandong	149	126301	59527	47003	28578
河 南	Henan	362	155573	83336	49151	28470
湖 北	Hubei	79	53503	27069	20152	9580
湖 南	Hunan	108	41888	25592	12108	5978
广 东	Guangdong	32	49374	24952	8674	3977
广 西	Guangxi	546	79972	45257	16500	8015
海 南	Hainan	2	2047	1045	618	542
重 庆	Chongqing	33	40158	26277	12824	7597
四 川	Sichuan	116	124380	78162	34965	17616
贵 州	Guizhou	61	47922	25829	18125	10430
云 南	Yunnan	32	33422	25418	3688	1853
西 藏	Tibet	18	4412	3275	462	388
陕 西	Shaanxi	58	42800	24220	15437	5333
甘 肃	Gansu	44	39232	17293	10697	4820
青 海	Qinghai	4	5777	3408	2009	675
宁 夏	Ningxia	44	18257	12353	4539	1378
新 疆	Xinjiang	154	30999	18257	5398	2055

10-5 各地区基层工会开展合理化建议和劳动竞赛活动情况(2013年)

CONDITION OF CARRYING OUT RATIONALIZED PROPOSALS AND LABOR EMULATION IN GRASSROOTS TRADE UNION BY REGION (2013)

地 区	Region	本年度职工提出合理化建议件数(件) Rationalized Proposals Put Forward by the Staff and Workers This Year (case)	本年度已实施的合理化建议件数(件) Rationalized Proposals Practiced This Year (case)	本年度开展了劳动竞赛的基层工会(个) Grassroots Trade union Participating in Labor Emulation This Year (unit)	本年度参加劳动竞赛的职工(人次) Person/Time of Staff and Workers Participating in Labor Emulation (person-time)
全 国	**National**	**12635933**	**7170821**	**717665**	**87682088**
北 京	Beijing	513096	369318	5593	4710027
天 津	Tianjin	554724	275678	18722	4035555
河 北	Hebei	788045	275681	47870	5293900
山 西	Shanxi	841120	531925	16635	2316002
内蒙古	Inner Mongolia	107009	59612	39311	4771878
辽 宁	Liaoning	586104	264366	15146	2226629
吉 林	Jilin	483421	364463	7311	937381
黑龙江	Heilongjiang	164714	65124	11231	1420986
上 海	Shanghai	1896086	1636353	17074	3235197
江 苏	Jiangsu	779515	405646	49429	5615098
浙 江	Zhejiang	417654	186052	45505	5470455
安 徽	Anhui	214068	79605	21505	1921437
福 建	Fujian	207120	107722	21535	1922874
江 西	Jiangxi	89212	54067	5752	591365
山 东	Shandong	1431619	704899	83447	9297967
河 南	Henan	404574	270020	22567	2948806
湖 北	Hubei	261592	163141	28980	3330193
湖 南	Hunan	250006	96718	47659	4103561
广 东	Guangdong	958052	415096	25127	3362849
广 西	Guangxi	102942	44930	13740	1967321
海 南	Hainan	22605	15423	5879	648814
重 庆	Chongqing	549709	309463	22312	2587782
四 川	Sichuan	495044	246182	74755	6691276
贵 州	Guizhou	47875	25420	13818	894296
云 南	Yunnan	72503	38015	20677	1627101
西 藏	Tibet	322	220	49	3896
陕 西	Shaanxi	149271	60562	16152	1730567
甘 肃	Gansu	137536	61071	7482	1027748
青 海	Qinghai	8807	3757	1969	206247
宁 夏	Ningxia	66991	24736	5573	502201
新 疆	Xinjiang	31593	14474	4780	2263523
国家机关 中直机关	Government Agencies CCCPC Agencies	3004	1082	80	19156

10-6 各地区基层工会参与调节劳动争议工作情况(2013年) CONDITION OF GRASSROOTS TRADE UNION PATICIPATING IN MEDIATION LABOR DISPUTE BY REGION (2013)

地区 Region	建立劳动争议调解委员会的基层工会(个) Units with Labor Dispute Mediation Committee (unit)	劳动争议调解委员会委员(人) Member of Labor Dispute Mediation Committee (person)	#工会成员(职工代表) Delegates of Trade Union and Staff and Workers	本年度劳动争议调解委员会受理劳动争议件数(件) Cases Accepted by Labor Dispute Mediation Committee This Year (case)	#集体劳动争议 Collective Labor Dispute	本年度劳动争议调解委员会调解成功劳动争议件数(件) Cases Successfully Madiated by Labor Dispute Mediation Committee This Year (case)	#集体劳动争议 Collective Labor Dispute
全国 National	**979009**	**3150784**	**1538298**	**250918**	**20117**	**122507**	**13953**
北京 Beijing	7737	31118	16243	7310	93	1558	90
天津 Tianjin	16232	60010	31439	16749	1319	12775	1288
河北 Hebei	78084	234743	107856	7224	362	2116	261
山西 Shanxi	27593	96764	50254	2569	231	1633	195
内蒙古 Inner Mongolia	43104	152214	73623	617	28	240	5
辽宁 Liaoning	35203	120252	62430	6386	250	2594	157
吉林 Jilin	14711	46289	21459	1544	47	666	44
黑龙江 Heilongjiang	15235	45813	22113	2034	39	324	13
上海 Shanghai	32150	106085	52717	4556	43	1248	36
江苏 Jiangsu	85574	270733	126902	19270	2275	7370	861
浙江 Zhejiang	79011	259610	128089	25318	3169	11448	1990
安徽 Anhui	11919	42866	22107	4315	158	913	26
福建 Fujian	29177	91499	44121	3500	186	1725	108
江西 Jiangxi	65536	190011	92467	4270	3853	3431	3210
山东 Shandong	83794	270077	138215	10486	1440	6068	987
河南 Henan	17018	57675	27287	36415	583	30988	455
湖北 Hubei	31200	96247	45935	8562	454	5487	353
湖南 Hunan	11165	37781	18039	9407	2267	6295	1839
广东 Guangdong	84675	228225	113086	28225	1545	10871	1010
广西 Guangxi	30406	86662	42252	2688	70	455	26
海南 Hainan	3105	15997	8110	767	24	168	15
重庆 Chongqing	12047	45556	22879	5236	328	2025	93
四川 Sichuan	94196	314481	148684	14054	565	6406	390
贵州 Guizhou	10952	38236	19105	1823	26	391	20
云南 Yunnan	14580	52246	26957	9091	93	712	31
西藏 Tibet	37	165	86	12			
陕西 Shaanxi	20032	69897	32416	3142	127	600	92
甘肃 Gansu	9619	33958	15731	6000	117	1853	77
青海 Qinghai	2238	7429	3307	1115	4	57	4
宁夏 Ningxia	5882	19648	9258	1999	15	740	7
新疆 Xinjiang	6712	27909	14778	5457	406	1325	270
国家机关 Government Agencies	84	506	308	753		1	
中直机关 CCCPC Agencies	1	82	45	24		24	

10-7 各地区基层以上工会职业介绍机构情况(2013年)

JOB EXCHANGES ABOVE GRASSROOTS TRADE UNION BY REGION (2013)

地 区 Region	工会开办职业介绍机构(个) Number of job Exchanges (unit)	#获得政府有关部门资质认定的机构 Qualificated by Labor and Security Bureau	本年度工会职业介绍机构成功介绍人次数(人次) Placed Jobseekers (person-time)	#农民工 Migrant Workers	#下岗失业人员人次数 Laid-off and Unemployed Persons
全 国 **National**	**1642**	**718**	**1536741**	**730219**	**478429**
北 京 Beijing	24	5	29086	6488	7593
天 津 Tianjin	25	1	32525	24401	3580
河 北 Hebei	114	80	46938	19074	20180
山 西 Shanxi	102	17	35934	18476	11781
内蒙古 Inner Mongolia	50	18	16134	3324	7498
辽 宁 Liaoning	203	73	74567	21078	42373
吉 林 Jilin	27	11	18083	6545	7959
黑龙江 Heilongjiang	69	46	28033	7132	16703
上 海 Shanghai	11	9	9511	4693	4012
江 苏 Jiangsu	67	42	51758	25917	22425
浙 江 Zhejiang	50	23	34071	23824	8615
安 徽 Anhui	58	26	58846	39516	16406
福 建 Fujian	36	13	22625	15666	4238
江 西 Jiangxi	29	11	39266	14523	13165
山 东 Shandong	110	49	133288	78571	34261
河 南 Henan	112	53	313165	76681	44358
湖 北 Hubei	67	38	62980	34392	24485
湖 南 Hunan	125	48	50347	22216	9479
广 东 Guangdong	31	18	54852	4563	46943
广 西 Guangxi	52	16	118590	105564	6880
海 南 Hainan			1224	600	398
重 庆 Chongqing	16	12	39151	26093	12573
四 川 Sichuan	77	42	125365	78875	56292
贵 州 Guizhou	70	19	44543	18383	22841
云 南 Yunnan	14	8	5161	2652	2598
西 藏 Tibet	9	2	2169	1599	122
陕 西 Shaanxi	40	22	35296	17846	12241
甘 肃 Gansu	16	6	22517	13543	8551
青 海 Qinghai	1	1	1212	245	305
宁 夏 Ningxia	19	4	9011	4660	3951
新 疆 Xinjiang	18	5	20493	13079	5623

十一、香港资料

MAIN INDICATORS OF HONG KONG

11-1 劳动人口及失业状况
LABOUR FORCE AND UNEMPLOYMENT

项　目	Item	2007	2008	2009	2010	2011	2012	2013
劳动人口数目（万人）	Labour Force (10 000 persons)	362.2	363.7	366.0	363.1	370.3	378.5	385.9
男	Male	195.4	194.4	194.4	193.1	194.3	197.2	199.2
女	Female	166.9	169.3	171.6	170.0	176.0	181.3	186.6
劳动人口参与率（%）	Labour Force Participation Rate (%)	61.2	60.9	60.8	59.6	60.1	60.5	61.2
就业人口（万人）	Employed Persons (10 000 persons)	347.7	350.9	346.8	347.4	357.6	366.1	372.8
失业人口（万人）	Unemployed Persons (10 000 persons)	14.5	12.8	19.3	15.7	12.7	12.4	13.1
失业率(%)	Unemployment Rate (%)	4.0	3.5	5.3	4.3	3.4	3.3	3.4

注：数字是根据每年1月至12月进行的“综合住户统计调查”结果，以及由政府统计处与跨部门人口分布推算小组共同编制按区议会分区划分年中人口估计数字而编制。
统计数字在编制过程中涉及应用人口数字。2007年至2010年的年度数字已就2011年人口普查的结果而作出了修订。
2011年人口普查的结果提供了一个基准，用作修订自2006年中期人口统计以来编制的人口数字。

a) Figures are compiled based on data collected in the General Household Survey from January to December of the year concerned as well as the mid-year population estimates by District Council district compiled jointly by the Census and Statistics Department and an inter-departmental Working Group on Population Distribution Projections.
Statistics involve the use of the population figures in the compilation process. Annual figures of 2007-2010 have been revised to take into account the results of the 2011 Population Census which provided a benchmark for revising the population figures compiled since the 2006 Population By-census.

11-2 按行业划分的就业人数
EMPLOYED PERSONS BY INDUSTRY

单位：万人 (10 000 persons)

行　业 (按香港标准行业分类1.1版分类)	Industry (based on HSIC Version 1.1)	2005	2006	2007
制造业	Manufacturing	22.4	21.7	20.0
建筑业	Construction	26.4	26.9	27.5
批发、零售、进出口贸易、饮食及酒店业	Wholesale, Retail and Import/Export Trades, Restaurants and Hotels	109.4	110.5	114.2
运输、仓库及通讯业	Transport, Storage and Communications	35.7	36.9	37.2
金融、保险、地产及商用服务业	Financing, Insurance, Real Estate and Business Services	50.3	52.6	54.6
社区、社会及个人服务业	Community, Social and Personal Services	87.0	89.2	92.0
其它	Others	2.4	2.3	2.2
总计	**Total**	**333.7**	**340.1**	**347.7**

行　业 (按香港标准行业分类2.0版分类)	Industry (based on HSIC Version 2.0)	2008	2009	2010	2011	2012	2013
制造	Manufacturing	16.6	15.0	13.3	13.3	13.4	12.6
建筑	Construction	26.5	26.2	26.5	27.7	29.1	30.9
进出口贸易及批发	Import/Export Trade and Wholesale	58.9	56.2	54.7	53.9	56.4	51.5
零售、住宿①及膳食服务	Retail, Accommodation① and Food Services	55.2	54.5	55.8	57.8	59.1	61.2
运输、仓库、邮政及速递服务、资讯及通讯	Transportation, Storage, Postal and Courier Services, Information and Communications	43.4	42.3	42.2	43.4	43.4	44.5
金融、保险、地产、专业及商用服务	Financing, Insurance, Real Estate, Professional and Business Services	63.9	63.7	64.1	67.6	68.7	72.0
公共行政、社会及个人服务	Public Administration, Social and Personal Services	84.3	86.7	88.5	91.5	93.5	97.8
其它	Others	2.2	2.1	2.3	2.4	2.4	2.3
总计	**Total**	**350.9**	**346.8**	**347.4**	**357.6**	**366.1**	**372.8**

注：数字是根据每年1月至12月进行的“综合住户统计调查”结果，以及由政府统计处与跨部门人口分布推算小组共同编制按区议会分区划分年中人口估计数字而编制。
统计数字在编制过程中涉及应用人口数字。2007年至2010年的年度数字已就2011年人口普查的结果而作出了修订。
2011年人口普查的结果提供了一个基准，用作修订自2006年中期人口统计以来编制的人口数字。
由2009年开始，数字是按“香港标准行业分类2.0版”编制，其数列已向前估计至2008年。
①住宿服务包括酒店、宾馆、旅舍及其他提供短期住宿服务的机构单位。

a) Figures are compiled based on data collected in the General Household Survey from January to December of the year concerned as well as the mid-year population estimates by District Council district compiled jointly by the Census and Statistics Department and an inter-departmental Working Group on Population Distribution Projections.
Statistics involve the use of the population figures in the compilation process. Annual figures of 2007-2010 have been revised to take into account the results of the 2011 Population Census which provided a benchmark for revising the population figures compiled since the 2006 Population By-census.
Starting from 2009, figures are compiled based on the Hong Kong Standard Industrial Classification Version 2.0 and the series has been backcasted to 2008.
①Accommodation services cover hotels, guesthouses, boarding houses and other establishments providing short term accommodation.

11-3 按每月就业收入划分的就业人数
EMPLOYED PERSONS BY MONTHLY EMPLOYMENT EARNINGS

单位：万人，另有注明除外 (10 000 persons, unless otherwise specified)

每月就业收入(港元)	Monthly Employment Earnings (HKD)	2009	2010	2011	2012	2013
< 3000	< 3000	13.3	11.3	10.1	9.9	11.3
3000 - 3999	3000 - 3999	27.5	27.3	28.2	29.1	28.4
4000 - 4999	4000 - 4999	9.2	8.1	6.8	6.9	8.8
5000 - 5999	5000 - 5999	13.2	11.6	8.5	6.2	6.3
6000 - 6999	6000 - 6999	22.0	20.3	16.5	11.3	9.0
7000 - 7999	7000 - 7999	23.1	23.2	22.2	17.8	14.2
8000 - 8999	8000 - 8999	27.7	27.2	28.9	28.6	22.1
9000 - 9999	9000 - 9999	21.4	21.0	21.3	25.7	24.4
10000 - 11999	10000 - 11999	32.8	35.9	38.2	38.3	40.5
12000 - 13999	12000 - 13999	27.7	29.6	33.0	35.2	36.7
14000 - 15999	14000 - 15999	25.2	25.6	26.0	29.6	31.2
16000 - 17999	16000 - 17999	8.7	8.8	9.8	12.3	15.0
18000 - 19999	18000 - 19999	9.5	9.5	10.1	9.6	11.9
20000 - 24999	20000 - 24999	27.6	27.0	30.1	31.6	33.0
25000 - 29999	25000 - 29999	12.8	13.1	14.7	15.4	16.9
30000 - 34999	30000 - 34999	13.9	14.6	17.1	17.0	16.8
35000 - 39999	35000 - 39999	5.5	5.7	6.4	8.0	8.6
40000 - 44999	40000 - 44999	5.9	6.0	6.0	7.5	8.4
45000 - 49999	45000 - 49999	3.2	3.7	3.8	3.7	4.8
50000 - 59999	50000 - 59999	5.8	6.3	6.8	8.9	9.1
60000 - 79999	60000 - 79999	4.7	5.2	5.8	5.6	7.2
80000 - 99999	80000 - 99999	2.3	2.5	2.6	3.0	3.3
≧ 100000	≧ 100000	3.9	4.1	4.8	5.2	5.1
总　计	Total	346.8	347.4	357.6	366.1	372.8
每月就业收入中位数(港元)	**Median Monthly Earnings (HKD)**	**10500**	**11000**	**11300**	**12000**	**13000**

注：数字是根据每年1月至12月进行的“综合住户统计调查”结果，以及由政府统计处与跨部门人口分布推算小组共同编制按区议会分区划分年中人口估计数字而编制。

a) Figures are compiled based on data collected in the General Household Survey from January to December of the year concerned as well as the mid-year population estimates by District Council district compiled jointly by the Census and Statistics Department and an inter-departmental Working Group on Population Distribution Projections.

11-4 按行业划分督导级(不包括经理级与专业雇员)及以下雇员的工资指数

WAGE INDICES FOR EMPLOYEES UP TO SUPERVISORY LEVEL (MANAGERIAL AND PROFESSIONAL EMPLOYEES ARE NOT INCLUDED) BY INDUSTRY

(1992年9月=100) (September 1992=100)

行业主类	Industry Section	2009	2010	2011	2012	2013
名义工资指数	**Nominal Wage Index**					
制造	Manufacturing	155.3	153.7	170.0	172.8	180.9
进出口贸易、批发及零售	Import/Export, Wholesale and Retail Trades	166.2	173.5	188.1	195.1	198.8
运输	Transportation	151.6	153.9	161.8	166.4	173.2
住宿及餐饮服务活动①	Accommodation and Food Service Activities①	131.4	135.8	150.6	163.2	169.4
金融及保险活动	Financial and Insurance Activities	174.0	177.9	190.3	201.8	207.5
地产租赁及保养管理	Real Estate Leasing and Maintenance Management	164.0	167.1	186.6	199.8	219.2
专业及商业服务	Professional and Business Services	156.4	162.0	185.8	192.7	208.3
个人服务	Personal Services	187.9	196.3	222.0	240.7	253.8
所有选定行业②	All Selected Industries②	157.9	163.1	178.3	187.5	195.2
实际工资指数③	**Real Wage Index③**					
制造	Manufacturing	111.6	107.0	112.4	109.6	110.0
进出口贸易、批发及零售	Import/Export, Wholesale and Retail Trades	119.5	120.7	124.3	123.7	120.9
运输	Transportation	109.0	107.1	106.9	105.5	105.3
住宿及餐饮服务活动①	Accommodation and Food Service Activities①	94.4	94.5	99.6	103.5	103.0
金融及保险活动	Financial and Insurance Activities	125.1	123.8	125.8	128.0	126.2
地产租赁及保养管理	Real Estate Leasing and Maintenance Management	117.9	116.3	123.3	126.7	133.2
专业及商业服务	Professional and Business Services	112.5	112.8	122.8	122.2	126.6
个人服务	Personal Services	135.1	136.6	146.7	152.6	154.3
所有选定行业②	All Selected Industries②	113.5	113.5	117.9	118.9	118.7

注：指有关年度12月份的数字。
①住宿服务包括酒店、宾馆、旅舍及其他提供短期住宿服务的机构单位。
②指“劳工收入统计调查”内工资统计调查所涵盖的所有行业，包括并没有列出其统计数字的电力及燃气供应业、污水处理及废弃物管理业与出版活动业。
③实际工资指数是以名义工资指数扣除以2009/10年为基期的甲类消费价格指数而计算出来。

a) Figures refer to December of the year.
①Accommodation services cover hotels, guesthouses, boarding houses and other establishments providing short term accommodation.
②Figures refer to all industries covered by the wage enquiry of the Labour Earnings Survey, including the electricity and gas supply industry, sewerage and waste management activities industry and publishing activities industry, the statistics of which are not separately shown.
③The Real Wage Indices are derived by deflating the Nominal Wage Indices by the 2009/10-based Consumer Price Index (A).

11-5 消费价格指数（2009年10月-2010年9月=100）

CONSUMER PRICE INDICES (OCT. 2009 - SEP. 2010=100)

项　　目	Item	权数 Weight	2009	2010	2011	2012	2013
综合消费价格指数	**Composite Consumer Price Index**						
总指数	**All Items**	**100.00**	**98.4**	**100.7**	**106.0**	**110.3**	**115.1**
食品	Food	27.45	98.6	100.9	108.0	114.2	119.3
外出用膳	Meals Bought away from Home	(17.07)	99.0	100.6	105.9	111.6	116.5
食品(不包括外出用膳)	Food(Excluding Meals Bought away from Home)	(10.38)	98.0	101.4	111.4	118.6	123.8
住屋①	Housing①	31.66	100.3	100.6	107.8	113.9	121.5
私人房屋租金	Private Housing Rent	(27.14)	99.6	100.5	107.7	115.1	122.3
公营房屋租金	Public Housing Rent	(2.05)	110.0	101.3	113.4	105.3	122.1
电力、燃气及水	Electricity, Gas and Water	3.10	72.2	103.6	99.2	91.1	97.3
烟酒	Alcoholic Drinks and Tobacco	0.59	96.9	100.1	117.2	120.7	122.5
衣履	Clothing and Footwear	3.45	98.6	100.5	107.3	110.6	112.4
耐用物品	Durable Goods	5.27	101.7	98.7	95.0	93.7	89.7
杂项物品	Miscellaneous Goods	4.17	98.3	100.6	104.4	106.7	109.1
交通	Transport	8.44	98.8	100.8	105.2	108.3	110.8
杂项服务②	Miscellaneous Services②	15.87	98.7	100.7	104.2	107.1	111.1
教育服务	Educational Services	(4.37)	99.2	100.5	103.0	105.8	109.8
资讯及通讯服务	Information and Communications Services	(2.40)	101.0	100.4	97.9	95.2	95.1
医疗服务	Medical Services	(2.74)	99.3	100.7	104.5	107.6	111.1

注：2009年10月起的消费价格指数是根据2009/10年住户开支统计调查所得的开支权数编制。
①除“私人房屋租金”及“公营房屋租金”外，“住屋”类别还包括“管理费及其他住屋杂费”和“保养住所材料”。
②“杂项服务”类别包括“教育服务”、“资讯及通讯服务”、“医疗服务”及其他杂项服务。

a) The CPIs from October 2009 onwards are compiled based on expenditure weights obtained from the 2009/10 Household Expenditure Survey.
①Apart from "Private Housing Rent" and "Public Housing Rent", the "Housing" section also includes "Management Fees and Other Housing Charges" and "Materials for House Maintenance".
②"Miscellaneous Services" section includes "Educational Services", "Information and Communications Services", "Medical Services" and other miscellaneous services.

十二、澳门资料

MAIN INDICATORS OF MACAO

12-1 经济活动人口及失业状况
LABOUR FORCE AND UNEMPLOYMENT

项　目	Item	2007	2008	2009	2010	2011	2012	2013
劳动人口（万人）	Labour Force (10 000 persons)	31.0	32.7	32.3	32.4	33.6	35.0	36.8
男	Male	16.6	17.3	16.6	16.5	17.1	18.1	18.9
女	Female	14.4	15.4	15.7	15.9	16.5	16.9	17.9
就业人口（万人）	Employed Population (10 000 persons)	30.0	31.7	31.2	31.5	32.8	34.3	36.1
失业人口（万人）	Unemployed Population (10 000 persons)	0.9	1.0	1.1	0.9	0.9	0.7	0.7
劳动力参与率（%）	Labour Force Participation Rate (%)	69.2	70.7	72.3	72.0	72.5	72.4	72.7
失业率（%）	Unemployment Rate (%)	3.1	3.0	3.5	2.8	2.6	2.0	1.8
就业不足率（%）	Underemployment Rate (%)	1.0	1.6	1.8	1.7	1.1	0.8	0.6

12-2 按行业划分的就业人口
EMPLOYED POPULATION BY INDUSTRY

单位：万人　　(10 000 persons)

行　业	Industry	2009	2010	2011	2012	2013
总数	Total	**31.19**	**31.48**	**32.76**	**34.32**	**36.10**
制造业	Manufacturing	1.64	1.52	1.28	1.03	0.90
水电及气体生产供应业	Electricity, Gas & Water Supply	0.09	0.09	0.13	0.15	0.15
建筑业	Construction	3.18	2.71	2.82	3.23	3.53
批发及零售业	Wholesale & Retail Trades	4.08	4.14	4.34	4.23	4.47
酒店及饮食业	Hotels, Restaurants & Similar Activities	4.32	4.28	4.61	5.30	5.43
运输、仓储及通信业	Transport, Storage & Communications	1.62	1.82	1.60	1.60	1.59
金融业	Financial Intermediation	0.73	0.73	0.81	0.82	0.93
不动产及工商服务业	Real Estate & Business Activities	2.53	2.75	2.80	2.43	2.76
公共行政及社保事务	Public Administration & Social Security	1.97	2.14	2.30	2.51	2.57
教育	Education	1.18	1.15	1.23	1.31	1.43
医疗卫生及社会福利	Health & Social Welfare	0.75	0.81	0.85	0.86	0.91
文娱博彩及其他服务业	Recreational, Cultural, Gaming & Other Services	7.37	7.54	8.20	8.95	9.34
家务工作	Domestic Work	1.60	1.74	1.68	1.80	2.03
其他及不详	Others and Unknown	0.12	0.07	0.10	0.09	0.06

12-3 按行业划分的月工作收入中位数
MEDIAN MONTHLY EMPLOYMENT EARNINGS BY INDUSTRY

单位：澳门元 (MOP)

行业	Occupation	2009	2010	2011	2012	2013
总数	**Total**	**8500**	**9000**	**10000**	**11300**	**12000**
制造业	Manufacturing	5000	5700	6500	7500	8500
水电及气体生产供应业	Electricity, Gas & Water Supply	15000	16000	17500	16000	18000
建筑业	Construction	9000	9500	10100	11700	12000
批发及零售业	Wholesale & Retail Trade	7000	7500	8000	9000	10000
酒店及饮食业	Hotels, Restaurants & Similar Activities	6500	7000	7500	8300	8800
运输、仓储及通信业	Transport, Storage & Communications	8500	8500	10000	11000	12300
金融业	Financial Intermediation	12000	13000	12000	14000	16000
不动产及工商服务业	Real Estate & Business Activities	6000	6500	7000	8000	9000
公共行政及社保事务	Public Administration & Social Security	19500	19500	20700	25000	27200
教育	Education	13000	14000	15000	16000	19000
医疗卫生及社会福利	Health & Social Welfare	10300	10000	12000	15000	18200
文娱博彩及其他服务业	Recreational, Cultural, Gaming & Other Services	12000	12000	13000	14500	15300
家务工作	Domestic Work	2800	2900	3000	3100	3400

12-4 消费物价指数
CONSUMER PRICE INDEX

2008年4月至2009年3月=100 (04/2008-03/2009=100)

项目	Items	权数 Weight	2009	2010	2011	2012	2013
综合消费价格指数	**Composite Consumer Price Index**						
总指数	**Global Index**	**100.00**	**101.40**	**104.25**	**110.30**	**117.04**	**123.48**
食品及非酒精饮料	Food and Non-alcoholic Beverages	32.78	102.57	107.41	116.16	126.06	134.41
烟酒	Alcoholic Beverages and Tobacco	1.12	109.08	114.23	115.59	150.61	158.99
服装、鞋	Clothing and Footwear	6.75	104.07	110.84	118.30	122.15	124.63
住房及燃料	Housing and Fuels	22.82	97.80	98.21	101.58	108.45	119.24
家居设备及用品	Household Goods and Furnishings	3.13	101.44	102.94	107.60	114.98	121.30
医疗	Health	2.90	102.08	106.57	113.04	119.61	127.36
交通	Transport	7.88	96.87	102.97	111.97	114.91	117.22
通讯	Communications	3.52	95.64	92.30	82.45	79.01	77.20
康乐及文化	Recreation and Culture	5.93	100.55	104.56	109.95	112.75	117.86
教育	Education	5.16	107.21	99.42	100.93	101.17	99.75
其他商品及服务	Miscellaneous Goods and Services	8.02	104.22	110.61	120.63	127.63	130.25

十三、台湾资料

MAIN INDICATORS OF TAIWAN

13-1 劳动力和就业状况
LABOUR FORCE AND EMPLOYMENT

项　　目	Item	2007	2008	2009	2010	2011	2012	2013
劳动力人口（万人）	Labour Force (10 000 persons)	1071.3	1085.3	1091.7	1107.0	1120.0	1134.1	1144.5
男	Male	611.6	617.3	618.0	624.2	630.4	636.9	640.2
女	Female	459.7	468.0	473.7	482.8	489.6	497.2	504.3
就业人数（万人）	Employment (10 000 persons)	1029.4	1040.3	1027.9	1049.3	1070.9	1086.0	1096.7
男	Male	586.8	590.2	577.6	588.0	600.6	608.3	611.6
女	Female	442.6	450.1	450.2	461.3	470.2	477.7	485.1
就业者行业构成（%）	Distribution of Employment by Industry (%)	100.0	100.0	100.0	100.0	100.0	100.0	100.0
农、林、渔、牧业	Agriculture, Forestry, Fishery and Animal Husbandry	5.3	5.1	5.3	5.2	5.1	5.0	5.0
工业	Industry	36.8	36.8	35.8	35.9	36.3	36.2	36.2
矿业及土石采取业	Mining and Quarrying	0.06	0.06	0.05	0.04	0.04	0.04	0.04
制造业	Manufacturing	27.6	27.7	27.1	27.3	27.5	27.4	27.2
电力及燃气供应业	Electricity, Gas	0.3	0.3	0.3	0.3	0.3	0.3	0.3
用水供应及污染整治业	Water Supply and Pollution Management	0.6	0.7	0.7	0.7	0.7	0.8	0.8
建筑业	Construction	8.2	8.1	7.7	7.6	7.8	7.8	7.9
服务业	Services	57.9	58.0	58.9	58.8	58.6	58.8	58.9
批发及零售业	Wholesale and Retail Trades	17.3	17.0	16.9	16.6	16.5	16.6	16.6
运输及仓储业	Transport, Storage, Communications	4.0	4.0	3.9	3.9	3.8	3.8	3.9
金融及保险业	Finance, Insurance	3.9	4.0	4.0	4.1	4.0	3.9	3.8
咨讯及通讯传播	Information and Communication	2.0	2.0	2.0	2.0	2.0	2.1	2.1
住宿及餐饮业	Hotels and Restaurants	6.6	6.6	6.7	6.9	6.8	6.9	7.1
教育服务业	Education	5.7	5.8	6.0	5.9	5.9	5.8	5.8
公共行政	Public Administration	3.2	3.3	3.7	3.7	3.6	3.5	3.5
失业人数（万人）	Unemployment (10 000 persons)	41.9	45.0	63.9	57.7	49.1	48.1	47.8
劳动力参与率（%）	Labour Force Participation Rate (%)	58.3	58.3	57.9	58.1	58.2	58.4	58.4
男	Male	67.2	67.1	66.4	66.5	66.7	66.8	66.7
女	Female	49.4	49.7	49.6	49.9	50.0	50.2	50.5
失业率（%）	Unemployment Rate (%)	3.9	4.1	5.9	5.2	4.4	4.2	4.2

13-2 居民消费价格分类指数
CONSUMER PRICE INDICES

2011年=100 (2011=100)

年 份 Year	总指数 General Index	食品 Food	服装 Clothing	居住 Housing	交通&通讯 Transportation &Communications	医药保健 Medicines and Medical Care	教育娱乐 Education and Entertainment	杂项 Miscellaneous
2006	93.5	87.4	92.8	96.6	96.0	91.3	99.4	90.1
2007	95.2	89.9	95.4	97.5	97.7	94.9	100.0	91.7
2008	98.5	97.6	96.3	99.0	99.9	97.0	101.3	93.3
2009	97.7	97.2	95.6	98.7	95.9	97.6	99.5	95.8
2010	98.6	97.8	97.2	99.2	98.6	98.2	99.5	98.6
2011	100.0	100.0	100.0	100.0	100.0	100.0	100.0	100.0
2012	101.9	104.2	102.5	101.1	100.4	100.9	100.7	102.3
2013	102.7	105.5	102.3	102.1	100.9	102.1	101.0	102.7

附录一、国外有关资料

MAIN INDICATORS OF OTHER COUNTRIES

附录1-1 全部就业人数

A1-1 EMPLOYMENT

单位：千人 (1000 persons)

国别	Country	2009	2010	2011	2012	2013
阿根廷	Argentina	10401.9	10531.9	10765.7	10843.6	10942.8
澳大利亚	Australia	10953.6	11189.0	11393.2	11513.6	11465.3
加拿大	Canada	16813.1	17041.0	17306.2	17507.7	17731.2
埃及	Egypt	22775.5	23832.5	23351.8	23502.0	23576.3
法国	France	25639.5	25694.0	25777.8	25798.4	25745.2
德国	Germany	38471.1	38737.8	39737.1	40080.0	40450.1
匈牙利	Hungary	3781.8	3781.2	3811.9	3877.9	3938.4
印度尼西亚	Indonesia	104870.7	107806.7	110476.1	111805.5	110804.0
意大利	Italy	23025.0	22872.3	22967.2	22898.7	22420.3
日本	Japan	62820.0	62570.0	62890.0	62700.0	63110.0
韩国	Korea, Republic of	23505.7	23828.8	24244.2	24680.7	
马来西亚	Malaysia	10897.3	11776.8	12284.4	12723.2	
墨西哥	Mexico	43678.1	45301.6	46306.3	47847.2	49275.1
荷兰	Netherlands	8596.1	8370.2	8368.7	8424.2	8364.8
新西兰	New Zealand	2164.4	2180.3	2215.4	2216.1	2262.3
挪威	Norway	2499.5	2500.8	2535.5	2585.4	2601.6
菲律宾	Philippines	35061.3	36034.8	37191.5	37621.8	37917.0
葡萄牙	Portugal	5054.1	4978.2	4837.0	4634.7	4513.5
罗马尼亚	Romania	9243.5	9239.4	9137.7	9262.8	9247.4
俄罗斯	Russian Federation	69284.9	69803.3	70731.7	71390.7	71391.5
瑞典	Sweden	4499.1	4522.6	4626.0	4655.2	4704.5
泰国	Thailand	37706.3	38037.3	38464.7	38939.1	39112.4
英国	United Kingdom	28922.7	28941.5	29077.7	29428.1	29820.7
美国	United States	139877.5	139064.0	139869.0	142469.0	143929.0

附录1-2 全部女性就业人数
A1-2 FEMALE EMPLOYMENT

单位：千人 (1000 persons)

国别	Country	2009	2010	2011	2012	2013
阿根廷	Argentina	4396.9	4384.4	4441.3	4510.2	4545.9
澳大利亚	Australia	4994.3	5077.3	5188.0	5258.0	5251.6
加拿大	Canada	8052.4	8129.5	8221.1	8320.0	8435.4
埃及	Egypt	4549.5	4674.5	4626.5	4646.5	4627.3
法国	France	12176.8	12198.8	12239.9	12292.4	12323.0
德国	Germany	17655.2	17846.2	18334.0	18458.9	18728.0
匈牙利	Hungary	1737.0	1758.6	1754.6	1795.5	1809.9
印度尼西亚	Indonesia	39748.1	41090.7	42669.5	42531.2	41587.6
意大利	Italy	9235.8	9238.3	9348.6	9458.2	9329.9
日本	Japan	26380.0	26420.0	26530.0	26540.0	27010.0
韩国	Korea, Republic of	9771.4	9913.8	10091.1	10293.6	
马来西亚	Malaysia	3941.6	4227.5	4394.7	4629.7	
墨西哥	Mexico	16464.0	16998.4	17443.8	18253.6	18953.3
荷兰	Netherlands	3947.7	3844.3	3870.0	3899.8	3880.1
新西兰	New Zealand	1015.9	1018.9	1037.7	1039.9	1059.7
挪威	Norway	1190.2	1186.0	1203.7	1223.2	1230.5
菲律宾	Philippines	13657.3	14113.3	14619.0	14772.8	
葡萄牙	Portugal	2366.5	2333.6	2262.5	2191.1	2143.6
罗马尼亚	Romania	4143.0	4127.9	4111.7	4136.6	4119.7
俄罗斯	Russian Federation	34226.2	34303.4	34742.3	35030.1	34913.2
瑞典	Sweden	2140.0	2129.6	2187.7	2213.3	2237.0
泰国	Thailand	17217.1	17384.9	17650.4	17810.0	17763.2
英国	United Kingdom	13474.5	13450.7	13502.1	13635.6	13858.1
美国	United States	66207.8	65705.0	65579.0	66914.0	67577.0

附录1-3 全部男性就业人数

A1-3 MALE EMPLOYMENT

单位：千人 (1000 persons)

国 别	Country	2009	2010	2011	2012	2013
阿根廷	Argentina	6005.0	6147.5	6324.4	6333.4	6396.9
澳大利亚	Australia	5959.4	6111.7	6205.2	6255.6	6213.7
加拿大	Canada	8760.7	8911.6	9085.1	9187.7	9295.7
埃及	Egypt	18226.0	19158.0	18725.0	18855.8	18949.0
法国	France	13462.8	13495.2	13538.0	13506.0	13422.3
德国	Germany	20815.9	20891.7	21403.1	21621.1	21722.1
匈牙利	Hungary	2044.9	2022.6	2057.3	2082.4	2128.5
印度尼西亚	Indonesia	65122.5	66716.0	67806.6	69274.3	69216.5
意大利	Italy	13789.2	13634.0	13618.6	13440.5	13090.4
日本	Japan	36440.0	36150.0	36360.0	36160.0	36100.0
韩国	Korea, Republic of	13734.1	13915.0	14153.2	14387.0	
马来西亚	Malaysia	6955.7	7549.3	7889.8	8093.5	
墨西哥	Mexico	27214.1	28303.2	28862.5	29593.7	30321.8
荷兰	Netherlands	4648.4	4525.9	4498.6	4524.3	4484.6
新西兰	New Zealand	1148.5	1161.5	1177.8	1176.3	1202.7
挪威	Norway	1309.3	1314.7	1331.8	1362.3	1371.1
菲律宾	Philippines	21403.5	21921.3	22573.5	22849.3	
葡萄牙	Portugal	2687.6	2644.5	2574.5	2443.6	2369.9
罗马尼亚	Romania	5100.5	5111.4	5026.1	5126.2	5127.7
俄罗斯	Russian Federation	35058.7	35500.0	35989.5	36360.6	36478.2
瑞典	Sweden	2359.1	2392.9	2438.3	2441.9	2467.5
泰国	Thailand	20489.3	20652.5	20814.3	21129.1	21349.2
英国	United Kingdom	15448.2	15490.8	15575.6	15792.5	15962.6
美国	United States	73669.7	73359.0	74290.0	75555.0	76353.0

附录1-4 2013年分行业就业人数

A1-4 EMPLOYMENT BY ECONOMIC ACTIVITY IN 2013

单位：千人 (1000 persons)

国别	Country	农业 Agriculture	制造业 Manufacturing	建筑业 Construction	采掘业 Mining and quarrying	贸易、交通、住宿和餐饮、商业服务 Trade, Transportation, Accommodation and Food, and Business and Administrative Services	公共管理和社会服务 Public Administration, Community, Social and other Services and Activities
阿根廷	Argentina						
澳大利亚	Australia						
加拿大	Canada						
埃及	Egypt	6702.5	2570.6	2727.9	481.7	5813.7	5677.3
法国	France	788.8	3154.4	1762.2	433.8	9727.7	9302.9
德国	Germany	580.9	7839.9	2754.0	662.1	16233.1	12380.1
匈牙利	Hungary	193.8	823.2	250.1	104.0	1488.5	1078.9
印度尼西亚	Indonesia						
意大利	Italy	813.7	4128.8	1591.5	390.2	9218.0	6278.1
日本	Japan	2330.0	10660.0	4990.0		27980.0	
韩国	Korea, Republic of						
马来西亚	Malaysia						
墨西哥	Mexico	6593.3	7644.4	3576.3	545.6	19810.9	10807.7
荷兰	Netherlands	162.8	768.2	414.8	77.2	3480.5	2761.2
新西兰	New Zealand	144.8	254.6	177.8	24.5	1001.6	
挪威	Norway	57.3	228.8	199.0	99.2	993.9	1015.8
菲律宾	Philippines	11759.0	3150.0	2364.0	404.0	13555.0	6686.0
葡萄牙	Portugal	448.1	731.8	300.5	58.2	1662.0	1312.8
罗马尼亚	Romania	2634.0	1686.6	691.7	270.0	2523.9	1441.3
俄罗斯	Russian Federation						
瑞典	Sweden	95.1	524.9	316.6	55.0	1909.9	1777.0
泰国	Thailand	16384.9	5413.8	2265.3	274.8	10241.0	4444.1
英国	United Kingdom	313.4	2913.9	2157.0	519.1	13104.6	10537.5
美国	United States	2130.0	14869.0	9271.0	1065.0	67019.0	49575.0

附录1-5 失业人数

A1-5 UNEMPLOYMENT

单位：千人 (1000 persons)

国别	Country	2009	2010	2011	2012	2013
阿根廷	Argentina	984.4	880.3	832.7	843.4	836.3
澳大利亚	Australia	648.9	616.7	611.2	636.0	687.0
加拿大	Canada	1516.0	1484.1	1393.1	1368.4	1348.2
埃及	Egypt	2359.5	2350.3	3180.3	3413.5	3591.8
法国	France	2575.2	2640.0	2612.1	2824.3	
德国	Germany	3228.2	2945.5	2501.4	2316.5	2270.0
匈牙利	Hungary	420.7	474.8	467.9	475.6	448.9
印度尼西亚	Indonesia	9110.8	8456.1	7908.9	7429.6	7388.7
意大利	Italy	1944.9	2102.4	2107.8	2743.6	3112.6
日本	Japan	3360.0	3340.0	3020.0	2850.0	2650.0
韩国	Korea, Republic of	888.8	918.1	854.7	819.9	
马来西亚	Malaysia	413.7	387.7	389.1	393.1	
墨西哥	Mexico	2509.9	2559.9	2549.9	2498.9	2598.7
荷兰	Netherlands	303.7	389.9	388.6	468.5	600.1
新西兰	New Zealand	141.4	152.2	154.6	164.5	149.4
挪威	Norway	80.0	91.3	84.2	83.3	92.2
菲律宾	Philippines	2830.5	2858.8	2814.0	2832.5	2896.0
葡萄牙	Portugal	528.6	602.6	706.1	860.1	875.9
罗马尼亚	Romania	680.7	725.1	730.2	701.2	729.7
俄罗斯	Russian Federation	6403.2	5644.9	5020.2	4245.5	4137.4
瑞典	Sweden	407.5	424.3	389.5	402.4	412.0
泰国	Thailand	572.3	402.2	262.4	230.8	305.6
英国	United Kingdom	2363.1	2440.2	2533.7	2510.8	2417.8
美国	United States	14265.0	14825.0	13747.0	12506.0	11460.0

附录1-6 消费价格指数

A1-6 CONSUMER PRICE INDICES

资料来源：国际货币基金组织数据库。
Source: IFS Database.

(2010年=100) (2010=100)

国家或地区	Country or Area	2005	2008	2009	2011	2012	2013
中国①	China①				105.4	108.1	111.0
中国香港	Hong Kong,China	89.5	97.1	97.7	105.3	109.5	114.3
中国澳门	Macao,China	79.7	96.1	97.3	105.8	112.3	118.4
孟加拉国	Bangladesh	69.2	87.7	92.5	110.7	117.6	126.4
文莱	Brunei Darussalam	95.5	98.6	99.6	102.0	102.5	102.9
柬埔寨	Cambodia	67.8	96.8	96.2	105.5	108.6	111.8
印度	India	65.8	80.5	89.3	108.9	119.0	132.0
印度尼西亚	Indonesia	68.7	90.7	95.1	105.4	109.9	116.9
伊朗	Iran	48.6	80.0	90.8	120.6	153.6	214.0
以色列	Israel	87.8	94.2	97.4	103.5	105.2	106.8
日本	Japan	100.4	102.1	100.7	99.7	99.7	100.0
韩国	Korea, Rep.	86.1	94.5	97.1	104.0	106.3	107.7
老挝	Laos	78.5	94.3	94.4	107.6	112.2	119.3
马来西亚	Malaysia	87.7	97.7	98.3	103.2	104.9	107.1
蒙古	Mongolia	59.6	85.4	90.8	109.5	125.9	137.5
缅甸	Myanmar	44.5	91.5	92.8	105.0	106.6	112.4
巴基斯坦	Pakistan	55.3	77.3	87.8	111.9	122.8	132.2
菲律宾	Philippines	78.7	92.4	96.3	104.6	108.0	111.2
新加坡	Singapore	88.0	96.7	97.3	105.3	110.0	112.6
斯里兰卡	Sri Lanka	58.3	91.0	94.1	106.7	114.8	122.7
泰国	Thailand	86.6	97.7	96.8	103.8	106.9	109.3
埃及	Egypt	57.8	80.4	89.9	110.1	117.9	129.1
尼日利亚	Nigeria	61.9	78.8	87.9	110.8	124.4	134.9
南非	South Africa	71.6	89.5	95.9	105.3	111.0	117.3
加拿大	Canada	91.9	98.0	98.3	102.9	104.5	105.5
墨西哥	Mexico	80.5	91.2	96.0	103.4	107.7	111.8
美国	United States	89.6	98.7	98.4	103.2	105.3	106.8
巴西	Brazil	79.6	90.8	95.2	106.6	112.4	119.4
捷克	Czech Rep.	87.0	97.6	98.6	101.9	105.3	106.8
法国	France	92.7	98.4	98.5	102.1	104.1	105.0
德国	Germany	92.5	98.6	98.9	102.1	104.1	105.7
意大利	Italy	91.0	97.8	98.5	102.7	105.9	107.2
荷兰	Netherlands	92.6	97.6	98.7	102.3	104.9	107.5
波兰	Poland	86.8	93.8	97.4	104.2	108.1	109.4
俄罗斯	Russia	61.4	83.8	93.6	108.4	113.9	121.6
西班牙	Spain	89.0	98.5	98.2	103.2	105.7	107.2
土耳其	Turkey	65.9	86.7	92.1	106.5	115.9	124.6
乌克兰	Ukraine	51.2	78.9	91.4	108.0	108.6	108.3
英国	United Kingdom	87.3	94.8	96.8	104.5	107.4	110.2
澳大利亚	Australia	86.4	95.5	97.2	103.4	105.2	107.8
新西兰	New Zealand	87.0	95.7	97.7	104.4	105.4	106.3

注：①根据《中国统计年鉴》数据计算得出。
Note: ①Calculating with data from China Statiatical Yearbook.

附录二、主要统计指标解释

EXPLANATORY NOTES ON MAIN STATISTICAL INDICATORS

主要统计指标解释

就业人员 指在一定年龄以上，有劳动能力，为取得劳动报酬或经营收入而从事一定社会劳动的人员。具体指年满16周岁，为取得报酬或经营利润，在调查周内从事了1小时（含1小时）以上的劳动或由于学习、休假等原因在调查周内暂时处于未工作状态，但有工作单位或场所的人口。包括：（1）职工；（2）再就业的离退休人员；（3）私营业主；（4）个体户主；（5）私营企业和个体就业人员；（6）乡镇企业就业人员；（7）农村就业人员；（8）其他就业人员（包括现役军人）。

城镇单位就业人员 指在各级国家机关、政党机关、社会团体及企业、事业单位中工作，取得工资或其他形式劳动报酬的全部人员。包括：在岗职工、再就业的离退休人员、民办教师以及在各单位中工作的外方人员和港澳台方人员、兼职人员、借用的外单位人员和第二职业者。不包括离开本单位仍保留劳动关系的职工。

在岗职工 城镇单位就业人员不含城镇私营单位和个体就业人员。指在本单位工作并由单位支付工资的人员，以及有工作岗位，但由于学习、病伤产假等原因暂未工作仍由单位支付工资的人员。

其他就业人员 各单位其他就业人员是指劳动统计制度规定不作职工统计，但实际参加各单位生产或工作并取得劳动报酬的人员。包括：再就业的离退休人员、民办教师以及在各单位中工作的外方人员和港、澳、台方人员。但不包括在各单位中工作并领取劳动报酬的在校学生。单位其他就业人员与在岗职工之和为该单位全部单位就业人员。

年末人数 指年末最后一天的实有人数。

使用的农村劳动力 指户粮关系在农村的职工。

第一产业 指农业（包括林、牧、渔业等）。

第二产业 指采矿业、制造业、电力、热力、燃气及水生产和供应业、建筑业。

第三产业 指上述第一、第二产业以外的其他行业。

城镇单位就业人员工资总额 指各单位在一定时期内直接支付给本单位全部就业人员的劳动报酬总额。包括职工工资总额和其他就业人员工资总额。

工资总额 指各单位在一定时期内直接支付给本单位全部就业人员的劳动报酬总额。工资总额的计算应以直接支付给就业人员的全部劳动报酬为根据。各单位支付给就业人员的劳动报酬以及其他根据有关规定支付的工资，不论是计入成本的还是不计入成本的，不论是以货币形式支付的还是以实物形式支付的，均应列入工资总额的计算范围。工资总额包括计时工资、计件工资、奖金、津贴和补贴、加班加点工资、特殊情况下支付的工资。

其他就业人员工资总额 指各单位在一定时期内直接支付给本单位其他就业人员的全部劳动报酬。

平均工资 指企业、事业、机关等单位的就业人员在一定时期内平均每人所得的货币工资额。

计算公式为：

$$\text{平均工资}=\frac{\text{报告期实际支付的全部就业人员工资总额}}{\text{报告期全部就业人员平均人数}}$$

平均实际工资 指扣除物价变动因素后的就业人员平均工资。计算公式为：

$$\text{平均实际工资}=\frac{\text{报告期就业人员平均工资}}{\text{报告期城市居民消费价格指数}}$$

城镇失业人员 指城镇常住人口中一定年龄以上，有劳动能力，在调查期间无工作，当前有就业可能并以某种方式寻找工作的人员。在城镇劳动力调查中对城镇 1 6 岁及以上，具有劳动能力并同时符合以下各项条件的人员列为失业人员：

（1）在调查周内未从事为取得劳动报酬或经营利润的劳动，也没有处于就业定义中的暂时未工作状态；

（2）在某一特定期间内采取了某种方式寻找工作；

（3）当前如有工作机会可以在一个特定期间内应聘就业或从事自营职业。

城镇登记失业人员 是指有非农业户口，在劳动年龄(16 周岁至退休年龄)内，有劳动能力，无业而要求就业，并在当地就业服务机构进行求职登记的人员。不包括：(1)正在就读的学生和等待就学的人员；(2)已经达到国家规定的退休年龄或虽未达到国家规定的退休年龄但已经办理了退休(含离休)、退职手续的人员；(3)其他不符合失业定义的人员。

城镇失业率 指城镇失业人数同城镇就业人数、城镇失业人数之和的比。计算公式为：

$$城镇失业率=\frac{城镇失业人数}{城镇就业人数+城镇失业人数}\times100\%$$

城镇登记失业率 城镇登记失业人员与城镇单位就业人员（扣除使用的农村劳动力、聘用的离退休人员、港澳台及外方人员）、城镇单位中的不在岗职工、城镇私营业主、个体户主、城镇私营企业和个体就业人员、城镇登记失业人员之和的比。计算公式为：

$$城镇登记失业率=\frac{城镇登记失业人数}{\begin{array}{l}(城镇单位就业人员-使用的农村劳动力-聘用的离退休\\人员-聘用的港澳台及外方人员)+不在岗职工+城镇\\私营业主+城镇个体户主+城镇私营企业及个体就业人\\员+城镇登记失业人数\end{array}}\times100\%$$

城镇职工基本养老保险

1.（参保）职工人数 指报告期末按照国家法律、法规和有关政策规定参加基本养老保险并在社保经办机构已建立缴费记录档案的职工人数，包括中断缴费但未终止养老保险关系的职工人数，不包括只登记未建立缴费记录档案的人数。

2.（参保）离退休人员人数 指报告期末参加基本养老保险的离休、退休和退职人员的人数。

3.基金收入 指根据国家有关规定，由纳入基本养老保险范围的缴费单位和个人按国家规定的缴费基数和缴费比例缴纳的养老保险基金，以及通过其他方式取得的形成基金来源的收入。包括单位和职工个人缴纳的基本养老保险费、基本养老保险基金利息收入、上级补助收入、下级上解收入、转移收入、财政补贴和其他收入。

4 基金支出 指按照国家政策规定的开支范围和开支标准从养老保险基金中支付给参加基本养老保险的个人的养老金、丧葬抚恤补助，以及由于保险关系转移、上下级之间调剂资金等原因而发生的支出。包括离休金、退休金、退职金、各种补贴、医疗费、死亡丧葬补助费、抚恤救济费、社会保险经办机构管理费、补助下级支出、上解上级支出、转移支出、其他支出等。

5.基金累计结余 指截止报告期末基本养老保险基金收支相抵后的累计余额。

基本医疗保险

1.参保人数 指报告期末按国家有关规定参加相应基本医疗保险的人数。

2.基金收入 指由用人单位和个人按照国家规定的缴费基数、缴费比例或缴费标准缴纳的基本医疗保险基金，财政补助资金以及通过其他方式取得的形成基金来源的款项，包括：单位缴纳收入、个人缴纳收入、财政补助收入（含医疗救助补助个人收入）、财政补贴收入、利息收入和其他收入。

3.基金支出 指按照国家政策规定的开支范围和开支标准，从基本医疗保险基金中支付给参保人员的医疗保险待遇支出，以及其他支出。包括住院医疗费用支出、门急诊医疗费用支出、个人账户基金支出、其他支出。

4. 基金累计结余 指截止报告期末基本医疗保险基金累计结余金额。

失业保险

1. 参保人数 指报告期末按照国家法律、法规和有关政策规定参加了失业保险的城镇企业、事业单位的职工及地方政府规定参加失业保险的其他人员的人数。

2. 基金收入 指报告期内筹集的失业保险基金的总额，包括失业保险费收入、利息收入、财政补贴收入、其他收入、转移收入、上级补助收入、下级上解收入。

3. 基金支出 指报告期内为保障失业人员基本生活、促进其再就业等支出的基金总额，包括失业保险金支出、医疗补助金支出、丧葬补助金和抚恤金支出、职业培训和职业介绍补贴支出、农民合同制工人一次性生活补助支出、其他支出、转移支出、上级补助支出、下级上解支出。

4. 基金累计结余 指截止报告期末失业保险基金收支相抵后的累计余额。

工伤保险

1. 参加保险人数 指报告期末依据国家有关规定参加工伤保险的职工人数和有雇工的个体工商户的雇工数。

2. 享受保险待遇人数 指年初至报告期末因工伤或职业病而享受工伤保险待遇的人数。为享受工伤医疗待遇中未评定等级的人数、享受伤残待遇人数以及享受因工死亡待遇人数之和。

3. 基金收入 指根据国家有关规定，由参加工伤保险的单位按国家规定的缴费基数和缴费比例缴纳的工伤保险基金，以及通过其他形式取得的形成基金来源的款项。包括：单位缴纳的社会统筹基金收入、财政补贴收入、利息收入、其他收入。

4. 基金支出 指按照国家政策规定的开支范围和开支标准从工伤保险基金中支付给参加工伤保险的人员及供养直系亲属工伤保险待遇支出及其他支出。包括工伤医疗费、伤残补助金、工亡补助金、护理费、丧葬补助费、工伤预防费用、职业康复费用和其他支出。

5. 基金累计结余 指截止报告期末工伤保险基金累计结余金额。

生育保险

1. 参保人数 指报告期末依据有关规定参加生育保险的人数。

2. 基金收入 指根据国家有关规定，由参加生育保险的单位按照国家规定的缴费基数和缴费比例缴纳的生育保险基金，以及通过其他方式取得的形成基金来源的款项，包括：单位缴纳的基金收入、利息收入和其他收入。

3. 基金支出 指按照国家政策规定的开支范围和开支标准，从生育保险基金中支付给参加生育保险的职工，因妊娠、分娩和计划生育手术而享受的待遇及其他支出。包括：生育津贴、医疗费用支出及其他支出。

4. 基金累计结余 指截止报告期末生育保险基金累计结余金额。

Explanatory Notes on Main Statistical Indicators

Employed Persons refers to persons above a specified age who had labour capacity and performed some social work for compensation or business gains. Specifically, it refers to all persons, aged 16 and over, who performed some work for compensation or business gains for one hour or more during the reference period; or who had work units or sites but were temporarily not at work during the reference period, including:

(1) Total formal employees

(2) Reemployed retirees

(3) Employers in urban private enterprises

(4) Urban individual laborers

(5) Employment in urban private enterprises and individual households

(6) Employment in township and village enterprises

(7) Rural laborers

(8) Other social laborers（Servicemen included）

Urban Units Staff and Workers refers to those who work in (and receive income there from) units with state ownership, urban collective ownership, joint ownership, share holding stock ownership, limited liability corporations, foreign and Hong Kong, Macao, and Taiwan Chinese fund or other ownership and their affiliated units. Urban Units exclude Urban Private Enterprises and Individual Units.

On-post Staff and Workers refer to those who are practically working in a certain urban unit, including those who are temporarily absent because of study, disease, vocation or other reasons.

Year-end Number refers to those who are employed on the last day of the year.

Employment in Urban Private Enterprises and Individual units refers to those who have their population records in urban area and take part in productions or operations in urban private enterprises or individual units, and get earnings from the units, including helpers, apprentices and employees.

Primary Industry refers to farming, forestry, animal husbandry and fishery.

Secondary Industry refers to mining manufacturing, electricity, production and supply of electriciy, heat, gas and water and construction.

Tertiary Industry refers to the sectors except primary industry and secondary industry.

Total wages refer to total remuneration payment to all employment in various units in urban area (excluded urban private sectors and individuals) during a certain period of time, including staff and workers and other employment (i.e., reemployed retirees or those who are from Hong Kong, Macao, Taiwan or other countries).

Total Wage Bill of employees refers to total remuneration payment to all employees in various units in urban area (excluded urban private sectors and individuals) during a certain period of time. The calculation of total wage bill is based on the total remuneration payment. Therefore, wages and salaries and other payments to employees should be included at all and regardless of its resource, category, both in kind or cash.

Average Wage of employees refers to the average wage level in money terms per employee during a certain period of time, it is calculated as follows:

$$\text{Average Wage of Employees} = \frac{\text{Total Wage Bill of employees Average Wage of in Reference Period}}{\text{Average Number employees in Reference Period}}$$

Average Real Wage of employees refers to the average wage of employees after deducting consumer price index, which is calculated as follows:

$$\text{Average Real Wage of Employees} = \frac{\text{Average Wage of Employees in Reference Period}}{\text{Urban Consumer Price Index in Reference Period}}$$

Urban Unemployment refers to those urban inhabitants who (1) aged 16 or above, (2)be able to but not work, (3)meanwhile looking for a job, and (4)available for work within two weeks.

Urban Registered Unemployment refers to those who (1) with nonagricultural residence cards, (2) within a certain working age scope (16 to retired age), (3)be able to but not work, (4)want to work and have registered in the local labor exchanges for looking for jobs.

Urban Unemployment Rate refers to the ratio of unemployment in urban area to total employment and unemployment in urban area, which is calculated as follows:

$$\text{Urban Unemployment Rate} = \frac{\text{Urban Unemployment}}{\text{Urban Employment} + \text{Urban Unemployment}} \times 100\%$$

Urban Registered Unemployment Rate refers to the ratio of urban registered unemployment to the sum of employment in urban units (excluded those who have agricultural residence cards, reemployed retirees, and those who are from Hong Kong, Macao, Taiwan or other countries) and not-on-post staff and workers and employment in urban private sectors and individuals and urban registered unemployment. It is calculated as follows:

$$\text{Urban Registered Unemployment Rate} = \frac{\text{urban registered unemployment}}{\begin{array}{l}\text{(employment in urban units - those who have agricultural} \\ \text{residence cards - reemployed retirees - those who are from} \\ \text{Hong Kong, Macal, Taiwan or other countries + not - on - post} \\ \text{staff and workers + employment in urban private sectors and} \\ \text{individuals + urban registered unemployment.}\end{array}} \times 100\%$$

Basic Pension Insurance

1. Number of staff and workers covered refer to staff and workers participating in the basic pension insurance programme according to national laws, regulations and related policies at the end of the reference period, who have already had payment records in social security management agencies, including those who have interrupt payment without terminating the insurance programme. Those who have registered in the programme but with no payment records are not included.

2. Number of retirees participating in the basic pension insurance programme refer to the number of retirees participating in basic pension insurance programmes by the end of the reference period.

3. Revenue of the basic pension insurance programme refers to payments made by employers and individuals participating in the pension insurance programme in accordance with the basis and proportion stipulated in State regulations, and income from other sources that become source of pension insurance fund, including the premium paid by employers and staff and workers, interest income, subsidies from higher level agencies, income as transfer from subordinate agencies, transferred income, government financial subsidies and other income.

4. Expenditure of basic pension insurance programme refer to payment made on pensions and funeral subsidies to those retired and resigned people covered in pension insurance programmes according to related national policies on scope and standard of expenditure. Also included are expenditure which arises due to shift of the insurance relationship or adjustment of funds among agencies. More specifically, included are pensions for resigned people, pensions for retired people, pension for people quitting jobs, various subsidies, medical fees, funeral subsidies, compensation payments, management fees for social security agencies, expenses on subsidies to lower subordinates, expenses as transfer to agencies at higher level, transferred expenditure and other expenditure.

5. Balance of basic pension insurance programme refers to the balance of basic pension insurance funds at the end of the reference period after deducting expenses from revenue.

Basic Medical Care Insurance

1. Number of people participating in the insurance programme refers to people participating in the basic medical care insurance programme according to related regulations as at the end of reference period.

2. Revenue of the insurance programme refers to payments made by employers and individuals participating in the medical care insurance programme in accordance with the basis and proportion stipulated in

State regulations, and income from other sources that become source of medical insurance fund, including income paid by units, individual paid income, financial assistance's income (including individual income from medicaid), financial subsidies' income, interest income and other income.

3. Expenditure of the insurance programme refers to payment made to people covered in basic medical care insurance programme within the scope and standards of expenditure according to related national policies, and medical care payment and other expenses, including medical expenses of hospital inpatients, medical expenses for outpatients and emergency patients, payment from individual accounts and other expenditure.

4. Balance of the basic medical care insurance programme refers to the balance of medical care insurance funds at the end of the reference period.

Unemployment Insurance

1. Number of people covered refers to staff and workers in urban enterprises or institutions who have participated in the unemployment insurance programme according to relevant policies and regulations, and other people who have participated according to local government regulations, as at the end of reference period.

2. Revenue of the unemployment insurance programme refers to the total unemployment insurance funds raised in the reference period, including unemployment insurance premium, interest income, financial subsidies, other income, transferred income, subsidies from higher level agencies and income as transfer from subordinate agencies..

3. Expenditure of the unemployment insurance programme refers to total expenses during the reference period to guarantee the basic livelihood of unemployed people, and to encourage their re-employment. Included are unemployment relief, medical fees, funeral subsidies, compensation payments, training expenses, management fees for unemployment insurance agencies, subsidies to lower level agencies, expenses as transfer to higher level agencies, transferred expenditure and other expenditure.

4. Balance of the unemployment insurance programme refers to the balance of revenue of the programme after deducting expenses at the end of the reference period.

Work Injury Insurance

1. Number of people covered refers to staff and workers who have participated in the work injury insurance programme and number of employees in private business according to relevant national regulations at the end of the reference period.

2. Number of beneficiaries refers to number of people benefited from work injury insurance, as a result of work injury or occupational disease. It is the sum of beneficiaries from the work injury medical treatment withut rating, disabilities and deaths at work places.

3. Revenue of the work injury insurance programme refers to payments made by employers participating in the work injury insurance programme in accordance with the basis and proportion stipulated in State regulations, and income from other sources that become source of work injury insurance fund, including income of social comprehensive funds paid by employers, government financial subsidies, interest income and other income.

4. Expenditure of the work injury insurance programme refers to payments made from work injury insurance funds to those who participated in the work injury insurance programme and their direct dependents within the scope and standards of expenditure according to related national policies, and other expenditure, including medical fees for work injury, injury and disability subsidies, death subsidies, nursing fees, funeral subsidies, injury prevention fees, occupational rehabilitation fees and other expenditure.

5. Balance of the work injury insurance programme refers to the balance of the work injury funds at the end of the reference period.

Maternity Insurance

1. Number of people covered refers to people who have participated in the maternity insurance programme according to relevant regulation at the end of the reporting period.

2. Revenue of maternity insurance refers to payments made by employers participating in the maternity insurance programme in accordance with the basis and proportion stipulated in State regulations, and income from other sources that become source of maternity insurance fund, including income of funds paid by employers, interest income and other income.

3. Expenditure of the maternity insurance programme refers to payments made from maternity insurance funds to staff and workers who participate in the maternity insurance programme within the scope and standards of expenditure in accordance with related national policies, expenses paid for pregnancy, child delivery or surgeries related to family planning, and other expenditure, including allowance for child bearing, medical fees and other expenditure.

4. Balance of the maternity programme refers to the balance of the maternity insurance funds at the end of reference period.